Stefan Plaggenborg

Ordnung und Gewalt

Stefan Plaggenborg

Ordnung und Gewalt

Kemalismus – Faschismus – Sozialismus

Oldenbourg Verlag München 2012

Bibliografische Information der Deutschen Nationalbibliothek

Die Deutsche Nationalbibliothek verzeichnet diese Publikation in der Deutschen Nationalbibliografie; detaillierte bibliografische Daten sind im Internet über <http://dnb.d-nb.de> abrufbar.

Rosenheimer Straße 145, D-81671 München
Internet: oldenbourg-verlag.de

Titelbild: Abbildung der kemalistischen Jugend, © Kemalist Gençler (www.kemalistgencler.com)
Einbandgestaltung: hauser lacour
Satz: le-tex publishing services GmbH, Leipzig
Druck und Bindung: Memminger MedienCentrum GmbH, Memmingen

Dieses Papier ist alterungsbeständig nach DIN/ISO 9706.

ISBN 978-3-486-71272-8
E-ISBN 978-3-486-71409-8

Inhalt

Dank

Dieses Buch hätte ohne die tatkräftige Unterstützung anderer nicht in angemessener Zeit geschrieben werden können. Herzlicher Dank gilt dem Freiburg Institute of Advanced Studies, seinen Direktoren Ulrich Herbert und Jörn Leonhard sowie den stets hilfsbereiten Mitarbeiterinnen Barbara Müller, Uta Grund und Jasmin Gauch. Dankbar bin ich für den über einjährigen Aufenthalt, in dem die Befreiung vom akademischen Betrieb die Grundfunktionen des geisteswissenschaftlichen Arbeitens kontinuierlich ermöglichte: Lesen, denken, diskutieren, schreiben.

Großen Dank schulde ich Giulia Albanese, Jean-François Berdah, Daniela Caglioti, Gustavo Corni, Emilio Gentile, Manfred Hildermeier, Gerd Koenen, Dietmar Neutatz, Lutz Niethammer, Sven Reichardt, Maurus Reinkowski, Gábor Rittersporn, Lucy Riall, Wolfgang Schieder, David Shearer, Mete Tunçay und Erik-Jan Zürcher. Sie haben mir mit ihren Ausführungen und kritischen Kommentaren in vielen Punkten geholfen. Gottfried Schramm war ein wie immer hellhöriger und kritischer Begleiter meiner Arbeit.

An meiner Universität in Bochum hat Maxi Braun unermüdlich und vor allem unerschrocken Literatur besorgt und den Kampf gegen das forschungsfeindliche Ausleihlimit für Bücher mit List und Erfolg geführt. Saskia Geisler hat die Mühen der Endredaktion des Manuskripts mit dankenswerter Präzision übernommen.

Der größte Dank gebührt Berna Pekesen. Sie hat die Arbeit vom Anfang bis zum Ende begleitet, mich ermuntert und in unzähligen Diskussionen meiner Lesart der türkischen Geschichte kritische Kommentare entgegengesetzt. Ihrer Kenntnis und ihrem Widerspruch verdanke ich viel mehr als die Reduktion zahlreicher Irrtümer. Die verbliebenen gehen auf meine Kappe.

Einleitung

Dieses Buch vergleicht drei real existierende Regime in der ersten Hälfte des 20. Jahrhunderts: den Kemalismus in der Türkei, den Faschismus in Italien und den sowjetischen Sozialismus. Die Leser sollten wissen, wie es dazu kam.

Am Anfang stand eine Beobachtung: der Autor als Zeitzeuge, der die Errungenschaften zweier etwa gleich lang bestehender Ordnungen anschaut, im heutigen Russland und in der Türkei. Sie sollte man nicht in den Hauptstädten suchen, auch nicht in den großen und bedeutenden Industrie- und Verwaltungszentren wie z. B. Nižnij Novgorod in Russland oder Bursa in der Türkei, sondern in den entlegeneren Winkeln des Landes, dort, wo die zivilisatorischen Segnungen des vergangenen Jahrhunderts nur langsam angekommen sind, in der Provinz. Zum Beispiel in Pronsk, einer kleinen Stadt mit ca. 4000 Einwohnern im Gebiet Rjazan', etwa 260 km südöstlich von Moskau, im Herzen Russlands gelegen, seit dem Mittelalter urkundlich belegt, älter als die heutige Hauptstadt, im 16. Jahrhundert zu einer Grenzfestung ausgebaut, einem Ort mit Geschichte, wenn auch nicht einer herausragenden. Die Stadt besteht zu einem Teil aus heruntergekommenen Holzhäusern des späten 19. und beginnenden 20. Jahrhunderts und zum anderen aus standardisierten Sowjetgebäuden; fließend Wasser gibt es häufig nicht, auch keine Kanalisation; die Stromversorgung bricht immer wieder für mehrere Stunden zusammen; eine Gasleitung immerhin versorgt die Häuser mit Energie; sie verläuft oberirdisch; die Menschen arbeiteten zu Sowjetzeiten vorwiegend in der Kolchose; sie ist nach dem Zusammenbruch der Sowjetunion aufgegeben worden; die Dächer der Ställe und Schuppen sind eingefallen; Arbeit gibt es kaum; Alkoholismus ist auffällig; die Läden bieten das triste Notwendigste; ein kleines Museum enthält ein paar Exponate aus der lokalen Geschichte und Volkskunst, eine Stalin-Büste steht mittendrin, aber nicht herausgehoben, als wüsste man nicht, welchen Ort sie einnehmen sollte; das aus der späten Zarenzeit stammende, solide dreistöckige Schulgebäude aus Backstein, gestiftet seinerzeit von einem Eisenbahnmagnaten, zugleich der reichste Gutsbesitzer des Kreises, der darüber hinaus vor dem Ersten Weltkrieg eine elektrische Straßenbeleuchtung anbringen ließ, hat man in den 1960er Jahren abgerissen und aus den Steinen mit Hilfe von Bulldozern eine steile Schotterpiste zum nahegelegenen Fluss hinab angelegt; die elektrische

Straßenbeleuchtung gibt es nicht mehr; die Schotterpiste war nach der ersten Schneeschmelze ruiniert; es dauerte lange, bis eine neue Schule errichtet war; sie enthält heute eine kleine Bücherei; die Kirche, zu Sowjetzeiten geschlossen, ist heute wieder geöffnet; kurz: die Stadt ist das wenig überzeugende Zeugnis der kommunistischen Modernisierung, wenn man diese allein an wenigen äußerlichen Kennzeichen misst.

Güzelyurt, eine Kleinstadt von gleicher Größe wie Pronsk, liegt in Kappadokien, etwa 250 km südostlich von Ankara. Das lokale Verwaltungsgebäude, eine Schule und eine Moschee sind die zentralen Gebäude, allesamt gut erhalten; die unscheinbare touristische Infrastruktur ist eine Errungenschaft der letzten Jahre, die man nicht dem Kemalismus aufs Konto schreiben kann; undenkbar jedoch, dass der Ort weder über fließend Wasser noch Kanalisation verfügte; eine derartige Unterstellung ruft mitleidiges Lächeln oder Empörung über anhaltende europäische Vorurteile hervor. Die Einwohner leben von Handwerk, Handel und Landwirtschaft. Sie sind nicht reich. Die Stadt beherbergt eine kleine Bibliothek; ein lokales Museum gibt es nicht, wohl aber die Zeugnisse der frühchristlichen Vergangenheit. In den Läden kann man alles Mögliche kaufen. Die Häuser der vor vielen Jahrzehnten vertriebenen Griechen sind noch immer zu erkennen, manche sind zerfallen; bis zu ihrer Verschickung hieß der Ort Karbala. Die täglich frisch eintreffenden Tageszeitungen kann man in einem Café lesen, das es in Pronsk nicht gibt, auch nicht die frischen Tageszeitungen. Atatürk blickt mit stahlblauen durchdringenden Augen von den Wänden hinter Tresen und Ladentischen und findet sich als Büste auf dem Marktplatz. Güzelyurt ist das Zeugnis einer ambivalenten, aber an den äußerlichen Zeichen gemessen relativ erfolgreichen Modernisierung.

Bei solchen Eindrücken konnte es nicht bleiben. Wer die Geschichte der Sowjetunion kennt und von dieser Warte aus auf die Entwicklungen in der Türkei schaut, muss sich zwangsläufig die Frage stellen, worin das Geheimnis des türkischen relativen Erfolges liegt. Es zu lösen, heißt für Historiker, seine Geschichte zu verstehen. Die Türkei und die Sowjetunion durchschritten beide einen Entwicklungsweg, der nach dem Ersten Weltkrieg begann und in eine neue Zukunft führen sollte. Die Mittel waren autoritär. Somit lag es nahe, die türkische Geschichte im Vergleich mit anderen autoritären Regimen besser einordnen zu können. Zunächst bot sich aus Gründen der historischen Parallelen die Sowjetunion an. Rasch aber schob sich das faschistische Italien ins Bild, das für die Kemalisten von ebenso großer Bedeutung war wie der Nachbar im

Norden. Damit ergab sich der Vergleich als Dreiecksgeschichte autoritärer Regime.

Irritierende Beobachtungen kamen hinzu, die das Selbstverständnis der europäischen Bewusstseinslage durcheinander zu bringen vermögen. Erstens: Bestätigt die Schilderung der Pronsker Zustände nicht die zivilisatorische Stereotype von der russischen Rückständigkeit, fühlten sich doch Mittel- und Westeuropäer schon seit der frühen Neuzeit häufig von dieser Art der Zivilisationslosigkeit verständnislos berührt? Anders dagegen die „wilde" Türkei, die Zeitgenossen sogar in Zentralanatolien europäisch bekannt vorkam. Der britische Historiker Arnold Toynbee schrieb 1923, in Ankara könne man den Geist der Französischen Revolution spüren und umgekehrt werde man die neue Türkei nicht verstehen, wenn man nichts von den Ereignissen in Paris 1789–1795 wisse.[1] Zweitens, dies ist der wichtigere Aspekt: War es eine ungeheure historische Leistung, ein im europäischen Vergleich hoffnungslos rückständiges Land nach über zehn Jahren Krieg, furchtbaren sozialen Verwerfungen, materiellen Zerstörungen und der Ausrottung und Vertreibung des größten Teils der christlichen Bevölkerung nicht in Kommunismus oder Faschismus, die beiden großen Antipoden in der ersten Hälfte des 20. Jahrhunderts, geführt zu haben, sondern es in eine Richtung zu steuern, die dem Land eine demokratische, rechtsstaatliche und freiheitliche Entwicklung eröffnete, die weder in Italien noch in der Sowjetunion als in Faschismus und sowjetischem Sozialismus angelegte Möglichkeiten denkbar waren? Halten wir uns vor Augen, dass sich dieser Übergang vollziehen konnte, ohne dass es zuvor zu einem vollständigen Kollaps der einmal eingeführten Verfahren und Institutionen kommen musste wie in Italien 1943/45 und in der Sowjetunion 1991. In diesen beiden Fällen war der Zusammenbruch die Voraussetzung für die neue Ordnung, obwohl im letzteren Fall unübersehbare Kontinuitäten aufzufinden sind.

Drittens: Schaut man sich die nach 1918 entstandenen Staaten Europas an, so litten sie unübersehbar an den Folgen des Ersten Weltkrieges. Ungelöste nationale, soziale und Grenzfragen stürzten sie und ihre Gesellschaften in die Krise und führten mit der einzigen Ausnahme Tschechoslowakei zu autoritären bis hin zu rassistischen Regimen. Wenn nicht nur für den östlichen Teil Europas die Jahre nach dem Ersten Weltkrieg als die Zeit der rasch zerfallenden Demokratien und der antiliberalen Ideologien bezeichnet werden können, als Jahre, in denen ein Wettkampf der autoritären Ordnungen mit der jungen Demokratie stattfand, der zahlreiche europäische Staaten und Gesellschaften von

Italien über Spanien und Deutschland bis nach Ost- und Südosteuropa teilte oder zerriss, wenn man sieht, wie in Europa nur wenige Staaten – vergröbernd: West- und Nordeuropa – ihre demokratischen Verfassungen beibehalten konnten, dann wird man den Weg der kemalistischen Türkei in diesem historischen Kontext verstehen müssen. Im Vergleich zu allen europäischen Ländern war die Türkei das mit Abstand ärmste, vom Krieg gebeutelt und wirtschaftlich zerstört. Aber sie ging den Weg, der gemeinhin als europäisch bezeichnet wurde – nicht gradlinig und konsequent, aber sie strebte danach, jene Ziele zu erreichen, von denen sich große Teile Europas gerade abwendeten. Es herrschte eine eigentümliche Asymmetrie der historischen Verläufe: Die Türkei suchte auf eine Weise europäisch zu sein, die große Teile Europas nicht oder nicht mehr für erstrebenswert erachteten. Von Rom, Berlin und Moskau aus betrachtet, wollte sie auf eine altmodische Weise europäisch sein.

Muss es uns, viertens, irritieren, dass sich unterschiedlich christliche, europäische und nachholend modernisierende Staaten zu Diktaturen von unermesslicher Barbarei wandelten wie in Italien und in Sowjetrussland (sowie in Deutschland) und ein muslimisches, vergleichsweise extrem rückständiges Land nicht, obwohl es brutale Vorgänge der Verfolgung, Vertreibung und Auslöschung von Minderheiten aufzuweisen hatte? Passt die Republik Türkei in die Befunde von Modernisierungsverläufen, die zwangsläufig gewaltsam vor sich gehen müssen? Wer die Geschichte des Stalinismus kennt, dem fallen die apodiktischen Urteile der Art auf, dass jede Modernisierung misslinge, die mit der Tradition breche. Der Kemalismus hat fundamental mit fast allem gebrochen, was Tradition darstellte, aber er hat nicht zu einem Typ menschenfressender Tyrannei geführt wie in Russland. Und was das Gelingen der Modernisierung angeht, so haben die ersten Zeilen dieses Buches darauf schon einen vergleichenden Hinweis gegeben.

Es wäre aber maßlos übertrieben, die Türkei als die abgeschlagene europäische Alternative politischer Entwicklungen in einer Zeit darzustellen, in der ein erheblicher Teil Europas immer mehr Diktaturen und die scheinbar unentrinnbare Alternative Faschismus oder Kommunismus hervorbrachte und auf die Katastrophe des Zweiten Weltkrieges zumarschierte. Einige aus dem „Dritten Reich" emigrierte deutsche Wissenschaftler, denen die Türkei – nicht ganz selbstlos – Anstellung und Auskommen bot, nähren diesen Eindruck. Wie sehr hatten sich die Koordinaten der Wahrnehmung umgedreht, als beim Einmarsch der Wehrmacht in Österreich im März 1938 eine Wiener Zeitung in bitter-ironischer Form titelte, „Die Türken vor den Toren Wiens!",[2] und damit die europäischen Vorstellungen auf den Kopf stellte, indem sie die Barbarei ins Abendland verlegte. Der Pathologe Philipp Schwartz, der 1933 Deutschland verlassen musste und vom türkischen Staat als Professor angestellt wurde, schrieb: „Ein Gefühl der Erleichterung, der Befreiung und Dankbarkeit entstand, eine Verbundenheit mit dem türkischen Volk".[3] Für manchen Zeitgenossen, so scheint es, lag das verlorene Europa in Anatolien.

Welche Folgen mussten diese Fragen für die Vergleichsperspektive haben? Hieß das nicht, sich aus Europa herauszubewegen, um eine vergleichende Perspektive entwickeln zu können? Dan Diner z. B. setzte sich in Gedanken auf die berühmte Treppe in Odessa, um seinen Historikerblick über Europa schweifen zu lassen – übrigens halbmondartig, wenn man den Beschreibungen folgt – in der Absicht, das 20. Jahrhundert zu verstehen.[4] Wäre es nicht mindestens so richtig, vom Çankaya-Hügel in Ankara zu schauen und sich bei einer Vergleichsperspektive für die erste Hälfte des 20. Jahrhunderts daran zu erinnern, dass die Türkei in der Zeit der nationalsozialistischen Verfolgungen jüdischen Wissenschaftlern Arbeit und Brot gab und Emigranten – anders als in Stalins Sowjetunion – nicht auslieferte, einsperrte, deportierte oder umbrachte, sondern in Ruhe ihrer Arbeit nachgehen ließ, im besten Falle zum Ruhme der Wissenschaft und des Hochschulsystems in der Türkei? Andererseits gab dieser Staat ca. 2500 türkische Juden, die vor Jahren bereits aus dem Osmanenreich und der Türkei ausgewandert waren, der nationalsozialistischen Verfolgung preis. Sie zu retten wäre ein Leichtes gewesen. Außerdem profitierte er von der Vernichtung der christlichen Bewohner des Osmanenreiches in Ostanatolien während des Ersten Weltkrieges, wodurch er eine größere nationale und religiöse Einheitlichkeit erreichte. Die europäisierte Führung der Jungtürken ließ dort 1915 nicht nur die Armenier, sondern auch – in der Forschung und öffentlichen Debatte häufig übersehen – die syrischen Christen systematisch zu Tode bringen.[5] Die Orientierung an Europa bot zahlreiche Optionen, die Demokratie Englands ebenso wie die Diktatur des Proletariats, den Nationalstaat französischer Prägung oder das Schweizer Modell oder das „dreinamige" Jugoslawien als multiethnischen Staat. Von Ankara aus gesehen war Europa eine Imagination, ein umgekehrter Orientalismus. Man musste sich entscheiden für eines der vielen Gesichter Europas. Vor diesem Hintergrund rückte eine Frage immer stärker ins Blickfeld: Wo ist der Ort der türkischen Geschichte in seiner Verbindung mit der Geschichte Europas im 20. Jahrhundert? Die Antwort konnte nur durch einen

Vergleich mit europäischen Geschichtsprozessen gefunden werden, weil Europa den Bezugspunkt allen Handelns der Kemalisten darstellte.

Diner hat in seinem Versuch einer universalhistorischen Deutung der europäischen Geschichte im 20. Jahrhundert dessen erste Hälfte als Maßstab gesetzt, die ihren Schatten weit über die zweite warf: „Die Geschichtserzählung wird von der katastrophischen Jahrhunderthälfte bestimmt. Ihre Ereignisse besetzen das Gedächtnis der Zeitgenossen ebenso wie das der Nachwelt. Sie scheinen die Vorgänge der zweiten Jahrhunderthälfte bei weitem zu übertönen. (...) So wird das Epochenbewusstsein von einer Erinnerung überformt, die von den Kataklysmen des Saeculums geprägt wurde."[6] Dem möchte man zunächst grundsätzlich zustimmen. In der Sowjetunion aber war das Erinnern stets auch und in besonderer Weise eine staatlich inszenierte Angelegenheit; es konzentrierte sich auf den Triumph im Zweiten Weltkrieg, weniger auf den revolutionären Anfang von 1917, nicht auf die unsagbare menschliche und materielle Katastrophe des Bürgerkrieges 1918–1921, wohl aber auf seine heroische Seite, kaum auf die permanente Gewaltanwendung des Regimes und besonders nicht auf den stalinistischen Terror. Das Verhältnis von Epochenbewusstsein und Erinnerung ist von mehr als einer Schicht gekennzeichnet. Für das von Diner genannte Junktim lassen sich zahlreiche gegenteilige anführen. Es handelt sich eher um die Frage, was die Nachlebenden erinnern und sich bewusstmachen *wollen*, und oft auch, was sie erinnern *sollen*. Nicht genau hingeschaut hat Diner im Falle der Türkei, für die der Kemalismus eine großartige Aufbauperiode darstellt.[7] In der offiziellen Erinnerung der Türkei werden Vertreibungen und andere Gewaltereignisse selbst der Republiksperiode weitgehend ausgeblendet und bleiben bestenfalls eine Angelegenheit der akademischen Geschichtsschreibung, ganz zu schweigen von den Massenmorden im Ersten Weltkrieg. Was Italien angeht, so fiel die Erinnerung an den Faschismus ziemlich selektiv aus. Seine wahrhaft katastrophalen Wirkungen, die er namentlich in Nordafrika, in Abessinien und auf dem Balkan entfaltete, sind in der italienischen Kollektiverinnerung kaum auffindbar.

Auch eine geschichtswissenschaftliche Autorität wie Eric Hobsbawm schreibt im „Zeitalter der Extreme", das zwanzigste sei „ohne Zweifel das mörderischste Jahrhundert von allen" gewesen,[8] Mark Mazower hat nicht zuletzt aus diesem Grund Europa als den „dunklen Kontinent" beschrieben,[9] und Gunther Mai hat die Zwischenkriegszeit unter die etwas missverständliche Überschrift „Versöhnung durch Gewalt" gestellt, in der – von den Erfahrungen im Ersten Weltkrieg angestoßen – die Widersprüche und Aporien vereinheitlicht werden sollten.[10] Die Liste solcher Interpretationen ließe sich ohne weiteres fortsetzen. Wenn man sich jedoch die Urteile von Zeitgenossen über die Türkei vor Augen führt, die in Kapitel 1 dargelegt werden, so wird das Gesamtbild ein wenig heller, vor allem polychrom. Ist es Zufall, dass Diner die mörderischen Vorgänge im Osmanenreich vor und im Ersten Weltkrieg ausführlich darstellt, aber kein Wort über den Europa kopierenden Kemalismus verliert?[11] Wieso hält Hobsbawm Atatürk für einen „progressiven, militaristischen Modernisten“[12], ein Urteil, das bestenfalls zur Hälfte zutrifft? Hobsbawm wird man mit Blick auf seine epochale Geschichte des kurzen 20. Jahrhunderts das Recht auf Irrtum im Einzelfall zugestehen, ohne dass seine Darstellung dadurch prinzipiell Schaden nehmen würde. Aber die hier zitierten Einschätzungen rufen noch einmal das zuvor umrissene Koordinatensystem des Vergleichs herauf und provozieren das vergleichende Fragen.

Den Verbrecherregimen in Europa die aus zahlreichen Emigrantenbeschreibungen hervortretende „gute“ kemalistische Türkei gegenüberzustellen, wäre sinnlos. Die folgenden Kapitel legen davon Zeugnis ab. Sie verkörperte ihrerseits die europäischen Vorgehensweisen, besonders auf dem Gebiet des Nationalismus und der Gewalt gegen nationale Minderheiten. Alle zuvor genannten Fragen – nur um solche handelt es sich, nicht um Feststellungen – führten dazu, die Geschichte der Türkei nicht allein mit Blick auf den Genozid an den osmanischen Armeniern 1915 zu lesen, der die öffentlichen Debatten hierzulande und in anderen westlichen Ländern dominiert. Daraus eine Relativierung abzulesen, wäre ein Irrtum.

Die so genannte moderne Türkei war in vielerlei Hinsicht durch und durch ein Kind der europäischen Verhältnisse. Nationalismus, Pogrome, Deportationen, Einparteiherrschaft, Personenkult – das waren geläufige Erscheinungen des europäischen 20. Jahrhunderts, in die sich die Türkei einreihte und sich damit vergleichbar macht. Toynbee, der zeitgenössische Beobachter der Vorgänge in der Türkei nach dem Ersten Weltkrieg, bemerkte mit größerer Klarheit als mancher Zeitgenosse unserer Tage, wie sehr Mitleid und Geringschätzung den Blick des Europäers auf die unzivilisierten Völker vernebele, ohne zu begreifen, wie sehr der „Schatten über dem Rest der Menschheit“ vom Westen geworfen wurde und wird.[13] Damit wird deutlich, dass es zwei durchaus verschiedene Seiten der kemalistischen Türkei gab, die nicht als sich gegenseitig ausschließende verstanden werden dürfen, sondern als zusammengehörig, ebenso wie sich in Europa die scheinbar widersprechenden Seiten in all ihrer Offenheit manifestierten.

Nach Hobsbawm entspricht die Dauer des kurzen 20. Jahrhunderts der Existenz der Sowjetunion. Ohne Zweifel haben die Bolschewiki das vergangene Jahrhundert geprägt, aber heute wissen wir, dass sie es gleichsam „falsch" geprägt haben, weil sie eine historische Sackgasse bauten. Das Sowjetsystem hat die falschen Antworten auf die Probleme des 19. Jahrhunderts gegeben, aus denen es entstand. Das darf man auch für den Faschismus behaupten, dem zum Glück nur eine vergleichsweise kurze Periode zur Entfaltung beschieden war. Für den Vergleich stellt sich dann die Frage, ob die kemalistische Alternative unter den Bedingungen der Ausgangslage nach dem Ersten Weltkrieg historisch gesehen die bessere war. Nicht, dass er deswegen für viele Gesellschaften Vorbild sein könnte – wie sollte das sinnvoll und möglich sein? – aber er hat die spezifischen Aufgaben erfolgreicher gelöst als die beiden anderen zeitgleichen Regime. Geht man von den Gesichtspunkten historischer Dauer und historischen Erfolgs aus, hat dann der Kemalismus ein türkisches Jahrhundert geformt?

Aus diesen Fragen und Beobachtungen entstand dieses Buch. Es beginnt mit Überlegungen darüber, wie der Vergleich, anders als in diesen einleitenden Bemerkungen, wissenschaftlich angestellt werden kann, und fragt nach den Gründen, die einen komparatistischen Ansatz im Fall der Türkei, der Sowjetunion und Italiens rechtfertigen. Der zweite Teil des ersten Kapitels legt die zeitgenössischen gegenseitigen Wahrnehmungen dar und gibt Einblick in einige Forschungsthesen über die Verwandtschaft der Regime, besonders hinsichtlich der Beziehungen von Kemalismus und Faschismus. Diese Frage wird im ersten Kapitel aber keineswegs endgültig geklärt und infolgedessen das ganze Buch durchziehen. Die folgenden Kapitel analysieren die historischen Entwicklungen unter vergleichender Fragestellung. Sie sind folglich keine gerafften Beschreibungen von drei geschichtlichen Entwicklungen, sondern das vergleichende Fragen steuert die Darstellung. Kapitel 2 sucht die Wurzeln der drei Regime im 19. Jahrhundert und erläutert, wie sich die Aspekte paralleler Geschichtsverläufe einzufädeln begannen, die den Vergleich ermöglichen. Dabei geht es ebenfalls nicht um eine allgemeine Geschichte des 19. Jahrhunderts, sondern um die für die späteren Regime zentralen Ideologien des Nationalismus und Sozialismus als konkurrierende Gesellschaftsvorstellungen in ihren jeweiligen historischen Kontexten sowie um das Handeln der politischen Eliten. Nation oder Klasse, Nationalstaat oder Klassenstaat, eines von beiden stand auf den Fahnen der Umstürzler vor und nach dem Ersten Weltkrieg. Bolschewiki, Faschisten und Kemalisten fanden ihre jeweiligen Antworten auf diese alternativen Vorstellungen gesellschaftlicher Verfasstheit. In dem Kapitel wird auch dargelegt, mit welchem historischen Gepäck die zukünftigen Ordnungen autoritär wurden. Kapitel 3 beschreibt, welche Entwicklungsstadien und Ordnungselemente dazu beitrugen, den bereits angelegten Weg in die Diktatur zu verstärken. Alle drei Regime benötigten einige Jahre, um ihre Herrschaft zu festigen. Die Einparteiherrschaft bildete ein zentrales Kennzeichen, so dass die Entwicklung der Parteien zwangsläufig eine herausragende Rolle spielte. Zugleich hofften die Eliten, den Regimen durch Ideologisierung mehr Standfestigkeit zu verleihen. Die Diskussion des faschistischen Korporatismus und des kemalistischen Etatismus zielt in den Kern der gesellschaftspolitischen Ordnungsvorstellungen. Kapitel 4 widmet sich den „großen Männern“ und Führern, die untrennbar zum Erscheinungsbild der Regime gehörten. Die Frage, ob es sich dabei um den Typus der charismatischen Herrschaft handelt, lässt sich an ihnen kritisch studieren. Die für alle drei Regime zentrale Frage der Wirkungen des Ersten Weltkrieges und der nachfolgenden Bürgerkriege und ähnlicher Gewaltformen steht im Zentrum von Kapitel 5. Es verfolgt die Anwendung der Gewalt im Verlauf der Entwicklungen bis zum Zweiten Weltkrieg. Dabei unterscheidet es zwischen den Formen des Bürgerkriegs in Sowjetrussland und in der Türkei und dem faschistischen Pogrom und erläutert, wie sich die Gewalt im Staat und in der Gesellschaft einnistete, welche Ausmaße und Formen sie annahm und welche Bedeutung die Orte der Gewaltanwendung im Kontext der Regimeentwicklung hatten. Kapitel 6 nimmt mit Religion und Kirche einen zentralen Konflikt zwischen alter Welt und neuer Ordnung in den Blick. Die drei Regime präsentierten sich als Neuerer, die mit der Vergangenheit brachen. Wie aber hielten sie es mit der Kraft, die die abzuschlagende Tradition geradezu verkörperte? Ob Islam in der Türkei, katholische Kirche in Italien und Orthodoxie in Russland – im neuen Kapitel der Geschichte, das Bolschewiki, Kemalisten und Faschisten aufzuschlagen gedachten, war für sie keine Seite reserviert. Und doch mussten sich alle drei Regime mit der real existierenden Religion, ihren Institutionen und Würdenträgern auseinandersetzen und das Verhältnis von Staat und Religion neu definieren. Das Schlusskapitel fädelt die drei Regime wieder auseinander, die nach dem Zweiten Weltkrieg unterschiedliche Richtungen einschlugen.

Die Vorgehensweise in diesem Buch zwingt unvermeidlich zu einigen Einschränkungen. An zahlreichen Stellen wäre eine ausführliche Diskussion bestimmter Sachverhalte oder Forschungsmeinungen angebracht gewesen. Zu Gunsten der besseren Lesbarkeit, vor allem aber der stringenten Darlegung, wurde darauf verzichtet, zuweilen unter Schmerzen, weil die Lust an der Kontroverse unbefriedigt blieb. Aber auch so mag genügend Diskussionsstoff vorhanden sein. Die größte Einschränkung betrifft die Vergleichsthemen. Sie ließen sich problemlos auf weitere als die hier behandelten Gebiete ausdehnen. Vollständigkeit wurde jedoch nicht angestrebt. Der Reiz der vorliegenden Unternehmung lag unter anderem darin, ein fast grenzenloses Thema in einem Buch so darstellen zu können, dass seine hoffentlich anregende Lektüre die grundlegenden Fragen des Vergleichs der drei Regime klärt. Weitere Aspekte mag spätere Forschung bearbeiten. Zweifelsohne ließe sich aus dem Thema ein zwölf Jahre laufender Sonderforschungsbereich mit 55 Mitarbeitern entwickeln. Die wissenschaftspolitisch und forschungsförderpolitisch hegemoniale Vorstellung, dass nur ein Kollektiv komplizierte Dinge zusammendenken kann, kommt einem Historiker, der sich mit Sowjetgeschichte beschäftigt, irgendwie bekannt vor. Noch haben wir die Freiheit, uns diesem Ansinnen zu entziehen. Die Gefahr andererseits, sowohl in Einzelfragen als auch in der strukturierten Deutung Fehler zu begehen, unzulässige Vergröberungen und Verzerrungen zu schaffen und Ausblendungen vorzunehmen, ist dieser Form des individuellen Forschens eingeschrieben. Mich interessiert aber nicht der Nachweis, ob ein Detail unter Umständen nicht korrekt wiedergegeben worden ist – mit diesem Vorwurf muss jeder rechnen, der sich auf eine solche Unternehmung einlässt –, sondern ob der Gesamtzusammenhang stimmig ist. Schließlich betrifft die Beschränkung die Darstellungsebene. Dieses Buch enthält sich weitgehend der theoretischen Diskussionen, die aus den Befunden abgeleitet werden könnten. Solche Debatten hätten den Umfang des Buches erheblich erweitert. Sie mögen an einem anderen Ort stattfinden.

Einige Begriffe und Namen werden in der eingedeutschten Fassung wiedergegeben, z. B. Pascha statt *Paşa*, Scharia statt des türkischen *şeriat*. Das gleiche gilt für eingedeutschte Begriffe aus dem Russischen, z. B. Bolschewiki. In der Türkei sind Familiennamen erst 1934 eingeführt worden. Sie werden zur besseren Identifizierung der Personen in Klammern hinzugesetzt. Türkische Namen und Begriffe sind der Einheitlichkeit halber in der neutürkischen Schreibweise wiedergegeben. Zitate aus dem Türkischen, Russischen und Italienischen wurden ins Deutsche übertragen, französische und englische Texte sind im Original beibehalten worden.

1. „Entfernte Verwandte"

„Beziehungen und Vergleiche sind unmöglich."
Benito Mussolini, Die Lehre des Faschismus[1]

„Wir dürfen stolz darauf sein, dass wir niemandem gleichen und dass wir es auch nicht nötig haben, jemandem zu gleichen, weil wir uns eben nur selbst gleich sind!" Mustafa Kemal (Atatürk), Rede vor der Nationalversammlung[2]

„Geschichtliche Parallelen sind stets gewagt."
Stalin, Interview mit Emil Ludwig[3]

„Erklären kann man nur, wenn man vergleicht."
Emile Durkheim, Der Selbstmord[4]

Über den Vergleich

Wolfgang Schivelbusch, von dem die Überschrift dieses Kapitels stammt, hat vor wenigen Jahren den italienischen Faschismus, den Nationalsozialismus und den amerikanischen *New Deal* auf ihre Verwandtschaft hin untersucht, ohne den Vergleich im Sinne einer Gleichsetzung zu strapazieren, und bemerkenswerte Gemeinsamkeiten festgestellt. Indem er die USA einbezog, sah sich Schivelbusch veranlasst, von vornherein dem Verdacht der „Geschmacklosigkeit" entgegen zu treten.[5] Die hatte viele Jahre vor ihm schon Lev Trockij begangen, als er eher beiläufig „Mussolini-Italien, Hitler-Deutschland, Roosevelt-Amerika" – Frankreich unter Léon Blum rechnete er hinzu – unter dem Stichwort des privatwirtschaftlich geprägten Etatismus zusammenfasste.[6] In diesem Buch werden der Kemalismus in der Türkei, der italienische Faschismus und der sowjetische Sozialismus miteinander in Beziehung gesetzt.

Das Vorhaben ist zugegeben nicht einfach, weil es über die im akademischen Betrieb übliche Spezialisierung hinausgeht, wie weit diese auch immer gesteckt sein mag. Es bedeutet, keinen ausgetretenen Pfaden zu folgen, sondern sich auf das Abenteuer einer komparativen Sicht auf drei Regime einzulassen, die – soweit erkennbar – bisher noch nicht Gegenstand einer vergleichenden Untersuchung geworden sind. Das Risiko des Scheiterns ist also groß, zumal gewichtige Stimmen dem Ansinnen vehement widersprechen, wie die diesem Kapitel vorangestellten Zitate deutlich belegen. Der gemeinsame, den Vergleich ablehnende Inhalt aber ergibt die Beziehung. Zusätzlich zu Stalins Skepsis ist unbestreitbar, dass der Sowjetsozialismus in der Zwischenkriegszeit einzig war, so dass wir es scheinbar mit drei gänzlich unvergleichlichen Geschichtsverläufen zu tun haben. Daher halten wir uns besser an den für jungtürkische Intellektuelle wichtigen Emile Durkheim. Es sollte nicht zu sehr irritieren, dass das Zitat aus seinem Buch über den Selbstmord stammt.

Durkheim hilft uns über den ersten Schritt hinweg, aber er kann die vielen Einwände nicht aus dem Weg räumen. Der Sozialhistoriker erinnert daran, dass die Rückständigkeit der Türkei kaum mit den europäischen Staaten und Gesellschaften verglichen werden kann, nicht einmal mit nachholenden Modernisierern wie dem Zarenreich. Wirtschaftliche und soziale Entwicklungsprozesse in Italien und Russland waren gewiss widersprüchlich und keineswegs gradlinig, aber beide Länder zeigten im „langen" 19. Jahrhundert eine starke Entwicklungsdynamik auf den Gebieten der Industrialisierung, Urbanisierung, Alphabetisierung, sozialen Schichtung und bei anderen Kennzeichen moderner Gesellschaften, während das Osmanenreich auf allen diesen Feldern weit zurückblieb. Man muss nicht einmal die gravierenden regionalen Unterschiede in Italien und Russland ausblenden, um anhand nur eines Beispiels zu verstehen, worin die Differenz zur Türkei lag. In Russland entfachten Industriearbeiter 1905 und 1917 Revolutionen; im Osmanenreich musste man sie mit der Lupe suchen. Der Faschismus habe sich der Sympathien der Großgrundbesitzer und eines Teils des Bürgertums erfreut, würde der Sozialhistoriker weiter einwenden. Die Bolschewiki haben diese Unterstützung nicht gesucht, und die Kemalisten hatten ihre Wurzeln in der zivilen und militärischen Elite des Osmanenreiches. Der Historiker der politischen Geschichte gibt u. a. zu bedenken, dass die Faschisten die Monarchie intakt ließen, während die Kemalisten und die Bolschewiki die Jahrhunderte alten Dynastien jeweils auf ihre Weise aus dem politischen Leben entfernten. Außerdem: Wie unterschiedlich sind die Religionen und ihre Bedeutungen und Rollen in der Gesellschaft! Soziale, politische und kulturelle Faktoren stellen also ernsthafte Hindernisse beim Vergleichen dar. Wiederum andere könnten einwenden, es sei ein Ding der Unmöglichkeit, Italien, das Herz des Abendlandes, mit einem Land des muslimischen Orients zu vergleichen. Das „Argument" lässt sich aus orientalischer Perspektive ebenso gut verwenden. Aber diese Meinungen gehören ins Feuilleton.

Verhindern diese Einwände den Vergleich? Selbstverständlich sind sie zu berücksichtigen, aber sie bestätigen andererseits Mustafa Kemals und Mussolinis Aussagen, wonach jedes Regime und jede Gesellschaft einzigartig seien. Die Frage lautet: Lassen sich überzeugende Argumente *für* den Vergleich finden? Argumente, die über beziehungsstiftende Anekdoten hinausgehen wie die, dass Mustafa Kemal 1925 den Fes als Kopfbedeckung verbot, weil er unterstellte, der Kopf darunter sei rückständig und unvernünftig, während Mussolini und die Schwarzhemden den Fes zum Teil ihrer Uniform machten; dass Mustafa Kemal den Fes durch den Hut ersetzte, der auf Türkisch ebenso wie in den slavischen Sprachen einschließlich des Russischen *şapka* heißt;[7] dass der von der faschistischen Kunst beeinflusste italienische Bildhauer Pietro Canonica 1928 auf dem zentralen Taksim-Platz in Istanbul ein Denkmal schuf, das die sowjetischen Generäle Frunze und Vorošilov hinter dem Staatsgründer der Republik Türkei zeigt?

Sie gibt es, aber sie sind nicht unproblematisch, weil sie zugleich Grundlagen des vergleichenden Arbeitens betreffen:

Erstens: Mit der Oktoberrevolution 1917 traten die Bolschewiki auf die politische Bühne; die Faschisten eroberten 1922 die Macht in Italien; im gleichen Jahr siegte die nationale Befreiungsbewegung der Türkei gegen ihre zahlreichen Gegner, ein Jahr später rief Mustafa Kemal (Atatürk) die Republik Türkei aus. Es geht also um Geschichtsprozesse, die etwa gleichzeitig begannen und zur selben Zeit ihre jeweiligen Kernmerkmale ausprägten, nicht um zeitlich voneinander getrennte historische Entwicklungen. Zweitens: Das Interesse richtet sich auf die als Aufbrüche nach dem Ersten Weltkrieg entstandenen Bewegungen und Regime. Sie wurzelten in einem historischen Kontext, den die drei Gesellschaften als krisenhaft kennen gelernt hatten. Drittens: Die drei Regime verstanden sich als Erbauer neuartiger politischer und gesellschaftlicher Ordnungen. Das bedeutete auch, die unmittelbare Vergangenheit vollständig abzulehnen, was sie jedoch nicht hinderte, die Geschichte zu legitimatorischen Zwecken zu instrumentalisieren. Sie erhoben den Anspruch, die Denk- und Verhaltensausstattung sowie die Handlungsweisen der Menschen grundlegend zu verändern. Unter der Formel der Erschaffung des „neuen Menschen“ wurde dieses weit ausgreifende Ziel zusammengefasst. Viertens: Wenn die bisher eher aufgezählten als hergeleiteten Zusammenhänge richtig sind, dann lässt sich rechtfertigen, warum Regime miteinander verglichen werden, die im 19. Jahrhundert verwurzelt und die deshalb auch aus den Krisen dieses Jahrhunderts, besonders in seiner letzten Phase, heraus zu erklären und als Antworten darauf zu interpretieren sind. Der behauptete Neubeginn korrespondiert unmittelbar mit dem Krisenbewusstsein. Fünftens: Der Vergleich bezieht sich auf Fälle, die in ihrer Art jeweils Novitäten darstellten. Alle Faschismen außerhalb Italiens waren Nachfolgefaschismen, auch dann, wenn sie – wie der Nationalsozialismus – ein eigenes Profil entwickelten und Radikalisierungen einführten, die der italienische Faschismus ursprünglich nicht kannte; alle Sozialismen außerhalb der Sowjetunion waren Nachfolgesozialismen und bezogen sich, ob sie wollten oder nicht, immer auf das sowjetische Vorbild; der Kemalismus hat im Nahen Osten und in der „Dritten Welt" gewirkt, aber er wurde in der Türkei erfunden. Es handelt sich um die Originale, nicht um Kopien.

Darüber hinaus lassen sich weitere Gründe anführen, die sich auf die europäischen Kontexte der Regime beziehen, aber für die Anlage des Vergleichs keine vorrangige Bedeutung besitzen. Sechstens: Verglichen werden Regime, die für die Geschichte Europas in der ersten Hälfte des 20. Jahrhunderts zentral sind. Es bedarf wohl keiner besonderen Begründung für die Feststellung, dass ohne Kommunismus und Faschismus die Geschichte Europas im vergangenen Jahrhundert nicht verstanden werden kann. Der Kemalismus gehört in den Kontext der europäischen Geschichte, nicht nur, weil seine Herkunft und seine Praxis durch und durch europäisch waren, sondern auch, weil er sowohl von Zeitgenossen als auch in der Forschung mit dem Faschismus und dem sowjetischen Sozialismus in Beziehung gesetzt worden ist. Das Problem dieses Verhältnisses blieb jedoch bis auf den heutigen Tag ungelöst. Aber allein diese Tatsache ist schon Anlass genug, den Vergleich über die bestehenden Äußerungen hinaus analytisch anzugehen. Siebtens: Wer die Beschäftigung mit anderen autoritären Regimen in der Zwischenkriegszeit vermisst, die auf den ersten Blick ebenfalls als Vergleichsfälle in Frage kämen, sollte bedenken, dass sie nicht den spezifischen Charakter des Nachkriegsaufbruchs aufwiesen. In der Regel gaben sie eine militaristisch-konservative Antwort auf die Schwächen ihrer Vorgängerregime, die sich nach dem Ersten Weltkrieg bereits etabliert hatten. Ihnen fehlte aber die ursprüngliche und unmittelbare Bindung an die „Urkatastrophe" des Ersten Weltkriegs, und sie konnten nicht in dem ausgeprägten Maße wie die hier diskutierten Fälle von sich behaupten, Bewegungen zu sein und die Welt neu gestalten zu wollen. Das bedeutet nicht, diese Diktaturen zu verharmlosen; ihre historischen Kontexte sind andere als die, die hier kurz skizziert wurden und die Gegenstand der vorliegenden Untersuchung sind.

Das hier gewählte Vorgehen geht zurück auf die Grundlagen der vergleichenden Methode, wie sie von Marc Bloch formuliert wurden. Sie haben in fast alle Überlegungen zum historischen Vergleich Eingang gefunden. Der französische Historiker hatte 1928 in seinem Aufsatz „Pour une histoire comparée des sociétés européennes" geschrieben, man solle nicht nur Gemeinsamkeiten und Unterschiede herausarbeiten,[8] die klassische Definition des Vergleichs, sondern „étudier parallèlement des sociétés à la fois voisines et contemporaines (…) remontant, partiellement du moins, à une origine commune."[9] Den Vergleich sah er als Mittel, die nationalen Geschichtsschreibungen aufzubrechen, denn es sei ja ganz unverständlich, warum die „phénomènes sociaux" an den Landesgrenzen haltmachen sollten.

Blochs Überlegungen geben Anlass, einen Punkt noch einmal hervorzuheben. Es geht um drei Entwicklungen *in ihrer Zeit*. Damit sind nicht nur synchrone geschichtliche Verläufe gemeint, sondern es kommt auf die Entwicklungsdynamik dieser Verläufe an, die als parallele untersucht werden müssen, aber nicht als homologe zu interpretieren sind. Wenn man Blochs Vorschläge beachtet, dann wird der Blick dafür geschärft, was miteinander verglichen werden soll und kann. Man kann nicht Äpfel mit Birnen vergleichen, heißt es immer wieder, wenn ein Vergleich schief angelegt scheint. So einfach ist die Sache aber nicht, denn die Botanik lehrt uns, dass beide zur Gruppe der Kernobstgewächse zählen. In der Geschichtswissenschaft ist alles noch viel komplizierter. Nicht immer haben Vergleichsperspektiven Bestand; sie sind häufig zeitbedingt. So fragten sich einige Historiker, mit welcher Geschichte diejenige Russlands eigentlich verglichen werden könne, zumal der Vergleich stets mehr Gegenstand der Reflexion als der empirischen Forschung gewesen sei. Aus russischer Perspektive komme nur Europa in Frage. Europa aber ist ebenso inhomogen wie Russland.[10] Historiker und Theoretiker von Modernisierungsprozessen interessierten sich mehr für den Abgleich mit Japan.[11] Oder: In einem frühen Stadium der Forschung sind beispielsweise die Russische Revolution und das Führungspersonal der Bolschewiki mit der Französischen Revolution und ihren Helden verglichen worden. Davon ist die heutige Forschung abgekommen. Der Vergleich schien richtig, weil man ihn sehen *wollte*, anstatt ihn analytisch anzugehen und – bei Nichtzutreffen – zu verwerfen. Dieser Vergleich scheint nicht mehr sinnvoll. Stattdessen vergleicht die Forschung heute Hitler mit Stalin, den Nationalsozialismus mit dem Stalinismus und hält diesen nun für den richtigen. Die Geschichtswissenschaft geht über diese schillernde Geschichte der Vergleiche stillschweigend hinweg und erfindet neue, ohne sich zu fragen, was bei dem früheren Vergleich grundsätzlich schiefgegangen ist, d. h., ohne nach seinen unausgesprochenen Vorannahmen zu fragen. Ein anderes Beispiel: Atatürk ist in der zeitgenössischen Literatur häufig mit den Diktatoren seiner Zeit verglichen worden. Im nächsten Kapitel wird darauf einzugehen sein. Es klingt zunächst plausibel, ihn z. B. neben Mussolini zu stellen. Später jedoch – nach dem Ableben des *Duce* – schien diese Beziehung wenig angebracht und man versuchte es stattdessen mit Jawaharlal Nehru.[12] Offenkundig hängen Vergleiche von zeit- und standortbezogenen, teilweise außerwissenschaftlichen Faktoren ab. Deswegen ist es sinnvoll, sich der vergleichenden Methode auch mit Blick auf die bereits angestellten Vergleiche stets aufs Neue zu versichern.

Der hier vorgenommene Vergleich legt sich, nicht zuletzt aus dem Grund der methodischen Selbstvergewisserung, absichtlich quer zu dem sonst geläufigen Vergleich zwischen Nationalsozialismus und Stalinismus. Das lässt sich über die eingangs bereits genannten Punkte hinaus rechtfertigen. Die auf die Ausgangsbedingungen und Entwicklungsdynamik ausgerichtete Historisierung ist methodisch weniger fragwürdig, als wenn ein Konzept oder eine Merkmalsmatrix den systematischen Vergleich bestimmen, insbesondere dann, wenn sie sich zusätzlich nicht von den politischen Hintergründen ihrer Verwendung lösen können. Das ist bei fast allen Vergleichen zwischen Nationalsozialismus und Stalinismus der Fall, die eine endlose inhaltliche Debatte hervorrufen könnten, die aber den methodisch zweifelhaften Charakter dieser Operationen kaschiert. Die Forschung konzentrierte sich auf diese Regime und versuchte, Gemeinsamkeiten und Unterschiede herauszufinden, meist mit dem Ergebnis, dass die Unterschiede größer sind als die Gemeinsamkeiten. Drei große Tagungen in Hamburg mit zahlreichen Referenten haben sich in den 1990er Jahren mit dem Vergleich beschäftigt. Die Vorträge verdeutlichten in vielen Fällen phänomenologische Gemeinsamkeiten, aber auch die unterschiedlichen Funktionszusammenhänge der verglichenen Aspekte. Ob es letztlich äußere, organisatorische oder doch inhaltliche und methodische Fragen waren, die einer Veröffentlichung der Diskussionen im Wege standen, sei dahingestellt.[13] Die vergleichende Forschung hat sich jedenfalls um diese möglicherweise bezeichnende Nichtveröffentlichung nicht gekümmert.[14] Sie untersuchte weiterhin Vergleichsaspekte, besonders Art und Weise, Ursachen und Anlässe der Massenvernichtung von Menschenleben, die als gemeinsames Kennzeichen der beiden Regime angesehen werden. Die Ergebnisse dieser Bemühungen sollte man keineswegs geringschätzen, denn die Feststellung von Differenzen ist ein großer Schritt, wenn man an die Thesen denkt, die den „Historikerstreit" ausgelöst haben.[15] Nimmt man jedoch eine der jüngsten Publikationen zu diesem Thema zur Hand, so präsentiert sich nach vielen Jahren vergleichender Arbeit ein entmutigendes Ergebnis. In ihrer Forschungsbilanz im Jahre 2009 stellten Michael Geyer und Sheila Fitzpatrick fest, der Vergleich sei leichter gesagt als getan, Methode und Themen seien (noch immer) zu bestimmen, eine neue Runde komparativer und integrativer Forschung müsse nun beginnen, weshalb man wissen müsse, „what difference ‚difference' makes", zumal die Regime „incredibly similar" seien, untererforscht sei der Vergleich ohnehin und „all similarities break down radically and the sheer play of differences loses meaning."[16] Daraus neue Ansätze für den Vergleich zu erarbeiten, die auf eine stärkere Historisierung hinauslaufen, ist richtig.[17] Das ist das Verfahren, das auch dem vorliegenden Vergleich zugrunde liegt. Es scheint jedoch, als sei das eigentliche Problem des NS-Stalinismus-Vergleichs, nämlich die scheinbar gemeinsamen phänomenologischen Aspekte mit den höchst unterschiedlichen funktionalen in einem *tertium comparationis* zusammen zu bringen, weder methodisch noch inhaltlich gelöst worden. Dieser Mangel wurde durch Verdoppelung des Personals kompensiert. Von einer methodischen Verbesserung zu sprechen, wäre gewagt. Was vorher im Kopf eines Historikers nicht zusammenpasste, wurde jetzt von zwei Experten – der eine für den Nationalsozialismus, der andere für den Stalinismus – zusammengedacht. Ein solches Vorgehen ergibt sicherlich eine verfeinerte empirische Rekonstruktion; das Ergebnis hinsichtlich des Vergleichs blieb jedoch das gleiche. Der höhere *input* an *man-power* verschleiert doch nur, dass Vergleichbarkeit nicht in den Eigenschaften des untersuchten Gegenstandes selbst liegt, sondern dass der Vergleich eine denkerische Operation und das Ergebnis einer Systematisierung und Kategorisierung darstellt. Was helfen da zwei Köpfe mehr als einer? Da kommt es auch schon mal vor, dass der Titel eines Buches *einer* Historikerin genau 25 Jahre später als Titel eines Buches *zweier* Historiker wieder auftaucht, ohne dass es einen Hinweis darauf gäbe. Das ist kein Zufall, sondern ein komparatistisches Symptom.[18]

Charakteristisch für den Stalinismus-Nationalsozialismus-Vergleich ist auch, dass der Stalinismus der 1930er Jahre und während des Zweiten Weltkrieges häufig von seiner Vorgeschichte und seiner späten Phase abgetrennt wird. Eine bestimmte Epoche der sowjetischen Geschichte wird stillgestellt und dann mit dem Nationalsozialismus systematisch in Beziehung gesetzt. Das kann man methodisch rechtfertigen, und die meisten Methodenreflexionen lehnen diese Art des Vergleichs keineswegs ab, aber im Grunde wird hier mit einer verwinkelten Begründung gearbeitet: Dem Vorschlag Blochs, die Entwicklungen in ihrer Zeit zu untersuchen und die Entwicklungsdynamik als Teil des Vergleichs zu berücksichtigen, wird dadurch entsprochen, dass man Stalinismus und Nationalsozialismus etwa zeitgleich anfangen lässt, aber um den Preis, dass der Stalinismus wie der Nationalsozialismus den Charakter einer kurzen, in sich abgeschlossenen Epoche tragen. Dem werden nur wenige Sowjethistoriker zustimmen wollen, obwohl die Stalinismus-Forschung sich mittlerweile zu einem eigenständigen Feld entwickelt hat, das leider häufig genug den Bezug zu vorangehenden wie nachfolgenden Phasen verloren hat und übersieht, dass der Stalinismus im Zusammenhang der gesamten Sowjetgeschichte gesehen werden muss.[19] Die Fortsetzung des Stalinismus nach 1945 kommt ebenfalls häufig nicht in den Blick, weil der vergleichenden Betrachtung der Gegenstand verlustig gegangen ist. Was aber bedeutet der Triumph über den Nationalsozialismus für den Vergleich? Die Stalinisten handelten weiter, und sie handelten in manchen Dingen anders als vor 1945. Was also fangen wir mit NS-Stalinismus-Vergleichen an, wenn sie die Phase des „Hochstalinismus"[20] nicht einmal erfassen können? Viele Vergleichsstudien schweigen zu dieser Frage.

Die beiläufige Bemerkung, der NS-Stalinismus-Vergleich könne sich nicht von den politischen Hintergründen seiner Verwendung lösen, ist in diesem Zusammenhang auszuführen. Der Vergleich zwischen Nationalsozialismus und Stalinismus hat nämlich eine Geschichte, die diejenigen reflektieren sollten, die diesen Vergleich ziehen. Er ist nicht wissenschaftlich „unschuldig". Er steht immer in Verbindung mit dem Totalitarismus, auch dann, wenn er sich von ihm absetzen möchte. Die Totalitarismustheorie hat nicht nur zu einer Verengung der Vergleichsperspektiven geführt, indem sie allein die bolschewistische Teilepoche des Stalinismus mit dem Nationalsozialismus in Beziehung setzte und damit im wesentlichen ausließ, was vor 1929 in Sowjetrussland stattfand und vor allem, inwieweit sich das Regime nach 1953 „enttotalisieren" konnte, sondern auch zu einer teilweisen Herauslösung des Nationalsozialismus aus einer vergleichenden Perspektive mit dem Faschismus. Die Problematik des verengten Totalitarismusvergleichs hat Wolfgang Schieder vor dem politisch eingefärbten Hintergrund der Faschismus-Nationalsozialismus-Debatten immer wieder aufgerissen und nachdrücklich dafür plädiert, Faschismus und Nationalsozialismus nicht voneinander zu trennen. Bis heute muss er den (deutschen) NS-Historikern gebetsmühlenartig ins Gedächtnis rufen, dass es eine enge Verwandtschaft des Nationalsozialismus mit dem italienischen Faschismus gebe, die auch ordentlich analysiert gehöre.[21] Weitgehend verloren ging bei der totalitarismustheoretischen Engführung die Tatsache, dass der Begriff im Zusammenhang mit der Entwicklung des Faschismus in Italien stand, wo er zuerst in der antifaschistischen Opposition auftauchte. Dort wurden vergleichende Überlegungen zu den neuen Typen der Diktaturen in Sowjetrussland und Italien angestellt. So ergab sich, dass die Kritik am „totalitären Staat" von der rechtsliberalen und katholischen antifaschistischen Opposition stammte, die in Kommunismus und Faschismus gleichermaßen eine Attacke auf die Freiheit des Menschen erkannte. In dem Zusammenhang sollte nicht unerwähnt bleiben, dass der Vergleich von Faschismus, Nationalsozialismus und Kommunismus (sprich: Stalinismus) in der Inquisition des Vatikans in den 1930er Jahren intensiv diskutiert wurde.[22] Es ist nicht sicher, ob heutige vergleichend arbeitende Historiker diese Brüderschaft im Geiste hinreichend zu goutieren wissen. Das zerrüttete Verhältnis von Freiheit des Individuums und terroristischem Staat in der Massengesellschaft bildete dann die Grundanlage für Hannah Arendts „Elemente und Ursprünge totaler Herrschaft".[23] Arendt reduzierte den Totalitarismus, indem sie den italienischen Faschismus explizit aus dem Kreis der totalen Herrschaft ausschloss, für die sie Nationalsozialismus und Kommunismus in Anspruch nahm, bei genauerem Hinsehen sowjetischerseits nur den Stalinismus.[24] In großem Abstand zu Arendts epochalem Buch befinden sich die totalitarismustheoretisch orientierten Untersuchungen, die nach Beginn des Kalten Krieges viel dazu beitrugen, den Totalitarismus erneut, diesmal auf den Kommunismus, zu verengen, indem sie einen Merkmalkatalog aufstellten, der den Totalitarismus definierte – mit dem unschätzbaren Vorteil, dass er voll und ganz zutraf, da er ja aus dem Sowjetsystem abgeleitet worden war.[25] Durch den Ost-West-Konflikt politisch aufgeladen, machte der Totalitarismus steil Karriere. Wer jedoch glaubte, nach dem Erscheinen von Abbot Gleasons Studie über den politischen Verwendungshintergrund in den USA zu Beginn des Kalten Krieges sei er wissenschaftlich tot,[26] sah sich getäuscht. In den Nationalsozialismus-Stalinismus-Vergleichen setzt er sich fort, auch dann, wenn ihre Autoren sich explizit vom Totalitarismus abwenden. Sie betreiben den Vergleich, den die Totalitarismustheorie nahelegte und immer betrieben hat, nur, dass sie ihn ohne Totalitarismus anstellen. Aber das genau ist die Ausblendung der Geschichte dieses spezifischen Vergleichs, der nur entkommt, wer ihn nicht unternimmt.

Es schadet nicht, die Leser darüber aufzuklären, warum was verglichen wird und ebenfalls darüber Rechenschaft abzulegen, in welchen Traditionen das Vergleichen steht. Für den vorliegenden Vergleich ist jedenfalls insofern viel gewonnen, als er nicht im Bezugssystem der soeben skizzierten Totalitarismus-Debatte steht. Der Kemalismus war nie ernsthaft Gegenstand einer solchen Debatte und der Faschismus in Italien war es seit 1945 nicht mehr, so dass sich allein über den Sowjetsozialismus – und nicht nur den Stalinismus – keine hinreichenden Anknüpfungspunkte auf diesem Felde ergeben. Der Vergleich von Faschismus, Kemalismus und Sowjetsozialismus ist in dieser Hinsicht „unschuldig". Vor dem Hintergrund der überfrachteten und politisierten Geschichte des Totalitarismus ist das ein Vorteil.

In diesem Buch wird an die Historisierung in komparatistischer Form angeknüpft, die Bloch vorgeschlagen hat, ohne jedoch die Kritik an seinem Ansatz in der neueren Literatur zu übersehen.[27] Deswegen geht es hier auch nicht um Definitionen, wie sie etwa die vergleichende Untersuchung des Soziologen Michael Mann unter dem Titel „Fascists" charakterisieren, die bei aller respektablen Systematik und trotz ihres handlungstheoretischen Ansatzes ein terminologisches Koordinatensystem erstellt, in das die – in diesem Fall – faschistischen Bewegungen und Regime einsortiert werden, gleichgültig, wann sie entstanden sind.[28] Dieses Vorgehen ist aus zwei Gründen zweifelhaft: Zum einen legt es historische Analysen auf Definitionen fest; sie zu überwinden machte gerade die Stärke der jüngeren Faschismusforschung aus; zum anderen zeugen die in der Geschichtswissenschaft für das 20. Jahrhundert wichtigen „Theorien" der Soziologen – namentlich die Zygmunt Baumans über die Moderne – von höchstens mittlerer Reichweite, sobald sie ihren westeuropäischen Kontext, aus dem sie entnommen worden sind, verlassen.[29] Der Soziologe Hans Joas hat daher aus der Einsicht in die Differenz von Faktizität und Abstraktion zu Recht gefolgert, es sei notwendig, die soziologische Theorie mit der Sachintimität der Historiker zu verbinden.[30] Der Vergleich kann hier anknüpfen, denn er stellt ebenfalls eine Form der kategorialen und funktionalen Beschreibung und Begriffsbildung dar.

Der Vergleich von Kemalismus, sowjetischem Sozialismus und italienischem Faschismus versucht sich als ein auf Funktionszusammenhänge bezogener Vergleich,[31] weil allein dadurch die in den drei

Ländern unterschiedlichen Phänomene miteinander in Beziehung gesetzt werden können. Trockij hat dieses Vorgehen mit seiner schon zitierten Bemerkung über Hitler-Deutschland, Mussolini-Italien und Roosevelt-Amerika bereits 1936 methodologisch unreflektiert, aber methodisch korrekt vorgeführt, als er den Etatismus als Bezugspunkt einführte und damit einen sozialen Zusammenhang unter gänzlich unterschiedlichen äußeren Bedingungen definierte, der die Vergleichsgegenstände aufeinander bezog. So geschieht es auch in den folgenden Kapiteln, deren Überschriften das verglichene Dritte anzeigen. Wenn etwa von Kriegsparteien, Korporatismus und Etatismus die Rede ist, so geht es nicht so sehr um die äußere (organisatorische, institutionelle) Seite der Herrschaft, sondern um Funktionszusammenhänge, die sich diktatorisch gestalteten; wenn Dynamiken der Repression untersucht werden, so stehen nicht so sehr die äußeren Formen der Gewalt in den drei Regimen im Blickpunkt als vielmehr ihre Funktionen in den jeweiligen Gesellschaften; im Falle der charismatischen Herrschaft dürfte der Zusammenhang ohnehin klar sein.

Schließlich sind noch einmal die eingangs genannten Zitate Mussolinis und Mustafa Kemals aufzugreifen. Sie suggerieren einen nationalen Sonderweg, den der Vergleich in Frage stellt. Dabei hätte Mustafa Kemal allein bei der Betrachtung des ebenfalls schon erwähnten Denkmals auf dem Taksim-Platz in Istanbul bemerken können, dass eine solche Aussage weit von der Wirklichkeit entfernt ist. Die Vorstellung von einer nationalen, in sich selbst ruhenden Geschichte ist nicht aufrecht zu erhalten. Historische Vergleiche zeigen auf, in welchem Maße Ursachen für historischen Wandel und Entwicklungswege nicht allein in einer Gesellschaft aufzufinden sind. Der Vergleich schafft eine supranationale Ebene ihrer Historisierung. Er stellt die Einzigartigkeit der Regime in Frage, die der *Duce* und der *ulu önder* (erhabener Führer) für ihre Regime reklamierten. Dieser Exzeptionalismus gehörte tatsächlich zum Selbstverständnis der Regime.[32] Er blockierte den Vergleich ebenso wie er die Deutungshoheit der Führer bekräftigte. Zugleich hat die Geschichtswissenschaft dieser Länder die nationale Perspektive kaum verlassen, so dass man von einer unbeabsichtigten Bestätigung des Einzigartigkeits-Diktums sprechen kann. Es ist an der Zeit, aus diesem Rahmen herauszutreten.

Vor diesem Hintergrund ist der Vergleich der hier behandelten drei Regime zu verstehen, wenngleich damit noch längst nicht alle Probleme aus der Welt geschafft sind. Wer Kemalismus, Faschismus und Sozialismus miteinander vergleicht, der hat es auch mit Werturteilen der Nachlebenden und Überlebenden zu tun, die unmittelbar auf die Rechtfertigung des Vergleichs einwirken. Das historische und moralische Urteil über Faschismus und Sowjetsozialismus ist gesprochen. Der Vergleich muss deshalb klären, ob die drei Regime hinsichtlich der historischen Einschätzung und der Werturteile (die die historische Analyse nicht ersetzen) auf einer gleichen Stufe stehen. Die Frage läuft letztlich auf eine einzige hinaus: Sind sich die drei Regime hinsichtlich der Vernichtung von Menschenleben ähnlich?

Es scheint eine Lösung für dieses Problem zu geben. Hans Mommsen hat behauptet, es sei methodisch innovativ, Stalinismus und Nationalsozialismus von ihren weltgeschichtlichen Wirkungen her zu verstehen.[33] Das ist ein – wenn auch nicht ganz neuer – Gedanke, dem sich in Anbetracht der menschlichen und materiellen Verwüstungen niemand entziehen kann; aber er ist aus zwei Gründen undeutlicher, als zunächst angenommen. Erstens, Historiker fragen nun einmal hauptsächlich danach, woher etwas kommt. Selbstverständlich müssen auch die weltgeschichtlichen Wirkungen verstanden werden, aber wie anders als historisch wäre das für Historiker möglich? Zweitens, das in Mommsens Formulierung implizit enthaltene Bild der globalen Geschichte im 20. Jahrhundert lässt die Frage nach dem historiographischen Stellenwert des Nichtmonströsen stellen: Sind Mörderregime geschichtlich relevanter als andere, die sich nicht in Massenvernichtung von Menschenleben und Rassismus historisch manifestierten und deswegen historiographisch immer im Schatten der großen Verbrechersysteme stehen? Diese Frage zu stellen bedeutet ja nicht, die Erforschung des Monströsen zu unterlassen oder zu reduzieren, da es für Historiker und für das kollektive Erinnern ohnehin kein Entrinnen aus der Geschichte gibt und das Erforschen der Vergangenheit ein unersetzlicher Teil des Gedächtnisses bleiben muss. Wo aber die Problematik der Aussage Mommsens liegt, zeigt die Geschichte der Türkei. Um in der deutschen Geschichtswissenschaft wahrgenommen zu werden, bedarf es eines Völkermords. Sonst braucht man über das Land nicht viel zu wissen. In dem Kontext von Nationalsozialismus und Stalinismus, in dem Mommsens Äußerung fiel, entsteht der Eindruck, dass dem italienischen Faschismus und dem Kemalismus wenig oder keinerlei welthistorische Wirkungen zuerkannt werden. Sie waren nicht blutig genug. Mommsen hat das sicher so nicht gemeint, aber er hat das Problem aufgeworfen. In diesem Buch ist das Kriterium des größtmöglichen Verbrechens aber keines, das die Auswahl der Vergleichsfälle bestimmt.

Die Lösung des Vergleichsproblems liegt nicht darin, den Historiker als Berichterstatter über drei parallel nebeneinander her zu erzählende Nationalgeschichten auftreten zu lassen, wobei sich im Verlauf des Erzählens gleichsam wie von selbst die Gemeinsamkeiten und Unterschiede herausschälen.[34] Hier wird vielmehr ein asymmetrischer Vergleich vorgenommen. Das hat auch einen operativ-methodischen Vorteil, weil dadurch die Struktur des Vergleichs besser herausgearbeitet werden kann. Nicht immer sind in dieser Untersuchung gleichwertige Dreiecksbezüge sinnvoll, so dass sich dieses Buch die Freiheit nimmt, mit wechselnden Fokussierungen zu arbeiten. Mal steht Italien mehr im Zentrum, mal die Sowjetunion, immer aber die Türkei. Selektion und Grad der komparatistischen Affinität wird dabei vom gewählten *tertium comparationis* bestimmt. Dass die Türkei in diesem Vergleich ein besonderes Gewicht erhält, hängt nicht nur mit der zuvor beklagten Tatsache zusammen, dass ihre Geschichte hierzulande wenig bekannt ist, sondern vielmehr mit dem gewichtigeren methodischen Aspekt, mit den Bestimmungen der Vergleichsaspekte nicht zwangsläufig ins Gehege eurozentrischer Vorstellungen zu geraten, um einer „Nostrifizierung" zu entgehen.[35] Dass die Türkei nach 1923 aber nach nichts mehr strebte als nach Europäisierung, lindert das Problem wiederum.

Abschließend lassen sich Gründe anführen, die den zitierten Vorschlag Mommsens nicht von der methodischen Seite in Frage stellen, sondern von der Warte der historischen Relevanz erweitern. Hier werden drei geschichtsmächtige Regime in Beziehung gesetzt, die zum einen für die jeweiligen Gesellschaften des 20. Jahrhunderts zweifellos die wichtigsten Epochen darstellten, zum anderen darüber hinausgehende Bedeutung für den europäischen und außereuropäischen Geschichtsverlauf erhielten. Beim Faschismus handelt es sich, ob man will oder nicht „um *den* Beitrag Italiens zum 20. Jahrhundert"[36], die Epoche des Sowjetsozialismus – nicht nur der Stalinismus – ist von solch elementarer Bedeutung, dass kein Geringerer als Eric Hobsbawm sie als mit dem 20. Jahrhundert identisch betrachtet.[37] Der Kemalismus steht in seiner Bedeutung den beiden anderen in nichts nach, denn er ist der gern vergessene Verwandte der europäischen Entwicklungen im 20. Jahrhundert, der nur deswegen kaum in den Blick gerät, weil in diesem Fall Europa in Anatolien lag. Das bedeutet für dieses Buch, nicht einfach Vergleichsthemen zu definieren, die sich aus scheinbaren Analogien ergeben, sondern die drei Regime als alternative Entwürfe für die Gestaltung einer besseren Zukunft nach den Kataklysmen des Ersten Weltkrieges darzustellen. Sie sind im Sinne Lev Trockijs komparatistisch „symmetrische Erscheinungen“[38] und im Sinne Wolfgang Schivelbuschs „entfernte Verwandte“ insofern, als sie drei Wege aufzeigen, die nach dem Ersten Weltkrieg ermöglicht wurden.

Blicke auf den Anderen

Die methodischen und inhaltlichen Schwierigkeiten treten in Anbetracht der vergleichenden Aussagen von Zeitgenossen noch deutlicher hervor. Es scheint ja auch gänzlich undenkbar, dass politische Beobachter der zwanziger und dreißiger Jahre die Augen vor den historischen Parallelen verschlossen haben sollten, die sich ihnen geradezu aufdrängten.

Fragen wir also zuerst: Haben Zeitgenossen eine Verbindung zwischen italienischem Faschismus, sowjetischen Sozialismus und Kemalismus gesehen? Man könnte an dieser Stelle George Bernard Shaw anführen, der in seiner Rolle als Bürgerschreck das in seinen Augen kraftlose politische Establishment Englands mit seinen provozierenden Sympathien für die europäischen Diktatoren Mussolini, Hitler, Stalin – Mustafa Kemal Pascha nahm er ebenfalls in den erlauchten Kreis auf – entweder schocken oder zum Narren halten wollte. In seiner alle feinen ideologischen Unterschiede übersehenden Betrachtungsweise blieb der Literaturnobelpreisträger von 1925 im Gegensatz zu anderen Intellektuellen, die sich auf eine der Seiten schlugen, allerdings ein bemerkenswertes Exemplar geistiger Selbständigkeit, das im Alter von immerhin 74 Jahren noch zu einer Reise in die Sowjetunion aufbrach. Im Sommer 1931, mitten während der Kollektivierung, in der Tausende zu Tode kamen, meinte der Schriftsteller: „Now, everybody who can possibly do so, should go to Russia“[39], und er fand das Reisen dort „perfectly safe and pleasant“[40].

Die im Shawschen Gestus der permanenten Provokation gezogene Parallele zeugt mehr davon, wie die Anziehungskraft starker Persönlichkeiten oder „großer Männer“, die in Kapitel 4 genauer untersucht wird, die kritischen Fähigkeiten von Intellektuellen relativiert und daher in die Abteilung „Verirrungen europäischer Intellektueller im 20. Jahrhundert“ gehört, als dass sie Hilfe für eine komparative Erklärung bildete. In Deutschland zum Beispiel meinte der Ökonom Werner Sombart, sein Land brauche einen willensstarken Führer wie Mustafa Kemal, Lenin oder Mussolini.[41] Zahlreiche europäische Intellektuelle ließen sich von den Führern mitreißen, und die Beschreibung der politischen Regime geriet zuweilen zu solchen der Führer. Das kann man nachvollziehen, da die Führerfiguren untrennbar zu den Regimen gehörten – oder war es umgekehrt? Darüber hinaus stellte sich in den dreißiger Jahren eine Entscheidungsfrage, für die es scheinbar keine Alternative gab. Weit davon entfernt, sich der Verführung durch die politische Macht tugendhaft und kritisch entgegen zu stemmen, glaubten Europas Intellektuelle, sich zwischen Faschismus und Kommunismus entscheiden zu müssen – bevor sie sich einem der großen Männer an den Hals warfen. Lion Feuchtwangers unerträgliches Lob der stalinistischen Sowjetunion sticht hier heraus, ist aber nicht das einzige.[42] Die Faszination der „Führer" veranlasste auch den Journalisten und Schriftsteller Emil Ludwig, um 1930 Interviews mit Stalin, Mustafa Kemal und Mussolini zu führen. Mustafa Kemal gab sich zugeknöpft; das Interview fiel sehr kurz aus;[43] Stalin gab gestanzte marxistische Statements ab[44] und Mussolini wickelte den Schriftsteller wortreich ein.[45]

Muss man vor dem Hintergrund, dass so mancher Intellektueller zwischen Pest und Cholera glaubte wählen zu müssen, die Aussagen über die kemalistische Türkei als Alternative lesen? Unmittelbar vor und nach der Gründung der Republik Türkei 1923 sympathisierten große Teile der europäischen Öffentlichkeit mit den respektablen Reformen. Mit Riesenschritten bewegte sich die neue Türkei auf Europa zu. Der Unterschied zwischen Europa und der osmanisch-islamischen Theokratie schien aufgelöst. Die *Presse Lausannoise* stellte schon 1922 während der diplomatischen Verhandlungen über das zukünftige Schicksal der Türkei im Erscheinungsort der Zeitung fest, die Türkei sei ein Nationalstaat „tout comme les pays neufs de l'Europe central ou les vieux Etats de l'occident".[46] Wer hier vermutet, die Schweizer Stadt und die Lokalpresse seien in Anbetracht der Ausgaben der türkischen Delegation ein wenig positiv gestimmt worden, kann sich vom weit entfernten *Kurjer Warszawski* eines Besseren belehren lassen. Er teilte die Lausanner Einschätzung, als er im September 1924 schrieb, die neue Türkei könne auf das Wohlwollen Europas zählen; die Türken seien „ein in jeder Hinsicht gereiftes und zivilisiertes Volk" und daher würdig, „in die Familie der zivilisierten Völker" einzutreten.[47] In größeren historischen Dimensionen dachte der Philosoph und Bildungsreformer John Dewey, der sich 1924 auf Einladung Mustafa Kemals für zwei Monate in der Türkei aufhielt. Er fühlte sich an den Aufbruchsgeist der Vereinigten Staaten von Amerika erinnert, an *Frontier*, Willensstärke, Risikobereitschaft und Zielgerichtetheit, „something akin to the work of the pioneer and the frontier in

America". Er fand die historische Situation der jungen Türkei widersprüchlich: „It is paradoxical that it should be necessary for a nation to go into Asia in order to make sure that it is to be Europeanized."[48]

Ein Blick in die zeitgenössische Literatur lehrt, dass der Vergleich mit Faschismus und Sowjetsozialismus häufig mitgedacht wurde, wenn über die Türkei geschrieben wurde, aber auf eine eigentümlich defensive Weise. Jedoch war er von Anfang an vorhanden und gehörte offensichtlich zum Denkrepertoire der Betrachter. Der amerikanische Soziologe Donald Everett Webster ist dafür ein Beispiel. Er lehrte von 1931 bis 1934 am International College in Izmir. In seinem 1939 in Philadelphia erschienen Buch „The Turkey of Atatürk" stellt er gleich auf der ersten Seite klar: Vergleiche mit dem italienischen Faschismus und dem sowjetischen Sozialismus könne man anstellen, „but these comparisons do not produce homology: Turkey is neither Communist nor Fascist."[49] Nun ist die Gleichsetzung nicht Ziel des Vergleichs, und im vorangegangenen Abschnitt war schon die Rede davon, wie er bewältigt werden soll. Aber Webster meinte, die Türkei und Atatürk gegen Anwürfe der besagten Art schützen zu müssen. Er verzichtete darauf, den seiner Meinung nach sinnlosen Vergleich durchzuführen. Im Grunde ging es um die Frage, ob der türkische Staat eine Diktatur sei, und wenn ja, war Atatürk dann ein Diktator wie Mussolini oder Stalin?[50] Webster fand zwar Annäherungen, besonders in den 1937 eingeführten Arbeitsgesetzen sei die Türkei einen Schritt in Richtung der totalitären Staaten gegangen,[51] dennoch ist für den Zeitzeugen die Sache klar: Im Vergleich zu den Italienern würden die Türken mehr Freiheiten und mehr persönliche Sicherheit erfahren, und Atatürk, dem die historische Chance offengestanden habe, ein dem Sultan vergleichbarer Despot zu werden, habe diesen Weg nicht beschritten. In dieser historischen Perspektive, so Webster, seien die Kemalisten „marvelously democratic". Woran kann man Diktaturen erkennen, fragt Webster weiter, wenn nicht an ihren politischen Gefangenen. Seit der Amnestie von 1938 gab es in der Türkei keinen einzigen mehr.[52]

August von Kral, ehemaliger außerordentlicher Gesandter Österreichs und nach eigenen Angaben jemand, der viele Jahre in der vor- sowie nachrevolutionären Türkei gelebt hatte, Verfasser eines 1935 in Wien und Leipzig auf deutsch, englisch und französisch erschienenen kenntnisreichen Buches über die Entwicklung der modernen Türkei, meinte ebenfalls, dass Mustafa Kemal Pascha die historische Chance, eine Diktatur zu errichten, ausgeschlagen und statt dessen konstitutionelle und demokratische Prinzipien hochgehalten habe.[53] „One *cannot*, however, under the most severe and impartial examination, find in him (Atatürk – S.P.) the *characteristics of a dictator and usurper*, as he was so frequently considered abroad."[54]

Demokratie oder Diktatur? So lautete die zentrale Frage der westlichen Literatur in den 1930er Jahren. Norbert von Bischoff sah 1935 die Frage falsch gestellt, weil die türkischen Verhältnisse beide Deutungen ermöglichten: „Somit scheint also der theoretische Staatsrechtler ebenso gerechtfertigt, wenn er von einer türkischen Demokratie spricht, wie der praktische Politiker, der den faktischen Zustand als Diktatur bezeichnet." Aus diesem Dilemma werde „ein voll befriedigender Ausweg noch nicht gefunden", solange die Eigentümlichkeiten des kemalistischen Parteistaats unberücksichtigt blieben. Hinter der streng demokratischen Fassade verberge sich ein straff autoritärer Führungsmechanismus, den wiederum „tausend Fäden und Kanäle (...) mit dem Ganzen des Volkes in lebendiger Wechselbeziehung halten." Wenn unter diesen Umständen, so von Bischoff, aus der Terminologie des europäischen Staatsrechts ein treffender Begriff zur Kennzeichnung der türkischen Verhältnisse gesucht werde, dann sei Demokratie doch der richtige, zumal auch in Europa der Herrschaft des Volkes „nur der Wert einer mehr oder minder frommen Fiktion" zukomme.[55]

Die US-amerikanische Türkei-Expertin Barbara Ward schrieb 1942, die Einparteiherrschaft in der Türkei stelle das Land unter Verdacht, etwas mit Russland, Deutschland und Italien gemeinsam zu haben. Aber Ward sieht die Ähnlichkeit zum „modern totalitarian state" nicht im Kemalismus, sondern in der vorangehenden jungtürkischen Periode unter Enver Paschas Leitung.[56] Sie erinnert daran, dass die Verfassung der republikanischen Türkei die „rights of man" nicht nur garantiere, sondern dass es auch keine Äquivalente zur Gestapo oder zur sowjetischen Geheimpolizei OGPU, zu Zwangsarbeit oder Konzentrationslager, keinen staatlichen oder Parteiterrorismus gebe; Propaganda, wiewohl vorhanden, gehe nicht mit physischer Gewalt einher. „Even to the most superficial observer, Turkey is obviously not ‚totalitarian'." Ward wird aber den Verdacht nicht los, dass die Demokratie nicht über allen Zweifel erhaben ist. Sie formuliert das Problem folgendermaßen: „The question is, however, whether the Republic can be genuinely called free. The truth is, perhaps, that Turkey is a community in which the citizens are being forced to be free."[57] Das ist eine Interpretation ganz im Sinne des Erziehungsauftrags der Kemalisten. Später, während der Debatten über Modernisierungstheorien, hätte man an dieser Stelle den Begriff Erziehungsdiktatur verwendet. Ein Jahr zuvor hatte Emil

Lengyel in seinem Türkei-Buch betont, trotz der guten diplomatischen Beziehungen zur Sowjetunion sei die türkische Regierung weit davon entfernt, ihrer Bevölkerung den gleichen Weg zum Glück anzubieten wie in der UdSSR. Pointiert, aber zutreffend, schreibt Lengyel: Der Bolschewismus versprach den Verhungernden ein Fest und den Verdammten das Paradies.[58] In der Türkei war man klüger.

Welchen anderen Grund gab es für die Untersuchungen über den Kemalismus, den Vergleich immerfort mitzudenken und ihn, wenn auch nicht ausführlich und gut begründet abzulehnen, als den Vorwurf der Verwandtschaft mit Faschismus und Kommunismus zu entkräften? Die genannten Autoren sahen sich infolge ihrer durch eigene Anschauung gewonnenen Erkenntnisse gezwungen, der Vereinnahmung der kemalistischen Türkei in die Familie der Diktaturen entgegen zu treten. So ist deutlich zu bemerken: Je genauer die Kenntnis der Türkei und je intensiver der Aufenthalt im Land, desto positiver fiel das Urteil aus. Das spricht nicht unbedingt gegen diese Autoren, denen man gewiss keine Naivität vorwerfen kann. Aber noch einmal: Musste die europäisierende, kemalistische Türkei trotz aller demokratischen Defizite nicht als eine Fortsetzung des europäischen Aufklärungsprojektes erscheinen, dessen Alternativen mitten im Herzen des Abendlandes der diktatorische Faschismus, der rassistische Nationalsozialismus und in Osteuropa der terroristische Kommunismus hießen? Es wundert nicht, dass unter diesen Bedingungen die Türkei besser abschnitt, wenn eine kritische Betrachtung auch anders hätte aussehen müssen.

Die Rolle des Gegners übernahm H.C. Armstrong in seiner vielfach rezipierten Biographie Mustafa Kemal Atatürks, die ebenfalls aus eigener Anschauung geschrieben war. Die Erfahrungen des ehemaligen Kriegsgefangenen der Osmanen im Ersten Weltkrieg waren weniger positiv ausgefallen als die eines Webster oder von Kral. Den Erbauer der modernen Türkei stellte Armstrong als despotisches Ungeheuer mit zahlreichen widerwärtigen menschlichen Schwächen dar und ließ keinen Zweifel daran, dass er ihn für einen Diktator hielt.[59] Aber immerhin eine moderne Diktatur, ließe sich ergänzen, denn im 1935 publizierten Sammelband über „Dictatorships in the Modern World" wurde auch die Türkei gewürdigt. Mustafa Kemals Diktatur sei eine der erfolgreichsten modernen Diktaturen, da sie „more positive achievements" verbuchen könne als andere.[60] Differenzierter, aber im Urteil ähnlich schrieb der aus Prag stammende Historiker Hans Kohn in seinem kritischen Buch über den Prozess der Europäisierung im Nahen Osten, das 1936 in London erschien. Keineswegs ein Anhänger der europäischen *mission civilisatrice* sah er, der mehrere Jahre in Jerusalem gelehrt hatte, sehr wohl eine Ähnlichkeit zwischen Italien, auch Deutschland, und der Türkei hinsichtlich ihrer Führer. Das konstitutionelle System der Türkei schien ihm mehr dem italienischen als dem deutschen verwandt. Das Abschlagen der Vergangenheit, die Industrialisierung, der intensive Nationalismus, das kapitalistische Wirtschaftssystem mit starker Staatsintervention, die Volksbildung, diese Ziele hätten der Faschismus und die (türkische) Republikanische Volkspartei gemeinsam.[61] Die Aufzählung taugt jedoch kaum zur Bestimmung des faschistischen Charakters der Türkei, denn sie ist beileibe nicht Faschismus-spezifisch, sondern trifft mehr oder weniger auf jeden Nationalstaat nach 1918 und auch jedes Schwellenland zu. Kohns Urteil über Atatürk hingegen lässt an Deutlichkeit nichts zu wünschen übrig: „Autokrat".[62] Kohn mag die Schwäche seiner Argumente aufgefallen sein, denn in dem 1939 veröffentlichten Buch „Revolutions and Dictatorships", in dem er den Zusammenhang von Unfreiheit und raschem politischem Wandel seit der Französischen Revolution beschreibt, kehrt er die Deutung des Kemalismus vollständig um. Nun kommt er zu dem Schluss, nicht Italien, sondern die kommunistische Diktatur „influenced profoundly the dictatorship of Mustafa Kemal in Turkey". Als Modernisierungsdiktatur, auch wenn der Begriff nicht fällt, sei der Kemalismus stärker dem sowjetischen Modell einer Wandlungsstrategie vom Agrar- zum Industriestaat verwandt. „Turkish dictatorship can be compared only to the Soviet regime."[63] Vom Faschismus sei die Türkei grundsätzlich verschieden.[64]

Das Zeugnis der Zeitzeugen bleibt insgesamt höchst widersprüchlich. Die inkohärenten Ansichten über Atatürks Türkei warnen den Leser. Sich auf sie zu verlassen, kann ein Fehler sein, denn zumindest im Zweiten Weltkrieg spielten positive Urteile wie das von Ward über die Türkei, die im Krieg neutral blieb, für die politische Einschätzung durch die Alliierten eine Rolle. John Parker und Charles Smith kamen in ihrer 1940 veröffentlichten Untersuchung über „Modern Turkey" zu dem Ergebnis, auf den ersten Blick sei die Türkei nicht sehr demokratisch, aber eine Ähnlichkeit mit den totalitären Staaten sei nicht erkennbar, weil die Türkei durch eine soziale Revolution gegangen sei sowie Rede- und andere Freiheiten weitgehend existierten.[65] Weißwaschen hieß die Devise in Zeiten der Bildung von Kriegskoalitionen. Zu nennen ist hier auch einer der wichtigsten Verkäufer der pro-türkischen Idee, Ernst Jäckh, der eine bemerkenswerte biografische Verbindungslinie vom deutschen Imperialismus vor 1914 zur Ausdehnung des

Westblocks und der NATO nach dem Zweiten Weltkrieg bildet. Er begann seine Karriere im diplomatischen Dienst unter Wilhelm II. und entwickelte eine Zuneigung zum Osmanenreich. Zunächst Vertreter eines moderaten deutschen Imperialismus im Orient, dann Professor für türkische Geschichte in Berlin und Leiter der Hochschule für Politik und schließlich als Professor an der Columbia University ein einflussreicher Netzwerker des positiven Türkeibildes in verschiedenen politischen Systemen,[66] zeichnet er sich weniger durch gute Kenntnisse des Osmanenreiches und der Türkei als durch geschmeidigen politikwissenschaftlich-feuilletonistischen Stil aus. Sein bekanntes Buch über den „aufsteigenden Halbmond", mit dem er die übliche Deutung des Osmanenreiches als „kranken Mann am Bosporus" zu konterkarieren hoffte, beginnt mit dem ohne Augenmaß geschriebenen Satz, die Wende vom Osmanenreich zur modernen Türkei sei „as profound a change – though basically of a different character – as from German Empire of the Hohenzollerns to the Third Reich of Adolf Hitler."[67] Gerade die Analogie zum Nationalsozialismus suchte der politische Emigrant, seit 1933 britischer Staatsbürger, in seinem Buch zu vermeiden. Jäckh fand bei seinen Besuchen in der Türkei nur einen Minister, der den Nationalsozialismus pries.[68] Es könnte sich dabei um Recep Peker gehandelt haben, der Sympathien für den Nationalsozialismus hegte,[69] zugleich aber dem emigrierten jüdischen Rechtsprofessor Ernst Hirsch eine Wohnung im eigenen Haus vermietete und in den Sommermonaten Küche und Bad mit ihm teilte.[70] Jäckhs Ausführungen sind mit Blick auf die politische Sphäre in Washington geschrieben und zudem nebulös, etwa wenn er von „democratic dictatorship" spricht oder in einem Gespräch mit Atatürk den Kotau vor dem Präsidenten der Republik vollführt: Auf dessen verführerische Frage, warum er Hitler ablehne, aber Atatürks Freund geblieben sei, antwortete Jäckh: „Your dictatorship frees an enslaved people while Hitler's tyranny enslaves a free people."[71] Man müsste sich mit derlei Aussagen nicht weiter beschäftigen, wenn sie nicht die Türkei-Rezeption beeinflusst hätten.

Während das eine Lager die Differenzen zwischen Kemalismus, Faschismus und Kommunismus betonte, fielen die Urteile jener Autoren, die auf die Gemeinsamkeiten achteten, naturgemäß anders aus. Sie verbanden zwei Eigenschaften miteinander: die geringe Kenntnis der Türkei und die Erfahrung der Unfreiheit im eigenen Land, die sie in die Opposition gegen jedes autoritäre Regime führte. In dieser Kombination tauchte die Türkei regelmäßig als dem Faschismus und dem Kommunismus verwandt auf. Der Verdacht, der politische Standort bestimme das Urteil, lässt sich folglich auch hier nicht von der Hand weisen, ohne dass die Urteile deswegen falsch sein mussten. So schrieb der ehemalige italienische Ministerpräsident Francesco Nitti vom „Mittelmeer-Fieber der Diktatur", dem Italien, Spanien, die Türkei und Griechenland anheimgefallen seien.[72] Immerhin gestand er zu, dass die Türkei ihre Kraft zurückgewonnen und „das arme, verheerte und von Malaria verseuchte" Ankara das Land aus der europäischen Diplomatie gelöst habe. Nitti hatte gut reden. An dem bedauernswerten Zustand war der Politiker aus dem Lager der Liberalen nicht schuldlos. Nach dem Waffenstillstand 1918 waren italienische Truppen in der Türkei an Land gegangen, unmittelbar vor Beginn von Nittis Regierungszeit im Juni 1919 hatten sie Antalya übernommen und das große Gebiet im Südwesten der Türkei besetzt, das ihnen später im Friedensvertrag von Sèvres als Interessengebiet zuerkannt werden sollte. Nitti gehörte zu denen, die dem italienischen Imperiumstraum hinterherliefen und die Emil Lengyel sarkastisch folgendermaßen charakterisierte: „They descended upon Turkey because it was the only country that even Italy could kick in the back without fear of getting kicked in return."[73] Nachdem der Faschismus gesiegt hatte und Nitti in der Rolle des Oppositionellen auftrat, sah er die Dinge anders. Nun kritisierte er „ruchlose Handlungen", welche die Sieger gegen die Türkei begingen, als sie sich das Land politisch völlig unterwarfen. Nitti deutete den Sieg der Türken im „Unabhängigkeitskrieg" um: „Sie haben Europa moralisch geschlagen".[74]

Luigi Sturzo hingegen, ehemals Sekretär der Partei des politischen Katholizismus (*Partito Popolare Italiano*), der niemals ein Regierungsamt innehatte, beklagte die Aushöhlung der Freiheit und stellte fest, sie sei „bis heute und überall in Achtung und Gebrauch bei allen zivilisierten Völkern, ausgenommen in Russland und in Italien und in anderen nicht sehr wichtigen Gegenden des Mittelmeeres."[75] Sturzos Deutungen, vor allem die von ihm festgestellten systematischen Gemeinsamkeiten von Faschismus und Sozialismus, haben ihn zu einer frühen Auffassung vom totalitären Staat kommen lassen.[76] Die Türkei mag er zu den „nicht sehr wichtigen Gegenden des Mittelmeeres" gezählt haben. Sie ist ihm in dem Buch, einer aus der Kenntnis der italienischen Geschichte und der politischen Zustände geschöpften Analyse des Faschismus, keine Erwähnung wert. Aber in seinem 1935 veröffentlichten Aufsatz über den „totalitären Staat" subsumiert er unter diesem Titel das bolschewistische Russland, das faschistische Italien, das nationalsozialistische Deutschland und die kemalistische Türkei, die jedoch nur genannt, nicht aber analysiert wird.[77]

In diesem Zusammenhang sind auch einige Urteile der deutschen Emigranten, die aus Nazi-Deutschland fliehen mussten, von Gewicht, weil sie die Diktatur am eigenen Leibe gespürt hatten und besonders sensibel auf die politischen Vorgänge in der Türkei reagierten. Erich Auerbach, aus Marburg vertriebener Romanist, der in Istanbul sein epochales Werk „Mimesis. Dargestellte Wirklichkeit in der abendländischen Literatur“ verfasste, schrieb im Dezember 1936 an Walter Benjamin: „Man hat hier alle Traditionen über Bord geworfen und will auf europäische Art einen – extrem türkisch-nationalistischen – durchrationalisierten Staat aufbauen. Es geht phantastisch und gespenstisch schnell (...) Im übrigen aber wird das Land konsequent und vollständig beherrscht vom Atatürk und seinen anatolischen Türken.“ Auerbachs Beschreibung der anatolischen Türken, die begrifflich bereits den Hinweis auf zivilisatorische Rückständigkeiten enthält, bewegt sich am Rande rassischer Vorurteile. Was aber dabei herauskommt, wenn die Türkei Europa kopiert, beschreibt Auerbach folgendermaßen: „Resultat: Nationalismus im Superlativ bei gleichzeitiger Zerstörung des geschichtlichen Nationalcharakters. Dieses Bild, das in anderen Ländern, wie Deutschland und Italien und wohl auch für Russland (?), noch nicht für jedermann sichtbar ist, bietet sich hier in völliger Nacktheit.“[78] Dieses Diktum trifft insofern zu, als es auf den Willen zur fundamentalen Erneuerung abzielt, der den Regimen in Italien, Sowjetrussland, im nationalsozialistischen Deutschland, aber eben auch in der Türkei eigen und der für den Emigranten als gemeinsames Merkmal zu beobachten war.

Ernst Reuter, der während der NS-Zeit seine Zuflucht in der Türkei fand, meinte vermittelnd: „Im Schnittpunkt der Weltinteressen ist die Türkei weder ein Vorposten der westlichen Demokratie, wie einige allzu eifrige Federn uns glauben machen möchten, noch ist sie ein von finsteren faschistischen Mächten geführtes Land, das in Wahrheit von nichts anderem träumte, als zusammen mit Hitler über andere Länder herzufallen.“[79] Letzteres darf man in Anbetracht der Neutralität der Türkei im Zweiten Weltkrieg und des nicht vorhandenen Revisionismus in der Zwischenkriegszeit ohnehin als übertrieben bezeichnen. Und Ernst Hirsch, der Rechtswissenschaftler, der 1933 Deutschland verließ, zwanzig Jahre in der Türkei lehrte und schließlich die türkische Staatsbürgerschaft annahm, schrieb in seinen erstmals 1982 veröffentlichten, insgesamt sehr stark harmonisierenden Erinnerungen, der Einparteistaat Atatürks habe „keineswegs dem Führerstaat mit Gefolgschaft“ entsprochen, sondern war „eine parlamentarische Demokratie, in der von der Staatsspitze aus nicht befohlen, sondern Direktiven gegeben wurden."[80]

Letztlich stellen die kontroversen Auslegungen der Zeitzeugen umso deutlicher die Aufgabe, den Vergleich zu betreiben. Aber hier kamen bisher nur Personen zu Wort, die allen drei Regimen kritisch oder feindlich gegenüber standen oder – wenn sie, wie im Falle des Kemalismus, sympathisierten – nicht dazu gehörten. Der Vollständigkeit halber ließe sich nun fragen: Was sagten italienische Faschisten über den Kemalismus und über den Sowjetsozialismus, was Kemalisten über den Faschismus und Kommunismus, und was die Bolschewiki über die Kemalisten und Faschisten? Darüber ließe sich ein ganzes Buch schreiben. Das ist jedoch nicht nötig, denn in zwei Fällen ist die Sache ziemlich klar und gut aufgearbeitet. Die sowjetischen Kommunisten hatten sich seit 1923 in der Komintern einen Reim auf den Faschismus gemacht. Während Stalin 1924 den Faschismus in Italien „in Zersetzung begriffen" glaubte,[81] kursierte zwei Jahre später eine kluge Faschismus-Analyse mit Blick für seine historischen und sozialen Zusammenhänge unter den Kadern der Komintern.[82] Sie hielten ihn, so die anlässlich der deutschen Vorgänge 1933 festgelegte Formel, für „die offene terroristische Diktatur der am meisten reaktionären, chauvinistischen und imperialistischen Elemente des Finanzkapitals."[83] Zwar wurde die Definition nicht streng in allen Belangen zur Politik beachtet, und schon gar nicht verhinderte diese Beschreibung diplomatische Beziehungen mit dem faschistischen Italien, wie sie in dem Freundschaftsvertrag 1933 zum Ausdruck kamen, aber im Großen und Ganzen blieb die Haltung der Bolschewiki den italienischen Faschisten gegenüber recht dogmatisch.[84]

Anders dagegen die Faschisten. Es existierte keine klare Linie und keine dogmatische Vorgabe. Unter den Faschisten bildeten sich grob zwei Lager heraus. Das eine betonte die geschichtliche Überlegenheit des Faschismus, das andere nahm die Existenz der UdSSR als eine Tatsache und versuchte, die Widersprüche des politischen Systems und der Gesellschaft herauszuarbeiten. Zwischen diesen Polen ließen sich zahlreiche Lesarten des sowjetischen Experiments unterbringen. Es fällt jedoch auf, wie wenig der Bolschewismus als Gefahr für den italienischen Faschismus galt, was einigermaßen verwundert, weil der Faschismus ja gerade behauptet hatte, Italien vor dem *pericolo rosso* gerettet zu haben. Die zahlreichen, namentlich in den dreißiger Jahren verfassten Beiträge italienischer Journalisten und Moskau-Korrespondenten großer italienischer Zeitungen suchten sogar nach historischen Gemeinsamkeiten zwischen Bolschewismus und Faschismus und fanden sie in der korporativen Gesellschaft, der verspäteten Nationsbildung, im Kollektivismus und in der Erneuerung des politischen und gesellschaftlichen Lebens. Renzo Bertoni z. B. verbrachte rund ein Jahr in Stalins Sowjetunion und veröffentlichte 1934 seine Beobachtungen, in denen er die Gemeinsamkeit der bolschewistischen und faschistischen Gegnerschaft gegen den liberal-demokratischen Staat hervorhob. Sie sei stärker als das Trennende, denn beide würden sich gegen die „alte Welt" richten. Diese Sicht führte ihn zu einer erstaunlichen Einsicht: Was man Faschismus nenne, sei eigentlich ein okzidentaler Bolschewismus, ein „bolscevismo tricolore".[85] Wenngleich Rom und Moskau aus ideellen Gründen Feinde seien und eine prinzipielle, geistige und historische Antithese bildeten, so kämpften sie doch an unterschiedlichen Fronten für das Wohl der Menschheit und für eine neue Ordnung im Leben der Völker. Die Gegnerschaft könne folglich nur befristet sein. Bertoni lässt jedoch keinen Zweifel daran, welches von beiden das bessere Modell sei. Der Bolschewismus sei an einem „toten Punkt" angekommen;[86] in seinem Kampf gegen das Alte habe er zwar die Kräfte des Widerstands zerstört, aber eine allgemeine Nivellierung nach unten herbeigeführt, wohingegen der Faschismus die gegnerischen Kräfte zur Zusammenarbeit gezwungen habe, um zu einer Nivellierung nach oben zu kommen. Die Überlegenheit des Faschismus zeige sich schließlich darin, dass sich das faschistische Rom nach fünfzehn Jahrhunderten der Trübsal anschicke, „Lehrmeister und Führer der Welt" zu werden. Stalin bleibe am Ende gar nichts anderes übrig, als den faschistischen Prinzipien zu folgen.[87]

Diese fragwürdigen Ansichten einer Konvergenz von Faschismus und Bolschewismus hinsichtlich ihrer zivilisatorischen Rollen teilten beileibe nicht alle Faschisten. Andere sahen im Bolschewismus eine asiatische Barbarei und Sklaverei. Die Historikerin Rosaria Quartararo, die sich mit der faschistischen Rezeption der sowjetischen Verhältnisse beschäftigt hat, spricht aber von Vorurteilslosigkeit der Faschisten dem Bolschewismus gegenüber.[88] Allein in der faschistischen, als Intellektuellenzeitschrift konzipierten *Critica fascista* war die Ablehnung des Bolschewismus hart und unnachgiebig; alle Versuche, in der Sowjetunion Anzeichen eines Protofaschismus oder eines Hinüberwachsens in den Faschismus oder eines „Vorspiels zum Faschismus" zu sehen, erhielten eine klare Abfuhr. Der Faschismus, im vollständigen Bewusstsein seiner höheren historischen Sendung, betrachte die – von einigen italienischen Kommentatoren unter gut gemeinten Faschismus-Verdacht gestellten – „Reformen" Stalins in den dreißiger Jahren

„mit absoluter Indifferenz“, hieß es dort.[89] Oder man meinte daran erinnern zu müssen, dass der Faschismus damit beschäftigt sei, „ein Land der lateinischen Tradition vor der asiatischen Barbarisierung“ zu schützen.[90]

Wenn also die sowjetische Deutung des italienischen Faschismus eindeutig und die faschistische des Bolschewismus vieldeutig war, so stellt sich die Frage, ob der Kemalismus als eine dritte Variante zu interpretieren sei, etwa in dem Sinne Emil Lengyels, als er der Türkei die rhetorische Frage stellte. „Are you a Communist, Socialist, Fascist?“ und gleich selbst die Antwort gab: „I am a Turk.“[91]

Die italienischen Faschisten haben den Kemalismus nicht ignoriert. Ob sie aber die zeitgenössischen, nicht vom Geist des Faschismus berührten Publikationen eines Cornelio di Marzio[92] oder Italo Zingarelli[93] für die Urteilsbildung zu Rate zogen, ist zweifelhaft. Die beiden Autoren versuchten, sachliche und deskriptiv angelegte Studien zu den Entwicklungen in der Türkei seit dem Ersten Weltkrieg zu liefern, wobei sie die Türkei tendenziell zu Europa zählten und besonders Zingarelli den schon bestehenden Gegensatz zu Asien hervorhob. Auch unter italienischen Nationalisten, zu denen di Marzio und Zingarelli ausweislich ihrer Türkei-Bücher nicht zu zählen sind, herrschte Anfang der zwanziger Jahre durchaus Sympathie für die türkischen Nationalisten, jedoch sahen sie zugleich die Gefahr für die italienische Expansion, die sich aus einem siegreichen türkischen Nationalismus ergab.[94] Zu einer ausführlicheren Debatte über den Charakter des Kemalismus kam es erst Anfang der dreißiger Jahre, nachdem sich der Kemalismus ideologisch gefestigt hatte. Auslöser für die italienische Diskussion war ein Artikel des Turkologen Ettore Rossi, der die neuesten Entwicklungen der „türkischen Revolution“ als Imitation des Faschismus interpretierte. Seine hauptsächliche Begründung lautete, der Kemalismus organisiere, wie der Faschismus auch, die gesellschaftliche Solidarität statt des Klassenkampfes, eine Ansicht, die von anderen bis in die Wortwahl hinein geteilt wurde: „Die ganze Bewegung (des Kemalismus – S.P.) scheint wie vom Faschismus kopiert.“[95] Diese Debatte und vor allem Rossis Beiträge wiederum haben türkische Intellektuelle dazu angeregt, die Ideen aus Italien aufzugreifen. In der Zeitschrift *Kadro*, auf die zurück zu kommen ist, fand sich die türkische Spiegelung der italienischen Debatte. In den dreißiger Jahren jedoch erhielt die Diskussion eine andere Wendung. Mit der kolonialen Expansion Italiens und der Errichtung des *impero* stand nicht mehr der Kemalismus im Blickpunkt, sondern die muslimische Solidarität des asiatisch-afrikanischen und europäischen Raumes.

Nun zählte die Türkei ungeachtet ihres strengen Laizismus zusammen mit Iran, Irak und Afghanistan zu den Kernländern der muslimischen Solidargemeinschaft. Dem Okzident drohe Gefahr dadurch, dass die Sowjetunion mit Macht den Schulterschluss mit den islamischen Völkern suche.[96]

Die hier knapp umrissene italienische und faschistische Türkei- und Kemalismusrezeption ist nur in Anfängen aufgearbeitet. Wer hofft, von Seiten der italienischen Faschismus-Forschung zumindest in Ansätzen Aufklärung darüber zu erhalten, ob der Kemalismus eine Verwandtschaft zum Faschismus aufweise, wird enttäuscht. Außer Giacomo Carettos Aufsatz, der aber die zeitgenössische Debatte rekonstruiert, ist an komparatistischer Forschung nichts zu finden. Selbst in Renzo De Felices Studien über den Faschismus und den Orient kommt die Türkei nicht vor, nicht einmal als Objekt der italienischen Außenpolitik.[97] Diese Lücke klafft sowohl in seiner achtbändigen Mussolini-Biographie als auch in den Werken anderer Autoren.

Trotz dieses bedauerlichen Mangels zeigt sich an dieser Stelle doch deutlich: So ganz und gar ohne Einflüsse und fremde Elemente, heute gern unter dem Begriff „transfergeschichtlich" studiert, hat sich der Kemalismus nicht herausgebildet. Viele Kemalisten haben das auch nie bestritten, während sie gleichzeitig den nationalen Charakter ihres Regimes immer wieder betonten.

An dieser Stelle ist eine Lanze für die russische bzw. frühsowjetische Türkeiforschung zu brechen. In keinem anderen Land – soweit für den Verfasser dieser Zeilen erkennbar – erfolgte die wissenschaftliche Beschäftigung mit der Türkei nach 1918 so intensiv wie in Sowjetrussland; nirgendwo sonst ist eine vergleichbare Menge an Literatur über die Entwicklungen vom Osmanenreich zur Republik erschienen. Sie ist von der westlichen Forschung bisher nicht einmal ansatzweise zur Kenntnis genommen worden, während die hier genannten und zitierten Untersuchungen westlicher Autoren häufig als Quelle für die kemalistische Ära erwähnt werden, wenngleich nicht unter der in diesem Buch angestrebten vergleichenden Perspektive. Aber es fehlt völlig an der Rezeption der umfangreichen russischen Literatur zum Thema, die es an Gründlichkeit und Sachkenntnis mit den in den 1920er Jahren entstandenen Werken von Arnold Toynbee[98] aufnehmen kann und, da theorieorientiert, in vielen Punkten darüber hinaus geht. Aus diesem Grunde wird sie hier in der notwendigen Ausführlichkeit vorgestellt. Es ist gleich vorauszuschicken, dass die sowjetische Literatur fast ausschließlich wissenschaftlichen Charakter trägt. Der sehnsuchtsvolle

Ausruf des in die Sowjetunion zurückgekehrten Augenzeugen aus dem Jahre 1926, zu einem Zeitpunkt also, als es der UdSSR vergleichsweise gut ging, blieb ein Einzelfall: „O poetische, demütige, traumhaft-zärtliche Türkei, wo bist du? Wie gelangtest Du zu diesem Leben?“[99] Ohnehin gibt es nur wenige Augenzeugen- oder Reiseberichte.[100] Andererseits hatten Ankara und Moskau bereits 1920 diplomatische Beziehungen aufgenommen, zu einer Zeit also, als andere Länder noch weit davon entfernt waren, die Nationalisten in Ankara anzuerkennen. So gibt es Berichte über die Lage in der Türkei, welche die sowjetische Vertretung in Ankara nach Moskau schickte.[101]

Der sowjetrussischen Forschung gebührt eindeutig das Verdienst, sich als erste um eine kritische Würdigung der Entwicklungen in der Türkei bemüht zu haben. Die wissenschaftliche Disziplin des *vostokovedenie* hatte eine solide wissenschaftliche Basis für die Erforschung des Nahen Ostens gelegt, die nach 1917 mit dem marxistischen Phasenmodell der Geschichte in Einklang gebracht wurde, um zu verstehen, worum es sich bei den Wandlungsprozessen in der Türkei handelte. Die wörtlich korrekte Übersetzung dieser wissenschaftlichen Disziplin mit „Ostforschung“ riefe einen ganz und gar unpassenden Anklang an die deutsche Ost(europa)forschung zwischen den Weltkriegen hervor. Sie hatte weder räumlich noch inhaltlich etwas damit zu tun. Sie entsprach auch nicht dem Zuschnitt der deutschen Orientalistik,[102] weil sie einen viel größeren Raum umfasste als diese und ganz Asien in den Blick nahm.

In den 1920er Jahren erschienen in der Sowjetunion mehrere Monographien zur neuen Türkei und zahlreiche Aufsätze.[103] Bereits 1927 wurden die Weltkriegserinnerungen Mustafa Kemals auf Russisch publiziert.[104] Grundsätzlich stand in den sowjetischen Beschreibungen das Modell der nationalbürgerlichen Revolution im Vordergrund, das in Sowjetrussland bzw. der Sowjetunion wegen der kaukasischen und mittelasiatischen Gebiete des Zarenreiches bestens bekannt war und das man auf die Länder südlich der ehemaligen Reichsgrenzen übertrug. Die sowjetische Literatur war damit die einzige, die mit einem theoretisch orientierten Interpretationsansatz arbeitete und dadurch den großen Vorteil einer kohärenten Darstellung und Urteilsfähigkeit aufwies, deren Fehlen die westliche Literatur kennzeichnete. Aus diesem Grund stellte die Sowjetforschung keine Fragen wie etwa die nach dem Grad der Diktatur oder dem Demokratieverständnis Mustafa Kemals, sondern interpretierte die Entwicklungen in der Türkei als die Revolution eines Teils der osmanischen bürokratischen und halbbürgerlichen

Elite in Verbindung mit der anatolischen Bourgeoisie. Sie forschte nach den sozialen Ursachen der Revolution, nach der sozialen Herkunft und Zusammensetzung der kemalistischen Elite und ihrer dadurch zu erklärenden Politik und ihrem Verhältnis zu den Forderungen der Massen. Folgt man dieser Literatur, so war klar, dass Mustafa Kemal und seine Gesinnungsgenossen an einer „demokratischen Befreiung der Volksmassen" kein Interesse haben konnten, wohl aber an einer kapitalistischen Entwicklung, die sie selbst und den Staat zum Unternehmer machte.

Es versteht sich, dass bei einem solchen strukturalistischen und kapitalismuskritischen Ansatz die Person Mustafa Kemals nicht in den Vordergrund rückte. Zwar wird ihre historische Leistung ohne Wenn und Aber in fast allen Schriften anerkannt, aber es finden sich nicht die Anwandlungen eines Personenkultes, den die westliche zeitgenössische Literatur kennt. So ist zu erklären, dass in keiner der Darstellungen ein gesondertes Kapitel über Mustafa Kemal Atatürk zu finden ist, schon gar nicht über die Formen seiner Verehrung. Aus dem gleichen Grund hat die gesamte Sowjetepoche nicht eine einzige Atatürk-Biographie hervorgebracht, deren es im Westen einige gibt. Eine der wenigen pointierten Charakterisierungen des Führers der türkischen Nationalisten findet sich in einem Lagebericht der sowjetrussischen Gesandtschaft in Ankara vom November 1920: „Mustafa Kemal ist eine äußerst originelle Figur auf der Bühne der eigenartigen Übergangsepoche vom monarchistischen Satrapismus zur bürgerlichen Demokratie im Osten. Er repräsentiert vollständig den türkischen Staat mit all seinen Untugenden. Mustafa Kemal ist eine bezwingende Persönlichkeit, in der Türkei ragt er durch Verstand, Energie, Kraft, Wille und Überzeugungskraft (indem er Aufrichtigkeit vermittelt) heraus, sogar gegenüber Personen, die ihm misstrauen. (…) Seine wichtigste Antriebskraft ist sein großer Ehrgeiz. Um seine Ziele zu erreichen, treibt er alle an, gleichgültig wie. In seiner persönlichen Politik herrscht vollständige Prinzipienlosigkeit, eine systematische Provokation der einheimischen gesellschaftlichen Strömungen und Gruppen."[105] Dieses zweifelhafte Lob blieb aber ein seltener Fall und es geriet schon gar nicht zur sowjetischen Standardversion.

Greifen wir ein wenig vor: Nach dem Zusammenbruch der Sowjetunion traute die postsozialistische Türkeiforschung dem eigenen Tun nicht mehr und übersetzte westliche Forschungen ins Russische.[106] Erst nach 1991 erhielt Atatürk eine auch personengeschichtliche Aufwertung. Die einzige auf Russisch vorliegende ausführliche Biographie ist eine Übersetzung des französischen Originals von Alexandre Jevakhoff aus dem Jahre 1999.[107] 1995 erschien die lediglich schmale Broschüre des sowjetischen Türkeihistorikers Ju.N. Rozaliev über Atatürk. Daraus seien die Anfangszeilen zitiert. Sie geben Aufschluss über das postsozialistische Atatürk-Bild und – das ist von größerer Bedeutung – dessen mögliche Vorbildfunktion für die Entwicklungen in Russland nach 1991, dem es an dem gebrach, womit die Türkei gesegnet war. Sie sind eine einzige Führer-Apologie, wie sie selbst unter gläubigen Kemalisten anbetungsvoller nicht hätte geschrieben werden können. Russland 1995 suchte in der Türkei von 1923 seine Zukunft – diesen Zusammenhang muss man zu goutieren wissen. Er bestätigt aufs Schönste die These dieses Buches vom historisch erfolgreichen Kemalismus: „Der Name Mustafa Kemal Atatürks, des ersten Präsidenten der Republik Türkei, ist dauerhaft in die Geschichte des 20. Jahrhunderts eingegangen. Aber mehr noch, Kemal schrieb sich nicht nur in die neueste Geschichte ein, er hat sie selbst gemacht. Er war der charismatische Führer (*vozd'*) des türkischen Volkes, der Führer (*lider*) der nationalen Befreiungsbewegung und der Revolution 1918–1923, der Begründer und der Kopf des neuen türkischen Staates. Diese Revolution erhielt die Bezeichnung „kemalistisch"; ihre politischen, wirtschaftlichen, militärischen und kulturellen Aspekte wurden für die Länder des Ostens in vieler Hinsicht vorbildhaft. Mustafa Kemal, weder von hoher Herkunft noch von der Hohen Pforte unterstützt noch von seiner Umgebung verstanden, führte den Kampf des türkischen Volkes an. Mustafa Pascha wurde ein Führer dank seiner persönlichen Qualitäten. Er hatte das Talent des Organisators, er besaß unbedingte Fähigkeiten als militärischer Vorgesetzter, Diplomat und revolutionärer Erbauer des gesellschaftlichen Lebens. Ungeachtet der enormen Mühen und Leiden, die die Menschen unter seiner Führung ertragen mussten, glaubte das türkische Volk unabänderlich an ihn; es unterstützte seinen Führer enthusiastisch. Das erklärt sich dadurch, dass Mustafa immer und in allem ein seinem Vaterland ergebener Patriot war. Alle diese Charakterzüge bestimmten die Eigenheiten des nationalen Führers der Türkei. Aber um einen Platz in der Geschichte der Menschheit einnehmen zu können, reicht das nicht aus. Um seine Gedanken zu Ende zu bringen, war ihm ein außergewöhnlicher Verstand gegeben, die Fähigkeit, groß zu denken, aktiv im Interesse des Volkes zu handeln und zu analysieren. Die Antworten auf seine Fragen suchte er häufig in der Geschichte anderer Länder. So wandte er sich mehrfach Peter dem Großen zu, indem er die Geschichte Russlands im 18. Jahrhundert und der Türkei zu Beginn des

20. Jahrhunderts miteinander verglich. Und wirklich, es wurde besser mit der Zeit und den Umständen, und die Türkei unter Atatürk kam an den Punkt, den früher oder später andere Länder überschritten hatten und dessen Überwindung mit einem energischen, weisen und weitsichtigen Führer leichter vonstatten geht. Die Fähigkeit, die Notwendigkeit von Veränderungen zu erkennen und sie ins Werk zu setzen, das ist die Aufgabe des wahren Patrioten, gleichgültig in welcher Gesellschaft."[108]

Über diese offensichtlich persönliche Einschätzung zu urteilen, überlassen wir dem geneigten Leser. Was jedoch Atatürks Meinung über Peter den Großen angeht, so schlagen wir das Interview nach, das Mustafa Kemal 1930 dem Journalisten und Schriftsteller Emil Ludwig gab. Dort sagte er, ein früheres positives Urteil[109] revidierend: „Ihren Vergleich mit Peter dem Großen kann ich nicht gelten lassen, der hat seinen Leuten die Reformen eingeprügelt."[110]

Nach dieser kleinen Exkursion in die postsowjetische Atatürkkunde rasch wieder zurück zur frühsowjetischen Türkeiforschung. Hinter den scheinbar dogmatischen Begriffen der „nationalbürgerlichen Revolution" und „nationalen Befreiungsrevolution" steckte mehr Sachkenntnis, als die differenzfaulen Schemata erahnen ließen; die organisatorische Nähe der meisten Veröffentlichungen und meisten Autoren zur bolschewistischen Regierung – so erschien etwa die neu gegründete Zeitschrift *Novyj vostok* (Neuer Osten), in der fast alle Turkologen dieser Zeit veröffentlichten, als Ausgabe des Zentralexekutivkomitees des Obersten Sowjets – verhinderte nicht die sachliche Auseinandersetzung mit den beobachteten Veränderungen südlich des Schwarzen Meeres.

Bereits 1921 erschien in Moskau das – soweit ersichtlich – überhaupt erste Buch, das sich mit der „revolutionären Türkei", so der Titel, beschäftigte.[111] Sein im Bereich des Nahen und Mittleren Ostens ausgewiesener Autor legte eine ereignisgeschichtliche Beschreibung der Entwicklungen in der Türkei nach 1918 vor, die im Unterschied zu den meisten westlichen Darstellungen auch die sozialen und wirtschaftlichen Verhältnisse nach 1918 in den Blick nahm, um die Klassenbasis des revolutionären Regimes zu erläutern. Dass die türkischen Kommunisten in dieser Darstellung besonders viel Raum erhielten, ist der sowjetischen Perspektive, aber auch ihrem jähen Ende geschuldet: Die Führung der Partei wurde auf bestialische Weise von Nationalisten ermordet.

Bereits zwei Jahre später eröffnete der Band über die „Geschichte der Revolution in der Türkei" von V.A. Gurko-Krjažin die Buchreihe über die revolutionären Bewegungen in West und Ost,[112] das in diesem frühen Stadium die Entwicklungen zu systematisieren und zu interpretieren versuchte. Zwar charakterisiert es Mustafa Kemal schematisch als „Führer und Ideologen der fortschrittlichen Bourgeoisie",[113] aber der Begründungsaufwand zur Erläuterung der sozialen Verhältnisse im Übergang vom Osmanenreich zur kemalistischen Türkei, die Beschreibung der außenpolitischen Lage und der inneren Entwicklungen nimmt viel von dem vorweg, was die spätere Sozialgeschichte erarbeitet hat. Der soziale Hintergrund der neuen Führung des Landes erkläre das Ausbleiben wichtiger Sozialreformen, besonders die dringende Landreform. Bei Gurko-Krjažin wie bei anderen Autoren nahmen die außenpolitischen Entwicklungen, besonders die Abkommen vom Waffenstillstand in Mudros bis zum Vertrag von Lausanne, großen Raum ein.[114] In der westlichen Literatur sucht man vergeblich ein vergleichbar fundiertes Urteil über die neue Türkei aus dem Jahre 1926, die mit den Begriffen Zentralisierung, Türkisierung, Europäisierung und wirtschaftlicher Etatismus gekennzeichnet wurde[115] – eine Charakterisierung, der man aus heutiger Sicht zustimmen muss und die eines der Bestimmungsmerkmale des konsolidierten Kemalismus in den 1930er Jahren, den Etatismus, viel früher angelegt sieht als die westliche Forschung und die türkisch-kemalistische zumal. Im selben Jahr erschien der Reisebericht G. Astachovs, der den bezeichnenden Titel „Vom Sultanat zur demokratischen Türkei" trug, obwohl dem Autor gerade der Wandel zum autoritären Regime seit Ausrufung des Ausnahmezustands 1925 hätte ins Auge fallen müssen. Er berichtete unter anderem über „bolschewisierte Mullahs", die voller Hass vom Kapitalismus und vom Westen sprachen und sich als Gegner der Regierung bezeichneten.[116] Diese Beschreibung traf sich mit anderen, die ebenfalls einen bolschewistischen Einfluss festgestellt hatten, wenn auch einen sehr äußerlichen.[117] Den ersten vergleichenden Ansatz versuchte die 1928 publizierte Schrift von Irandust, wahrscheinlich einem Pseudonym, die den Kemalismus mit dem chinesischen Weg in Beziehung setzt, aber zu dem Ergebnis kommt, dass hier höchst unterschiedliche Fälle vorliegen.[118] Das hatte der Autor von Stalin gelernt, wie gleich zu zeigen sein wird. Auch hier ist bereits die Rede davon, dass der charakteristische Etatismus bereits Anfang der zwanziger Jahre eingesetzt habe. Grund genug, sich um dieses Problem in Kapitel 3 intensiver zu kümmern.

Die Schwächen der sowjetischen Literatur sind andererseits unübersehbar. Von welcher Bourgeoisie war hier eigentlich die Rede? Die meisten Autoren bemühten sich nicht um eine differenzierte Analyse dieser Klasse, sondern sahen sie pauschal am Unterdrückungswerk gegen Arbeiter und Bauern beschäftigt. Darüber hinaus schränkte das erkenntnisleitende Schema das Verstehen von Entwicklungen ein, umso mehr, je stärker das Sowjetregime die Wissenschaften an die Kandare nahm. Die drei Ausgaben des Buches über die Türkei von A. Mel'nik legen davon Zeugnis ab.[119] Eine erste Darstellung der „republikanischen Türkei" aus seiner Feder erschien 1927. Sie enthielt bereits die Elementarien des dogmatischen Zeitalters: Zwar fanden hier die aus der „anatolischen Bourgeoisie", „anatolischen Bauern" und der „militärischen Intelligenz" sozial gemischte Elite und die Schwäche der Arbeiterbewegung Erwähnung, aber der Einfluss der Oktoberrevolution auf die türkischen Entwicklungen galt Mel'nik als ebenso unübersehbar wie die Unterstützung der UdSSR für die Türkei lebensnotwendig. Das Urteil über den kemalistischen Weg fällt trotz einiger „dunkler Seiten" – die Unterdrückung der Arbeiterbewegung, der Kommunisten und die Herrschaft der Bourgeoisie – wegen des Sieges über die westeuropäischen Imperialisten und der Schaffung eines unabhängigen Staates grundsätzlich positiv aus. 1929 schon erschien eine erweiterte Ausgabe des Buches, 1937 eine dritte revidierte und erweiterte Auflage. Spätestens hier werden die widersprüchlichen Urteile der sowjetischen Untersuchungen zur kemalistischen Türkei deutlich: Trotz der Kritik an der bourgeoisen Klassenherrschaft erwiesen sich ihre Autoren ohne allen Zweifel als prokemalistisch; sie betonten den Einfluss der Oktoberrevolution und beschworen die Freundschaft der beiden Völker; Atatürk sahen sie durchgehend in bestem Licht, als den siegreichen Kämpfer gegen die Imperialisten und Befreier eines unterjochten Volkes. Unterhalb dieses Dogmadeckels waren sie in der Lage, detailliertes empirisches Material besonders zur sozioökonomischen Entwicklung der Türkei zu präsentieren. Überliest man die „politische Wissenschaftslyrik", die damals jene Funktionen erfüllte, die sich in unseren Tagen massenhaft in Anträgen auf Forschungsfinanzierung findet, dann kann man der frühsowjetischen Türkeiforschung gründliche Arbeit nicht absprechen, wenngleich sich bei einigen Autoren schon ideologische Verknorpelungen beobachten lassen.

Zum Glück hatte Stalin noch nicht den Ton vorgegeben. Als „Nationalitätenfachmann" der Bolschewiki hielt er 1918 die jungtürkisch-osmanische Türkei noch für eine Gefahr für die Befreiung des Ostens,[120] im Jahr 1920 sprach er von einem „nationalrevolutionären Kern im Osten in Gestalt der bürgerlich-revolutionären Türkei", die im Begriffe sei, „eine gewisse Rechtsschwenkung“ zu vollziehen, wobei er gleich die Drohung hinterherschickte, die Befreiung der Völker auch gegen die Kemalisten zu vollenden, wenn diese im Lager der kapitalistischen Gegner Sowjetrusslands landen sollten.[121] In den zwanziger Jahren hätte er die in Sowjetrussland publizierten Bücher über die kemalistische Türkei lesen sollen. Offenkundig aber fand er auch ohne sie seine Linie: „Die kemalistische Revolution ist die Revolution einer Oberschicht, die Revolution der nationalen Handelsbourgeoisie, zu der es im Verlauf des Kampfes gegen die fremdländischen Imperialisten kam und die sich in ihrer weiteren Entwicklung im Grunde genommen gegen die Bauern und Arbeiter, ja gegen die Möglichkeit einer Agrarrevolution richtet.“ „Kümmerlich“ sei sie deshalb, erklärte er den Studenten der Sun-Yat-sen-Universität. Mit China könne man die kemalistische Türkei aus sozioökonomischen und politischen Gründen schon gar nicht vergleichen, meinte er eher beschwörend als analysierend. In der Tat hatte Mustafa Kemal unter Chinesen offenkundig zahlreiche Anhänger gefunden.[122] Bei anderer Gelegenheit bestärkte Stalin noch einmal seine Sicht: „Die Kemalistenregierung ist aber eine Regierung des Kampfes gegen Arbeiter und Bauern, eine Regierung, in der für Kommunisten kein Platz ist noch sein kann.“[123] Da nehme es kein Wunder, dass die Opposition um Trockij und Zinov'ev die Kemalisten hofiere. Für Stalin jedoch hatte die Türkei jeglichen revolutionären Charme verloren.

Während des Stalinismus wurden seine Aussagen zum Dogma. Bereits 1931 stellte die stalinistische Verkrüppelung der Wissenschaft fast alle hier genannten und zitierten Autoren unter den Verdacht der Abweichung, sei sie „rechtsopportunistisch“ oder „linksopportunistisch“ oder „großrussisch-chauvinistisch“.[124] Nicht zu übersehen ist andererseits die spätestens im Stalinismus zur Blüte gekommene, aber auch nach dem Ableben des Despoten nicht abebbende, wahrhaft erschöpfende Literatur, welche die Leser von der außerordentlich großen Wirkung der Oktoberrevolution auf die kemalistische Befreiungsbewegung durch unermüdliches Wiederholen zu überzeugen versuchte – eine Sicht, die der ausgiebig zitierte Rozaliev, an ihrer Verbreitung selbst nicht unbeteiligt, 1995 völlig zurecht als übertrieben bezeichnete.[125] 1932 hingegen hörte sich die originelle Begründung folgendermaßen an: Der Sieg der türkischen Revolution über die imperialistischen Truppen 1921–22 sei nicht zu erklären, wenn man nicht die Existenz der Sowjetunion und ihre Unterstützung berücksichtige. Denn hätte das türkische Volk nicht die Sowjetunion, sondern das Zarenreich zum Nachbarn gehabt, dann wäre sein Sieg zweifelhaft.

Siegreich waren die nationalen Befreiungsbewegungen folglich nur dort, wo sie sich in unmittelbarer räumlicher Nähe zur Sowjetunion abspielten: in der Türkei und in der Mongolei.[126] Es lohnt nicht, dem zu widersprechen.

Wie fruchtbar der frühsowjetische Ansatz sich auswirken konnte, wenn der Vorzug einer theoriegeleiteten, noch nicht dogmatisch erstarrten Interpretation der türkischen Revolution mit problemorientierter Deutung einherging, ist noch 1969 an Kurt Steinhaus' Studie über die „Soziologie der türkischen Revolution" zu beobachten, die aus der sich wiederholenden politikgeschichtlichen, wenig problemorientierten und bestenfalls modernisierungstheoretisch informierten Literatur zur Geschichte der Türkei, namentlich im deutschen Sprachraum, heraussticht und neue Sichtweisen in der Türkeiforschung einbrachte. Von der spätsowjetischen Türkeiforschung als „unklar und widersprüchlich" charakterisiert,[127] wurde sie zu Recht, wenngleich viel zu spät, ins Türkische übersetzt.[128]

Die sowjetische Forschung zur Türkei oder zum Nahen Osten übersah bis auf eine Ausnahme die sich aufdrängende Verbindung zwischen Kemalismus und Faschismus, und die heutige russische Forschung übersieht sie bis zum heutigen Tag. Das liegt an der zum Dogma gewordenen Interpretationslinie, wie sie oben knapp umrissen wurde. Selbst ein wissenschaftlich so gewichtiges Buch wie das des Ökonomen Nikolaj G. Kireev über den Etatismus in der Türkei, 1991 erschienen und grundlegend für die Behandlung dieses Themas, folgt dem sowjetischen Deutungsmodell und vermag es trotz der naheliegenden Verweise auf den Faschismus nicht zu verlassen.[129] Dass die postsowjetische Orientalistik und Turkologie, darunter Kireev mit einem weiteren, nach der Etatismus-Studie veröffentlichten Buch,[130] dieses Modell hinter sich gelassen hat, ist sicher von Vorteil für die Forschung, führt aber auch zu jener theoretischen (oder komparatistischen) Orientierungslosigkeit, die sich in der westlichen Literatur allzu deutlich bemerkbar macht und die bisher verhinderte, dass für die historische Entwicklung der Türkei taugliche Begriffe gefunden wurden.

Die einzige Ausnahme stellt der Aufsatz von Z. Feridov (Frenken) aus dem Jahre 1929 unter dem Titel „Die kemalistische Türkei und der Faschismus" dar, der eine schwere Enttäuschung über den Kurs der kemalistischen Türkei zum Ausdruck bringt.[131] Außer Fragen der verhinderten Landreform, der Unmöglichkeit der Befreiung der Bauern vom Joch der anatolischen Bourgeoisie und der Annäherung an die imperialistischen Mächte auf Kosten der Nähe zur UdSSR interessierte

Feridov aber noch etwas anderes: „Wir versuchen, die besonderen Spezifika der Entwicklung der Türkei in den letzten Jahren zu verfolgen.“ Feridov griff die hier schon zitierte Faschismus-Definition der Komintern auf, stand aber vor dem Problem, wie die wirtschaftlich rückständige Türkei mit dem Faschismus-spezifischen Stadium des entwickelten Kapitalismus zu vereinbaren sei. Dazu interpretierte er die in den zwanziger Jahren sich verstärkende Rolle des Staates in der Wirtschaft und die Einrichtung von staatlichen Monopolen auf zentralen Gebieten des Wirtschaftslebens als ein Zusammenfließen des privaten Kapitals mit dem staatlichen. Auf diese Weise beobachtete er, wie sich in der Türkei in sehr kurzer Zeit ein „buntes Amalgam wirtschaftlicher Formen“ ergab, das sowohl das frühe als auch das letzte Stadium des Kapitalismus kennzeichnet. Dem entspreche die politische Struktur des Kemalismus, der die Phase der bürgerlichen Freiheiten, charakteristisch für die Etappe des Machtgewinns der Bourgeoisie, hinter sich gelassen und sich „mit unglaublicher Geschwindigkeit“ in eine „offene Diktatur“ gewandelt habe. Davon zeugen ein per Gesetz unabsetzbarer Präsident (Mustafa Kemal) und das Parlament, das vollständig aus den Mitgliedern der Regierungspartei besteht, die allein der Unterstützung des Vorsitzenden (Mustafa Kemal) dient, der ebenfalls auf Lebenszeit gewählt sei. Diese „Einmann-Diktatur“, so Feridov, gebe es auch in anderen Ländern, darunter Italien. Die Kemalisten würden das nicht einmal abstreiten, denn schließlich habe der enge Gesinnungsgenosse Mustafa Kemals, Außenminister Tevfik Rüştü, in einem Interview mit dem *Petit Parisien* folgendes geäußert: „Man sagt, die Türkei sei eine Diktatur. Nehmen wir an, das sei so. Aber diese Diktatur wird vom ganzen Volk mit Freude angenommen, das den Gazi (Mustafa Kemal – S.P.) als obersten Führer ansieht. Andererseits muss eine Diktatur, die das Wohl des Volkes beabsichtigt, da, wo es nötig ist, auch ohne Einwilligung der Massen auskommen. In der Tat, es gibt Demokratie schaffende Diktaturen, die die Nation voranbringen. Ich kann mich für die Diktatur Mussolinis begeistern und muss die große Persönlichkeit dieses Mannes anerkennen, der für die Demokratie arbeitet und danach strebt, die Interessen verschiedener Klassen zu vereinen, deren Kampf sonst zu Brudermord und Unglück führen würde.“ Feridov kommentiert: „Klarer kann man es nicht sagen. Mussolini als Erbauer der Demokratie, Mussolini als Vorbild für Kemal.“ In der türkischen Presse fand Feridov weitere Beispiele der Faschismus-Nähe. Von „wagemutigen“ Faschisten sei die Rede und davon, dass das System Mussolinis Italien großen Nutzen gebracht habe. Der Austausch von

Freundlichkeiten ging über Worte hinaus. Feridov weiß zu berichten, dass im Januar 1929 der Chef der türkischen Gendarmerie Zeki Pascha nach Italien reiste, um die Tätigkeit und Organisation der *Carabinieri* zu studieren. Zuvor schon waren einzelne türkische Polizisten zum Studium nach Italien geschickt worden. Feridov schließt mit dem Urteil, zwar sei der Faschismus noch nicht voll entwickelt, aber der Weg der Türkei dorthin sei allzu deutlich.

Feridovs Aufsatz nahm einiges von dem vorweg, was wenige Jahre später in der Türkei und dann auch in der Literatur über die Türkei diskutiert werden sollte. Die Redaktion der Zeitschrift, in der sein Aufsatz erschien, teilte im Großen und Ganzen die Meinung Feridovs und wollte „in Anbetracht der unzureichenden Erforschung der Frage des Faschismus in der Türkei" mit der Veröffentlichung die Diskussion darüber anstoßen. Aber daraus wurde nichts. Der Ansatz geriet als „linksopportunistische" Abweichung unter Beschuss der Stalinisten; Feridov selbst wurde namentlich gerügt.[132] Fortan kam der Kemalismus unter dem Stichwort Faschismus nicht mehr vor.

Die Frage ist aber noch nicht geklärt: Wie ist der Kemalismus im Umfeld von Faschismus und Bolschewismus historisch zu verorten? Die Stellungnahmen der jüngeren Forschung sind, wie sollte es anders sein, ebenso wenig einheitlich wie zeitgenössische Aussagen. Verschiedenste Deutungen sind möglich; sie zeugen von einer analytischen Hilflosigkeit, wie man sie sonst nicht antrifft: Die türkische Revolution, so der Soziologe Shmuel Eisenstadt, liege typologisch „in some ways" zwischen der Englischen und der Russischen Revolution.[133] Im Vergleich dazu ist die Aussage, sie „parallels in some respects the French Revolution" geradezu präzise.[134] Der Kemalismus sei „very far from resembling in either spirit or application the contemporary communist and fascist models".[135] Andererseits wurde trotz unübersehbarer Unterschiede die große Nähe zum sowjetischen Sozialismus behauptet, woanders wiederum abgelehnt,[136] was die Deutung nicht verhinderte, der Kemalismus sei im Kern das, was man unter Faschismus verstehe.[137] Die Ungereimtheiten finden sich auch in einzelnen Deutungen: Nationalismus, Liberalismus, Sozialismus, Marxismus, Imperialismus und die anarchistischen Bewegungen haben die Intellektuellen im Osmanenreich kaum berührt, Faschismus und Nationalsozialismus desgleichen, heißt es an der einen Stelle; der Einfluss des Faschismus gerade in den Anfangsjahren des Kemalismus sei besonders stark zu spüren gewesen, heißt es an der anderen in demselben Aufsatz.[138] War der Kemalismus ein Chamäleon? Bedeuten die ungewöhnlich kontroversen Interpretationen lediglich, dass irgendwo zwischen politisch ganz links und ganz rechts der Kemalismus liegt, oder wie Ernst Jäckh es auszudrücken beliebte: So, wie die Türkei geographisch zwischen Ost und West stand, so war sie politische „Brücke“ und „Mittler“ zwischen links und rechts und ging einen dritten Weg?[139] Oder fällt die Ratlosigkeit auf die Verwandtschaft von Faschismus und Kommunismus zurück: Wenn die Interpretationen offenkundig austauschbar sind, sprechen sie dann der Konvergenz der polaren Regime in Europa das Wort, die man so ausdrücken kann: Faschisten und Kommunisten dachten ideologisch unterschiedlich, handelten aber methodisch konvergent? Oder sind die Standpunkte der Historiker politisch gefärbt, was angesichts der immer noch existierenden kemalistischen Grundlagen des heutigen türkischen Staates die wissenschaftliche Analyse verzerren kann? Zahlreiche Publikationen in der Türkei legen davon Zeugnis ab; hin und wieder wird das Possessivpronomen, das sich auf Atatürk bezieht, in Großbuchstaben geschrieben.[140] Oder wird das kemalistische Selbsturteil bestätigt, es handele sich um einen dritten Weg? Die Antworten finden sich nicht auf die Schnelle; es kommt auf die Stichhaltigkeit des Arguments an.

Sortieren wir also zuerst die Probleme. Erstens: Von heute aus betrachtet ist unstrittig, dass der Kemalismus nicht den Sozialismus einführte. Zwar hat sich Mustafa Kemal 1920–22 mehrfach rhetorisch vor dem Sowjetsozialismus verneigt, aber vor der Nationalversammlung hat er seine Regierung explizit nicht sozialistisch genannt: „Unser Standpunkt und unsere Prinzipien sind allgemein bekannt, und das sind keine bolschewistischen Prinzipien. Wir haben bisher auch nicht daran gedacht, bolschewistische Prinzipien in unserer Nation einzuführen.“[141] Diese Aussage soll reichen, da Mustafa Kemal von dieser Linie zu keiner Zeit abgewichen ist.[142] Er hatte jedoch genügend Grund, den Bolschewiki Honig ums Maul zu schmieren: Sie waren die einzigen auswärtigen Verbündeten in einer Zeit, als die Sultansregierung noch existierte. In Anatolien isoliert, kamen nur die antiimperialistischen Bolschewiki für Ankara als Bündnisgenossen in Frage. Außerdem benötigten die Kemalisten dringend Waffenhilfe. Deshalb hat Mustafa Kemal sofort nach seiner Ankunft in Anatolien vorgeschlagen, mit den Bolschewiki Kontakt aufzunehmen, um mit ihnen „über ihre und unsere Zukunft, die Möglichkeit der Überlassung von Waffen, Kriegsmaterial, Technik, Geld und, falls notwendig, Soldaten“ zu sprechen.[143] In der für die Kemalisten außerordentlich bedrohlichen Situation des Frühjahrs 1920 wandte sich Mustafa Kemal selbst an die Sowjetregierung. Hier soll zwar keine Geschichte der türkisch-sowjetischen Beziehungen geschrieben werden, aber es lohnt sich trotzdem, auf seinen Brief an die Sowjetregierung vom 26. April 1920 näher einzugehen, weil er einen wichtigen Teil der gegenseitigen Wahrnehmungsgeschichte darstellt, der bisher zu wenig rezipiert worden ist, und weil sich darin eine zynische Machtpolitik der selbst schwer bedrohten kemalistischen Bewegung findet. Kein Wunder, dass einige türkische Historiker die Existenz des Briefes abstritten und sowjetische Kollegen damit gegen sich aufbrachten.[144] Der Brief aber war auch der Sowjetunion so peinlich, dass der Türkeihistoriker A.M. Šamsutdinov ihn 1963 nur um den zweiten Punkt gekürzt veröffentlichen konnte oder wollte.[145] Der schon zitierte sowjetische Türkeihistoriker Rozaliev berichtete nach dem Zusammenbruch der Sowjetunion, bei seinen früheren Archivrecherchen noch zu Sowjetzeiten sei er auf den Brief gestoßen, woraufhin dieser „buchstäblich konfisziert" worden sei.[146] Die ganze Aufregung hätten sich die Beteiligten, auch die Staaten, sparen können, wenn sie in dem Heft der Zeitschrift „Die Welt des Islams" von 1959–61 nachgeschlagen hätten, wo der unermüdliche und akribische Gotthard Jäschke das türkische Original bereits vollständig publiziert hatte.[147] In der Türkei wurde der Brief 1991 veröffentlicht,[148] die Sowjetunion musste erst untergehen, bevor 2007 eine vollständige russische Übersetzung erschien.[149]

In seinem Brief spielte Mustafa Kemal voll und ganz die antiimperialistische Karte, der die Bolschewiki schwerlich etwas entgegensetzen konnten: Im ersten Punkt schlug er „vereinte Anstrengungen und gemeinsame militärische Operationen" vor. Zweitens: „Wenn die Bolschewiki militärische Aktionen gegen Georgien unternehmen oder mit Hilfe ihrer Politik und durch Druck die Eingliederung Georgiens in die bolschewistische Koalition erwirken und gegen die dort befindlichen englischen Militärkontingente militärische Aktionen mit dem Ziel ihrer Vertreibung beginnen, so verpflichtet sich die türkische Regierung ihrerseits, militärische Kräfte gegen die Regierung des imperialistischen Armenien anzuwenden und darüber hinaus zur Eingliederung der Regierung Azerbajdžans in die bolschewistische Staatengruppe (beizutragen – S.P.)." Auf diese Weise überließ Mustafa Kemal Georgien, an dem er kein Interesse hatte, und das turksprachige Azerbajdžan den Bolschewiki, um gegen Armenien vorgehen zu können. Im dritten und letzten Punkt bat Mustafa Kemal um Finanz- und Waffenhilfe und um Proviant für die Truppe. Der Krieg gegen Armenien Ende 1920 ging dank der sowjetischen Unterstützung siegreich aus. Zwischen der „neuen" Türkei und dem „neuen" Russland kam es zu einer „negativen

Kaukasuspolitik".[150] Unter diesen Umständen gab die Freundschaft mit Sowjetrussland den türkischen Nationalisten in die Hand, was sie begehrten. Dabei hielten sie sich nicht einmal an den von ihnen selbst jüngst aufgestellten „Nationalen Pakt", der für bestimmte armenisch besiedelte Gebiete Volksabstimmungen vorsah.

Es lohnte sich also, sich rhetorisch mit den Bolschewiki gemein zu machen, obwohl keiner der Kemalisten ernsthaft die Absicht hegte, dem sowjetischen Modell zu folgen. Die kemalistische Presse gab dem prosowjetischen Kurs der Ankaraer Rebellen rhetorischen Auftrieb, wenn sie vor Abschluss des sowjetisch-türkischen Freundschaftsvertrages vom März 1921 betonte, die Befreiung des Ostens werde „mit Moskau zusammen" hartnäckig fortgeführt[151] und von der Russischen Revolution schwärmte, die „nicht ihresgleichen" habe[152] – ein billiges Urteil für die Zeit, mit dem sich die Kemalisten keinen Zacken aus der Krone brachen. Mustafa Kemals Gesinnungsgenosse Rıza Nur brachte die Position der Nationalisten mit unübertroffener Klarheit auf den Punkt: „Unsere Politik ist demokratisch und sozialistisch, aber in der Türkei ist es unmöglich, das (private – S.P.) Eigentum abzuschaffen und einen Kampf gegen das Kleinbürgertum zu führen."[153]

Im März 1921 schlossen Sowjetrussland und die Ankaraer Regierung, beide von keinem anderen Land anerkannt, einen Freundschaftsvertrag.[154] Noch bevor Sowjetrussland und Weimar-Deutschland, die beiden Parias der Weltgeschichte nach 1918, den Vertrag von Rapallo unterzeichneten, hatten sich die beiden „antiimperialistischen" Bewegungen der Bolschewiki und der Kemalisten, letztere in einer weitaus schwierigeren Lage als Deutschland, auf Kosten der Kaukasusvölker bereits verständigt. Das vom Bürgerkrieg zerrissene und hungernde Sowjetrussland lieferte Waffen und Munition für den türkischen Unabhängigkeitskrieg. Im September 1920 erhielt die Nationalversammlung 200 kg Barrengold, die sowjetische Finanzhilfe nach Unterzeichnung des Vertrages belief sich auf 10 Millionen Goldrubel. Weiteres Gold, von dem man gern wüsste, ob es aus den geplünderten Schätzen orthodoxer Kirchen stammte, überquerte auch danach noch die Grenze.[155] Sowjetische Quellen enthalten darüber hinaus Hinweise, dass 10–15 000 Kavalleristen der Roten Armee aus dem Kaukasusgebiet auf Seiten der Kemalisten im Sommer 1921 gegen die Griechen kämpften.[156] Dieser mehr als diplomatischen Beziehung lassen sich historische Dimensionen nicht absprechen: Nach 300 Jahren feindschaftlicher Nachbarschaft trafen zum erstenmal ein türkisches und ein russisches Regime freundschaftlich aufeinander. Kein Wunder also, dass kemalistische Zeitungen positiv über die Oktoberrevolution schrieben.[157] Wenn Mustafa Kemal dem seinerzeit stellvertretenden Verteidigungsminister Michail V. Frunze erläuterte, das türkische Regierungssystem bestehe wie das sowjetische aus Räten,[158] so muss man sich vor diesem Hintergrund nicht über diesen politischen Witz wundern. Der Türke wusste auch dem sowjetrussischen Gesandten S.I. Aralov Angenehmes einzublasen: „Wir Offiziere, und nicht nur wir Militärs, sondern unsere ganze fortschrittliche Intelligenz interessierten sich seit den ersten Tagen der Oktoberrevolution sehr für die Politik der Bolschewiki. Wir wussten, dass Lenin Kurs auf die Befreiung der unterdrückten Völker Russlands nahm. Darin liegt seine große Kraft."[159] Die Gemeinsamkeiten bestanden in der klaren Ablehnung des Imperialismus.[160] Aralov berichtete von Lenins klarer Erkenntnis, dass Mustafa Kemal Pascha kein Sozialist sei.[161] Man wusste das also auch in Moskau. Die Frage, ob der Kemalismus sozialistisch war, stellt kein Problem dar. Wenn es Elemente des sozialistischen Staates und der sozialistischen Gesellschaft gegeben hat, so müssen sie in den folgenden Kapiteln geprüft werden. Sich der Mühe zu unterziehen, den Kemalismus zum Sozialismus umzuinterpretieren, bedarf es aber nicht.

Zweitens stellt sich die Frage ebenfalls nicht, ob und inwieweit der Kemalismus auf Faschismus und Kommunismus gewirkt hat. Zwar haben sowjetische wie faschistische Autoren den Kemalismus kommentiert, aber ihm gebührte das Schicksal einer Drittwelt-Ideologie, die von den großen europäischen Bewegungen nicht ernsthaft in Augenschein genommen zu werden verdiente. Drittens: Die Frage stellt sich andersherum. Wenn der Kemalismus eindeutig kein Sozialismus war, besaß er Züge des Faschismus? An dieser Stelle lohnt es sich, genauer hinzusehen, weil Andeutungen dieser Art in den Zitaten schon vorkamen. Außerdem ist eine Diskussion aufzugreifen, die immer wieder geführt, aber nie mit einem Ergebnis abgeschlossen worden ist. Wir sagen lieber gleich, dass die Antwort in diesem Kapitel nicht erfolgen kann, sondern nachfolgend an verschiedenen Stellen diskutiert wird; die Gründe dafür ergeben sich aus den folgenden Zeilen.

Der Faschismus-Vorwurf war stets ein antikemalistisches Argument. Soweit erkennbar, wurde er erstmals in den fünfziger Jahren vom ersten postkemalistischen Ministerpräsidenten der Türkei, Adnan Menderes, erhoben.[162] Der ehemalige Mitkämpfer Atatürks, Ali Fuad (Cebesoy), notierte in seinen 1957 erschienenen Erinnerungen, das kemalistische Regime sei seit 1925 wie Italien totalitär gewesen.[163] Seitdem vagabundierte der Vorwurf vom liberalen antikemalistischen Lager ins linke sozialistische und zurück. Der vorerst letzte Beitrag in dieser Hinsicht ist das 2008 erschienene Buch von Sevan Nişanyan über die missverstandene Republik.[164] Der Autor, bisher durch Studien über den Tourismus hervorgetreten, hat weder einen Begriff von Faschismus und Totalitarismus, noch vermag er in seinem angriffslustigen Rundumschlag differenzierte Urteile zu fällen. Für ihn geht es darum, den Beweis zu führen, dass alles am Kemalismus in Faschismus, absoluter Herrschaft und totalitärem Regime aufgeht. Derlei Publikationen tragen weniger zu einer wissenschaftlich fruchtbaren Debatte bei, als dass sie die Probleme der heutigen Türkei mit ihrer Vergangenheit widerspiegeln. Die eigene Geschichte ist zwar ein wichtiges Gebiet der nationalen Selbstvergewisserung, das allzu viele Lücken aufweist, weil der Nationalismus noch immer bei zu vielen den Blick vernebelt, aber die auf öffentliche Bloßstellung des Kemalismus zielenden Attacken helfen nicht, das Problem des historischen Vergleichs zu lösen. Dass die kemalistische Republik während der Einparteiherrschaft nicht demokratisch war, wundert doch nur die heutigen Kemalisten. Ob sie faschistisch war, wird man durch emphatisches Behaupten nicht beweisen können.

Die bis heute ausführlichste wissenschaftliche Diskussion lieferte 1987 der Soziologe Çağlar Keyder. Er stellte starke Anlehnungen der kemalistischen Bürokratie und Führung der alleinregierenden Atatürk-Partei *Cumhuriyet Halk Partisi* (CHP) an den italienischen Faschismus fest. Besonders die Absicht des Faschismus, soziale Gegensätze zu überwinden, mit sozialtechnologischen Maßnahmen die Gesellschaft zu verändern und den Wirtschaftsaufbau durch den Staat zu betreiben und zu kontrollieren, sei den Kemalisten innovativ erschienen.[165] Der Etatismus (*devletçilik*) der dreißiger Jahre mit seinen Vorstellungen eines korporatistischen Staats- und Gesellschaftsmodells sei unmittelbar vom Faschismus übernommen worden, aber von Faschismus in der Türkei könne man trotzdem nicht sprechen. Keyder verweist auf die „linke“, hier schon erwähnte, Interpretation des Faschismus. Die Türkei griff zwar einige Elemente des faschistischen Ideals auf, so Keyder, darunter auch einen intellektuellen Antiliberalismus, aber diese wurden „von oben“ oktroyiert. Weder existierte eine faschismusförmige Klassenstruktur der Gesellschaft noch die faschismustypische Massenmobilisierung, weder entspreche der unterkühlte und distanzierte Atatürk-Kult dem faschistischen Führerkult, noch habe es die im Faschismus üblichen Straßenaktionen gegeben. Die Türkei war einfach noch nicht weit genug entwickelt, um einen Faschismus auszubilden, schreibt Keyder. „Fascistisant elements were thus articulated into an authoritarian political system designed to further capitalist accumulation."[166] Diese Schlussfolgerung ist konsequent, wenngleich Keyder die türkischen Vorstellungen etwas vereinfacht. Die Orientierung am Faschismus war keineswegs unumstritten, sie wurde außerdem nur von einer zwar einflussreichen, dennoch Minderheitengruppe in der Parteiführung und unter Intellektuellen befürwortet. Immerhin kritisierte einer der wichtigsten Gralshüter der kemalistischen Ideen diese Richtung mit klaren Worten und griff ihren Hauptvertreter, den Generalsekretär der CHP Recep Peker, offen an.[167] Im Unterschied zu Keyder sah Feroz Ahmad den Einfluss des Faschismus mehr in der Praxis als in den Ideen. In Italien sei der Faschismus in Zeiten der Krise entstanden, was einige türkische Rezipienten als Beispiel für die eigenen Verhältnisse auffassten. Außerdem habe das italienische Vorbild der CHP die Rechtfertigung für ihre Alleinherrschaft geliefert; der Liberalismus sei keine Alternative und der Staat müsse die Zügel in die Hand nehmen.[168]

Über diesen Stand der Diskussion hinauszugehen, schien lange Zeit schwierig. Fikret Adanırs Beitrag zu dieser Frage zeugt erneut von den Schwierigkeiten, das Faschismus-Problem im Kemalismus zu klären.[169] Am Anfang wird festgestellt, die republikanische Türkei habe sich von Beginn an in einer autoritären, wenn nicht totalitären Richtung entwickelt, ohne dass diese Behauptung hinreichend inhaltlich und begrifflich abgesichert würde; am Schluss folgt die wenig hilfreiche Feststellung, es könne nicht gesagt werden, „how fascist Kemalist Turkey was". Statt die Frage zu stellen, „wie faschistisch" der Kemalismus war – ein Maß lässt sich schwerlich finden –, wäre es sinnvoll gewesen, die Diskussion Keyders vor dem Hintergrund der neueren Faschismus-Forschung fortzuführen. Adanır bleibt nichts anderes übrig, als die Frage zu vertagen. Bereits Mete Tunçays Klassiker von 1981 über das Einparteiregime hatte das Hauptproblem benannt: Das Problem des türkischen Faschismus stelle sich mit der Faschismus-Definition.[170] Es hat keinen Sinn, mit Hilfe eines normativen Faschismus-Begriffs den Kemalismus zu untersuchen, ganz abgesehen davon, dass ein solches Vorgehen von der jüngeren Forschung zum italienischen Faschismus ebenfalls nicht empfohlen wird.[171] Bevor man vom Faschismus in der Türkei sprechen kann, muss man wissen, was der italienische Faschismus war. Deshalb sollte und konnte an dieser Stelle keine Antwort auf die Frage, ob und wie der Kemalismus faschistisch war, erfolgen. Erst der Vergleich historischer

Entwicklungen, nicht die Übernahme einer von der Forschung zwar immer wieder veränderten, aber doch verbindlichen Merkmalsliste, stellt den Kemalismus in ein Verhältnis zum Faschismus. Dies zu klären, ist unter anderem die Aufgabe dieses Buches.

Die Grundlagen der Debatte bilden immer dieselben Bezugspunkte, die in die Geschichte zurückführen. Es sind dies die zwischen 1932 und 1934 vom linken Flügel der Kemalisten publizierte Zeitschrift *Kadro* sowie die aus eigener Anschauung des Faschismus und des Kommunismus entstandenen Schriften von Falih Rıfkı (Atay).

Rıfkı war auf diplomatischen Missionen sowohl ins faschistische Italien als auch in die stalinistische Sowjetunion gekommen. Er verarbeitete seine Beobachtungen und Erfahrungen in zwei Büchern, die sich sowohl hinsichtlich des feuilletonistischen Stils als auch der Inhalte stark ähneln, eine türkisch-nationale Perspektive durchhalten und die Drangsalierung der Bevölkerung in Italien und die offene Gewalt in der stalinistischen Sowjetunion übersehen.[172] Politik, Ideologie, Gesellschaftsentwurf und Institutionen des faschistischen und des bolschewistischen Regimes bezog er immer auf den Kemalismus, machte aber deutlich, dass die zwei Regime aus ihren jeweiligen historischen Zusammenhängen zu erklären und deswegen auch nicht für die Türkei generell übertragbar seien. Den Kemalismus grenzte er sowohl vom Faschismus als auch vom sowjetischen Kommunismus ab; er sei eine türkische Angelegenheit. Eindeutig jedoch fand Rıfkı mehr Anknüpfungspunkte in Italien als in Russland. Bestimmte Aspekte wollte er durchaus akzeptieren. Gegen autoritäre Herrschaft hatte er nichts. Wenn Demokratie und Liberalismus nicht mehr den Bedürfnissen der Gesellschaft entsprechen, seien sie „wie abgetragene Schuhe" abzustreifen; die Zeit erfordere zuweilen Diktaturen.[173] Das Einparteiregime, die Erziehungsrolle des Staates und der Partei zugunsten der nationalen Ideale und die bedeutende Rolle der Jugend beim Aufbau der neuen Gesellschaft nannte er als wichtige Punkte für die Türkei und wies damit auf Gemeinsamkeiten hin, welche die Regime verbanden. Am Faschismus hob er besonders dessen Rolle bei der Versöhnung der Nation hervor, der – anders als der Klassenstaat des Kommunismus – die Interessengegensätze der sozialen Klassen überwinde. Namentlich dieser Punkt interessierte die türkischen Beobachter. In der Sowjetunion, deren Eigenheiten Rıfkı ungeniert mit Zitaten der Todfeinde Stalin und Trockij unterstrich, sah er das autoritäre Regime ebenfalls historisch bedingt. Für die Türkei bevorzugte Rıfkı das Prinzip der dauernden Revolution, für das der Kemalismus den Begriff *inkilâpçılık* gefunden habe. Im Sinne Rıfkıs darf man den schillernden Begriff mit Reformismus übersetzen, denn ihm war klar, dass eine Entwicklung wie die bolschewistische Revolution in der Türkei nicht erstrebenswert sei. Rıfkı als Faschist zu bezeichnen, wäre ein Irrtum. Zwar trennt ihn vom Faschismus weitaus weniger als vom Kommunismus sowjetischer Prägung, aber seine sympathisierenden Beobachtungen weisen ihn als einen autoritären Kemalisten aus, der in der Türkei keine Grundlagen für die Einführung des Faschismus sah.

Mehr als Rıfkı dies vermochte, haben die *Kadro*-Autoren der Meinung Nahrung gegeben, die kemalistische Türkei sei von der Sowjetunion und dem kommunistischen Modell inspiriert.[174] Wenn selbst ein so gebildeter Zeitgenosse wie Ahmet Ağaoğlu sowohl die faschistischen als auch die sozialistischen Seiten der *Kadro*-Artikel erkannte,[175] dann zeigt sich daran zweierlei: Zum einen wäre die Frage nach dem faschistischen Charakter des Kemalismus wieder nicht geklärt; zum anderen, das ist der wichtigere Aspekt, zeugt die Doppeldeutigkeit von der Verwandtschaft der Phänomene, die dort, wo sie nicht auf deutliche ideologische Vorzeichen trifft, zu verschwimmen beginnt. Wenn anhand der Zeitschrift beide Interpretationen möglich sind, dann sollten Historiker umso mehr darüber nachdenken, in welchem eigenartigen Verwandtschaftsverhältnis Faschismus und Kommunismus zueinander standen und wie ein „dritter Weg", der Kemalismus, von beiden borgte und sich durch die scheinbar klaren Fronten hindurchlavierte.

Im Grunde hat auch Keyder die Argumentation des *Kadro* übernommen. Wenn die Zeitschrift einerseits ihre Ablehnung des politischen und wirtschaftlichen Liberalismus und der parlamentarischen Demokratie bekundete, wenn sie die alles entscheidende Rolle und Bedeutung des Staates betonte und die klassenlose Nation als soziales Ideal vorstellte, dann lassen sich in den Artikeln Elemente eines Autoritarismus erkennen, der sie in die Nähe zu faschistischen Positionen stellte. Şevket Süreyya (Aydemir) etwa schrieb, es sei die besondere historische Entwicklung der Türkei, keine anderen Entwicklungen zu wiederholen: „Bei uns gibt es eine Form der Regierung, die den Klassenkampf ausschließt und die Nation davor schützt."[176] Deswegen hielten die Autoren des *Kadro* auch die Form der kemalistischen Demokratie für befristet und plädierten für einen – wenngleich diffusen – Staat des Volkes.[177] Auf der anderen Seite hat sich die Zeitschrift explizit gegen den Faschismus gewendet. Einen Hinweis, woher die *Kadro*-Autoren geistig stammten, gibt schon die der Komintern-These nahestehende Interpretation des italienischen Faschismus und – nach 1933 – des Nationalsozialismus als bürgerliche Klassenherrschaft zur Unterdrückung des Proletariats. Außerdem lehnten sie die imperialen Züge des Faschismus, von denen sich die Türkei ja unmittelbar betroffen fühlen durfte, und den Rassismus ab. Zwar äußerten sich die *Kadrocular* kaum offen über die sowjetischen Quellen ihrer Vorstellungen,[178] einige von ihnen waren jedoch zuvor Mitglieder der Kommunistischen Partei gewesen.[179] Von Lenin nämlich und den sowjetischen Entwicklungen hatten sie mindestens so viel gelernt wie vom Faschismus, schließlich hatten sie nach dem Ersten Weltkrieg einige Zeit in Moskau zugebracht, sprachen Russisch und übersetzten sowjetische Dokumente - vorwiegend zu Fragen der Planwirtschaft - ins Türkische.[180] Außerdem ließen sie sich hinsichtlich der wirtschaftlichen Entwicklung eines Agrarlandes zum Industriestaat von der sowjetischen Planwirtschaft beeindrucken, ohne deswegen Anhänger des sowjetischen Modells zu sein. Insbesondere der Aufsatz von Burhan Asaf (Belge) „Polemik - Faschismus und türkische nationale Befreiungsbewegung" von 1932 stellte die Position der *Kadrocular* zum Faschismus klar und antwortete damit auf Rossis Deutung des Kemalismus als Faschismus-Kopie: Im Unterschied zum italienischen Faschismus sei die türkische Revolution ohne die Aufteilung in gesellschaftliche Klassen mit ihren Interessen und Konflikten erfolgt und sie werde die Klassenbildung unmöglich machen. Darüber hinaus sei der Kemalismus insofern das Gegenteil des Faschismus, als er gegen den Kolonialismus rebelliere, den der Faschismus ja gerade repräsentiere. Außerdem baue der Faschismus auf eine kapitalistische Struktur bei halbkapitalistischer Entwicklung. Der Kemalismus dagegen verstehe sich als das Ideal der nationalen Befreiung.[181] Dieses Zurechtrücken der Verhältnisse aus *Kadro*-Sicht hinderte einige italienische und türkische Stimmen jedoch nicht, die Freundschaft und geistige Nähe von Kemalismus und Faschismus weiterhin zu postulieren, schließlich hätten beide Regime eine „vollständig neue Gesellschaft" hervorgebracht.[182]

Als Gegenspieler der *Kadrocular* trat der damalige Generalsekretär der kemalistischen *Cumhuriyet Halk Partisi* (Republikanische Volkspartei), Recep Peker, auf. Er hielt 1934/35 Vorlesungen zur türkischen Revolution an der neu gegründeten Universität Istanbul, in denen er seine Sicht darlegte. Peker gilt gemeinhin als der philofaschistische Vertreter unter den Kemalisten. Eine Nähe ist nicht von der Hand zu weisen. Er wendete sich in klaren Worten gegen das liberaldemokratische und parlamentarische Mehrparteiensystem, gegen den egoistischen und individualistischen Kapitalismus und die durch sie entstandenen Klassenkämpfe. Das alles seien Folgen der „Freiheitsrevolution“, wie sie in Frankreich, England und den USA stattgefunden habe. Auch die daraus resultierende sozialistische „Klassenrevolution“ lehnte er ab. Keines dieser Systeme sei zu imitieren, besonders die Türkei müsse ihren eigenen Weg finden. Für Peker war die historische Situation der unmittelbaren Nachkriegsjahre in Italien von großer Bedeutung, denn sie führe vor, was der Türkei erspart werden solle. Italien sei ein Beispiel für die Krisen des alten Systems, welche die Einheit der Nation zerrissen haben.[183] Daraus sei der Faschismus hervorgegangen. Es handele sich dabei um die Wiedergeburt des Cäsarismus im 20. Jahrhundert. „Diese neue Bewegung ist als Reaktion vollständig gegen die Ideen der Freiheitsrevolution als auch gegen die der Klassenrevolution gerichtet.“[184] Peker warnte seine studentischen Zuhörer jedoch eindringlich davor, auch nur eines der verschiedenen Regime zu kopieren. Wie die *Kadrocular* auch, sah er das Heil im eigenen Weg der Türkei.[185] Was den Philofaschismus Pekers angeht, so sei nur erwähnt, dass er den Nationalsozialismus ebenfalls nicht als Vorbild empfahl und ihn des Etikettenschwindels hinsichtlich des „Sozialismus“ im Namen bezichtigte.[186]

Die *Kadrocular* mussten sich stets des Vorwurfs erwehren, unter dem Einfluss Moskaus zu stehen, was letztlich auch zur Schließung der Redaktion und zum Ende der Zeitschrift führte. Ihre Aussagen zu Faschismus und Sozialismus klären jedoch hinreichend die Frage, wo die Zeitschrift und ihre Autoren standen: Die kemalistische Revolution schien ihnen ein Übergangsstadium zu sein;[187] mit dem Faschismus teilten sie die Vorliebe für den Autoritarismus und die einheitliche Nation, aber sie lehnten die faschistische Art der oktroyierten Einigung im Interesse des Bürgertums und zu Ungunsten der Arbeiter ab; statt dessen proklamierten sie die einheitliche Nation, bevor es zu irgendeiner Art hegemonialen Klasseninteresses kommen konnte. Die *Kadrocular* argumentierten also mit der wirtschaftlichen und sozialen Rückständigkeit der Türkei und machten daraus eine positive Eigenschaft. Der Faschismus, so ihr Argument, schuf die Nation, um Klassenkonflikte „aufzuheben“. Der Kemalismus schuf die Nation, um eine dominierende Klasse gar nicht erst aufkommen zu lassen.

So neigte sich die Waagschale zu keiner Seite wirklich, weder zum Kommunismus noch zum Faschismus, und alle, die über den Charakter des kemalistischen Regimes diskutierten, ob Zeitgenossen oder Nachgeborene, waren sich in einem Punkte einig: Weder der Faschismus noch der Sozialismus „passten“ vollständig auf die türkischen Verhältnisse nach dem Zusammenbruch des Osmanenreiches. Darüber hinaus existierte ja auch noch das Lager der Demokraten. Für Anhänger der reinen Lehre stellt der Kemalismus in der Tat ein Problem dar. Die vorangegangenen Zeilen haben aber eines noch einmal deutlich unterstrichen: Um ihn zu verstehen, muss man ihn vergleichen und mit seiner Zeit außerhalb der Türkei in Beziehung setzen.

2. Drei Wege zur Diktatur

Nation und Staat in der Türkei

Das Osmanenreich war multinational und multikonfessionell. Christen lebten dort zusammen mit Muslimen, Griechen mit Türken, Juden mit christlichen Armeniern und Slawen und muslimischen Türken und Arabern; die bürokratische und militärische Elite des Staates war alles andere als türkisch. Sie stammte aus allen Gegenden des Reiches, namentlich aus Rumelien, dem europäischen Reichsteil, und zu ihrem geringeren Teil aus den asiatischen Reichsgebieten. Es war gleichgültig, woher die Diener des Staates und des Sultans kamen und welcher ethnischen Herkunft – in der Sprache des 19. und 20. Jahrhunderts – sie waren, weil man im Osmanenreich keinen Begriff von Ethnie hatte, einer ziemlich späten Erfindung Europas aus dem Zeitalter der Nationalismen, von der einige behaupten, es habe sie immer gegeben. Ein Mann albanischer Herkunft diente dem Sultan ebenso gut oder schlecht wie ein Tscherkesse, Lase, Kurde oder Araber. Die Voraussetzung für den Dienst im Staate, ob im zivilen oder militärischen Bereich, war die Zugehörigkeit zum Islam. Wer den rechten, d. h. orthodox-sunnitischen Glauben hatte und weder Mystiker noch Alevit war, konnte prinzipiell alles werden, auch Großwesir. Nicht einmal der Herrscher selbst, der *Padişah*, war ethnischer Türke, wie ein modernes, d. h. vom Nationalismus geprägtes Denken es sehen möchte. Vielleicht von den Gründern des Reiches im späten 13. und zu Beginn des 14. Jahrhunderts abgesehen, die als turksprachige Emire ihr Stammesgebiet sehr rasch zu einer Regionalmacht ausbauten, ist jede ethnische Zuschreibung der Herrscher zum Türkentum unsinnig. Diese Selbstverständlichkeit muss gelegentlich betont werden.

Was waren sie dann? In der Sprache, die seit dem 19. Jahrhundert gepflegt wurde und wird: buchstäblich die Verkörperung der Multiethnizität des Reiches. Seitdem die Sultane der osmanischen Dynastie die Thronfolge über die unerschöpflichen Ressourcen des Harems regelten, in denen Frauen aus allen Reichsteilen und eroberten Gebieten als Sklavinnen unter einigermaßen komfortablen Bedingungen als Konkubinen gehalten wurden und die zuweilen zahlreichen Söhne eines Sultans von verschiedenen Müttern stammten, verlor sich jede „ethnische“ Spur des legendären Osman über die Jahrhunderte in einer – in den Worten des 18. Jahrhunderts – wilden Vermischung aller Rassen.

Bis in das 19. Jahrhundert spielten nationale oder ethnische Zugehörigkeiten keine Rolle. Deswegen ist der erste Satz dieses Kapitels in puncto Multinationalität historisch falsch, handelt es sich dabei doch um eine retrospektive Beschreibung mit Begriffen, die erst das 19. Jahrhundert bereitstellte. Dadurch, dass er sich hundertfach in der historiographischen Literatur findet, wird er nicht richtig. Offenkundig ist das Denken und Erklären in Kategorien des Nationalen unter Historikern nicht tot zu kriegen. Die Aussage ist ein Anachronismus, der dem Selbstverständnis des Reiches über 500 Jahre nicht gerecht wird. Multinational war das Reich erst, nachdem Nationalitäten und Nationalismus zum Problem geworden waren. Erst seit dieser Zeit konnte „multinational" als ein Modell für das Zusammenleben der Völker verstanden werden – das war gut; oder als Völkergefängnis – das war schlecht. Wie auch immer, der Begriff war nie unschuldig, sondern bekräftigte stets die Geltung des Denkens in Kategorien des Nationalen, auch in der heutigen Historiographie. Deswegen ist zweifelhaft, ob er zur Beschreibung taugt.

Vor diesem Hintergrund wird verständlich, welch tiefe Zäsur die Entdeckung der Nationen und ihre „Befreiung" vom Joch der Fremdherrschaft – mit kräftiger Unterstützung der europäischen Mächte – für den Zusammenhalt des Osmanenreiches bedeutete. Als im 19. Jahrhundert die Nationalismen das Reich zu sprengen drohten, traten wichtige Änderungen ins Leben, welche die Idee der Nation im Innern des Reiches verfestigten, bevor es zur offiziellen Anerkennung nationaler Belange kam. Deutlich wird dies am Wandel des *millet*-Systems.[1] Die Sultane hatten die Nichtmuslime in drei *millets* unterteilt: das *Millet-i Ermeni* für die armenischen Christen, das *Millet-i Rum* für die orthodoxen Christen, das zahlenmäßig stärkste, das keine nationalen Untergruppen kannte, also nicht in Griechen, Serben oder Bulgaren usw. unterschied, sofern sie dem Patriarchen von Konstantinopel unterstanden, und das *Millet-i Yahudi* für die Juden, zumeist Sepharden, die nach der Vertreibung von der Iberischen Halbinsel am Ende des 15. Jahrhunderts im Osmanenreich eine freundliche Aufnahme gefunden hatten. Im 19. Jahrhundert jedoch spalteten sich die *millets* mit dem Segen des Sultans auf. In dem Maße, wie sich verschiedene Nationalbewegungen bildeten (namentlich im europäischen Reichsteil die serbische, die bulgarische, die rumänische), die wiederum die Oberhoheit des Patriarchen von Konstantinopel nicht anerkannten und ihre eigenen Patriarchate gründeten (das serbische, bulgarische, rumänische), entstanden neue *millets*. Diese öffentlichen Körperschaften mit konfessioneller Selbstverwaltung sollten sich zu organisatorischen Keimzellen der Nationalismen entwickeln.

Durch die nationalen Separatismen der christlichen und hier wiederum besonders der südosteuropäischen Völker gerieten die Muslime des Reiches in eine schwierige Lage. Ihre politisch und rechtlich, nicht aber wirtschaftlich privilegierte Stellung und die Tatsache, dass der Islam die Staatsreligion war, hatten nationale Separatismen unter Muslimen weitgehend verhindert. Allein bei den Wahhabiten der Arabischen Halbinsel machten sich separatistische Strömungen deutlich bemerkbar, die jedoch auf einen erneuerten Islam gründeten und nicht mit den nationalstaatlich orientierten südosteuropäischen Nationalismen vergleichbar waren. Vergröbert gesprochen, lebten die Muslime Rumeliens (Südosteuropas), Anatoliens und der arabischen Reichsgebiete länger als die christlichen Bevölkerungsteile im Zustand der vornationalen islamischen Zusammengehörigkeit. So war es kein Wunder, dass die Regierung auf die Herausforderung der christlichen Separatismen auf doppelte Weise antwortete. Beide Antworten versuchten die Nationalismen mit Hilfe supranationaler Programme zu neutralisieren: zunächst mit einem „von oben" propagierten Reichspatriotismus, dem Osmanismus. Er sollte der Dynastie und dem Reich gegenüber loyale Untertanen schaffen. Die Verfassung von 1876 bildete den Höhepunkt dieser Entwicklung. Sie verlieh allen Untertanen gleich welcher Religion und Herkunft die Gleichheit vor dem Gesetz und garantierte die freie Religionsausübung, obwohl sie den Islam als die Staatsreligion festlegte. Doch weder die Nationalisten unter den christlichen Untertanen noch die europäischen Mächte, die mittlerweile in allen wichtigen Belangen des Osmanenreiches ihre Finger im Spiel hatten, gingen auf das osmanistische Angebot ein – die Nationalisten nicht, weil sie die völlige Loslösung vom Reich in einem Nationalstaat anstrebten, und die Mächte nicht, weil ihnen die Separatisten in die Hände spielten, deren Aktionen und Ziele dem „kranken Mann am Bosporus" jene fatale Dosis politischer Schwäche verabreichten, welche die Mächte auszunutzen beabsichtigten, um ihre imperialen Interessen zu verfolgen. In dieser Situation sahen sich die Muslime von den Nationalismen der Nichtmuslime überrollt.

Vom Osmanismus führte der Weg deswegen ohne Umleitung in den Islamismus, der zweiten supranationalen Antwort auf die nichtmuslimischen Separatismen. Er enthielt jedoch bereits einen politischen Rückzug: Während der Osmanismus noch von der Hoffnung lebte, alle Untertanen unter den Bedingungen der religiösen und rechtlichen Gleichheit zu einem Zusammenleben im Reich gewinnen zu können und damit das Reich selbst zu erhalten, akzeptierte der Islamismus die normative Kraft des Faktischen, d. h. die mittlerweile entstandenen Staaten Griechenland, Serbien, Rumänien und Bulgarien mit jeweils unterschiedlichen Souveränitätsrechten sowie die weiteren nichtmuslimischen Separatismen. Mit dem Islamismus rettete sich die bürokratische Elite des Reiches in die Hoffnung, die Muslime nicht in unterschiedliche Nationen zerfallen zu sehen. Doch diese Hoffnung trog. Auch die arabischen Bevölkerungsteile begannen, nationalen Ideologien zu folgen. In Syrien und im Libanon entwickelten sich separatistische Tendenzen. Der osmanischen Bürokratie und den türkischen Nationalisten mag aufgefallen sein, dass gerade christliche Araber an der Vermittlung der Nationalismen erheblichen Anteil hatten. Spätestens im Ersten Weltkrieg zeigten sich die arabisch-nationalen Strömungen deutlich. Vor allem aber mussten die osmanischen Machthaber erkennen, dass die Muslime dem Aufruf des Sultan-Kalifen 1915 zum Dschihad gegen die Ungläubigen nicht folgten. Nicht nur das: Auf der gegnerischen Seite, bei den Engländern und Franzosen, kämpften zahlreiche Muslime aus den Kolonien gegen ihre Glaubensbrüder in den osmanischen Streitkräften; außerdem sprach die arabisch-englische militärische Zusammenarbeit gegen das Osmanenreich im arabischen Raum dem heiligen Krieg Hohn. Der Aufruf zum Dschihad musste darüber hinaus nach innen wirken, indem er die nichtmuslimische Bevölkerung dem Osmanenreich entfremdete.[2]

Bemerkenswert in der osmanischen Geschichte ist das sehr späte Auftreten des türkischen Nationalismus.[3] Er kam als das Abfallprodukt der Nationalismen zustande, die das Osmanenreich zerrissen. Mehrere Gründe sind zu nennen, warum er schließlich doch machtvoll auf die politische Bühne trat. Erstens: Seit der Reformperiode der *Tanzimat*, d. h. seit 1839, gingen Modernisierung, Europäisierung und Zentralisierung mit einer stärkeren Betonung der osmanisch-türkischen Sprache einher. Der Aufbau des öffentlichen Schulsystems diskriminierte die nichttürkischen Sprachen, indem die Schulbücher nur auf osmanisch-türkisch vorlagen. Die Schulen waren offen für Nichttürken; sie wurden jedoch von den Griechen, Armeniern, Bulgaren, aber auch von Arabern entschieden abgelehnt, die ihre Kinder lieber in die weiterhin bestehenden *millet*-Schulen schickten, wo in der eigenen Sprache unterrichtet wurde. Vor Gericht fanden die Verhandlungen nicht mehr auf arabisch, griechisch, kurdisch oder armenisch statt, sondern auf osmanisch-türkisch.[4] Die Verfassung von 1876 legte erstmals im Osmanenreich fest, dass türkisch, gemeint war das stark vom Persischen und Arabischen beeinflusste Osmanisch-türkisch, die Staatssprache war und forderte von den Parlamentsabgeordneten und Staatsdienern die Kenntnis dieser Sprache.[5] Weit davon entfernt, ein Türkisierungsprogramm darzustellen, öffnete die Bevorzugung des Osmanisch-türkischen jedoch die Tür für den einmal in Gang gesetzten Prozess der sprachlich-kulturellen Differenzierung in den Arkanbereichen des Staates.

Zweitens: Mit nationalem Bewusstsein der Türken hatte diese Politik nichts zu tun. In die vom Islam und dem Islamismus als Integrationsideologie geöffnete nationale Leerstelle stießen turksprachige muslimische Intellektuelle aus Russland, die ihre Unterdrückungserfahrungen in nationale Ideen umgemünzt hatten. Diese gut aufgearbeitete Geschichte ist ein wunderbares Beispiel für das, was einige Historiker heute neu verpackt als Transfergeschichte verkaufen. In den tatarischen Intellektuellenzirkeln des Zarenreiches an der Wolga und auf der Krim geboren, wanderten Ideen über die türkische Nation in das Osmanenreich ein, teilweise in Person ihrer Autoren, die dem Russischen Reich den Rücken kehrten und ihre Heimat im Osmanenreich suchten bzw. zu suchen gezwungen waren. Obwohl sehr stark von panturkistischen Vorstellungen durchdrungen, d. h. von der Idee einer Vereinigung aller turksprachigen Völker, die in unterschiedlichen Reichen lebten, ließ sich in Istanbul sehr rasch ein türkischer Nationalismus entdecken, der weniger die panturkistische Perspektive pflegte als vielmehr das Problem der türkischen Bevölkerungsmehrheit im Zusammenhang des zerfallenden Reiches diskutierte.[6] Der Panturkismus blieb immer eine unrealistische Vision. Die ungeklärte Stellung der Türken im Staat jedoch stellte ein reales Problem dar. Die Türken waren, obwohl die Europäer den Staat nach ihnen benannten, kein Staatsvolk. Der Begriff „Türke“ bezeichnete – durchaus pejorativ – lange Zeit den aus der Sicht der mondänen Hauptstadtbewohner rückständigen anatolischen Hirten und Bauern.[7] Die Türken, die im nationalen Sinne im späten 19. Jahrhundert erfunden wurden, hatten auf seltsame Art und Weise keinen politischen Platz im Osmanenreich. Darin waren sie den Russen im Zarenreich verwandt, denen ein ähnliches Schicksal mit ebenfalls verspäteter Nationsbildung beschieden war, wenngleich sich dort, wie noch zu zeigen sein wird, die Verhältnisse anders entwickelten. Im Osmanenreich trugen die tatarischen Intellektuellen des Zarenreiches wesentlich dazu bei, die türkische Frage in nationalen Kategorien zu begreifen.

Drittens: Den beiden zuvor genannten Punkten entsprach eine demographische Verschiebung zugunsten der Muslime im Reich, denn die Gründung neuer Staaten mit christlicher Bevölkerung in Südosteuropa hatte eine starke Verringerung des Anteils der christlichen Reichsbevölkerung zur Folge. Diese Tatsache verlieh dem Islamismus als Integrationsideologie über das erhoffte ideologische Gewicht hinaus eine solide demographische Grundlage, die von außen noch verstärkt wurde. Vielleicht der wichtigste Grund für die Entstehung des türkischen Nationalismus waren Flucht und Vertreibung von Millionen Muslimen aus Russland und Südosteuropa, eine Migration in Wellen, die im ausgehenden 18. Jahrhundert begann.[8] Nach der Annexion der Krim durch das Zarenreich im Jahre 1783 zog erstmals ein muslimischer Flüchtlingsstrom von ca. 1,5 Millionen Menschen ins benachbarte Osmanenreich. Am Ende des Krimkrieges 1855 folgte die nächste Welle mit ca. 225 000 Flüchtlingen; 100 000 Tataren und 400–500 000 Tscherkessen flohen während der russischen Eroberung des Kaukasus 1859–1864; im russisch-türkischen Krieg 1877/78 wurden 200–300 000 Muslime getötet und über eine Million flüchteten oder wurden vertrieben. Nach Ende des Krieges suchten noch einmal über eine halbe Million Muslime aus dem russischen Kaukasus und den unter russischem Schutz stehenden Gebieten südlich der Donau in Anatolien eine neue Bleibe. Sie wurden von der Istanbuler Regierung in den Siedlungsgebieten der Armenier, deren nationale Vertreter ausdrücklich dagegen waren, in Ostanatolien angesiedelt, um die muslimischen Bevölkerungsanteile dort zu erhöhen. Die Zahl der muslimischen Vertriebenen im ersten Balkankrieg 1912 wird auf ca. 400 000 geschätzt. Nach dem zweiten Balkankrieg 1913 flohen über eine Million Muslime ins Osmanenreich. Insgesamt dürften zwischen 1878 und 1914 etwa 2,5 Millionen Muslime im Osmanenreich angesiedelt worden sein. Über die Handlungsweisen der russischen Regierung und der jungen südosteuropäischen Staaten schwieg man in Europa. Wenn sich europäische Regierungen über die von den osmanischen Truppen 1877 verübten „Turkish atrocities“ empörten,[9] so ließ sich durch das Geschrei trefflich die Klage der Muslime übertönen, die während der nationalen Auseinandersetzungen vertrieben worden waren. Die Ankunft der *muhacir* (Flüchtlinge) auf osmanischem Territorium verschärfte die türkische Frage im Osmanenreich.

Wenn die Balkankriege 1912/13 schließlich, viertens, einem immer stärker ethnisch definierten türkischen Nationalismus Vorschub leisteten, so haben sie die ethnische Komponente zum türkischen Nationalismus nicht hinzugefügt, sondern die bereits vorhandene verstärkt. Die Jungtürken, die im Staatsstreich 1908 die Macht übernahmen,[10] mussten den ethnischen Nationalismus nicht erst erfinden, sie brauchten sich aus dem Arsenal der nationalistischen „Argumente" nur zu bedienen.

Fünftens: Der Erste Weltkrieg und sein für das Osmanenreich verheerendes Ende brachten ein neues Element in die Arena des türkischen Nationalismus: den Antiimperialismus. Für einige Offiziere des osmanischen Heeres, darunter Mustafa Kemal Pascha (Atatürk), die nie den panturkistischen Träumereien angehangen hatten, bedeutete die schmähliche Niederlage des Reiches und vor allem die Kontrolle des Staates durch die Sieger den völligen Zusammenbruch aller bisherigen Staatskonzepte. Sie sahen die Lösung allein in der Errichtung eines neuen Staates auf der Grundlage der türkischen Nation. Dem hatte das jungtürkische Triumvirat Enver Pascha, Talât Pascha und Cemal Pascha, das de facto die Regierungsgewalt während des Ersten Weltkrieges innehatte, auf katastrophale Weise vorgearbeitet, als es 1915 den Völkermord an den Armeniern des Osmanenreiches initiierte. Cemal Pascha ging in Anbetracht der hoffnungslosen Lage seines Landes bei Kriegsbeginn der flotte Offiziersspruch „tout est perdu hors l'honneur!" von den Lippen, um mit Verweis auf die Ehre eine nationale Erhebung gegen das drohende russische, englische oder französische Joch zu fordern. So könne die nationale Geschichte zu einem glänzenden Ende kommen, war sie doch auf Mut und Ehre gegründet und reich an Ruhm und Glanz.[11] Doch blieb bei Kriegsende nicht einmal mehr dieser moralische Rest übrig: Außer dem Reich hatten die Jungtürken schon 1915 auch die Ehre verspielt. Cemal Pascha wurde 1922 von einem armenischen Vergeltungskommando erschossen; Talât Pascha erging es nicht anders.

Die Nachfolger der jungtürkischen Bankrotteure erhoben das im Völkerrecht und der Politik der unmittelbaren Nachkriegszeit hochgehaltene Recht der Nationen auf Selbstbestimmung und ihre Stellung als völkerrechtliche Subjekte zum Prinzip des türkischen Staates, der sich aus der Konkursmasse des Osmanenreiches herauszuschälen begann. Prinzipiell bestand kein Unterschied zur Gründung des bulgarischen oder griechischen Staates. Erinnert sei an das schon genannte Zitat aus der *Presse Lausannoise*, die 1922 schrieb, die Türkei sei ein Nationalstaat „tout comme les pays neufs de l'Europe central ou les vieux Etats de l'occident."[12] Sie übersah jedoch, dass die antiimperialistische Komponente den türkischen Nationalismus von den meisten anderen Nationalismen Europas unterschied. Gerade diese Komponente strahlte als Vorbild in die Nationalismen des Vorderen Orients, Asiens und Afrikas ab.

Vor diesem Hintergrund wird verständlich, warum der von den türkischen Nationalisten gefeierte „Unabhängigkeitskrieg" 1919–1922 im Grunde kein neues Geschichtskapitel aufschlug, sondern einen bereits machtvoll in Gang gesetzten Prozess beschleunigte. Mustafa Kemal Paschas überragende Rolle und seine schier unendlichen Mobilisierungskräfte sollen in dem Zusammenhang keineswegs geleugnet werden, auch nicht die Leistung anderer Offiziere und Zivilisten, die unter äußerst ungünstigen Bedingungen den Krieg zu einem für die türkische Nationalbewegung siegreichen Ende führten, aber man muss sich klarmachen, dass die anatolischen Nationalisten und ihre Anführer mit beiden Beinen in der Geschichte der verspäteten Nationsbildung der Türken standen, die durch den Verlauf des Ersten Weltkrieges erheblich beschleunigt und durch die bittere Erfahrung des Ausgeliefertseins an die Mächte 1918 wesentlich verschärft worden ist. Der „Unabhängigkeitskrieg" endete mit dem kaum wahrscheinlichen Sieg der türkischen Truppen. Die Türkei 1919–1923, dieser eigenartige „Rumpf mit zwei Köpfen",[13] d. h. dem Sultan und seiner Regierung in Istanbul und der Rebellenregierung der Nationalisten in Ankara, war auf dem Weg zu einem souveränen Staat, der 1923 offiziell ins Leben trat. Das hatte 1918 niemand vorausgesehen. Der Friede von Sèvres, der die Türkei auf einen kaum überlebensfähigen Schrumpfstaat in Zentralanatolien reduzierte, war das Papier nicht wert, auf dem er geschrieben stand.

Der Sieg taugte hervorragend zur Mystifizierung der Geburtsstunde der türkischen Nation und des türkischen Nationalstaats. Wenn die Bedrängnis den Sieg unmöglich erscheinen lässt, schlägt die Stunde des Mythos, und kein Mythos ist wirkungsvoller als ein mit Kampf, Blut, Not und Triumpf besiegelter. Nachdem die Nachkriegsordnung für die Türkei im Frieden von Lausanne 1923 mit England, Frankreich, Italien, Japan, Griechenland, Rumänien und dem Königreich der Serben, Kroaten und Slowenen ausgehandelt worden war, durfte die türkische Nationalregierung die Vertragsunterzeichnung als weiteren Sieg feiern. Ein Friede war jedoch nur auf der Ebene der Staaten hergestellt. Das sollte man nicht geringschätzen. Für die ca. 1,25 Millionen „ausgetauschter" Christen, die man für Griechen hielt, und für die ca. 600 000 Muslime, die man für Türken hielt, bedeutete er eine Katastrophe, nichts anderes als die völkerrechtliche Legitimation der nationalistischen Vertreibungsbarbarei, deren sich die europäischen christlichen Staaten an den Muslimen seit Jahrzehnten und die jungtürkischen Machthaber im Ersten Weltkrieg an den Christen befleißigt hatten und die nun in einer großen, euphemistisch als Bevölkerungsaustausch deklarierten Aktion erstmals völkerrechtlich legitimiert wurde. Die Beschreibung des historischen Kontextes kann nicht über das Schicksal der Vertriebenen hinwegsehen, die ihre neue „Heimat" als Fremde betraten. Die „Griechen" sprachen zum großen Teil nicht griechisch, und viele der „Türken" nicht türkisch.[14]

Mit diesem historischen Gepäck begann die nationale Regierung, die „moderne Türkei" zu errichten. Ebenso wie sich Vernichtung und Vertreibung der Armenier 1915 hinsichtlich der nationalen Einheitlichkeit äußerst vorteilhaft auswirkten, so leistete die Vertreibung der Griechen der nationalen Homogenisierung weiter wesentlich Vorschub. Der Zensus von 1927 ergab folgende Bevölkerung: Insgesamt lebten 14,6 Millionen Einwohner in der Türkei, davon knapp 1,2 Millionen Kurden, 134 000 Araber, fast 120 000 Griechen in Istanbul und den umliegenden Gebieten, die von der Lausanner Vertreibungsregelung nicht berührt worden waren, fast 82 000 Juden und 77 500 Armenier.[15] Darüber hinaus gab es weitere, kleinere Minderheiten. Diese Lage führte dazu, dass die Nationalisten während der Phase des „Unabhängigkeitskrieges" und der Staatsbildung eine klare Aussage darüber vermieden, ob sie türkische oder die osmanische Nation meinten.

Die Staatsform der neuen Türkei allerdings zeichnete sich früh ab. Die Männer um Mustafa Kemal errichteten einen „neuen türkischen Staat (...), der sich auf die nationale Souveränität stützte und eine Unabhängigkeit ohne jeden Vorbehalt und ohne jede Einschränkung besaß."[16] Die entscheidende Frage lautete: Wie sollten sie Staat und Nation miteinander verschmelzen?[17] Die Antwort war ebenso einfach wie zwingend und außerdem im Angesicht der existierenden Nationalbewegungen konventionell: Die Verbindung erfolgte über den Staat. Die Staatsform konnte nur eine Republik sein, eine andere Möglichkeit gab es nicht. Es ist darüber spekuliert worden, wann Mustafa Kemal die Entscheidung darüber gefällt habe.[18] Wird die Frage so gestellt, erhält der Wandel von der über 600 Jahre währenden Herrschaft der Sultane zur Souveränität des Volkes den Charakter einer einsamen, aber genialen Entscheidung des Führers. Welche Auswahl hatte er denn? Alle neuen Staaten mit Ausnahme Sowjetrusslands, die aus den Konkursmassen der zusammengebrochenen Imperien – Russland, Habsburgerreich, Osmanenreich – gebildet worden waren, etablierten sich als parlamentarische politische Systeme. Anders ging es nicht, denn wie sollte eine nationale Bewegung, kaum dass sie ihre Ziele erreicht hatte, die Massen aus der politischen Partizipation entlassen, nachdem es doch gerade das

Wesen der Nationalbewegungen darstellte, die Massen „ein(zu)laden, in die Geschichte einzutreten"?[19] Dass viele dieser Systeme, kaum dass sie etabliert worden waren, unter einer Vielzahl von Problemen erdrückt wurden und autoritären Regimen Platz machten, spricht nicht gegen den grundsätzlichen massenpartizipatorischen Ansatz. Auch die europäischen Mächte, welche eine lange Reihe neuer Staaten aus der Taufe gehoben hatten, wollten Demokratien. Nicht zuletzt hatte Punkt 12 der 14 Punkte des US-amerikanischen Präsidenten Wilson das Selbstbestimmungsrecht in den türkischen Gebieten des Osmanenreiches gefordert. Die gesamte Geschichte der Nationalbewegungen lässt nur einen Schluss zu: Nation und Staat kamen erst in einer repräsentativen Demokratie zu ihrer politischen Form, aber der Weg dorthin war zuweilen steinig und blutig. Kein Wunder, dass die soeben genannte einzige Ausnahme, Sowjetrussland, nicht die Nation repräsentiert sehen wollte, sondern die Klasse, für die in der „Diktatur des Proletariats" ein anderes Herrschaftsmodell vorgesehen war. Mustafa Kemal war also in seiner Entscheidung nicht frei, als ihm die Eingebung kam, einen „nationalen Aeropag"[20] zu schaffen. Die Republik drängte sich ihm strukturell auf. Nicht nur ihm: Selbst der Großwesir des Sultans, Ali Rıza Pascha, ereiferte sich Anfang Oktober 1919: „Sie werden die Republik ausrufen, die Republik!", und Mustafa Kemal, der diese Bemerkung wiedergab, kommentierte, den Mythos seines Genies selbst entschleiernd, „als ob er eine plötzliche Entdeckung mache."[21] Darüber hinaus folgte er dem jungtürkischen Weg des Konstitutionalismus, den die Nationalisten nicht in Frage gestellt hatten. Die Wiedereinsetzung der suspendierten Verfassung von 1876 war einer der Hauptgründe für den jungtürkischen *coup d'état* 1908 gewesen. Seitdem galt die (modifizierte) Verfassung formal weiter, wenngleich die Praxis der jungtürkischen Politik unter den seit 1912 andauernden Kriegsbedingungen sie de facto wieder außer Kraft setzte. Aber die Kemalisten konnten es sich nicht erlauben, hierin den Bolschewiki vollkommen unähnlich, die Konstitution zu ignorieren. Ein Jahr nach Gründung der Republik wurde eine neue Verfassung verabschiedet. Viele Gründe, innere und äußere, kamen also zusammen, dass die moderne Türkei eine Republik sein musste.

Die einzige Alternative hätte in einer konstitutionellen Monarchie bestanden. Aber diese Möglichkeit war durch die Ereignisse blockiert. Zwei Gründe spielten dafür eine Rolle: zum einen die Haltung der nationalen Regierung, die Monarchie und ihre Regierung nicht als Vertreterinnen der Nation anzuerkennen, zum anderen die Tatsache, dass sich der schwächliche und altersmüde Sultan Mehmed VI. Vahidettin und seine Minister vollständig unter Kontrolle der Alliierten befanden und damit zu Marionetten in den Händen der imperialen Mächte geworden waren. Mustafa Kemal vermochte zwar in ausgesucht höflichen Worten mit Ministern und Regierungsbeamten in Istanbul zu telegraphieren, scheute aber auch nicht vor deftigen Charakterisierungen zurück. Den Sultan hielt er für einen „degenerierten Inhaber des Throns",[22] dessen Regierung für „eine Haufe von Verrückten",[23] „Feiglinge und Verbrecher (...), Verräter und Henker der Nation und des Vaterlandes".[24] Dass Mustafa Kemal für einen kurzen Zeitraum die Sultansregierung gegen den Sultan auszuspielen trachtete, war taktisches Kalkül, aber kein ernsthafter Versuch, diesen Sultan oder das Sultanat für die moderne Türkei zu erhalten. Als schließlich selbst die Alliierten die Regierung in Ankara de facto anerkannten, indem sie mit ihr in London 1921 und in Lausanne 1922/23 verhandelten, war das Schicksal der Monarchie, auch in ihrer konstitutionellen Variante, besiegelt. Mehmed VI. Vahidettin dankte nicht ab; er machte sich, vielleicht die weiseste Entscheidung seiner kurzen Regierungszeit, auf einem britischen Kriegsschiff davon. Symbolisch war die Flucht eine fette Beute für die nationale Regierung in Ankara, politisch war sie unvermeidlich. Für den Sultan gab es keinen Platz in der modernen Türkei. Das wussten Mustafa Kemal, die meisten Mitglieder der nationalen Regierung, die Alliierten und selbst der traurige Sultan. Die Abschaffung des Sultanats 1922 war ebenso zwangsläufig wie die Errichtung der Republik folgerichtig.

Der neue Staat war gegen den Einfluss der Mächte, gegen den Sultan und seine aus Sicht der Nationalisten verräterische Regierung und für die türkische Nation errichtet worden. Wo aber war die Nation? Die Gegenregierung in Anatolien hatte es vermocht, die Sultansregierung in Istanbul, seit Kriegsende eine Regierung von Gnaden der Alliierten, zu deligitimieren und schließlich zu verdrängen, indem sie vorgab, den Willen der türkischen Nation zu vertreten, der „nur aus Anatolien entspringen könne"[25]; sie hatte den Krieg gegen die Armenier im Osten Ende 1920 gewonnen, ebenso 1922 den Krieg gegen die griechischen Invasoren, sie hatte das psychologische Kräftemessen mit den englischen Truppen an den Meerengen für sich entschieden und schließlich auf der diplomatischen Bühne die Früchte ihrer militärischen Siege geerntet. Kurz: Die gesamte Tätigkeit der nationalen Regierung hatte sich fast ausschließlich auf die Sicherung der nationalen Sache bezogen, indem sie gegen die äußeren Feinde und ihre Büttel im Innern kämpfte. Die türkische Nation, die allen Handlungen Legitimation verlieh, existierte zu diesem Zeitpunkt aber nicht. Es gab eine militärische Elite mit Mustafa Kemal Pascha im Zentrum, zahlreiche loyale Offiziere, mehrere Armeen,[26] Unterstützung von hohen, mit der Ankaraer Regierung sympathisierenden Verwaltungsbeamten, Hilfe von einigen Stammesfürsten und heißlaufende Telegraphendrähte,[27] ohne die der „Unabhängigkeitskrieg" nicht hätte gewonnen werden können. Dabei war es von großem strategischen Vorteil, die nationale Sache vom Zentrum Anatoliens heraus zu betreiben. Dafür sprachen zum einen militärische Gründe, denn die Kriege konnten auf diese Weise aus einem zusammenhängenden Zentrum heraus geführt werden: gegen die armenischen nationalen Streitkräfte im Osten 1920, gegen die griechischen Invasoren und Truppen des Sultans im Westen 1919–1922 und gegen die Pontusgriechen im Norden 1921. Zudem ließen sich die schwerwiegenden Probleme des jungtürkischen Staates vor 1918 vermeiden – die schwachen Zentrum-Peripherie-Beziehungen und die Mobilisierung sozialer Ressourcen.[28] Aber das alles zusammen ergab keine Nation.

Dem Fehlen einer sozial organisierten Nation entsprach eine „verkürzte" politische Repräsentation. In der Wirklichkeit entbehrte die vorgestellte türkische Nation jenes egalitaristischen und massenpartizipatorischen Zuges, der alle modernen Nationalismen kennzeichnete und der eine unvermeidliche Bedingung für alle erfolgreichen Nationalbewegungen darstellte. Nationalismen waren insofern nach innen gesellschaftlich in zweierlei Hinsicht emanzipativ: Sie stellten den politischen Obrigkeitsstaat in Frage, indem sie das Versprechen auf Demokratie enthielten, außerdem die bis dahin geltenden sozialen Schichtungen, indem sie Bildungspolitik und Wohlstandsausgleich ins Auge fassten. Die Geschichte der Nationalstaaten zeigt, dass der soziale Emanzipationsaspekt der schwächere von beiden war. Die kemalistische Türkei leistete ihren Beitrag zu dieser Regel. Ihr gelang es auch im politischen Bereich, das Monopol der Elite zu bewahren. Die Große Nationalversammlung und ihre Vorgängerinnen, angeblich die politischen Repräsentationen der Nation, bestanden aus von Mustafa Kemal handverlesenen Delegierten, darunter einigen Notabeln, deren Unterstützung es unbedingt bedurfte, um sowohl den „Unabhängigkeitskrieg" als auch den politischen Fortgang der nationalen Sache betreiben zu können; die Mitglieder der Regierung stammten aus der militärischen und bürokratischen Elite mit sozialen und politischen Wurzeln in den höheren Kreisen des untergegangenen Osmanenreiches. Es war diese Elite, die mit der Ausrufung der Republik ihre Posten sicherte und dabei auch jene Provinzfürsten nicht antastete, die schon im *Ancien régime* in ihren Gebieten das Sagen hatten.[29] Die Nation, von der Mustafa Kemal nicht müde wurde zu behaupten, sie sei in der Großen Nationalversammlung repräsentiert, bestand nach Ausrufung der Republik demnach weder aus Bauern, Handwerkern, Hirten, gemeinen Soldaten, Analphabeten noch aus Frauen (die ersten weiblichen Deputierten kamen nach der Einrichtung des aktiven und passiven Wahlrechts für Frauen in das 1935 neu gewählte Parlament). Die Nation, die in der Großen Nationalversammlung ihre politische Zukunft recht kontrovers diskutierte und zumeist sehr einmütig beschloss, war – gemessen an den realen sozialen, Bildungs- und Siedlungsverhältnissen in der Türkei – ein Phantom: gebildet (für die 1923 gewählte Nationalversammlung: ca. 70 % der Deputierten hatten eine Ausbildung auf Hochschulniveau, nur 17 % beherrschten keine Fremdsprache), europäisiert, urban und beim Staat beschäftigt (zivile und militärische Staatsdiener zusammen fast die Hälfte der Deputierten); die wenigen Mullahs und Provinzfürsten, die dem Bild nicht entsprachen, trugen wenig zur Korrektur des Gesamteindrucks bei. Waren sie in der ersten Nationalversammlung noch relativ stark vertreten (46 von 83 Deputierten 1920–23 waren im Bereich der Religion beschäftigt), so fiel ihr Anteil nach 1923 kaum noch ins Gewicht.[30] Andererseits zeigte die Geschichte der nationalen Bewegung 1919–1923, dass allein die Kemalisten ahnten, was die Nation sein sollte, und ihre Herstellung unmittelbar betrieben, während zahlreiche opportunistische Unterstützer nicht die nationale Einheit anstrebten, sondern regionale oder eigene Interessen verfolgten. Wer in die Provinz fuhr, um die nationale Einheit zu suchen, fand zumeist Partikularismus.[31]

Der „verkürzten" politischen Repräsentation entsprach aber auch die soziale Trägerschaft der türkischen Nationalbewegung. Wer die Geschichte der türkischen Unabhängigkeit rekonstruiert, dem fällt auf, dass ein großes Thema aller nationalen Bewegungen im türkischen Fall fast vollkommen fehlt: die Ökonomie. Die türkische Nationalbewegung war ausschließlich politisch. Diese Tatsache erklärt sich dadurch, dass es kein nennenswertes Bürgertum gab, das den türkischen Nationalismus hätte vertreten und das ihn als bürgerliche Emanzipationsideologie gegen den Sultansstaat hätte in Stellung bringen können.[32] Der Handel im Osmanenreich, sofern nicht durch die westeuropäischen Mächte mit Hilfe der Kapitulationen kontrolliert und exekutiert, lag vornehmlich in nichtmuslimischen Händen, d. h. bei Armeniern, Griechen und Juden.[33] Ein muslimisches Unternehmertum war außerordentlich schwach entwickelt, wie überhaupt die Unternehmer, christliche und jüdische eingeschlossen, im Vergleich selbst zum relativ rückständigen Russland eine hauchdünne Gruppe bildeten. Die Nationalisten waren vielfach Staatsbedienstete, Militärs und Intellektuelle, *hommes de lettres*, aber in der Regel keine in Wirtschaftsdingen Kundige. Weder der als Haupttheoretiker des türkischen Nationalismus geltende Ziya Gökalp noch der aus dem Russischen Reich stammende Yusuf Akçura, weder der Vertreter des europäischen Weges der türkischen nationalen Entwicklung Abdullah Cevdet noch andere haben sich ausführlich über Wirtschaft ausgelassen. Die Jungtürken entstammten der militärischen und bürokratischen Elite des Osmanenreiches. Das alles bedeutete aber nicht, dass sie von Fragen der Ökonomie weit entfernt waren. Es bedeutete lediglich, dass diese Elite an einer sozialen Revolution und einer Veränderung der Eigentumsverhältnisse keinerlei Interesse hatte, wenn sie von der nationalen Revolution sprach. So nimmt es nicht wunder, dass das wirtschaftspolitische „Programm" der kemalistischen Nationalregierung vor 1923 darin bestand, den Einfluss der Mächte im türkischen Wirtschaftsleben, besonders die für die Volkswirtschaft zerstörerischen Kapitulationen, zu beseitigen, die sozioökonomischen Verhältnisse im Innern aber beizubehalten.

Aus diesen Entwicklungen ergab sich eine hybride Staatsform und Praxis staatlichen Handelns, welche die Probleme der historischen Entwicklung in sich vereinigten. Sie waren nicht der Genialität, Weisheit und Vorausschau, kurz: der Willkür der Akteure geschuldet, wie die Atatürk-Hagiographie weismachen will, sondern den historischen Umständen jener Zeit. Die republikanische Verfassung verwies auf die Nation als Grundlage des Staates und die Abschaffung des *Ancien régime*. Die Republik war aus außenpolitischen sowie inneren Gründen zwingend, und ohne die Behauptung, die Nation zu repräsentieren, wären die Anführer der nationalen Bewegung eine Bande von Usurpatoren gewesen, was sie in den Augen der Sultansregierung ja auch waren. Die Elite blieb, besonders in der Provinz und mit Abstrichen im neuen Zentrum, die gleiche. In ihrer formalen staatlichen Verfassung griff die neue Türkei der Entwicklung der Nation weit voraus. Mustafa Kemal schuf zuerst den Staat, dann die Nation. Er war in ironischer Verwendung des osmanischen Ausdrucks *devlet baba* (Vater Staat) zunächst mehr Vater des türkischen Staates als Vater der Türken (Atatürk). Aus diesen unfertigen Nationsverhältnissen erklärt sich der schöne republikanische und konstitutionelle Schein der Republik ebenso wie die Praxis des autoritären Regierungshandelns während der kemalistischen Epoche. Der Widerspruch zwischen der antizipierten türkischen Nation und ihrer real existierenden politischen Verfassung bedeutete auch, dass die politische Krise in Gestalt der eingeforderten Massenpartizipation irgendwann kommen musste. Die Anfangskonstruktion der kemalistischen Republik verschob dieses Phänomen zunächst auf unbestimmte Zeit. Heute wissen wir, dass die Krise spätestens Ende der 1940er Jahre einsetzte, aber auch, dass sie 1950 auf erstaunlich verfassungskonforme Weise überwunden wurde.

Aus diesen Verhältnissen erklärt sich außerdem, dass die Nation zunächst politisch und symbolisch substituiert werden musste, wenn sie schon nicht existierte. Zunächst gab es nur gute Absichten: „Wenn man unter dem Kemalisten einen Menschen versteht, der seine Heimat verteidigt, dann besteht das ganze Volk aus Kemalisten und Mustafa Kemal ist sein Führer."[34] Das war eine Phrase, die das Problem nur umso deutlicher hervortreten ließ. Das „Repräsentationskomitee" 1919–1920 und die „Große Nationalversammlung", die seit 1920 in Ankara tagte, waren ein solches Substitut. Die selbsternannte Führerschaft Mustafa Kemals ebenfalls; nur er konnte seine Rolle so vollendet zum Ausdruck bringen, dass sich seine historische Bedeutung jedem erschloss, während sie die fehlende Nation verschleierte. Er sagte von sich, „dass es mir oblag, schrittweise unseren ganzen sozialen Organismus zu einer Entwicklung zu bringen, entsprechend der großen Entwicklungsfähigkeit, die ich in der Seele und in der Zukunft der Nation wahrnahm und die ich selbst als ein nationales Geheimnis in meinem Bewusstsein trug."[35] Der Personenkult um Mustafa Kemal Pascha,[36] die politische Rhetorik, die Verlagerung der Hauptstadt vom Multikulti-Istanbul ins anatolische, national unverwechselbare Ankara,[37] die ästhetischen Konzepte der Architektur[38] – das alles waren Substitute der Nation. Zu den originellsten und wirkungsvollsten Ideen in diesem Zusammenhang zählt die ideologische Umwertung des „Unabhängigkeitskrieges": Die Bevölkerung, viele Notabeln, Offiziere, Stammesfürsten und die Soldaten der nationalen Armee haben ihn als Kampf der Muslime gegen die christlichen Eindringlinge – Griechen, Franzosen, Italiener, Engländer – angesehen. Die islamische Komponente spielte in der Werbung um Unterstützung des nationalen Widerstandes neben den patriotischen eine entscheidende Rolle. Nach dem Sieg hat Mustafa Kemal den islamischen Ehrentitel *Gazi* angenommen. Aber er hat diesen für viele aus religiösen Motiven geführten Krieg schließlich in einen antiimperialen umgewertet, ohne das Ziel der Befreiung dadurch in Frage zu stellen. Der Antiimperialismus bezog sich auch auf die wirtschaftliche Abhängigkeit der Türkei von den europäischen Mächten. Mustafa Kemal entzog auf diese Weise dem Islam die Legitimation, für die Befreiung der Nation eine wichtige Rolle zu spielen und säkularisierte den Befreiungskampf, noch während die Soldaten für den Islam starben. Diese Umwertung war ein Meilenstein für die kemalistische Herstellung der laizistischen Nation. Für den Gründungsmythos spielte Religion fortan keine wichtige Rolle mehr. Weder in den Darstellungen der kemalistischen Ära noch in der offiziellen Erinnerung hatten demnach die Menschen für ihren Glauben gekämpft.

Doch dabei blieb es nicht. Anstatt behutsam die Nation zu schaffen und auf möglichst großen Konsens zu setzen, spalteten die Kemalisten die Bevölkerung, als sie 1922 das Sultanat abschafften; und sie trieben einen Keil in die noch unvollkommene Nation, als sie 1924 das Kalifat auflösten und den nur anderthalb Jahre zuvor von der Nationalversammlung eingesetzten Kalifen, die bedeutendste Repräsentationsfigur des Islams, aus dem Lande komplimentierten und gleichzeitig die ersten Schritte zur Säkularisierung von Staat und Gesellschaft in Angriff nahmen. Zu Beginn der modernen Türkei war das Verhältnis von Staat und Nation noch weniger gelöst als zuvor. Umso mehr stand die kemalistische Führung vor der Frage, wie die türkische Nation „von oben" hergestellt werden könne. Anders gehe es nicht, meinte Falih Rıfkı, ein enger Vertrauter Mustafa Kemals. Wenn die Bevölkerung noch mit den Institutionen des Mittelalters lebe, dann helfe nur die Revolution „von oben".[39] Vor dem Hintergrund ihrer sozialen Herkunft, ihres Elitenstatus und der theoretischen Orientierungen betrieben die Kemalisten diesen Prozess als Herstellung einer durch Kultur definierten Nation. Der Vorgang selbst verlief autoritär.

Russland: Nation oder Klasse

Russland ging einen vollständig anderen Weg als die Türkei, obwohl die Voraussetzungen für ähnliche historische Entwicklungen gegeben waren. Man darf trotz aller Forschungen zu den nationalen Problemen im Russischen Reich, die zwangsläufig nach dem Umbruch 1989/91 geradezu explosionsartig zugenommen haben, weil die Kraft des Nationalen hinter der hegemonialen Geschichte der sozialen Bewegungen wieder erkennbar wurde, weiterhin behaupten, dass die nationale Frage im Russischen Reich nicht jene Sprengkraft entfaltete, dass sie zum zentralen Problem der Geschichte Russlands in dem letzten halben

Jahrhundert vor der Revolution wurde.[40] Damit ist nicht gesagt, die Frage der nationalen Minderheiten und der Nationalismen sei marginal gewesen. Aber das Zarenreich musste vor allem die politische Opposition aus dem Lager der liberalen Intelligenz, der Arbeiter und Bauern und der verschiedenen revolutionären Bewegungen und Organisationen bewältigen. Die Nationalbewegungen verschärften die Krisen des Reiches, aber anders als das Osmanenreich musste das Zarenreich bis zu seinem Untergang keine schmerzlichen territorialen Verluste verzeichnen. Der Nachbar im Süden dagegen hat im 19. Jahrhundert Schritt für Schritt seine wirtschaftlich und fiskalisch wichtigen Provinzen in Südosteuropa, auch unter dem Druck der Großmächte, an die Nationalisten abgeben müssen: Serbien und Griechenland 1829/30, Rumänien 1856, Bulgarien 1878/1908, Bosnien-Herzegowina 1908, Albanien 1912. Russland war selbst Großmacht und trug sein Scherflein zur Schwächung des Osmanenreiches bei.

Wenngleich die Frage der nationalen Minderheiten und Nationalismen im Russischen Reich nicht von gleich großer Bedeutung war wie südlich des Schwarzen Meeres und an den Meerengen, so wäre es ein Fehler, sie hier unter Verweis auf die dominierenden innergesellschaftlichen Probleme auszulassen. Immerhin gehörte sie spätestens seit den Überlegungen der aufständischen Dekabristen 1825 zur Tagesordnung der umstürzlerischen Neuerfindung Russlands.[41]

Im 19. Jahrhundert stellte sich auch der St. Petersburger Regierung die schier unlösbare Aufgabe, für die über einhundert Völkerschaften, die unterschiedlichen Religionen anhingen, ein nationalitätenpolitisches Konzept zu entwickeln, das dem Russischen Reich national verursachte Zerfallsprozesse ersparen sollte. Aber kaum taumelte das Reich in den Abgrund, da strebten jene Gebiete nach Selbständigkeit, die zuvor deutliche separatistische Neigungen gezeigt hatten: Polen, Finnland sowie die baltischen Provinzen Estland, Lettland und Litauen. Darüber hinaus lösten sich unter den günstigen Bedingungen einer zusammengebrochenen zarischen Armee und mit Hilfe deutscher Truppen und deutscher Diplomatie die Kaukasusgebiete vom Reich, die Ukrainer versuchten es zumindest und die Weißrussen wollten nicht nachstehen. Kurz: Die gesamte Peripherie des ehemaligen Russischen Reiches hatte sich innerhalb weniger Monate verselbständigt oder war auf dem Wege dahin.[42]

Soweit erkennbar haben sich die Bürokraten in St. Petersburg und Istanbul nicht über die beiden Reichen gemeinsamen Probleme der nationalen Bewegungen und Separatismen ausgetauscht. Das hätten sie vielleicht tun sollen, anstatt gegeneinander Krieg zu führen; wahrscheinlich hätte das für die Reiche bessere Erträge hervorgebracht als sie ihnen von der Geschichte in den Jahren 1917 und 1918 präsentiert wurden. Die Bürokraten hätten namentlich über drei Probleme reden sollen: über die Gefahr des nationalen Separatismus für den Zusammenhang der Reiche, das Scheitern integralistischer Reichsideologien und die Stellung der namengebenden Nation im Reich.

Zum ersten Punkt hätten sie feststellen können, dass die nationalen Bewegungen in beiden Staaten – sieht man von denjenigen ab, die sich mit Hilfe der europäischen Mächte bereits vom Osmanenreich gelöst und unterschiedliche Formen der Souveränität gefunden hatten wie die Griechen, Serben, Rumänen und Bulgaren – immer stärker für ihre Belange kämpften und sich nicht vollständig unterdrücken ließen. Besonders zwei nationale Minderheiten sind hervorzuheben: die Polen im Zarenreich und die Armenier im Osmanenreich. Ohne sie und ihre Geschichte gleichsetzen zu wollen, spielten beide doch eine entscheidende Rolle für die Nationalitätenpolitik der Reichsregierungen. An ihnen zerbrach eine Ethnien übergreifende Politik endgültig, und die nationalistische Öffentlichkeit fühlte sich durch sie erheblich angefeuert. Der Aufstand der Polen im Russischen Reich 1863 trug massiv zur Verstärkung des russischen Nationalismus bei; im Osmanenreich entzündete sich namentlich an der armenischen Bevölkerung der türkische Nationalismus, der vor Pogromen nicht zurückschreckte.

Integralistische Reichsideologien hatten unter diesen Umständen kaum eine Chance. Die russische Regierung vermochte unter weniger Möglichkeiten zu wählen als das Osmanenreich – und doch war das Ergebnis am Ende das gleiche. Das Russische Reich hat sich bis 1905 nicht bemüht, diskriminatorische Verfahren und Statusdifferenzen zugunsten einer gesicherten rechtlichen Gleichstellung aller Untertanen aufzugeben, um der Kritik an der Autokratie aus den nationalen Lagern den Wind aus den Segeln zu nehmen. Jeder Versuch in diese Richtung führte zu zähen, mühsamen und schließlich erfolglosen Debatten; ein Wandel hätte in sozialer Hinsicht für die Autokratie, große Teile der Bürokratie und Teile des Adels schmerzhafte Veränderungen bedeutet und in nationaler die Vormachtstellung der Großrussen in Frage gestellt. Versuche einer supranationalen Ideologie setzten sich nicht durch. Worauf hätten sie sich auch beziehen sollen? Eine Entsprechung zum Osmanismus für das Zarenreich war kaum ernsthaft vorstellbar. Weder Zar noch Regierung taten die dafür notwendigen Schritte, nämlich den Zusammenhang zwischen der Herstellung eines alle Untertanen gleich welcher nationalen Herkunft einenden Reichsgedankens und politischen Zugeständnissen der Autokratie in Form einer Verfassung zu erkennen und ihn in die Praxis umzusetzen. Das Osmanenreich hatte 1876 einen solchen Versuch begonnen; er wurde wenige Monate später, nicht zuletzt anlässlich der Niederlage im russisch-türkischen Krieg 1877/78 von demselben Sultan Abdülhamid II., der die Konstitution zu seinem Leidwesen in Kraft gesetzt hatte, jäh abgebrochen.[43] Die übertrieben als „Konstitution" bezeichneten Reformen, die Michail Tarielovič Loris-Melikov 1881 durchzusetzen hoffte, bezogen sich nicht einmal am Rande auf nationale Fragen. Aber selbst diese „Liberalisierung" endete ergebnislos, weil ungeduldige Revolutionäre Zar Alexander II. ermordeten, bevor er seine Unterschrift unter das Dokument setzen konnte.[44] Der Thronfolger Alexander III. hatte nichts Eiligeres zu tun, als jeglichen Liberalisierungen und Verfassungsträumen ein abruptes Ende zu bereiten. Damit aber blockierte er auch die Option einer das Reich einigenden politischen Struktur. Die Dynastie der Romanovs vermochte keineswegs den Bezugspunkt für alle Völker des Reiches abzugeben.

Auch für den supranationalen Islamismus im Osmanenreich konnte es im Zarenreich kein Äquivalent geben: ein „Orthodoxismus" entsprach ihm nicht, weil der Staat selbst dieser Variante einen Riegel vorschob, indem er die Orthodoxie für nationale Belange in Beschlag nahm. Zuvor jedoch, vom 17. Jahrhundert bis zu Beginn des 19. Jahrhunderts, war es mit den Verhältnissen im Osmanenreich durchaus vergleichbar, wenn im Russischen Reich Angehörige nichtrussischer, auch nichtslawischer Eliten zu Amt und Würden kamen. Der Preis, den sie dafür zu zahlen hatten, bestand in der Konversion zur Orthodoxie und der kulturellen Russifizierung, die nicht im modernen Sinne als nationale, wohl aber als herrschende Kultur betrachtet wurde. Die hier zu nennenden Ausnahmen betreffen zum einen die Juden, denen dieser Weg grundsätzlich verbaut war, zum anderen die Deutschbalten, die aufgrund der im Vertrag von Nystadt 1721 zugestandenen Kulturautonomie ihre lutherische Religion behalten durften; einige von ihnen stiegen zu hohen und höchsten Ämtern in der Staatsverwaltung auf. Auf diese Weise hatte es der Staat immer wieder vermocht, Teile der nationalen Eliten zu integrieren. Aber im Zeitalter der Nationalismen ging Russland einen anderen Weg. Weder reichspatriotische Integrationsideologien noch verfassungsmäßige Rechtsgleichheit der Untertanen, geschweige denn das Selbstbestimmungsrecht der Völker standen auf der nationalitätenpolitischen Tagesordnung der Autokratie nach 1881. In dem

Zusammenhang spielte auch die Slavophilie keineswegs die historische Rolle, die sich ihre Anhänger wünschten.[45] Mit der brutalen Niederschlagung der polnischen Slawen 1863 hatte diese Richtung bewiesen, dass sie der politischen Praxis im Reich nicht allzu nahestand.

Die Russifizierung ging aus den Entwicklungen zunächst als Siegerin hervor. Dazu bedurfte es bestimmter Voraussetzungen. Historisch gesehen wurden mit der Errichtung des Moskauer Patriarchats im Jahre 1589, d. h. mit der Loslösung vom Patriarchen in Konstantinopel, die institutionellen Voraussetzungen geschaffen, Reich und Orthodoxie, Staat und Kirche zu einer symbiotischen Verbindung zu verschmelzen. Die Kirchenreformen Peters des Großen griffen massiv in die Belange der Kirche ein und veränderten die Beziehung zwischen Staat und Kirche eindeutig zugunsten des staatlichen Übergewichts. Diesen Hintergrund gilt es für die weitere Entwicklung zu berücksichtigen. Im dritten Jahrzehnt des 19. Jahrhunderts, der polnische Aufstand von 1830 war vorangegangen, lancierte die russische Regierung einen russischen Nationalismus, der die orthodoxe Religion ebenso untrennbar mit einschloss, wie er auf den autokratischen Staat bezogen war. In der Formel des Unterrichtsministers Sergej Semënovič Uvarov *samoderžavie, pravoslavie, narodnost'* (Autokratie, Orthodoxie, Volkstum) kam diese Vorstellung zum Ausdruck.[46] Nach dem polnischen Aufstand 1863 entwickelte sich darüber hinaus immer stärker eine nationalistische Öffentlichkeit, die erheblich zur Radikalisierung des Nationalismus beitrug, die auch in Regierung und Bürokratie hineinreichte.[47] Die Antwort der Regierung namentlich seit den 1880er Jahren auf die Nationalismen lautete Russifizierung. Sie betraf alle nationalen Minderheiten des Reiches, gleichgültig ob sie christlichen oder muslimischen Glaubens waren oder Naturreligionen anhingen wie z. B. einige sibirische Völker, gleichgültig ob sie zu den verwandten Slawen zählten oder nicht. So litten die slawischen und zumeist orthodoxen Ukrainer unter Diskriminierung. Der Russifizierung unterlagen aber auch die lutherischen Finnen, deren 1809 von Zar Alexander I. bestätigter Autonomiestatus immer mehr unter Beschuss geriet, die Deutschbalten trotz ihrer vertraglich verbrieften Kulturautonomie, die Esten und Letten, die die russische Regierung trefflich gegen die deutschbaltische Oberschicht in Stellung hätte bringen können, wenn sie sich nicht vor den daraus entstehenden nationalistischen Verselbständigungstendenzen so sehr gefürchtet hätte, und ebenso die Nomaden Mittelasiens. Die Aufzählung ist nicht vollständig, und sie könnte die Lage der Juden im Russischen Reich in wenigen Sätzen nicht annähernd angemessen beschreiben. Die

Regierung schlug einen Weg ein, der auf die weitgehende Assimilierung der nationalen Minderheiten hinauslief. Dort, wo diese nicht erwünscht oder aus verschiedenen Gründen nicht möglich war, setzten Repressionen ein: unter den Völkern Mittelasiens sowie unter den Juden.

Mit diesem „Programm“ trat jedoch das Gegenteil dessen ein, was seine Erfinder beabsichtigten. Wenn gesagt wurde, ein dynastisches Staatsverständnis als Integrationsideologie sei chancenlos gewesen, so gilt das auch für die Russifizierung und den staatsbezogenen russischen Nationalismus, und zwar aus folgenden Gründen: Letzterer war, anders als westeuropäische und ostmitteleuropäische Nationalismen, nicht von Ideen des politischen Liberalismus beeinflusst; Konstitution und Bürgerrechte waren ihm fremd; er wurde nicht aus der Gesellschaft heraus entwickelt und gegen den Obrigkeitsstaat in Stellung gebracht; der russische Nationalismus trug trotz der „gesellschaftlichen“ Resonanzverstärker nicht zur Erschütterung der autokratischen Ordnung bei; ebenso wenig die orthodoxe Religion. Es handelte sich um einen imperial ausgelegten Kulturnationalismus ohne politische Partizipationsvorstellungen. Er war somit programmatisch antiemanzipativ. Spätestens während und nach der Revolution 1905 kam die Misere dieses Konzepts zum Vorschein. Die revolutionären Ereignisse bescherten dem Reich einen „Völkerfrühling“.[48] Es zeichnete sich deutlich ab, dass die Russifizierung als Methode zur Lösung der nationalen Frage versagt hatte, weil sich die Völker des Reiches nicht russifizieren ließen. Im „Oktobermanifest“ 1905 musste der Zar nicht nur ein Parlament (*Duma*), sondern auch grundlegende Rechte für die Untertanen des Reiches zugestehen. Folglich schickten nationale Minderheiten ihre Vertreter in die *Duma*. Weder Parlament noch nationale Repräsentanten auf staatlicher Ebene hatte es zuvor gegeben.

Es ging aber nicht um die nationalen Minderheiten allein, sondern vielmehr noch um die russische Gesellschaft, also in erster Linie um jene Bevölkerung, für welche die Regierung den russischen Nationalismus ersonnen hatte, und die nun Rechte einforderte. Wie bereits gesagt wäre es ein Irrtum, Russlands Probleme vorwiegend auf dem Gebiet der nationalen Minderheitenrechte angesiedelt zu sehen. Die russische Gesellschaft selbst, ja gerade sie, entfremdete sich immer mehr diesem Staat, seiner Dynastie und der Regierung. In der Revolution 1905 erkämpfte sie unter politischer Ausnutzung der machtvollen Arbeiterbewegung das „Oktobermanifest“, was einem konstitutionellen Akt gleichkam, und bewies damit, dass auch sie, neben den ohnehin verprellten nationalen Minderheiten, der Loyalitätsforderung des staatlichen Nationalismus nicht folgte. Die konstitutionelle Einschränkung der Monarchie war ein durch die Revolution erzwungenes Zugeständnis, das der Zar im „Oktobermanifest“ verbriefte. Das sollte die russische Regierung, sobald sie wieder Herr im Hause war, nicht hindern, durch den Staatsstreich 1907 die Verhältnisse zu ihren Gunsten massiv zu manipulieren. Dass die konservative Revolte gegen die Gesellschaft für den Staat vordergründig mit einem Erfolg endete, lag auch daran, dass die liberalen Kräfte in der Revolution es nicht geschafft hatten, eine politische Brücke zu den Arbeitern und Bauern zu bauen.[49] Mit anderen Worten: Es gelang der bürgerlichen Opposition nicht, eine klassenübergreifende nationale Einigung der revolutionären Kräfte herzustellen. Die Jahre 1905–07 dokumentierten nicht nur das Scheitern des staatlich induzierten russischen Nationalismus und der Russifizierung, sie bewiesen außerdem, dass die russische Gesellschaft es nicht bewerkstelligte, sich als Nation zu konstituieren.

1905–07 bedeutete ein politisches Experiment: Zar und Bürokratie dokumentierten, dass sie sich eine Nation am Gängelband des Staates sehr wohl vorstellen konnten. Das sah die oppositionelle Gesellschaft naturgemäß anders. Die Wende des Staates gegen die Gesellschaft, ausgeführt im Staatsstreich vom 3. Juni 1907, zementierte erstens den Gegensatz zwischen russischer Gesellschaft und Regime: Um die politischen Früchte ihrer Revolution gebracht, blieben die meisten Arbeiter, Bauern, große Teile der Intelligenz und der liberalen Öffentlichkeit der Autokratie entfremdet; zweitens gestand die Regierung ein, dass der staatliche Nationalismus gescheitert war. Wenn zusätzlich auch ein aus der Gesellschaft heraus entstehender Gedanke einer nationalen Lösung nicht realisiert werden konnte, existierte fortan keine Chance mehr, den doppelten Gegensatz von Staat und Gesellschaft einerseits, den innergesellschaftlichen zwischen Arbeiterbewegung und Sozialisten und allen anderen andererseits über irgendeine Form der nationalen Einigung zu lösen. Die Folgen waren klar: Die ohnehin schon virulente soziale Frage der Arbeiter und Bauern konnte über eine nationale Einigung nicht entschärft werden und musste auf ihrem eigenen Felde Lösungen suchen. Klasse trat vor die Nation. Wenn Lenin später von der Revolution 1905 als der „Generalprobe“ für 1917 sprach,[50] dann hatte er in einem paradigmatischen Sinne recht: Nicht Nation, sondern Klasse zeichnete sich als das soziale Organisationsmodell für die Zukunft ab.

Diese Verhältnisse verhinderten andererseits nicht die Entstehung eines rabiaten russischen Nationalismus in der Gesellschaft, der zwar finanziell und personell mit dem Staat verbandelt war, aber eine ideologische und v. a. aktionistische Unabhängigkeit bewies. Während der Revolution 1905 erlebte er im *Sojuz Russkogo Naroda* (Union des russischen Volkes) seine radikalste Ausprägung.[51] In diesem Milieu entstanden die weltweit verbreiteten „Protokolle der Weisen von Zion", einer der Basistexte des Antisemitismus.[52] Ebenso sehr antisemitisch wie antiliberal, antiwestlich und antisozialistisch, sah diese sich als Partei formierende politische Kraft das Heil des Reiches in einer eigentümlichen Mischung aus altrussischen Verhältnissen unter – zeitbedingt notwendiger – Einbeziehung plebiszitärer Elemente. Diese Verhältnisse veranlassten den Historiker Hans Rogger zu fragen, ob es einen russischen Faschismus gegeben habe,[53] ein Vergleich, den schon Lenin angestellt hatte, als er den Faschismus mit der russischen äußersten Rechten verglich.[54] Zwar verneint Rogger die Frage und begründet dies mit den höchst unterschiedlichen historischen Kontexten und besonders der zentralen Rolle des Ersten Weltkriegs im Vergleich zu Italien und Deutschland, aber er sieht in Einzelaspekten durchaus Ähnlichkeiten. Allerdings zerfaserte die Rechte bald in verschiedene Lager und konnte selbst in der manipulierten *Duma* keine große Rolle spielen. Sie war selbst so manchem aufgeklärten Bürokraten im Staat nicht geheuer, weil sie sich nicht scheute, in einem Maße auf das Volk zuzugehen, das der Beibehaltung der Autokratie nicht zuträglich schien.

Mit Blick auf die Ausführungen im vorigen Kapitel über die Türkei stellen sich durchaus Parallelen ein. In seiner Nationalitätenpolitik wies Russland Züge auf, die nach 1909 unter jungtürkischer Flagge auch im Osmanenreich auftraten. Nicht die Art und Weise der Nationalitätenpolitik war verschieden, sondern lediglich die verschobenen Phasen. Russland machte vor, was die Jungtürken besonders seit den Niederlagen in den Balkankriegen praktizierten. Während sich der russische Nationalismus in seiner radikalsten Form stramm antisemitisch, imperial, monarchistisch, gewalttätig und exklusiv erwies, zeigte sich der türkische Nationalismus der jungtürkischen Phase als ebenfalls autoritär und mörderisch, jedoch nicht aus Prinzip monarchistisch und antisemitisch und – mangels Gelegenheiten – nur auf dem Felde der allerdings nicht dominierenden panturkistischen Ideologie imperial. Beide Reiche wiesen jedoch einen gravierenden Unterschied auf: In Russland gingen russischer Nationalismus und Russisches Reich eine viel engere Verbindung ein als dies im Osmanenreich in der Variante türkische Nation und osmanischer Staat jemals der Fall war. Deswegen hatte die schon zitierte *Presse Lausannoise* die Normalität der Entstehung des türkischen Nationalstaates betont, der praktisch aus dem

Reich der Osmanen ausschied wie Griechenland, indem die Türken „ihren" Nationalstaat in Anatolien bildeten wie dies zuvor andere Nationen in Südosteuropa gemacht hatten. In Russland verknüpften sich inszenierte Nation und zarischer Staat miteinander. Das Osmanenreich war nicht der Staat der türkischen Nation, das Zarenreich aber sehr wohl der Staat der russischen Nation.

Dieser Unterschied sollte nicht darüber hinwegtäuschen, dass auch die russische Nation, die in den vorangegangenen Zeilen bisher stillschweigend als existent vorgestellt wurde, erst geschaffen werden musste, ein Vorgang, von dem einige Historiker meinen, er sei bis heute nicht abgeschlossen. Wie im Fall der Türkei zu sehen, kam es aber gar nicht darauf an, ob die Nation existierte. Sie war zunächst ein diskursiv erzeugtes Objekt, dessen virtuelle Natur nichts desto trotz das Handeln von politischen Akteuren zu steuern vermochte. Darin entwickelte sie historische Wirkmacht. Damit taucht die dritte Frage für die fiktiven Gespräche der Petersburger und Istanbuler Bürokraten wieder auf: die Stellung der namengebenden Nation im Staat, hier der Russen, dort der Türken, die in beiden Fällen in einem modernen nationalen Verständnis ja erst „erfunden" werden mussten. Im Zarenreich geschah das früher.

Soweit die zwar nicht synchronen, aber systematischen Parallelen der Entwicklungen auf dem Gebiet der Herstellung der Nation zu beobachten waren, lief letztlich alles darauf hinaus, der russischen resp. türkischen Nation einen angemessenen Platz im Staat zu verleihen. Bei Kriegsende 1918 war diese Frage für keine der beiden Nationen geklärt, deren Existenz behauptet wurde. Diese Behauptung änderte allerdings nichts am politischen Ergebnis, das in Unterdrückungspolitik bestand. Russland vor und während des Ersten Weltkrieges hatte genügend Hinweise geliefert, dass es nicht in der Lage war, eine angemessene politische Antwort auf die nationalen Befreiungsideologien und -bewegungen zu finden, und dazu neigte, sich häufiger des Bajonetts als des Verstandes zu bedienen. Das Osmanenreich einschließlich seiner jungtürkischen Phase tat es ihm in diesem Mangel nach. Man muss die Frage nicht spekulativ stellen, was ohne die Revolution von 1917 hinsichtlich der Nationalitäten und des russischen Nationalismus passiert wäre. Die Jahre zuvor liefern genügend Hinweise, dass die Herstellung der Nation in Russland zu nichts Anderem führte als zu autoritären Verhältnissen für alle, für die nationalen Minderheiten ebenso wie für die Russen.

Die historische Wirkung dieser Politik und ihres vollständigen Scheiterns in beiden Fällen eröffnete in der Türkei einen anderen Ausgang als in Russland. Hier schließt sich der Bogen und mündet in den ersten Abschnitt dieses Kapitels. In der Türkei führte die geringere Staatsbindung der türkischen Nation zu dem fundamentalen Gegenkonzept zum Reich in Form des türkischen Nationalstaats, der sich territorial beschränkte und imperialen Zügen abschwor. In dem Maße, wie die kemalistische Führung allen panturkistischen Ambitionen eine Absage erteilte, führte die nationalstaatliche Konstitution der Türken zu einer defensiven Politik nach außen. Diese Beschränkung war eine der Voraussetzungen für das Überleben des neuen Staates unter vollkommen veränderten Bedingungen im Innern wie in der europäischen und vorderasiatischen Welt. In Russland existierte die Nation, von der russische Nationalisten träumten, ebenfalls nicht. Jedes der zahlreichen Attentate der Revolutionäre von links und der Antisemiten und Antiliberalen von rechts erinnerte daran, dass es andere Probleme gab, die mitten in der russischen Gesellschaft angesiedelt und weitaus bedrohlicher waren als die Nationalismen und Separatismen, die man notfalls mit der Gewalt der Waffen unterdrücken konnte, was man ja auch tat, ohne dass dabei die russische Nation entstand. Russland stolperte im Revolutionsjahr 1917 von einer Krise in die nächste, aber es kam buchstäblich niemand auf die Idee, es mit einem verkleinerten, friedlichen und nach innen pazifizierten Staat zu versuchen. Russlands Krankheit hieß Imperium.

Den nationalen Minderheiten als Kollektiven oder ihren Angehörigen als Individuen Rechte einzuräumen, die den Status des Untertanen und seiner jeweiligen zusätzlichen diskriminatorischen Erweiterungen von Unrecht Einhalt geboten hätten, war aus Sicht des Zaren und der Bürokratie nach 1881 schlechterdings unmöglich. Dann hätten sie auch dem eigenen Volk Rechte einräumen müssen – ein ziemlich lästiger Gedanke. Erst nach 1905 taten sie es in streng kontrollierten Maßen. Die Gesellschaft musste deswegen ebenso um ihre Emanzipation kämpfen wie die nationalen Minderheiten. Das führte dazu, dass ein erklecklicher Teil der Russen über Jahrzehnte in den revolutionären Untergrund abtauchte oder auf die Barrikaden stieg, um das autokratischen Regime zu beseitigen. Die jungen, von sozialistischen Ideen beflügelten Revolutionäre begannen zu begreifen, dass „Nation“ eine politische Täuschung darstellte, die den Interessen der Herrschenden diente, um das Volk zu betrügen, zumal in der vom Staat propagierten, kontrollierten und instrumentalisierten Nationsidee wenig Emanzipation zu finden war. Sie durchschauten das Geheimnis einer Idee, der es gelang, die scheinbar unüberbrückbaren sozialen Unterschiede, die sich zwischen hungernden Tagelöhnern und satten Gutsbesitzern, ausgelaugten Lohnarbeitern und feisten Unternehmern, über Bottiche gebückten Waschfrauen und über Bücher gebeugten Professoren, invaliden Soldaten und hochdekorierten Generälen auftaten, zu vereinheitlichen und damit sozial zu entschärfen. Was hatten denn diejenigen, die sich die neueste Kunst in den Salon der Stadtvilla hingen, mit den Kindern in den Bergwerken, der parasitär in der Hauptstadt lebende grundbesitzende Adel mit dem Bauern hinter dem Holzpflug gemeinsam? Sie sind Angehörige einer Nation, sagten die Nationalisten, sie alle sind „wir". Nichts, meinten die Sozialisten, es sind unterschiedliche Klassen; es gibt „wir" und „sie". Hierin teilt sich das 19. Jahrhundert. Es ist die Teilung in zwei unterschiedliche Lager mit unterschiedlichen Ideologien, die beide eines gemeinsam haben: die Emanzipation ihrer jeweiligen Gruppe, Nation oder Klasse. Die Nation, ist sie erst einmal befreit, wird national homogen vorgestellt und schließt Angehörige anderer Nationen aus; die befreite Klasse wird sozial homogen vorgestellt und ist exklusiv für andere. Beide Prinzipien stehen sich feindlich gegenüber und sind doch vom selben historischen Stamm.

Der Beziehung zwischen Sozialismus und Nationalismus hat Roman Szporluk eine geistesgeschichtliche Untersuchung gewidmet, in der er Karl Marx und Friedrich List als Protagonisten der beiden Richtungen in ihren historischen Bedeutungen analysiert. Auf Russland bezogen, stellt auch Szporluk die Frage, warum 1917 die Klasse und nicht die Nation zum Zuge kam.[55] Er beantwortet die Frage damit, dass er den Nationalismus insofern den Sieg im Kampf der zwei verschiedenen Prinzipien davontragen lässt, als er den Marxismus als latent national und den Marxismus-Leninismus als eine verkappte nationale Revolution interpretiert. So richtig die Beschreibung der konfligierenden Konstellation der beiden Ideologien im 19. und beginnenden 20. Jahrhundert ist, so bleiben Szporluks Ausführungen im Falle der bolschewistischen Positionen und sowjetischen Entwicklungen widersprüchlich, weil er die alternierenden Konzepte von (groß)russischem *Nation-building* und imperialer Politik der Bolschewiki nicht analytisch trennt. (Er ist für die Zeit der Volksdemokratien nach 1945 und ihre sozialistisch-nationale Verwebung zutreffend, nicht für das bolschewistische Experiment der Klassenherrschaft.) Hier wurde dagegen versucht, auf komparatistische Weise herauszuarbeiten, was das Problem des Zarenreiches war. Vielleicht war die empirische Schwäche der Grund, dass Szporluks überzeugender Grundgedanke für eine Beziehungsgeschichte dieser Art nicht wirklich fruchtbar gemacht worden ist.

Nationalismus und Sozialismus entstanden etwa zur selben Zeit in denselben Gesellschaften.[56] Sie repräsentierten zwei unterschiedliche

Prinzipien zukünftiger gesellschaftlicher Organisation: der Nationalismus das der politischen Emanzipation, der Befreiung vom Joch der politischen Unterdrückung durch eine andere Nation unter Vernachlässigung der sozialen Differenz, aber mit Einflüssen aus dem bürgerlichen Liberalismus; der Sozialismus das der sozialen Emanzipation der Arbeiter, der Befreiung von den Fesseln der Ausbeutung durch die Kapitalisten unter Vernachlässigung der politischen Verfahren, die der von der Bourgeoisie vertretene Liberalismus vorschlug. Beide trafen auf die Erfahrungen von Unterdrückung bei vielen Menschen, die durch die Erläuterungen zur Unfreiheit verständlich und in größeren Zusammenhängen erklärt wurden. Dass sie diffuse Unterdrückungserfahrungen in einen auf die Individuen bezogenen politisch-sozialen Erklärungszusammenhang brachten, verlieh den beiden Ideologien historische Durchschlagskraft. Beispielhaft gesprochen: Der bulgarische Lehrer spürte das Joch der osmanischen Herrschaft am eigenen Leibe und zugleich stellvertretend für jene, die er für sein Volk hielt; ein russischer Arbeiter lernte die Ausbeutung seiner Arbeitskraft nicht als individuelles und unvermeidliches Unglück zu verstehen, sondern als das systembedingte Schicksal seiner Klasse. Erst die Verknüpfung von individueller Erfahrung und den Ideen, welche diese Erfahrungen auf den Begriff brachten, war die Voraussetzung dafür, dass scheinbare Emanzipationsideologien an die Stelle der aus Anlässen geborenen Revolten traten.

Von heute aus betrachtet, lässt sich die Schlussfolgerung der russischen Revolutionäre, die Nation sei ein politisches Täuschungsmanöver der Herrschenden, sozialgeschichtlich erhärten: Häufig blieben dort, wo es so genannte nationale Revolutionen gab, große Teile der Elite auf ihren Posten; die sozialen Revolutionen mischten die Eliten auf. Die nationale Revolution der Türkei und die soziale Revolution Russlands bestätigen das fast zeitgleich in paradigmatischer Form. Deswegen kann man sie als zwei grundlegend verschiedene Typen des Ausgangs aus dem 19. Jahrhundert interpretieren. Die Tatsache, dass sie in der europäischen Peripherie entstanden, aber zentrale Fragen des europäischen 19. Jahrhunderts zu klären vorgaben, nämlich die nationale und die soziale Frage, und dass sie in den Gesellschaften und Staaten mit vergleichsweise später Modernisierung zum Durchbruch kamen, hat wesentlich dazu beigetragen, dass beide Revolutionen als Vorbilder dienten, ganz besonders in der „Dritten Welt".

Flankiert von den nationalen Emanzipationsbestrebungen an den Rändern des Russischen Reiches, entzündete sich der Hauptkonflikt im Innern der Gesellschaft. Mit dem Auftreten der Bolschewiki, der radikalsten sozialistischen Partei Europas, trat der klassenkämpferische Zug des 19. Jahrhunderts zur Überraschung mancher orthodoxer Marxisten in Russland in seine extrem dynamische Phase, wenn auch die Partei und ihre Führer lange Zeit im Ausland bzw. im Untergrund ein Schattendasein führten und im Wettbewerb mit den beiden anderen sozialistischen Parteien, den Menschewiki und den Sozialrevolutionären, hintanstanden. Die Bolschewiki verweigerten sich dem russischen Nationalismus und setzten stattdessen auf den Sieg des Proletariats in der Revolution. Ihr Konzept einer Klassenherrschaft des Proletariats entsprach grundsätzlich den Bestrebungen, wie sie die Nationalisten auch vertraten. Ihren Kern bildeten sozialtechnokratische Verfahren: die Homogenisierung der Gesellschaft, die Übermächtigung des Individuums, seine Kollektivierung in konstruierten Gemeinschaften. In Sowjetrussland traten die Dinge von vornherein klarer zu Tage als bei den Nationalisten. Hier sollte das Proletariat aus den Fesseln der kapitalistischen Ausbeuter befreit werden; das konnte nur unter den Bedingungen der „Diktatur des Proletariats“ erfolgen, die sich jedoch als ein untauglicher Begriff für die Herrschaft entpuppte, die sich tatsächlich etablierte.

Den Beweis zu führen, dass die bolschewistische Macht von Anfang an und nicht aus Zufall diktatorisch war, braucht nicht die Aufgabe dieses Abschnitts sein, weil diese Geschichte häufig genug erzählt worden ist. Von vornherein war klar, dass der Gesellschaftsentwurf der Bolschewiki exklusiv angelegt war. Sie operierten mit Begriffen des Klassenfremden. Wer dazugehörte, hatte unter der gewaltsam durchgesetzten Politik der Bolschewiki, ihrer Sympathisanten und unter den zahlreichen, kaum auf einen Nenner zu bringenden Gewalthandlungen zu leiden: der Adel, Unternehmer, *buržui* (Bourgeois), wohlhabende Bauern (Kulaken), „bürgerliche“ Intellektuelle, Geistliche aller Religionen und aller Hierarchiestufen. Vertreibung, Verfolgung, Ermordung und Wahlrechtsentzug trugen dazu bei, dass die sowjetrussische Gesellschaft ein sozial vereinfachtes Profil erhielt. Der Bürgerkrieg 1918–1921, den die Bolschewiki ähnlich wie die türkische Nationalregierung im „Unabhängigkeitskrieg“ aus dem Zentrum gegen alle Fronten führten, trug massiv zur „Bereinigung“ der sozialen Verhältnisse bei, weil in dieser Zeit wichtige Grundentscheidungen zur Homogenisierung getroffen wurden.

Er machte die Lage zugleich komplizierter. Als er endete, stellte sich heraus, dass die Klassenherrschaft kaum auf die Proletarier gründen konnte, die ohnehin niemals die Bevölkerungsmehrheit gestellt hatten. Aber 1921 war die Arbeiterklasse zahlenmäßig dezimiert. Der Staat, den die Bolschewiki aufzogen, hatte deswegen weder etwas mit der „Diktatur des Proletariats" zu tun, weil es das Proletariat kaum noch gab, noch mit „Sowjetmacht", weil die Sowjets (Räte) von den Kommunisten sehr schnell entmachtet worden waren. Die Bolschewiki herrschten, aber nicht die Arbeiter oder Soldaten, die sich mit den Sowjets ihre Vertretungen geschaffen hatten, und schon gar nicht die den Bolschewiki ohnehin fremden Bauern. Die Arbeiterklasse, die in Sowjetrussland ebenso wenig vorhanden war wie die Nation in der neuen Türkei, musste erst zahlenmäßig wieder geschaffen werden, von den Rückständen, die sich dadurch für das Klassenbewusstsein ergaben, ganz zu schweigen.

So sehr Sozialisten und Nationalisten inhaltlich höchst unterschiedliche Ideen verfolgten, so sehr konvergent handelten sie. Russland liefert den Historikern dabei die nationalistische und die sozialistische Variante der Entwicklungen zeitlich nacheinander. Aus den Entwicklungen im späten Zarenreich ist zu lernen, dass die Herstellung einer russischen Nation nur gewaltsam und autoritär vor sich gehen konnte, vor allem auch für die eigene Nation. Die letztlich zum Zug gekommene Variante der Klasse anstelle der Nation brachte ein ebenfalls autoritäres Regime hervor. Die Unterschiede in den historischen Ausgangslagen und Entwicklungen sollen hier keinesfalls komparatistisch eingeebnet werden, aber die Ergebnisse wird man in Beziehung zueinander setzen dürfen. Dennoch ist immer wieder darauf hinzuweisen, dass beide Regime, das kemalistische und das bolschewistische, sehr unterschiedliche Wege der Durchsetzung ihrer Vorhaben gegangen sind. Am Ausmaß der Gewalt ist das am deutlichsten sichtbar. Darauf ist in Kapitel 5 zurück zu kommen.

Es ist nach diesen Zeilen überflüssig, die Frage nach der Emanzipation zu stellen, die beide Ismen im Munde führten. Vor dem Zeitalter des Nationalismus und Sozialismus lebten die Menschen in sozialen und politischen Ordnungen, die sie als gerecht oder ungerecht empfanden, aber ob sie glücklich oder unglücklich waren, hing nicht von der Frage ab, ob sie sich einer bestimmten Nation, Ethnie oder Klasse zugehörig fühlten, wenngleich sie nicht so uneinsichtig waren, objektiv bessere oder schlechtere Lebensumstände von Individuen und Gruppen zu bemerken und zu taxieren. Aber man sollte als Historiker gelegentlich darauf aufmerksam machen, dass ein Leben ohne ethnische oder nationale „Identität", was immer sich dahinter verbergen mag, nicht weniger bereichernd war als ein Leben mit ihr, um das Mindeste zu sagen. Ebenso ist hin und wieder daran zu erinnern, dass die Nation eine späte Erfindung europäischer Intellektueller mit fatalen Folgen war. Die Menschen in Europa und nach ihnen anderer Kontinente glaubten nach nur wenigen Jahren des Erlernens nationaler Ideologien, dass die real existierenden Unterschiede in Sprache und Religion, die narrativen in Geschichte und Kultur und die territorial scheinbar unabweisbaren Siedlungsgebiete hinreichende Gründe böten für Ausgrenzungen, Vertreibungen und Ermordungen der nicht Dazugehörigen zum einen, und zum anderen, die Dazugehörigen in eine soziale Gemeinschaft der Gleichartigen zu nötigen, die sie dann auch noch durch ein tagtägliches Plebiszit immer wieder zu erneuern gezwungen wurden. Der Nationalismus gab vor, mit seinem Auftauchen sei ein neues Kapitel der Menschheitsgeschichte aufgeschlagen worden. Er schuf sog. Nationalstaaten, die in Anbetracht der gemischten Bevölkerungen zumeist keine waren, die aber so taten, als seien sie welche und die kaum eines der ererbten Probleme lösten. Wohl aber beseitigten Nationalisten lebendige Menschen, die sie für das Problem hielten. Die Vertreibungen blieben, ihre Rechtfertigung änderte sich. Diese Form der modernen Barbarei hielt man lange Zeit für einen Fortschritt.

Der Sozialismus als Antwort auf das 19. Jahrhundert stand dem Nationalismus nicht nach. Die Bolschewiki befreiten die Arbeiter zur neuen Knechtschaft, die Bauern zur neuen Leibeigenschaft, die Intellektuellen, sofern nicht außer Landes getrieben, zur geistigen Gleichschaltung. Dafür durften sich Arbeiter und Bauern als konfliktlos verbündete Klassen begreifen. Das neue Kapitel der Menschheitsgeschichte begann, als der angeblich klassenlose Staat eingerichtet wurde. Obsolet waren fortan nicht nur die konfligierenden Klassen, sondern auch der Staat, der ein Klassenstaat war. Aus der revolutionären Umwälzung der alten Gesellschaft ging die vereinheitlichte sozialistische Gesellschaft hervor, die de facto keine war, aber vorgab, eine zu sein. Die Bolschewiki beseitigten die Menschen, die nicht ins Schema passten und die sie für ein Problem hielten, welches das ureigenste ihres unmenschlichen Projektes war. Der Massenmord nahm unvorstellbare Ausmaße an. Diese Form der modernen Barbarei hielt man im Westen zu Recht für ein abscheuliches Verbrechen und übersah geflissentlich, dass das Handeln westlicher, d. h. zumeist bürgerlicher nationalistischer Regime an Barbarei nichts zu wünschen übrig ließ.

Die Vereinheitlichung der Gesellschaft erwies sich als nur ein Teil des Problems. Ihr wohnte ein politischer Überschuss inne: Der – nur postulierten – Einheitlichkeit des Sozialen entsprach die Vereinheitlichung des Politischen in der Diktatur. Die Herstellung der Einheit war demokratischen Verfahren feindlich, und sie produzierte gewaltsame Lösungen. Die national oder sozial homogenisiert gedachten Staaten nach 1918 waren nur als undemokratische vorstellbar. Im Rahmen der strukturell autoritären politischen Ordnung und der von „fremden" Elementen gereinigten Gesellschaften gab es zwar gravierende Stufungen, aber aus dem ehernen Gehäuse der autoritären Kollektivierung gab es vorerst kein Entrinnen. Das 20. Jahrhundert, so Benito Mussolini, sei „das ‚kollektive' Jahrhundert und daher das des Staates".[57]

Die faschistische Synthese

Italien war nach dem Ersten Weltkrieg keine Nation. Das berühmte Wort Massimo d'Azeglios, eines führenden Kopfes des *Risorgimento*, „Abbiamo fatto l'Italia ora dobbiamo fare gli Italiani" (Italien haben wir geschaffen, nun müssen wir Italiener schaffen), verlor in den Jahrzehnten bis zum Ersten Weltkrieg keineswegs seine Gültigkeit. Der soziale Charakter der italienischen Nationalbewegung und das politische System nach der Einigung trugen dazu bei. Die Nationalbewegung war, geographisch vergröbernd, eine Angelegenheit des städtischen und industrialisierten Nordens und sozial eine der städtischen Mittelschichten und des Bürgertums. Die Bevölkerung der südlichen Hälfte der Halbinsel folgte der Einigung nur halbherzig. Der *Statuto Albertino* von 1848, für das Königreich Piemont-Sardinien in Kraft gesetzt und von den soeben genannten Kräften erfochten, wurde zur italienischen Verfassung von 1861. Italien war dadurch eine konstitutionelle Monarchie, wo dank des Wahlrechts auf Basis eines Vermögenszensus das Parlament von etwa 3 % der Bevölkerung gewählt wurde. Das entsprach dem Anteil des Adels in der russischen vorrevolutionären Gesellschaft. Der politische Weg des geeinten Italiens begann ohne politische Partizipation der ländlichen und städtischen Unterschichten. 1912 erfolgte eine Wahlrechtsänderung, die dazu führte, dass 1913 schon 27 % der Bevölkerung zur Wahl gehen durften. Das galt natürlich nur für Männer. (Frauen durften in Italien erst seit 1946 wählen, in der Türkei seit 1930 und in Sowjetrussland seit 1918.) In Italien litt die Nation folglich unter einem Mangel, der aus den vorigen Abschnitten prinzipiell schon bekannt ist: Sie teilte sich in diejenigen, die politisch über sie verfügten und jene, die zwar zahlenmäßig den größten Teil der Nation stellten, politisch aber nicht „vorkamen“ und häufig genug, besonders im Süden, ein nationales Bewusstsein vermissen ließen. Zwar war der vom Haus Savoyen königlich beschrittene Pfad der Einigung nicht unumstritten, aber das änderte nicht viel an der Tatsache der unfertigen Nation bis zum Ersten Weltkrieg. Das Versäumnis, die Massen in die Geschichte einzuladen, und der daraus resultierende Mangel an demokratischer Legitimation sollten sich als gravierende Hindernisse bei der Festigung der Nation erweisen.

Hinzu kam die ablehnende Haltung des Vatikans dem italienischen Staat gegenüber. 1860–70 war praktisch das gesamte Gebiet des Kirchenstaates mit dem italienischen Staat vereint worden. Zwar gründete der Anspruch des Papstes, eine unabhängige geistliche und weltliche Herrschaft zu besitzen, auf einer Urkundenfälschung, die ja nicht verjährte, nur weil sie rund tausend Jahre vor dem Verschwinden des Kirchenstaates verübt worden war, sondern nur noch skandalöser wurde, je länger sich das Papsttum auf diese Urkunde berufen zu müssen glaubte, von der die gebildete Welt seit dem 15. Jahrhundert wusste, dass sie eine Fälschung war. Andererseits ist nachvollziehbar, dass der Papst, seiner säkularen Rechte beraubt, die Inkorporation nicht begrüßte und dem italienischen Nationalstaat wenig Positives abzugewinnen vermochte, zumal die Kirche den Liberalismus, der die politische Grundlage des neuen Staates bildete, als konkurrierende Weltanschauung bekämpfte. Vor diesem Hintergrund erklärt sich das in der päpstlichen Bulle „Non expedit“ 1874 erlassene Verbot für alle Katholiken Italiens, aktiv oder passiv vom Wahlrecht Gebrauch zu machen. Die schon genannten Unterschichten brauchte das ohnehin nicht zu interessieren. In der Praxis setzte sich das Politikverbot für Katholiken nicht durch. Formal bestand es bis 1919 weiter.

Hatte die politische Verfassung nicht vermocht, die Nation herzustellen, so noch viel weniger der Vatikan, der mit seinen Sonderinteressen versuchte, einen Keil in die noch zu bewerkstelligende Nationsbildung zu treiben. Auf diese Weise hatte sich die Spitze der katholischen Kirche über ein halbes Jahrhundert vom italienischen Staat isoliert; erst 1919 eröffnete sich die Möglichkeit für einen politischen Katholizismus in Italien, der mit dem *Partito Popolare Italiano* (PPI) mit Aplomb auf die politische Bühne trat. Die Faschisten schließlich lösten das Problem des Verhältnisses von Kirche und Staat in den Lateranverträgen von 1929. Darauf ist im Kapitel über die Religion zurückzukommen. An dieser Stelle reichen die wenigen Zeilen mit Blick auf den Vergleich aus, um zu verdeutlichen, dass das katholische Italien nicht durch die Kirche geeint wurde. Zwar waren die Italiener Katholiken, aber die Kirche akzeptierte den neuen Staat nicht.

Italien kannte das Phänomen einer ausgeprägten politischen Elite, die über Jahrzehnte hinweg die Geschicke des Landes bestimmte. Wenngleich sie politische Konflikte untereinander austrug, so war sie doch sozial miteinander verbunden und sich darin einig, dass das Schicksal Italiens in ihren Händen lag. Die soziale Konsistenz der politischen Klasse trug wesentlich dazu bei, dass die Brücke zu den wahlrechtslosen Massen nur sehr langsam und unvollständig gebaut wurde. Damit ergibt sich ein eigentümlicher komparativer Verweis, der hier aber nicht überdehnt werden soll. Italien wies zumindest äußerlich eine ähnliche politische Elitenstruktur auf wie das jungtürkische Osmanenreich. In beiden Fällen lag die Verwaltung, welche die schwach ausgeprägte Legislative überlagerte, in den Händen einer Gruppe, die auf der Grundlage einer Verfassung mit der Monarchie kooperierte (in der Türkei seit 1908), dabei aber die Politik bestimmte, untereinander vernetzt war und für die Nation politisch handelte, nicht aber die Nation repräsentierte. Liberal waren sie beide, national in unterschiedlicher Intensität auch. Dass sie sich als nationale Führungsgruppen empfanden, gehört ebenso zu den Gemeinsamkeiten wie die Tatsache, dass sie von der Mehrheit der Bevölkerung in jeder Beziehung distanziert blieben.

Schließlich trug der Erste Weltkrieg militärisch, außenpolitisch, sozial, wirtschaftlich und politisch zur Zerrissenheit der Nation bei. Die traumatisierende Niederlage von Caporetto (heute Kobarid, Slowenien) im Oktober 1917 und das weit verbreitete Gefühl, bei Kriegsende um die Früchte der vertraglichen Zusicherungen der Alliierten gebracht worden zu sein, das Gefühl, einen „verstümmelten Sieg" (*vittoria mutilata*) errungen zu haben, verbanden sich mit der Erfahrung, bei der Friedensordnung und der Aufteilung der Welt zu kurz gekommen zu sein. Das war vor dem Hintergrund gescheiterter Expansionsversuche umso schmerzlicher. Bereits vor 1914 hatte Italien einen imperialen Drang mit Stoßrichtung Balkan und Nordafrika entwickelt. In beiden Fällen zog es den Kürzeren: In Tunis, das sich die Franzosen unter den Nagel rissen, und 1896 in Äthiopien, wo die italienischen Truppen von den von Frankreich unterstützten Soldaten des äthiopischen Kaisers vernichtend geschlagen wurden. Allein 1912 gelang Italien in einem von der Gesellschaft mehrheitlich abgelehnten Krieg – als Kompensation für Tunis – ein Sieg gegen das Osmanenreich, was die Gebiete um Tripolis und Bengasi eintrug. Aber welches Recht hatte Italien eigentlich, von der *vittoria mutilata* zu sprechen, wenn das Territorium des Landes in keiner Weise verkleinert, ja sogar vergrößert worden war? Man muss gelegentlich die empirischen Grundlagen für ein historisch wirkmächtiges politisches Sentiment in Frage stellen, das nicht auf Wirklichkeiten gründete, sondern vielmehr auf Wahrnehmungen. Ein territorial unangetastetes, trotz Sieg jedoch frustriertes Italien war jedenfalls nicht in der Lage, ein vom empirischen Befund her geschrumpftes Land, nämlich „Turchia mutilata", wie ein italienischer Autor 1928 schrieb,[58] in seiner nationalen Empörung zu begreifen, indem es sich an der Zerstückelung des osmanischen Territoriums beteiligte und seine Soldaten Kilikien besetzen ließ.

Viel dramatischer jedoch waren die Folgen des Ersten Weltkrieges im Innern. Schon die Frage des Kriegseintritts hatte die Nation gespalten. Um wie viel mehr zerrissen zeigte sich Italien nach 1918, als wirtschaftliche Schwierigkeiten die ohnehin scharfen sozialen Konflikte anheizten. Im „roten Biennium" 1919–20 spitzte sich die Lage zu: Sozialistische Arbeiter demonstrierten, streikten, besetzten Fabriken, verkündeten unverhohlen ihre Sympathien mit der Russischen Revolution, bewaffneten sich und stellten „Rote Garden" auf. Auf dem Lande, besonders in den norditalienischen Agrargebieten, schafften es die Ligen der sozial deklassierten Landarbeiter, viele Forderungen gegen die Landbesitzer durchzusetzen. Auf der anderen Seite versuchten die Unternehmer und Agrarier, die Regierung gegen die Massen auf den Barrikaden zu mobilisieren. Unter diesen Anspannungen brach das veraltete liberale System der Einigungszeit zusammen. Die Wahl 1919, die erstmals das allgemeine Wahlrecht für Männer erlaubte, bestätigte das Unvermeidliche: Die politische Klasse verlor ihren hegemonialen Nimbus und zerfiel in verschiedene Lager, stellte zusammen genommen aber noch die meisten Abgeordneten; stärkste Partei wurden die Sozialisten (*Partito Socialista Italiano*, PSI), gefolgt von der Partei des politischen Katholizismus.

In den Jahren 1918–21 herrschten in Italien bürgerkriegsähnliche Zustände, zu denen die 1919 gegründeten faschistischen Kampfbünde massiv beitrugen. Von einer geeinten Nation war nichts zu bemerken, ja es schien, als sei der sozialistische Bruder der Vereinheitlichungsideologien des 19. Jahrhunderts auf dem besten Wege, den Sieg über die Nation davonzutragen. Russland hatte es vorgemacht. Die Nation schien am Ende, der Klasse gehörte die Zukunft.

Das war die Stunde des Faschismus. Er gab vor, auf die historische wie aktuelle Zerrissenheit der Nation die richtige Antwort gefunden zu haben. Er zog aus den Lehren des 19. Jahrhunderts sowie aus den unmittelbaren Zeitumständen seiner Entstehung die Konsequenzen. Er bildete die Synthese der konfligierenden Grundprinzipien des 19. Jahrhunderts, Nationalismus und Sozialismus. Es wäre verkürzt, ihn lediglich als Reaktion auf den Sozialismus und die drohende Bolschewisierung Italiens zu interpretieren.[59] Als jüngste der drei Ideologien behauptete er, er allein habe sich aus dem zäh anhängenden Erbe des 19. Jahrhunderts zu lösen vermocht. Zwar akzeptierte er es, betrachtete es aber als außerordentlich krisenhaft, fand diese Ansicht durch die unmittelbaren Zeitumstände in Italien nach dem Ersten Weltkrieg bestätigt und gab vor, eine vollkommen neue Lösung zur Überwindung des 19. Jahrhunderts parat zu haben. Anders als der sowjetische Sozialismus, der durch und durch ein Produkt des 19. Jahrhunderts bildete und dessen dogmatischer Anführer Lenin in der marxistischen Gedankenwelt des 19. Jahrhunderts stecken geblieben war,[60] anders auch als der Kemalismus in der modernen Türkei, der der traditionellen Idee der Nation, verbunden mit den Prinzipien des politischen Liberalismus, anhing, nahm der Faschismus für sich in Anspruch, der einzige wirklich neuartige Aufbruch ins 20. Jahrhundert zu sein.[61] In der Türkei und in Sowjetrussland traten Ideen des 19. Jahrhunderts in ihre alternative konkrete historische Gestalt. Der italienische Faschismus schuf etwas bisher nicht Dagewesenes, indem er die Nation mit dem Sozialismus zu verschmelzen suchte, Nation und Klasse nicht mehr als polare Kategorien gesellschaftlicher Verfasstheit begriff und eine neuartige Form der Organisation von Staat, Gesellschaft und Individuum herzustellen trachtete. Der Faschismus, so Mussolini, „löst in der Tat das dreifache Problem der Beziehungen zwischen Staat und Einzelmensch, zwischen Staat und Gruppen sowie von organisierten Gruppen untereinander."[62] Wenn, so die historische Erfahrung in Italien, die Nation schon nicht hergestellt werden konnte, weil sich das liberale System als politische Strategie einer Klasse erwiesen hatte und die unter dem roten Banner marschierenden Arbeiter in Stadt und Land den nationalen Konsens negierten, wenn die gespaltene Nation dieser Zerrissenheit gemäß auf der internationalen politischen Bühne nicht ernst genommen wurde und ihre imperialen Ziele auf diese Weise niemals würde erreichen können, dann bedurfte es einer synthetisierenden Macht, welche die Mängel und die Spaltung überwand und Italien den Platz in der Welt geben konnte, der dem Land gebührte. „Unter dem faschistischen Regime existiert die Einigkeit aller Klassen, die politische, soziale und sittliche Einigkeit des italienischen

Volkes realisiert sich im Staat und nur im faschistischen Staat."[63] Es schien, als könne der Faschismus alle Wunden der Vergangenheit heilen.

Dazu propagierte der Faschismus zunächst und hauptsächlich einige Anti-Positionen. Er stellte sich gegen den „klassischen Liberalismus", der den Staat negiere, gegen den Sozialismus, der „die staatliche Einheit leugnet", gegen den Syndikalismus aus demselben Grund, gegen „die Doktrin der materialistischen Geschichtsauffassung", weil sie das „Heilige und Heldenhafte" der menschlichen Handlungen leugne, gegen den Pazifismus, weil er „einen Verzicht auf den Kampf und eine Feigheit gegenüber dem Opfer in sich birgt", gegen „den ganzen Komplex der demokratischen Ideologien", weil er der grauen Masse den Vorzug vor der „unabänderliche(n), fruchtbare(n) und heilsame(n) Ungleichheit der Menschen" gebe. „Mag das neunzehnte Jahrhundert das des Sozialismus, des Liberalismus und der Demokratie gewesen sein, so gilt das noch lange nicht für das zwanzigste Jahrhundert."[64] Mit diesen Charakterisierungen spießte Mussolini sowohl die unmittelbaren Zeitumstände, aber auch die historische Herkunft der Nachkriegskrise auf.

Nachdem er dieses historische Erbe beiseite geräumt hatte, relativierte der *Duce* die Bindungslosigkeit des Faschismus. Aus dem „Schutt liberaler, sozialistischer und demokratischer Doktrinen" wolle er die Elemente übernehmen, „die noch einen Lebenswert haben". Ihm fiel dazu aber nichts Konkretes ein, und so ging der Gedanke im Schwall der Worte unter. Dass die faschistische Lösung durch und durch autoritär sei, leugnete Mussolini keineswegs. Zwangsläufig überhöhte der Faschismus den Staat, durch den sich alle Probleme lösen ließen, die die alten Ideologien hinterlassen hatten. Politische Parteien, Syndikate, Vereine, Klassen – alles vereinte sich im Staat. Dieser wiederum war kein Nationalstaat, wie ihn die Nationalisten des 19. Jahrhunderts vorgesehen hatten, als sie meinten, er sei das Ergebnis der Nationsbildung. Der Faschismus drehte das Verhältnis um: „Vielmehr wird die Nation vom Staat geschaffen". Darin allerdings unterschied sich der Faschismus nicht vom Kemalismus, ohne dass letzterer deswegen faschistisch gewesen wäre. Der Satz brachte das Dilemma der unfertigen Nation, die der Faschismus von den Liberalen übernommen hatte, auf den Punkt. „Der faschistische Staat organisiert die Nation". Wie der stalinistische Sozialismus 1936 den Staat mit Klassen, aber ohne Klassenkonflikte proklamierte, so der Faschismus die konfliktfreie Nation. Ob neuartig oder nicht, der Faschismus bestätigt die Schlussfolgerung, die sich am Ende des vorigen Abschnitts ergeben hatte.

Nun war der Faschismus in erster Linie keine Ideologie, sondern praktisch,[65] und in seiner Praxis ziemlich unideologisch. Er entstand auch nicht aus einem ideologischen Programm heraus, sondern auf der Straße, im Kampf und in der Gewalt. Deswegen sollte man spätere ideologische Rechtfertigungen des Faschismus mit Vorsicht zur Kenntnis nehmen, weil sie Legitimität vorschützen. Mussolini hat dieses Problem jedoch erkannt und versucht, ihm die Kraft des Gegenarguments zu nehmen, das zum Beispiel die katholische Opposition gegen den Faschismus ins Feld führte, als sie schrieb, statt des „cogito ergo sum" betreibe er „faccio rumore quindi sono" (ich mache Lärm, also bin ich).[66] Mussolinis hier ausgiebig zitierter faschistischer Grundtext von 1932, der aber zahlreiche Zitate aus Reden der ersten Jahre enthält, beseitigte gleich im ersten Satz den Verdacht, die Schwarzhemden könnten nicht gewusst haben, was sie taten. Das faschistische Handeln sei ein „Handeln, das eine Doktrin in sich birgt", die wiederum „aus einem gegebenen System geschichtlicher Kräfte" entstanden sei, denn „(k)eine Doktrin entstand ganz neu." Wenn der Faschismus „nicht aus einer am grünen Tische im vorhinein ausgearbeiteten starren Doktrin ins Leben gerufen worden" ist, als historische Disposition aber vorlag, so sah sich Mussolini veranlasst, dem Handeln der frühen Faschisten jene Doktrin praxeologisch einzuschreiben, die ihm später zu formulieren aufgegeben war. Das Ergebnis dieses handlungstheoretischen Zauberstücks konnte sich sehen lassen. Jede Doktrin würde das Handeln der Menschen auf ein bestimmtes Ziel ausrichten. „Aber das Handeln der Menschen wirkt auf die Doktrin zurück, bildet sie um und passt sie neuen Notwendigkeiten an oder überwindet sie." Die Doktrin sei deswegen ein „lebendiger Vorgang". Es wird das Geheimnis der Faschisten, Mussolinis und seines Co-Autors Giovanni Gentile bleiben, wie sie diese Vorwegnahme der Handlungstheorie Anthony Giddens begründen, die ja nichts anderes behauptet, als dass Struktur und Handlung in einem Verhältnis der reziproken Strukturierung stehen, so dass vorgefundene Struktur und akzidentelle Handlung immer aufeinander bezogen bleiben. Den Faschismus handlungstheoretisch mit Giddens' Theorie in Beziehung zu setzen, wäre eine lohnende Aufgabe für einen theoretisierenden Historiker und Soziologen.[67] Hier muss der Hinweis reichen.

Ohne den Faschismus, so schrieb der marxistische Historiker Eric Hobsbawm im „Zeitalter der Extreme", sei das 20. Jahrhundert nicht verständlich. Das ist richtig, aber man verkürzt seine historische Bedeutung, wenn man seine historischen Wurzeln kappt und ihn allein aus den zeitbedingten Umständen heraus erklärt. Ebenso verkürzend ist es, den Faschismus ideologisch „erklären" zu wollen, weil sich sehr rasch herausstellt, dass seine ideologischen Kernbestandteile schwer zu definieren sind und er, wie auch der *Duce* als die Personifizierung des Faschismus, in der Welt der Nachkriegs-Ideologeme vagabundierten. Bestimmte Ausschlüsse waren wichtiger als die Setzung von Prinzipien, weil sie Grenzen der ideologischen Beweglichkeit markierten, nach innen aber große Spielräume offen ließen. So stand die Verstaatlichung der Produktionsmittel nicht auf der Tagesordnung der Faschisten, wohl aber der Acht-Stunden-Tag, den die „roten" revoltierenden Arbeiter 1919 gefordert hatten. Wenn Sven Reichardts praxeologisch ausgerichtete Untersuchung feststellt, die ideologischen Bestandteile des Faschismus seien „jeweils für sich genommen auch Bestandteile in den Ideologien der autoritären Rechten oder der Kommunisten"[68], so bestätigt dieser Befund einmal mehr die hier vorgenommene Historisierung des Faschismus, wonach Sozialisten und Nationalisten inhaltlich getrennt marschierten, aber methodisch konvergent handelten. Die Verschmelzung der Ideologeme im Faschismus ist deswegen kein Wunder. Die junge praxeologische Interpretation des Faschismus steht jedoch vor einem schwierigen methodisch-theoretischen Problem, wenn sie die „Handlungstheorie" Mussolinis bestätigt und auf dieser Grundlage ihre Untersuchungen durchführt: „Auch die antiliberale und antiindividualistische Grundhaltung wurde erst durch die organisationsvermittelte Umsetzung, Verinnerlichung und handlungsrelevante Einverleibung dieser Einstellung zu einer bestimmten Form von politischer Praxis und somit zu einem faschistischen Spezifikum."[69] Mussolini hatte es weniger wissenschaftlich ausgedrückt, aber dasselbe gemeint. Auf diese Weise wird die Erklärung des *Duce* zum analytischen Instrumentarium des Historikers.[70]

Hier wurde hingegen die Deutung Wolfgang Schieders aufgegriffen, welche die Wurzeln des Faschismus im 19. Jahrhundert findet und ihn mit einer Modernitätskrise infolge der „verspäteten" Nationsbildung, der Verfassungs- und der wirtschaftlichen Modernisierungskrise in Verbindung bringt.[71] Sie umreißt den synthetischen Charakter des Faschismus, der sich sowohl aus den unmittelbaren Zeitumständen ergab als auch auf die historische Zerrissenheit der italienischen Nation zurückblickte und damit italienische nationale Geschichte und Nachkriegsklassenkämpfe miteinander zu versöhnen vorgab. Wird der

Faschismus in diese historischen Kontexte und gebrochenen Kontinuitäten „eingebettet", erklärt sich auch sein schwindelerregender Erfolg besser: Wenn man nämlich begreift, dass er nicht allein mit Hilfe der schrankenlosen Brutalität der Schwarzhemden zum Sieg marschierte, sondern klassenübergreifende Unterstützung erfuhr, als sei den ihn fördernden Bevölkerungskreisen die historische Erfahrung der polaren Rivalität von Nation und Klasse zur Erwartung der faschistischen Synthese geraten. Dadurch erklärt sich auch die vollkommen ungehemmte Propagierung des faschistischen Autoritarismus, der zu einem Kernbestandteil der faschistischen Ideologie wurde. In dieser Form vertraten ihn weder die Bolschewiki, die mit viel rätedemokratischer Rhetorik die Löcher in der Begründung der Gewaltherrschaft zu stopfen suchten, noch die Kemalisten, die trotz Einparteistaat die Fahne der Demokratie hochhielten. Die italienische Gesellschaft entschied sich zu großen Teilen für die Entfreiung um den Preis der Verhinderung der gesellschaftlichen Anomie. Die Faschisten unterstützten diesen Vorgang nach Kräften und wurden nicht müde, sich selbst und der Bevölkerung den Gedanken von der vollkommenen Neuheit ihrer Taten und Ideologie zu vermitteln. Das Ergebnis war eine doppelte Verkrüppelung: Weder Nation noch Klasse kamen zu ihrem Recht, sondern fanden sich in neuen Formen verknechtet.

Die Folgen dieser angemaßten, aber offenkundig von vielen Italienern akzeptierten Synthese, lagen auf der Hand. Fortan hatte sich für das 20. Jahrhundert eine neue Rivalität ergeben, die in den ersten italienischen Nachkriegsjahren viel pointierter zum Ausdruck kam als in Russland, wo der Konflikt zwischen Nation und Klasse schon deutlich vor dem Ersten Weltkrieg zugunsten der Klasse entschieden war, oder in der Türkei, wo sich diese Frage nicht ernsthaft stellte. Das italienische Chaos enthielt zwei „Lösungen", wie 1925 der in Turin lehrende deutsche Soziologe Robert Michels, selbst Mitglied der faschistischen Partei, feststellte, Bolschewismus und Faschismus, „denn die Tatsache des diese beiden Richtungen trennenden grimmigen Hasses vermag an der Gleichheit ihrer Geburt in Zeit und Raum nicht zu rütteln. Beiden liegen ursprünglich Klassenkämpfe zugrunde. Ersterer fand den Gipfelpunkt seiner Macht in dem Fabrikaufruhr im September 1920, letzterer in der Besitzergreifung der politischen Macht durch den Marsch auf Rom im November 1922."[72] Diese neue Rivalität, in der frühere Ideologien durchschimmerten, sollte sich als ebenso wirkmächtig erweisen wie die nun formveränderte zwischen Sozialismus und Nationalismus.

3. Neue Regime und Ordnungen

Kriegsparteien

Der am Ende des vorigen Kapitels beschriebenen faschistischen Synthese entspricht die Geschichtslosigkeit der faschistischen Partei in Italien. Sowohl Bolschewiki als auch Kemalisten hatten organisatorische Wurzeln in der Vorkriegszeit, nicht jedoch der *Partito Nazionale Fascista* (PNF). Die Bolschewiki konnten auf die 1898 begonnene Geschichte der Sozialdemokratischen Arbeiterpartei Russlands (SDAPR) zurückblicken, wenngleich die Leninschen Organisations- und Ideologiefragen zu Beginn des 20. Jahrhunderts zum Bruch mit den marxistischen Brüdern, den Menschewiki, geführt hatten. Ohne die Bedeutung des bolschewistischen Parteiflügels in den Jahren der Emigration und des Untergrunds zu überschätzen – unübersehbar waren die Bolschewiki eine Zwergpartei –, so hat die Geschichte dieser Organisation vor dem Revolutionsjahr 1917 doch ein klares Profil, das ihr nicht zuletzt der unermüdlich für die Revolution und gegen alle Arten von marxistischen Abweichungen und bürgerlichen Anwandlungen kämpfende Lenin verlieh, der von solcher Schreibwut besessen war, dass man sich des Eindrucks nicht erwehren kann, es handele sich dabei um eine Form der kompensatorischen Repräsentanz für die zu kleine Anhängerschaft in Russland. Bei den Arbeitern hatten die Bolschewiki aber schon ihre Visitenkarte abgegeben, was zwar nicht den Sieg im Oktober 1917 entschied, aber eine wichtige Voraussetzung dafür bildete. In der Revolution 1905/06 wuchsen die Bolschewiki zur stärksten Fraktion in der SDAPR mit über 40 000 Mitgliedern (1907) heran.[1] Keineswegs entsprach die Partei den Vorstellungen einer berufsrevolutionären Geheimorganisation, die Lenin in „Was tun?" 1902 vorgestellt hatte.[2] Der plötzliche organisatorische Umbruch vom geheimen Zirkelwesen kommunistischer Verschwörer zur öffentlichen Regierungspartei ist eine Legende der älteren sowjetologischen Forschung. Im Oktober 1917 zählte die Partei bereits ca. 300 000 Mitglieder.

Auch die Kemalisten, die sich seit September 1923 in der *Halk Fırkası* (Volkspartei) formierten, die sich im Jahr darauf in *Cumhuriyet Halk Partisi* (CHP) umbenannte, besaßen ihre organisatorischen Wurzeln. Sie waren zuvor zum großen Teil *İttihatçılar* gewesen, d. h. Mitglieder der jungtürkischen Organisation *İttihat ve Terakki Cemiyeti* (Union für

Einheit und Fortschritt), jener 1889 von Offizieren der osmanischen Streitkräfte und Intellektuellen gebildeten Geheimgesellschaft, die 1908 erfolgreich gegen Sultan Abdülhamid II. putschte, die suspendierte Verfassung von 1876 wieder in Kraft setzte, sich zur Partei wandelte und die Geschicke des Reiches bis zu seinem Untergang in ihre Hände nahm.[3] Die Mehrzahl der führenden Kemalisten der Republikzeit stand in mehr oder weniger enger Verbindung zu dieser Partei. Auch in der ersten Großen Nationalversammlung 1920–1923 saßen Abgeordnete, die zu den *İttihatçılar* gehört hatten. Der Verband existierte weiter und war bei der Organisation der Unabhängigkeitsbewegung in Anatolien von zentraler Bedeutung. Die jungtürkische Kontinuität zum Kemalismus lässt sich daher sowohl personell als auch organisatorisch nicht übersehen.[4] Das Gedankengut der Nationalrevolutionäre übernahmen die Kemalisten zum Teil, auch wenn Mustafa Kemal und seine Gefolgsleute rhetorisch ihre ittihadistischen Wurzeln kappten. Auf keinen Fall wollten sie mit den Verlierern des Jahres 1918, mit denen sie organisatorisch doch eng zusammenhingen, in einen Topf geworfen werden. Der Neuanfang der Türkei ließ sich auch kaum mit der kompromittierten Partei Enver Paschas, Talât Paschas und Cemal Paschas, die für die Massaker an den Armeniern und die osmanische Niederlage im Krieg verantwortlich zeichneten und die sich darüber hinaus nach Deutschland aus dem Staub gemacht hatten, nicht vertreten. Die unrühmliche jungtürkische Geschichte seit 1912 war zwar ein wichtiger, aber nicht einmal der wichtigste Grund für den Bruch mit der jüngsten Vergangenheit und den Neuanfang, dessen Kontinuitäten sich allerdings nicht leugnen ließen.

Die organisatorischen Grundlagen der Bolschewiki und auch der Jungtürken wurden nach dem Ersten Weltkrieg auf eine harte Bewährungsprobe gestellt. Weder die jungtürkische noch die bolschewistische Organisation waren ihr gewachsen. Die CHP stand zweifellos in der jungtürkischen Kontinuität, aber mehr noch erwuchs sie aus den Organisationen, die sich nach 1918 mit Beginn des nationalen Befreiungskampfes bildeten. Im Fall der Bolschewiki darf die Existenz einer Organisationsgeschichte als Partei nicht darüber hinwegtäuschen, dass sie in den Jahren 1917 bis 1921 einem fundamentalen Strukturwandel unterworfen waren. 1921 besaß die Partei kaum noch Ähnlichkeit mit der Partei von Ende 1916. In Italien vollzog sich der ursprünglich nicht vorgesehene Weg von den 1919 ins Leben gerufenen *fasci di combattimento* (faschistische Kampfbünde) hin zur Gründung des PNF 1921. Die Vergleichsgeschichte dieser Parteien und ihrer Vorgängerorganisationen beginnt folglich 1917–19, weil alle drei Verbände mit ähnlichen Problemen konfrontiert wurden, die nicht in der Organisationsgeschichte der Parteien selbst zu finden sind, sondern in den Merkmalen der Zeit, auf die sie reagierten. Zunächst stellten sich zwei Probleme für alle gleichermaßen: Sie mussten die bellizistischen Ursprünge verarbeiten, d. h. die Frage der Aufnahme von Männern mit langjährigen Kriegs- und Gewaltbiographien klären, deren Erfahrungen in ihren Handlungen zusammen mit männerbündischen und patronagehaften Gemeinschaftsstrukturen zum Ausdruck kamen, sowie Machtkonflikte, die sich mit unterschiedlichen Entwicklungsperspektiven verbanden und zu Flügelkonflikten führten, überwinden. Im Grunde bedeutete das, in einer kontingenten Situation die Stabilität einer schlagkräftigen politischen Organisation herzustellen. Wo das nicht gelang, musste die Führung sie zumindest simulieren. Es gibt daher gute Gründe, die Geschichte der Bolschewiki, der CHP und des PNF nicht getrennt voneinander zu schreiben. Sie stellten in einem spezifischen Sinn Kriegsparteien dar, nicht oder nicht nur im Hinblick darauf, dass sie in den Kriegen auf einer bestimmten Seite standen, denn das versteht sich und muss nicht besonders betont werden, sondern in einer anderen Bedeutung des Wortes: weil ihre Struktur sich unter diesen Bedingungen herausbildete; Bolschewiki, Kemalisten und Faschisten waren organisatorisch und strukturell mit ihrer kriegerischen Ära verbunden und Produkte dieser Zeit, Kriegskinder gewissermaßen. Die größte Schwierigkeit bestand darin, ob und wie sie sich aus den Anfangsbedingungen würden lösen und den Wandel zur herrschenden Partei des Regimes vollziehen können. Diesen Vorgang gilt es knapp zu beschreiben.

Die Kemalisten formierten sich vor dem Hintergrund der jungtürkischen Vorgängergeschichte zwischen 1919 und 1923 insofern neu, als sie sich stark aus den „Gesellschaften für die Verteidigung der Rechte" rekrutierten, die zunächst getrennt für die europäischen Gebiete (*Rumeli Müdafaa-i Hukuk Cemiyeti*) und die ostanatolischen (*Vilâyat-Şarkiye Müdafaa-i Hukuk Cemiyeti*, Gesellschaft zur Verteidigung der Rechte Rumeliens bzw. Ostanatoliens) entstanden. Die „Gesellschaften" bildeten zugleich die organisatorischen Kerne des nationalen Befreiungskampfes. Die ersten Gruppen wurden bereits 1918 nach dem Waffenstillstand gebildet. Es war kein Zufall, dass sie in den Orten entstanden, in denen die Kriegsgegner die Lage beherrschten, die von Griechen und Armeniern beansprucht wurden und die der Vertrag von Sèvres später als Interessengebiete der Sieger deklarieren sollte.

Sie bildeten sich also nicht im Innern Anatoliens, von wo aus später die nationale Befreiung unter Mustafa Kemals Leitung ihren Ausgang nehmen sollte, sondern im thrakischen Edirne, im griechisch beanspruchten Smyrna/Izmir, in der unweit davon gelegenen Stadt Manisa, im von den Alliierten kontrollierten Istanbul sowie im ostanatolischen Kars, das die Armenier reklamierten.[5] Nach dem Beginn der griechischen Invasion im Mai 1919 nahm die Zahl der „Gesellschaften" zu. Anfangs handelte es sich um lokale, von keiner Zentrale aus gesteuerte Widerstandsgruppen, die untereinander kaum koordiniert waren.[6] Mustafa Kemals selbst gestellte Aufgabe bestand darin, sie miteinander zu vernetzen und ihnen eine gemeinsame nationale Plattform zu geben. Das geschah auf den Kongressen in den nicht besetzten anatolischen Städten Erzurum im Juli-August 1919 und in Sivas im September 1919. Ihnen vorangegangen war eine Versammlung im westanatolischen Aydın, die auf die griechischen Gräuel an der muslimischen Bevölkerung von Smyrna reagierte und unter dem Motto „Wiedererlangung Izmirs" stand.[7] Alles Handeln der nationalen „Regierung", die ja zunächst lediglich als ein „Repräsentativkomitee" mit Mustafa Kemal an der Spitze auftrat, geschah im Namen der nun vereinten „Gesellschaften zur Verteidigung der Rechte Anatoliens und Rumeliens". Es war die erste große politisch-organisatorische Leistung Mustafa Kemals, diese Gruppen auf den „Nationalen Pakt" einzuschwören, der die Unteilbarkeit des Landes innerhalb bestimmter Grenzen vorsah. Es ist wichtig zu wissen, dass der Kongress von Erzurum in einer Zeit stattfand, als auch die armenische Nationalbewegung der Dašnaken die Aufteilung des Osmanenreiches erwartete, zahlreiche Muslime aus den östlichen Vilayets vertrieb und – so der Zeitgenosse Michail Pavlovič – Pogrome organisierte, „die selbst Abdülhamid und Nikolaus II. beschämt hätten"[8], womit er auf die Verfolgungen von Christen bzw. Muslimen unter diesen Monarchen anspielte.

Die Einigung der Kräfte verhinderte aber nicht Parteienbildung, die wiederum dem Präsidenten des Repräsentationskomitees die Aufgabe erschwerte, aus organisatorischen Fragmenten des Widerstands eine nationale Organisation zu schmieden. Sein Streben richtete sich deshalb nicht darauf, eine Partei ins Leben zu rufen, sondern auf die politische Repräsentation der Nation in der ersten Großen Nationalversammlung, die von 1920 bis 1923 im militärisch sicheren und strategisch günstig gelegenen Ankara tagte. Parteien – wenn man sie als Institutionen mit klarer Struktur und einer gewissen organisatorischen und über Mitglieder fassbaren Verankerung in der Bevölkerung definiert – kamen darin nicht vor, aber unterschiedliche politische Lager gab es. Meinungsverschiedenheiten über den richtigen Kurs führten dazu, dass Mustafa Kemal seine „Fraktion" zur so genannten *Birinci Grup* (Erste Gruppe) oder „Gruppe zur Verteidigung der Rechte Anatoliens und Rumeliens" zusammenfasste. Die Namengebung knüpfte unmittelbar an die organisatorischen Wurzeln der Abgeordneten an und verlieh dieser Gruppe ein Maß an Legitimität, welches die *İkinci Grup* (Zweite Gruppe), die Oppositionellen, erst erringen mussten, obwohl sie aus denselben Reihen wie die Mitglieder der „Ersten Gruppe" stammten.[9]

Die lokalen bzw. regionalen „Gesellschaften", aus denen die Deputierten der Nationalversammlung kamen, waren keine Debattierklubs, sondern sie organisierten den bewaffneten Widerstand gegen die griechischen Besatzer. Geleitet wurden sie deshalb häufig von Offizieren der Armee, die – wenn diese schon offen gegen die Sultansregierung und die Bestimmungen des Waffenstillstandes bzw. Vertrages von Sèvres handelten – sich um so leichter den Vereinigungsbemühungen Mustafa Kemals anschlossen. Die „Gesellschaften" wurden somit zu Keimzellen einer politischen, aber ebenso sehr militärischen Organisation des nationalen Widerstands, die Mustafa Kemal zu einer nationalen Versammlung und zu einer ordentlichen Streitkraft zu vereinigen hoffte. Seine in der Mammutrede von 1927 (*Nutuk*) dokumentierten atemlosen und unaufhörlichen Bemühungen, Offiziere und Beamte an den verschiedensten Orten und Plätzen der Türkei mit Hilfe heißlaufender Telegraphendrähte mit dem Zentrum des nationalen Widerstands zu verbinden und ihr politisches und militärisches Vorgehen mit den Vorstellungen des „Repräsentationskomitees" in Einklang zu bringen, zeugen von der doppelten Aufgabe. Es wäre also verfehlt, wollte man in den „Gesellschaften" lediglich politische Organe der türkischen Nationsbildung sehen, wie die Forschung bis auf wenige Ausnahmen meint.

Darüber hinaus lebte nach 1918 das Partisanenwesen auf.[10] Die Unterscheidung zwischen einer lokalen „Gesellschaft" und einer Rebellen-Truppe ließ sich in vielen Fällen kaum treffen. Die Freischärler trieb ein politisch-religiöser Auftrag in Zeiten der allgegenwärtigen Krise des Landes und der kriegerischen Intervention von außen an; sie kämpften als Muslime gegen christliche Okkupanten. Militärisch von großer Bedeutung für Ankara, blieben sie – hierin mag man eine brigandische Tradition erkennen[11] – der nationalen Sache gegenüber zuweilen lau. Wiewohl sie sich auf Ankaras Seite schlugen, mussten ihre Handlungsmotive nicht zwingend auf die nationale Befreiung der Türken gerichtet sein, wie Mustafa Kemal sie zu organisieren versuchte, sondern sie lassen sich als eine Mischung aus patriotischen, religiösen und räuberischen Beweggründen charakterisieren; patriotisch, weil sie sich als Türken gegen die griechischen Eindringlinge erhoben (wenngleich längst nicht alle Freischärler Türken waren, wie in Kapitel 5 noch zu zeigen sein wird), religiös, weil sie als Muslime gegen christliche Besatzer, gegen die „Ungläubigen", kämpften, und räuberisch, weil sie sich in dem militärischen Getümmel mit rechtsbeschränkten Räumen am Eigentum von Christen und Muslimen und an Personen beiderlei Religion vergriffen. Hatte die Sultansregierung in Istanbul nicht recht, wenn sie von „kemalistischen Banden" sprach?[12]

Die unmittelbaren Vorgängerorganisationen der CHP waren kämpfende Verbände. Leider sind die Kenntnisse über sie allzu schmal, als dass man ein abschließendes Urteil fällen könnte. Aber Kurt Steinhaus hat sicher recht, wenn er schreibt, sie seien weder straff geführt noch einheitlich organisiert gewesen und in der Regel habe das Prinzip der persönlichen Führerschaft gegolten.[13] Zwar stellte sich Mustafa Kemal in klaren Worten gegen die Freischärler,[14] aber diese z. T. späteren Urteile können, erstens, nicht verdecken, wie groß ihr militärischer Anteil an der nationalen Befreiung der neuen Türkei war und, zweitens, dass sie im Großen und Ganzen in die nationale Bewegung integriert wurden und in ihr aufgingen.

An dieser Stelle jedoch lässt uns die Forschung im Stich. Das ist ein schwerwiegendes Manko, denn gerade diese Übergangsgeschichte von den paramilitärischen Verbänden in die organisierte Armee der nationalen Befreiung, vom Freischärler-Widerstand in die nationale Bewegung gibt es nicht. Der eklatante Mangel einer soliden Sozialgeschichte der kemalistischen Bewegung und der CHP, namentlich in den Anfangsjahren, macht sich zusätzlich als Lücke bemerkbar. Was unterhalb der Führungsebene der nationalen Bewegung vor sich ging, ist unzureichend aufgearbeitet. Die CHP jedenfalls deklarierte bei ihrer Gründung 1923 die lokalen und regionalen „Gesellschaften" schlicht und einfach zu ihren nachgeordneten Ebenen. Wir kennen nur den Ausschnitt aus der Geschichte der CHP und ihrer Vorläufer, der sich im Rahmen der Nationalversammlung abgespielt hat.[15] Das ist aber eine andere Geschichte als die Geschichte der „Gesellschaften" vor Ort und ihrer Tätigkeiten, der zahlreichen Freischärlertruppen und ihrer organisatorischen Verschmelzung mit der kemalistischen Bewegung in den Jahren 1920–1923.

Dieser Mangel macht sich schmerzlich bewusst, wenn man vergleichsweise die Geschichte des PNF in Italien betrachtet, die auf der

Grundlage einer weitaus besseren Aufarbeitung diese Lücke in der Forschung umso nachdrücklicher zu Tage treten lässt. In Italien, so drückte sich Mussolini im März 1919 aus, sollte mit den *fasci di combattimento* explizit keine Partei ins Leben gerufen werden, sondern eine Bewegung (*movimento*).[16] Der spätere *Duce* begriff die neue Organisationsform sogar als „Antipartei". Damit wandte sich der sozialistische Renegat zugleich von der Vorstellung seiner früheren Genossen von der Partei als einer Form der politischen Organisation der Massen ab. Das Modell fiel bei den Wahlen im November 1919 jedoch vollständig durch. In Mailand, wo die faschistische Bewegung im März desselben Jahres von ca. 100 Männern gegründet worden war, überzeugte sie weder das Bürgertum noch die Arbeiter. Ganze 4796 Stimmen erhielt sie; das war nichts im Vergleich zur Partei des politischen Katholizismus PPI (73 951), die ebenfalls erstmals zur Wahl stand, und zu den Sozialisten (170 315).[17] In anderen Städten sah es nicht besser aus. Kein einziges Schwarzhemd zog ins Parlament ein. Ende 1919 schien der Faschismus zu einer Fußnote in der Geschichte Italiens zu werden.

Die faschistische „Antipartei" war sozial inhomogen und organisatorisch amorph. Eine kohärente Ideologie fehlte; die soziale Basis erwies sich als diffus, so dass die Unterscheidung in *fascismo urbano* und *fascismo agrario* einerseits zutraf, anderseits aber die Lage vereinfachte.[18] Die Faschisten sind daher eher durch ihre Praxis zu charakterisieren.[19] Diese war durch und durch paramilitärisch. Nach der Wahlschlappe 1919 setzten die Anführer auf offene Gewalt gegen ihre Gegner. Alles andere als eine geschlossene Formation, bildeten sich verschiedene faschistische „Provinzherrschaften" heraus, die von *ras* genannten Chefs geleitet wurden. Diese wiederum achteten streng auf ihre Handlungsautonomie und wollten sich nicht ohne weiteres von Mussolini ihre Vorgehensweisen oder die der faschistischen Bewegung insgesamt vorschreiben lassen.[20] Männer wie Roberto Farinacci in Cremona, Italo Balbo in Ferrara, Dino Grandi in Bologna – um nur wenige zu nennen – stellten mächtige faschistische Gebietsherrscher dar, deren Herrschaftskennzeichen die ungeteilte regionale Macht, Gewalt als politische Praxis sowie Führung und Gefolgschaft bei den eigenen Leute hießen. Zwar besaß der Faschismus insgesamt die im vorigen Kapitel genannten Grundideen, schließlich benötigte er eine gewisse gemeinsame Basis, aber die fehlende ideologische und programmatische Kohärenz leistete politischen Divergenzen unter führenden Schwarzhemden geradezu Vorschub. Deswegen lässt sich für die Anfangsphase kaum von einer einheitlichen politischen Physiognomie des Faschismus sprechen.[21] Die Heterogenität ging soweit, dass ein zeitgenössischer Beobachter zuspitzend notierte: „Jede Region, jede Provinz, jedes Gebiet hat *seinen* Faschismus."[22]

Ungeachtet der vollkommen verschiedenen gesellschaftlichen und politischen Hintergründe lässt sich hinsichtlich organisatorischer und funktionaler Voraussetzungen in der Frühphase der faschistischen bzw. kemalistischen Partei eine Gemeinsamkeit ausmachen, die jedoch sorgfältig abgewogen werden muss. Bildeten Çerkez Ethem, Pehlivan Ağa, Ahmed Onbaşı, Topal İsmail sowie zahlreiche andere Anführer bewaffneter Trupps,[23] die phasenweise ganze Gebiete kontrollierten, nationaltürkische Äquivalente zu den faschistischen Provinzchefs, mit dem Unterschied jedoch, dass sie im formalen Sinne keiner politischen Partei angehörten, wohl aber Partei ergriffen? Ebenso wenig wie für den Faschismus kann von einer einheitlichen politischen Physiognomie der nationalen Bewegung in der Türkei 1919–1922 gesprochen werden. Die Rolle der Provinzfürsten in der türkischen nationalen Bewegung blieb, wie in der italienischen faschistischen Bewegung, zunächst ungeklärt. Wenn für den Faschismus gesagt wurde, diese Heterogenität habe zwangsläufig aus dem *antipartito* eine Partei machen müssen, um den organisatorischen und faschismusinternen machtpolitischen Partikularismus zu bändigen und die faschistischen Kräfte stärker zu institutionalisieren,[24] so traten die Folgen rasch zu Tage. In der Struktur des im November 1921 aus der Taufe gehobenen PNF fand sich der Charakter der Anfangsphase als *partito milizia* wieder.[25] Unter diesem Begriff versammelten sich die Tradition der faschistischen Kampfbünde, das in die Partei eingeflossene Erbe der Frontkämpfer und Weltkriegsveteranen und die Radikalisierungen durch den *fascismo agrario*. Genau darin aber unterschied sich der PNF von der CHP. Zwar existierte eine nationaltürkische Bewegung, an deren Spitze die Kemalisten standen, aber die erst spät gegründete kemalistische Partei verstand sich nicht als Partei der Massen. Während der PNF die *movimento*-Phase fester organisiert und strukturiert und auch hinsichtlich der Handlungen programmatisch konsolidiert fortsetzte, schloss die CHP diese Phase weder organisatorisch noch programmatisch ein.

Die Frage, ob die *ras*-Struktur des Faschismus in den türkischen Verhältnissen ein Äquivalent findet, ist aber noch nicht geklärt. Soeben wurde die Einschränkung betont, die anatolischen Freischärler seien keine Mitglieder der CHP im formalen Sinn gewesen. Aber auch die faschistischen Provinzchefs verstanden sich nicht als Mitglieder einer formalen Parteiorganisation. Die Vorstellung von der Partei verzerrt den Zusammenhang eher, als dass er ihn erhellte. Die regionalen Führer waren – so paradox es klingt – Mitglieder des *antipartito*. Die Gemeinsamkeiten liegen auch nicht in den politischen Ideen, sondern die Praktiken der anatolisch-nationaltürkischen und der italienischen faschistischen Freischärler überschnitten sich. Die Farinaccis, Balbos usw. kontrollierten, wie Topal Osman u. a., ganze Städte und Gebiete. Sie säuberten sie von den Gegnern, namentlich Kommunisten und Sozialisten, übten eine durch Recht und Gesetz nicht beschränkte Gewaltherrschaft aus und vergriffen sich an fremdem Eigentum; faschistische Provinzorganisationen bildeten auf Gefolgschaft beruhende Patronageverbände mit einem klaren Führerprinzip. Das deutlichste Beispiel bilden Gabriele d'Annunzio und seine Männer, die 1919 die dalmatinische Stadt Fiume/Rijeka besetzten und dort eine faschistische Herrschaft errichteten.[26] Hier verband sich politisches Abenteurertum mit der bewaffneten Aktion von Irregulären, die dem Feind in einer Frontaktion ein okkupiertes Territorium entrissen, eine von der „Zentrale" unabhängige Herrschaft unter einem unumstrittenen Anführer errichteten und innerhalb der Bewegung damit eine starke Machtposition aufbauten, die nur unter Reibungsverlusten für die gemeinsame Sache geschliffen werden konnte. Wenn man die Freischärler und ihre Chefs in der Türkei dagegen nicht als Sozialrebellen im Sinne Eric Hobsbawms betrachtet,[27] sondern als zeitgebundene Partisaneneinheiten, die neben den schon genannten Motiven auch ein selbst gestellter politischer, nämlich nationaltürkischer, Auftrag antrieb, die vor allem gemeinsame Praktiken aufwiesen, die wiederum Ausdruck ihres politischen Handelns waren, dann gehören die faschistischen und die nationaltürkischen Partisanen in eine vergleichende Perspektive historischer Praxis gestellt. Man darf nur nicht den Fehler begehen, die türkischen Verhältnisse deswegen als faschistisch zu bezeichnen, weil die Geschichte einen Begriff bereitstellt, den zu übertragen sich vordergründig anbietet. Nicht der Blick von Italien in die Türkei stellt die Differenz her, sondern die umgedrehte Perspektive. Sie verdeutlicht, dass ein Wesenszug des frühen Faschismus, sein politisches und paramilitärisches Freischärlertum, sich nicht auf Italien beschränkte.

Das zeigt sich auch im Umgang der beiden Bewegungen mit den Kommunisten. Während der Faschismus mit allen Mitteln gegen die Linken vorging, sah die Lage in der Türkei etwas komplizierter aus. Die Kemalisten mussten 1919–20 auf die Hilfe der Bolschewiki Rücksicht nehmen; sie hatten nur diesen einen Verbündeten.[28] Das hinderte sie aber nicht, dem Kommunismus in der Türkei nicht den Hauch einer politischen Chance zu geben.[29] In der vollständigen Ablehnung des Kommunismus trafen sich Faschismus und Kemalismus. Beide fürchteten die Einflüsse der Oktoberrevolution auf die Bevölkerung, die Propaganda der Kommunistischen Internationale und die Fernsteuerung aus Moskau. Auch in den Mitteln, die Kommunisten zu bekämpfen, bestanden eher Gemeinsamkeiten als Unterschiede, wenngleich die Kemalisten in einem Punkt phantasievoller vorgingen als die Faschisten in Italien. Noch bevor sich der Einfluss der mit Moskau verbundenen türkischen Kommunisten mit ihrem Sekretär Mustafa Suphi in Anatolien abzuzeichnen vermochte, ließ Mustafa Kemal aus einigen ihm nahestehenden Abgeordneten der Nationalversammlung eine „eigene" kommunistische Partei gründen, die der Suphi-Partei den Wind aus den Segeln nehmen sollte. Sowjetische Kommentatoren fühlten sich an die *Zubatovščina* erinnert, die staatlich „betreuten" Arbeiterzirkel in Russland am Vorabend der Revolution von 1905.[30] Die Suphi-Kommunisten, die vom Kaukasus her nach Anatolien kamen, trafen jedoch auf die Empörung der lokalen Bevölkerung, die kemalistische Lokalchefs unter Verweis auf die atheistische Politik der Bolschewiki anstachelten. Im Januar 1921 wurde die gesamte Führung der Suphi-Kommunisten einschließlich ihres Führers, insgesamt 16 Personen, von der nationalrevolutionären Clique in Trabzon auf offener See ermordet; die Leichen versenkten die Täter im Schwarzen Meer.[31] Das war das Ende des Kommunismus in der Türkei für lange Zeit. Es gibt keinen Beleg für einen Befehl aus Ankara, der diesen Massenmord gefordert hätte. Vor diesem Hintergrund zeigen sich zwei Vergleichsaspekte: Erstens: Der Antikommunismus und die Methoden der physischen Vernichtung der Kommunisten waren gleich, trotz der formal guten Beziehungen der Kemalisten zu den Bolschewiki (die den Mord an ihren Genossen mit erstaunlicher diplomatischer Professionalität behandelten, hatten sie doch auch nur einen Verbündeten – die Kemalisten). Zweitens: Lokale Machthaber, kemalistische Provinzchefs, handelten nach eigenem Gutdünken und ohne Abstimmung mit der großen Linie, über die in Ankara beschlossen wurde.

In diesem Fall darf man davon ausgehen, dass Ankara über das Ende der Kommunisten nicht allzu betrübt war. Der Anführer der Täter von Trabzon wurde übrigens später von dem Chef der Leibwache Mustafa Kemals, Topal Osman, ermordet. Das lädt zu Spekulationen über das Wissen des späteren „Vaters der Türken" über die ruchlose Tat ein. Topal Osman, offenbar der Mann fürs Grobe bei den Kemalisten, wird uns noch bei einem weiteren politischen Mord begegnen. Bei allem Gerede über die Nation und den nationalen Zusammenhang: In Zeiten höchster Not ging die nationale Solidarität nicht so weit, auch Kommunisten einzuschließen.

Zum Zeitpunkt ihrer formalen Gründung waren PNF und CHP lose Verbünde mit ungeklärten Strukturen, die sich den formalen Charakter von Parteien gaben. Beide taten dies nach einer von anderen organisatorischen Vorzeichen bestimmten Phase der Bewegung, wo es darum ging, die Kräfte zu sammeln, ohne sie zentralisieren zu können. Wie Mussolini zwischen den unterschiedlichen regionalen Führern und Lagern unter den Faschisten moderieren musste und daraus seine starke Position bezog, so sah sich Mustafa Kemal genötigt, unterschiedliche Flügel im nationalen Lager zum Zwecke der gemeinsamen Sache zusammen zu binden. In beiden Fällen geschah das über die Autorität des Führers. An diesen Stellen fügen sich die Ursprünge als Kriegsparteien sowohl für die CHP als auch für den PNF zusammen, ohne dass die gravierenden Unterschiede geleugnet werden sollen. Fraglich ist daher die Behauptung Emilio Gentiles, als *partito milizia* sei der PNF unvergleichlich.[32] Wenn man nur auf Italien schaut, ist sie allerdings korrekt.

Die Bedingungen, unter denen die Bolschewiki 1917–1921 ihre Macht behaupteten, zeitigten massive Folgen für die Partei. Hans-Henning Schröders noch immer grundlegende Untersuchung zum Strukturwandel der Kommunistischen Partei nach der Revolution spricht von einer Überforderung der vorrevolutionären, notwendig fragmentarischen Organisation.[33] In kurzer Zeit schoss die Zahl der Mitglieder in die Höhe, aber der Mitgliederbestand erwies sich als instabil. Viele traten ein und kurze Zeit später wieder aus. Von einer Avantgarde-Partei des Proletariats konnte keine Rede sein. Der Bürgerkrieg setzte die formalen Aufnahmekriterien de facto außer Kraft, so dass Rotarmisten und Matrosen, aber auch Bauern und Arbeiter, praktisch ohne Formalitäten aufgenommen wurden. Auf diese Weise wandelte sich die kommunistische Partei zwar zu einer Massenpartei, wobei der Zulauf bis 1919/20 ungebremst erfolgte, danach aber verlor sie an Unterstützung: Die Zahl der Austritte überstieg die der Eintritte, der Mitgliederbestand begann zu sinken. Am Ende des verheerenden Bürgerkrieges, des Krieges gegen Polen, während der sich dramatisch verschlechternden Versorgungslage und Wirtschaftsleistung bröckelte der Rückhalt für die Bolschewiki, war die Partei sozial inhomogen, organisatorisch zerfasert und von inhaltlichen Debatten zerrissen. Schwer wog die Tatsache, dass die Arbeiterschaft des untergegangenen Russischen Reiches in dieser Zeit aufgerieben und die Partei deshalb zur „Avantgarde einer nicht vorhandenen Klasse“ geworden war.[34]

Für die Bolschewiki bedeuteten Bürgerkrieg, Krieg gegen die ausländischen Interventionisten, der Krieg gegen Polen 1920/21 und der in seinen Folgen katastrophale „Kriegskommunismus" den Verlust ideologischer und organisatorischer Kohärenz, die Lenin gegen – wie er meinte – Abweichungen immer wieder hergestellt hatte, wenngleich sie sich auf die ideologische Ausrichtung bezog, nicht auf die Organisationsstruktur. Der Krieg bestimmte über die genannten Phänomene hinaus weitere, die für die Zukunft entscheidend waren. In weitaus größerem Maße als in Italien oder in der Türkei traten Parteimitglieder, häufig in den Funktionen von Geheimpolizisten, als Täter bei den Massenverbrechen auf, die unter dem Begriff „roter Terror" in die Geschichte eingegangen sind. Auch bei den Faschisten und Kemalisten blieben die Täter von Verbrechen ungestraft und arbeiteten unbehelligt in der Politik und nahmen Staats- und Parteiämter ein. Der Krieg führte darüber hinaus dazu, dass sich dauerhafte Patronageverbände, besonders an bestimmten Frontabschnitten oder in umkämpften Gebieten, unter Parteimitgliedern etablierten. Es wäre übertrieben, von parochialen Strukturen in der kommunistischen Partei Sowjetrusslands zu sprechen, dafür besaß die Partei auf der Führungsebene doch weitaus mehr Zusammenhalt als bei den Faschisten, aber eine zentralistische Steuerung der Moskauer Parteizentrale ist für die Anfangsjahre eine Legende. Außerdem zogen die im Krieg gebildeten Seilschaften in die Zentrale ein. Stalin ist dafür das beste Beispiel. Die Gruppe von führenden Parteikadern, die mit ihm den Bürgerkrieg im Südosten Sowjetrusslands durchfocht, blieb auch in den Jahren danach ein relativ stabiler Personenverband. Auf diese Weise schoben sich Substrukturen in die Parteiorganisation ein, die der Krieg ermöglichte oder zumindest verstärkte. Im sowjetrussischen Fall wirkte er sich doppelt aus, indem er vorhandene Grundlagen wie die Klassenbindung an die Arbeiterschaft zerstörte und neue Phänomene wie Patronageverbände hervorbrachte.

Es gehörte zu den später verfassten Selbstbeschreibungen der drei Regime und ihrer Parteien, dass die Zeiten, in denen sie entstanden bzw. zur politischen Macht gelangten, zwar chaotisch und bedrohlich für die Nation bzw. Klasse waren, aber dass der Aufbau der Parteien sich gleichsam unberührt davon vollzog, losgelöst von ihrer Zeit und ihren Entstehungsbedingungen, als seien sie Ergebnisse einer anonymen historischen Notwendigkeit und genialischer Führerpersönlichkeiten. Die Eigenauffassung machte die Parteien in einem Maße ungeschichtlich, das in einem auffälligen Kontrast stand zur Nutzung der Geschichte für die Zwecke des Regimes. Nichts davon stimmte. Vor allem weisen sie zeitbedingte Gemeinsamkeiten auf. Die drei Parteien, die hier zur Debatte stehen, erhielten in den wenigen Jahren zwischen 1917–1923 kriegsbedingte Strukturen. Was der faschistische Beobachter Mihail Manoilescu über die CHP schrieb, traf auf alle drei Parteien zu: „Die Partei, die später das gesamte politische Leben der Nation umfassen sollte, wurde in der Kriegszeit mit einem kriegerischen Programm geboren."[35]

Stabilisierungsphasen

Stefan Breuer hat für den PNF Entwicklungsphasen unterschieden. Die erste Periode, die Bewegungsphase, in der *squadrismo* und *antipartito* dominierten, datiert er bis zur Gründung des PNF im November 1921.[36] Wolfgang Schieder meinte mit Blick auf die Entwicklungen im Faschismus allgemein, 1922 sei mit dem „Marsch auf Rom" die Zäsur zu erkennen, welche die Bewegungsphase von der Durchsetzungsphase trenne, der 1929 nach Abschluss der Lateranverträge die Regimephase folge.[37] Diese Phaseneinteilung deckt sich mit derjenigen, welche die ältere Forschung bei der Entwicklung von Einparteiregimen schon festgestellt hatte.[38] Hier kommt es auf den Übergang von der ersten zur zweiten Phase an. Der zeitliche Unterschied zwischen 1921 und 1922 ist nicht so groß, als dass er hier eine Rolle spielen müsste. Wichtiger ist das Verständnis, dass die Parteien aus der Bewegungsphase heraustraten und zu mehr oder weniger konsolidierten herrschenden Parteien wurden. Hier wird für die zweite Phase ab – je nach Land – 1921 bis 1923 von Stabilisierung gesprochen, bei der die Bewegungsphase abgelöst wurde von einer Etappe der Konsolidierung, die jedoch keineswegs ohne innerparteiliche Konflikte um zukünftige Marschrichtungen, um Organisationsfragen und Macht, um die Frage der Massenbindung und -mitgliedschaft und die Rolle der Führer ablief. Diese Vorgänge spielten sich nicht nur in Italien zu diesem Zeitpunkt ab. Ähnliches geschah in Sowjetrussland. Dort siegten die Bolschewiki im Bürgerkrieg, sie beendeten den Krieg mit Polen, verabschiedeten sich vom „Kriegskommunismus", schlugen die Revolten der Kronstädter Matrosen und der Bauern von Tambov sowie zahlreiche andere Rebellionen nieder und führten schrittweise die Neue Ökonomische Politik als „Atempause" nach den Erschütterungen der vorangegangenen Jahre ein. In der Partei begann die Ära des „Fraktionsverbotes", was keineswegs das Ende der Flügelkämpfe bedeutete. In der Türkei standen der Sieg im „Unabhängigkeitskrieg" mit der Gründung der kemalistischen Partei in einem zeitlichen Zusammenhang. Faschisten, Kommunisten wie Kemalisten beendeten ihre jeweilige Bewegungsphase, in der sie Verbündete und Sympathisanten gesammelt sowie ein organisatorisch amorphes und ideologisch uneinheitliches Bild abgegeben hatten. Nun aber strebten sie geordnete Strukturen an.[39] Es ist also an die eingangs dieses Kapitels gestellte Frage anzuknüpfen, ob und wie die Parteien diesen Wandel vollzogen.

Auf den ersten Blick scheint es, als seien sie am ehesten darin verwandt, dass sie – die sich zuvor noch in schier ausweglosen Situationen befunden hatten – diese Veränderungen erfolgreich vollzogen. Es gab Momente, da hätte kaum jemand auf den Erfolg der Bewegungen gewettet. Alle drei kamen an einen Punkt ihrer Entwicklung, an dem ihr Abgang von der politischen Bühne gesichert schien: die Bolschewiki im Sommer 1918, als die militärische Übermacht der Gegner im Bürgerkrieg und der ausländischen Interventen sie zu erdrücken drohte, im Innern der Aufstand der Sozialrevolutionäre ihre Lage zusätzlich erschwerte und Lenin bei einem Attentat schwer verletzt wurde; dann erneut aus militärischen Gründen im Frühsommer 1919; die Faschisten aus dem bereits genannten Grund Ende 1919 (Mussolini dachte an Auswanderung)[40] und die Kemalisten 1920, die zum Jahresende zwar einen politischen und militärischen Erfolg in Ostanatolien gegen die Armenier verbuchten, denen aber sonst das ganze Jahr hindurch kein politischer oder militärischer Durchbruch gelungen war in einer Zeit, in der Engländer, Italiener, Griechen und Franzosen den Großteil der Türkei besetzten und darüber hinaus Aufstände im Innern die nationale Regierung in größte Bedrängnis brachten. Scheinbar am Rand der vollständigen Niederlage stehend, begannen alle drei Regime, kaum dem politischen Ableben entkommen, einen raketenartigen Aufstieg. In quantitativen Maßstäben gemessen und auf die Parteien bezogen, sah er folgendermaßen aus: Nicht einmal drei Jahre nach der Gründung, d. h. Ende 1921, gab es 1333 faschistische Bünde (*fasci*) mit fast 220 000 Mitgliedern;[41] die Bolschewiki zählten im selben Jahr 585 000 Mitglieder; Anfang 1917 waren es noch 24 000 gewesen.[42] Bei der CHP jedoch sah die Lage vollkommen anders aus. Hier – so schien es – war die Parteiführung nicht so sehr mit der Schaffung einer Massenbasis beschäftigt, als vielmehr damit, bestimmte Ausschlusskriterien für die Mitgliedschaft festzulegen: u. a. Kollaborateure, die mit den Besatzern zusammenarbeiteten, Mitglieder der Liberalen (*Hürriyet ve İtilâf Fırkası*)[43] vor 1918, die jedoch nicht deswegen ausgegrenzt blieben, weil sie liberal waren, sondern weil sie in der Sultansregierung mitgewirkt und den Vertrag von Sèvres unterschrieben hatten, aber auch die kleine Gruppe der politisch erfolglosen Befürworter eines US-amerikanischen Protektorats über die besiegte Türkei nach 1918 – zu ihnen gehörten u. a. die bekannte Schriftstellerin Halide Edip und ihr Mann Adnan – durften nicht in die Partei eintreten. Drei Jahre nach ihrer Gründung wussten die Kemalisten wahrscheinlich selber nicht, wie viele Mitglieder ihre Partei zählte; es gibt leider keine Statistik für diese Zeit. Mete Tunçay meint in seiner immer noch grundlegenden Untersuchung über die Periode der Einparteiherrschaft in der Türkei, die CHP habe „so gut wie keine Mitglieder" gehabt.[44] Ihre politischen Gegner wollten jedoch wissen, mit wem und wie vielen sie es zu tun hatten: Von kommunistischer Seite veranschlagte man die Zahl der CHP-Mitglieder 1926 auf 2000–3000.[45]

Das bedeutete, dass es in der CHP mangels Masse keine Säuberungen gab, wiederum im Unterschied hauptsächlich zu den Bolschewiki, deren Partei 1921 einer ersten großen Revision unterworfen wurde, in deren Verlauf fast ein Viertel der Mitglieder das Parteibillett abgeben mussten bzw. als „Karteileichen" aus dem Mitgliederbestand gelöscht wurden. Gleichzeitig diente die *čistka* (Säuberung) der Steuerung der sozialen Zusammensetzung der Parteimitglieder. Bauern stellten einen überdurchschnittlich hohen Prozentsatz der Hinausgeworfenen, aber auch solche Mitglieder, die sich zu Bürokraten gewandelt hatten. Insgesamt versuchte die Parteiführung, mit Hilfe der Säuberung die Reihen der Partei für die Phase der „Atempause" während der zwanziger Jahre fester zu schließen.[46] In den folgenden Jahren wurde die Partei immer wieder solchen *čistki* unterworfen, während diese Prozedur bei den italienischen Faschisten nicht systematisch betrieben wurde. Etwa 150 000 Mitglieder des PNF wurden 1922/23 ausgeschlossen, um sich von „zweifelhaften Elementen" zu trennen.[47] Nachdem 1925/26 erneut zahlreiche Ausschlüsse vorgenommen wurden, blieb es aber im Wesentlichen bei diesen Maßnahmen.

Die Tatsache, dass es Säuberungen gegeben hat und in welchem Umfang, ist für die vergleichende Betrachtung nicht entscheidend; die Zahl der Mitglieder ist es wohl. Die Ziffer für die CHP, so ungenau sie sein mag, rückt den gewaltigen Unterschied in den Blick. In der Türkei entsprach die im Vergleich äußerst geringe Parteimitgliedschaft der fehlenden Partizipation des Volkes an den politischen Prozessen.

Während der Faschismus seine Massenbasis rasant erweiterte und dabei notwendigerweise nicht auf die anfangs dominierende Gruppe der demobilisierten Frontsoldaten und des deklassierten städtischen Mittelstandes, d. h. die Verlierer der sozialen Entwicklungen nach dem Ersten Weltkrieg, beschränkt blieb, unternahmen die Kemalisten kaum Anstrengungen, ihrem siegreichen Regime organisatorisch jene Massenbasis zu verschaffen, die der Faschismus bei seinem „Marsch auf Rom“ im Oktober 1922 bereits mobilisiert hatte und die er nach Eintreten in die Regierung noch erweiterte. Die Verhältnisse in der Türkei entsprachen hingegen dem Verlauf der nationalen Revolution, wie sie in Kapitel 2 beschrieben wurde: für die Nation, aber ohne sie. Die Kemalisten begannen erst langsam, die CHP für die Massen zu öffnen. Nach CHP-Angaben soll die Mitgliederzahl 1938 bei fast zwei Millionen gelegen haben. Die Ziffer ist nicht gesichert und diente womöglich der Selbstdarstellung des Regimes im Todesjahr Atatürks. Steinhaus hält eine fünfstellige Zahl für wahrscheinlich.[48] Wie viele auch immer, gerechnet auf eine Bevölkerung von ca. 15 Millionen, zeugt diese Mitgliederentwicklung davon, dass die Kemalisten die „Massenbasis“ erst ins Auge fassten, nachdem sie mit ihren umstürzenden Reformen „von oben“ begonnen hatten und Unterstützung aus der Bevölkerung benötigten. Mitte der zwanziger Jahre jedoch war die CHP eine weitgehend wurzellose Partei, deren Leben sich fast ausschließlich im Umkreis der Großen Nationalversammlung abspielte. Infolgedessen spiegelte ihre soziale Zusammensetzung auch die soziale Gruppenzugehörigkeit der Deputierten in etwa wider.

Diese Umstände muss man für jede Debatte über den faschistischen Charakter des kemalistischen Regimes im Auge behalten. Der Kemalismus war sozialgeschichtlich mit dem Faschismus in keiner Weise verwandt. Die Tatsache, dass er vorwiegend Beamte, Offiziere, Intellektuelle in seinen Reihen vereinigte, sollte nicht dazu verführen, diese Mitglieder mit den italienischen Offizieren und Unteroffizieren, Studenten, futuristisch gepolten Künstlern und vom sozialen Abstieg betroffenen oder bedrohten städtischen Kleinbürgern der Anfangsphase des Faschismus zu verwechseln, den „politisch heimatlosen Randgruppen der städtischen Nachkriegsgesellschaft“.[49] Die genannten Gruppen im Kemalismus kamen nicht vom Rand, sondern bildeten den Kern der nationalen Bewegung, die ohne sie gar nicht denkbar gewesen wäre. Die Erfahrung der Niederlage im Krieg hatten die Kemalisten zwar gemacht, aber 1922 waren sie auch Kriegsgewinner, keine frustrierten Absteiger, sondern unwahrscheinliche Sieger, denn ihre Sache hatte letztlich gegen allen Widerstand triumphiert. Die Kemalisten waren also nicht nur organisatorisch und sozialgeschichtlich das Gegenteil des Faschismus, sondern auch psychologisch.

Der Kemalismus blieb seinem Ursprungsmilieu treu, d. h. er blieb urban, intellektuell und europäisiert. Er sah sich aufgrund dieser Lage auch nicht dem Wandel der geographischen Herkunft seiner Mitglieder ausgesetzt wie der Faschismus. In Italien nahm der Zugang von PNF-Mitgliedern aus dem *Mezzogiorno* nach 1922 sprunghaft zu, d. h. aus einem Gebiet, wo die Schwarzhemden zuvor kaum Fuß gefasst hatten.[50] Der Kemalismus hat die soziale Ausdehnung aufs Land nicht vollzogen, die der Faschismus durchmachte und die ihm einen deutlichen Wandel in der sozialen Zusammensetzung bescherte. Landarbeiter machten 1921 fast ein Viertel aller Mitglieder des PNF aus, wenngleich sie gemessen an ihrem Bevölkerungsanteil unterrepräsentiert blieben.[51] Dadurch aber ergab sich ein eigenartiges Paradoxon: Die widersprüchliche soziale Lage von einerseits italienischen Großgrundbesitzern, die Mussolinis Partei finanzierten, und Landarbeitern und Pächtern als Mitglieder des PNF andererseits, die gegen den durch die ländlichen Eigentums- und Produktionsverhältnisse bedingten sozialen Abstieg kämpften, sollte im PNF neutralisiert werden. D. h. die vom Faschismus behauptete Pazifizierung der Klassengegensätze existierte im Kemalismus nicht bzw. kam in seiner Organisationsstruktur nicht zum Ausdruck.

Wenn man diese Situation zu einem Gesamtbild zusammenfügt, dann kann man die Andersartigkeit der türkischen Verhältnisse einerseits als Zeichen der organisatorischen Schwäche, anderseits als strukturellen Unterschied deuten. Die geringe Zahl der CHP-Mitglieder 1926 erhält aber noch eine vollständig andere Bedeutung. Sie ist dann nicht mehr allein Kennzeichen einer fehlenden Massenbasis des kemalistischen Regimes, nicht mehr nur Ausweis des Spezifikums der kemalistischen Revolution als einem Elitenprojekt und nicht mehr Anzeichen dafür, dass die Kemalisten die Mobilisierung der Bevölkerung gegen die griechischen Eindringlinge nicht in politische Unterstützung für ihr Regime umgemünzt haben, sondern sie ist in erster Linie ein Schutz gegen jene sozial brutalisierenden Einflüsse, die den Faschismus kennzeichneten. Der Kemalismus hat seine Reihen geschlossen gehalten; er hat keine oder bestenfalls wenige Freischärler oder ihre Anführer und keine Massen an demobilisierten Soldaten aufgenommen. Er hat keine *ras*-Strukturen in der Partei institutionalisiert, obwohl es die Voraussetzungen dafür gab und es eigentlich nahe gelegen hätte, die „verdienten" Helden des „Unabhängigkeitskrieges" durch Parteimitgliedschaft zu ehren. Indem die CHP einige Jahre lang ein Parlamentsklub war, blieb der Partei die Radikalisierung durch solche Schichten erspart, die den Faschismus, besonders den ländlichen, prägten.

War die geringe Mitgliederzahl die Garantie gegen das mögliche Abdriften des Kemalismus in eine dem Faschismus ähnliche Gewaltherrschaft? Man hat als Historiker hier eine aus dem Vergleich herleitbare Grundlage für eine solche Mutmaßung. Ergänzend muss es heißen: auch nicht wie bei den Bolschewiki. In der CHP lagen die personalen Voraussetzungen nicht vor, dass die Partei zu einer durchweg radikalisierten und gewaltgeprägten Organisation wurde, deren Handlungen sich in erheblichem Maße aus den Erfahrungen des Krieges herleiteten. Dieser Befund soll keineswegs die dunklen Seiten der Gewalt in der Türkei unter den Teppich kehren. Zu beantworten ist aber die Frage, warum in der Türkei keine Massengewalt eines Terrorregimes entstand, obwohl die Voraussetzungen, besonders mit vergleichendem Blick auf Italien und Sowjetrussland, dies nicht auszuschließen schienen.

Mustafa Kemal und seinen Mitstreitern muss man unterstellen, dass sie diese Bedeutung nicht erfasst haben. Wie sollten sie auch? Sie ergibt sich aus der komparativen Retrospektive. Für die Kemalisten waren andere Gründe ausschlaggebend, die sie veranlassten, unter sich zu bleiben. Das Volk zu sich „hinaufzuholen", wie Mustafa Kemal es einmal ausgedrückt hatte,[52] musste ja nicht heißen, es in die Partei hineinzulassen. Außerdem war den Kemalisten nur zu gut bewusst, dass eine Ausweitung der Massenbasis eine Menge konservativer und religiöser Menschen in die Partei gespült hätte, die als Bündnisgenossen für eine grundstürzende Reformpolitik nicht in Frage kamen. Wieso sollten sich die Kemalisten mit ihnen belasten? Pragmatische Gründe sprachen dafür, den Zutritt zum Klub zu beschränken. Dass sich die Kemalisten mit ihrer elitären Haltung ein Gewaltproblem vom Halse hielten, war unbeabsichtigter Nebeneffekt; eine Einsicht in diesen Zusammenhang ist, soweit erkennbar, nirgendwo überliefert.

Die Wege, die Partei in der Bevölkerung zu verankern, waren in Sowjetrussland, in Italien und in der Türkei folglich verschieden.

Die quantitativen Veränderungen könnten leicht dazu führen, ein Phänomen zu übersehen, das sich insbesondere beim PNF und der kemalistischen Partei feststellen lässt. Keineswegs nämlich verdecken die zahlenmäßigen Unterschiede die große funktionale Parallelität der Parteien in Italien und in der Türkei. In den Selbstbeschreibungen der Regime findet sich eine frappierende Übereinstimmung, wenn von den

Parteien und ihren Rollen in Staat und Gesellschaft gesprochen wurde. Diese Rolle genauer zu bestimmen, stellte eine weitere Aufgabe der Parteiführungen in der Zeit der sich konsolidierenden Parteistrukturen während der Stabilisierungsphase dar.

Die Übereinstimmung, dass es sich ungeachtet aller Unterschiede um Einparteiherrschaften handelte, hat einen Zeitgenossen, den bereits zitierten rumänischen Faschisten Manoilescu zu einer Theorie über die „einzige Partei" veranlasst. Er stellte die Gleichzeitigkeit der Parteientwicklungen fest und fragte angesichts der Unterschiede: „Wer wollte z. B. behaupten, der Faschismus habe sich vom russischen Kommunismus oder vom türkischen Kemalismus inspirieren lassen, sei es in der äußeren Form, in der Organisation oder in der Erhebung der Bewegung zur einzigen Partei!"[53] Manoilescu kannte offenkundig die gegenseitigen Wahrnehmungen und vor allem die *Kadro*-Debatte in der Türkei nicht, sonst hätte er diese Ansicht nicht geäußert, wenngleich das Urteil sicher richtig ist, dass es einen unmittelbaren Einfluss aus Moskau oder Ankara auf die Faschisten in Italien nicht gegeben hat.

Manoilescu hat die drei Parteien mit vergleichendem Blick untersucht und zusätzlich die NSDAP einbezogen, für die er größte Sympathien hegte. Ihn interessierte der strukturelle Zusammenhang des Einpartei-Phänomens. Er führte die Entstehung der „einzigen Partei" auf zeitbedingte Imperative zurück, welche die Entstehung autoritärer Herrschaften beförderten. In erster Linie stellte er die „einheitliche Staatsauffassung" als das gemeinsame Merkmal in den Mittelpunkt. Der neue Staat sei ein Träger von Idealen, die er durchsetzen wolle; das unterscheide ihn vom liberalen, „willenlosen" Vorgänger. Welchen Inhalts die Ideale seien, spiele keine entscheidende Rolle. Damit verband sich zugleich die herausragende Bedeutung der Eliten, „(d)enn die einzige Partei ist ihrem Begriff nach immer nur eine Minderheit und eine Auslese. Sie darf nie so erweitert werden, dass sie das ganze Volk umfassen würde." Manoilescu verband die Elitenrolle der Partei mit der Repräsentation der Nation, indem er fortfuhr: „Die einzige Partei ist total, soweit es sich um die geistige Zusammenschmelzung der Nation handelt; in ihrer zahlenmäßigen Stärke kann sie es nicht sein."[54] Indem der Kommunismus sich in diesem Punkte unterscheide, da er auf Klasse setze statt auf Nation, sei hier zwar ein wichtiger Unterschied auszumachen, der aber das Prinzip der einzigen Partei nicht breche, wenngleich der Kommunismus damit an den Rand der Gemeinsamkeiten rücke. Manoilescu sah in den faschistischen Parteien Italiens und Deutschlands die höheren Formen der einzigen Partei verwirklicht.

Seine Überlegungen entwickelte Manoilescu in erster Linie an Mussolinis Italien und am nationalsozialistischen Deutschland. Aber seine Ausführungen lesen sich, als seien sie ohne weiteres auch für die kemalistische Türkei geschrieben. Immerhin widmete er der CHP ein kleines Kapitel.[55] Seiner Meinung nach bilde die CHP den am stärksten atypischen Fall, der „originelle Charakter dieser Partei" bestätige jedoch, dass es sich bei der einzigen Partei um eine Institution von „universaler Bedeutung" handele. Atypisch sei die CHP besonders deswegen, weil sie Liberalismus und Parteienwirtschaft, gegen die sich der Faschismus richtete, nicht als Gegner gekannt habe. Die CHP teile folglich mit den italienischen Faschisten nicht ihre Entstehung aus einer antiliberalen Reaktion heraus.

Mit dieser Beschreibung der einzigen Partei mit universaler Bedeutung nahm Manoilescu den Begriff der „universalen Ersatzpartei" vorweg, den der Historiker Wolfgang Schieder für den PNF verwendet hat.[56] Er kennzeichnet die Allgegenwart und Multifunktionalität der Partei in Staat und Gesellschaft und ihre Rolle als Repräsentantin der italienischen Nation. Wenn diese Verbindung aber ein Bestimmungskriterium des Faschismus ist, dann allerdings rückt der Kemalismus in seine unmittelbare Nähe. Manoilescu hatte übersehen, dass sich auch Mustafa Kemal gegen „Parteienwirtschaft" gerichtet hatte. Das türkische Volk habe viel unter den Aktivitäten der politischen Parteien gelitten, führte er 1923 aus. Gerade deswegen sei es notwendig, eine Institution zu gründen, die sich über die Klassen und gesellschaftlichen Interessen erhebe und die „Ganzheit der Nation" zum Ausdruck bringe.[57] Die Kritik richtete sich gegen die jungtürkische Partei *İttihat ve Terakki Cemiyeti* sowie die nach dem Weltkrieg gegründeten Parteien, zu denen die von Mustafa Kemal selbst gegründete *Türkiye Komünist Fırkası* (Türkische Kommunistische Partei) gehörte, die von Moskau unterstützte *Halk İştirakiyun Fırkası* (Sozialistische Volkspartei) mit Mustafa Suphi an der Spitze und noch ein paar andere. Dieses politische Spektrum spiegelte jedoch weder eine entsprechende soziale Konfliktlage wider und schon gar nicht die scharfe gesellschaftliche Polarität wie in Italien, noch stellten besonders die Suphi-Kommunisten eine ernsthafte Gefahr für die nationale Bewegung dar.

Mustafa Kemals Aussage war deshalb eine ziemlich grobe Übertreibung. Unter vergleichendem Blickwinkel ebnete sie eine Unterscheidung ein, die als zentral für die Unterschiedlichkeit der faschistischen und der kemalistischen Partei gelten konnte, da der Faschismus – im Sinne der Parteiengeschichte verkürzt gesprochen – eine Antwort auf die Krise des Mehrparteiensystems und der darin zum Ausdruck kommenden gesellschaftlichen Schichtungen und Interessen darstellte, die Türkei aber von der Forschung typologisch in die Gruppe der Parteienregime einsortiert wurde, die aufgrund noch nicht entwickelter gesellschaftlicher Differenzierung die schädlichen Effekte des Mehrparteiensystems zu verhindern suchten. Demzufolge war die CHP nicht „totalitarian", sondern „tutelary"[58] und das kemalistische Regime ein „non-totalitarian modernizing single-party system"[59].

Gerade die Verbindung von Nation und der einzigen Partei trifft für die CHP zu. Mustafa Kemal hatte die Umwandlung der „Ersten Gruppe" in eine Partei nicht nur gegen Protest aus den eigenen Reihen durchgesetzt, er hatte der Partei den Namen *Halk Fırkası* (Volkspartei) zugedacht, was eine Debatte in der Nationalversammlung hervorrief. *Halk* (Volk) war als Begriff umstritten; einige Abgeordnete witterten sozialistische Einflüsse; sie plädierten für den im Osmanenreich verwendeten Begriff *millet*, um den nationalen Charakter der Organisation zum Ausdruck zu bringen. Mustafa Kemal lieferte die Erklärung ab, die nach Manoilescu das Wesen der einzigen Partei ausmache: *Halk* umfasse alle gesellschaftlichen Schichten und sei deshalb keineswegs klassenspezifisch. Eine „Volkspartei" sei eben keine Klassenpartei, die andere soziale Gruppen ausschließe, sondern sie stehe über dem Volk, repräsentiere die Nation und erfülle dabei eine Erziehungsaufgabe. Deswegen, so Mustafa Kemal im September 1924, sei die Partei die Avantgarde der Nation auf dem Weg zur Kultur, zur nationalen Renaissance, zur intellektuellen und sozialen Revolution. Und er beeilte sich hinzuzufügen, die gegenwärtigen Umstände seien nicht von der Art, dass man Meinungsunterschiede zulassen könne.[60]

Bei wem hat Mustafa Kemal hier abgeschaut? Bei Lenins Vorstellungen von der Partei der Berufsrevolutionäre, wobei Mustafa Kemal die Klasse der Proletarier durch Nation und die Berufsrevolutionäre durch Berufserzieher – ein theoretisch weitaus friedlicheres Konzept – ersetzte, das Avantgarde-Konzept aber problemlos übertrug? Immerhin war ihm das Sowjetsystem durch die engen Verbindungen zwischen Moskau und Ankara seit Beginn der türkischen Unabhängigkeitskämpfe einigermaßen vertraut. Oder handelte es sich um eine Widerspiegelung der faschistischen Ideen von Nation und Partei? Das ließe sich mit einiger Berechtigung vermuten, wenn nicht das Parteistatut der *Halk Fırkası* von 1923 im großen Unterschied zum PNF von Demokratie gleich in Artikel 1 gesprochen hätte, darüber hinaus von Modernisierung und Rechtsstaat. Die Partei strebte mithin Ziele an, die sich der Faschismus ganz und gar nicht auf die Fahnen geschrieben hatte. Das Statut erhob aber auch den Gedanken Mustafa Kemals von der Repräsentation der Nation – Mitglieder konnten im Sinne eines integrativen Nationskonzeptes alle Türken werden, die Staat und Kultur anerkannten – zum leitenden Prinzip.[61] Aber das reicht nicht aus, um die kemalistische Partei zu einer faschistischen zu machen, denn zu den bereits genannten sozialgeschichtlichen und psychologischen Unterschieden traten die im Statut nachlesbaren ideologischen hinzu. Die CHP verließ die „demokratische Ideologie" nicht und hat niemals auf einer Doktrin der einzigen Partei gegründet, schrieb Maurice Duverger in seiner vergleichenden Untersuchung der Parteien.[62] Das hatte auch Manoilescu bemerkt, der aus seiner Enttäuschung kein Hehl machte. Er hätte sich von den Kemalisten „mehr Klarheit vom ideologischen Standpunkt aus gewünscht"; außerdem hielt er das Festhalten an demokratischen Verfahren für überholt: „Denn heute darf es nicht mehr als eine Schande betrachtet werden, wenn die Regierung einer Nation Formen entdeckt, die den rein auf die Stimmenzahl abstellenden Parlamentarismus in den Schatten stellen. Das naive Vertrauen in die Vorteile des Wahlverfahrens als des allgemeinen und ausschließlichen Mittels zur politischen Auslese verstärkt den Eindruck, dass man in der Türkei mit obsolet gewordenen Vorurteilen, die wir in der formalen Konstruktion des kemalistischen Staates noch vorfinden, zu langsam aufgeräumt hat."[63] Der Kemalismus hatte demnach den eigentlichen Fortschritt zum faschistischen Regime verpasst.

Das Problem, das Manoilescu dabei gänzlich aus den Augen ließ, war, dass auch der Faschismus nicht radikal und von Anfang an mit den politischen Verfahren und Strukturen des italienischen Staates gebrochen hatte, etwa in der durch und durch brachialen Form, wie die Bolschewiki 1917 das bestehende politische System umstürzten. Er war über – wenngleich manipulierte – Wahlen in das Parlament eingezogen; er war von etablierten Politikern hoffähig gemacht und an der Regierung beteiligt worden; im Frühjahr 1924 errangen die Faschisten einen durch massive Einschüchterung, Gewalt und Betrug beeinflussten Wahlsieg, der ihnen dank einer mit den gleichen Mitteln durchgesetzten Wahlrechtsänderung die politische Macht gänzlich in die Hände legte. Bereits zwei Monate nach dem „Marsch auf Rom" war der faschistische Großrat gebildet worden, eine Art PNF-Politbüro, das die Richtlinien der Politik festlegte. Entscheidend ist aber, dass es den Faschisten von der verfassungsmäßigen, parlamentarischen Position aus gelang, das Parlament zu sprengen. Nicht zuletzt respektierte der Faschismus die Institution des

Königtums, was ihnen der Monarch Vittorio Emanuele III. durch sein die Faschisten begünstigendes Verhalten und seine Sympathien allerdings sehr erleichterte. Die verfassungsmäßige Ordnung bestand formal weiter, aber sie wurde noch im Jahr des Wahlsiegs vollständig untergraben. Die Matteotti-Krise 1924 brachte den Durchbruch des PNF zur Alleinherrschaft. Der Führer der Sozialisten, Giacomo Matteotti, war nach einer Brandrede gegen die Faschisten von Schwarzhemden entführt und ermordet worden. Nach wochenlangen heftigen Konflikten im PNF, die noch einmal sehr deutlich machten, dass die radikalen Regionalführer über außerordentliche Macht in der Partei verfügten, übernahm Mussolini die politische Verantwortung für die Tat und gab bei der Gelegenheit jede Rücksicht auf die liberal-demokratische Tradition Italiens auf. Seit dem Januar 1925 vollzog sich der staatsstreichartige Übergang zur faschistischen Diktatur, der sich über etwa zwei Jahre hinzog. An seinem Ende existierten außer dem PNF keine Parteien mehr, hunderte politische Gegner waren verhaftet worden, wichtige Oppositionelle in die Emigration getrieben, die Presse war gleichgeschaltet, die sozialistischen und katholischen politischen Institutionen zerschlagen oder aufgelöst und der *Duce* als unumstrittener Führer in den Himmel gehoben. Und dennoch ließen die Faschisten die funktionslos gewordenen Institutionen Abgeordnetenhaus und Senat bestehen, die nun „wie Fossilien in das neue faschistische Regime" hineinragten.[64] Nach der formal nicht außer Kraft gesetzten Verfassung blieb der Monarch das Oberhaupt des Staates und der Streitkräfte. Aber die verfassungsmäßige Ordnung war nicht mehr als eine bloße Attrappe.

Bei allem, was bisher zur Unterscheidung von PNF und CHP festgestellt wurde und was den Abstand der CHP von der faschistischen Partei markierte, weshalb das kemalistische Einparteiregime in dieser Hinsicht keinen faschistischen Charakter trug, fragt sich doch, ob in der Praxis des Übergangs zur Einparteiherrschaft nicht viel eher Affinitäten zum Faschismus aufzufinden sind als in der Parteistruktur. Die Parallelität der Vorgänge, wie sie soeben für Italien umrissen wurden, und der Entwicklungen in der Türkei ist frappierend und hätte schon früher in jede Diskussion über die faschistischen Tendenzen oder den faschistischen Charakter des Kemalismus gehört, weil sie statt eines normativen Verständnisses uber das, was Faschismus *ist*, evolutionäre Aspekte seiner Entwicklung in vergleichender Weise ins Zentrum gerückt hätte. Die Parallelität bezieht sich zum einen auf den zeitlichen Aspekt: Synchron zu den italienischen Entwicklungen vollzog sich in der Türkei der Übergang zur kemalistischen Diktatur; zum anderen auf die Charakteristika dieses Vorgangs. Dabei kommt es nicht so sehr auf die Unterschiede der einzelnen Prozesse an, sondern darauf, wie das Regime auf sie reagierte. Die Auslöser waren verschieden, das Ergebnis in vielem ähnlich.

Mete Tunçay meinte, bis zum „Gesetz zur Aufrechterhaltung der Ordnung“ (*takrir-i sükûn kanunu*) vom März 1925 herrschten in der Türkei noch halbwegs demokratische Verhältnisse, auch in der kemalistischen Partei.[65] Diese Einschätzung darf man bezweifeln, und zwar mit Hilfe der Ausführungen Tunçays selbst. Der Umgang Mustafa Kemals und der Abgeordneten der „Ersten Gruppe“ in der Nationalversammlung mit den Mitgliedern der „Zweiten Gruppe“ ließ zu wünschen übrig. Bei den Wahlen 1923 schaffte es dank der massiven Manipulationen im Vorfeld nur ein einziger Abgeordneter der „Zweiten Gruppe“, erneut einen Sitz in der Nationalversammlung zu erringen. Auf das Konto der Kemalisten ging der Mord an Ali Şükrü Bey, dem Kopf der „Zweiten Gruppe“, der von dem schon genannten Topal Osman, ehemaliger Freischärler und nun Chef der Leibwache Mustafa Kemals, umgebracht wurde. Das war nicht das erste Verbrechen, wie die schon erwähnte Ermordung des Vorsitzenden der moskautreuen Kommunisten Mustafa Suphi zusammen mit 15 Genossen zeigt.[66]

Wenn in der zweiten Nationalversammlung die „Erste Gruppe“ um Mustafa Kemal eindeutig dominierte, so bedeutete das aber nicht das Ende der Opposition. Wie Mussolini im PNF, so sah sich Mustafa Kemal gezwungen, zwischen den Fraktionen zu moderieren. Das war besonders schwierig, als es um die Abschaffung des Kalifats ging. Aber selbst in dieser fundamentalen und alle Gemüter erhitzenden Frage, welche die Laizisten von den kaum auf einen Nenner zu bringenden Gegnern schied, die irgendeine Form der Bindung an den Islam beibehalten wollten, versuchten es, so ist zu lesen, die Abgeordneten mit Überreden und Überzeugen, nicht mit Gewalt und Bedrohung. Was anderes als Bedrohung aber war die Verhaftung der Gegner der Abschaffung? Sie wurden verurteilt, wenngleich nicht zum Tode. Lütfi Fikri, einer der Gegner und Vorsitzender der Istanbuler Anwaltskammer – die immerhin gab es! – wurde verurteilt, dann aber amnestiert. Mit Überzeugen hatte das wenig zu tun. Der Kemalismus setzte seine Politik durch, mit Druck und gelegentlich auch mit Mord.

Im Unterschied zu den italienischen Faschisten hinderte dies die Kemalisten nicht, die politischen Institutionen der Republik zu respektieren, die sie ja schließlich selbst errichtet hatten. Aber auch hier zeigten sich widersprüchliche Tendenzen. 1924 verabschiedete die Große Nationalversammlung die Verfassung der Republik Türkei, die der politischen

Praxis nicht entsprach und eine „Normenutopie“ blieb.[67] Dennoch rang die Verfassungskommission um die richtigen Formulierungen, und die Nationalversammlung debattierte intensiv und kontrovers über die Vorschläge. Trotz zahlreicher kritischer Einwände zeigte die Konstitution am Ende doch die Tendenz, der Exekutive eine starke Stellung einzuräumen und das Prinzip der Gewaltenteilung in Richtung Gewalteneinheit zu verschieben.[68] Damit wies sie eine Besonderheit auf, die sie aus der ersten, noch sehr unvollkommenen und provisorischen Verfassung von 1921,[69] mit der die Ankaraer Rebellen gegen den Sultan einen weiteren Schritt unternahmen, einen Gegenstaat zu errichten, übernommen hatte. Die Kemalisten erwiesen sich damit als konservative Revolutionäre: Sie etablierten mit der Großen Nationalversammlung eine Legislative und Exekutive und sprachen ihr außerdem höchstrichterliche Gewalt zu. Das bedeutete nichts anderes, als dass die Macht des Sultans nun auf einen Kollektivsultan überging.

Anhänger der verfassungsmäßigen Ordnung durften melancholisch feststellen, dass sich die Türkei nicht von europäischen Staaten unterschied, in denen die Verfassungen – nach 1918 eingeführt – ebenfalls mehr deklamatorischen Charakter hatten und mit ihnen die in guter Absicht eingerichteten Demokratien zerbrachen.[70]

Die Kemalisten höhlten die soeben eingerichtete verfassungsmäßige Ordnung mehr und mehr aus, und zwar schon vor dem erwähnten „Gesetz zur Aufrechterhaltung der Ordnung“ von 1925, ganz besonders, nachdem sie Erfahrungen mit einer parlamentarischen Oppositionspartei gemacht hatten. Die im November 1924 gegründete *Terakkiperver Cumhuriyet Fırkası* (TCF, Republikanische Fortschrittspartei) ging zwar aus der CHP hervor und war wie sie ein in der Gesellschaft nicht verwurzelter Parlamentsklub, der sich seine lokalen Filialen erst schaffen musste. Aber sie machte mit ihren dezentralen, antiautoritären und demokratischen Vorstellungen den Kemalisten das Regieren nicht leichter. In der TCF fanden sich einige Mitglieder der früheren „Zweiten Gruppe“. Außerdem erwies sich die Partei als ein Sammelbecken der İttihadisten.[71] Die Partei richtete sich in erster Linie gegen die Abschaffung des Kalifats, aber auch gegen die mittlerweile immer deutlichere Sonderstellung Mustafa Kemals. In ihren Reihen fanden sich prominente Vertreter der Unabhängigkeitsbewegung, darunter General Kâzım Karabekir, der erfolgreiche Kommandeur an der Kaukasusfront, der mit seinen Truppen den Sieg gegen die Armenier errungen und den Frieden von Aleksandropol/Gümrü 1920 herbeigeführt hatte und auch politisch einer der wichtigsten Männer in der frühen Phase der nationaltürkischen Geschichte war. Die Kemalisten jedoch fanden die Opposition lästig. Regierungschef İsmet (İnönü) schlug deshalb vor, auf Grundlage des Notstands zu regieren, und zwar mit der Begründung, die Oppositionspartei erschwere das politische Leben. Artikel 86 der Verfassung legte das Procedere dafür fest. Mustafa Kemal unterstützte dieses Ansinnen, aber beide konnten sich nicht durchsetzen, weil die Mehrheit der Nationalversammlung dagegen war.[72] *Diesmal* konnten sie sich nicht behaupten, aber welche Form des Regierens sie im Blick hatten, das war spätestens 1924 klar. Die Oppositionspartei existierte nicht einmal sieben Monate.

Viel mehr als die Debatten und Konflikte in der Nationalversammlung leistete der Kurdenaufstand unter Führung des Scheich Said 1925 dem Wandel zur Diktatur Vorschub. Er gehört in die auch danach nicht abreißende Reihe von Aufständen im Osten des Landes. Von den 18 Aufständen zwischen 1924 und 1938 fand nur einer nicht in Ostanatolien statt und ein weiterer nicht in Kurdengebieten.[73] Der Scheich Said-Aufstand gab die Antwort auf den in Sèvres 1920 von den Siegermächten in Aussicht gestellten, in der Republik Türkei aber nicht verwirklichten Kurdenstaat sowie auf die besonders unter den als fromm geltenden Kurden als Affront aufgefasste Abschaffung des Kalifats. In ihm verschränkten sich kurdisch-nationale wie religiöse Motive. Den Kemalisten erschien er gerade deswegen besonders „reaktionär" und bedrohlich. Jetzt war die Zeit gekommen, den Ausnahmezustand auszurufen, und diesmal geschah es auch, und zwar nicht nur für die vom Aufstand betroffenen kurdischen Siedlungsgebiete, sondern für ganz Anatolien, auch dort, wo sich keine Anzeichen von Revolte zeigten. Die Regierung schlug die Rebellion brutal nieder und ließ außer dem Anführer weitere 47 Rädelsführer hinrichten.[74] Das „Gesetz zur Aufrechterhaltung der Ordnung" vom Februar 1925, zunächst auf zwei Jahre befristet, de facto aber bis 1929 in Kraft, half nicht nur, die „Kurdenfrage" zu „lösen", sondern räumte die letzten „Hindernisse" auf dem Weg in die Alleinherrschaft der CHP ab. Die Einschätzung Erik Jan Zürchers, das Notstandsgesetz bilde zusammen mit den ebenfalls erneut eingeführten „Unahängigkeitsgerichten" „a real turning point in modern Turkish history",[75] ist in formaler Hinsicht sicherlich richtig. Unübersehbar aber ist, dass diese Entwicklung bereits angelegt war.

Für Rolle und Funktion der CHP folgerte Zürcher aus dem Ausnahmerecht, die Partei habe keine bedeutende Rolle mehr gespielt, nachdem sie Mustafa Kemal eine sichere politische und organisatorische Machtgrundlage geliefert habe. Deswegen habe die Partei „more or less served its purpose".[76] Aber Mustafa Kemal benötigte die Partei immer noch im Parlament zur Durchsetzung der Reformpolitik. Zwar galt das Ausnahmerecht, nicht aber das Verbot der parlamentarischen Diskussion. Ein den Bolschewiki vergleichbares Fraktionsverbot hat es ebenfalls nicht gegeben. Die Partei blieb auch während des Ausnahmerechts die wichtigste politische Organisation, die nach dessen Aufhebung bruchlos zu neuer Bedeutung aufstieg und deren Vorsitz Mustafa Kemal im Unterschied zum Amt des Staatspräsidenten niemals abzugeben gedachte.[77]

In Italien und in der Türkei traten die Regime 1924–26 den Weg in die Alleinherrschaft an. Mussolini und der PNF räumten die Restbestände der liberal-demokratischen Ordnung ab, Mustafa Kemal und seine Partei untergruben die von ihnen selbst erlassene verfassungsmäßige Ordnung und die politischen Strukturen der Republik. Für beide Regime ist es bezeichnend, dass dieser Vorgang zum einen mit Krisensituationen einherging, zum anderen eng mit den Attentaten auf die Führer verbunden war, die just in jene Phase der schwierigen Konsolidierung der Herrschaft fielen. In Italien versuchten 1925/26 vier Attentäter, dem *Duce* das Leben zu nehmen, wovon der vorerst letzte Versuch, im Oktober 1926 verübt, nach wie vor undurchsichtig ist. Nicht unwahrscheinlich ist, dass die ganze Geschichte eine Inszenierung war, bei der der mutmaßliche 16-jährige Attentäter an Ort und Stelle einem faschistischen Lynchmord zum Opfer fiel. Jedes Attentat aber nahm die faschistische Regierung zum Anlass, Gesetze und Verordnungen zu erlassen, die das politische Leben außerhalb des PNF erstickten.

Die Kemalisten standen in nichts nach. Als in Izmir im Juni 1926 ein – ebenfalls undurchsichtiges – Mordkomplott gegen Mustafa Kemal „aufgedeckt" wurde,[78] da traten – wie in Italien – Sondergerichte in Aktion, die praktisch die politische Opposition aus dem Weg räumten. Doch nicht nur das: Der Prozess gegen die angeblichen Verschwörer kurze Zeit später war ein politischer Schauprozess, bei dem eine Reihe herausragender Politiker und Militärs des „Unabhängigkeitskrieges" auf der Anklagebank saß. Zusammen mit einem zweiten Schauprozess gelang es Mustafa Kemal und seiner Clique, sich prominenter ehemaliger Mitkämpfer zu entledigen, die zu Oppositionellen geworden waren. Zu den Opfern dieser Säuberung zählten zahlreiche İttihadisten. Aber auch die Oppositionspartei TCF geriet in Mitleidenschaft. Ihre Räume wurden durchsucht, einige ihrer Führer wegen Verschwörung angeklagt und verurteilt. Insgesamt 17 Angeklagte wurden hingerichtet. Das war das Ende der Oppositionspartei, aber es war keine Säuberung des Kemalismus von den *İttihatçılar*.[79] Bereits vorher waren Journalisten verurteilt und die Presse zum Schweigen gebracht worden. Fortan existierte nur noch die regierungstreue Presse. Die Regierung handelte auf der Grundlage eines seit 1920 bestehenden Hochverratsgesetzes, des schon erwähnten Ausnahmegesetzes und mit Hilfe von Sondergerichten, kurz: Sie errichtete in Form eines kaum verhüllten Staatsstreichs eine Diktatur, in der es fortan – von dem merkwürdigen Versuch einer selbstgeschaffenen Opposition 1930 abgesehen – keine politische Partei außer der kemalistischen, keine freie Presse und keine formale Opposition mehr gab und geben durfte. Einige bedeutende Persönlichkeiten der türkischen Unabhängigkeitsbewegung sahen sich in die Emigration getrieben, andere blieben durch die Gnade des Präsidenten der Republik Mustafa Kemal am Leben; sie hatten verstanden, dass es ihrer Gesundheit zuträglich war, sich politischer Tätigkeit fürderhin zu enthalten. Nicht zufällig traten einige von ihnen erst nach Atatürks Tod 1938 wieder in die Politik ein und konnten zum Teil beachtliche Positionen einnehmen.

In Italien und in der Türkei – so lässt sich festhalten – vollzog sich der Übergang zur Diktatur der einzigen Partei unter ihrem Führer zur selben Zeit, teilweise sogar wegen ähnlicher Anlässe und mit vergleichbaren Mitteln, nämlich mit Sondergesetzen und Ausnahmerecht. Hinter diesem Instrument ließ sich noch der schwache Schatten einer Verfassungsordnung erkennen, die außer Kraft zu setzen Faschisten wie Kemalisten im Unterschied zu den Bolschewiki sich immerhin die Mühe machten. Die Kemalisten allerdings erwiesen sich als die schlechteren Diktatoren. Es ist nicht überliefert, ob sie Carl Schmitts 1922 erschienenen Klassiker zu dieser Frage kannten.[80] Im ersten Schritt, der Ausrufung des Notstands, handelten sie so, wie es sich der Staatsrechtler vorstellte. Die Faschisten hingegen „vergaßen", dass das Außerkraftsetzen der verfassungsmäßigen Ordnung als befristet gedacht wurde. Während die italienischen Faschisten – und Schmitts Landsleute in der NSDAP – sich nicht darum scherten, die verfassungsmäßige Ordnung wieder einzusetzen, fanden die Kemalisten den Weg zurück zu ihr. Maurice Duverger hat daher das Bonmot geprägt, im Unterschied zu den Faschisten und Kommunisten seien die Kemalisten Diktatoren mit schlechtem Gewissen gewesen.[81]

Über die Bolschewiki braucht man in dem Zusammenhang nicht viele Worte verlieren. Was hier über Faschismus und Kemalismus gesagt wurde, trifft bestenfalls in Äußerlichkeiten auf die Bolschewiki und den Sowjetstaat zu. Der grundlegende Unterschied besteht darin, dass die Bolschewiki zwar seit dem Übergang zur Neuen Ökonomischen Politik 1921 die Parteistrukturen hinsichtlich der sozialen Zusammensetzung, der Organisationsstruktur und der Personal- und Kaderpolitik konsolidierten, die Phase zwischen 1921 und 1929 aber als taktischen Rückzug betrachteten, um ihre Macht in Anbetracht des vollständig ausgebluteten Landes und des überall zu beobachtenden Verlustes an Unterstützung nicht zu verlieren. Das Fraktionsverbot, auf dem 10. Parteitag 1921 beschlossen, diente ja gerade dazu, in einer Phase, in der der Kapitalismus noch nicht vollständig niedergerungen war, die Partei zusammen zu halten. Zu den allerdings zweischneidigen Konsolidierungen gehörte auch, dass der Generalsekretär der Partei, Stalin, begann, die Kaderstrippen zu ziehen und damit die Richtungsentscheidungen der Partei beeinflusste. Wo also Faschismus und Kemalismus ihre Positionen ausbauten, mussten die Bolschewiki ihre errungenen Positionen mit allen Mitteln sichern; während Faschismus und Kemalismus in der Stabilisierungsphase ihre Politik durchzusetzen begannen, mussten sich die Bolschewiki auf Positionen zurückziehen, die ihnen die eigene Not und die erbärmliche Lage des Landes diktierten; während Faschismus und Kemalismus in die Offensive gingen, sahen sich die Bolschewiki genötigt, eine Verteidigungslinie aufzubauen, die sie Neue Ökonomische Politik nannten, in der die zum Scheitern verurteilte Idee vom Bündnis (*smyčka*) zwischen Arbeitern und Bauern geschmiedet wurde und die „Kommandohöhen" der Wirtschaft in kommunistischen Händen verbleiben sollten, während kleinkapitalistische Elemente wieder zugelassen wurden. Die Bolschewiki versuchten darüber hinaus nicht im Geringsten, die Fassaden einer bürgerlichen politischen Ordnung aufrecht zu erhalten, sondern sie schleiften grundlegend alle Festungen der Vergangenheit, nicht nur auf dem Gebiet der Politik, sondern auch auf dem der Wirtschaft, Kultur, Moral, der sozialen Beziehungen, des Verhaltens und Denkens. Die von der revolutionären Bewegung des Jahres 1917 nachdrücklich geforderte und im November 1917 endlich gewählte Verfassungsgebende Versammlung jagten die Bolschewiki im Januar 1918 – ohne Widerstand der Gewählten, die ihrer Entmachtung tatenlos zuschauten – auseinander.

Wenn das Wort von der Stabilisierungsphase nach 1921 für die Bolschewiki und die sowjetischen Verhältnisse gewählt werden soll, so betraf sie die inneren Parteiverhältnisse, auch einige Wirtschaftssektoren, die 1926 das Produktionsniveau der Vorkriegszeit (1913) wieder erreichten, aber die Bolschewiki selber sahen diese Phase nicht als „Durchsetzungsphase". So hat Schieder diese Jahre für den italienischen Faschismus charakterisiert. Ohne weiteres trifft dieser Begriff auch für den Kemalismus zu, der in den zwanziger Jahren Schlag für Schlag wichtige Veränderungen einführte, welche die Türkei bis heute prägen: die Abschaffung der Monarchie, die Abschaffung des Kalifats, die politische Entmachtung des Islams, die Angleichung an europäisches Recht, die Abschaffung des Fes und die Einführung der europäischen Kopfbedeckung, die Abschaffung des Schleiers, die rechtliche Gleichstellung der Frau, die Einführung der allgemeinen Bildung und des lateinischen Alphabetes, die Diskriminierung der nationalen Minderheiten – die Aufzählung ist nicht vollständig. In dem Jahr, in dem das erste Denkmal für Mustafa Kemal aufgestellt wurde, 1926 nämlich, erschien die erste einflussreiche Biographie des *Duce*. Beim Personenkult ging die Sowjetunion einen anderen Weg, wie Kapitel 4 verdeutlicht.

Die Bolschewiki saßen 1921 fest im Sattel. Es gab niemanden mehr, der sie hätte wegstoßen können, aber sie befanden sich in der Defensive. Phasenverschoben begann deswegen eine zweite Etappe der offensiven Durchsetzung bolschewistischer Politik Ende der zwanziger Jahre, die unter dem Begriff Stalinismus in die Geschichte eingegangen ist. Die NĖP hat keine Spuren hinterlassen. Sie blieb Episode (die allein in der Zeit der Perestrojka kurz vor dem Zusammenbruch der UdSSR von einigen als Vorbild betrachtet wurde, als man sich der alternativen Geschichte vor dem Stalinismus zu versichern suchte). Erst der Stalinismus hat – außer auf dem Gebiet des Staatsaufbaus, der bereits unmittelbar nach der Revolution erfolgte und dessen Institutionen bis 1991 im Kern erhalten blieben – die Sowjetunion zu dem gemacht, was zurecht als das Sowjetsystem angesehen wurde. Auf diese Weise ergab sich dann doch noch eine eigenartige Synchronizität der drei hier behandelten Regime für das dritte Jahrzehnt des 20. Jahrhunderts, in dem sie zu einer – allerdings zweifelhaften – Blüte kamen.

Neue Ordnungen

Etwa zehn Jahre nach dem Ende des Ersten Weltkrieges traten die drei Regime in eine neue Phase ihrer Entwicklung ein. Für den Faschismus ist sie als Regimephase bezeichnet worden.[82] 1929 schloss die Regierung die Lateranverträge mit dem Heiligen Stuhl, die als Wendemarke für die Entwicklungen in Italien gelten, weil es den Faschisten gelang, den jahrzehntelangen Gegensatz von Staat und Kirche zu lösen und den Konsens in der Bevölkerung zu vertiefen. Der Begriff lässt sich auch auf die Türkei und die Sowjetunion übertragen, weil sich auch hier um dieselbe Zeit grundlegende Veränderungen vollzogen. Am deutlichsten war die Zäsur in der Sowjetunion, wo mit der Kollektivierung der Landwirtschaft und der Industrialisierung auf der Grundlage von Wirtschaftsplänen die neue Phase begann, die als extrem gewalttätiger Stalinismus in die Geschichte eingegangen ist. In der Türkei ist die Lage etwas komplizierter, weil es kein vergleichbar bedeutendes Ereignis gibt, das die Zäsur charakterisiert. Dennoch veränderte sich das Regime auch hier: Es beendete 1929 den Ausnahmezustand, eine Oppositionspartei durfte 1930 für kurze Zeit existieren, der noch zu erläuternde Vorfall in Menemen schockierte das Regime und der Kemalismus begann, sich zur Staatsideologie zu wandeln.

„Regimephase" ist aber auch ein zweideutiger Begriff, weil er – nach der Stabilisierungsphase – ein höheres Maß an Konsolidierung und abgeschlossener Regimebildung und weniger Entwicklungsdynamik suggeriert. Für Italien ist der von Mussolini angestrebte totalitäre Staat das Ziel gewesen, das jedoch nicht vollständig erreicht wurde. Regimephase sollte deswegen nicht mit Beruhigung der Verhältnisse und Entdynamisierung des Regimehandelns verwechselt werden. Italien in den 1930er Jahren dokumentiert das Gegenteil. Und wie sollte der Stalinismus mit seinen Kampagnen nicht als massenmobilisierendes Regime begriffen werden? Wenn auch das kemalistische Regime seit dem Jahr 1930 in eine neue Phase eintrat, so ist seit 1929/30 in den drei Ländern ein doppelter Prozess zu beobachten: die verstärkte Ausbildung als regimetypisch bezeichneter Merkmale und die zunehmende Dynamik der Repression. Das lässt darauf schließen, dass beide Prozesse unmittelbar miteinander zusammenhingen. In Kapitel 5 werden die spezifischen Verläufe des letzten Aspekts untersucht, wohingegen hier der Ort ist, die grundlegenden Zusammenhänge zu umreißen.

Der Wandel, den die Türkei innerhalb weniger Jahre vollzog, war mit Blick auf die Anfänge der Republik in den zwanziger Jahren weder zwangsläufig noch vorhersehbar. Die Kemalisten riefen 1923 die Republik aus und verabschiedeten 1924 eine Verfassung; unter den Bedingungen des Ausnahmerechts führten sie grundlegende Reformen ein, die dazu beitragen sollten, das Land in möglichst kurzer Zeit aus der Rückständigkeit herauszuführen und auf einen raschen Entwicklungskurs zu bringen. In dem Zusammenhang übertrugen sie 1926 das liberale Schweizer Zivilrecht en bloc und führten damit die seit Jahrzehnten verfolgte Linie der Rechtsangleichung an europäische Maßstäbe fort, nun aber weitaus strenger als im Osmanenreich, da mit fundamentalen Änderungen im Bereich des bis dahin geltenden islamischen

Familienrechts. Mahmud Esad, als Justizminister die treibende Kraft hinter der Reform, wollte das „unter den Zivilgesetzbüchern neueste, vollkommenste und am meisten volksnahe". Die Zivilprozessordnung stammte ebenfalls aus der Schweiz.[83] Als Rechts- und Sozialwissenschaftler dreißig Jahre später die Folgen dieses Wandels diskutierten, stellten sie fest, dass die These von der Kluft zwischen geschriebenem Recht und Rechtswirklichkeit, von der Niederlage des modernisierenden Staates gegen das islamische und das Gewohnheitsrecht sowie gegen Sitten und Gebräuche nicht eingetreten war; das türkische Experiment zeugte vom Gegenteil.[84] Es ist der Beweis dafür, dass eine konservative Bevölkerung den Modernisierungsimpuls des Staates durch Recht nicht abwies und die Modernisierer deswegen nicht zwangsläufig zu gewaltsamen Mitteln greifen mussten. Eine solche These ist am russischen Beispiel entwickelt worden.[85] Ebenfalls 1926 importierten die Kemalisten ein Strafgesetzbuch, um die durch die Abschaffung der Scharia entstandene Lücke schließen zu können. Sie wählten das italienische Strafrecht von 1889 (*Codice Zanardelli*), das schon in jungtürkischer Zeit ins Türkische übersetzt worden war, so dass die Kemalisten es mit wenigen Änderungen nur noch in Kraft setzen mussten.[86] Eine der wichtigsten betraf die Todesstrafe, die das italienische Recht nicht vorsah. Für die Liebhaber der Theorie von den zivilisatorischen Hierarchien sei erwähnt, dass die türkische Version des Strafrechts besonders im Bereich der Sexualdelikte Änderungen vornahm und diese aus dem osmanischen Recht übertrug. So waren z. B. Homosexualität und Prostitution straffrei.[87] In der westlichen Hemisphäre sah und sieht bis heute die Lage anders aus – wofür einige Verfechter der Strafbewehrung glauben, wichtige Gründe nennen zu können. Die Strafprozessordnung jedoch übernahmen die Kemalisten 1929 aus Deutschland.[88] Das sind nur einige Beispiele, auf welche Weise die türkische Nationalversammlung die Europäisierung und Verwestlichung ihres Landes in Angriff nahm, was – wie im ersten Kapitel beschrieben – so manchen Beobachter in der westlichen Welt beeindruckte.

Die Bilanz nach dreißig Jahren auf dem Gebiet der Rechtsreformen steht in einem eigenartigen Kontrast zum Werdegang des Regimes im dritten Jahrzehnt des 20. Jahrhunderts. Obwohl die Kemalisten auf Erfolge zurückzublicken vermochten, zog bald ein dogmatischer Geist in die türkischen Verhältnisse ein; zutreffender wäre es zu sagen: Nun rächte es sich, dass die Reformen unter Ausnehmerecht eingesetzt worden waren. Das betraf nicht so sehr das Recht als vielmehr die unmittelbar alltäglichen Dinge des Lebens, das heißt die Religionsausübung, die

Kopfbedeckung, das Alphabet. Das Regime sah sich veranlasst, die ohnehin schon angelegten autoritären Züge zu verstärken. Mehr und mehr glaubten sich die Kemalisten in die Defensive gedrängt. Aus dieser Position heraus mussten sie ihr großes Umgestaltungsprogramm durchboxen. Ihnen drohte das Schicksal aller Modernisierer mit kompakten und temporeichen Reformmaßnahmen. Um das Jahr 1930 kamen mehrere Punkte zusammen, die ihnen die Illusion einer sich rasch verändernden Türkei raubten.

Erstens: Zunächst zerstörte die Weltwirtschaftskrise alle Hoffnungen auf eine rasche wirtschaftliche Erholung der Türkei, die ohnehin in den Jahren nach 1923 ökonomisch kaum auf einen grünen Zweig gekommen war. 1929 verschlechterte sich die Lage rapide. Die Anzeichen einer schwerwiegenden Währungskrise waren unübersehbar, der Bau von Eisenbahnen hatte die finanziellen Ressourcen des Landes erschöpft, ohne angemessenen Ertrag zurückzugeben; die Landwirtschaft, noch immer der wichtigste Erwerbszweig, produzierte auf einem niedrigen technischen Niveau, die Preise für ihre Erzeugnisse fielen im Verlauf der Krise teilweise um 50 %, in anderen Fällen bis zu 73 %. Das bedeutete, dass die Hauptexportgüter wenige Devisen einbrachten und die auch zuvor schon unausgeglichene Handelsbilanz vollständig zu Ungunsten der Türkei ausfiel. Damit starben auch die Hoffnungen auf eine Industrialisierung. Die Regierung sah sich veranlasst, den Gürtel noch enger zu schnallen. Die Antwort auf die internationale Wirtschaftskrise fand sie in der stärkeren Nationalisierung der Wirtschaft, in der Vorstellung der wirtschaftlichen Autarkie und im Staatsinterventionismus.[89] Zumindest die letzte Folgerung war keineswegs eine originär türkische Reaktion, weil zahlreiche Staaten, darunter auch erzkapitalistische, zu mehr Eingriffen übergingen, teilweise auch Wirtschaftspläne einführten, um der Krise Herr zu werden. In der Türkei trafen Weltwirtschaftskrise und Etatismus – wie die neue Marschrichtung genannt wurde – auf weitere Krisenphänomene, die den politischen Autoritarismus verstärkten.

Zweitens: Für etwa drei Monate schuf sich Mustafa Kemal seine Oppositionspartei, die *Serbest Fırka* (Freiheitspartei, auch *Serbest Cumhuriyet Partisi*). Ihr Personal bestand aus vom Staatspräsidenten handverlesenen Kemalisten, so auch ihr Vorsitzender Ali Fethi (Okyar). Doch der gewiefte Stratege Mustafa Kemal hatte sich gründlich verschätzt. Die neue Partei erhielt sofort große Sympathien des Wahlvolks, besonders in den am meisten verwestlichten und wohlhabenden Regionen Westanatoliens. Die Partei trat offen gegen den mittlerweile von der CHP favorisierten Etatismus in der Wirtschaft auf. Außerdem machten sich die Männer der neuen Partei in einem Maße selbständig, wie es sich für „his majesty's loyal opposition" nicht geziemte.[90] In Anbetracht dieser Entwicklungen hielt Mustafa Kemal es für das Klügste, das Experiment mit der Oppositionspartei zu beenden. Es hatte gezeigt, dass CHP, Regierung und der kemalistische Weg keineswegs nur auf Unterstützung hoffen durften. Dank dieser Erfahrung begab sich Mustafa Kemal auf eine dreimonatige Reise durchs Land, um sich über die Stimmungen der Bevölkerung ein Bild zu machen und für die kemalistische Sache zu werben. Es schien aber das Sicherste zu sein, die Türkei offiziell zum Einparteistaat zu erklären. Das geschah auf dem Parteikongress 1931.

Drittens: Die Wahrnehmung von Unzufriedenheit erlebte im Dezember 1930 eine katastrophale Bestätigung. In dem nordwestlich von Izmir gelegenen Städtchen Menemen kam es zu einem blutigen Zwischenfall. Ein selbsternannter islamischer Messias (*mahdi*), in Wahrheit ein Derwisch-Scheich, war mit einigen Anhängern in Menemen aufgetaucht und predigte der Bevölkerung, sich erlösen zu lassen. Etwa 1500 Menschen sollen seinen Worten gelauscht haben. Der laizistische Staat sah sich zum Einschreiten veranlasst. Bei dem Handgemenge zwischen Sicherheitskräften und „Aufständischen" tötete der *mahdi* einen jungen Unteroffizier, zugleich einer der Volksschullehrer des Ortes, indem er ihm in der Menge den Kopf abschnitt. Im anschließenden Feuergefecht verloren weitere Menschen ihr Leben. Dieses Ereignis schockierte die Regierung und weckte sie aus ihren schönsten Reformträumen. Der skandalöse Vorfall hatte sich nicht im „rückständigen" Ostanatolien unter den bekanntermaßen rebellischen Kurden ereignet, sondern im „fortschrittlichen" Westanatolien. Die Regierung interpretierte ihn als eine allgemeine Verschwörung, weil Auftritte des *mahdi* auch in anderen westanatolischen Städten geplant waren. Wieder einmal ergab sich eine Verbindung zum *Nakşibendi*-Orden, der maßgeblich in den Scheich Said-Aufstand kurdischer Stämme 1925 und auch in den kurdischen Aufstand im Gebiet Bitlis im März 1930 involviert war. Der *mahdi* von Menemen war ein Scheich dieses Ordens; ein Deputierter der Nationalversammlung gehörte zu seinen Anhängern. Besonders aber irritierte die Regierung, namentlich Ministerpräsident İsmet (İnönü), die „Indifferenz" des anwesenden Volkes, womit eigentlich nur die Sympathie für den *mahdi* umschrieben wurde. Anstatt die Republik, den Laizismus und das Mordopfer als Vertreter der Staatsmacht zu verteidigen, tat es entweder nichts oder stellte sich auf die Seite der „Aufständischen". Die Rädelsführer des Auflaufs wurden zum Tode verurteilt und hingerichtet.[91]

Es ist sehr schwierig, eine Kausalbeziehung zwischen den einzelnen Punkten herzustellen. Sie fügten sich zu einer kumulierenden Krisenwahrnehmung zusammen. Deswegen kann der folgende Aspekt auch ohne weiteres mit dem ersten verbunden werden. Viertens: Im Jahr 1930 endete für die Türkei die ausländische Schuldenverwaltung, die sie vom Osmanenreich geerbt hatte. Um von den bedrückenden Zahlungen loszukommen, hatte das Land seine Ressourcen fast erschöpft, was die Wirkungen der Weltwirtschaftskrise zusätzlich verstärkte. Der Lohn war die finanzielle Unabhängigkeit vom Ausland, zugleich aber auch das Misstrauen ausländischer Investoren in die Wirtschaftskraft und Autarkie-Politik der Regierung. Diese hatte schon in den zwanziger Jahren Beweise ihres antiimperialistischen Wirtschaftskurses geliefert, als sie ausländisches Kapital aus Unternehmen, die in der Türkei tätig waren, durch Abkauf von Konzessionen hinausdrängte; und sie hatte die Türkisierung der Wirtschaft vorangetrieben, indem sie Christen das Leben als Unternehmer erschwerte und versuchte, Betriebe an Muslime zu überführen. In anderen Fällen setzte die Regierung auf Druck, um ausländische Firmen zur Einstellung von (unqualifizierten) Türken anstatt (qualifizierter) Ausländer zu drängen.[92] Unabhängigkeit hieß in diesem Fall aber auch Kapitalarmut. In dem Ensemble von Weltwirtschaftskrise, Etatismus, Autarkie und Türkisierung der Wirtschaft nahmen, fünftens, die Tendenzen eines ethnisch definierten türkischen Nationalismus zu. Er äußerte sich nicht allein in den „Bürger, sprich Türkisch!"-Kampagnen, sondern auch im Assimilationsdruck für Nichtmuslime und Nichttürken sowie in gelegentlichen Ausschreitungen gegen diese.[93]

Sechstens: Die Kemalisten antworteten auf die offenkundige Zurückhaltung der Bevölkerung zusätzlich mit einem Erziehungsprogramm. Die schon aus osmanischer Zeit bestehenden türkischen Kulturvereine *Türk ocağı* (türkischer Herd) erfüllten ihre Funktionen nicht länger. Die Regierung schaffte sie kurzerhand 1931 ab und ersetzte sie ein Jahr später durch die streng kemalistischen und nationalistischen *halk evleri* (Volkshäuser) in den Städten und *halk odaları* (Volkszimmer) in den Dörfern, in denen Bildungsarbeit im Sinne der kemalistischen Kulturrevolution geleistet werden sollte.[94] Zugleich entpuppten sich die Volkshäuser als Keimzellen eines militanten, von der jungen Generation getragenen türkischen Nationalismus.

Siebtens: Wenn sich die Kemalisten mehr und mehr fragten, was eigentlich ihr Weg sei und was Kemalismus bedeute, so standen diese Fragen in unmittelbarem Zusammenhang mit der Krise des kemalistischen Regimes, von der hier die Rede ist. Es war kein Zufall, dass der Vortrag des engen Weggefährten Mustafa Kemals, Şevket Süreyya (Aydemir), über die „Ideologie der Revolution", gehalten im Januar 1931, unter Intellektuellen und in Regierungskreisen große Resonanz hervorrief.[95] Die von ihm maßgeblich geprägte Zeitschrift *Kadro* (1932–1934) sah ihre Aufgabe darin, nach dem Weg zu fahnden, den die Revolution in der Türkei nehmen sollte, und im gleichen Jahr schrieb er, die Prinzipien der Revolution seien noch nicht geklärt, der Zeitpunkt dafür sei nun gekommen.[96] Ganz besonders aber gab sich die CHP ein ideologisches Programm, das sie bisher nicht aufgestellt hatte. Nun erst wurden jene „sechs Pfeile" bzw. Grundprinzipien (Nationalismus, Republikanismus, Laizismus, Volksverbundenheit, Etatismus und Reformismus) erfunden, die fortan die Regierungspartei charakterisieren sollten und die das ABC des Kemalismus darstellten. 1937 wurden sie in die Verfassung aufgenommen. Damit erhielt das kemalistische Reformprogramm den Charakter verfassungsrechtlich-normativer Anordnungen.[97] Das 1937 publizierte Buch von Tekin Alp unter dem Titel „Kemalismus" zeugte ebenfalls von einer ideologischen Selbstvergewisserung und historischen Selbstverortung des Regimes. Damit vollzog sich ein ideologischer Konsolidierungsprozess, der nur äußerlich mit der Zehnjahresfeier der Republikgründung zusammenhing, vielmehr aber Ausdruck der tiefen Verunsicherung der kemalistischen Kreise über die Akzeptanz und Durchsetzungsfähigkeit ihrer Politik darstellte. Wenn die Kemalisten damit auf verschiedenen Feldern das Heft neu in die Hand zu nehmen gedachten, indem sie politische mit erzieherischen und ökonomische mit kulturellen Maßnahmen verbanden, so erhofften sie sich damit neue Dynamik im revolutionären Voranschreiten. Dazu stand die „Vereinheitlichung der Kräfte" auf der Tagesordnung,[98] wozu die zunehmende Inszenierung der Atatürk-Verehrung unbedingt beitragen sollte. Als nach Atatürks Tod 1938 İsmet İnönü in seine Fußstapfen trat, da begann um den neuen Staatspräsidenten ein kleiner Kult, der sich im Begriff des *milli şef* (nationaler Führer) niederschlug und dessen Funktion darin bestand, die Einheit der Nation zu repräsentieren. (Um keine Konkurrenz zu Atatürk aufkommen zu lassen, erhielt letzterer nach seinem Tod den Titel *ebedi şef*, ewiger Führer.)[99] Ebenso sehr wie die Kemalisten auf Überzeugung durch Erziehung setzten, wussten sie aber auch die Machtmittel des Staates für ihre Sache zu nutzen. Bereits

1927 führten sie die Institution des Generalinspektorats (*umûmî müfettişlik*) zunächst für die Region ein, die aus Tradition unterverwaltet war, sich der Kontrolle durch Ankara weitgehend entzog, wo lokale Clans, Stammesführer und Notabeln mächtiger waren als die Regierung und die notorisch unruhig war: Kurdistan. Diese Maßnahme fiel unter das 1925–1929 geltende Ausnahmerecht; sie diente der unmittelbaren Kontrolle durch die Regierung. İbrahim Tali (Öngören), der den Posten als erster besetzte, machte sich von Anfang an als Hardliner einen Namen. 1934 setzte die Regierung dann weitere Generalinspekteure ein, um Grenzgebiete und unsichere Regionen besser kontrollieren zu können.[100] In dem Zusammenhang dieser Verschärfung der Repression bei gleichzeitigem Ausbau des zentralverwaltenden Staates ist das sicherlich dunkelste Kapitel des Kemalismus zu sehen, die Niederschlagung des Aufstands und der Massenmord in Dersim 1937/38.[101]

In diese Reihe passt die Annäherung der Türkei an das faschistische Italien auf dem Gebiet des Strafrechts. In das demokratische und liberale Strafrecht von 1926 wurden mit wenigen Jahren Verspätung die Änderungen aufgenommen, welche die Faschisten 1930 in das italienische Strafrecht eingeführt hatten. In der jüngeren rechtswissenschaftlichen Literatur ist in dieser Hinsicht eine eigenartige Geschichtslosigkeit zu bemerken: Diese Novellen von 1933, 1936 und 1940 werden aus unerklärlichen Gründen gern übersehen oder ohne Hinweis auf den faschistischen Unrechtsstaat nur beiläufig erwähnt.[102] Dieselbe Ausblendung findet sich gelegentlich sogar hinsichtlich des faschistischen Strafrechts. Die Strafrechtsnovelle der faschistischen Zeit (*Codice Rocco*) charakterisierte ein deutscher Rechtsprofessor noch im Jahre 2009 als „einerseits vom autoritären Gedankengut des Faschismus durchtränkt", andererseits habe sie „liberale Traditionen" bewahrt, besonders den *nulla-poena*-Grundsatz und das Analogieverbot.[103] Diese Einschätzung wird von italienischen Rechtshistorikern nicht geteilt. Das Neue betraf vor allem die Einführung der Todesstrafe, die 1889 abgeschafft und 1926 anlässlich des Staatsschutzgesetzes wieder eingeführt worden war, und den Teil über das politische Strafrecht, der seinen repressiven und einschüchternden Charakter verdeutlichte. Der faschistische Justizminister Alfredo Rocco war der rechtswissenschaftliche *spiritus rector* des Wandels hin zum faschistischen *stato totalitario*.[104]

Das faschistisch modifizierte Strafrecht war nicht der erste Fall einer rechtlichen Orientierung der Kemalisten am faschistischen Italien. Anlässlich der Ereignisse in Menemen diskutierte die türkische Regierung die Ausarbeitung des Ausnahmerechts und interessierte sich besonders für die italienischen Verhältnisse. In diesem Fall nahmen die Kemalisten auch auf Rat Mustafa Kemals Abstand vom Notstand.[105] Wenige Jahre später jedoch akzeptierten sie die faschistischen Zusätze. 1936 änderte die Nationalversammlung 146 Artikel des Strafgesetzbuches, die sich vorwiegend auf Delikte gegen den Staat bezogen. Die Todesstrafe konnte bis dahin für 15 verschiedene Straftaten ausgesprochen werden, nun wurde sie im Bereich des Staatsschutzes um weitere sieben Straftatbestände erweitert.

Die Übernahme des italienischen Strafrechts stellte eine Brücke zwischen der kemalistischen Türkei und dem faschistischen Italien dar, wie sie klarer sonst nicht zum Ausdruck kam. Es muss einer späteren Untersuchung überlassen bleiben, ob die Elemente, welche das faschistische Strafrecht kennzeichneten – die Überhöhung der Nation, die Unterdrückung der Opposition, die Dominanz des Mannes über der Frau, die faschistische Idee der Familie, die Überhöhung des Staates vor den Rechten des Individuums, die korporatistische Wirtschaftsordnung und die Reinhaltung der Rasse[106] – Anknüpfungspunkte für die Kemalisten darstellten. Über diese unmittelbare Beziehung hinaus lassen sich weitere strukturelle Parallelen aufzeigen, die sich in den 1930er Jahren in Italien wie in der Türkei ergaben und die sich unter den Zusammenhang von Regimephase und Dynamik der Repression zusammenfassen lassen. Von abgeschwächter Entwicklungsdynamik in der Türkei konnte nicht die Rede sein. Nicht zu übersehen ist jedoch ein gravierender Unterschied zwischen der kemalistischen Türkei und dem faschistischen Italien. Während in Italien vom *consenso* gesprochen werden konnte, der große Teile der Bevölkerung mit dem Regime und seinem ausschließlichen Repräsentanten, dem *Duce*, verband, so war Konsens in der Türkei nur in sehr eingeschränkter Weise zu bemerken. Selbstverständlich hat auch der Kemalismus Anhänger angezogen und sie durch sozialen Aufstieg an das Regime gebunden, aber ein Jahrzehnt des Konsenses ist in den dreißiger Jahren in der Türkei nicht zu erkennen.

Für das faschistische Regime war der Staatstreich vom 3. Januar 1925 nächst dem mythologisch aufgedonnerten „Marsch auf Rom" das wichtigste Ereignis im Zusammenhang der Regimebildung. Aber auch in diesem Falle kamen wesentliche Änderungen, die den Zugriff des Staates auf die Bevölkerung erlaubten, erst später hinzu. Nicht zu unterschätzen ist die 1929 erfolgte Säuberung des PNF und der Staatsverwaltung, die nach einer Übergangszeit dazu führte, dass die Provinzialverwaltung Mitte der dreißiger Jahre fast ausnahmslos faschistisch besetzt war. Was für die Präfekten galt, galt auch für die Bürgermeister.[107] Darüber hinaus baute Mussolini systematisch die Möglichkeiten der Propaganda aus. Neue Institutionen, besonders für die neuen Medien Radio und Kino, steuerten die Inszenierung des Regimes, die in den 1930er Jahren immer ausufernderе Formen annahm und die Trennung von Schein und Sein häufig nicht mehr deutlich erkennbar machte. Das 1935 eingerichtete Ministerium für Volkskultur diente gleichen Zielen. Einige Elemente des Faschismus sind aber von solcher Bedeutung, dass sie in den folgenden Kapiteln näher untersucht zu werden verdienen: Vor allem setzte der Führerkult um Mussolini allem die Krone auf. Der faschistische korporative Staat wurde zumindest institutionell aus der Taufe gehoben.[108] Die Geheimpolizei OVRA und das Sondertribunal (*tribunale speciale*) trugen dazu bei, die Kontrolle der Bevölkerung zu verstärken. Ganz besonders aber verband sich die Regimeausprägung mit Rassismus und Gewalt.

Die Sowjetunion in diesem Zusammenhang zu nennen, erübrigt sich fast, denn der Zusammenhang zwischen dem strukturbildenden Stalinismus und der äußerst blutigen Repression ist bekannt und muss hier nicht erneut dargelegt werden. Es reicht, die Kernelemente zu benennen, um an sie zu erinnern, nicht um neue Zusammenhänge darzulegen. Stalin konnte auf bereits ausgebildete Staatsinstitutionen bauen, zu denen auch die Gewaltinstitutionen gehörten. Neu waren die Elemente der Sowjetunion, die sich bisher nicht als für den Sozialismus grundlegend durchgesetzt hatten: die sozialistischen Eigentumsverhältnisse in der kollektivierten Landwirtschaft und die planwirtschaftlich gesteuerte Industrie samt ihrer Verwaltungsinstitutionen.[109] Geheimpolizei, Zwangsarbeit und Lager hatte es vorher schon gegeben, nun aber stiegen beide zu Systemmerkmalen im Zusammenhang der wirtschaftlichen Beschleunigungsprozesse im Rahmen der Industrialisierung auf. Den Vorgängen der wirtschaftlichen Dynamik, der Massenmobilisierung, der ideologischen Umorientierung, der Herausbildung stalinistischer Werte, der zunehmenden Anhängerschaft an den Stalinismus und dem sich ausbreitenden Enthusiasmus für die noch nie dagewesenen Errungenschaften des Regimes entsprach die Dynamik der Gewalt und ihrer Apparate. Mit den Kampagnen für den wirtschaftlichen Durchbruch in der Landwirtschaft ging der Massenmord an den Kulaken einher; der Übergang zur Planwirtschaft verfolgte zuerst die „bürgerlichen Spezialisten" im Šachty-Prozess 1928, machte aber vor der Vernichtung von Betriebsmanagern und Wirtschaftsfachleuten nicht Halt; die Einführung der – nach 1918 und 1924 – dritten Verfassung 1936 kostete nicht nur viele Mitglieder der Verfassungskommission das Leben, sondern führte zu neuen Repressionen. Die Wellen der Gewalt lassen sich nicht in wenigen Zeilen zusammenfassen, die Hintergründe ebenfalls nicht.

Der Eindruck, der Terror der dreißiger Jahre solle hier auf einen Zusammenhang verkürzt werden, wäre falsch. Dass die Massenvernichtung durch die Stalinisten aus vielerlei Blickwinkeln zu beschreiben und zu erklären ist, hat die Forschung genügend bewiesen. Hier ging es um die Parallelität der zunehmenden, aber graduell sehr unterschiedlichen Gewalt in allen drei Regimen, die – da in keinerlei kausalen Zusammenhängen stehend – in ihrer zeitlichen Zufälligkeit auf das zugrunde liegende Problem von Regimeausbildung und Gewaltdynamik verweist. Die Stalinisten sind jedoch kaum mit den Begriffen zu fassen, die für Italien und die Türkei verwendet wurden. In ihrer Vernichtungsdynamik schossen sie über das bis dahin Bekannte und in formalen Friedenszeiten Erlebte unendlich weit hinaus. Für die von ihrer Hand verübten und zugelassenen Massenvernichtungen gibt es bisher keinen Begriff. Wenn woanders von Genozid gesprochen wird, dann wird die ungeheuerliche Massenvernichtung von Menschen durch die Stalinisten durch alle Klassen und alle Nationalitäten der Sowjetunion hindurch – wiewohl mit bestimmten herausragenden Gruppen – damit nicht angemessen erfasst. Für diese Vernichtung gibt es bisher keinen Namen; sie wurde rechtlich nicht aufgearbeitet. Ihre Verbindung zum beschleunigten Aufbau des Sozialismus ist unübersehbar.

Korporatismus und Etatismus

Die in diesem Kapitel bisher skizzierten Vorgänge reichen nicht aus, dem Kemalismus das Etikett „Faschismus" anzuhängen. Die Parallelität der Ereignisse und Vorgänge macht aus zwei Geschehensabfolgen noch keine zusammengehörige Angelegenheit. Aber die Voraussetzungen für weitere Annäherungen des Kemalismus an den Faschismus waren gegeben, die in den dreißiger Jahren ins Leben traten. Was sich in diesem Jahrzehnt in der Türkei entwickelte, versöhnte den Faschisten Manoilescu mit diesem Land. Nach seinen schon zitierten kritischen Bemerkungen über die türkischen Verhältnisse sah er in den Entwicklungen der 1930er Jahre die Nähe zum Faschismus wachsen: „Gäbe es in der Türkei keine gesetzliche Neuerung – offizielle Anerkennung der Volkspartei durch Übertragung der Präsidentenwürde auf ihren

Vorsitzenden – und keine tatsächliche Neuerung – Zusicherung der politischen Ausschließlichkeit der Volkspartei –, so könnte man glauben, in einem liberalistischen Staat vom Typ des 19. Jahrhunderts zu leben." Dieses Stadium schien ihm glücklicherweise beendet, dank des politischen Instinkts des „türkischen Staatsbaumeisters", der die „neuen und unwiderstehlichen Grundsätze des 20. Jahrhunderts zur Anwendung gebracht" habe.[110] Als Manoilescu seine Zeilen niederschrieb, konnte er wohl nicht mehr berücksichtigen, was ihm ebenfalls faschistische Genugtuung bereitet hätte: 1936 erfolgte die Vereinheitlichung von Staat und Partei, verkündet vom Generalsekretär der CHP Recep Peker.[111] In der Praxis bedeutete das die Personalunion von Staats- und Parteiämtern. Die konfliktlose Gesellschaft galt damit als erreicht, die Nation wurde vom kemalistischen Staat vertreten. Der Primat von Staat und Partei galt nun unangefochten.[112] Peker aber verlor nicht zuletzt wegen seiner Faschismusnähe 1936 seinen Posten. Es hat den Anschein, als würden die Kemalisten dem Faschismusverdacht, den sie im einen Augenblick erweckten, im nächsten widersprechen.

Welche „neuen und unwiderstehlichen Grundsätze des 20. Jahrhunderts" im türkischen Fall gemeint sein könnten, haben vor wenigen Jahren Taha Parla und Andrew Davison in einem gemeinsamen Buch zu klären versucht, das sich gegen die wichtigsten Interpretationen des Kemalismus richtete, die bis dahin zu finden waren: gegen die offizielle kemalistische Geschichtsversion, die in der unaufhörlichen Wiederholung der sechs „Pfeile", der ideologischen Grundprinzipien, die Geschichte und Vorstellungswelten des Regimes erschöpft sah; gegen die Interpretationen des Kemalismus als Modernisierungsdiktatur bzw. modernisierenden und verwestlichenden Vormundschaftsstaat, d. h. als ein modernes, säkulares und rational agierendes Regime; gegen die These von der fehlenden Ideologie des Kemalismus. Beide Autoren greifen besonders die sechs „Pfeile" an, die – seit 1931 Teil des Parteiprogramms – 1937 Eingang in die Verfassung fanden.[113] Der Kemalismus besaß seitdem nicht nur eine überragende Persönlichkeit, die ihm ein Gesicht verlieh, sondern auch ein ideologisches Profil. Die Prinzipien *cumhuriyetçilik* (Republikanismus), *milliyetçilik* (Nationalismus), *halkçılık* (Volkstümlichkeit), *laiklik* (Laizismus), *devrimcilik* (Reformismus) und *devletçilik* (Etatismus) musste seitdem jedes Kind herunterbeten können.[114] Parla und Davison aber erklären diese Prinzipien für nicht ausschlaggebend. Gegen die genannten Deutungen stellen die beiden die These, dass der Kemalismus von Anfang an einer korporatistischen Ideologie angehangen habe. In die Türkei kam diese

Idee mit Hilfe Ziya Gökalps, der den solidaristischen Korporatismus seines soziologischen Lehrers Emile Durkheim vermittelt habe.[115]

Die These von der korporatistischen Ideologie des Kemalismus wirft unweigerlich die Frage nach der Verwandtschaft zum italienischen Faschismus auf, der von der Idee des korporativen Staates schwärmte und einiges unternahm, um ihn ins Leben zu rufen. Von vornherein schließen Parla und Davison eine solche Beziehung aus. Das gelingt ihnen, indem sie zwischen dem solidaristischen und dem faschistischen Korporatismus unterscheiden. In der Beschreibung der Wechselbeziehungen zwischen Individuum, Gesellschaft und Staat liege die wichtigste Differenz. Während der faschistische Korporatismus Individuum und Gesellschaft zum Nutzen des Staates vereinnahme, sei der solidaristische Korporatismus dadurch gekennzeichnet, dass die Korporationen als Puffer zwischen Staat und Gesellschaft gestellt seien, um das Individuum vor Übermächtigung zu schützen. Der Kemalismus gehöre nicht zum faschistischen Typus.

Das Buch hat den großen Vorzug, dass es den herausragenden Stellenwert der offiziellen kemalistischen Ideologie zerstört, aber es leidet erstens unter einer verkürzten theoretischen Fundierung der korporatistischen Ideen, die nicht allein auf Durkheim zurückzuführen sind, sondern auch auf eine verzweigte Debatte in der Geschichte der deutschen politischen Romantik,[116] zweitens unter der Beschränkung auf die Ideologie, mit der der Kemalismus nicht angemessen beschrieben werden kann, und drittens unter der Vernachlässigung des Zusammenhangs von kapitalistischer Wirtschaft und korporativ verfasster Gesellschaft. Was die naheliegenden Vergleichsaspekte angeht, so bemühen sich die beiden Autoren nicht um eine Klärung dessen, was sie unter Faschismus verstehen oder was Faschismus oder faschistischer Korporatismus *historisch* waren. Ohne ein solches Verständnis lassen sich keine Aussagen über Differenzen treffen. Parlas und Davisons Darstellung bleibt undeutlich gerade in jenen Passagen, wo der präzise Abgleich mit dem Faschismus geboten wäre. So sagen sie, der Kemalismus sei gekennzeichnet von „rightist tendencies", „there are dosages here and there of partly fascistic and partly totalitarian tendencies", aber diese „do not dominate Kemalism", wohingegen Atatürk in seinen Äußerungen zur Ideologie den Solidarismus „slightly (…) into fascism" verschoben habe und bei anderer Gelegenheit eine „fascist corporatist tendency" zu beobachten sei.[117] Warum aber hat der Kemalismus 1936 ein Arbeitsgesetz erlassen, von dem Parla und Davison ungeprüft behaupten: „copied directly from the Italian fascistic corporatist labor law"?[118] Das italienische Gesetz von 1926 bildete das Fundament des faschistischen Korporatismus, das die Kemalisten auf diese Weise vollständig übertragen hätten.

Es bedarf also einer sorgfältigen Untersuchung jenes Bereiches, in dem sich Kemalismus und Faschismus am stärksten zu berühren scheinen und eine gemeinsame Antwort auf die Probleme suchten, wie die sozial zerrissene Gesellschaft geeint, die durch Krieg und Bürgerkrieg zurückgeworfene Wirtschaft gefördert und dynamisiert, der krisenhafte Parlamentarismus überwunden und der Staat als zentrale Steuerungsagentur eingerichtet werden könnten. Sogar der durch und durch prokemalistisch eingestellte amerikanische Soziologe Webster, ein Augenzeuge des Etatismus in der Türkei, sah sich veranlasst, den unschicklichen Vergleich mit Mussolinis Italien an einer einzigen Stelle zuzulassen. Der Verweis auf das soeben genannte Arbeitsgesetz von 1936 stelle die Türkei in die Nähe des Totalitarismus.[119]

Die Trennung in faschistischen und nichtfaschistischen Korporatismus ist in der Tat nicht ganz einfach. Sie fiel schon dem hier als Theoretiker der Einparteiherrschaft bekannten Mihail Manoilescu schwer, der 1934 glaubte, „das Jahrhundert des Korporatismus" ausrufen zu können.[120] In seiner allgemeinen Theorie des Korporatismus legte er Wert auf die Aussage, der Faschismus sei damit nicht identisch,[121] andererseits waren die Faschisten die einzigen, die ein korporatives System zu errichten begannen, was kein Korporatismus-Theoretiker übersehen durfte. Manoilescus gedankliche Voraussetzungen trafen zunächst für die Türkei zu. Ihm kam es darauf an, den Weg einer nationalen, einheitlichen Gesellschaft zwischen Liberalismus, Kapitalismus und Sozialismus zu beschreiben. In dem Buch wird aber auch deutlich, dass der Korporatismus in der Gedankenwelt der dreißiger Jahre mehr war als die solidaristische Idee in der Gesellschaft; er bedeutete die Organisation der sozialen Beziehungen, ihre Institutionalisierung und den vollständigen Umbau des liberal-demokratischen Staates in einen korporativen Repräsentationsstaat. Dazu war eine „Versäulung" der Gesellschaft in Form von berufsständischen Institutionen auf allen Gebieten notwendig, auch der nicht ökonomischen. Der nichtfaschistische Korporatismus, so ist diesem Buch zu entnehmen, wollte einen ganz anderen Staat als die Kemalisten, sonst wäre er kein Korporatismus.

Vor diesem Hintergrund bedarf der Korporatismus im italienischen Faschismus und im Kemalismus sehr wohl der differenzierenden Erläuterungen, und die begriffliche Trennung in faschistisch und solidaristisch reicht nicht aus. Im türkischen Fall ist dies ohne den Verweis auf einen anderen Begriff nicht möglich. „Etatismus" (*devletçilik*) entspricht dem Sprachgebrauch der Kemalisten, die – von Parla und Davison übersehen – „Korporatismus" nie zur Kennzeichnung ihres Regimes oder auch nur der gesellschaftspolitischen Zielvorstellungen verwendeten. Etatismus ist der Begriff, der den Bereich der Organisation von Wirtschaft, Gesellschaft und Staat in der Türkei umfasst und damit jene Gebiete beschreibt, die der Korporatismus in Italien wie überhaupt jeder Korporatismus zu regeln suchte.[122] Auf diesem Gebiet umfasste er Probleme der wirtschaftlichen Entwicklungsstrategie, der Abhängigkeit von Kapital, des Status der Türkei als Halbkolonie und der Akteure der wirtschaftlichen Entwicklung.

Daneben aber hatte er eine gesellschaftspolitische Dimension, um die es im Folgenden geht. Der Etatismus bildete einen der „Pfeile", d. h. eines der offiziellen Grundprinzipien der CHP und des kemalistischen Staates. Sein Anteil an der kemalistischen Ideologie war beträchtlich, was sowohl das zeitgenössische als auch das forschende Interesse beweist. Über seinen ideologischen Anteil hinaus hat er historische Wirkung entfaltet. Zugleich aber führt der Begriff zu neuen Komplikationen.

Zunächst muss der Etatismus keineswegs zwingend als Teil der politisch „rechten", korporatistischen Ideologie interpretiert werden. Tekin Alp nannte ihn einen „Staatsozialismus".[123] Er hat Trockij nicht gelesen, der ein klares Urteil über den Etatismus fällte, den er als „reaktionär" brandmarkte.[124] Auch türkische Stimmen sprachen ihm jede Verwandtschaft zum Sozialismus ab.[125] Heutige Ökonomen halten ihn zwar nicht für sozialistisch, aber für den Vorläufer des „arabischen" Typus des Sozialismus.[126] Woher kommt die Unsicherheit des Urteils, wenn nicht gar Verwirrung? Wenn einige aus dem Westen den Kemalismus nicht als zu ihnen gehörig betrachteten und ihn lieber zur sozialistischen Familie zählten, so ist interessant zu erfahren, was die sowjetische Türkeiforschung, die bekanntlich mit dem Sozialismus bestens vertraut war, von dieser Verwandtschaft hielt. Nichts, lautet die Antwort, denn niemand fand dort Anlass, die Kemalisten als Vettern zu betrachten. Diese Familienzugehörigkeit blieb eine Erfindung des Westens. In der UdSSR ist hingegen das Postulat einer Nähe von Kemalismus und Faschismus nur in einem einzigen, in Kapitel 1 schon referierten Aufsatz aus dem Jahre 1929 zu finden.[127] Die poststalinistische und postsozialistische Türkeiforschung hat diesen Faden nicht aufgegriffen. Aber auch ohne die Bezüge zu Italien hat der sowjetische Ökonom Nikolaj G. Kireev die grundlegende Studie zum türkischen Etatismus vorgelegt, auf die im Folgenden zurückzukommen ist.[128] Diejenigen wiederum, die den

Etatismus ins Werk setzten, legten großen Wert auf die Feststellung, dass er ein „dritter Weg“ zwischen Kapitalismus und Sozialismus sei und die Zuschreibung als faschistisch oder sozialistisch nicht den Kern der Sache treffe. Sie konnten sich auf Mustafa Kemal berufen, der Ende 1921 – vom Faschismus war in der Türkei noch nicht die Rede – davon gesprochen hatte, die Regierung sei weder eine demokratische noch eine sozialistische, sondern eine, die man nicht in den Lehrbüchern finde.[129] Maurice Duverger hat in seiner Studie über die Parteien später ergänzt, sie sei auch nicht faschistisch.[130]

In diesen unterschiedlichen Deutungen findet sich bis heute der Nachklang der Alternative Kapitalismus oder Sozialismus. Darin enthalten sind die großen Probleme, die sich seinerzeit mit der Entscheidung für oder wider das eine oder andere Systems stellten. Es hat keinen Sinn, an dieser Stelle erneut eine Diskussion darüber zu führen, ob die Interpretation des kemalistischen Etatismus als Sozialismus richtig ist. Sie ist es nicht, weil sie den realen Verhältnissen und allen Absichten der Akteure widerspricht. Das Thema kann man ein für allemal beiseitelegen.

Das Problem besteht vielmehr in der Verbindung der von Parla und Davison behaupteten korporatistischen Ideologie mit dem Etatismus. Erst wenn diese Frage geklärt ist, kann der Vergleich mit dem Korporatismus des Faschismus erfolgen.

Parlas und Davisons Verdienst besteht darin, dass sie die bereits durchlöcherte, aber in türkischen Historiker- und Politologenkreisen immer noch bestehende Diskurshegemonie des offiziellen Kemalismus-Verständnisses beiseite geräumt und mit Hilfe der Kontinuität der korporativen Ideologie die Zäsur zu Beginn der dreißiger Jahre, an deren Anfang die sechs „Pfeile“ formuliert wurden, relativiert haben. Hinsichtlich des Kontinuitätspostulats befinden sie sich in unmittelbarer Nähe zu Kireev, der den roten Faden der frühen türkischen Republik ebenfalls im Etatismus findet. Der Unterschied besteht in der Perspektive: Parla und Davison konzentrieren sich auf die Beschreibung der Ideologie und der gesellschaftspolitischen Vorstellungen der kemalistischen Elite; Kireev sieht den Etatismus als eine Funktion sozio-ökonomischer Konstellationen und fragt, woher die Vorstellungen kommen; Parla und Davison arbeiten mit einer Fülle von Zitaten, Kireev hält sich an das Handeln der Kemalisten; Parla und Davison betrachten die korporatistische Ideologie des Kemalismus als konservativ und politisch „rechts“, Kireev sieht den Etatismus als eine sozioökonomische Entwicklungsstrategie des Kemalismus, die eine eigentümliche, in der „linken" Theorie nicht vorgesehene Form des Staatskapitalismus hervorgebracht habe.

So unterschiedlich die Lesarten, so lassen sie sich doch vereinen. Man kommt dann zu folgender Definition, die das historische Werden ebenso umschließt wie die spätere ideologische Ausformulierung: Der Etatismus in der Türkei war eine auf dem Kapitalismus beruhende wirtschaftliche Entwicklungsstrategie für das rückständige und von Kriegen geschundene Land, welche die von ihr selbst hervorgerufenen Folgen der sozialen Differenzierung und Interessenkonflikte antizipierte, sie mit dem Konzept einer einheitlichen nationalen Gesellschaft zu vermeiden suchte und die Macht der Elite garantierte. Über Einzelelemente dieser Beschreibung berichteten im Grunde alle, die sich mit dem Etatismus beschäftigten, aber eben nicht als Zusammenhang. Erst vor diesem Hintergrund kann ein Vergleich mit dem faschistischen Korporatismus erfolgen, den es aber ebenfalls *historisch* zu beschreiben gilt.

Es wird, einen früheren Faden aufgreifend, immer wieder behauptet, die Kemalisten hätten durch Herkunft und Ausbildung kaum Zugang zu Fragen der Wirtschaft gehabt. Das ist in formaler Hinsicht richtig, sofern sich die Aussage auf die ehemaligen Beamten und Militärs unter ihnen bezieht, wohl auch auf die Vertreter der Geistlichkeit und einige Stammesführer, die in der Anfangszeit in der Nationalversammlung saßen; für die Kaufleute und Gewerbetreibenden unter den Kemalisten trifft sie schon weniger zu. Diese Sichtweise ist allerdings nur richtig, wenn sie sich auf systematisch erworbenes ökonomisches Wissen bezieht. Aber die Umstände zwangen die Mitglieder der Elite *nolens volens* zu volkswirtschaftlichen Überlegungen. Die wirtschaftliche Abhängigkeit des Osmanenreiches von den Mächten, die katastrophalen Auswirkungen der Kapitulationen für die Binnenwirtschaft des Reiches, die Staatsverschuldung, die äußerst schwach ausgeprägte muslimische Bourgeoisie – alles Fragen, mit denen sich schon die Jungtürken zu beschäftigen hatten und die sie unbeantwortet an die Kemalisten vererbten. In Lausanne 1922/23 wurde ja nicht nur der Bevölkerungsaustausch verabredet, es ging in erster Linie um die wirtschaftliche Stellung der neuen Türkei vor dem Hintergrund der erdrückenden Staatsschulden. Es ist eine Legende, dass die Kemalisten von Wirtschaft nichts verstanden hätten. Die Lage ihres Landes – „rückständig, sogar sehr rückständig", wie Mustafa Kemal treffend bemerkte[131] – machte sie zu Ökonomen. Es verwundert nicht, dass der erste Wirtschaftskongress nur fünf Monate nach Beendigung des Krieges in Izmir stattfand. Symbolpolitik war den Kemalisten nicht fremd. Die abgebrannte Altstadt gab die passende Kulisse für den Gesamtzustand des Landes ab.

Die soeben genannten Faktoren, aber auch die soziale Zusammensetzung des Kongresses, der über grundlegende Wirtschaftsfragen beriet, ließen keine sozialrevolutionären Anwandlungen zu. Vertreter der Bauern und der Arbeiter fanden sich zwar unter den Delegierten, aber sie hatten keine Chance, ihre Anliegen durchzubringen. So wurden die Grundlagen des kemalistischen Wirtschaftens aus dem Geist der ehemaligen osmanischen Elite, der Großgrundbesitzer und der wenigen Unternehmer und Gewerbetreibenden heraus entwickelt. Eine Revolution der Eigentumsverhältnisse besonders auf dem Lande, zumindest eine Agrarreform, wie sie andere neu geschaffene Staaten nach 1918 vornahmen oder es doch zumindest versuchten, um volkswirtschaftlich erwünschte bäuerliche Überschusswirtschaften zu schaffen, durfte man von dieser Versammlung nicht erwarten. Die wirtschaftliche Lage des Landes und das Fehlen buchstäblich aller Voraussetzungen für eine gedeihliche wirtschaftliche Entwicklung zwangen die Kemalisten, die Rolle der Wirtschaftsarchitekten einzunehmen. Es mangelte an Kapital, Unternehmern, Know-how, Banken, Eisenbahnen, Straßen, Elementarbildung, ausgebildeten Arbeitskräften, erschlossenen Rohstoffen.[132] Wer sonst, wenn nicht der Staat, sollte sich um all diese Dinge kümmern? Die Lage des landwirtschaftlich rückständigen, für eine Industrialisierung vollkommen unfähigen Landes forderte die Rolle des Staates, die der aus Russland emigrierte Wirtschaftshistoriker Alexander Gerschenkron später modellartig – ohne Berücksichtigung der Türkei – unter dem Begriff der Substitutionstheorie zusammenfasste: Nur der Staat sei unter solchen Bedingungen in der Lage, die fehlenden Faktoren für die Wirtschaftsentwicklung zu ersetzen.[133] Mustafa Kemal sprach noch vor Ausrufung der Republik von der Etatisierung der Wirtschaft: „Eines der wichtigsten Ziele unserer Wirtschaftspolitik besteht in der Etatisierung der Wirtschaftseinrichtungen und Betriebe von unmittelbar öffentlicher Bedeutung, soweit dies unsere finanziellen und technischen Kräfte zulassen. Nur mit Hilfe dieses Systems wird es innerhalb kurzer Zeit möglich sein, unsere natürlichen Reichtümer zum Nutzen der Nation auszubeuten."[134] Auf diese Weise kamen Elemente der Tradition und wirtschaftliche Notwendigkeit zusammen, die den Etatismus des Osmanenreichs fortsetzten.[135]

Sozialrevolutionäre waren die Kemalisten von Hause aus nicht, aber dass sie die imperialistischen Mächte territorial und ökonomisch aus dem Land getrieben hatten, darf man als nationalrevolutionär bezeichnen. Allerdings blieb das erträumte Ziel einer national selbstbestimmten, von den knechtenden Außenwirtschaftsbeziehungen der Osmanenzeit weitgehend befreiten und von den Mächten nicht beargwöhnten Wirtschaft auch nach der Gründung der Republik zunächst unerreicht. Zwar waren einige wichtige Punkte geklärt, ganz besonders die Kapitulationen abgeschafft, aber von einer Volkswirtschaft ohne Eingriffe von außen war die Türkei 1923 weit entfernt. Ausländische Unternehmen wirtschafteten weiterhin im Land, die Zoll- und Steuerpolitik blieben teilweise fremdbestimmt und die vom Osmanenreich geerbten Schulden bedrückten den Staatshaushalt schwer.[136] Zugleich konnte diese Wirtschaft nicht einfach eine Kopie der kapitalistischen Volkswirtschaften des Westens sein, denn die türkische Wirtschaft war weit davon entfernt, auch nur annähernd einen Entwicklungsstand wie die meisten europäischen Länder erreicht zu haben; außerdem mussten die nationalrevolutionären Kemalisten zwangsläufig einen Antikapitalismus entwickeln, hatten doch Europas Paradekapitalisten die Türkei schamlos ausgebeutet und zur Halbkolonie degradiert. Ein kluger sowjetischer Beobachter schrieb 1928, der antiimperialistische Kampf in der Türkei habe den „spezifischen Charakter der ökonomischen Verteidigung" angenommen. Etatismus galt ihm als eine Form der wirtschaftlichen Selbstverteidigung.[137] Daher wird verständlich, dass Mahmud Esad (Bozkurt), 1923 Wirtschaftsminister, die Zukunft der türkischen Wirtschaft als „gemischte Wirtschaft" charakterisierte, die staatlich und privatwirtschaftlich verfasst sei.[138] Şevket Süreyya (Aydemir), einer der Autoren der Zeitschrift *Kadro*, formulierte den Zusammenhang zu Beginn der dreißiger Jahre folgendermaßen: Die türkische nationale Befreiungsbewegung weise alle Merkmale eines Aufstands gegen eine Ordnung auf, die der Kapitalismus im 19. Jahrhundert hervorgebracht habe; die Bewegung habe sich eine andere Ordnung zum Ziel gesetzt, in der Ausbeutung, Kolonialismus, Klassenabhängigkeit, nationale Abhängigkeit und wirtschaftliche Abhängigkeit ausgeschlossen seien.[139]

Der substituierende Staat war aber nicht anonym. Er ließ sich mit Hilfe der Zusammensetzung der Nationalversammlung und der Spitze der nationalen Bewegung ziemlich genau beschreiben. Das ist der Grund, warum Kireev unausgesprochen mit seinem emigrierten Landsmann Gerschenkron übereinstimmt, wenn er schreibt, der Etatismus sei von Anfang an eine wirtschaftliche Notwendigkeit gewesen, wenngleich Begriff und Konzept noch nicht vorgelegen hätten; aber als „Form des Handelns" sei er seit den ersten Tagen der kemalistischen Aktionen zu beobachten gewesen. Kireev geht aber einen Schritt weiter als Gerschenkron, indem er den sozialen Charakter dieses Staates als halbfeudal bezeichnet.[140] Die Elitenkontinuität aus osmanischer Zeit habe den schon bestehenden osmanischen Etatismus weitergetragen und im „Unabhängigkeitskrieg“ in den nationalen umgeformt. Seine Umwertung in die nationale Befreiung vom Wirtschaftsdiktat der imperialen Mächte habe den Etatismus zu einem Bestandteil der Ideologie der kemalistischen Bewegung gemacht. Die frühen Maßnahmen des kemalistischen Regimes – Kriegssteuern, Konfiskationen, Kontrolle der in ausländischer Hand befindlichen Anatolischen und Bagdad-Bahn, der ebenfalls ausländisch ausgebeuteten Kohlengruben von Zonguldak und Ereğli, die Staatsmonopole auf Salz, Zündhölzer, Tabak, Alkohol, Zucker, Kerosin u. a. – zeugen nicht nur von einer Fortsetzung der etatistischen Maßnahmen seit der Osmanenzeit, sondern von einer Ausweitung. 1927 bereits sprach ein sowjetischer Beobachter vom „reinen Etatismus“, den die Umstände hervorgerufen hätten, und verwendete damit den Begriff, den die Kemalisten erst 1931 zur Bezeichnung ihres Wirtschafts- und Gesellschaftssystems heranzogen.[141] Der schon zitierte Irandust schrieb 1928 bereits vom „Etatismus in der Türkei, der zur offiziellen Doktrin des Kemalismus wurde“.[142] Kireev folgerte: „Es fällt schwer sich vorzustellen, dieser neue Mechanismus mitsamt seinen Ausführenden könne sich in kurzer Zeit zu einem liberalen Modell weiterentwickeln.“[143] Es fällt ebenfalls schwer, sich Kireevs Argument zu entziehen, dass dieser nationale Etatismus politisch autoritär werden musste.[144]

Der Etatismus wurde zu keiner Zeit unterbrochen, bevor er seit Anfang der 1930er Jahre neuen Schwung erhielt und nun auch konzeptionell ausgearbeitet wurde. Die Weltwirtschaftskrise traf die agrarische Wirtschaft der Türkei hart und trug dazu bei, ihn zu erweitern, dem die Kemalisten nun umso mehr zutrauten, sich als Mittelding zwischen Staats- und Privatwirtschaft zu etablieren. Nicht zuletzt hatte das dreimonatige Intermezzo der Oppositionspartei 1930 mit einem etatismuskritischen, tendenziell wirtschaftsliberalen Programm den staatsinterventionistischen Impuls unter den Mehrheitskemalisten verstärkt. Die von Mustafa Kemals Gnaden gegründete *Serbest Cumhuriyet Fırkası* (Republikanische Freiheitspartei) stellte sich zwar auf den Boden von Republikanismus, Laizismus und Nationalismus, wollte jedoch freie Bahn für die Privatinitiative und lehnte die Staatsintervention in der Wirtschaft ab.[145] In der Auseinandersetzung mit den Oppositionellen hatte Regierungschef İsmet (İnönü) bereits davon gesprochen, dass wirtschaftsliberale Ideen schwerlich zu dem Land passen würden und dass „wir in der Wirtschaft wirklich maßvolle Etatisten sind". Er erklärte diese Tatsache historisch-psychologisch, da „überall in diesem Land jeder Hilfe beim Staat sucht; die Stadt, die nicht elektrifiziert ist, der Bezirk, dem es an einem Hafen fehlt, der einzelne Mensch, der keine Arbeit findet, alle wenden sich an die Regierung (...) Kann man dieses Land überhaupt verstehen, wenn man sich völlig vom Staat löst und jede beliebige Wohltat von den Eigentümern des Kapitals erwartet?"[146]

Nach den Vorstellungen des Regimes sollte das gar nicht erst eintreten. Deswegen ging mit dem ökonomischen Programm des Etatismus ein gesellschaftspolitisches einher, das anfangs allerdings noch eher verschwommen blieb. Aber es war sicher kein Zufall, dass Mustafa Kemal bereits im Sommer 1920 von der nationalen Unabhängigkeit sprach, die auch wirtschaftlich errungen werden müsse, und dabei mit Blick auf die Oktoberrevolution und die Verhältnisse in Russland meinte, der Bolschewismus richte seine Aufmerksamkeit auf die Klasse, die innerhalb der Nation unterdrückt werde, aber die türkische Nation sei zur Gänze unterdrückt. Es folgen jene Ausführungen, die man mit Parla und Davison vorerst als türkischen Korporatismus bezeichnen mag: „Ich spreche über all das, denn ich möchte offen, aufrichtig und fest unsere Ansichten darlegen. Um unser Land und unsere Nation zu befreien, müssen wir die Harmonie und Ordnung im Land bewahren. Unterschiedliche Bestrebungen, die von unterschiedlichen Köpfen ausgehen, können unterschiedliche Strömungen und Positionen hervorbringen. (...) Das Wichtigste für uns unter diesen Umständen ist es, die Einheit zu erhalten."[147] Es wäre verfehlt, diese Worte lediglich als Aufruf zur Geschlossenheit in Zeiten des Kampfes abzutun, denn darin spiegelt sich bereits in nuce die auch später immer wieder vorgetragene Vorstellung von der einheitlichen, konfliktlosen Nation.

Diese Vorstellung speiste sich noch aus einer anderen Quelle. Die Kemalisten übten zwar keine grundsätzliche Kapitalismuskritik, aber dort, wo der Kapitalismus in Form des Imperialismus die türkische Nation bedrohte, wurde er schroff zurückgewiesen. Die Nationalisten kämpften gegen den „Imperialismus, der unsere nationale Existenz zu zerstören sucht, und gegen den Kapitalismus, der uns verschlingen will."[148] Jedoch blieb es nicht bei der antiimperialistischen Haltung. Der Kapitalismus, der sich zum Ausbeuter fremder Nationen entwickeln konnte, wirkte auch nach innen zerstörerisch, wie die Verhältnisse in Russland und Italien, um nur diese beiden Länder zu erwähnen, allzu deutlich machten. Kapitalismus ja, aber nicht um den Preis der Auflösung der türkischen Nation, so lautete das zunächst unausgesprochene sozioökonomische Programm der Kemalisten. Auf dem ersten Wirtschaftskongress 1923 stellte Mustafa Kemal die Verbindung zwischen dem wirtschaftlichen Aufbauprogramm und der gesellschaftspolitischen Ausrichtung des Regimes her: „Unser Volk besteht nicht aus Klassen, deren materielle Interessen einander gegenüber stehen. Im Gegenteil, es besteht aus Klassen, die sich füreinander interessieren und zusammenarbeiten wollen. In diesem Augenblick zum Beispiel sind meine Zuhörer Bauern, Handwerker, Kaufleute und Arbeiter. Ist denn einer von ihnen der Gegner des anderen? Wie kann man verneinen, dass der Bauer den Handwerker braucht, der Handwerker den Bauern, der Bauer den Kaufmann, dass sie sich alle gegenseitig brauchen, wie sie auch alle den Arbeiter brauchen. (...) Das Programm, über das ich spreche, könnte man deshalb den ‚Nationalen Pakt der Arbeit' nennen. Um das Programm herum, das auf diesem Nationalen Pakt der Arbeit gründet, bildet sich eine einmütige politische Bewegung, die nach Abschluss des Friedens entstehen kann. Man soll sie nicht wie eine übliche Partei ansehen; ich bin überzeugt, dass sie Erfolg haben wird dank der Entschlossenheit und des Glaubens unseres Volkes, seiner gegenseitigen Unterstützung, seiner Geschlossenheit und Einheit."[149]

In dieser Äußerung Mustafa Kemals lassen sich die Bestandteile des Korporatismus entdecken: die Vermeidung der vom Kapitalismus hervorgerufenen gesellschaftlichen Konflikte und Klasseninteressen, die Vorstellung einer zwar nicht klassenlosen, aber berufsständisch gegliederten Gesellschaft, die solidaristische Zusammenarbeit der Berufsgruppen, die politische Organisation der Gesellschaft durch den Staat. Parla und Davison scheinen deswegen Recht zu haben, wenn sie meinen, in den ersten Jahren des Kemalismus sei die korporatistische Ideologie begründet worden.[150] Mustafa Kemal hat seine Ansichten an anderer Stelle, aber ebenfalls noch im Jahr 1923, weiter ausgeführt. Die längere Passage ist häufig zitiert worden und wird auch von Parla und Davison als Beleg für ihre Thesen herangezogen. Mustafa Kemal sprach vor Bürgern der westanatolischen, einst wohlhabenden, nun aber durch die Kriegsereignisse stark zerstörten Stadt Balıkesir von der sozialen Differenzierung der türkischen Gesellschaft, die sich nicht in unterschiedlichen Parteien zum Ausdruck bringen dürfe. Die große Mehrheit der Bevölkerung seien Bauern und Hirten, es gebe jedoch auch Großgrundbesitzer. Aber wie viele und wie viel Land besitzen sie? Zu wenig, lautete seine Antwort, als dass man sie nicht schützen müsste. Danach kämen die Handwerker und Kleinkaufleute, die sich eigentlich in einem Konflikt mit den Kapitalisten befinden müssten. „Wie viele Millionäre haben wir? Nicht einen.“ Daraus schloss Mustafa Kemal: „Wir werden dafür sorgen, dass viele Millionäre, sogar Milliardäre, in unserem Lande heranwachsen.“ Arbeiter gebe es wenige, weil es nur eine geringe Anzahl an Fabriken und Manufakturen gebe. Um das Land voranzubringen, sei eine größere Zahl an Fabriken notwendig. Dafür brauche man Arbeiter. Also müsse man sich auch um die Arbeiter kümmern, die sich nicht von den Bauern unterscheiden, die das Land bestellen. Und schließlich – die folgende Passage wird in der späteren kemalistischen Literatur konstant weggelassen – gebe es die Intellektuellen und die geistlichen Würdenträger (*ulema*). Können sie dem Volk gegenüber feindlich eingestellt sein? Ihre Pflicht sei es, ins Volk zu gehen, es anzuleiten, zu erheben, es zum Fortschritt zu führen und es zu zivilisieren. „So sehe ich unsere Nation. Deswegen kann man nicht diejenigen, die verschiedene Berufe ausüben, in unterschiedliche Klassen einteilen, denn ihre Interessen sind miteinander vereinbar und alle zusammen bilden das Volk.“[151] In einem Land, das zehn Jahre ineinander verschachtelter Kriege hinter sich gebracht, das Hunderttausende Tote allein im Ersten Weltkrieg zu beklagen hatte und eine kaum sicher zu ermittelnde Zahl an Invaliden und Vermissten, das wirtschaftlich vor dem Ruin stand, dessen Städte, Infrastruktur und Wirtschaftsbetriebe, ohnehin auf einem sehr niedrigen Niveau, teilweise oder ganz zerstört und wo ganze Landstriche entvölkert waren und zudem massenweise Flüchtlinge aus dem Ausland einsiedelten – was blieb einem Land wie der Türkei unter diesen Umständen übrig, als sich der von Mustafa Kemal beschworenen „harmonischen Arbeit der ganzen Nation zur Verbesserung der Lebensumstände und der Gesundheit der Bevölkerung, ihrer Kultur und Bildung, ihres Wohlergehens und ihres Reichtums“ zu widmen?[152]

Sind die Kemalisten damit im gleichen gesellschaftspolitischen Gleis wie die italienischen Faschisten? Liest man bei Mussolini nach, so ergeben sich in der Tat zahlreiche verbale Parallelen zu den kemalistischen Vorstellungen. Zeitgleich mit Mustafa Kemal sprach der Faschistenführer 1923 von der nationalen Zusammenarbeit als der „Wirtschaftslehre des Faschismus“. Die Arbeit der Einzelnen und der Gruppen müsse nach „allgemeinen Zielen“ ausgerichtet werden und der Krieg der Klassen sei zu vermeiden, „denn er ist im Innern einer Nation zerstörend.“[153] Wie Mustafa Kemal scheint Mussolini die gleichen harmonisierenden Ideen zu vertreten: „Arbeit und Kapital haben aufgehört, ihre Gegensätze als unabwendbare Schicksalsfügung der Geschichte anzusehen: Die unvermeidlichen Konflikte finden ihre friedliche Lösung durch immer bewusstere Zusammenarbeit der

Klassen."[154] Nach der Weltwirtschaftskrise stellte sich die Frage der Beibehaltung des Kapitalismus, der seine zerstörerische Wirkung auf Volkswirtschaften und die Wirtschaft der Einzelnen gezeigt hatte, noch schärfer. Mussolini sprach vom Kapitalismus als einer Krise des ganzen Systems, und er meinte im Stile des ihm zueignenden apodiktischen Urteils, einen „dritten Weg" gefunden zu haben: „Heute können wir behaupten, dass die kapitalistische Produktionsweise überwunden ist und mit ihr die Theorie des Wirtschaftsliberalismus, die sie erläutert und verteidigt hat."[155] Als hätte Mussolini İsmets (İnönü) Wort über die Staatsbindung in der Türkei gehört, sagte er über Italien, im Falle von Schwierigkeiten lasse sich das kapitalistische Unternehmen „einfach in die Arme des Staates fallen". Die Intervention des Staates sei unabdingbar. „Dahin sind wir gekommen: wenn in allen Nationen Europas der Staat auf 24 Stunden einschliefe, so würde diese Pause genügen, um eine Katastrophe eintreten zu lassen."[156] Mit Hilfe des Korporatismus werde eine neue Wirtschafts- und Gesellschaftsform errichtet. Er sei eine „kontrollierte" Wirtschaft; er „überwindet den Sozialismus und überwindet den Liberalismus, schafft eine neue Synthese." Mussolini diagnostizierte den zeitgleichen Verfall von Sozialismus und Kapitalismus, deren „Gleichzeitigkeit in historischem Sinn" durch den Faschismus überwunden werde. Schließlich hielt er „angesichts der allgemeinen Krise des Kapitalismus korporative Lösungen" überall für zwingend. Drei Bedingungen seien zu erfüllen, damit der Korporatismus „voll, allumfassend, integral, revolutionär" werde: die einzige Partei, der totalitäre Staat und die „Zeit idealer Hochspannung".[157] Selbstverständlich werde in Italien all das erreicht. „Der fascistische Staat ist korporativ, sonst wäre er nicht fascistisch."[158]

Es ließen sich zahlreiche weitere Überlegungen Mussolinis oder anderer Faschisten anführen, um die korporativen Ideen auszuführen. Aber mehr Zitate sind nicht von ausschlaggebender Bedeutung. Viel wichtiger ist, was die Faschisten taten. Zunächst entmachteten sie die Arbeiterbewegung, indem sie in Absprache mit den Unternehmern allein den faschistischen Gewerkschaften das Vertretungsrecht für Arbeiterinteressen verliehen, wobei sie den Arbeitgebern zugestanden, auf unmittelbare Vertretung in den Betrieben zu verzichten („Vidoni-Pakt" 1925); diese Maßnahme ist als „äußerst reaktionär" bezeichnet worden.[159] Sie erließen 1926 das „Gesetz über die rechtliche Ordnung der kollektiven Arbeitsbeziehungen" – es handelt sich um das bereits erwähnte Arbeitsgesetz, welches von den Kemalisten angeblich übernommen wurde; darauf ist zurückzukommen – und legten in der *Carta del lavoro* von 1927[160] die Grundlagen des faschistisch-korporativen Staates nieder. 1926 gründeten sie das Korporations-Ministerium, dessen formale Leitung anfangs Mussolini selbst übernahm. Außerdem bauten sie schrittweise das mehrstufige Korporationswesen in Verbindung mit den Syndikaten aus, schufen 1930 den Nationalrat der Korporationen, Schiedsinstanzen für Arbeitskonflikte und erklärten die Korporationen zu Staatsorganen. In dem Zusammenhang veränderten sie die Verfassung, in der 1928 das „Politbüro" des PNF, der „Faschistische Großrat", verankert wurde; die Abgeordnetenkammer sollte – praktische Gründe verhinderten dies zunächst – nach den Korporationen besetzt werden. Mit dem Jahr 1934 schließlich traten die Korporationen nach Wirtschaftssektoren ins Leben. All diese Maßnahmen liefen auf mehrere, zum Teil bereits genannte Ziele hinaus: die Vermeidung von Klassenkonflikten, die harmonische Organisation der Arbeit auf nationaler Ebene, die antidemokratische Umgestaltung des Parlamentarismus zu einem faschistisch-korporativen Repräsentationssystem, die antiliberale Verhinderung eines Mehrparteiensystems, die Hegemonie des Staates in allen Wirtschaftsfragen, die Verbesserung der wirtschaftlichen und sozialen Lage der Bevölkerung und des Landes.

So beeindruckend der Korporatismus auf den ersten Blick erscheint und so machtvoll der Wortschwall zu diesem Thema sich über Land und Leute ergoss, so ist nicht zu übersehen, dass es sich dabei um eine gigantische bürokratische Fassade handelte,[161] die in keiner Weise dem gerecht wurde, was die Faschisten mit dem Korporatismus zu erreichen suchten.[162] Es könnte treffender nicht sein: Die erste Korporation, die überhaupt gegründet wurde, war die der Schauspieler.

Der aufgedonnerte Popanz der korporatistischen Propaganda und des institutionellen Scheins konnte die Tatsache nicht verschleiern, dass die Parität der Klassen, besonders der Arbeiter und Unternehmer, nicht existierte, die Agrarfunktionäre den Korporatismus als Mittel zur Durchsetzung ihrer Interessen interpretierten[163] und dass die ganze Umgestaltung des Staates auf korporative Grundlagen der Macht des *Duce* nichts entgegensetzte. Deswegen ist eine weitere Beschäftigung mit diesem Thema nicht nötig, wohl aber können die Unterschiede zur Türkei nun schärfer herausgearbeitet werden.

Erstens: In der Türkei fehlen die Verbindungen zum Syndikalismus, in Italien fest verankert, vollständig. Damit ist die historische Herkunft des Korporatismus weit voneinander geschieden. Zweitens: In Italien diente der Korporatismus dazu, bereits bestehende Klassenkonflikte zu überwinden, die sich in einer industriell und urban relativ entwickelten Gesellschaft bis hin zu bewaffneten Auseinandersetzungen gesteigert hatten. In der Türkei gab es weder die entsprechende Struktur der Gesellschaft noch die daraus resultierenden Klassenkonflikte, wohl aber soziale Konflikte. In der Türkei handelte es sich um vorbeugende Konfliktvermeidung, in Italien um Konfliktunterdrückung, im besten Fall Konfliktverhinderung. Die unterschiedlichen Funktionen des italienischen Korporatismus und türkischen Etatismus sind dieser vollkommen verschiedenen historischen Situation geschuldet. Drittens: In Italien haben die Faschisten unter Korporatismus den „totalitären" (Mussolini) Umbau des Staates und der gesellschaftlichen Organisationen verstanden; nichts davon ist in der Türkei zu beobachten: Nicht eine einzige Korporation nach Berufsgruppen ist ins Leben getreten; der Staat hat sie nicht einmal als hübsche gesellschaftspolitische Attrappen aufgestellt; folglich bildeten nicht vorhandene Korporationen auch keine Staatsorgane; der Parlamentarismus blieb. Vom Korporatismus als Staatsform findet sich in der Türkei keine Spur.

Viertens: Sprechen wir über Trennendes, so ist auch das bereits erwähnte, angeblich von Italien kopierte „Arbeitsgesetz" (*iş kanunu*) von 1936 heranzuziehen,[164] da sich laut Parla und Davison gerade hier die Berührungspunkte besonders deutlich machen sollen. Schon die Mitwirkung des aus Deutschland in die Türkei emigrierten jüdischen Arbeitsrechtlers Oscar Weigert hätte misstrauisch machen sollen.[165] Es empfiehlt sich daher, das italienische „Vorbild", das Gesetz vom 3. April 1926 über „die rechtliche Ordnung der kollektiven Arbeitsbeziehungen" einschließlich seiner Ausführungsbestimmungen, zu lesen, um zu bemerken, dass beide Gesetze so gut wie nichts miteinander zu tun haben und dass die Aussage Parlas und Davisons, es sei vollständig kopiert worden, nicht zutrifft. Das italienische Gesetz und die umfangreichen Ausführungsbestimmungen beschäftigen sich zuerst detailliert mit Fragen der Berufsverbände. Das türkische Gesetz sagt dazu nichts. Es lässt sich hingegen als eine arbeitsrechtliche Rahmengesetzgebung bezeichnen, die grundlegende Fragen des Arbeitsvertrages, der Arbeitsbedingungen (darunter Arbeitszeiten, Krankheit, Lohnausfall, Schwangerschaftsurlaub, Jugend-, Frauen- und Nachtarbeit usw.), Fragen des Arbeiterschutzes und der Arbeitssicherheit, der staatlichen Stellenvermittlung (die private, gewerbsmäßige Arbeits- und Stellenvermittlung wird verboten), der Schlichtung in Konfliktfällen u. a. regelt. Zuvor hatte es nur eine rudimentäre Arbeits- und Arbeitsschutzgesetzgebung gegeben, schon allein aus dem Grund, dass es so gut wie keine Arbeiter gab.[166] Selbst die Verfahren der Konfliktschlichtung werden für die Türkei vollständig anders beschrieben als für die korporative Sozialverfassung in Italien. Die Kemalisten sahen ein gestuftes Schlichtungsverfahren vor, das letztinstanzlich bis zum Obersten Schiedsausschuss in Ankara reichte. Allein in einem einzigen Punkt gibt es eine klare Übereinstimmung: Streik und Aussperrung sind laut beiden Gesetzen verboten; die Strafandrohung für streikende Arbeiter reicht in Italien aber viel weiter als in der Türkei, wo (illegaler) Streik ein Problem des Arbeitsrechts bleibt, in Italien aber vom Strafgesetzbuch geahndet werden kann. Außerdem sieht das türkische Gesetz eine sehr lange Liste von Strafen für Versäumnisse und Vergehen der Arbeitgeber vor, während Arbeiter lediglich im Falle der illegalen Arbeitsniederlegung und im Fall unwahrer Angaben über den Betrieb mit Strafen rechnen müssen. Aus dem Zusammenhang des Gesetzes und des hier dargelegten Kontextes lässt sich im türkischen Streikverbot der Versuch erkennen, entsprechend den solidaristischen Ideen den Klassenkonflikt durch Einschaltung zunächst innerbetrieblicher, dann staatlicher Vermittlungsinstanzen zu vermeiden. Aber Streikverbot ist beileibe kein spezifisches Kennzeichen des Faschismus, sonst wären die Bolschewiki ja Faschisten. In dem türkischen Gesetz finden sich verbale Parallelen zum italienischen hinsichtlich der „harmonischen Arbeit" der Nation, wie Mustafa Kemal sich auszudrücken beliebte, der entscheidende Punkt aber bleibt: Weder hinsichtlich der Organisation der Interessengruppen noch bei Arbeitskonflikten und Schlichtungsverfahren finden sich im türkischen Gesetz Hinweise auf eine korporative Ordnung. Andererseits entmachtete das türkische Gesetz die Arbeiter, indem es keine kollektive Vertretung für sie vorsah, ebenfalls nicht für die Arbeitgeber. Es verbot sie nicht ausdrücklich, es erlaubte sie aber auch nicht. Das Problem der Gewerkschaften wurde auf diese Weise politisch „gelöst", d. h. sie wurden aufgelöst, 1938 schließlich illegalisiert.[167] An ihre Stelle traten aber keine kemalistischen Ersatzorgane wie die faschistischen in Italien. Darüber hinaus hat die kemalistische Regierung, die CHP übrigens auch nicht, kein der *Carta del lavoro* entsprechendes Dokument verfasst, in dem in verbaler Nähe zu den kemalistischen Vorstellungen doch der markante Unterschied zu finden ist: „Die Korporationen stellen die zusammenfassende Organisation der in der Wirtschaft schaffenden Kräfte dar und vertreten deren sämtliche Belange. Mit Rücksicht auf die umfassende Vertretung und weil die Interessen der Erzeugung nationale Interessen sind, werden die Korporationen vom Gesetz als Staatsorgane anerkannt."[168] Die Gemeinsamkeit besteht darin, dass in beiden Regimes die Arbeiter unter die Vormundschaft des Staates gestellt wurden, der Staat ihnen keine Vereinigungsfreiheit einräumte und sie durch das Streikverbot, dem entscheidenden Mittel des Arbeitskampfes, zur Ohnmacht verurteilt waren und auf die zwischen den Interessen vermittelnde Fürsorge des Staates angewiesen blieben. Insofern erwies sich das türkische Gesetz als durch und durch autoritär.[169] Fünftens: Es ist unter diesen Umständen kein Zufall, dass die Kemalisten den Begriff „Korporatismus“ nicht verwendeten, um ihren Staat zu beschreiben. Er bezeichnet einen völlig anderen Staat als den der Kemalisten.

In der Türkei gab es keinen Korporatismus, der diesen Namen verdiente. Zweifelhaft ist deswegen die Methode von Parla und Davison, sich auf die Suche nach der korporativen Ideologie zu begeben, aber nicht in der Praxis des Staates zu überprüfen, ob überhaupt und was davon ins Leben trat. Aus diesem Grunde ist selbst der Begriff „corporatist ideology“ fragwürdig, denn was sich in der Türkei beschreiben lässt, ist eine solidaristische Grundlegung von Staat und Gesellschaft mit autoritären Zügen.[170] Aber sie ist selbst in der Konzeption weit vom Korporatismus entfernt, der sich nicht in der Beschreibung des Verhältnisses von Individuum, Staat und Gesellschaft erschöpft, wie Parla und Davison schreiben. Dass beide Regime autoritär waren, ist eine Gemeinsamkeit, die aber nicht mit Hilfe des höchst unterschiedlichen „Korporatismus“ erklärt werden kann.

Die postulierte Nähe des Kemalismus zum Faschismus bildete den Ausgangspunkt dieses Kapitels. Nirgendwo schienen sich beide mehr zu verbinden oder sogar zu überlappen als auf dem Gebiet des „Korporatismus“. Doch es stellt sich heraus: Just auf diesem Gebiet trennt sie mehr als das Wenige, das sie vereinen könnte. Es ist an der Zeit, den Kemalismus endgültig von jedem Faschismus-Verdacht zu befreien. Er ist wissenschaftlich nicht aufrecht zu erhalten. Er taugt nur für Polemik.

In zwei Punkten allerdings kamen die beiden Konzepte wieder zusammen. Sowohl der faschistische Korporatismus als auch der solidaristische Etatismus der Kemalisten erwiesen sich als Illusion. Klassen und Konflikte wurden nicht vermieden oder überbrückt und die soziale Differenzierung nicht verringert. Harmonische Zusammenarbeit hieß eben nicht harmonische Verteilung des erarbeiteten Wohlstands für alle. Außerdem: Hinter der Kulisse von Solidarismus und Korporatismus agierte eine zahlenmäßig überschaubare Elite, die mit Hilfe des sozialen Friedenskonzeptes alle politischen Fäden in der Hand behielt. Hinter der schönen Maske der konfliktfreien Nation verbarg sich ein Machtverhältnis; in dem Märchen von der Interessenharmonie versteckte sich die Interessenhegemonie einer Gruppe.

4. „Große Männer" und Führerkulte

Herkunft und Karrieren

Der US-amerikanische Botschafter in Ankara, Charles A. Sherill, war offenkundig irritiert. Nach nur einem Jahr Dienst in der Hauptstadt der Republik Türkei 1931/32 war er dermaßen fasziniert vom „great man" und „liberator, regenerator, national hero, and world's stateman", dass ihm jegliches Augenmaß abhandenkam. Mal wie Moses, mal wie Heinrich VIII., wie Luther oder wie George Washington sei Atatürk.[1] Seinen Lesern mag diese Zusammenstellung etwas willkürlich vorgekommen sein, und sie mögen aus der Bemerkung des Gesandten, er habe sich vor allem mit körperbetontem Sport wie Boxen beschäftigt, ihre Schlüsse ziehen. Verloren in der Geschichte, sah er große Männer walten. Aber Sherill war nicht der einzige, der so dachte.

Die Attribute waren dem kleinen Mustafa, der wahrscheinlich im Frühjahr 1881 in Saloniki, damals noch zum Osmanenreich gehörig, geboren wurde, nicht in die Wiege gelegt.[2] Er stammte aus kleinen Verhältnissen, der Vater starb früh. Mustafa musste sich seinen Lebensweg erkämpfen und schlug zielstrebig den Weg ein, der im Osmanenreich eine Karriere auch für Habenichtse zu eröffnen vermochte. Die Militärlaufbahn, in die er mit 15 Jahren eintrat, trug ihn hinauf zu jenen militärischen und politischen Höhen, die 1923 bei der Ausrufung der Republik Türkei zu einem vorläufigen Abschluss kamen. Mustafa Kemal wurde zunächst ein Offizier des Sultans Abdülhamid II., den er wegen seines autoritären Regierungsstils verabscheute. Seine kritische, ja oppositionelle Haltung festigte er bei den Jungtürken. Aber Mustafa Kemal war auch ein loyaler Soldat, solange es galt, das Reich zu verteidigen. Sein erster Kriegseinsatz führte ihn gegen italienische Truppen, die 1911 die unter osmanischer Herrschaft stehenden nordafrikanischen Gebiete um Tripolis und Bengasi zu erobern suchten. Auf diese Weise lernte er eine außenpolitische Konstellation im Mittelmeerraum kennen, die ihm später als Präsident der Republik bekannt vorkommen musste. Es ist jedoch kein Zeugnis überliefert, dass er den italienisch-osmanischen Krieg als Kriegsführung unter verschiedenen Nationen betrachtet hätte. Auch anti-italienische, aus nationalistischer Perspektive geschriebene Zeugnisse gibt es, soweit die Biographen blickten, nicht. Mustafa Kemal aber lernte und machte in dem kurzen, etwa einjährigen Krieg wichtige

Erfahrungen: Zum einen musste er erkennen, dass das Osmanenreich nicht in der Lage war, seine ausgedehnten Territorien zu verteidigen. Die Italiener im Küstenstreifen festzuhalten, ließ sich bewerkstelligen, aber der Krieg ging nicht nur wegen der schwachen Verteidigungsmöglichkeiten verloren – das hatten Istanbuler Hofkreise und Militärs gleich zu Beginn hinter vorgehaltener Hand eingestanden –, sondern auch, weil das Osmanenreich sich plötzlich in einen Zweifrontenkrieg verwickelt sah. Die Nachbarn Bulgarien, Griechenland, Montenegro und Serbien hatten in überraschender Einigkeit und unter Ausnutzung der libyschen Kalamitäten mit italienischer Unterstützung den ersten Balkankrieg gegen das Osmanenreich eröffnet. Die Hohe Pforte sah sich daraufhin gezwungen, in Nordafrika schleunigst einen ungünstigen Frieden zu schließen. Zum anderen erprobte Mustafa Kemal die Zusammenarbeit mit den lokalen Scheichs und Stämmen, um sie für die Sache des Krieges zu gewinnen. Ein Grundzug der osmanischen Militärstrategie bestand nämlich darin, den Krieg vorwiegend mit ortsansässigen Truppen zu führen. Dass dabei Partisanen-Taktiken zur Anwendung kamen und einige Scheichs Krieg nicht so sehr als Kampf, sondern als Geschäft betrachteten, gefiel dem nach preußischen Mustern ausgebildeten Offizier nicht, aber er lernte daraus für die Zukunft. Im „Befreiungskrieg" gegen die Griechen in Anatolien, der ohne die Unterstützung der Stämme und der lokalen Bevölkerung nicht siegreich hätte beendet werden können, sollten ihm diese Erfahrungen zu Gute kommen.

Der zum Präsidenten der jungen Republik aufgestiegene Mustafa Kemal konnte im Oktober 1923 auf eine rasante Karriere zurückblicken. Lediglich in der Anfangszeit hatte sie nach dem Geschmack des ehrgeizigen Offiziers zu sehr gestockt. Aber mit 34 Jahren wurde er zum Helden von Gallipoli: In einer der wichtigsten und zugleich aberwitzigsten Schlachten des Ersten Weltkrieges gelang es den osmanischen Truppen unter Führung Mustafa Kemals, die Eroberung der Hauptstadt Istanbul durch die Briten zu verhindern. Aberwitzig war die Schlacht, weil letztere ihre über die Ozeane verfrachteten australischen und neuseeländischen Soldaten an den Stränden der Halbinsel verheizten. Letztlich aber machte die Niederlage im Krieg den Sieg in der Schlacht zur menschenverschlingenden Episode, weil Hauptstadt und Meerengen 1918 von den Alliierten dennoch besetzt wurden und der Oberkommandierende der alliierten Streitkräfte auf dem Balkan triumphal in die osmanische Hauptstadt einzog. Aber der Ruhm von 1915 blieb an Mustafa Kemal Pascha hängen. Seine militärischen Verdienste bildeten das Sprungbrett für den politischen Aufstieg. Er war 42 Jahre alt, als er die Republik gründete.

Mussolinis Kindheit war ebenfalls nicht auf Rosen gebettet.[3] Auch er musste sich durchkämpfen, wenngleich in einem völlig anderen Milieu als der zwei Jahre ältere Mustafa Kemal. Frühzeitig sozialistisch politisiert, in die sozialen Spannungen seiner Heimat in der Romagna hineingewachsen, suchte der 1883 geborene Benito Mussolini, ein unruhiger, ehrgeiziger, selbstsüchtiger, zu Gewalt neigender und herrischer Knabe, vom Vater mit dem ambitionierten Namen des mexikanischen Revolutionärs Benito Juarez ausgestattet, mehrere Jahre seinen politischen Weg, bevor er Chefredakteur der wichtigsten sozialistischen Zeitung *Avanti!* wurde. Auch Mussolinis Karriere war einige Jahre nicht recht vom Fleck gekommen. Im Laufe mehrerer Wanderjahre hatte er wegen seiner politischen Tätigkeit außerdem Bekanntschaft mit italienischen, französischen und österreichischen Gefängnissen gemacht.

Mustafa Kemal hatte wegen seiner Untergrundtätigkeiten zwar auch einmal kurze Zeit „gesessen", aber seine Lebensumstände waren gänzlich unterschiedlich. Während Mussolini in der Schweiz auf dem Bau arbeitete, besuchte Mustafa Kemal die Militärschule. Er war ein stets versorgter Offizier seiner Majestät des Sultans, vergleichsweise privilegiert, und trotz gelegentlicher finanzieller Unpässlichkeiten stand er nicht vor der Notwendigkeit, durch eigene Arbeit den Lebensunterhalt verdienen zu müssen. Er gehörte zu der kleinen elitären Schicht der Offiziere, stand im Sold des Staates und genoss dessen – bisweilen zurückhaltende – Fürsorge. Mussolini war militärisch unbedeutend: 1915 zum Kriegsdienst eingezogen, brachte er es nicht über den Rang des Obergefreiten hinaus. Im Frühsommer 1917 kurierte er eine Verwundung aus, die er sich nicht an der Front, sondern während einer Übung zugezogen hatte und die seine Entlassung aus dem Militärdienst bewirkte. Während Mussolini das Kriegsende in der Redakteursstube seiner Zeitung *Il Popolo d'Italia* erwartete, die 14 Punkte des amerikanischen Präsidenten Wilson ablehnte, auf Annexionen südslawisch besiedelter Gebiete auf dem Balkan pochte und das Mittelmeer zum italienischen *mare nostrum* erklärte, weilte Mustafa Kemal Pascha im böhmischen Karlsbad zur Kur.

Mustafa Kemal brauchte auch nicht ins Ausland zu gehen wie andere Oppositionelle im Osmanenreich, die sich vorzugsweise in der Schweiz aufhielten.[4] Man darf sich aber vorstellen, dass der junge Mussolini zwischen 1902 und 1904 mit jungtürkischen Oppositionellen in Lausanne im selben Café gesessen und womöglich sogar mit einigen von ihnen, vermutlich auf Französisch, geplaudert hat. Darüber gibt es keine Auskünfte. Auch nicht, ob er mit Lenin oder einem der anderen sozialistischen Exilanten aus Russland zusammengetroffen ist. Wie kurvenreich auch immer Mussolinis Weg verlief, als er schließlich 1912 mit 29 Jahren die Zeitung *Avanti!* führte, war das eine herausgehobene Stellung, die ihm große Resonanz und Bekanntheit in der Öffentlichkeit verschaffte. Er hatte sie sich nicht zuletzt dadurch erworben, dass er frontal gegen den Krieg Italiens in Nordafrika 1911 anschrieb. Während Mustafa Kemal dort den militärischen Widerstand des Osmanenreiches gegen die italienischen Invasoren mitorganisierte, attackierte Mussolini als sein unbekannter Verbündeter im Innern Italiens den eigenen Staat. Aus der Perspektive des Sozialisten brandmarkte er den Krieg mit harten und polemischen Worten als imperialistisch und wirtschaftlich unsinnig.[5] Einen besseren Verbündeten hätte sich Mustafa Kemal nicht ausdenken können; beide waren sie anti-imperialistisch gesinnt: der eine, weil er sein schwaches Vaterland gegen imperiale Angriffe zu schützen suchte, der andere, weil er die imperiale Expansion des eigenen Landes für ein politisches Verbrechen hielt. Die Geschichte verschränkt sich bisweilen zu bizarren Konstellationen. Später sollte Mustafa Kemal darauf achten müssen, dass die Türkei nicht zu einem Interessengebiet Mussolini-Italiens wurde.

So unterschiedlich die Lebenswege verliefen, so gibt es doch einige bemerkenswerte Gemeinsamkeiten. Beide Biographien sind von einem klar bestimmbaren Wendepunkt gekennzeichnet. Wie Mustafa Kemal die Verteidigung des Vaterlandes gegen die Alliierten 1915 mit patriotischer Inbrunst und militärischer Professionalität bewerkstelligte, so schlug sich Mussolini – zur großen Überraschung seiner sozialistischen Genossen – in die patriotische Bresche, welche die Ablehnung des Kriegseintritts durch die italienischen Sozialisten in den Zusammenhalt der Nation geschlagen hatte. Die herausgehobene Bedeutung der Verteidigung von Gallipoli für die zukünftige Rolle Mustafa Kemals fand ihre Entsprechung in der Wende Mussolinis Ende 1914 von einem Kriegsgegner zu dessen Befürworter und seiner späteren Rolle als Führer der Faschisten. Zwar war 1915 keineswegs abzusehen, wie sich die politischen Karrieren entwickeln würden, aber in der Rückschau ist die Relevanz dieses Jahres und des Krieges offenkundig. Der Krieg eröffnete unvorstellbare Karrieren wie er andere zerstörte. Mustafa Kemal und Mussolini verdankten dem Krieg alles. Die für ihre Biographien epochale Periode 1914/15 bedeutete jedoch nicht, dass der Weg des späteren *Duce* und des *ulu önder* (erhabener Führer) gradlinig auf den

Punkt hinauslief, der schließlich 1922 in Italien und 1923 in der Türkei erreicht wurde.

Außer der Wende 1915 verbindet eine weitere Gemeinsamkeit beide Biographien miteinander. Wie Mussolini die Positionen des *Avanti!* und den Sozialismus „verriet" und dieser Akt die Voraussetzung für seinen Aufstieg zum Führer der faschistischen Bewegung bildete, in der er sich als Retter der italienischen Nation darstellen konnte, so vollzog auch Mustafa Kemal seinen „Verrat", der die Voraussetzung für seine Rolle als nationaler Führer der Türken bildete: Sein letztes Kommando in osmanischen Diensten erhielt er unmittelbar aus den Händen des Sultans. Es brachte ihn im Mai 1919 in die Schwarzmeerstadt Samsun, wo sein Aufstieg als Held der nationalen Befreiung begann. Der Auftrag lautete, die osmanischen Truppen in Mittel- und Ostanatolien geordnet zu entwaffnen, wie es die Alliierten dem Sultan vorgeschrieben hatten. Mustafa Kemal tat das genaue Gegenteil. Die einzigen verbliebenen regulären Truppen des Osmanenreiches, die nicht unter die Kontrolle einer der Siegermächte gefallen waren, weil sie an der Kaukasusfront gekämpft hatten, wo die Russen nach der Revolution 1917 zurückgewichen waren, sollten den Grundstock der Armee bilden, die Mustafa Kemal sowohl gegen die Truppen des Sultans als auch gegen die griechischen Invasoren einsetzte. Als Offizier brach Mustafa Kemal seinen Eid und meuterte gegen seinen Dienstherrn. Die Nation vom Joch der Fremdherrschaft zu befreien war ein höherer Wert, der in Mustafa Kemals Augen dazu berechtigte, sich über das Gelübde hinweg zu setzen.

Als Mussolini, dem Sozialismus abtrünnig und zum Führer der Faschisten geworden, den „Marsch auf Rom" inszenierte, war er 41 Jahre alt. 1922 in Italien und 1923 in der Türkei bildeten entscheidende Wendejahre, die die beiden Führungsfiguren auf die ganz große politische Bühne katapultierten. Die Einschätzung des BBC-Kommentators Vernon Bartlett, wiewohl mit dem Abstand von zehn Jahren im Juli 1933 verfasst, zeugt dennoch von Urteilsvermögen: „the greatest men who have come to the front during, or since the war, are: Lenin, Mustafa Kemal and Mussolini", und er ergänzte: „And I am not sure that I should not put the Gazi (Mustafa Kemal – S.P.) first."[6]

Lenin, Jahrgang 1870, gehört ebenfalls zu der Gruppe, denen der Krieg die Tür zu großen Taten aufstieß.[7] Aber sozial hatte Vladimir Uljanov, wie er eigentlich hieß, eine andere Kinderstube als die beiden anderen.[8] Sein Vater, der höchste Beamte für das Volksschulwesen im Gouvernement Simbirsk, war aufgrund seiner Verdienste um die Schulbildung im Zarenreich nobilitiert worden. Doch die Söhne schlugen aus der Art, wenn man die Perspektive des aufgestiegenen Vaters einnimmt, der 1886 verfrüht starb, nicht aber, wenn man auf die Generation der Söhne schaut. Viele von ihnen studierten und schlossen sich an den Universitäten revolutionären Untergrundgruppen an, lasen westeuropäische revolutionäre Schriften und diskutierten darüber, wie die Autokratie zu beseitigen und das russische Volk zu befreien war. Lenins älterer Bruder Alexander versuchte es vergeblich und zahlte für sein gescheitertes Attentat auf den Zaren mit dem Leben. Vladimir hat aus dem tragischen Ereignis der Hinrichtung des Bruders sowie aus der ganzen Geschichte des revolutionären Untergrunds seit den 1860er Jahren den einzig richtigen Schluss gezogen, den viele Jahre später Wolf Biermann außerordentlich treffsicher zusammenfasste und der keiner weiteren ideologischen Ausführungen mehr bedarf: „Terror (individueller), ist nach Marx ein grober Feller."[9] Unter den drei genannten erwarb nur Lenin eine Hochschulausbildung. Er studierte Rechtswissenschaft in Kazan'. Aber das Studium war für ihn keine biographische Weichenstellung. Sein ganzes Denken richtete sich auf einen einzigen Punkt: Wie die Revolution in Russland bewerkstelligt werden könnte. Dazu waren die Wirtschaft und Gesellschaft des Zarenreichs zu analysieren, aber auch gewaltige organisatorische Aufgaben zu meistern. Lenin tat das alles mit größtem Elan und unvorstellbarer Ausdauer selbst in Zeiten, in denen kaum Hoffnungen auf revolutionäre Stimmungen, von Erhebungen ganz zu schweigen, bestanden. Aber Lenin suchte die Revolution ein wenig zu beschleunigen: *Corriger la fortune* auf marxistisch. Ideologisch bereits sehr früh festgelegt, musste nur noch der historische Moment heranreifen, in dem die Avantgarde des Proletariats, Lenins Partei, die Macht übernehmen konnte.

Zuvor aber saß der spätere Führer der ersten sozialistischen Revolution die längste Zeit seines Lebens im Ausland. Er war ein Schreiberling, die revolutionäre Sache in der Praxis betrieben andere. Nicht einmal die Revolution 1905 erlebte Lenin in Russland. Was Umsturzerfahrung anging war ihm Mustafa Kemal voraus, der als junger Offizier die konstitutionelle Revolution der Jungtürken 1908 mitgemacht hatte, eher ein Coup d'État, aber durchaus nicht ungefährlich für die aufständischen Offiziere, die nicht wissen konnten, wie ihre Rebellion gegen den verhassten Autokraten Abdülhamid II. ausgehen würde. Lenin hingegen musste als Beobachter aus der Ferne ansehen, wie der Zarismus die Aufständischen in den Städten, auf dem Lande und unter den nationalen Minderheiten niederkartätschte. Es zeugte von Lenins unerschütterlichem revolutionären Optimismus, dass er 1905/06 als „Generalprobe" interpretieren konnte,[10] nicht als Scheitern der Revolution überhaupt, wie es prominente, revolutionär gesinnte Intellektuelle getan hatten, die 1909 die revisionistischen „Wegzeichen" aufsteckten.[11] Sein revolutionäres „Genie"[12] verhalf ihm schließlich dazu, im Oktober 1917 die Fäden der Macht in der Hand zu halten. Zu diesem Zeitpunkt war er 47 Jahre alt.

Die drei Persönlichkeiten verkörpern also sehr unterschiedliche Lebensläufe, höchst verschieden hinsichtlich der sozialen und Bildungsmilieus, aus denen sie ihren Anfang nahmen, der jeweiligen Verläufe, der Tätigkeiten vor Erreichen des politischen Zenits, der jeweiligen Ideologien und der Gesellschaften, in denen sie sich vollzogen. Aber allen gemeinsam war mehr als die lediglich kritische Rezeption ihrer Gegenwart, das wäre nichts Besonderes, mehr als die Ablehnung der politischen und sozialen Verhältnisse, die sie mit vielen anderen teilten; wie viele andere intellektuell wache Zeitgenossen auch waren sie Kinder der Krise, die sich in Italien anders niederschlug als in Russland und dort wieder anders als im Osmanenreich. Hinzu kam das aktive Element. Sie waren Revolutionäre, die sich nicht mit der Kritik zufriedengaben; sie strebten nach grundlegender Erneuerung der Verhältnisse durch die Aktion, die sie wagten. Aber selbst darin waren sie nicht die einzigen. Ihre persönlichen Eigenschaften, ihr Intellekt und politischer Instinkt liefen politisch ins Leere, solange sie nicht durch die Umstände gefördert wurden. Mit der Beschreibung von persönlichen Eigenschaften und Biographien erklärt man weder Aufstieg noch Bedeutung der „großen Männer" nach 1918.

Wie sie einerseits Kinder der strukturellen Krisen und der Krisenwahrnehmung in ihren jeweiligen Gesellschaften waren, so standen sie ebenso sehr im wörtlichen Sinne auf Seiten der Kriegsgewinnler. Sie verdankten der Unfähigkeit der alten Eliten, den verknöcherten *Anciens régimes* und vor allem dem Krieg ebenso viel wie ihrer eigenen revolutionären Disposition, die sie befähigte, die Gunst des Augenblicks für ihre Ziele zu nutzen. Noch mehr aber verdankten sie ihrer persönlichen Entourage und der Bevölkerung ihrer Länder, die ihnen jene Rolle zukommen ließ, die auszufüllen sie sich anschickten. Führung entsteht dort, wo es diejenigen gibt, die geführt werden wollen. Die Beschreibung dieses Verhältnisses erklärt die Rolle der Persönlichkeit. Zu gern folgte man lange Zeit den zweifelhaften Heldenliedern, die das große Herrscherlob sangen und keinen Gedanken aufkommen ließen, es sei beim großen Wandel der Zeiten außer der Genialität der großen Männer noch etwas anderes im Spiele.[13] Die Panegyrik war ihrerseits Ausdruck der Beziehung zwischen den „Massen“ und dem Führer.

1917–1922/23 schien es, als sei Rankes Wort wahr geworden: Große Männer machten Geschichte. Bemerkenswert, wie sich nach 1918 zahlreiche *homines novi* plötzlich auf der großen politischen Bühne fanden. Zuvor hatten sie noch unter den Zuschauern gesessen. Neue Helden tauchten auf, versprachen eine neue Zukunft, präsentierten sich als „Führer“. Aus welcher Lage? Aus dem Trauma des verlorenen Krieges, dem Gefühl des schmerzlichen Verlusts der nationalen Ehre, des nationalen Zusammenhalts, von Territorium und Menschen gleicher Nationszugehörigkeit, und sie versprachen einen Ausweg aus der Misere des Nachkriegslebens mit seinen wirtschaftlichen Rückschlägen, der Inflation, Arbeitslosigkeit, Landarmut und dem Versorgungsnotstand. Wohin? In eine bessere Zukunft. Niemand der „großen Männer“ von 1917 bis 1923 hatte ein klares Programm, in dem stand, wie es weitergehen sollte, sobald die Macht erobert war. Mustafa Kemals selbst gestellte Aufgabe bestand 1919 darin, die türkische Nation (*millet*) vor der Zerstückelung durch die Mächte zu schützen, dem Vaterland (*vatan*) ein Territorium zu geben und die Eindringlinge hinauszuwerfen, was in den Kämpfen gegen die Griechen am Fluss Sakarya gelang. Das zusammengenommen ergab einen Schlachtruf (*Vatan, Millet, Sakarya!*), aber kein politisches Programm. Die neue Türkei begann sich erst im Laufe mehrerer Jahre herauszuschälen. Selbst wenn man unterstellt, Mustafa Kemal habe eine Vision des zukünftigen Staates im Kopf gehabt, die offen zu legen aber unter den Umständen der Jahre 1919–1924 unzweckmäßig gewesen sei, wollte er das Vorhaben nicht insgesamt durch sofortigen heftigen Widerstand ruinieren, so bezogen sich diese Überlegungen auf die Nation, die Staatsform der Republik, die institutionelle Ordnung, die Rolle der Religion und einige kulturelle Aspekte, die sich unter den Begriffen Verwestlichung und Europäisierung subsumieren ließen. Die Bolschewiki besaßen 1917 weniger als eine ungefähre Vorstellung davon, wie sie den Sozialismus einführen sollten. Dem entsprach das politische, wirtschaftliche und soziale Desaster, das unter dem später gefundenen Titel „Kriegskommunismus“ in die Geschichte eingegangen ist. An ihrer Experimentierfreude sind ca. fünf Millionen Menschen während der hausgemachten Hungersnot 1921 verreckt.[14] Erst Ende der 1920er Jahre nahm die Sowjetunion in ihren zentralen „sozialistischen“ Elementen Gestalt an. Für die italienischen Faschisten und Mussolini gilt, dass ein Programm ein Stück Papier darstellte, an das man sich nicht zu halten brauchte. Politik hieß für Mussolini Aktion; sie bedeutete das Lavieren zwischen den Lagern. Seine Wende von 1915 ist nur ein besonders herausragendes Beispiel seiner Fähigkeit, Positionen rasch zu wechseln und sich programmatisch nicht zu binden. Es zählten die Aktion, die Bewegung und die Führer.

Gehört Stalin in diese Reihe? Zunächst spricht ein biographischer Grund dafür: Er war nur wenig älter als Atatürk und Mussolini, 1878 in Georgien geboren.[15] Wie Atatürk, Mussolini und der etwas ältere Lenin gehörte er zu jener Generation der Aufmüpfigen, die der Erste Weltkrieg mit seiner Erschütterung der politischen Institutionen und der sie beherrschenden Eliten auf die politische Bühne warf. Namentlich in den neu gegründeten Staaten sollten sie die Geschicke ihrer Länder, wenngleich manche nur kurz, mit bestimmen, mochten sie Lev Trockij heißen (geb. 1879), Aleksandar Stambolijski (geb. 1879) in Bulgarien, Georgios Kondylis (geb. 1879) in Griechenland, Ion Antonescu (geb. 1882) in Rumänien, Béla Kun (geb. 1886) in Ungarn oder Adolf Hitler (geb. 1889). Man muss sich klarmachen, dass in Bulgarien, Italien, Rumänien, Ungarn, der Sowjetunion und der Türkei Männer an führender Stelle saßen, die im Zeitraum eines Jahrzehnts geboren worden waren. Das war keine biologische Zwangsläufigkeit, weil diese Alterskohorte nun einmal Posten besetzte, sondern es hat mit ihrer grundsätzlich kritischen Haltung zu tun, die sie im späten 19. und beginnenden 20. Jahrhundert in ihren jeweiligen Gesellschaften ausgebildet hatten. Der Weltkrieg eröffnete diesen im Vergleich zum bisherigen politischen Establishment jungen Männern die Möglichkeiten der politischen Karriere, die ohne Krieg, Nachfolgekriege und soziale Konflikte bestenfalls auf die Oppositionsbank im Parlament, im schlechten Fall an den Galgen geführt hätte. In diese Reihe gehört Iosif Džugašvili, der sich den *nom de guerre* Stalin zugelegt hatte, sehr wohl, und man mag sich nicht ausdenken, was dem Lande erspart geblieben wäre, wäre der zarische Staat im Vergleich zur stalinistischen Sowjetunion nicht human mit seinen Revolutionären umgegangen. Als Vertreter der georgischen Bolschewiki gelangte Stalin nach dem Oktober 1917 ins Zentrum der Macht nach Moskau; nicht zufällig übertrug ihm Lenin das Volkskommissariat für Nationalitäten, Stalins „Spezialgebiet“ seit seinem Aufsatz über den Nationalismus von 1913.[16] Der Georgier galt als langweilig, weshalb er Generalsekretär der Kommunistischen Partei wurde, ein Posten, dem die aktivistischen Revolutionäre nicht allzu viel Anziehungskraft abgewinnen konnten.[17] Dass Stalin damit jedoch die Kontrolle über die Partei- und Staatsbediensteten in die Hände bekam und Kaderpolitik zu betreiben vermochte, erkannten viele erst, als sie seine personalpolitischen Manöver als Machtpolitik zu verstehen begannen. Als „Genosse Kartothek" bespöttelt, war Stalin alles andere als der bürokratische Erfüller des Parteiwillens. Stalins Weg an die Macht war steinig. Als er im Dezember 1931 den Schriftsteller Emil Ludwig zu einem Interview empfing, da durfte er als Diktator der Sowjetunion gelten.[18]

Stalin gehört andererseits nicht in diese Reihe, weil er kein Mann der ersten Stunde war, sondern einer, der im Rahmen des neuen Regimes an die Macht kam. Anders als Atatürk, Mussolini oder Lenin spielte Stalin, wiewohl im engsten Führungskreis der Bolschewiki, nach der Oktoberrevolution keine zentrale gestaltende Rolle bei der Entstehung des neuen Regimes. Erst die Ernennung zum Generalsekretär 1921 verschaffte ihm jene personalpolitischen Möglichkeiten, deren Auswirkungen sich in der Zusammensetzung von Parteikongressen, in Fraktionskämpfen und in politischen Entscheidungen bemerkbar machten. Stalin war der Drahtzieher des Apparats, der das neue Regime von innen heraus eroberte, aber keiner, der das *Ancien régime* aus den Angeln gehoben hatte. Im Oktober 1917 oder nach dem Bürgerkrieg 1921 war nicht abzusehen, dass dieser Mann seine parteiinternen Kritiker und Gegner allesamt besiegen und viele von ihnen umbringen lassen sollte. Ebenso wenig zeichnete sich ab, dass Stalin Ende der zwanziger Jahre mit der kollektivierten Landwirtschaft und der Planwirtschaft die sozioökonomischen Grundlagen legen würde, die bis zum Zusammenbruch der Sowjetunion 1991 bestanden. Während Lenin die politischen, institutionellen und ideologischen Grundlagen des neuen Sowjetstaates schuf, wusste Stalin sie mit außerordentlichem Improvisationsgeschick zu seinem Vorteil zu nutzen. Er modellierte den Regimecharakter des „Sowjetstaates" in den zentralen Bereichen der Wirtschaft und Gesellschaft. Letzteres wiederum ist ein hinreichender Grund, ihn in die hier genannte Gruppe aufzunehmen.

Aufstiegsmilieus

Nach dem Ersten Weltkrieg brachten die Massengesellschaften und ihr Anspruch auf politische Partizipation das Phänomen der Personenkulte und Führungspersönlichkeiten hervor. Diese Verbindung gilt in der Forschung als ausgemachte Sache.[19] Darüber hinaus lässt sich besonders mit Blick auf die Entwicklungen in Italien ein weiterer Zusammenhang formulieren, der die Frage der politischen Integration von Massengesellschaften nicht im allgemeinen betrifft, sondern die entstehenden Personenkulte aus den konkreten Verhältnissen des Krieges heraus erklären hilft. Der Auftritt der großen Männer, die Geschichte machen, scheint ein massen- und sozialpsychologisches Phänomen zu beleuchten, das in die spezifische Situation am Ende des Ersten Weltkrieges hinein zu verlegen ist und die Zuschreibungen anbetrifft, die erst dazu führen, dass eine Persönlichkeit den Führerstatus erhält. „Große Männer" sind nicht so sehr kraft ihres Genies groß, sondern infolge der Herstellung von sozialen Beziehungen in Wechselwirkung mit einem erheblichen Teil der Bevölkerung. Dann lauten die Fragen: Standen die Anonymität des soeben beendeten Krieges, wie sie ganz besonders in den Materialschlachten zum Ausdruck kam, und die hochgradige Personalisierung der Politik nach 1918 in einer unmittelbaren Beziehung? Negierte die große Führerpersönlichkeit die erfahrene Entindividualisierung und Namenlosigkeit im Krieg, die den Einzelnen zu einem Rädchen in der unüberschaubaren Militärmaschine gemacht und ihn der anonymen Technik der neuen, im Töten effizienten Waffen ausgeliefert hatte, den Maschinengewehren, Panzern und dem Gas?[20] Bildeten die Führer die massenpsychologische und erfahrungsgeschichtliche Kehrseite des Massentods, der Invalidisierung, der zerstörten physischen, psychischen und materiellen Existenz und der Massengräber? Strahlten die Führer nicht jene optimierte und zuversichtliche Individualität aus, welche die Soldaten im Krieg verloren hatten? Der militärische Anteil des Führerbildes mag sich nicht nur aus der unmittelbaren zeitlichen Nähe zum Krieg ergeben haben, sondern vor allem daraus, den soldatischen Vermassungsprozessen, die im Massentod zu Ende gingen, eine Bedeutung zu verleihen, auch wenn dabei nur Abziehbilder von Individualität und eigenen Projektionen eines besseren und selbstbestimmten Lebens herauskamen.

Für diese These sprechen mehrere Gründe: Erstens bildete sich der Führerkult insbesondere in jenen Nationen aus, die im Herbst 1918 auf die doppelt negative Erfahrung der menschenverschlingenden Materialschlachten und der Niederlage zurückblickten. Zweitens folgten namentlich Frontsoldaten den Parolen einiger bekannter Politiker und schufen damit das Phänomen des Führers. In dem Zusammenhang sei daran erinnert, dass in Italien die faschistischen Kampfbünde auf die Frontkämpfer zurückgingen; besonders die Angehörigen der Sturmtruppen (*arditi*) traten zu einem großen Teil unmittelbar dem Faschismus bei. Bei den Kommunisten Sowjetrusslands war die Verehrung der Führerpersönlichkeit besonders stark unter den roten Bürgerkriegskämpfern und der militarisierten jungen Generation.[21] In der Türkei entstand der Atatürk-Kult unter den Offizieren des Befreiungskrieges. Daraus folgt, drittens, dass die von diesen Personen eintrainierten Befehls- und Gehorsamsstrukturen sowie die soeben skizzierten Erfahrungen aus dem militärischen in den politischen Bereich übertragen wurden. Wollte man diese Verhältnisse auf den Begriff bringen, so ist von einer bellizistischen Hierarchisierung des Politischen zu sprechen, welche die Gesellschaften mit Führerkulten charakterisierte; sie war eine Folge des Ersten Weltkrieges. Ihr verdankten die Führerkulte ihren Ausgangspunkt.

Nicht erklärt ist damit jedoch, wie sich die Führer als Massenführer für breitere Schichten etablierten. Zwar existierten auch in der Bevölkerung politische und soziale Sehnsüchte, deren Befriedigung sie auf die Fähigkeit und Macht des Führers projizierte, aber das reicht bei weitem nicht aus, die Verehrung durch die Massen zu erklären, welche in den Jahren nach 1918 zu beobachten war. Dazu muss man nach anderen analytischen Kategorien suchen. Soll man die Führer, d. h. Italiens *Duce*, der Türken *ulu önder* sowie den *vožd'* Sowjetrusslands und schließlich der großen Sowjetunion unter dem Begriff der charismatischen Herrschaft fassen?[22] Just in die Zeit des Aufstiegs der „großen Männer" fiel die Ausarbeitung des theoretischen Konzepts, das deren Auftreten in der Geschichte als ein Phänomen sozialer Wechselbeziehungen begreift: die charismatische Herrschaft, eine der drei Idealtypen von Herrschaft bei Max Weber. Man kann nicht genügend darauf hinweisen, dass Weber den Zeitbezug selbst deutlich markierte, wenngleich er die Begründungszusammenhänge nicht zeitbezogen erstellte. „Charismatische Führerrevolutionen gegen erbcharismatische oder gegen Amtsgewalten finden sich in allen Verbänden, von dem Staat bis zu den Gewerkschaften (gerade jetzt!)."[23] War das die Beobachtung eines wiederkehrenden Phänomens in Webers Gegenwart, oder hat das zeitgenössische Phänomen dem Soziologen die Entdeckung der charismatischen Herrschaft erst ermöglicht? Die Antwort darauf muss hier offen bleiben, doch sagt uns die Erfahrung des Historikers, dass auch ein Soziologe vom Format Max Webers in seiner Wahrnehmung und Begrifflichkeit stärker zeitgebunden „sprach" als die überzeitliche Analyse und ihre Terminologie vermuten lassen. Letztlich ist die Antwort eher für die Weber-Forscher von Belang, nicht jedoch für das hier vorliegende Problem dreier Führerkulte. Die zeitliche Koinzidenz von charismatischen Herrschern – denen wir das Charisma vorerst unterstellen – und der Ausarbeitung der dazu passenden Herrschaftstheorie soll zumindest festgehalten werden.

Webers Überlegungen lassen sich in drei Schritten darstellen, die im Grunde ein Phasenmodell enthalten. Erstens: Charismatische Herrschaft entsteht unter den Bedingungen instabiler Ordnungen und anomischer Desintegrationsprozesse. Stabile und sichere Zeiten sind ihr abträglich. Sie lebt von der Kontingenz. Sie ist „stets das Kind ungewöhnlicher äußerer, speziell politischer oder ökonomischer, oder innerer seelischer, namentlich religiöser Situationen, oder beider zusammen, und entsteht aus der, einer Menschengruppe gemeinsamen, aus dem Außerordentlichen geborenen Erregung und aus der Hingabe an das Heroentum gleichviel welchen Inhalts."[24] Zweitens: Charismatische Herrschaft ist ihrerseits instabil, weil sie, einmal errichtet, sich in weitgehend organisationslosen Autoritäts- und Gefolgschaftsbeziehungen manifestiert. Drittens: Es liegt in der Natur der Beziehungen zwischen Charismatiker und Gefolgschaft, dass sich die Herrschaft „veralltäglichen" wird und damit ein Prozess der Routinisierung und Institutionalisierung eintritt. Spätestens mit dem „Wegfall des persönlichen Charismaträgers"[25] setzen Strukturierungs- und Organisationsprozesse von sozialen Beziehungen innerhalb der Gefolgschaft ein, die zwar unterschiedliche Formen annehmen können, aber grundsätzlich die verwaiste Führungsposition und das Autoritätsvakuum durch Regelhaftigkeit in den sozialen Beziehungen substituieren. Dieser Vorgang ist durchaus auch materiell gebunden, weil es dabei um die Absicherung von Lebenschancen geht. Weber bleibt bei diesen Übergangsphänomenen jedoch unscharf. Das eigentlich Spannende bleibt offen: Die charismatische Herrschaft sägt sich den eigenen legitimatorischen Ast ab, wenn sie die Bedingungen ihrer Existenz ignoriert und das tut, was ihre eigentliche historische und systematische Aufgabe ist: die Kontingenz, der sie ihre Existenz verdankt, zu beseitigen, indem sie Regeln aufstellt.

Die bellizistische Hierarchisierung des Politischen widerspricht der Charisma-These keineswegs. Sie beschreibt die Entstehung indes empirisch und versucht damit eine konzeptionelle Leerstelle in Webers Überlegungen auszufüllen. Das Charisma hat nämlich eine eigenartige Eigenschaft. Es ist erst dann erkennbar, wenn es schon da ist, sonst wüssten wir nichts darüber. Warum zum Beispiel „hat" der eine Charisma und der andere nicht, obwohl die Talente mindestens gleich gut verteilt sind? Warum Stalin und nicht Trockij, warum Mussolini und nicht Roberto Farinacci, warum Atatürk und nicht Kâzım Karabekir? Charisma setzt sich dem Verdacht aus, gleichzeitig *explanans* und *explanandum* zu sein. Man erklärt aber nichts, wenn man Mussolinis charismatisches Talent beschreibt, wohl aber, wenn man nach den Milieus fragt, in denen sich jene sozialen Beziehungen entfalteten, für die „charismatische Herrschaft" vielleicht der richtige Begriff ist. Das Wichtige am Charisma ist folglich nicht der Charismatiker, sondern es sind die Anhänger, die dem einen folgen und dem anderen, vielleicht sogar talentierteren, nicht. Aus diesem Grunde wohnt dem, was Weber idealtypisch charismatische Herrschaft nannte, ein starkes plebiszitäres Moment inne. Der Führer ist in einem weit stärkeren Maße abhängig von der Masse, als das Modell glauben macht. Im Falle Mussolinis sollte sich dieser Zusammenhang beweisen, wie später noch zu sehen sein wird. Der erste Abschnitt dieses Kapitels hat gezeigt, dass man mit der Beschreibung von persönlichen Eigenschaften und Lebensläufen biographische Gemeinsamkeiten feststellen, aber das „Geheimnis" der Führerschaft nicht lüften kann. Deswegen sind die Aufstiegsmilieus genauer unter die Lupe zu nehmen. In welchen Milieus vollzog sich die Herausbildung und Zuschreibung von – immer noch unterstelltem – Charisma?

Im Fall Atatürks sind viele hingebungsvolle Zeugnisse aus seiner unmittelbaren Umgebung überliefert. İsmet (İnönü), einer von Atatürks engsten Weggefährten, meinte: „Mustafa Kemal ist der Meister, wir sind seine Assistenten".[26] İnönü nannte Atatürk auch seinen *hızır*, das islamische Äquivalent zu *fortuna*, und er scheute sich nicht, die Bedeutung Atatürks für sein Leben in warme Worte zu fassen. „Du bist ein Mann, der große Dinge hat vollbringen lassen. Meine Zuneigung zu Dir hat sich dadurch verdoppelt. Ich umarme Dich, mein vielgeliebter Bruder und Führer."[27] Justizminister Mahmud Esad spielte seine eigene Rolle und Bedeutung bei den Rechtsreformen 1926 herunter, als er schrieb: „Wenn man in den Gesetzen der Republik Erfolge und Schönheiten sieht, so verdanken wir sie nicht meiner Person, sondern unmittelbar Seiner Exzellenz, dem großen Führer (*lider*) der Türkischen Revolution Gazi Mustafa Kemal Paşa. Es sind die reichen materiellen und immateriellen Geschenke und Eingebungen, die ich von dem großen Führer erhielt, die mich diese Gesetze vorbereiten ließen."[28] Daraus zu schließen, Mustafa Kemal sei unbestrittener und unantastbarer Herrscher gewesen, dem zu widersprechen einem Sakrileg gleichgekommen wäre und dessen Autorität über allen Zweifel erhaben war, hieße, ein grob verzerrtes Bild von der Wirklichkeit zu zeichnen. Zwar wurde Mustafa Kemal Anbetung zuteil, aber er musste auch lavieren und Kompromisse eingehen; seine Autorität galt unter den Männern an der Spitze der türkischen Nation nicht unumschränkt und unwidersprochen. Opposition war nicht selten, auch unter den Offizieren. Übertrieben sind Charakterisierungen wie „véritable dictateur révolutionnaire" oder „maître absolu",[29] wobei die Kommissare nicht mehr als Sekretäre seien; die Meinung, die Deputierten der Großen Nationalversammlung pflegten lediglich „evet efendim" (jawohl, mein Herr) zu sagen,[30] entspricht nicht den Tatsachen. Allerdings herrschte unter den kemalistischen Offizieren, die sich seit langem kannten, ein starker Korpsgeist, der Entsolidarisierungsvorgänge verhindern half. Dennoch ist es in der Rückschau erstaunlich, dass es Mustafa Kemal gelang, das Offizierskorps hinter sich zu bringen, zumal es wichtige und vor allem militärisch erfolgreiche Generäle gab, die sich der Führerschaft Mustafa Kemals hätten entgegenstellen können. Kâzım Karabekir, der Ende 1920 den Sieg über die Armenier errungen hatte, war einer von ihnen. Aber auch er, der in wichtigen Punkten nicht mit Mustafa Kemal übereinstimmte und dessen Alleinherrscher-Allüren ablehnte, blieb in den schweren Zeiten des „Unabhängigkeitskrieges" loyal. In einer entscheidenden Situation 1920 hätte er sein militärisches und politisches Gewicht gegen Mustafa Kemal in die Waagschale werfen können, aber seine Worte „Wir stehen zu Ihrer Verfügung, Pascha" retteten diesem wahrscheinlich die Führerschaft.[31]

Die Gefolgschaft Mustafa Kemals, um einen weiteren Begriff Webers zu benutzen, umfasste einen recht kleinen Kreis von Personen. Die allermeisten von ihnen waren gleich alt; sie stammten zu großen Teilen aus dem Militär und waren hohe Offiziere; sie kannten sich vielfach noch aus den Zeiten ihrer militärischen Ausbildung; zugleich waren sie Nutznießer der nationalen Revolution, der Mustafa Kemal die Gestalt gab: Sie saßen in der Nationalversammlung, erhielten militärische Kommandos und zivile Posten.[32] Die Tatsache, dass viele der Deputierten der Nationalversammlung in Ankara zuvor im von den Alliierten aufgelösten Parlament in Istanbul gesessen hatten, spricht keineswegs gegen diese These. Ihr „Übertritt" in die durch keine Wahl, sondern lediglich durch die rhetorische Berufung auf die Nation legitimierte Versammlung in Ankara mag einerseits mit einer patriotischen Gesinnung begründet gewesen sein, andererseits aber mit den besseren Chancen auf Fortkommen, Einfluss, Macht, Prestige und Vermögen, die sich in der nationalen Regierung boten. Für diese Gruppe bildete Mustafa Kemal unzweifelhaft den Garanten der nationalen Unabhängigkeit, aber auch der neuen

Möglichkeiten. Nur darf man sich das Verhältnis zwischen Autorität und Gefolgschaft nicht durchgängig harmonisch vorstellen. Aber Mustafa Kemals herausragender Status litt nicht unter den Oppositionen. Seine Aura überlebte sogar schwere Angriffe seiner Gegner in Istanbul: Weder das von der Sultansregierung erwirkte *fetva* des obersten religiösen Würdenträgers im Osmanenreich vom April 1920 noch das Todesurteil, welches ein Istanbuler Militärgericht im Mai desselben Jahres in absentia über den abtrünnigen Offizier verhängte, der den Loyalitätseid gegenüber dem Herrscher gebrochen hatte, konnten ihm letztlich schaden.

Mustafa Kemals Aufstieg vollzog sich in einer zahlenmäßig sehr begrenzten und zudem stabilen Gruppe. In die seit 1908 rochierenden Führungspositionen kam erst nach dem vollständigen Scheitern des jungtürkischen Triumvirats neue Bewegung. Erst die Flucht der führenden Persönlichkeiten Enver Pascha, Cemal Pascha und Talât Pascha 1918 ermöglichte es dem bis dahin politisch zweitrangigen Mustafa Kemal, die verwaiste Führungsposition einzunehmen. Die neue Führungsgruppe rekrutierte aus sich heraus die zukünftigen Führungsgestalten. Alles pompöse Vorsehungsgeraune wirkt vor diesem Hintergrund wie eine Karikatur: „Mit Kamâl Atatürk stieg aus Jahrtausendtiefen ein heldischer Geist empor zum Licht und wies den Völkern eines geknechteten Erdteils den Weg zur Freiheit.“[33] Mustafa Kemals Aufstieg vollzog sich im Verlauf eines guten Dutzends von Jahren. Die trotz der Personalverluste von 1918 hohe Stabilität der führenden Personengruppe legt einen weiteren Gedanken nahe: Offenkundig war Mustafa Kemal als Offizier des Sultans in ein Netzwerk eingebunden, das sich seit seiner Ausbildung in Saloniki ausweitete. Wer die verschiedenen Lebensphasen des späteren „Vaters der Türken“ untersucht, stößt immer wieder auf dieselben Namen. Die militärischen Kommandos, die Mustafa Kemal in verschiedene Randgebiete des Reiches führten, halfen, die Verbindungen weiter auszubauen, und zwar auf der horizontalen Ebene derselben Alterskohorte als auch auf der vertikalen der Vorgesetzten und Untergebenen. Das Netzwerk funktionierte während des jungtürkischen Staatstreichs 1908, aber auch unter weitaus weniger dramatischen Umständen. Selbst der durchaus querulatorisch veranlagte Mustafa Kemal fiel nie durch die Maschen. Wer einmal in den Kreis der Offiziere aufgestiegen war, durfte ungeachtet aller Eifersüchteleien und ehrpusseliger Konkurrenzen mit einem hohen Maß an Solidarität rechnen. Atatürks Biographie weist viele Beispiele dafür auf. Ob Verdienst oder Versagen, das Netz hielt alles aus. Unerlaubtes Entfernen vom Dienst zum Zwecke des Aufbaus revolutionärer Zellen wie bei Mustafa Kemal oder selbst größte militärische Unfähigkeit, wie Enver Pascha sie bei der Niederlage der türkischen Truppen bei Sarıkamış 1915 gegen die Armee des Zarenreiches unter Beweis stellte, ließen das Netz nicht reißen. Wenn es anlässlich des militärischen Zusammenbruchs 1918 führenden Offizieren geraten schien, sich der Verantwortung durch Flucht zu entziehen, so taten sie das als gescheiterte Politiker, nicht aber als gescheiterte Militärs. In diesem relativ kleinen, changierenden personellen Umfeld, das weitere angesehene Offiziere kannte, vollzog sich der Aufstieg Mustafa Kemals zum Führer.

Wenngleich also Mustafa Kemal nicht der einzige wichtige Offizier war, so bleibt doch festzuhalten: Die neue Elite der Türkei mit Mustafa Kemal an der Spitze erledigte die ersten Schritte der nationalen Befreiung und der Gründung des neuen Staates ohne Partei, allein kraft ihrer elitären Rolle. Die 1923 gegründete *Cumhuriyet Halk Partisi* hingegen war eine Organisationsform, die dazu beitrug, das Elitenprojekt der Kemalisten auf eine breitere Legitimationsgrundlage zu stellen. Für den Aufstieg Mustafa Kemals zum nationalen Führer war sie keine Voraussetzung.

So unterschiedlich die Milieus, so stark die strukturellen Gemeinsamkeiten: Winzig war auch die Gruppe der Exilrevolutionäre, unter denen Lenin das Sagen hatte. Rechnet man nur den bolschewistischen Flügel der russischen Sozialdemokratie, dann lag die Zahl der Parteimitglieder zu Beginn des Revolutionsjahres 1905 zwar bei ca. 8500 Personen,[34] aber die vor 1917 allesamt im Ausland abgehaltenen Parteikongresse versammelten zumeist keine Deputierten der russischen Parteiorganisationen, sondern die kleine Gruppe der Exilbolschewiki. Als sich 1907 in London 336 Abgeordnete zum 5. Parteikongress trafen, lag die Zahl der Teilnehmer untypisch hoch. Die Führungsgruppe der Bolschewiki hätte zu dieser Zeit keineswegs alle Sitzplätze jenes Eisenbahnwaggons benötigt, mit dem sie 1917 nach Russland verfrachtet wurde. Auch Lenin musste sich ständigen Widerspruchs erwehren. Bezeichnend für das Milieu der Exilbolschewiki war die permanente Kampfbereitschaft – die in die Praxis umzusetzen bis 1917 nicht gelang. In „Was tun?“ (1902) hatte Lenin die Idee der Partei der Berufsrevolutionäre entworfen. Diese Organisationsform verkörperte geradezu das Führerprinzip, da es den Massen an Bewusstsein und Organisation fehle.[35] Zwar ging es Lenin nicht um den einzelnen, herausgehobenen Führer der bolschewistischen Partei, aber das Verhältnis zwischen Massen und Partei kann nur als eines beschrieben werden, in dem die Partei lenkte und dachte und die Massen folgten. Der Unterschied zum personalisierten und individualisierten Führerprinzip bestand darin, dass den Massen ein kollektiver Führer in Person der Partei gegenübertrat, wohingegen der Faschismus den einzigartigen *Duce* und der Kemalismus die Autorität des „Vaters" kannte. Aber der Übergang zwischen kollektiver und individueller Führung war auch im Falle der Bolschewiki schwer zu bestimmen, zumal wenn man nicht so sehr auf den Buchstaben von „Was tun?" schaut, sondern auf die tatsächlich vorhandenen sozialen Beziehungen unter den Bolschewiki und ihr Verhältnis zu den „Massen". So ist Lenins Organisationsprinzipien von russischen Sozialisten entgegengehalten worden, es handele sich um eine Neuauflage der Theorie von Held und Masse.[36]

Unübersehbar hielt Lenin es sehr wohl mit der persönlichen Führung. Er scheute sich nicht, sie durchzusetzen, obwohl es immer inhaltliche Gründe gab, über die man angeblich diskutierte. Zweierlei ist jedoch während der Untergrundphase zu erkennen: In dem Maße, wie Lenin sich gezwungen sah, auf Parteiflügel und abweichende Meinungen Rücksicht zu nehmen, betrieb er die Durchsetzung der einzigen richtigen Meinung – d. h. seiner – mit allen Mitteln. Lenins schriftliches Werk ist daher voller Kämpfe gegen Abtrünnige, Abweichler, Versöhnler und dergleichen mehr. Seine Autorität in Führungsfragen „bewies" Lenin mit der Treue zum Marxismus, wie er ihn interpretierte. Als der ihm an Bildung, Intellekt, Theoriewissen und revolutionärer Praxis überlegene Aleksandr Bogdanov die Grundlagen dafür legte, den bereits 1909 dogmatischen und verknöcherten Sozialismus Lenins zu aktualisieren und theoretisch zu öffnen,[37] da vertrieb Lenin den Parteigenossen mit den Mitteln der Denunziation, Hetze und Verleumdung aus den Führungskreisen der Partei.[38] Seitdem war er ideologisch unbestritten und ein Lehrer für Gestalten vom politischen und intellektuellen Schlag eines Josef Stalin. D. h., Lenin reinigte die Partei ideologisch und personell von allen Abweichungen und Abweichlern. Dass dabei Führungsautorität entstand, ist unübersehbar.

Der Kult um Lenins Person war folglich schon unter den Bolschewiki angelegt, bevor er nach dem Oktober 1917 weitere Kreise zog. Wie bei Atatürk fanden sich Lenins Hagiographen ebenfalls im engsten Umkreis. Trockij sprach vom Willen der Geschichte, der sich in Lenin verkörpere, Lenin sei „der größte Mensch unserer revolutionären Epoche".[39] Die *Pravda* veröffentlichte am 23. April 1920 auf den ersten drei Seiten Elogen auf den *vožd'* (Führer). Dieser Titel wurde immer öfter für Lenin verwendet. Besonders das Attentat vom Juli 1918 trug erheblich zur Verstärkung des Führerkults bei.[40] Dabei wurde der Status des Führers in den Zirkeln einer kleinen Elite erarbeitet. Zunächst in den Kreisen der Auslandsrevolutionäre entstanden, seit dem April 1917 in der Führungsriege der Bolschewiki trotz innerparteilicher Konflikte – etwa zur Frage des Vorgehens im Oktober – gewachsen, gehärtet durch das Attentat 1918 und schließlich durch Krankheit, Siechtum und Tod 1924 zum Regimebestandteil geworden, lagen die Wurzeln der Verehrung Lenins doch in der stets kleinen Führungsriege der bolschewistischen Partei. Von hier ging der Impuls zur Schaffung des Leninkults aus, der sich sehr früh in Stein gemeißelt und in Metall gegossen manifestierte.

Bei Mussolini sieht die Lage vollständig anders aus. Im Unterschied zu Atatürk und Lenin stammte er nicht aus einer über viele Jahre hinweg gewachsenen Gemeinschaft mit rochierendem, aber relativ stabilem Personalbestand. Lenin und Atatürk konnten auf organisatorische Voraussetzungen bauen, die Mussolini nicht vorfand. Er musste seine Gefolgschaft vollständig neu sammeln, nachdem er sich von den Sozialisten getrennt hatte. Das gelang ihm mit der Gründung der faschistischen Kampfbünde im März 1919. Materiell war Mussolini unter den anfangs wenigen Faschisten dadurch im Vorteil, dass er die Tageszeitung *Il Popolo d'Italia* leitete, die ihm außerdem gehörte. Darüber hinaus besaß er jedoch im Unterschied zu Atatürk und Lenin jene öffentliche Strahlkraft, die eben nicht zufällig nur ihm ermöglichte, aus dem Stand mit Hilfe der faschistischen Bewegung eine Gefolgschaft aufzubauen, die ihresgleichen weder im Lenin- noch im Atatürk-Kult hatte und die er – trotz anfänglicher Schwächen und der entmutigenden Wahlniederlage von 1919 – innerhalb von nur drei Jahren zu einer klassenübergreifenden Massenbewegung zu erweitern vermochte.[41] Mussolini, „Mann des Gedankens und der Tat, schlagkräftiger und mitreißender Journalist, temperamentvoller und zugkräftiger Redner", wie ein Polizeibericht von 1919 ihn charakterisierte, könnte ein „Kondottiere und ein furchterweckender Führer werden."[42] Er wurde es. In der faschistischen Bewegung war auch er nicht ohne Gegner; er setzte seinen Willen nicht widerstandslos gegen andere durch; auch er musste Kompromisse eingehen oder Rückzieher machen, aber trotz eigenwilliger und ihm widerstrebender Kampfgenossen mit eigenen machtvollen Gefolgschaften im Rücken vermochte sich Mussolini durchzusetzen. Er tat das auf dem Feld, das den gesamten Faschismus kennzeichnen sollte: als Vermittler und Integrator unterschiedlicher Richtungen. Seine notorische programmatische Unschärfe half ihm dabei.

Allein im Faschismus gelang die Etablierung des Führerkultes in den Massen in ungebrochener Fortsetzung aus den Aufstiegsmilieus heraus. Dies ist der entscheidende Unterschied zur Türkei und zu Sowjetrussland, wo sich die Regime um die Ausweitung und Verankerung des Führerkults in den „Massen" in mühevoller Arbeit bemühen mussten.

Chuzpe statt Charisma

Der zentrale Unterschied zwischen den Führern bestand in ihrer Nähe und Wechselbeziehung zur Bevölkerung. Er trat nicht nur in der Anfangszeit der Regime hervor, sondern behielt seine Bedeutung während der zwanziger und dreißiger Jahre bei. So verwundert es nicht, dass der italienische Faschismus rasch die Darstellung des eigenen Regimes und des *Duce* perfektionierte, weil die faschistische Bewegung von Anfang an das Janusgesicht von Inszenierung und Gewalt, beides auf der Straße erprobt, in die Säle der Politik trug. Die Bolschewiki hingegen gingen mit gänzlich anderem Rüstzeug in die Agitation. Als Untergrundpartei hatten sie Zirkel gegründet, in Fabriken unter Arbeitern Propaganda betrieben, in Kellern die Druckerpresse betätigt und aus dem Ausland revolutionäre Pamphlete, Broschüren und Bücher ins Zarenreich geschmuggelt.[43] Die Bolschewiki konnten erst sehr spät, eigentlich erst 1917, auf die öffentliche Mobilisierung der Massen setzen, wobei unter „Massen" namentlich die städtische Bevölkerung und hier wiederum das Proletariat zu verstehen ist. In der Türkei kamen Gleichgesinnte eines elitären Kreises an die Macht; mit den „Massen" waren sie nicht verbunden. Diese Unterschiede mussten sich in der Entwicklung der inszenatorischen Instrumente der Regime bemerkbar machen.

Von vornherein zeigen sich unter den drei Regimen deutliche Unterschiede, und zwar je nach Grad ihrer Massenbindung, die sie aus der Zeit vor dem Umsturz in die Aufbauphase des Regimes mitbrachten. Was Atatürk angeht, so ist in dieser Hinsicht vor allem festzuhalten, was es im Unterschied zu den anderen beiden Personenkulten nicht gab. In der Türkei haben niemals jene Massenveranstaltungen stattgefunden, wie sie für den Faschismus und Sowjetsozialismus typisch waren; niemals hat Atatürk den Massenagitator gegeben. Er füllte keine Marktplätze und stellte sich nicht auf Balkone, um zum versammelten Volk zu sprechen. Er setzte seine umstürzenden Reformen in Kraft und fragte nicht, was die Leute davon hielten. Er wusste es einfach besser. In seiner Erzieherrolle kam sein Verhältnis zu den Massen zum Ausdruck: „Wenn mir eine große Verantwortung und Macht zufällt, glaube ich, dass ich in unserem Gesellschaftsleben die erwünschten Umwälzungen in einem Augenblick, in einem ,Coup' umsetzen werde. Denn ich akzeptiere nicht, wie einige, dass dies dadurch in Gang kommt, dass man ganz allmählich die öffentliche Meinung und die Meinung der Gelehrten (...) plant und gedanklich vorbereitet. Gegen ein solches Vorgehen rebelliert meine Seele. Der Grund: Nachdem ich so viele Jahre höhere Studien betrieben und das zivilisierte und soziale Leben untersucht habe, um die Freiheit ein wenig kennenzulernen, und darauf mein Leben und meine Zeit verwendet habe, soll ich auf die Stufe der einfachen Leute herabsteigen? (Nein), ich werde sie auf meine Stufe heraufholen, ich möchte nicht wie sie werden, sie sollen werden wie ich."[44] Wenn er den Alltag umwälzende Neuerungen wie die „Hutrevolution" bekanntgab oder das lateinische Alphabet einführte, dann tat er das in der Öffentlichkeit, wo er den Hut statt des Fes vorführte oder mit Stehtafel und Kreide bewaffnet lateinische Buchstaben aufmalte. Es handelte sich dabei aber nicht um propagandistisch aufgedonnerte und vom Führerprinzip bestimmte Riesenveranstaltungen. Die Kemalisten haben sie gemieden. Es nicht bekannt, ob das mit Absicht geschah, weil sie sich ihrer Sache nicht sicher waren und den Protest der Anwesenden nicht heraufbeschwören wollten. Diese Überlegung ist Spekulation, und sie arbeitet mit der Unterstellung, dass die Kemalisten unfähig waren, wenn es ihnen nicht gelang, genügend treue Anhänger in Großveranstaltungen zu mobilisieren. Tatsache ist: Sie haben es nicht gemacht. Ohne eine Demokratie zu sein, hat die kemalistische Türkei nicht den Festpomp der autoritären Staaten veranstaltet. Wenn man die Massenveranstaltungen als Rituale deutet, welche die Bevölkerung mit dem Führer und dem Regime inszenatorisch zusammenschweißen sollten, zumindest aber diese Zusammengehörigkeit suggerierten, dann galt auch hier Atatürks Diktum, dass er sich nicht auf die Ebene der Massen herabzulassen gedachte.

Atatürk war auch kein Führer „zum Anfassen". Zwar scheute er die Öffentlichkeit nicht, aber er begab sich nicht in die Menge. Auf Fotos ist er nie in der Masse, wohl aber inmitten kleiner Gruppen zu sehen.[45] Er ließ sich als Zivilist abbilden, die Uniform hatte er abgelegt und trug sie nur zu bestimmten Anlässen. Man sieht ihn im Sommeranzug mit Zigarre, mit Gattin – die Ablichtung der Ehefrau war in der Türkei neu –, im Frack mit einem modischen Gehstock, in Knickerbockern und Schirmmütze, rauchend mit Gesinnungsgenossen bei der Diskussion, aber jede ikonographische Anbiederung an das Volk war ihm fremd. Er gab sich als Europäer. Saß er unter Kamelzüchtern, so hob er sich durch seine europäische Kleidung von den traditionell gewandeten Männern ab. Dieser Gestus fand sich in den Standbildern wieder. Das erste wurde 1926 in der ehemaligen Hauptstadt Istanbul errichtet, jener Stadt, die als Inbegriff der Multinationalität galt, in der seit 1453, über viereinhalb Jahrhunderte, die Sultane residiert hatten und von der Mustafa Kemal sich abgewandt hatte, als er die Hauptstadt nach Ankara verlegte.[46] Im Gülhane-Park gleich unterhalb des Topkapı-Palastes stand und steht es im Herzen der alten Macht an historischem Ort, denn dort hatte Großwesir Reşid Pascha 1839 jenes berühmte Dekret verkündet, das die große Reformperiode der *Tanzimat* einleitete und das Osmanenreich europäisieren sollte. Nun vollendete Mustafa Kemal das Werk. Der Standort diente der Dokumentation dieser historischen Kontinuität und war nicht zufällig gewählt. Auch die Tatsache, dass die Figur des Staatsgründers dem Palast und dem alten Istanbul den Rücken kehrte und seinen Blick über den Bosporus hinweg nach Anatolien schweifen ließ, sprach für sich. Im religiös-konservativen Konya wurde im selben Jahr ein weiteres Standbild Mustafa Kemals enthüllt.[47] Die neue Hauptstadt ehrte Mustafa Kemal 1927 mit einem monumentalen und militärisch triumphalen Siegesdenkmal auf dem Ulus-Platz. Es zeigt den Sieger des „Unabhängigkeitskrieges" hoch zu Ross; auf dem weitläufigen Sockel sind Szenen aus dem Krieg 1919–1921 als Reliefs dargestellt.

Aylin Tekiner verdanken wir eine Studie zu den Atatürk-Denkmälern, die eine große Lücke in der Forschung zum Atatürk-Kult schließt. Auch über siebzig Jahre nach dem Ableben des Staatsgründers liegt immer noch keine fundierte, vor allem kritische Studie dazu vor. Eine Entsprechung zur mustergültigen Untersuchung über den Leninkult von Benno Ennker oder zu den mittlerweile zahlreichen Arbeiten über den Stalin-Kult sowie zu den vielen Studien über den Mussolini-Kult gibt es in der Forschung zur Türkei nicht. Das mag mit der Wertschätzung zusammenhängen, die Atatürk in seinem Land genoss und noch immer genießt. Allerdings passt dieser Befund ins Bild. Auch für Italien und die Sowjetunion gilt, dass es nicht so sehr die landeseigenen Historiker waren, die sich dem Führerkult wissenschaftlich widmeten.[48] Zum Atatürk-Kult fehlt selbst eine kritische Studie aus nicht-türkischer Feder. Umso wichtiger ist Tekiners Buch, nicht zuletzt deswegen, weil es die ästhetischen Einflüsse von außen deutlich macht.

Zahlenmäßig quoll die Denkmalproduktion in der Türkei nicht gerade über. Zwischen 1926 und 1930 wurden insgesamt acht davon enthüllt, weitere 16 bis 1935. Nach Atatürks Ableben 1938 entstanden zunächst keine neuen Monumente.[49] Zumeist trug der Staatsgründer zivil, aber auch einige in Uniform sind darunter. Erst nach dem Militärputsch von 1980 hielten es die regierenden Generäle für richtig, ihn grundsätzlich in Uniform abzubilden. Wichtiger aber sind Tekiners Aussagen über die Ästhetik und das Bildprogramm. Sie hält die Denkmäler für die Visualisierung der kemalistischen Ideologie, die stark auf Verwestlichung, Rationalität, Technik und zentralistischen Staat setzte, was in der politischen Kunst zum Ausdruck komme. Die ästhetischen Bezüge sowohl zur Kunst in westlich-liberalen Ländern als auch in totalitären seien offenkundig, wobei Tekiner sich für die letzteren auf die bekannte Studie von Igor Golomštok zur „totalitären Kunst" beruft.[50] Kaum vorhanden sei jedoch eine osmanisch-türkische Tradition der Monumentalisierung von Herrscherpersönlichkeiten, was sicherlich auf das islamische Bilderverbot zurückzuführen ist. So wundert es nicht, wenn sich erst unter den Bedingungen einer fortschreitenden Europäisierung im späten 19. Jahrhundert wenige Beispiele einer poltischen Bildhauerei ausmachen lassen. Sultane und hohe Beamte verstanden sich als Stifter für verzierte Brunnenbauten und Uhrtürme. Das Aufstellen von Denkmälern für eine Herrscherpersönlichkeit in der Öffentlichkeit, so darf man aus dem Buch folgern, war ein Novum in der Herrschaftssymbolik und ein weiteres Kennzeichen der Verwestlichung. Allerdings, so Tekiner, habe die Türkei ihren eigenen Weg gefunden. Worin der allerdings bestanden haben soll, wird nicht so recht klar, denn die Anleihen bei der Kunst anderer Länder sind offenkundig, und zwar sowohl beim faschistischen Italien als auch bei der sozialistischen Sowjetunion, was eigentlich Wasser auf die Mühlen Golomštoks und seiner umstrittenen These von der „totalitären" Kunst wäre.

Nicht von der Hand zu weisen ist die Tatsache, dass die Kunst in den Dienst der Politik gestellt wurde, wie Tekiner mit Golomštok meint. Aber das ist bei einer per se politischen Darstellung einer Herrscherpersönlichkeit keine Überraschung. So ist wichtiger, was Tekiner über den Unterschied zur totalitären Indienststellung der Kunst für die Türkei beschreibt: In der Türkei hatten die Künstler vollkommen freie Hand bei der Wahl ihrer Themen, eine verordnete Ästhetik wie den verbindlichen „sozialistischen Realismus" in der Sowjetunion gab es nicht.[51] Aber eine Vorstellung davon, wie die politische Kunst auszusehen habe, existierte sehr wohl, denn zwei der wichtigsten Bildhauer, die in den 1920–30er Jahren Atatürk-Denkmäler formten, übernahmen die künstlerischen

Einflüsse ihrer Zeit aus dem Faschismus und Nationalsozialismus. Der aus Österreich stammende Heinrich Krippel schuf die genannten Werke 1926 in Istanbul und in Konya und 1927 in Ankara. Die beiden letzteren sind Beispiele für den Feldherrn Mustafa Kemal und die dazugehörige Pose. Viel stärker wird der ästhetische Bezug zum Faschismus in der Person des faschistischen, mit Mussolini auch persönlich eng verbundenen „Staatskünstlers" Pietro Canonica. Er schuf 1928 das im ersten Kapitel erwähnte Denkmal der Republik auf dem Taksim-Platz in Istanbul, das Tekiner wegen des Ausdrucks von Kraft, Stärke, Gesundheit, Dynamik und der herausgestellten maskulinen Anatomie als vom Faschismus beeinflusst charakterisiert. Es trägt die Inschrift *tek ulus, tek lider, tek devlet* (eine Nation, ein Führer, ein Staat), eine Parole, die dadurch verstärkt wird, dass dieses Denkmal das einzige ist, auf dem neben Mustafa Kemal auch andere wichtige Persönlichkeiten der kemalistischen Führung – İsmet (İnönü) und Fevzi (Çakmak) – sowie die sowjetischen Generäle Frunze und Vorošilov zu sehen sind. Sonst pflegt der *ulu önder* ohne Begleitung zu stehen oder zu reiten. Zur Enthüllung schickte der *Duce* ein artiges Glückwunschtelegramm.[52] Die gleiche Bildsprache gilt für die von Clemens Holzmeister entworfene, von Anton Hanak und Josef Thorak ausgeführte ebenso monumentale wie martialische Anlage *Güvenlik Anıtı* (Denkmal der Sicherheit) auf dem Kızılay-Platz in Ankara, das die Betrachter mit Mustafa Kemals Spruch *Türk, övün, çalış, güven.* (Türke, sei stolz, arbeite und sei zuversichtlich) aus den Niederungen des Alltags entführt. Vollständig aus dem Rahmen fällt allerdings das „Siegesdenkmal" Krippels, das 1936 in Afyon enthüllt wurde. Es symbolisiert den Sieg über die Griechen am nahe gelegenen Dumlupınar-Pass im August 1922 und zeigt Atatürk splitternackt als antikisierend-herkuleischen Kraftprotz, der in seiner aggressiven Dynamik der Ausdruck faschistischer Kunst sei.[53] Dass der im offiziellen Auftrag arbeitende Bildhauer für den türkischen Sieg die Stilmittel der griechischen Antike paraphrasierte, war kein Widerspruch, wie sich am Beispiel des Atatürk-Mausoleums noch zeigen wird.

Leider wissen wir bis heute nicht, wie, von wem bzw. welchen Institutionen und in welchem Umfang der Atatürk-Kult zu Lebzeiten inszeniert worden ist, auch nicht, welchen Anteil Atatürk selbst an der Verbreitung des Kultes gehabt hat, wenngleich er häufig im Gestus der Bescheidenheit aufgetreten ist. Erbauungslyrik zu seinen Ehren anlässlich des 10-jährigen Jubiläums der Gründung der Republik hat er sich verbeten.[54] Überhaupt darf man die technischen Voraussetzungen für eine flächendeckende Propagierung des Kultes als kaum vorhanden unterstellen, doch ist darüber zu wenig bekannt. Soweit erkennbar, hat es an den modernen Massenmedien lange Zeit gefehlt, so dass die weit verbreitete Ansicht, der Personenkult sei nach dem Tod Atatürks erst in Gang gekommen, sehr wohl mit dem Aufholen dieses technischen Rückstands zu tun haben mag. 42 Tageszeitungen und 76 Zeitschriften gab es 1936 in der ganzen Türkei. Die meisten erschienen in Istanbul, Ankara, Izmir und wenigen weiteren Großstädten, so dass die Provinz praktisch ohne Zeitungen auskommen musste. Die Auflagen selbst der wichtigsten überregionalen Tageszeitungen lagen zwischen 4000 (*Vakit*) und maximal 20 000 (*Cumhuriyet, Tan*). Der Preis der einzelnen Nummer überstieg die Kaufkraft so manchen türkischen Bürgers: Häufig kostete die Zeitung so viel wie ein Pfund Brot.[55] Das zweiwöchig erscheinende Blatt *Yurd* war die einzige echte Propagandazeitung. Herausgegeben von der CHP wurde sie in hoher Auflage und kostenlos auf die Städte und Dörfer verteilt.[56] In Rechnung zu stellen ist außerdem die Mitte der 1930er Jahre noch immer hohe Zahl der Analphabeten besonders unter der ländlichen Bevölkerung. Das Radio war ein Luxusartikel und als Propagandainstrument gänzlich untauglich. In der Türkei wurde es nicht hergestellt, bis 1937 lag die Importsteuer auf die Empfängergeräte über dem Einkaufspreis in den Herstellungsländern, so dass sich der Preis für den türkischen Käufer mehr als verdoppelte. Daher existierten in diesem Jahr auch nur knapp über 9000 Radios in der ganzen Türkei. Da die Elektrifizierung des Landes die größten Aufgaben noch vor sich hatte, blieben dem Einsatz des Rundfunks auch in dieser Hinsicht enge Grenzen gesetzt. So ist verständlich, dass auch das dritte wichtige Massenmedium, das in den Propagandastaaten der Zwischenkriegszeit eingesetzt und weiter entwickelt wurde, in der Türkei unbedeutend blieb: 1931 existierten landesweit 144 Kinos, davon allein 35 in Istanbul. Sie zeigten zumeist Filme von vorgestern; eine türkische Filmindustrie gab es bis Ende der dreißiger Jahre kaum, folglich auch keine Instrumentalisierung des Kinos für die Politik der Kemalisten, zumal die Kinos häufiger geschlossen als geöffnet waren.[57]

Unter diesen Umständen erhält die berühmte Rede (*Nutuk*) Mustafa Kemals vom Oktober 1927 vor den Delegierten des Parteikongresses der CHP eine besondere Bedeutung.[58] Sie stellt die Geschichte der Türkei zwischen 1919 und 1926 dar. Viel ist darüber gerätselt worden, warum der Staatsgründer sein Publikum 36,5 Stunden über sechs Tage verteilt monologisierend – soll man sagen – in Atem hielt? In der vergleichenden Perspektive wird die Angelegenheit nicht klarer, im Gegenteil. Eine solche Wiedergabe herrscherlicher Betrachtungen zur Zeitgeschichte ist in keinem anderen Fall von Führerkulten überliefert. Bisher gibt es hauptsächlich zwei Antworten auf die Frage. Die eine besagt, Mustafa Kemal habe die Kämpfe und Konflikte in der Partei klarstellen und ein Jahr nach dem Verbot der Oppositionspartei *Terakkiperver Cumhuriyet Fırkası* eine Abrechnung mit seinen Gegnern vornehmen wollen. Die andere lautet, es sei dem Helden des „Unabhängigkeitskrieges" darum gegangen, seine Version der Geschichte zu präsentieren und verbindlich zu machen. Beide Antworten treffen die Sache und schließen sich nicht gegenseitig aus, nur können sie nicht erklären, warum Mustafa Kemal nicht wie Stalin einen „Kurzen Lehrgang" hat schreiben lassen, in dem alles Notwendige zum Auswendiglernen enthalten war und der in Millionenauflage unters Volk gebracht wurde.[59] Warum also stellte er sich vor die Delegierten und unterzog sich und seine Zuhörer dem Vergnügen oder der Strapaze einer Mammut-Rede? Stellt man *Nutuk* in den Zusammenhang des Führerkults, so ergibt sich eine weitere Lesart, die erklärt, warum Mustafa Kemal diese Form der Mitteilung wählte. Da es über seine Motive keine Zeugnisse aus erster Hand gibt, so muss der Kontext die Erklärungen liefern.

Die Rede steht in der Tradition der Mündlichkeit; sie verkörpert geradezu dieses Prinzip. Sie ist eine Lektion in Geschichte als erzählter Vergangenheit. Mustafa Kemal belegt seine Erzählung mit Quellen und verleiht ihr dadurch den Charakter einer „modernen", beweiskräftigen Darstellung. Zwei Gründe sind für diese These ausschlaggebend: erstens der vergleichsweise kleine Kreis der Parteitagsdelegierten als Adressat in Vertretung der Nation. Dem Volk *brauchte* Mustafa Kemal diese Dinge nicht zu erklären; es reichte, dies vor den Delegierten der einzigen nationalen Partei zu tun. Zu ihnen zu reden, hieß, zur Nation zu sprechen. Es ist nicht bekannt, ob Mustafa Kemal überlegt hat, diese Rede vor der Nationalversammlung zu halten, was eigentlich keinen Unterschied ergab, denn die Delegierten waren zum großen Teil identisch. Zweitens machte der technische Rückstand bei den Massenkommunikationsmitteln diese Form der Mitteilung notwendig. Dem Volk *konnte* Mustafa Kemal diese Dinge nicht erläutern, weil er weder landesweit über das Radio seine Botschaften zu vermitteln in der Lage war, noch in der weitgehend analphabetischen Gesellschaft darauf hoffen durfte, dass seine Ausführungen im Druck gelesen würden. Er hat es nicht so machen wollen wie die Bolschewiki, die den ungebildeten Bauern die *Pravda* oder die *Krestjanskaja gazeta* (Bauernzeitung) vorlasen.[60]

Nutuk ist folglich auch Ausweis einer vergleichsweise schwachen Ausformung von Ritualen und Symbolen der Führerschaft. Das zeigt sich auch auf anderen Gebieten. Personenkultische Zuspitzungen wie in der UdSSR sind für die Türkei nicht zu beobachten. So hat es kaum Umbenennungen von Städten gegeben, z. B. wurde die ehemals vorwiegend griechisch besiedelte kleine Ortschaft Sinasos in Kappadokien in Mustafapaşa „umgetauft". Die Umbenennung der Stadt Anteb, die nach dem Abzug der französischen Truppen im Februar 1921 den Ehrentitel Gaziantep erhielt,[61] stand in keiner unmittelbaren Beziehung zu Mustafa Kemal. Nur kurz tauchte die Idee auf, Istanbul oder Ankara in Atatürk umzubenennen, aber davon sind die Anhänger dieses Vorschlags auf Intervention des Führers selbst rasch wieder abgekommen.[62] Diese Dinge sind mit den Vorgängen in der Sowjetunion gleichgesetzt worden, was nicht überzeugt.[63] Im Lande der Bolschewiki wurde das Umbenennen inflationär betrieben. Petrograd, bis 1914 unter dem Namen St. Petersburg bekannt, hieß seit 1924 Leningrad und das in bolschewistischen Ohren vollkommen anachronistische Caricyn seit 1925 Stalingrad. Der sowjetische Weltatlas von 1954 listete 59 Einträge mit Stalins Namen und 99 mit dem Lenins auf.[64] Weitere Städte und Orte des untergegangenen Russischen Reiches erhielten Namen von Parteileuten. Das hat es nicht einmal im faschistischen Italien gegeben.

In Italien verschmolzen faschistische Bewegung und Massenmobilisierung zu einem unauflöslichen Amalgam. Es kann als zentral für den Faschismus betrachtet werden.[65] Mussolini präsentierte sich als Meister der politischen Selbstdarstellung, aber er war nicht der erste, der theatralische und rhetorische Mittel virtuos einsetzte. Er lernte von Gabriele d'Annunzio, dem „ersten *Duce*", den Gebrauch der Symbole und die Liturgie der politischen Inszenierung. Der faschistische Dichter und Aktivist hatte 1919/20 in Fiume/Rijeka einen Kult um seine Person und die italienische Nation inszeniert, der spätere Entwicklungen vorwegnahm: die Rede vom Balkon herab, der römische Gruß, der dramatische Dialog mit der versammelten Menge, die Verwendung religiöser rhetorischer und symbolischer Elemente im laizistischen Kontext und die (faschistische) Märtyrerverehrung.[66] Derlei wurde typisch für die faschistische *Duce*-Inszenierung. Die Ansprachen Mussolinis an die Masse, mit Vorliebe vom Balkon seiner Residenz seit 1929, dem Palazzo di Venezia, von wo er auf einen großen Platz hinuntersehen konnte, bildeten einen zentralen Bestandteil der faschistischen Beziehung zwischen dem Führer und den zu Tausenden zählenden Zuhörern.[67] Vielfach überliefert ist, wie sehr Mussolini das gesprochene Wort beherrschte und auf seine Zuhörer betörend wirkte. Er führte einen neuen Stil der politischen Rede ein, der bis dahin nicht zu hören war. Seine oratorische Technik, so ein Zeitgenosse, erlaube es ihm, die politischen Ideen der Menge so zu formulieren, als seien sie in der „einheitlichen Seele der Nation" begründet, die wiederum in der Rede des *Duce* zum Ausdruck komme. Dazu benutzte Mussolini einige rhetorische Verfahren: Seine Rede beschränkte sich auf das Wichtigste; es kam darauf an, dem Volk etwas zu erklären, ihm etwas zu suggerieren und es mit Hilfe der schöpferischen Rede zur Aktion anzuleiten; in der dialogischen Form der Rede zog er die Zuhörer in seinen Bann; hingerissen antworteten die Kehlen das, was der *Duce* von ihnen erwartete.[68]

Zu diesem personalistischen Herrschaftsverfahren gehörten die dauernde Ansprache und der „Dialog" mit der Bevölkerung. Dies trug neben allen sachlichen Gründen dazu bei, dass Mussolini die Bevölkerung ständig auf Trab zu halten und die permanente Mobilisierung zu betreiben vermochte, indem er – häufig unter Verwendung militaristischer Rhetorik – das Land mit Kampagnen überzog: die „Getreideschlacht" 1925,[69] die „Quote neunzig"-Kampagne 1927[70], die *bonifica integrale* als Trockenlegungskampagne der Pontinischen Sümpfe im gleichen Jahr,[71] der Krieg in Libyen 1929, die Mobilisierung für den Krieg in Abessinien 1935.[72] Alle diese Kampagnen verschafften der faschistischen Parole *credere, obbedire, combattere* (glauben, gehorchen, kämpfen) Geltung.

In der Sowjetunion ersetzten zahlreiche Massenveranstaltungen in ihrer ritualisierten Form die politisch nicht existierende enge Verbindung von Regime und Bevölkerung. Allein in Petrograd feierte man zwischen dem 7. November 1918, dem Jahrestag der Oktoberrevolution, und dem Oktober 1922 insgesamt 23 staatliche Feste mit immensem Aufwand.[73] Seit 1919 standen alle Feste, gleich ob „Tag der Arbeit", „Tag der Pariser Kommune" oder „Feste der Konstitution" unter der Fuchtel verschiedener staatlicher Organisatoren. Die „Massen" waren nichts anderes als kontrollierte und organisierte Manövriermasse. Es ist scharfsinnig bemerkt worden, die sowjetischen Feierlichkeiten seien exklusiv, denn „längst nicht jeder durfte mitmarschieren".[74] Das wäre auch ein bisschen viel gewesen bei 146,8 Millionen Einwohnern der UdSSR (1926). Die „Massenfeste", das war wohl gemeint, stellten keine direkte Beziehung zum Führer her. Veranstaltungen, zu denen das Volk strömte, weil es dabei sein wollte, wenn der Führer eine Rede hielt, sind in der Sowjetunion seit dem Bürgerkrieg nicht überliefert. Stalin stand bei feierlichen Anlässen wie dem Jahrestag der Revolution zusammen mit wichtigen Persönlichkeiten von Partei und Staat auf der Tribüne des Leninmausoleums und nahm die Ehrbezeugungen der vorbeiparadierenden Soldaten, Jugendlichen, Frauen, Gewerkschaftsmitglieder, Sportler und anderen Gruppen entgegen. Die Distanz zum Führer konnte dadurch nicht überwunden werden und sollte es auch nicht. Lediglich auf den Parteikongressen der Kommunistischen Partei spielten sich ritualisierte Szenen der Anbetung ab.

Der „Dialog" der Führer mit den Massen war folglich sehr unterschiedlich ausgeprägt. Erklärbar wird das durch die sozialen Entstehungsbedingungen der Regime. Der Faschismus wies entsprechend seiner Entstehung aus der revolutionären Unruhe der Nachkriegszeit, seines Charakters als Bewegung, seiner klassenübergreifenden sozialen Zusammensetzung und seiner Überhöhung der Nation einen weitaus stärkeren Massenbezug auf als die beiden anderen Regime. Während der Faschismus 1919–1922 große Teile der Bevölkerung auf seine Seite ziehen konnte, verloren die Bolschewiki im selben Zeitraum die Unterstützung der Arbeiter und der „fortgeschrittensten Elemente" der Bauernschaft sowohl politisch als auch – im Bürgerkrieg bezüglich des Proletariats – demographisch.[75] Das Bündnis zwischen Arbeitern und Bauern (*smyčka*) funktionierte danach (wie zuvor übrigens auch) nicht.[76] Unter Stalin gelang es zwar, zahlreiche Aufsteiger in das Regime einzubinden, Enthusiasmus hervorzurufen und Loyalität zu erzeugen, aber auch diese Zeit war gekennzeichnet vom Januskopf der Rettung des Kommunismus gegen unzählige Verschwörungen und Feinde durch rohe Gewalt und der Anziehungskraft durch sozialen Aufstieg. Deswegen enthielten Massenfeste beides: Sie substituierten die Loyalität des einen Teils der Bevölkerung symbolisch ebenso sehr, wie sie die Akzeptanz des Regimes durch den anderen zum Ausdruck brachten. In der Türkei hingegen fanden sich weder die für totalitäre Regime charakteristischen Großveranstaltungen noch der wuchernde Führerkult. Die kemalistische Variante war vergleichsweise zierlich. Drei Regime, drei Stufen der Massenbindung: Mussolini ging zu den Massen; er begehrte sie. Stalin ließ die Massen zu sich kommen, hielt sie aber auf Distanz. Atatürk suchte sie nicht und bedurfte ihrer nicht.

Die Massenveranstaltungen, die zu diversen Anlässen in zumeist legitimatorischer Absicht inszeniert wurden und dabei in der Regel ritualisierte Gemeinschaft von Führer und jubelnden Teilnehmern herstellen sollten, bildeten die eine Seite jener sozialen Beziehungen, die für das Verständnis der Weberschen charismatischen Herrschaft zentral ist. Die andere, die bei Weber nicht vorkommt, ist die leibliche und symbolische Repräsentanz des Führers in der Öffentlichkeit. Er verkörperte die Ideologie, das Regime und dessen Ziele. Es sind die zwei Körper des Führers, die in dieser Trennung zum Ausdruck kommen. Atatürk brachte sie in einer Rede an Mitglieder der Republikanischen Volkspartei (*Cumhuriyet Halk Partisi*) auf den Punkt: „Es gibt zwei Mustafa Kemals. Einer steht vor Ihnen, der Mustafa Kemal aus Fleisch und Blut, der eines Tages nicht mehr da sein wird. Dann gibt es den anderen, den ich nicht ‚Ich' nennen kann. Dieser Mustafa Kemal verkörpert kein Ich, sondern Ihr seid es – Ihr, die Ihr hier anwesend seid, die Ihr in die entferntesten Winkel des Landes geht, um ein neues Ideal zu vermitteln und zu verteidigen, eine neue Denkweise. Ich repräsentiere Eure Träume. Mein Lebenswerk besteht darin, sie zu verwirklichen."[77] Diese Loslösung der Funktion von der leibhaftigen Figur hat auch Stalin bemerkt. In einem Streit mit seinem Sohn Vasilij, der stolz von sich behauptet hatte, auch er sei ein Stalin, antwortete der Vater: „Nein, bist du nicht. Du bist nicht Stalin, und ich bin nicht Stalin. Stalin, das ist die Sowjetmacht. Stalin ist das, was er in den Zeitungen ist und auf den Porträts, nicht du, nicht einmal ich."[78] Physische Präsenz und unmittelbare Volksnähe sind offenkundig keine notwendigen Voraussetzungen für die Rolle des Führers. Sie können sowohl ohne Massenaufmärsche als auch ohne „Bad in der Menge" auskommen.

Atatürk und Stalin konnten das nach ihrem Tod publizierte Werk des Mediävisten Ernst Kantorowicz über „Die zwei Körper des Königs. Eine Studie zur politischen Theologie des Mittelalters" nicht kennen.[79] Aber ihre Bemerkungen verweisen auf die darin beschriebene Trennung in öffentliche Funktion und die sie ausübende Person. Man sollte die Anknüpfung nicht strapazieren. Wenngleich die Führerregime des 20. Jahrhunderts in jeder Hinsicht keine Analogie zum abendländischen mittelalterlichen Königtum darstellten und ihre Entstehungsbedingungen aus der Massengesellschaft und den sozialen und nationalen Konflikten am Ende des Ersten Weltkrieges nichts Vergleichbares zum Mittelalter anbieten, so überrascht doch die Klarheit der Aussagen Atatürks und Stalins und die darin zum Ausdruck kommende Verinnerlichung der zwei Körper des Führers.

Mussolini sah sich jedoch ganz anders als Atatürk und Stalin. Er glaubte sich nie etwas anderes als der öffentliche Mensch, nie anderes als das „Ihr" in Mustafa Kemals Worten. Deswegen war Mussolini überall, „im Namen und im Bild, in den Gesten und in den Worten – und weitaus mehr als Kemal in der Türkei und noch mehr als Lenin in Moskau", schrieb Henri Béraud, der zeitgenössische Beobachter, der die drei Länder besucht hatte.[80] Mussolini verstand sich als die Ikone des Faschismus und arbeitete seit der Machtübernahme intensiv an dem öffentlichen Bild, das den Privatmann ausschloss. Entsprechend war sein Verhältnis zu den Massen: „Die Masse ist nichts für mich als eine Herde Schafe, solange sie nicht organisiert ist. (…) Führt man sie aber, so muss man sie an zwei Zügeln führen: Enthusiasmus und Interesse. Wer nur eins von beiden verwendet, kommt in Gefahr. Die mystische und die politische Seite bedingen einander."[81] Auf dieser Grundlage gestaltete der *Duce* sein politisches Auftreten. Den Enthusiasmus steuern und kontrollieren hieß die Devise.

Kaum eine Person scheint für die Beschreibung charismatischer Herrschaft besser geeignet als Benito Mussolini. Die Belege seiner Massenwirksamkeit sind Legion. Aber man täusche sich nicht. Nicht alle Italiener sind der Suggestion des *Duce* anheimgefallen. Besonders in der früheren politischen Elite, in den Kreisen des Hofes, unter den Konservativen und in Teilen des Bürgertums sah man einerseits das politische Genie Mussolinis, andererseits erwartete man von ihm die Befriedigung ihrer politischen und wirtschaftlichen Interessen, ganz besonders die Verhinderung einer roten Regierung oder gar eines roten Umsturzes. Das Trauma des „roten Bienniums" 1919/20 wirkte stark. Diese *fiancheggiatori* (Steigbügelhalter) lagen dem *Duce* nicht zu Füßen.[82]

Nicht zuletzt deswegen gaben sich die Schwarzhemden Mühe, das Führerbild zu festigen. Die erste Dogmatisierung des *Duce*-Bildes setzte 1926 mit der Veröffentlichung der Biographie unter dem ebenso kurzen wie anmaßenden Titel *Dux* ein. Mussolinis Freundin Margherita Sarfatti hatte sie verfasst. Im Vorwort äußerte sich Mussolini zu seiner öffentlichen Funktion. „Der öffentliche Mensch wird öffentlich geboren. (…) Es handelt sich um ein Stigma, das ihn seit der Geburt begleitet. (…) Man wird öffentlich geboren wie man intelligent oder dumm geboren wird." Mussolini nahm sein Schicksal ausdrücklich an und verstärkte damit den Eindruck, er sei nie etwas anderes gewesen als eine öffentliche Person. Diese Haltung bedeutete die radikale Auslöschung seiner sozialistischen Vergangenheit und die Mythisierung seiner Führung gleichermaßen. Das Ganze lief auf den Satz hinaus, der bezeichnenderweise in der dritten Person geschrieben ist: „Er gehört nicht mehr sich selbst, sondern allen. Er gehört der Masse."[83] Nach allem, was wir über Mussolini wissen, hat er diese Rolle voll und ganz verkörpert. Vor diesem Hintergrund war es möglich, dass sich im Faschismus der Mussolinismus herausbildete, die Mythisierung der Führerfigur, die extreme Personalisierung von Staat, Partei, Bewegung und Ideologie in einer Person. In den Worten des faschistischen Erziehungsministers Giuseppe Bottai hatte der Faschismus damit aufgehört, eine politische Ordnung (*regime*) zu sein; er war zur Inszenierung (*regìa*) geworden,[84] die wesentlich dazu beitrug, dass der Faschismus einen gesellschaftlichen Konsens herzustellen in der Lage war. Die faschistischen Massenmedien sind daher als „fabbrica del consenso" bezeichnet worden.[85] In diesem Zusammenhang wurden *Duce* und Nation eins: Eine Fotomontage von 1934 zeigt, wie eine ungeheure Menschenmasse den Körper Mussolinis formt, darüber das Haupt des *Duce*, der auf sich hinunterschaut, oder auf die Nation, was dasselbe ist.[86] Die inszenatorische Höchstleistung bildete ein zentrales Kennzeichen des Faschismus und zugleich eine ungeheure Bürde, die sich Mussolini auf die Schultern legte. Der *Duce*, der während der Hochphase des Faschismus nur noch in Großbuchstaben geschrieben werden durfte, verkörperte das Regime in einem Maße, dass es eine Zukunft ohne ihn nicht geben konnte.

Il Duce war allgegenwärtig. Er erschien als die Verkörperung des ständigen Aufbruchs und ließ dies mit allen propagandistischen Mitteln in Szene setzen. Seine Darstellung in der Öffentlichkeit war nicht dem Zufall überlassen. Mussolini kontrollierte genau, was das Volk zu Gesicht bekam. Dabei veränderte sich der Charakter des Führerbildes. Nach ihrer Gründung 1924 übernahm *L'Unione Cinematografica Educativa* (LUCE) in enger Abstimmung mit Mussolini die Präsentation des Führers in der Öffentlichkeit.[87] Er erschien dem Volke auf Bildern und in Filmen[88] ebenso sehr wie in den schriftlichen Zeugnissen. Seine Allgegenwart stellte er als Erntehelfer, Skifahrer, Genie, Redner, Flieger, Arbeiter, Reitersmann, Gesetzgeber unter Beweis.[89] „Wohin man geht und was man auch macht, dieser Blick (Mussolinis – S.P.) verfolgt einen; überall das Auge des Herrn! Mussolini ist allgegenwärtig wie ein Gott. Er beobachtet einen von überall her und man sieht ihn überall."[90] Er verkörperte den Staat, die faschistische Ideologie und die italienische Nation.[91] Nirgendwo ist bereits zu Lebzeiten mehr über einen Führer geschrieben worden als in Italien. Gegen 400 Bücher sind allein in den zwanzig Jahren faschistischer Herrschaft über ihn erschienen.[92] Wie sehr dabei Realität und Vorstellung ineinanderflossen, zeigt das bereits 1933 in Mailand erschienene Buch des Mussolini-Anhängers Franco Ciarlantini mit dem bezeichnenden Titel *Mussolini immaginario*.[93]

Doch damit nicht genug. *Il Duce* repräsentierte die Regierung, den Staat, die Partei, die Nation, die Kultur und den neuen Menschen, aber er tat das trotz aller symbolischen Repräsentation und aller Ästhetisierung durchaus auch physisch.[94] Mussolini war eben nicht nur Orator. Er richtete seine Worte an die „Menge wie ein Ozean"[95] und er badete bei verschiedenen Gelegenheiten in ihr. Natürlich war das Benito Mussolini, den die anwesenden Massen zu Gesicht bekamen, aber er war es auch wieder nicht, sondern gewissermaßen der „Mussolini Mussolinis". Irritierend scheint dabei seine körperliche Präsenz, die ebenso öffentlich und keineswegs intim war wie alles andere auch, was er verkörperte.[96] Seine *fisicità* war Bestandteil der Führerinszenierung. Mussolini ließ mit Hilfe seiner halbnackten untersetzten Figur einen Männlichkeitskult in Szene setzen, der die Kraft und Dynamik des Faschismus repräsentieren sollte und das nirgendwo besser zuzuspitzen vermochte als in der Person des *Duce*. Es war Mussolini selbst, der den Körperkult auf seine Figur zuschnitt, die in ihrer Erhabenheit und Größe selbst einen Fiat-Traktor bei weitem überragte – wenn auch nur in einer Fotomontage.[97] Unvorteilhafte Fotos gab er nicht zur Veröffentlichung frei.[98]

Was immer auch der Faschismus mit Hilfe seines *Duce* inszenierte – jedes Bild atmete Leben, Zukunft, Arbeit, Dynamik. Jede Form der Mussolini verhassten *décadence*, die er im alten Italien verkörpert sah, war getilgt, ebenso jeder Anklang an den Tod. Nur in der Verehrung der faschistischen Gefallenen und der Witwen und Waisen der faschistischen Kämpfer kam er vor, aber dort stellte sich der *Duce* als der fürsorgende Patron vor. Die zum Kult gesteigerte Körperlichkeit enthielt aber eine von Mussolini nicht erkannte Problematik. *Ducismo* und *Mussolinismo* bargen die Identifizierung von Faschismus und Person in sich, machten sie untrennbar und unentrinnbar symbiotisch. Wie der Faschismus seit den späten zwanziger Jahren, besonders aber seit der Zehnjahrfeier des „Marsches auf Rom"[99] auf den *Duce* politisch und symbolisch eingetaktet war, so stand und fiel er mit dessen physischer Existenz. Allein schon deswegen durfte der private Mussolini nicht auftauchen. Zwar trat seit den dreißiger Jahren auch der Familienmensch Mussolini ins Bild, aber er blieb die öffentliche Person, die das faschistische Familienmodell vertrat.[100] Mit der Wirklichkeit des Affären suchenden Mussolini hatte das nichts zu tun. War der *Duce* jemals krank? Eine unmögliche Frage! War er sterblich? Der Blick auf das Ende macht die Problematik deutlich. Darauf ist zurückzukommen.

Ganz anders die Bildsprache des sowjetischen Führers. Das frühe Siechtum Lenins verursachte eine Todesnähe, die der Körperlichkeit des Führers anhaftete. Sie legte sich düster und schwer über das Regime, das seine Massenbindung mit dem Tod des Revolutionsführers erkaufte. Während der Faschismus in Italien nach den schweren politischen und sozialen Verwerfungen der ersten Nachkriegsjahre die Führerfigur kraftvoll, ja geradezu kraftstrotzend, dynamisch, zukunftsweisend und machtvoll ins Bild setzte, sahen sich die Kommunisten Sowjetrusslands veranlasst, sich mit dem Tod zu beschäftigen, den sie zu einem Symbol des Lebens glaubten umwerten zu können. In Italien war der Körper des Führers das Sinnbild der Vitalität und Virilität des Faschismus, in Sowjetrussland musste man bereits 1924 eine Leiche aufschminken.

Das hatte seine Gründe. Zu Beginn der Sowjetära folgte das Volk keineswegs den Führer-Inszenierungen der Kommunistischen Partei. Es bedurfte schon einiger Anstrengungen und eines besonderen Ereignisses, um eine propagandistische Brücke zu den Massen zu schlagen. Die Bolschewiki versuchten, dem Tod ein Schnippchen zu schlagen, indem sie den Körper des verstorbenen Revolutionsführers einbalsamierten. Der Leninkult setzte das Ableben des bolschewistischen Führers im Januar 1924 voraus; erst danach ist er von einigen Bolschewiki instrumentalisiert worden, um die Trennung von Regime und Bevölkerung zu überwinden. Der Leninkult erwies sich durch und durch als eine Inszenierung der Partei, die nach dem vollständig gescheiterten „Kriegskommunismus", nach der dadurch mit verursachten Hungersnot, nach den blutig niedergeschlagenen Aufständen der revolutionären Matrosen in Kronstadt und der Bauern im Gouvernement Tambov, nach heftigen innerparteilichen Konflikten und der Wiederzulassung kapitalistischer Wirtschaftsformen in der Neuen Ökonomischen Politik (NĖP) dringend eine Brücke zum Volk benötigte. Lenins Tod ließ sich dafür prächtig ausschlachten; die Trauerfeierlichkeiten gingen mit einer Aufnahmekampagne für die Partei einher. Das sog. Lenin-Aufgebot (1924) spülte „weit über 200 000 Neuaufnahmen" in die Partei.[101] Da aber das Volk nicht nach einem Leninkult verlangte, erfand man die *vox populi* kurzerhand: Die vom Leiter der Geheimpolizei Feliks Dzeržinskij veröffentlichten „Briefe der Werktätigen" forderten angeblich die Einbalsamierung der sterblichen Hülle Lenins.[102] Der „politisch-soziale Zweck" des Totenkults war nicht auf Lenin, sondern auf das Volk gerichtet.[103]

Im Jahre 1924 hatten die Bolschewiki dem Volk nicht viel mehr zu bieten als die Wiederzulassung kleinkapitalistischer Wirtschaftsformen und einen toten Lenin. Ihn der Bevölkerung zu verkaufen, gelang jedoch erstaunlich gut, weil der Revolutionsführer seit 1917 eine gewisse Ausstrahlung aufgebaut hatte. Trauer und das Gefühl des Verlustes anlässlich seines Hinscheidens hat es nicht nur in den manipulierten Leserbriefen gegeben.[104] In der Bevölkerung ging man auf das Friedensangebot der Partei im Namen des toten Lenin ein.

Der Leninkult war jedoch lediglich die Vorschule für den Stalinkult, dessen Beginn auf Stalins 50. Geburtstag 1929 (das falsche Geburtsjahr 1879 galt als das offizielle) datiert werden kann. Seit diesem Zeitpunkt trat Stalin die „Nachfolge“ Lenins an.[105] Die Propagandamaschine zur Verherrlichung des nach Lenin neuen *vožd’* begann nun auf Hochtouren zu laufen. Aber der von ihr inszenierte Stalinkult verlief nicht ohne Schwankungen und festigte sich erst nach 1934, dann auch in den nichtrussischen Gebieten der UdSSR. Sicher lässt sich sagen, dass Stalin selbst großen Anteil an der Vermittlung seines Führerbildes hatte; seine persönliche Diktatur und der Kult um seine Person wuchsen zusammen. Aber der Personenkult war zunächst – wie der Leninkult – ein Produkt der höchsten Parteikreise, in denen die Beziehungen von Führer und Gefolgschaft unter den Bedingungen der stalinistischen Diktatur neu ausgehandelt wurden.[106] Im Unterschied zum durch und durch von oben inszenierten Leninkult besaß der Stalinkult aber von vornherein eine Tendenz zur Ausweitung, weil Stalin auf die Unterstützung der mittleren und unteren Parteimitglieder bauen konnte, denen er als Generalsekretär vertraut war und die häufig von seinen Personalentscheidungen profitiert hatten. Die ersten *vydvižency* (Aufsteiger) des Stalinismus waren die Parteikader, erst später Individuen aus anderen Gruppen der Bevölkerung. Es gab sehr viele Sowjetbürger, denen das stalinistische System mehr bot, als ihre klägliche Vergangenheit fortzusetzen. Die Aufsteiger des Systems waren bereit, sich dem Werte- und Verhaltenskanon des Stalinismus anzuverwandeln. Sie waren außerdem zahlreich genug, um Stalins Politik Rückhalt zu geben. Aber eine intensive Beziehung zu den Massen des Sowjetvolks konnte schon deswegen nicht entstehen, weil Stalin auf der Basis des Klassenkampfes den größten Teil, die Bauern, zu erbitterten Gegnern gemacht hatte. Es war somit ein mühevoller Weg, bis auch Stalins Bild „jeden Augenblick des täglichen Lebens“ beherrschte, wie über Mussolinis Daueranwesenheit in der Öffentlichkeit geurteilt worden ist. Der französische Schriftsteller André Gide, der 1936 die Sowjetunion bereiste, sah Stalin überall, „toujours et partout il est là.“[107]

Trotz aller Schwierigkeiten gelang es, Stalin in den Seelen so mancher Sowjetbürger einzunisten und sein Konterfei dort zu implantieren. Für die Zuneigung aus dem Volk bedurfte es – im Unterschied zu Mussolini – nicht der physischen Anwesenheit in der Öffentlichkeit. Der Stalinkult tat dabei das Gegenteil des Leninkultes: Er stellte den Führer nicht nur in die Nachfolge Lenins, sondern entfaltete eine klare Gegenpropaganda gegen den hinfälligen Vorgänger: Er verschrieb sich voll und ganz dem blühenden Leben. Die immer wieder eingetrichterte Losung, Stalin sei der getreue Schüler Lenins, diente nicht allein legitimatorischen Zwecken, sondern stiftete Sinn, indem sie die Lebendigkeit des

Diesseits zu dokumentieren suchte, was mit einer wie schön auch immer einbalsamierten Leiche auf Dauer nur ungenügend bewerkstelligt werden konnte. Der Aufbruch zu neuen sozialistischen Horizonten seit 1929, der mit viel Enthusiasmus einherging, verschob das Führerbild zugunsten der lichten Gegenwart und Zukunft. Indem sich Stalin als der lebendige alterslose Führer ausgab, machte er sich zum Symbol des erreichbaren Sozialismus, ja der Zukunft schlechthin.[108]

Bilder trugen dazu bei, die Stalin mit Stachanov-Arbeitern, Traktoristinnen, Melkerinnen, Wissenschaftlern, Fliegern und anderen Erbauern des Sozialismus zeigten. Sie suggerierten die Vorstellung vom väterlich schützenden Staatenlenker – damit das genaue Gegenteil dessen, was Stalin als Massenmörder verbrach. Zahlreiche Fotografien und Gemälde zeigten außerdem: Stalin besaß nur einen Anzug. Schon früh hatte er die zivile Kleidung gegen eine zeitlose, abzeichenlose Uniform getauscht, von der er sich, so schien es, niemals zu trennen vermochte. Während Atatürk die Uniform ausgezogen hatte und den modischen *dernier cri* des kapitalistischen Westens mitmachte, zog Stalin schlichte militärische Kluft vor. Was das Militärische anging, gab es nur scheinbare Ähnlichkeiten zu Mussolini, der es weitaus farbenfroher, ornamentaler, phantasievoller und wuchtiger liebte. Stalins äußerer Habitus repräsentierte die Bescheidenheit des großen Führers. Die Lage erforderte, dauernd zu kämpfen; sie kam in der Kleidung Stalins zum Ausdruck. Dass das Leben fröhlicher geworden sein sollte, wie der Führer 1935 zu bemerken beliebte, sah man seiner Kleidung nicht an.

Im Vergleich zur „*Duce*-Fabrik"[109] nahm sich der Propaganda-Apparat der Sowjetunion jedoch ärmlich aus. Immerhin gelang es, Stalins manipulierte Biographie in Millionenauflage unters Volk zu bringen; er schaute von zahlreichen Bildern und Plakaten herab; er präsentierte sich als vielfacher, vom Massenpublikum jedoch entfernter Redner und Artikelschreiber. Als Person aber war Stalin nicht annähernd in dem Maße präsent wie Mussolini. Auch die Ikonographie war verschieden. Unvorstellbar, dass sich der *vožd'* wie Mussolini mit bloßem Oberkörper bei der Ernte hätte ablichten lassen; sein Verhältnis zu den Bauern war bekanntlich nicht das Beste. Aber auch sonst ging Stalin nicht gerade als Musterbeispiel der zur Schau gestellten Virilität durch. Das wäre auch Atatürk nicht eingefallen, von dem es aber immerhin Fotos gibt, die ihn in Badehose zeigen. Mussolini machte sich gemein mit dem Volk und stand doch über ihm; Stalin badete erst gar nicht in der Menge und leuchtete dennoch wie ein Stern darüber.[110] Atatürk trat dem Volk als Lehrer gegenüber.

Manchen zeitgenössischen Beobachtern sind die religiösen Versatzstücke aufgefallen, die sich in der Verehrung der Führer wiederfinden lassen. Carl Christian Bry hat 1925 in einem witzigen und kritischen, aber gedanklich ziemlich undisziplinierten Essay die Verbindung zwischen Religion und modernen ideologischen Regimen hergestellt.[111] Er spricht von „Hinterweltlern", denn der Anhänger der „verkappten Religion" glaubte „an etwas hinter der Welt."[112] Für ihn sei nichts wünschenswerter, als die Hinterwelt zur Welt zu machen. Das ist zwar nicht so präzise ausgedrückt, wie man es sich als Historiker wünschen möchte, aber im Grunde nahm Bry die „Theorie" Eric Voegelins von den politischen Religionen vorweg, die 1938 vor dem Hintergrund der Erfahrungen mit dem Nationalsozialismus entstand und mehr eine geschichtsphilosophische These darstellt als eine empirisch fundierte zeitdiagnostische Durchdringung von Gegenwartsphänomenen.[113]

Es gelingt in der Regel kaum, die religiöse Transzendenz in die Symbolpolitik der Regime hinein zu verlegen. So bleibt alle religiöse Rhetorik äußerlich. Woher sollen die politischen Eliten und die Anhänger denn auch die Sprache der Verehrung nehmen, wenn nicht aus den Versatzstücken der Religion, die dafür prädestiniert ist? Die Regisseure der angeblichen neuen Religionen haben die vorhandenen Mittel allerdings virtuos benutzt. Dabei können die „Sprache" der bildlichen Inszenierungen seitens des Regimes und die Huldigungsrhetorik der „Massen" weit auseinanderfallen. Die quasi-religiösen Elemente müssen auch keineswegs der Charisma-These widersprechen; sie können ohne weiteres in dieses Herrschaftskonzept integriert werden, denn es ist nicht gesagt, welche Ausdrucksformen die charismatische Herrschaft nehmen kann oder muss, um sich ständig neu zu erfinden. Das Problem liegt woanders, nämlich in der Überhöhung der religiösen Thematik durch die Forschung und ihrer weder empirisch noch konzeptionell abgesicherten Interpretationsgrundlage.

Die Atatürk-Hagiographie hat die Verehrung Mustafa Kemals durch die „Massen" hervorgehoben. Dass ihm schon früh auch aus der Bevölkerung Anbetung zuteil wurde, ist belegt. Wenn man das Arsenal der Bezeichnungen für Atatürk zusammenfasst, dann braucht man dafür ganze elf Seiten.[114] Während des nationalen Unabhängigkeitskampfes sahen einige in Mustafa Kemal den ersehnten Führer.[115] Nach dem gewonnenen Krieg gegen die griechischen Invasoren 1922 trug er offiziell den islamischen Ehrentitel *Gazi* für den siegreichen Kämpfer gegen die „Ungläubigen". Manche bezeichneten ihn als *mahdi*, als den – vom Koran jedoch unscharf beschriebenen – Erlöser. Soweit wollte der

Bürgermeister der westtürkischen Stadt Balıkesir nicht gehen. In einer diplomatischen Meisterleistung verdarb er es sich weder mit Mustafa Kemal noch mit Gott oder einem der Propheten; es gelang ihm, allen gerecht zu werden. Wenn Gott im Koran nicht gelehrt hätte, so sagte er im Oktober 1925, dass Mohammed der letzte Prophet sei, dann würde er, der Bürgermeister, meinen, der *Gazi* sei ein Prophet. Und weiter, auf den Mann bezogen, der im Christentum Gottes Sohn wurde und es im Islam „nur" zum Propheten vor Mohammed gebracht hatte: „Christus ließ die Toten auferstehen und machte die Blinden sehen, und Ihr gabt dem türkischen Volk Leben und Sprache; Ihr seid das große Haus, zu dem sich alle Herzen wenden."[116]

Der religiöse Bezug zum Islam über die Prophetenlehre ist ein interessanter Begründungszusammenhang der Atatürk-Verehrung, weil er nicht nur auf vormoderne Kontinuitäten aufbaut, sondern damit auch Gehorsamsvorstellungen verbunden sind. Nach islamischer Lehre sind die Propheten als „Zeichen Allahs" für die Welt zu verstehen, die in ihren Taten die Macht Gottes veranschaulichen. Sie zu leugnen würde bedeuten, seine Allmacht in Frage zu stellen – eine schwere Sünde. Untrennbar verbunden also mit dem Hinweis auf den Prophetenstatus Mustafa Kemals ist die Gehorsamsforderung aus religiöser Quelle. Jedoch ist die Verbindung von islamischer Tradition und laizistischer Führerfigur spekulativ. Sie ist weder durch Quellen abgesichert, noch lässt sich aus der Verwendung einer Terminologie, die religiöse Konnotationen hervorruft, der Beleg einer „Zivilreligion" ableiten. Mustafa Kemal konnte nur ein Pseudo- oder Quasi-Prophet sein, und das nicht nur, weil nach islamischer Auffassung Mohammed definitiv der letzte seines Zeichens war, sondern auch, weil selbst die religiöse Terminologie, die teilweise den Atatürk-Kult charakterisiert, nichts mit der Herstellung von religiösen Inhalten zu tun hatte. Man darf sich nicht täuschen lassen, wenn die Ausdrucksformen des Kultes auf die sprachlichen und bildlichen Mittel der Religion zurückgriffen. Das aus der Religion vertraute Repertoire schafft noch keine Religion, auch keine „civil religion".[117] Wie die durch und durch laizistische Person des türkischen Staatspräsidenten, der ein Jahr, bevor das zitierte Stadtoberhaupt seine salbungsvollen Worte sprach, das Kalifat abgeschafft und die Person des Kalifen außer Landes getrieben hatte, mit der religiösen Tradition des Islam und seines Propheten verknüpft werden konnte, blieb das Geheimnis des Bürgermeisters. Die Forschung hat es bis heute nicht lüften können.

Die vergleichende Sicht kann diese Forschungslücke zwar nicht füllen, aber sie lehrt, kritisch mit der These der politischen Religion umzugehen. Auch der Leninkult ist als religiös untermauert interpretiert worden. Seine Wurzeln würden in der vorrevolutionären Volksreligiosität und in den pseudoreligiösen Vorstellungen einiger herausgehobener Bolschewiki liegen.[118] Aber diese Deutung ist nach gründlicher Sichtung der Quellen ins Reich der Legende zu verweisen; keine dieser Thesen ließ sich dort verifizieren. Der Leninkult, auch der Totenkult um den Revolutionsführer, hatte nichts Religiöses an sich und sollte keine Anklänge daran aufweisen. Er half jedoch, die politische und soziale Isolation des Regimes zu durchbrechen. Nützlichkeitserwägungen statt Religion, muss es richtig heißen.[119] Alle anderen Thesen über den Bolschewismus als Ersatzreligion sind dadurch gekennzeichnet, dass sie sich nicht auf die Quellen des Regimes einlassen. Es sollte stutzig machen, dass die These vom Bolschewismus als politischer Religion von keinem Historiker der Sowjetperiode ernsthaft vertreten wurde.

Dieses Problem hat die Historiographie des Faschismus nicht. Emilio Gentile, einer der prominentesten Historiker auf diesem Gebiet, hat die These von der Sakralisierung der Politik im Faschismus zu einem zentralen Baustein seines umfangreichen Forschungswerkes gemacht.[120] Demnach übernahmen die Faschisten eine im *Risorgimento*-Italien bereits massiv angelegte Mythologisierung des Politischen, die aber scheiterte, weil es ihr an der Unterstützung der Massen gebrach.[121] Angefangen mit d'Annunzio und fortgesetzt im Faschismus Mussolinis sei dieser Mangel jedoch behoben worden. In den 1920er–1930er Jahren habe sich ein ganzes Mythen- und Symboluniversum entwickelt, das hochgradig ritualisiert in eine Form der politischen Liturgie überführt wurde. Auch der *Duce*-Kult sei eine Ableitung der faschistischen politischen Religion und stehe nicht so sehr für sich, sondern sei nur im Zusammenhang der Sakralisierung der Politik zu verstehen.[122]

In der Tat scheint die These von der Säkularreligion, gleichgültig für welches Regime angewandt, zunächst eine gewisse Faszination auszuüben, weil sie unerklärliches Massenverhalten zu begründen vermag. Es ist auch nicht von der Hand zu weisen, dass zahlreiche politische Bewegungen einen enormen Aufwand betrieben, um sich in Festen, Symbolen und Riten zum Ausdruck zu bringen, die allein als Mittel der Propaganda nicht hinreichend beschrieben sind. Das betraf nicht nur das von Gentile herangezogene liberale Italien des 19. Jahrhunderts, sondern auch einen so „reaktionären" Staat wie das Zarenreich.[123] Die Beschreibungen der politischen Liturgie und ihrer Bestandteile im Faschismus sind daher nicht in Frage zu stellen, wohl aber der interpretierende Kontext. Aus der Perspektive des hier vorgenommenen Vergleichs – nur diese Sicht wird hier angelegt, nicht eine allgemeine Kritik am Konzept der politischen Religion und ihrer Anwendung auf historische Fälle versucht – erscheint der Faschismus als ein hochgradig inszeniertes politisches Ritual. Das abzustreiten, wäre unsinnig. Aber muss die Lehre aus dem türkischen, mehr noch aus dem sowjetischen Fall nicht misstrauisch machen hinsichtlich der Gefahr, der politischen Metaphysik der „Hinterweltler" auf den Leim zu gehen? Wenn Gentile die Analogie zum Bolschewismus (und zum Nationalsozialismus) heranzieht,[124] ersterer aber definitiv nicht als politische Religion zu verstehen ist und besonders am Beispiel des zentralen Lenin- und Stalinkultes die These von der Säkularreligion sich gerade nicht bestätigt, ist dann der interpretatorische Kontext noch richtig? Auch sind die Kronzeugen bei allem Respekt für ihre sonstige Leistung in dieser Hinsicht mehr als fragwürdig, um den Charakter des sowjetischen Regimes als religiöses zu bekräftigen: Bertrand Russell glaubte nach seiner Reise in die Sowjetunion, der Bolschewismus habe Ähnlichkeiten mit dem Islam; und John Meynard Keynes schrieb, Lenin sei ein Mohammed.[125] Lassen wir diese misslungenen Äußerungen beiseite, so bleibt doch gerade der entscheidende Punkt, den Gentile in der Unterscheidung von Demagogie und politischer Religion sieht, besonders aus der Vergleichsperspektive undeutlich, weil er das Konzept der politischen Religion als intelligente Spekulation entlarvt. Das kann der Vergleich zeigen. Aus dieser Perspektive muss dann auch niemand mehr die Frage stellen, wie die politische Religion, sei sie faschistisch oder sonstwie, in allerkürzester Zeit von der Bildfläche verschwinden konnte, sobald die Institutionen ihrer Inszenierung nicht mehr existierten.

Was aber ist nach diesen Ausführungen vom Idealtyp der charismatischen Herrschaft zu halten? Benno Ennkers Ansatz, die Führerregime aus der Perspektive „eines gemeinsamen historischen Ortes" zu untersuchen,[126] führt auf die Herangehensweise in diesem Buch zurück. Geht man so vor, wird die Vorstellung von der charismatischen Herrschaft aus folgenden Gründen immer zweifelhafter. Erstens: Die Forschung ist geneigt, allen drei Führern Charisma zuzugestehen. Nun sind aber die Manifestationen, Zuschreibungen, die „emotionale Gemeinschaft", der Grad der Inszenierung und die Instrumentalisierung zu Regimezwecken in Ausmaß und Charakter unterschiedlich, und zwar so sehr, dass es schwierig ist, für alle drei Regime von charismatischer Herrschaft zu sprechen. Der von Weber beschriebene Idealtypus lässt offenkundig so viele Spielräume übrig, die von der

Forschung je nach Regime auch munter genutzt werden, dass die vergleichende Perspektive nur Ratlosigkeit in dieser Sache erzeugen kann. Das ständige Wiederholen der Behauptung von der charismatischen Herrschaft klärt in der Sache nichts. Warum kamen Personen an die Macht, die im Vergleich zu anderen wenig charismatisches Talent besaßen? Stalin war zwar prominent, aber Trockij und Bucharin waren weitaus populärer, eloquenter und massenwirksamer als der spätere Diktator. Stalin ergriff jedoch die Gelegenheit und manövrierte seine Parteigenossen schließlich an die Wand, und zwar mit allen ihm zur Verfügung stehenden Mitteln, und baute gezielt – und im Übrigen sehr spät – den Kult auf. Das war nicht Charisma, sondern Chuzpe. Mussolini besaß unzweifelhaft das meiste charismatische Talent in der Gruppe der hier vorgestellten Führer. Aber am 3. Januar 1925 stand er mit dem Rücken zur Wand. Einige Regionalfürsten des PNF hätten ihn um ein Haar entthront. Mussolini ergriff die Flucht nach vorn und baute fortan seine Führung mit allen propagandistischen Mitteln aus. Diese Befunde lassen den Verdacht aufkommen, es handele sich beim Idealtyp der charismatischen Herrschaft um ein besonders flexibles und allgemeines Interpretationsmodell. Mit dem für die Kemalisten wichtigen Emile Durkheim ist man geneigt zu sagen: „Statt sich der Aufgabe zu stellen, einen beschränkten Teil des sozialen Feldes genauer zu beleuchten, erforscht sie (die Soziologie – S.P.) mit Vorliebe brillante Allgemeinheiten, deren Fragen vorbeiparadieren, ohne dass eine wirklich behandelt würde. Diese Methode erlaubt zwar, die Neugier des Publikums zu überlisten, das damit scheinbar über alles Mögliche Bescheid weiß, aber sie erreicht nichts wirklich Greifbares.“[127]

Zweitens: Das Ausmaß der Inszenierung wurde bereits genannt; es erforderte ausgeklügelte Strategien der Werbung, Beeinflussung, Manipulation und Indoktrinierung. Aus sowjetischen Tagebüchern wissen wir, dass sich im Stalinismus die Ergebnisse sehen lassen konnten. Viele Subjekte vermochten sich den Forderungen der Stalinisten vollkommen anzuverwandeln[128] und hielten diese Form der „entindividualisierten Individualität“ für einen Fortschritt. Sie als Opfer von Manipulationsstrategien zu bezeichnen, würde ihrem Selbstverständnis nicht gerecht werden. Die Verherrlichung des *vožd‘* erfolgte so inbrünstig wie die Hingabe der Eheringe für den *Duce*.[129] Dennoch ist unübersehbar, dass das anbetende Handeln der Menschen im Faschismus sowie namentlich im Stalinismus auch ein Produkt der partei-staatlichen Intervention in die Seelen und Köpfe der Menschen war. Die Zuschreibung von Charisma wird dadurch zwar nicht negiert oder in ihrer Bedeutung entwertet, aber sie stellt sich in ebenso hohem Maße als ein Produkt von Regimehandeln dar wie die scheinbare Übereinstimmung des Menschen mit den ihm „eigenen" Werten angeblich selbst erzeugt sein soll. Der zeitgenössische Beobachter, Sozialist und Psychologe Hendrik de Man hat dieser Ambivalenz, die in der jüngeren Stalinismusforschung im Sinne des Foucaultschen Subjektivitätsbegriffs ausgelegt wird, in einer Schrift aus dem Jahr 1932 jedoch Folgendes entgegen gehalten: Führerschaft basiere auf einer außerordentlichen Labilität der sozialen Abhängigkeitsbeziehungen. Die Politik werde dort zur Suggestion, Werbung und Überzeugung, wo Zwang, Machterbe und Befehl nicht mehr griffen. Mit Bezug auf das 19. Jahrhundert und den Wandel der Machtbeziehungen im 20. Jahrhundert schreibt er: „Hat sich in der Natur der Machtbeziehungen wirklich nichts verändert, als dass sie undurchsichtiger geworden sind? Wenn dem so wäre, so müsste man das sogar gegenüber der alten Methode der offenen physischen Gewalt für einen Rückschritt halten. Denn die heuchlerische Methode der Suggestion erzwingt nicht bloß das Handeln, sondern auch das Wollen; sie vergewaltigt nicht bloß die Leiber, sondern sie vergiftet die Hirne; und da es keine Suggestion gibt ohne die Autosuggestion, erspart sie ihren Objekten nicht einmal die Erniedrigung und den Hohn der dummen Selbsttäuschung, dass sie das, was man ihnen suggeriert hat, wirklich selber denken und wollen!"[130] Von dieser Warte aus bleibt von charismatischer Herrschaft unter den hier beschriebenen Bedingungen im Faschismus und Bolschewismus, den de Man folglich in dieser Hinsicht parallelisiert,[131] kaum etwas übrig.

Drittens: Wenn wir die vorangegangenen Kapitel noch einmal Revue passieren lassen und uns der Abschnitte dieses Kapitels erinnern, so bleibt der Ausgangspunkt der unübersichtlichen Verhältnisse nach dem Ersten Weltkrieg bestehen. Wie aber stand es mit der Routinisierung und Veralltäglichung? Staatlichkeit entstand trotz des Chaos, wenngleich auf sehr verschiedene Weise. Mussolini beseitigte den bestehenden Staat, indem er ihn institutionell und rechtlich aushöhlte; dies war eine Voraussetzung für die Führerdiktatur im Faschismus. Die Bolschewiki schufen einen neuen Staat mit zahlreichen Institutionen; Stalin vermochte zwar seine personale Herrschaft auszuüben, aber weder zerschlug er den bestehenden bolschewistischen Staat noch die Partei. Beide konnte er zu seinen Zwecken instrumentalisieren, aber wenn Stalin eine charismatische Herrschaft ausübte, dann hätte er im Sinne der Dauerhaftigkeit seiner Herrschaft die Kontingenz immer wieder aufs Neue herstellen müssen. Ohne weiteres lässt sich sagen, genau das habe er mit Hilfe des Terrors permanent betrieben, nur hat das dann nichts mehr mit charismatischer Herrschaft zu tun. Die Lage hingegen, in der sich Mustafa Kemal befand, lässt sich fast als der Idealtypus der charismatischen Herrschaft auffassen: ohne Ordnung mit einem verheißungsvollen Führer und einem Mikromilieu an Gefolgschaft zu neuen Ufern aufbrechen. Charismatische Herrschaft hat es aber in der Türkei nicht gegeben, und zwar nicht aus Gründen der Routinisierung, sondern weil das kemalistische Regime offenbar nur an einer zweckgebundenen und maßvollen Führerinszenierung interessiert war. Alles „Charisma" ist inszeniert und vom Aufbau von Institutionen und Strukturen oder von Vorgängen der Entinstitutionalisierung unabhängig, oder: Wo kein „Charisma" entstehen soll, gibt es auch keins.

Viertens: In welchem Verhältnis stehen charismatische Herrschaft und Gewalt? In der Forschung bewegt sich auf zwei vollkommen verschiedenen Planeten, wer einerseits über Charisma in Italien oder der Sowjetunion liest und andererseits über Gewalt und Terror. Wie aber behandeln die Charisma-Forscher die bescheidene Frage, ob sich die sozialen Beziehungen z. B. in der stalinistischen Sowjetunion mehr über Angst und Gewalt definierten als über die Zuschreibung von Charisma? De Man meinte, die Masse sei an den Führer durch Vertrauen gebunden, den Führer binde Verantwortung.[132] Bedeutet das, dass keine charismatische Führerschaft auf der Grundlage der Gewalt agieren kann? Und heißt es weiter, dass Terror und Gewalt jeglichen Gedanken an Charisma von vornherein ausschließen? Fallen die Anhänger der These von der Zuschreibung des Charismas womöglich auf ein Phänomen herein, das die Psychologie unter der Bezeichnung Stockholm-Syndrom kennt: die bizarre Zuneigung von Geiseln zu ihren Entführern unter den Bedingungen des völligen Ausgeliefertseins?

Unter diesen Umständen mag es überraschen, dass die Forschung Stalins Charisma fast einhellig bestätigt und sein Vorhandensein sich keineswegs nur bei ein paar Stalinisten findet.[133] Man darf sich aber nicht täuschen lassen von dem bunten Propagandatreiben der Stalinisten, das eine Bilderflut produzierte, während sich der Führer selbst aus der Öffentlichkeit immer mehr zurückzog, und das ein Bildprogramm entwarf, welches mit der Wirklichkeit des Stalinismus nicht das Geringste zu tun hatte, ja nicht einmal die Ansichten der Parteiführung wiedergab, sondern millionenfachen Mord und den Terror übertünchte. Ohne eine Diskussion der Gewalt lässt sich nichts über Charisma sagen. Diese Frage stellt sich auch für den Faschismus und den *Duce*. Geklärt ist sie nicht.

Was sich bei Mussolini beobachten ließ, gilt in eingeschränktem Maße auch für Stalin. Auch sein Charisma verschwand, nachdem sein Träger und die inszenierenden Personen und Institutionen aufhörten, es weiter zu vermitteln. Die Gefolgschaft passte sich erstaunlich schnell diesem Wandel an und „entcharismatisierte" sich. Dennoch lassen sich die Fernwirkungen der stalinistischen Propaganda und Stalins angeblichen Charismas bis in unserer Tage beobachten: bei vorwiegend alten Menschen und Weltkriegsveteranen in Russland und wenigen Spaßvögeln in der Bundesrepublik. Es entbehrte jeden historischen Bewusstseins und kritischer Urteilsfähigkeit, als die Bürger von Frankfurt am Main im Jahre 2003, 50 Jahre nach dem Ableben Stalins, plötzlich mit zahlreichen Plakaten konfrontiert wurden, auf denen ein Konterfei Stalins mit der schon zitierten Aufschrift „Genossen! Das Leben ist fröhlicher geworden" zu sehen war. Dieser geschichtsblinde Gag aus Anlass der Ausstellungseröffnung „Traumfabrik Kommunismus" zeugte von postmoderner Orientierungslosigkeit.[134] Lachen mit Stalin heißt, seine Opfer verhöhnen. Mit ihnen durften ein Kurator und ein Museumsdirektor ihre postmodernen Mätzchen machen.

Das letzte Beispiel macht noch einmal deutlich, worum es geht: Von Charisma kann keine Rede sein. Das bedeutet wiederum nicht, dass viele Menschen nicht an ihre Führer geglaubt und ihnen besondere Fähigkeiten zugetraut haben, auch nicht, dass es keine Persönlichkeiten gegeben habe, die sich auf besondere Weise den Massen zu vermitteln wussten. Das Problem ist das diffuse Konzept der charismatischen Herrschaft, das gravierende empirische Differenzen ohne Verlust an Substanz zu schlucken vermag. Das kommt vielleicht daher, dass es gar keine Substanz gibt, weil es „über alles Mögliche Bescheid weiß", wie Durkheim schrieb, und durch seine Omnipräsenz und affirmative Verwendung in der Forschung immerfort nur sich selbst bestätigt. Aus diesem Grunde lautet die Überschrift dieses Kapitels „Chuzpe statt Charisma": Chuzpe, aus dem Jiddischen stammend, definiert der Große Herder von 1932 als Frechheit und Dreistigkeit;[135] neuere Definitionen beschreiben sie als eine Mischung aus zielgerichteter, intelligenter, einnehmender Unverschämtheit, charmanter Penetranz, unwiderstehlicher Dreistigkeit und sozialer Unerschrockenheit.[136] Das trifft die hier behandelten Führerkulte weitaus besser als Charisma.

Tote Führer

Lenin starb 1924, Atatürk 1938, Stalin 1953, Mussolini wurde 1945 hingerichtet. Wie nach den bisherigen Abschnitten dieses Kapitel vermutet werden darf, war der physische Tod der Führer nicht das Ende ihres Lebens – mit einer Ausnahme: Mussolini. Die Zwei-Körper-Theorie wird dadurch bestätigt, dass die posthume Führerkarriere neue Formen der Verehrung hervorbrachte. Es zeigt sich auch, dass die Apparate, welche die Inszenierung des Kultes übernommen hatten, weiterhin gut funktionierten, sofern sie nicht, wie in Italien, mit dem Führer untergingen. Aber die Fortsetzung, in manchen Fällen sogar Steigerung des Kultes nach dem Ableben des „Kultträgers" zeugte auch vom Interesse der herrschenden Eliten, ihre Stellung durch kultische Verehrung des Verstorbenen zu konsolidieren und Schwächen und Instabilität der Politik und in der Gesellschaft durch gemeinsame Verehrung zu überbrücken, Sinn zu stiften und soziale Integration zu ermöglichen. Aber im Vergleich zur Lebenszeit des Führers mussten die Anstrengungen erhöht, die Kreativität bei der Erfindung neuer Formen gesteigert und neue Wege der Ästhetisierung gefunden werden, weil zuvor die physisch anwesende, personifizierte Autorität einer Sachfrage oder Richtungsentscheidung das notwendige Gewicht verlieh. Indem sich die Elite der gemeinsamen Kultarbeit verschrieb und ihren Verlauf überwachte, stellte sie sich in die unmittelbare Nachfolge des Führers, definierte sich damit zugleich selbst und gegenüber anderen und beanspruchte die Machtmittel des Verstorbenen. Das war ein komplexer Vorgang, der mit Max Webers Begriffen von „Routinisierung" und „Veralltäglichung" des Charismas nicht angemessen beschrieben werden kann, weil sie sich auf die soziale Beziehung zwischen Führer und Gefolgschaft beziehen und die machtvolle Verselbständigung der Elite und die Inszenierung und Instrumentalisierung des – wie wir gesehen haben – ohnehin zweifelhaften Charismas nicht genügend zu erfassen vermögen.

Beginnen wir mit Mussolini, weil dessen Tod und Nachleben gut beschrieben sind.[137] Da der Faschismus im Mussolinismus zu seiner personalisierten Gestalt fand und der *Duce* die Inkarnation des Faschismus schlechthin darstellte, band sich das Regime mit seinem hochgradig inszenatorischen Charakter an die Führerfigur. Es ist sinnlos darüber zu spekulieren, ob der Faschismus nach dem Ableben Mussolinis auf dem Gebiet der Theatralisierung des Politischen jene Kohärenz hätte beibehalten können, die der *Duce* ihm ermöglichte.

Es kam anders; nicht einmal der Konsens der 1930er Jahre blieb erhalten. Ein gutes Jahrzehnt funktionierte, was mit Weber gesprochen die Zuschreibung der Führereigenschaften durch die Massen genannt werden kann. Als Mussolini 1943 abgesetzt und in den ihm aus früheren Zeiten vertrauten Zustand des Häftlings versetzt wurde, erhielt der Faschismus einen herben Schlag. Nicht erst zu diesem Zeitpunkt begann ein Prozess, den die idealtypische Beschreibung der charismatischen Herrschaft nicht fassen kann: das Gegenteil der Weberschen Zuschreibung. Das Auseinanderbrechen der „emotionalen Gemeinschaft" von Führer und Volk verlief mindestens so gefühlsbetont wie ihr Entstehen; und wie die Zuschreibung den plebiszitären Charakter der Führerfigur kennzeichnete, so machte die „Abschreibung" deutlich, dass der angebliche Charismatiker ohne sein Volk in der Luft hing. Es ist hier nicht der Ort, eine theoretische Diskussion über diese Fragen zu führen, aber es scheint, als würde zumindest eine der großen, angeblich charismatischen Herrscherpersönlichkeiten des 20. Jahrhunderts nicht von der Veralltäglichung aus der Geschichte ausgestoßen, sondern in einem Ausscheidungsakt einer emotionalisierten politischen Partnerschaft. Die Restzeit Mussolinis nach 1943 scheint diese These zu belegen.

Allein die abenteuerliche Befreiung durch deutsche Truppen verhalf ihm zu dem kurzen Intermezzo der Republik von Salò. Sein Leben endete jedoch äußerst theatralisch, nur dass er auf das Spektakel keinen Einfluss mehr ausüben konnte. In dem Maße, wie die Körperlichkeit des *Duce* zum Bildprogramm des italienischen Faschismus gehörte, wurde beim Zusammenbruch auch sein Körper zerstört. Es reichte nicht, Mussolini auf der Flucht gefangen zu nehmen und ohne Prozess zu erschießen, sondern die Partisanen, die seiner habhaft wurden, stellten ihn öffentlich aus wie eine Trophäe. Zusammen mit seiner Geliebten Clara Petacci und anderen faschistischen Führern wurde er mit dem Kopf nach unten aufgehängt. Das geschah nicht an einem zufälligen Ort, sondern auf dem Piazzale Loreto in Mailand. Dort waren im August 1944 fünfzehn erschossene Partisanen hingeworfen worden, die den Hunderten von Passanten zur Abschreckung dienen sollten. Die Fotos von dem makabren Leichenhaufen sollten sich in das Gedächtnis der *Resistenza* tief eingraben. An Mussolinis Leiche nahm das Volk am gleichen Ort grausame Rache. Es bespuckte sie, schoss auf sie, trat auf sie ein und verhöhnte sie in Worten und Gesten. Der Obduktionsbericht liest sich wie ein Spiegel der faschistischen Grausamkeiten. War es nicht dasselbe Volk, das zwanzig Jahre lang vor dem *Duce* auf den Knien gelegen hatte?

Der Faschismus verschwand mit dem *Duce*, nicht umgekehrt, wenngleich niemand auf die Idee kommen sollte, dies für den einzigen und wichtigsten Grund zu halten. Die Entfernung der öffentlichen Führungsfigur enthielt den physischen Tod des Benito Mussolini. Beides verlief historisch kongruent und synchron. Hinsichtlich des Bildprogramms des Faschismus vertrug die symbiotische Verbindung von *Ducismo*, Körperlichkeit und faschistischer Repräsentation nicht das öffentliche Verwesen des Führers zu Mailand. Was danach mit Mussolinis Überresten geschah, ist lediglich eine skurrile Fußnote der Geschichte: Faschisten raubten die Leiche aus dem anonymen Grab, in dem sie verscharrt worden war. Dann, nach einem Jahrzehnt in einer geheim gehaltenen Begräbnisstätte, wurden die sterblichen Überreste 1957 in der Familiengruft in Predappio, dem Geburtsort, beigesetzt. Von der in Stein gehauenen Verehrung für Atatürk und Lenin ist diese Grabstätte weit entfernt.

Das Problem der Bolschewiki bestand darin, den hingesiechten Führer Lenin zu einem Symbol des Lebens umzuwerten. Kaum war Lenin tot, da begann die Rede von der Unsterblichkeit. Wir kennen das schon: „Das, was an Lenin sterblich war, ist hingegangen, aber seine Sache und sein Erbe werden für immer fortbestehen", hieß es in der Regierungszeitung *Izvestija*.[138] In der Sowjetunion sprach man das Problem des Todes deutlich an und „löste" es durch einen dialektischen Trick, der besagte, dass Tod und Lenin zwei antagonistische Prinzipien seien, wobei „Lenin" zu einer objektiven Wirklichkeit „wie Natur und unsere Umgebung" synthetisiert wurde.[139] Die Einbalsamierung und das Zurschaustellen des toten Revolutionärs entsprachen dieser Ansicht. Der wächsern-rosige Leichnam in seinem Glassarg verkörperte die waghalsige Dialektik aufs beste: Als Person mausetot lag Lenin dort als Bildnis der kommunistischen Prinzipien und sollte das Weiterleben des Kommunismus repräsentieren.

Für die Leiche musste auch ein repräsentativer Bau geschaffen werden. Das war das Mausoleum auf dem Roten Platz, an der Westseite der Kreml-Mauer, wo zuvor die gefallenen Helden der Revolution begraben worden waren. Nach einem schlichten kubistischen Provisorium für die Begräbnisfeierlichkeiten,[140] entstand zunächst aus Holz die erste Fassung jener Pyramidengestalt, die später in Marmorausführung erneut aufgegriffen wurde und dann ihre endgültige Gestalt erhielt. Ein für die Ewigkeit gebautes Grabmal, „dessen Bedeutung für die Menschheit die von Mekka und Jerusalem übersteigen" werde, stand einem der beteiligten Parteimänner vor Augen.[141] Lenins Witwe Nadežda Krupskaja wandte sich strikt gegen jede Art der Verherrlichung ihres Mannes. „Errichtet keine Denkmäler für ihn, keine Paläste, die nach ihm benannt werden, richtet keine prächtigen Feiern zu seinem Andenken aus", mahnte sie.[142] Die Parteiführung hörte nicht auf sie. Also schufen die Bolschewiki das Mausoleum, in dem sie den einbalsamierten Lenin ausstellten, damit sich die Werktätigen an dem makabren Anblick erwärmen und im Falle von schwankender Meinung auf den rechten Weg des Kommunismus zurückzukehren vermochten.[143] Das Ganze entsprach dem Wunsch nach Monumentalisierung des Erinnerns: mindestens so wie die ägyptischen Pyramiden, den architektonischen Urformen der Ewigkeit, wenn auch das Mausoleum vergleichsweise winzig ausfiel. Anatolij Lunačarskij, Volkskommissar für Volksbildung, gab die passende Begründung: Das Aufblühen des Monumentalbaus falle gewöhnlich in „kollektivistische Epochen" wie bei den feudalen Despotien Ägyptens und Asiens. Das Proletariat solle diese Tradition aufnehmen, denn seine Führer würden als „Repräsentanten des riesigen proletarischen Willensstroms" zu „übermenschlichen Personen". Auch Lunačarskij bemühte das Volk, indem er vorgab, die Monumentalisierung entspreche den „höchsten Bedürfnissen der Massen".[144]

Das war im besten Fall eine Selbsttäuschung, denn das Mausoleum war nie nur das Denkmal für Lenin, sondern immer auch und von Anfang an der Ort der Selbstdarstellung der bolschewistischen Führung. Umgeben von den bolschewistischen Toten der ersten Stunden, überragt von den jahrhundertealten Zinnen und Spitzen der Kremlmauern und -türme, dem Symbol der Herrschaft in Russland schlechthin, stand sie auf der Tribüne des Mausoleums gleichsam mit den Füßen auf Lenins Gebeinen und ließ „die Wellen der Liebe und des Vertrauens"[145] der paradierenden Massen an den Sockel des Grabmals schwappen. Das zeugte nicht nur von schlechtem Geschmack, sondern auch von der eigentümlichen Ansicht, den Tod einerseits in den Kult zu integrieren, andererseits ihn zum Symbol des Lebens umwerten zu können. Aber der Tod warf seinen mächtigen Schatten immer über das illustre Personal auf der Tribüne sowie auf die vorbeimarschierende Bevölkerung. Der Ort der intimsten Sakralisierung des sowjetrussischen Kommunismus bezeugte, dass seine noch lebenden Vertreter immer schon mit beiden Beinen im Grabe standen. Daran konnte das gesamte bunte, blühende Bildprogramm des Stalinismus nichts ändern, jener Epoche, die ja gerade durch die überbordende Verherrlichung des diesseitigen Lebens in Arbeit, Aufbau, Technik, Fortschritt, Wissenschaft, Mutterschaft, Parkanlagen und Zerstreuung ihre andere Seite, bestehend aus Gulag, Denunziation, Verhaftungen, staatlichen Massenmorden, Deportationen, Hungertoten und Seuchen, zu verbergen suchte. Deswegen wiederholt das missratene Urteil Karl Schlögels, der Architekt des Mausoleums habe mit seinen „einmaligen wie kühnen Gedanken“ recht behalten, als er das Bauwerk „als Stätte des Vermächtnisses, als Rednertribüne gleichsam“ anfertigte,[146] nicht nur die Selbsteinschätzung der Stalinisten, es atmet auch noch immer den vergifteten Enthusiasmus über die Visualisierung eines Regimes, das es niemals fertig gebracht hat, seinen Millionen von Opfern auch nur eine einzige Stätte der Erinnerung zu errichten, geschweige überhaupt zuzugestehen.

Nur auf den ersten Blick zeigen sich Ähnlichkeiten zum Atatürk-Kult und seiner architektonischen Manifestation. Zwar erklärte die Führung der Türkei den soeben Verstorbenen zum *ebedi şef* (ewiger Führer), aber das war eine mehr rhetorische Verneigung vor dem Dahingegangenen als ein Titel mit Auswirkungen auf das politische Leben in der Republik. Mit weitaus weniger Tempo und viel weniger ideologischem Ballast als die Kremlführung ging die Regierung der Türkei daran, dem verehrten „Vater der Türken“ ein angemessenes Grabmal zu errichten. Was 1955, als die Atatürk-Partei CHP schon nicht mehr an der Regierung war, schließlich dabei herauskam, war allerdings pompös. Aber weder hat jemand daran gedacht, Atatürk einzubalsamieren und seine Leiche zur Erbauung und Erziehung der nachfolgenden Generationen auszustellen, noch den ganzen todesüberwindenden Bombast in die Planung der Grabstätte einzubeziehen. Für die positivistische, laizistische, rationalistische Staatsführung eines durch und durch religiös geprägten Landes wie der Türkei, in dem es Tausende von Anlässen gegeben hätte, die Religion und ihre Sprache in Wort und Bild auf den *ulu önder* und seine letzte Ruhestätte zu übertragen, kam das offensichtlich nicht in Frage. Stattdessen hielt man es mit der Nation, ihrer Herkunft und Geschichte und ihrer Stellung und Rolle in der Welt. Das Atatürk-Mausoleum auf dem Rasat-Hügel in Ankara stellt diese Verbindung her.

Die Ausschreibung für den internationalen Architektenwettbewerb erfolgte 1942, zu einer Zeit also, als die Türkei unter größten wirtschaftlichen und finanziellen Engpässen litt. Ob es eine Verbindung zur berüchtigten Vermögenssteuer gab,[147] sollte die Forschung klären. International auszuschreiben wäre in der Sowjetunion selbst zu Friedenszeiten undenkbar gewesen, denn die Vorstellung, ein bourgeoiser Architekt könne ein Grabmal für den Führer der internationalen Arbeiterklasse erstellen, war ziemlich illusorisch. Die Regierung in der

Türkei aber hatte in dieser Hinsicht keine Probleme. Die Meinungen darüber, was das Bauwerk repräsentieren sollte, kamen durchaus denen in der Sowjetunion nahe, wenn es darum ging, ein Werk „jenseits von Stil und Zeit" zu errichten, wie ein Architekturhistoriker schrieb.[148] Der Ausschreibungstext verlangte die Berücksichtigung von Respekt, Würde und Unsterblichkeit bei der planerischen Gestaltung.[149]

Von 49 Entwürfen kamen acht in die engere Auswahl, darunter jeweils ein Plan eines schweizerischen und eines deutschen Architekten, drei Entwürfe italienischer und drei türkischer Herkunft. Monumentale Pyramiden (Giovanni Muzio) waren darunter ebenso wie Bauten im Stile eines römischen Pantheons (Arnoldo Foschini) oder der Kuppelbau des Deutschen Clemens Holzmeister. Die Entwürfe türkischer Architekten griffen historische Baustile Anatoliens aus seldschukischer oder hethitischer Zeit oder aber ägyptischer Tempel auf. Nach fünfzehn Jahren Bauzeit war der Plan der Sieger Emin Onat und Orhan Arda schließlich fertiggestellt. Was als vollendetes Bauwerk zu sehen war, musste jeden, der sich mit der jüngsten türkischen Geschichte einigermaßen vertraut glaubte, irritieren. Den vierzig Tonnen schweren, aus rotem, weiß geädertem Marmor gefertigten Sarkophag des „Vaters der Türken" hatte die Regierung an das Kopfende eines monumentalen griechischen Tempels stellen lassen. Die klassische Bauform der Antike dafür zu verwenden, könnte als zynischer Kommentar zur Vertreibung der Griechen während des Befreiungskrieges gewertet werden. Oder aber der Betrachter musste sich fragen, ob die Vergangenheit der Türken keinen angemessenen Stil habe bereitstellen können, so dass man auf die Bauform des früheren Erzfeindes angewiesen war. Aber diese Sichtweisen führen auf die falsche Fährte. In Wirklichkeit hatten türkische Architekten keine Schwierigkeiten damit, das griechisch-klassische Vorbild zu übernehmen, denn sie vermochten auf der Grundlage der offiziellen Geschichte des Türkentums auch die antiken Stile als Teil der türkischen Geschichte zu begreifen. „Unsere Vergangenheit geht wie die aller mediterranen Kulturen Tausende Jahre zurück. Sie beginnt mit den Sumerern und Hethitern und vermischt sich mit vielen Kulturen von Zentralasien bis in die Tiefen Europas und bildet so eine der Hauptstränge des klassischen Erbes. Atatürk, der uns vom Mittelalter erlöst hat, weitete unseren Horizont und zeigte uns, dass unsere eigentliche Geschichte nicht im Mittelalter angesiedelt ist, sondern in den gemeinsamen Quellen der klassischen Welt. In dem Denkmal für den Führer unserer Revolution und unseren Erlöser aus dem Mittelalter wollten wir dieses neue Bewusstsein widerspiegeln. So entschieden wir uns, unseren Entwurf entsprechend der Rationalität einer siebentausend Jahre alten klassischen Kultur auszuführen und ihn nicht mit der Grabstätte eines Sultans oder Heiligen in Verbindung zu bringen."[150] In diesem Zitat gibt es einiges, was Historiker gerne diskutieren würden, aber darum geht es hier nicht. Diese Sichtweise ermöglichte Onat und Arda, eine Melange aus einem erhöhten klassischen Tempel mit flankierenden prähistorisch anmutenden Steinreliefs zu erstellen, mit einem großen rechteckigen Platz davor, umsäumt von Säulengängen, die entweder offen sind oder die Längsfront von Nebenbauten auflockern. Der Geschichtseklektizismus kam auch dadurch zum Ausdruck, dass eine Prachtstraße im rechten Winkel auf den Platz zuführte, an deren Anfang zwei Skulpturengruppen aus weißem Stein die türkische Nation und ihre in kemalistischer Sicht wichtigsten Gruppen (Soldat, Lehrer, Bauer und – man beachte – Frauen und das Problem ihrer Emanzipation) repräsentierten; außerdem säumen Löwen im hethitischen Stil die Passage bis zum Platz. Jedem Besucher, deren es zahlreiche gab und gibt, fällt auf, wie hell, offen und großzügig es hier zugeht. Die Prachtstraße ist mit hellgrauem Stein gepflastert, der bei Sonne fast weiß gleißt, die hellgraue und blaue Pflasterung des Platzes vor dem Mausoleum nimmt antike Mosaikmotive auf; und vor allem – ganz anders als in der abgedunkelten unterirdischen Kammer des Leninmausoleums – steht Atatürks diskret von einer Zivilperson bewachter Sarkophag in dem lichtdurchfluteten Tempel vor einem riesigen Fenster auf einem Podest aus weißem Marmor. Das Atatürk-Mausoleum ist in allem das genaue Gegenteil des Lenin-Mausoleums mit seiner gedrungenen, gestauchten, nicht von den Vorbildern emanzipierten pyramidalen Figur und seiner schwarzen Krypta mit der von Soldaten streng bewachten Leiche Lenins.

Anıtkabir, der Ort des Mausoleums, hat nie dazu gedient, Aufmärsche großen Stils zu veranstalten, wo das Militär, die Sportler, die Frauen und andere organisierte Gruppen der Führung von Partei und Staat huldigten. Zwar haben zu hohen Staatsfesten Militärparaden vor dem Mausoleum stattgefunden, aber allein die Ausmaße der gesamten Anlage erlaubten keine Massendemonstrationen im sowjetischen Stil. Die Selbstdarstellungen der Regierungen fanden andernorts statt, in Fußballstadien zum Beispiel.

Und Stalin? Zuweilen geben die kleinen Geschichten mehr von der Geschichte preis als die Analyse. Der Unterschied zu Atatürk könnte größer nicht sein. Als der Gründer der Republik Türkei seine letzte Krankheit durchlitt, ließ man unter anderem den jüdischen Arzt Erich Frank holen, der aus Deutschland in die Türkei emigriert war. Außerdem zog man einen Spezialisten aus Paris zu Rate. Stalin hingegen ließ seine Leibärzte, einige davon Juden, in der so genannten Ärzteverschwörung verhaften,[151] und sie wären wohl nicht mit dem Leben davon gekommen, wenn ihm noch ein bisschen mehr Lebenszeit vergönnt gewesen wäre. Aber er zog es vor, ohne ärztliche Hilfe auf seiner Datscha quälend langsam zu sterben.

Anlässlich seines Todes sind ähnliche Trauerszenen wie bei Lenins Ableben überliefert,[152] obwohl der Historiker lieber glauben möchte, dass die langen Schlangen der Trauernden am offenen Sarg des Verstorbenen davon zeugten, dass die Leute wissen wollten, ob er wirklich tot ist. Aber das ist Wunschdenken, und man muss sich daran gewöhnen, dass die Aura einer großen Persönlichkeit, selbst wenn sie als Massenmörder in die Geschichte eingegangen ist, in der perversen Trauer der Opfer ihre übelriechende Blüte trieb.

5. Dynamiken der Repression

Zweierlei Bürgerkriege

Welch ein trister Anfang des 20. Jahrhunderts! Anstatt durch Revolution, Kriegsende und demokratische Staatsgründungen in ein besseres Dasein voranzuschreiten, stürzten zahlreiche Gesellschaften in neue blutige Konflikte. Nicht die Wiedererlangung des Friedens stand für zahlreiche europäische Gesellschaften auf dem Programm, sondern die mörderische Auseinandersetzung um den richtigen Weg. Italien, Sowjetrussland und die Türkei befanden sich in trauriger Gesellschaft, in der Krieg und Gewalt einen blutigen Aufbruch ins 20. Jahrhundert einleiteten. Und doch spielten sich gänzlich unterschiedliche Formen der Gewalt in den hier untersuchten drei Gesellschaften ab. Hier werden die Bürgerkriege in Sowjetrussland und in der Türkei vom faschistischen Pogrom unterschieden. Dabei ist sehr wohl bekannt, dass beide Begriffe weder unter Zeitgenossen noch in der Forschung übereinstimmend verwendet werden. Sowjetrussland, Italien und die Türkei unterschieden sich massiv hinsichtlich des Gebrauchs der Gewalt, der Akteure, der Institutionalisierung und der Folgen in den Gesellschaften. Was aber bewirkte den Unterschied, wenn doch die Ausgangslagen, wie in den vorangegangenen Kapiteln beschrieben, Gemeinsamkeiten aufwiesen?

Die Türkei bildete in einer Hinsicht einen Sonderfall. Sie führte von 1912 bis 1922 Krieg, länger als Italien oder Russland. Die militärische Auseinandersetzung des Osmanenreiches mit Italien 1911/12 in Tripolitanien und Cyrenaica, dem heutigen Libyen, kann hier außer Acht bleiben. Sie wurde auf osmanischer Seite hauptsächlich von lokalen Stämmen unter Führung osmanischer Offiziere, darunter der junge Mustafa Kemal, ausgefochten. Nennenswerte osmanische Truppenkontingente nahmen nicht daran teil. Für Russland begann der „große" Krieg im August 1914, italienische Soldaten marschierten seit Mai 1915 an die Front.

Bereits in den Balkankriegen 1912/13 zeichnete sich ab, wie zukünftige Kriege geführt werden würden. Es handelte sich dabei nicht um idealtypisch zwischen Staaten ausgetragene Kriege *en forme*. Sie fanden vielmehr auf drei untrennbar miteinander verwobenen Ebenen statt: zwischen den regulären Truppen der Türkei auf der einen und Montenegro, Serbien, Bulgarien, Griechenland auf der anderen Seite, was meist mit einer Niederlage der türkischen Streitkräfte endete, und dem Krieg von regulären Truppen gegen irreguläre und von beiden gegen die Zivilbevölkerung, die unter ethnischen und religiösen Gesichtspunkten verfolgt, vertrieben, deportiert und ermordet wurde. Nicht nur muslimische und christliche Soldaten ließen die Gewalt ins Kraut schießen, sondern auch Zivilisten beider Konfessionen; vorzugsweise jedoch massakrierten sich Christen gegenseitig.[1] Die beiden Balkankriege brachten zweifelhafte Formen des Krieges zu Tage, die sich im 20. Jahrhundert weit verbreiten sollten.

Der Erste Weltkrieg führte zu Massenmobilisierungen in allen kriegführenden Staaten. Die Zahl der Soldaten, Gefallenen, Verwundeten und Deserteure ist jedoch kaum exakt zu ermitteln. Die folgenden Angaben schwanken stark, je nach Quelle; selbst unter heutigen Historikern herrscht nicht nur keine Einigkeit, die Zahlen liegen zum Teil weit auseinander.

Das im Vergleich zu europäischen Staaten kleine stehende Heer des Osmanenreichs zählte am Vorabend des Ersten Weltkriegs 230 000 Mann, vielleicht auch nur 180 000.[2] Im Krieg wurden alle muslimischen Männer zwischen sechzehn und fünfzig Jahren mobilisiert, insgesamt drei Millionen.[3] Über die Zahl der Gefallenen und Vermissten liegen extrem auseinanderklaffende Zahlen vor: 750 000[4] oder 500 000[5] oder 325 000[6] oder 305 000[7]. Selbst wenn die niedrigen Ziffern zugrunde gelegt werden, so ist doch hervorzuheben, dass die Türkei mit 20 % einen hohen Verlust an eingesetzten Soldaten aufwies (zum Vergleich: Deutschland 15 %, Österreich-Ungarn 16 %, Frankreich 16 %, Großbritannien und Irland 12 %, Rumänien und Serbien 33 %).[8] Extrem hoch war die Sterberate in der russischen Kriegsgefangenschaft: Jeder zweite gefangene Soldat der osmanischen Streitkräfte verlor sein Leben.[9] Obwohl seit 1909 die allgemeine Wehrpflicht bestand, mussten die christlichen Bürger des Landes eine Art Zwangsarbeit in Arbeitsbataillonen leisten. Die Regierung hielt sie pauschal für illoyal und fürchtete sich, ihnen Waffen in die Hand zu geben. Wenn dadurch vermieden werden sollte, dass der Krieg nach innen getragen würde, so erwies sich diese Maßnahme als vollkommen irrelevant: Der Bürgerkrieg kam trotzdem.

Die Verluste der Armee in den Kriegsjahren waren bedeutend: fast 2,3 Millionen Soldaten. Mit zunehmender Dauer stieg die Zahl der Deserteure. Ein Zehntel des Soldatenbestandes der osmanischen Armee hat sich unerlaubt entfernt. Besonders nach der Niederlage von Sarıkamış nahm die Zahl der Deserteure massenhaft zu. Dort, im Kaukasus Anfang

1915, wurde eine ganze Armee unter Führung Enver Paschas durch den Winter und die Russen fast vollständig aufgerieben, von 90 000 Soldaten überlebten 72 000 diese Schlacht nicht.[10] Die zum Teil drastischen Maßnahmen der Offiziere konnten gegen die Massendesertion nichts ausrichten. Der deutsche General Liman von Sanders, der den Türken das Siegen beibringen sollte und selbst nichts davon verstand, denn das bekamen die Türken 1922 ohne die deutsche Hilfe viel besser hin, berichtete von einem Bataillon, welches *in corpore* desertiert sei.[11] Das Volk hatte den Krieg dermaßen satt, dass Offiziere es vorzogen, sich in Zivil zu kleiden, um der Empörung der Bevölkerung zu entgehen.[12]

Im Unterschied zum Osmanenreich war Russlands Armee die zahlenmäßig größte des Ersten Weltkrieges. Das Reich mit 168 Millionen Einwohnern konnte auf vergleichsweise riesige Soldatenressourcen zurückgreifen. Nach der Generalmobilmachung im Juli 1914 standen über fünf Millionen Soldaten unter Waffen. Bis Januar 1917 wurden 14,6 Millionen Männer eingezogen, von denen jedoch nur etwa 3,5 Millionen an der Front standen.[13] Vor diesem Hintergrund lag die Ziffer der Kriegstoten hoch: Bis Dezember 1916 betrug die Zahl der Gefallenen 1,3 Millionen, zusätzlich starben 350 000 Soldaten an ihren Verwundungen; 2,4 Millionen Gefangene hatte der Kriegsgegner gemacht.[14] Während der gesamten Dauer des Krieges dürften ca. 2,3 Millionen Soldaten gefallen, über 2,6 Millionen verwundet, 970 000 Soldaten an ihren Verwundungen gestorben, fast 5,1 Millionen in Gefangenschaft geraten und über 155 000 an Seuchen gestorben sein.[15] Über die Desertion, die Anfang 1917 massiv einsetzte, liegen keine verlässlichen Angaben vor. Sie war aber von solchen Ausmaßen, dass Teile der Armee zusammenbrachen. Eine ordentliche Demobilisierung fand nie statt, weil die Bolschewiki nach der Revolution erneut mobilisierten.

Italien zählte 1911 insgesamt 36 Millionen Bewohner. Im Verlauf des Ersten Weltkrieges wurden ca. sechs Millionen Mann mobilisiert, von denen 4,25 Millionen an Kriegsoperationen teilnahmen. Am Ende des Krieges standen über drei Millionen an der Front. Die Zahl der Gefallenen ist nicht genau zu ermitteln; sie liegt zwischen 564 000 und 677 000, die der Verwundeten bei ca. einer Million.[16] Die Desertion war auch hier beträchtlich. Im Jahre 1918 kam es aus diesem Grund zu 1,1 Millionen Verfahren.[17]

Die Statistik des Krieges sagt wenig aus hinsichtlich der Kontinuität und Formen der Gewalt in den „Nachkriegsgesellschaften", aber sie gibt ein deutliches Bild über die militärisch-demographischen Voraussetzungen wieder. Wie Gewalt in den Gesellschaften fortdauerte, wie sie sich einnistete und wie sie gebändigt oder pazifiziert werden konnte, muss ausführlicher erläutert werden.

Für die Türkei war der Krieg 1918 nicht zu Ende. Die Jahre 1919–1922 werden gewöhnlich unter dem Begriff „Unabhängigkeitskrieg" gefasst. Aber er beschreibt nur einen Teil der Geschichte. Er ist ein Begriff der nationalistischen Propaganda, die den Konflikt auf die dominante, d. h. kemalistische, Sichtweise des legitimen Krieges der türkischen Nation gegen ihre Feinde reduzierte. Seine dualistische Perspektive versperrt die Sicht auf das, was „unterhalb" und „neben" diesem Krieg geschah. Dafür ist Bürgerkrieg der richtige Ausdruck. 1919 begann ein Kampf, der sich auf mehreren Ebenen abspielte. Nur eines war er nicht: ein Staatenkrieg, und zwar aus dem schlichten Grund, weil das formal noch bestehende Osmanenreich keine Truppen gegen die Invasoren ins Feld schickte und die ganze Bürde der Verteidigung Anatoliens auf den Schultern von Partisanen und den nur von den Bolschewiki in Moskau anerkannten Nationalisten in Ankara lastete. Die Abwehr darf man sich nicht geordnet vorstellen. Zunächst wurde der Kampf nicht so sehr von regulären Truppen unter dem Kommando Ankaras geführt, sondern von irregulären Verbänden, denen Mustafa Kemal mangels eigener schlagkräftiger Streitkräfte freie Hand lassen musste. „Verliert keine Zeit, schafft Kampforganisationen zum Schutz unserer nationalen Rechte", forderte der erste „Kongress" der lokalen Nationalisten im westanatolischen Aydın in unmittelbarer Nähe der griechischen Besatzer, noch bevor Mustafa Kemal und seine Gesinnungsgenossen im ostanatolischen Erzurum zusammentrafen.[18]

An dieser Stelle stellt sich eine direkte Verbindung zwischen dem Ersten Weltkrieg und den späteren Kriegen in der Türkei her. Die Massendesertion der Soldaten aus der osmanischen Armee ist für die Frage nach der Gewalt in der Nachkriegsgesellschaft von zentraler Bedeutung, denn sie erklärt, wie der Krieg von den Fronten in die Gesellschaft eindrang und die Gewalt ins Landesinnere trug. Liman von Sanders gibt einen Hinweis, wie dies in der Türkei vor sich ging: Die Deserteure nahmen nicht nur ihre Gewehre mit, sondern auch Handgranaten und sogar Maschinengewehre.[19] Im Hinterland bildeten sie Freischärlerverbände, die ganze Landstriche unter ihre Kontrolle brachten. Falls es bis dahin noch eine Ordnung gegeben hatte, so brach sie nun vollends zusammen. Die Verhältnisse mischten sich neu. In Thrakien geschah etwas, was nach den strengen Regeln des Nationalismus eigentlich verboten war: Bulgarische, makedonische und türkische Irreguläre kämpften gemeinsam gegen die Truppen der Entente.[20] Früher schoss man aufeinander, jetzt zeigten die Gewehrläufe in dieselbe Richtung. 15 000 Mann türkische Irreguläre sollen es in diesem Gebiet gewesen sein, zu denen weitere 15 000 bulgarische hinzukamen, die nichts anderes kannten als Krieg, wie die Quelle vermerkt.[21] In Anatolien, so der Kemalist Mehmed Arif im Mai 1919, sei die Lage „anarchistisch" und es sei nicht festzustellen, wer über welche militärische Kräfte und Machtmittel verfüge. Er bemerkte weiter, dass überall Freischärler herrschten und die lokalen Behörden gegen sie machtlos seien.[22] Im Gebiet südlich des Marmara-Meeres kämpften einige tscherkessische Banden gegen die Nationalisten und andere mit ihnen gegen die eigenen Leute.[23] Es scheint, dass die „Banden" wegen der starken Desertion schon ein Jahr nach Kriegsbeginn ihre Aktivitäten aufnahmen. Als die Griechen Smyrna/Izmir besetzten und vor allem, seit sie weiter nach Anatolien vordrangen, bildeten sich Verbände aus allen möglichen Nationalitäten, die allein der muslimische Glaube einte und die gegen die Griechen im Westen, die Armenier im Osten und die Franzosen im Süden kämpften. Der Sultan hatte auf sie keinen Einfluss.[24]

Zusätzlich trieben die Gräuel der griechischen Truppen an der muslimischen Zivilbevölkerung die Türken den Freischärlerverbänden in die Arme.[25] König Konstantin offenbarte, worum es ging, als er seinen mordenden und brandschatzenden Soldaten zurief: „Ihr zeigt, wofür wir stehen, wir Hellenen (...), ihr habt euer Blut vergossen, das wertvolle hellenische Blut, um eure versklavten Brüder zu befreien und die Zivilisation zurückzubringen".[26] Welche Umkehrung der Zivilisationsstereotypen wieder einmal, als der Türke Mustafa Kemal den europäischen Griechen zu Recht „Barbarei und Wildheit" vorwarf. „Sie überzogen unser Land mit Feuer und Schwert, ermordeten die unbewaffnete Bevölkerung und selbst die, die keine Waffe zu tragen vermochte." Die Einäscherung ganzer Städte, Plünderung und Mord seien von speziellen Einheiten auf Befehl der griechischen Kommandeure erfolgt.[27] Die griechischen Truppen betrieben ethnische Säuberung in einem Gebiet, in dem Griechen 14 % der Bevölkerung stellten. Etwa 1,2 Million Muslime flohen aus Thrakien und Westanatolien nach Osten.[28] Arnold Toynbee hat als Augenzeuge die Folgen der Gewalt beschrieben. Er sprach vom „war of extermination".[29] Was in Westanatolien vor sich gehe, spotte jeder Beschreibung, schrieb der sowjetische General Frunze in seinem Reisebericht vom November/Dezember 1921. „Die Griechen vernichten systematisch die ganze türkische Bevölkerung in den Vilayets Smyrna und Bursa. In einigen Bezirken sind aus einer türkischen Bevölkerung von ehemals 90–100 000 kaum einige Tausend übriggeblieben. Ganze Städte, zum Beispiel Aydan (Aydın – S.P.), sind zerstört, aus der ehemals 50 000 Personen umfassenden türkischen Bevölkerung sind nur einige hundert übriggeblieben. Die anderen wurden ermordet oder vertrieben."[30] In den Hausmitteilungen des Moskauer Volkskommissariats für Auswärtige Angelegenheiten stand zu lesen, die Griechen würden das internationale Kriegsrecht auf „wildeste Art" missachten. „Die muslimische Welt muss zu dem Schluss kommen, dass die europäischen Methoden der Regierung ebenso sehr auf Gewalt gründen wie die türkischen."[31] In der Tat: Die russischen Quellen beeilen sich, darauf hinzuweisen, dass auch die türkische Seite nicht anders handelte als die griechische. „Ausnahmslos alle Völker, die in der heutigen Türkei siedeln, wenden die gleiche Methode der Lösung der nationalen Fragen an; sie ist außerordentlich einfach: Sie läuft auf die allgemeine Vernichtung des Gegners hinaus."[32] Dieses Wort Frunzes übersah eine wichtige Minderheit: Die Juden nahmen nicht an dem allgemeinen Schlachten teil. Sie waren die Opfer: Aus wenngleich unsicheren Quellen geht hervor, dass in dem von den Griechen eroberten Gebiet in Anatolien über die Hälfte der Juden entweder ermordet oder vertrieben wurde.[33]

Freischärler begannen den Kampf gegen die vormarschierenden griechischen Truppen im Mai 1919. Sie sammelten sich zu Verbänden von mehreren Tausend Mann.[34] Irreguläre kämpften aber auch mit der *kuva-i milliye* (nationale Streitkräfte) genannten regulären Armee der Nationalisten. Im Krieg gegen Armenien in den letzten beiden Monaten des Jahres 1920 bildeten sie eine „bedeutende Kraft", weil viele Muslime sich ihnen anschlossen. Ursache dafür war die Tatsache, dass die armenische Nationalbewegung die Muslime vertrieben und Pogrome organisiert hatte.[35] Die zahlenmäßig kleine Bevölkerungsgruppe der einen georgischen Dialekt sprechenden muslimischen Lasen, die am Schwarzen Meer in der Gegend von Trabzon zuhause war, stellte einen besonders hohen Anteil von Freischärlern.[36] Diese Tatsache erklärt sich durch den Umstand, dass die Lasen mit den separatistischen Bestrebungen ihrer unmittelbaren Nachbarn, den Pontusgriechen, konfrontiert waren. Die Partisanen halfen darüber hinaus, die von den Weltkriegssiegern angeordnete Entwaffnung der osmanischen Armee zu vereiteln, indem sie sich ganzer Waffenlager und -transporte bemächtigten. Die Zahl der Partisanen in Anatolien wurde von den Griechen auf etwa 40 000 geschätzt.[37] Dabei dürfte es sich um die von ihnen an der westanatolischen Front ermittelbaren Partisanen handeln, zu denen die nord- und ostanatolischen noch hinzuzurechnen wären.

Sogar Partisanenverbände, die nur aus Frauen bestanden und unter dem Kommando einer Frau standen, gab es auf Seiten der Kemalisten.[38]

Was die im Waffenstillstand von Mudros vorgesehene Demobilisierung der osmanischen Streitkräfte anging, so betraf sie in der Praxis nicht alle Truppen, besonders jene in Zentral- und Ostanatolien nicht. Mit etwas Übertreibung darf man sagen, dass der Plan der Alliierten, das Heer des Osmanenreichs an Menschen und Material massiv zu schwächen, gänzlich überflüssig war, weil die Massendesertion dazu mehr beitrug als die im Waffenstillstand vorgesehenen Maßnahmen. Auch die Nationalisten hatten mit diesem Phänomen zu kämpfen. Ihren Versuchen, Soldaten zu rekrutieren, entzogen diese sich häufig noch am Tag der Erfassung durch klammheimliches Entfernen. Die Kemalisten sahen sich im September 1920 genötigt, per Gesetz Sondergerichte, die so genannten Unabhängigkeitsgerichte, zur Bekämpfung der Desertion einzusetzen.[39] Das half aber nicht viel, denn noch zwei Monate später berichtete der Sekretär des sowjetischen Gesandten in der Türkei von andauernder Massendesertion, die ganze Einheiten zur Auflösung bringe.[40] So ist es letztlich kein Wunder, dass die noch am meisten intakten Streitkräfte in Ostanatolien den kurzen Krieg gegen Armenien Ende 1920 mit dem Frieden von Alexandropol/Gümrü (später Leninakan) siegreich abschließen konnten.

Anatolien blieb Schauplatz ineinander verschachtelter Kriege, die sich nach dem Frieden an der Kaukasusfront nun jedoch vorwiegend in Zentral- und Westanatolien abspielten. Als sei der Kampf gegen die Griechen noch nicht genug, schickte der Sultan im April 1920 Truppen gegen die rebellischen Nationalisten um Mustafa Kemal ins Feld. Diese so genannte Kalifatsarmee war von den Alliierten ausgerüstet worden, englische Berater begleiteten sie. Der kemalistischen Zeitung *Hakimiyeti Milliye* fiel auf, dass die Engländer jene Erfahrung zu wiederholen gedachten, die auch schon Russland viel Unglück gebracht hatte.[41] Gemeint war die britische Intervention im russischen Bürgerkrieg gegen die Bolschewiki. Die Sultanstruppen erwiesen sich aber als zu schwach, um die Nationalbewegung in militärische Bedrängnis zu bringen. Die Lage in Anatolien verschlechterte sich allerdings durch ihre Aktionen, weil der Bürgerkrieg inoffiziell erklärt worden war. Spätestens in dieser Zeit begannen die militärischen und zivilen Räume sich völlig zu verschränken. Sultanstreue Aufstände mit verschachtelten lokalen Ursachen brachten die Kemalisten zusätzlich in schwere Bedrängnis und weiteten das Feld der militärischen Operationen im Zentrum Anatoliens aus, weil sie nur mit Hilfe von Ankara-treuen Partisanen und regulären Truppen niedergeschlagen werden konnten. Das ganze Gebiet westlich von Ankara befinde sich im Aufruhr, schrieb 1923 der russische Türkeihistoriker Gurko-Krjažin.[42] Den Irregulären schlossen sich Bauern in den von den Griechen okkupierten bzw. in den Frontgebieten an, die als Muslime von den christlichen Griechen wenig zu erwarten hatten. Die Kriegführung der Griechen gegen die muslimische Zivilbevölkerung ließ ihnen häufig keine andere Wahl. Die Kriege – nicht *der* Krieg – verschmolzen ununterscheidbar miteinander. Auf der türkischen Seite vermischten sich irreguläre Truppen, Armeeoffiziere, Bauern und reguläre Truppen miteinander.

Es hat aus diesen Gründen keinen Sinn mehr, der kemalistischen Bezeichnung „Unabhängigkeitskrieg" (*kurtuluş savaşı*) oder „nationaler (Befreiungs-)Kampf" (*millî mücadele*) zu folgen. In Anatolien herrschte Bürgerkrieg. Muslimische Partisanen kämpften gegen lokale Aufständische gleichen Glaubens und gleicher nationaler Zugehörigkeit, gegen die nationalistische Regierung in Ankara und gegen die griechischen Truppen, während die türkischen Soldaten der Ankaraer Regierung – aus der Sicht der Istanbuler Regierung des untergehenden Osmanenreiches nichts als eine Rebellenarmee – gegen die Truppen des Sultans, gegen die Griechen und gegen jene Irreguläre fochten, die sich der Eingliederung in die reguläre Armee Ankaras zu entziehen suchten. Mustafa Kemal benutzte das Wort „Terror", um die Zustände unter den sich bekämpfenden Muslimen zu beschreiben.[43] Für einen bestimmten Zeitraum war nicht klar, ob die regulären oder die irregulären Truppen den Sieg davontragen würden. Zumindest einer der bedeutenden Partisanenführer, Çerkez Ethem, weigerte sich beharrlich, seine Verbände der Armee zu unterstellen. Er war es auch, der den bewaffneten Arm der kurzlebigen Partei „Grüne Armee", die Truppen in den Farben des Islams, zu einem einigermaßen schlagkräftigen Militärverband gemacht hatte. Zuvor war sie lediglich ein Papiertiger mit einem „ziemlich kindischen Programm", das manche an die russischen *Narodniki* (Volkstümler) des 19. Jahrhunderts erinnerte.[44] Die Entstehung der Partei war einigen Personen aus der soeben zusammengetretenen Nationalversammlung zu verdanken, die versuchten, islamische und sozialrevolutionäre Vorstellungen miteinander zu verbinden.[45]

Da der russische Bürgerkrieg soeben erwähnt wurde, sei an dieser Stelle auf einen besonderen Umstand hingewiesen, der sich – zum Glück für die Kemalisten – militärisch nicht bemerkbar gemacht hat. Der Sieg der Roten Armee über die Truppen des Generals Vrangel' hatte zu hastigen Evakuierungen seiner Soldaten über das Schwarze Meer nach Istanbul geführt. In der Zahl von mehreren Zehntausend kamen sie als weitere Akteure auf dem anatolischen Schlachtfeld in Frage. Die Alliierten überlegten kurzzeitig, sie gegen Ankara einzusetzen.[46] Über die Folgen, die ein solcher Einsatz für die kemalistische Bewegung, die Geschichte der Türkei und das Schicksal Anatoliens gehabt hätte, kann man spekulieren.

Mustafa Kemal gestand später selbst ein, dass der Kampf als „Volkskrieg von Freischärlern" begann.[47] Diese *franctireurs* sind nicht mit dem seit Jahrhunderten in Anatolien bestehenden Brigantentum zu verwechseln, wie gelegentlich zu lesen,[48] sondern sie unterschieden sich deutlich von ihren scheinbaren historischen Vorgängern. Sie kämpften gegen christliche Invasoren, um den Islam zu verteidigen, und zwar unter hochgradig politisierten Bedingungen und im Anblick der Zerstückelung ihres Landes durch die Christen von außen und innen. Im südlichen Marmaragebiet kamen schwere ethnische Konflikte zwischen muslimischen Türken und muslimischen Tscherkessen sowie unter den Tscherkessen selbst hinzu.[49] Dieser Kontext und die sich daraus ergebenden Funktionen trennte die Briganten der Jahre 1919–1922 von ihren Vorläufern, auch wenn sie hinsichtlich Organisation und Hierarchie wie traditionale Banden ausgesehen haben mögen.

In der allgemeinen Auflösung versuchten Nationalversammlung und Regierung in Ankara Ordnungsinstrumente zu schaffen. Sie taten das mit Hilfe von Sondergesetzen und Sondergerichten. Damit schufen die Kemalisten eigenes Recht und eigene Justizorgane, die sie gezielt für ihre nationalrevolutionären Zwecke einsetzten. Sie griffen auf diese Weise nicht nur militärisch, sondern als Protostaat institutionell in das Bürgerkriegsgeschehen ein und machten ihre Institutionen zu staatlichen „Kombattanten". Das nach intensiven und kontroversen Debatten von der Nationalversammlung im März 1920 erlassene Gesetz über den Landesverrat stellte Propaganda für die Feinde, Kollaboration und Spionage unter harte Strafen bis hin zum Todesurteil. Die Nationalversammlung behielt sich aber vor, Todesurteile zu bestätigen beziehungsweise in andere Strafen abändern zu können. Revision war nicht vorgesehen. In der Debatte stritten sich die Abgeordneten auch darum, welche Gerichte zuständig sein sollten. Es setzte sich die Meinung durch, die zeitgleich geschaffenen „Unabhängigkeitsgerichte" (*istiklâl mahkemeleri*) damit zu beauftragen. Davon existierten zwischen 1920 und 1922 insgesamt 14. Sie kannten weder Staatsanwalt noch Rechtsanwalt. Einige Delegierte der Nationalversammlung begründeten diese Regelung damit, dass die bolschewistische Tscheka auch keine vorsehe.[50] Es verwundert nicht, dass diese Gerichte in erster Linie der Bekämpfung der Desertion in den Zeiten der dringend benötigten Soldaten dienten. Als mobile Gerichte waren sie für bestimmte Bezirke zuständig. Mitglieder der Nationalversammlung stellten die Richter. Abgeurteilt wurden einzelne Deserteure oder Gruppen, darunter auch zu Todesurteilen, die in diesem Fall unverzüglich zu vollstrecken waren. Das Ankaraer Unabhängigkeitsgericht verhandelte 13 096 Fälle und sprach 156 Todesurteile aus, davon 48 in Abwesenheit. Da es sich zumeist um Deserteure handelte, sah das türkische Sonderrecht die Regelung vor, einen angeklagten Deserteur zur „aufgeschobenen" Todesstrafe (*müeccelen idam*) zu verurteilen, d. h.: Im Wiederholungsfalle wurde der Delinquent, sofern greifbar, ohne Gerichtsverfahren auf Grundlage des bestehenden Urteils hingerichtet. 279 „aufgeschobene" Todesurteile sprach das Gericht aus. Das Unabhängigkeitsgericht für den Bezirk Eskişehir südlich des Marmarameeres behandelte 13 549 Fälle, sprach 57 Todesurteile, 20 in Abwesenheit und weitere 594 „aufgeschobene" aus. Die Zahl der Angeklagten in den anderen Bezirken schwankte stark und belief sich zum Beispiel im Gebiet Isparta – der Bezirk umfasste im wesentlichen Kilikien – auf 555, von denen 248 freigesprochen und sieben zum Tode verurteilt wurden (zusätzlich sechs in Abwesenheit). Folgt man der grundlegenden Untersuchung von Ergun Aybars über die Tätigkeit der Unabhängigkeitsgerichte, so ergibt sich die Ziffer von 1054 Todesurteilen, 243 Todesurteilen in Abwesenheit und 2696 „aufgeschobenen" in der Zeit zwischen März 1920 und Juli 1922.[51] Eine Aufteilung der Ziffern nach Straftaten ist nicht möglich. Im August 1922, einen Monat vor dem vollständigen Sieg über die Griechen, stellten die Unabhängigkeitsgerichte ihre Arbeit ein.

Zusätzlich zu diesen verschiedenen Ebenen kriegerischen Geschehens ist die Verbindung von Nationalismus und Gewalt zu nennen, die deutlich älter war als die Ereignisse nach 1918. Dass der türkische Nationalismus besonders seit den Balkankriegen ethnisch und exklusiv wurde, ist mehrfach beschrieben worden. Er richtete sich namentlich gegen die Armenier im Osmanenreich, die bereits vor den Vertreibungen und Massakern 1915, welche den armenischen Bevölkerungsanteil dezimierten, zu Opfern ethnischer Gewalt wurden. 1915 kam sie zu einem Höhepunkt, aber verschwand danach nicht und war auch im Bürgerkrieg zu beobachten. Wie schon gesagt, übten griechische und türkische Soldaten extreme Gewalt gegen muslimische bzw. christliche Zivilisten aus, ganz besonders während des griechischen Rückzugs zur Ägäisküste. Die „Zivilisation", von der König Konstantin gesprochen hatte, zeigte sich im Niederbrennen und Zerstören ganzer Dörfer, Städte und Landstriche. Während des Zurückweichens trieb die griechische Armee „die Muslime in Moscheen und Gebäude und verbrennt sie dort bei lebendigem Leibe. Sie zerstört alle historischen Denkmäler und herausragende Architektur. (Die Städte – S.P.) Eskişehir, Afyon-Karahisar, Uşak, Alaşehir und ihre Umgebungen (…) haben die Griechen in rauchende Ruinen verwandelt.“ Aber auch die türkische Seite betrieb die Politik der ethnischen Säuberung. Die türkischen Truppen vergalten Gleiches mit Gleichem und, so Mustafa Kemals zynische Worte, „führen der ganzen Welt vor Augen, dass das türkische Volk niemals derlei Akte des Vandalismus verzeiht.“[52] Die Wirkungen zeigten sich in Flüchtlingsströmen von Ost nach West und umgekehrt: Muslime flohen vor den anrückenden Griechen, Christen vor den heranrückenden türkischen Soldaten. Der letzte Akt vollzog sich nach der Einnahme Izmirs durch türkische Truppen, als ein großer Teil der griechisch-orthodoxen und armenischen Bevölkerung entweder ermordet oder vertrieben wurde.[53] Die ethnische Säuberung war ein Teil des Bürgerkrieges, denn viele der so genannten Griechen des Osmanenreiches sprachen kein Wort griechisch, waren aber orthodoxe Christen, außerdem Bürger des Staates im Sinne der Verfassung. Sie als Griechen zu bezeichnen, würde dem nationalistischen Standpunkt im Nachhinein recht geben. Auf der türkischen Seite sollte sich herausstellen, dass die Einwanderung von „Türken“ aus den Balkanstaaten, Griechenland und von Kreta und den Ägäisinseln, die häufig kein Wort türkisch sprachen, aber zu Allah beteten, einen wichtigen Gesichtspunkt zur Erklärung des Zusammenhangs von Gewalt und türkischem Nationalismus nach 1922/23 darstellte. Als die Republik Türkei 1923 ausgerufen wurde, wiesen rund 25 % der Bevölkerung einen „Migrationshintergrund“ auf.[54]

Diejenigen Griechen, die an der Südküste des Schwarzen Meeres in dem Gebiet etwa zwischen Sinop und der Grenze zu Georgien siedelten und die man als Pontusgriechen bezeichnete, fielen ebenfalls ethnischen Säuberungen zum Opfer. Hintergründe, Verlauf und Folgen dieser Geschichte sind bisher viel zu wenig untersucht, so dass die Vorgänge hinter den blutigen Ereignissen in Westanatolien beinah verschwinden und schon gar nicht in die Debatten über ethnische Säuberungen aufgenommen worden sind. Während die Vertreibung und Ermordung der Armenier 1915 die öffentliche und die wissenschaftliche Diskussion dominieren, hat weder der Massenmord an den Türken durch Griechen und Armenier 1919–1922 noch der Massenmord an den Pontusgriechen durch (türkische und andere) Muslime eine angemessene wissenschaftliche Behandlung erfahren. Man muss nur den schon zitierten Reisebericht Frunzes zur Hand nehmen, um das Ausmaß der Vernichtung zu erahnen. Frunze reiste von Trabzon über Samsun nach Ankara, zu einem Zeitpunkt, als der Versuch der Pontusgriechen, einen eigenen Staat zu gründen, bereits aussichtslos geworden war.[55] Ihr Kampf fand zur gleichen Zeit statt wie Ankaras Krieg gegen die Armenier im Osten Anatoliens, während der griechischen Invasion im Westen und der ausufernden Anarchie in ganz Anatolien, so dass sich die Kemalisten einem Vielfrontenkrieg ausgesetzt sahen, der vielleicht die besonderer Härte ihres Vorgehens erklären kann. Die Gegend war selbst für den General des russischen Bürgerkrieges in einem erschütternd armen und verwahrlosten Zustand; die Menschen lebten in unbeschreiblichem Elend, das durch den Konflikt zwischen Pontusgriechen und Türken auf sie und die ehemals fruchtbare Gegend gekommen war. Aufständische Griechen hatten ganze türkische Dörfer in Brand gesetzt und die Bewohner abgeschlachtet. Bald aber traf sie das gleiche Schicksal. Viele ehemals griechische Dörfer fand Frunze vollständig verlassen. In den Städten und Dörfern sah er so gut wie keine griechischen Männer. Sie waren zu Arbeitsbatallionen eingezogen worden; andere hatten sich in die Berge geflüchtet und Partisanengruppen gebildet. Das Töten setzte sich daher fort. Im Kreis Kavak, in dem etwa 5000 Menschen lebten, kam es täglich zu mehreren Mordfällen. Frunzes Weg war gepflastert mit Zeugnissen „furchtbarer Zerstörung"; Leichen lagen in den Dörfern, in den Häusern und auf den Straßen, darunter auch die von Kindern.[56] Die Kemalisten deportierten schließlich die verbliebenen Pontusgriechen nach Südost- und Zentralanatolien,[57] „und weil sie sie ohne alles Vermögen umsiedelten, noch dazu in der schwierigsten Jahreszeit (Januar 1921 – S.P.), so blieben von dieser ganzen Masse nur einige Tausend Menschen am Leben, um irgendwo an neuem Ort als Elende oder Sklaven zu vegetieren." Auch diese Vorgänge, nicht jedoch die Ermordungen und Vertreibungen von Muslimen, werden als Genozid eingeschätzt.[58] In Anatolien könne man die Umstände eines „viehischen nationalen Kampfes" beobachten, bei dem „ein Volk vollständig über das andere herfällt und weder Geschlecht noch Alter schont und weder Mitgefühl noch Barmherzigkeit kennt". „Tod, Zerfall und ununterbrochenes wildes Entsetzen", so fasste Frunze seine Eindrücke zusammen.[59]

Die Armenier des untergegangenen Osmanenreiches kamen nach 1918 in eine äußerst prekäre Lage. In Kilikien hatte die französische Besatzung armenischen Freiwilligenverbänden und Überlebenden von

1915 die Chance einer Rückkehr nach Anatolien eröffnet. Ihre Zahl verstärkte sich rasch durch Zuzug aus anderen Provinzen. Die Chance, im Süden einen armenischen Staat zu proklamieren, wussten sie mit Vertreibung, Folterung und Ermordung der muslimischen Bevölkerung unter den Augen und mit Hilfe der Franzosen zu nutzen.[60] Die französische Besatzung rufe Antagonismen hervor und versetze das Gebiet in einen Kriegszustand nach dem Kriege, schrieb ein Zeitgenosse.[61] Seit 1920 verstärkte sich auch hier der türkische Gegenangriff.

Mit dem Abzug der Franzosen wurden die Armenier erneut Opfer. Sie konnten sich nur durch Flucht retten. In Ostanatolien hörten die Kämpfe zwischen Armeniern und Türken nicht auf, nachdem das Zarenreich zusammengebrochen war und sich aus der Konkursmasse ein armenischer Staat gebildet hatte. Der britische Kontrolloffizier Rawlinson notierte „horrors that had been committed by the Armenian soldiery in Kars Plain" und er schlug den Vorgesetzten vor, „in the interest of humanity the Armenians should not be left in independent command of the Moslem population, as, their troops being without discipline and not being under effective control, atrocities were constantly being committed". Mindestens 400 000 Muslime dürften aus der Gegend, die von Armeniern besetzt war, geflohen sein.[62]

Doch die Grenze zwischen Christen und Muslimen war nicht die einzige. Auch die muslimischen Tscherkessen im südlichen Marmaragebiet, Flüchtlinge und Angesiedelte vom nördlichen Kaukasus, wurden zu Akteuren und Opfern ethnischer Gewalt. Aus vielerlei lokalen Gründen stand ein beträchtlicher Teil von ihnen gegen die Nationalisten auf. Die schon erwähnte „Kalifatsarmee" war vor allem eine aus Tscherkessen dieser Region gebildete Truppe mit einem tscherkessischen Anführer. Für die Ankaraer Regierung stellten die ebenso rebellischen wie räuberischen Tscherkessen eine Bedrohung dar, zumal sie in dem Gebiet der griechischen Expansion siedelten und mit den Invasoren gemeinsame Sache machten. Unter Ausnutzung der geschwächten Lage der Nationalisten erklärten 22 Repräsentanten tscherkessischer Siedlungen im November 1921 im griechisch besetzten Izmir, die Tscherkessen als Nation „unter den Schutz der zivilisierten griechischen Regierung" zu stellen, um dem türkischen Nationalismus zu entgehen. In den Augen der Ankaraer Regierung war Separatismus Verrat an der Sache des Nationalstaats. Er wurde nach dem Sieg über die Griechen mit der Deportation ganzer tscherkessischer Dörfer bestraft.[63]

Das Problem der Gewaltkontinuität lässt sich folgendermaßen zusammenfassen: Mehrere Hunderttausend Mann dienten in der osmanischen Armee; sie erlitten eine außerordentliche militärische Niederlage; sie hatten allen Grund, zutiefst schockiert zu sein; hinzu kam die Erfahrung eines politischen, wirtschaftlichen und sozialen Zusammenbruchs, der mit dem Kollaps des Reiches einherging, der aus dem Weltreich der Osmanen einen Schrumpfstaat in Anatolien mit einem kleinen territorialen Anhängsel in Europa machte; Hunderttausende *muhacirs* waren Opfer von Deportationen und Vertreibung aus christlichen Nationalstaaten. Hatten diese Männer und auch Frauen nicht Anlässe und Gründe genug, das zu tun, was die italienischen *squadristi* und revolutionär aufgeheizte Frauen und Männer auf den Straßen Petrograds taten? Warum sollten Freischärler, die nicht davor zurückschreckten, 700 unbewaffnete französische Soldaten zu ermorden, denen freies Geleit aus dem besetzten Gebiet zugesagt worden war,[64] nicht ebenso handeln wie jene bolschewisierten Matrosen, die in Evpatoria auf der Krim 800 entwaffnete Offiziere und „Bourgeois" umbrachten[65] und die dazu beitrugen, dass sich der Krieg auch in Friedenszeiten fortsetzte, wie eine russische Zeitgenossin treffend bemerkte?[66] Darüber hinaus hatten die nationalen Konflikte den Charakter ethnischer Säuberungen angenommen. Täter und Opfer waren häufig dieselben Personen, aber ein Großteil der betroffenen Bevölkerung gehörte nur der Masse der Verfolgten und Vertriebenen an.

Als die moderne Türkei entstand, waren alle Zutaten für einen gewaltsamen Anfang vorhanden: Befreiungskrieg und Bürgerkrieg, ethnische Gewalt und ethnische Säuberungen, innertürkische bewaffnete Konflikte, paramilitärische Einheiten, Tausende von Veteranen mit Waffen und über zehnjähriger Gewalterfahrung, traumatisiert vom militärischen Zusammenbruch des Osmanenreiches; der Kollaps und schließlich Untergang des Staates, ein noch nicht funktionierender Nationalstaat mit zahlreichen, dezentralen Gewaltinstitutionen und -akteuren, vom nationalrevolutionären Protostaat geschaffene Sondergerichte mit Kompetenzen für Todesurteile, die allen rechtsstaatlichen Verfahren Hohn sprachen; vom Krieg verheerte Städte und Landstriche besonders in Westanatolien, Vertreibungen und wirtschaftlicher Zusammenbruch und Täter, die im Ersten Weltkrieg und danach Massenmorde begangen hatten und noch immer im Dienst waren. Dieses Land und diese aufgelöste Gesellschaft sollten, geht man von den Verhältnissen in Sowjetrussland, Italien und auch Deutschland aus, politisch, ökonomisch, institutionell und psychologisch auf das Schlimmste vorbereitet und zum Übelsten bereit sein. Als Historiker sind wir es gewohnt, von den Nachkriegskrisen zu sprechen, welche die Verlierer des großen Krieges heimgesucht haben, von der Krisenwahrnehmung und ihren fatalen Wirkungen auf Staat und Gesellschaft. Die Historiker haben vergessen, die Türkei in die Liste dieser Fälle aufzunehmen.

Der Bürgerkrieg in Sowjetrussland übertraf die Ereignisse in der Türkei sowohl an Quantität hinsichtlich der Opferzahlen als auch an Intensität und Umfang der Gewalt, obwohl er zahlreiche ähnliche Züge aufwies. Als „Apokalypse" jedoch sind die türkischen Entwicklungen nicht bezeichnet worden, sehr wohl aber die sowjetrussischen,[67] womit die in der Tat gewaltigen Dimensionen der Vorgänge in Russland nur unscharf umrissen sind. In der Art und Weise, wie die Bürgerkriege in der Türkei und in Sowjetrussland mythisch stilisiert wurden, handelten Kemalisten und Bolschewiki ähnlich. Was den Kemalisten der geschichtsverzerrende „Unabhängigkeitskrieg", war für die Bolschewiki der mit Blut besiegelte Triumph des Sozialismus. In beiden Fällen wurden die Kämpfe nach 1918 zu einem Mythos, der auf der erfahrungsgeschichtlichen Ebene die Bedeutung des Ersten Weltkriegs verdrängte. Die Niederlagen hatten die Agonie des *Ancien régime* bewiesen, die Siege im Bürgerkrieg dagegen symbolisierten die Kraft des Neuen. Die militärischen Erfolge sollten Gemeinschaft stiften in einer durch den Bürgerkrieg vollständig zerrissenen Gesellschaft. Die Sieger in Russland polierten das Pathos der eisernen Disziplin, welche den Sieg ermöglicht habe, und feierten „das süße Wort ‚Genosse', wie flüssige Lava in der Fabrik geboren und hier, auf dem Felde des Revolutionskrieges, durch Opfer und Tod gehärtet".[68] Der Bürgerkrieg kennt keinen Waffenstillstand und keine Verhandlungslösung, er kennt nur Sieger und Besiegte. Das bedeutet aber nicht, dass dann die Waffen schweigen. Dadurch verstärkt sein Ende die Einteilung in „Andere" und „Fremde", deren sich die Sieger zu entledigen trachteten. In der Türkei waren das die Christen, in Sowjetrussland die klassenfremden Elemente. Was aber bleibt den Siegern, die durch ein Meer von Blut hindurchwateten, anders übrig, als dem Schrecken einen Sinn zu geben, der im Sieg der besseren Idee und der besseren zukünftigen Gesellschaft, der Zukunft schlechthin und dem Gesetz der Geschichte entspricht? Dazu war eben ein „Blutzoll" zu entrichten. „Rossija – krov'ju umytaja" (Russland – in Blut gewaschen) lautete der treffende Titel des dokumentarischen Romans von Artëm Vesëlyj (Nikolaj Kočkurov), der die Bürgerkriegsjahre in expressionistischer Sprache darstellt.[69]

In Sowjetrussland war der Einfluss der Desertion auf die Gewaltkontinuität weniger deutlich als in der Türkei. Das liegt zum einen daran, dass es kaum verlässliches Material über das Ausmaß der Desertion gibt, zum anderen ist die „Gewaltwanderung" von den Weltkriegsfronten ins Hinterland empirisch nur unscharf zu fassen.[70] Ähnlich deutliche Hinweise wie bei Liman von Sanders zur Türkei sucht man im sowjetrussischen Fall vergebens. Sich allein auf diese Verbindung zu stützen, würde bedeuten, die vielfältigen Voraussetzungen für die Gewalt im Bürgerkrieg in Sowjetrussland zu vereinfachen. Vor allem existierte die Gewalt nicht erst seit der Oktoberrevolution, sondern sie zeigte sich anhand von tausenden von Opfern bereits nach der Februarrevolution.[71] Unstrittig aber ist, dass nach der Machtergreifung der Bolschewiki das Ausmaß der Gewalt zunahm und sich ihr Charakter sehr stark veränderte.[72]

Wie in der Türkei, so bildeten auch in Sowjetrussland ausländische Interventen einen wichtigen Anlass, Bedrohungsszenarien zu entwerfen, die man in der Rückschau als überdimensioniert bezeichnen darf, weil die militärische Bedeutung der Briten, Franzosen und Amerikaner, die sich auf Seiten der „Konterrevolution" engagierten, weitaus geringer war als die bolschewistische Propaganda Glauben machen wollte. Die Briten waren vor allem am Öl interessiert. Sie schickten Verbände in den Kaukasus in der gleichen Absicht, mit der sie die Ölvorkommen des Osmanenreiches im syrischen Mossul besetzt hatten (und mit der sie sich auch die handelspolitische Kontrolle über die Meerengen sicherten). Die Landung britischer Truppen auf der Halbinsel Kola spielte militärisch keine bedeutende Rolle. Die USA wiederum engagierten sich in Fernost, d. h. in einem Gebiet, zu dem die „Roten" durch die Tschechoslowakische Legion ohnehin nicht vordringen konnten. Die Bolschewiki hielten das für eine bedrohliche „kapitalistische Einkreisung". In der Türkei sah die Lage anders aus, denn hier stellte der Aufmarsch feindlicher Truppen und die Besatzung großer Territorien durch die Entente die Existenzfrage für die Nationalisten. In Russland marschierte nach dem Abzug der Deutschen im Herbst 1918 außer der Tschechoslowakischen Legion, die durch die Kriegsereignisse nach Sibirien geraten war, keine ganze Armee eines anderen Staates auf. Bolschewiki und Kemalisten sahen sich zwar ausländischen Interventen gegenüber, aber die Kemalisten hatten die weitaus größeren Aufgaben auf diesem Gebiet zu bewältigen. Die Bolschewiki wiederum sahen sich in einem Maße von geordneten Truppen der „Konterrevolution" bedroht, das es im türkischen Bürgerkrieg nicht gegeben hat.

In Sowjetrussland überzog der Bürgerkrieg das Land flächendeckend. Er fand fast überall und gleichzeitig, wiewohl nicht gleichmäßig intensiv statt, so dass auch hier die zivilen und militärischen Räume geographisch, mental und sozial ununterscheidbar ineinanderflossen.[73] Truppenbewegungen, Rekrutierungen, Pferde- und Nahrungsmittelrequirierungen, Plünderungen, Mord, Desertion und Partisanenbildung charakterisierten die sowjetischen Verhältnisse ebenso wie die türkischen. Es war ja keineswegs so, dass nur die „Roten" gegen die „Weißen" kämpften. Hinzu kam eine unübersichtliche Zahl an Banden, die sich keiner der beiden Parteien verpflichtet fühlten und die sich zu Hunderten, wenn nicht Tausenden fanden,[74] außerdem noch agrarsozialistische und teilweise nationalistische „Grüne"[75] (die nichts mit der „Grünen Armee" in der Türkei zu tun hatten). Die Zivilbevölkerung geriet in den Sog der täglichen Gewalt, die vor allem eines bewirkte: die Zerstörung der Lebensgrundlagen. Die in der Türkei zu beobachtende Ununterscheidbarkeit politischer und krimineller Sphären wurde von Zeitgenossen auch für Sowjetrussland beschrieben.[76] Dass Politik und Verbrechen ineinanderflossen, bewies außerdem die höchste Etage der Revolutionäre. Lenin hat Massenmord und „gnadenlosen Massenterror" angeordnet.[77] Von den führenden Kemalisten ist solches Handeln nicht überliefert. Schließlich lieferte der polnisch-russische Krieg 1920/21, der sich in die Endphase des Bürgerkrieges schob, den Bolschewiki vergleichbare militärische Visionen von der Vernichtung des verhassten Gegners wie den türkischen Nationalisten. Wenn Marschall Tuchačevskij meinte, die Revolution werde über die Leiche Polens hinwegschreiten, so entsprach das den Ansichten der Kemalisten, die Griechen ins Meer zu treiben, wenngleich sich die Strategien – Weltrevolution hier, Nationalstaat dort – stärker nicht unterscheiden konnten.

Beide Regime fochten einen Kampf mit militärischen Verbänden gegen Gegner, die ebenfalls mit Armeen auftraten. Dabei handelte es sich aus den genannten Gründen unzweifelhaft um Bürgerkrieg, der alle erdenkbaren Formen der Bestialität und Grausamkeit aufwies.[78] Daneben spielte sich auch in Sowjetrussland ein „zweiter" Bürgerkrieg ab, der zwar von dem regulär militärischen nicht zu trennen ist, aber doch hinter den Fronten des regulären Krieges, auf dem von den Bolschewiki kontrollierten Territorium oder in den frisch eroberten tobte. Er betraf weniger die organisierten Gegner als vielmehr die Bevölkerung. Er hatte keine unmittelbaren militärischen Anlässe. Es handelte sich um den Kampf gegen den inneren Feind. So entstand noch vor Gründung der Roten Armee die Versorgungsarmee (*Prodarmija*), die Getreidereserven konfiszieren sollte. Diese bewaffneten Einheiten, im Sommer 1918 schon 40 000 Mann, im Dezember 1920 bereits 62 000, durften bei Widerstand gegen die Konfiskation standrechtlich erschießen. Weitere paramilitärische Verbände, etwa die des Trusts der Zuckerindustrie und des Volkskommissariats für Transport schickten Truppen auf die Dörfer; im Sommer 1918 immerhin 70 000 Mann.[79] Mit anderen Worten: Als *Prodarmija* und andere Verbände mit der Roten Armee und den immerhin 165 000 Mann starken Truppen des Volkskommissariats für Inneres zur Verbesserung der katastrophalen Ernährungslage die Bauern zur Abgabe von Getreide zwangen, da führte das Regime bereits Bürgerkrieg gegen sein eigenes Volk. In der Sprache der Akteure hieß das, die „Versorgungsarbeit" sei „organisierte revolutionäre Gewalt".[80]

Dieser Bürgerkrieg neben dem militärischen spielte sich auch auf anderen Gebieten ab: gegen politische Gegner, die gnadenlos verfolgt und – wenn sie Glück hatten – 1921 auf Befehl Lenins außer Landes verwiesen wurden.[81] Nicht nur die Mitglieder bürgerlicher oder konservativer Parteien wurden verfolgt, sondern auch die sozialistischen Menschewiki und die agrarsozialistischen Sozialrevolutionäre[82] sowie die Geistlichen der orthodoxen Kirche, Mönche und Nonnen.[83] Derlei Vorgänge sind aus der Türkei während der Jahre 1919–22 nicht bekannt.

Schließlich charakterisierten die zahllosen Gewaltquellen die Entwicklungen in der Türkei und Sowjetrussland, die systematisch zu benennen unmöglich ist. Die Gewalt ging nicht nur von zwei oder mehreren Instanzen aus, sondern von einer unübersichtlichen Zahl. Die Gemeinsamkeit dieser Verhältnisse bestand darin, dass der Staat, der sowohl in Sowjetrussland als auch in der Türkei erst im Werden begriffen war, alles andere als ein Gewaltmonopol besaß. Es zu erringen, war eine der wichtigsten Aufgaben für beide Regime. Die Kemalisten versuchten es mit Hilfe der strengen Eingliederung aller Irregulären in die Streitkräfte, notfalls auch durch Vernichtung der Widerborstigen, und sie gaben vor, ihr Handeln sei von der Nation in Person der Großen Nationalversammlung legitimiert. Die Bolschewiki hatten weitaus größere Probleme. Sie durchliefen verschiedene Etappen, die sich aber erst in der Rückschau herausschälen.[84] Zunächst usurpierten sie die Gewalt der Straße und machten sich fortan zum Richter, der zwischen legitimer revolutionärer und verbotener konterrevolutionärer Gewalt unterschied. Damit sortierten sie die Gewaltverhältnisse nach einem klaren Schema, das ihnen zwar noch nicht das Gewaltmonopol in die Hände lieferte, aber die Berechtigung, über den Charakter von Gewalthandlungen zu urteilen. Dann gaben sie vor, sie allein würden die legitime revolutionäre Gewalt ausüben, um auf diese Weise auch jene Gewalt als konterrevolutionär brandmarken zu können, die von Revolutionären ausgeübt wurde. Die „roten" Matrosen von Kronstadt mussten diese Umwertung im Februar 1921 am eigenen Leibe erfahren. Aus der Gewalt der Massen war die Gewalt im Namen der Massen geworden. Schließlich institutionalisierten die Bolschewiki die Gewalt sehr früh, als sie bereits im Dezember 1917 die „Allrussische außerordentliche Kommission zum Kampf gegen Konterrevolution, Spekulation und Sabotage" (Tscheka) mit enormen Sonderrechten bis hin zum Recht auf standrechtliche Erschießung schufen. Damit bauten sie die Gewalt in die Organisation des entstehenden Staates ein.[85] Eine solche Institution ist für die kemalistische Zeit nicht belegt. Die aus jungtürkischer Zeit stammende Geheimpolizei *Teşkilat-ı mahsusa* wurde anlässlich des Waffenstillstands 1918 formal aufgelöst. Personelle und organisatorische Kontinuitäten, letztere in Form der Geheimorganisation *Karakol*, existierten aber weiterhin, so dass einige Offiziere auf Seiten der Nationalisten während des Bürgerkrieges ihre Verbindungen untereinander aufrecht erhielten.[86] Nach Gründung der Republik spielten sie niemals auch nur eine annähernd die Gesellschaft verheerende, blutige und terroristische Rolle wie die politische Polizei in Sowjetrussland.[87]

Wenn es Formen des Bürgerkrieges gab, die Gemeinsamkeiten aufwiesen, dann der russische und türkische. Unübersehbar jedoch ist eine Komponente, die das Handeln der Bolschewiki in dieser Zeit singulär macht. Der „rote Terror" lässt sich von den verschiedenen Ebenen des Bürgerkriegs nicht trennen, besonders nicht von jener Seite, die hier unscharf als „zweiter" Bürgerkrieg bezeichnet worden ist. Die sowjetrussische Gewaltgeschichte der ersten Jahre bleibt ohne die Geschichte des schon von Zeitgenossen so genannten „roten Terrors" fragmentarisch. Es ist die Geschichte einer schrankenlosen Gewalt, die der Bürgerkrieg ermöglichte, der völligen Rechtlosigkeit der Individuen, des vollständigen Zusammenbruchs des Rechts und der Justiz, der Geltung von uneingeschränkter Willkür durch die so genannte revolutionäre Justiz und des Zusammenbruchs der Ordnungsinstanzen. Die Akteure gehörten keineswegs nur den Bolschewiki an oder handelten nur aus Gründen der marxistisch-leninistischen Ideologie, sondern fanden sich in den verschiedensten Bevölkerungsgruppen und agierten aus nicht zu systematisierenden Ursachen und Anlässen heraus, deren Ergebnis aber die Gewalthandlung an anderen Menschen darstellte. Historiker haben die Gewaltakte aufgelistet und beschrieben.[88] Diese schauerliche Geschichte muss hier nicht noch einmal erzählt werden. Es gab unendlich viele partikulare Gründe, gewaltsam gegen andere Menschen vorzugehen, die alle im Kontext von Gewalterfahrung,

Zusammenbruch, Auflösung der sozialen Beziehungen, Umsturz der Hierarchien und Aufbruch zum Neuen angesiedelt werden können, aber dabei immer nur Umstände beschreiben, jedoch einige entscheidende Fragen nicht beantworten. Wie nämlich ist das Gewalthandeln in bisher ungekannten Ausmaßen zu erklären? Warum übten Hunderttausende Gewalt aus, und dies nicht nur einmal, sondern wiederholt und in Massenmorden? Was hat die russische Gesellschaft so moralisch ruiniert, dass sie einen allumfassenden Krieg aller gegen alle mit buchstäblich allen Mitteln außer der industriellen Vernichtung betrieb, angeführt von den säubernden Bolschewiki und ihren Bütteln besonders in der politischen Polizei? Das sind die unterscheidenden Fragen. So blutig der Bürgerkrieg in der Türkei auch war, so sehr geraubt, geplündert, gemordet, vergewaltigt und gebrandschatzt wurde, die sowjetrussischen Dimensionen der Vernichtung hat er nicht annähernd erreicht; die Kemalisten haben sie auch nie angestrebt. Auch die türkischen „Konterrevolutionäre" vom Schlage eines Ahmet Anzavur, der die Kalifatsarmee anführte, oder Bandenchefs, haben nicht annähernd jene Vernichtung betrieben, deren sich die russischen Revolutionäre und Konterrevolutionäre schuldig machten.

Vor der Erörterung dieser Fragen sind zunächst die Dimensionen der Gewalt in Zahlen zu ermessen. Zwar stellen die Ziffern nicht den Kern des Problems dar, aber die Größenunterschiede bei den Opferzahlen sind Teil des Problems.

Die Verluste insgesamt sind nicht genau zu errechnen. Schätzungen sprechen von drei Millionen Toten auf den Schlachtfeldern des russischen Bürgerkrieges. Der „weiße" Terror habe 200–250 000 Menschen hinweggerafft, der „rote" ca. eine halbe Million.[89] Historische Demographen rechnen aber noch anders, indem sie die zu erwartenden Bevölkerungsverluste zu ermitteln versuchen. Das ist für die Zeit des Bürgerkriegs nicht möglich, wohl aber ergeben sich Näherungswerte, wenn der Erste Weltkrieg und außerdem die Hungersnot von 1921, die nach heutigen Kenntnissen ca. fünf Millionen Menschen das Leben gekostet hat, einbezogen werden. Keine Statistik hat zwischen Gefallenen, zivilen Opfern, Seuchentoten und Verhungerten unterschieden. Bei der Volkszählung von 1926 stellte sich heraus, dass auf dem Gebiet der damaligen UdSSR 28 Millionen Menschen weniger lebten als die zu erwartende Bevölkerungsstärke. Besonders betroffen war die Jugend: 31 % der Jahrgangsstärke 1917–1921 fehlten, sechs Millionen Menschen. Nirgendwo sonst in Europa war die junge Generation dermaßen dezimiert.

Faschistische Pogrome

Den italienischen Faschismus just an dieser Stelle in die Erörterung einzuführen, mag einigen als deplaziert erscheinen, weil der Blick auf die Zahlen den Geschmack von Abrechnung mit dem Kommunismus erhalten und zugleich den Eindruck erwecken könnte, den Faschismus relativieren zu wollen. Das wäre jedoch ein „Argument" aus vergangenen Zeiten, das hier nicht interessiert. Zur Relativierung taugt auch nicht die folgende Aussage Mussolinis im Parlament wenige Wochen vor der Entführung und Ermordung des sozialistischen Abgeordneten Giacomo Matteotti, weil der Faschistenführer es auf die Provokation der Linken im Parlament abgesehen hatte. Mussolini sprach über die Gewalt der Bolschewiki: „Wir haben bewundernswerte Lehrer in Russland. Wir müssen nur nachmachen, was sie in Russland gemacht haben. (…) Sie sind bewundernswerte Vorbilder. Wir machen einen Fehler, wenn wir ihrem Beispiel nicht gänzlich folgen; in dem Fall würden Sie Zwangsarbeit leisten anstatt hier zu sitzen. (…) Ihr würdet eine Ladung Blei in den Rücken bekommen."[90] Nicht zu übersehen ist, dass die Squadristen auch ohne Kenntnis des „roten Terrors" der Bolschewiki ihre Gewaltaktionen durchgeführt haben.

Die Statistik der Opfer in Italien zu Anfang der faschistischen Bewegung ist ungenau. Salvemini zählte für die makabre „Blütezeit" der faschistischen Gewalt vom Oktober 1920 bis zum „Marsch auf Rom" im Oktober 1922 insgesamt 2000 Tote. In den „roten" Jahren 1919 bis Oktober 1920 kamen etwa 200 Menschen aus politischen Gründen ums Leben.[91] Salvemini schrieb, das Ausmaß der faschistischen Gewalt sei viel größer gewesen als das der „Bolschewisten", wobei er aber die italienischen meinte.[92] Nach Statistiken des Innenministeriums kamen 1920 insgesamt 288 Personen infolge politischer Zusammenstöße ums Leben, darunter 172 Sozialisten und zehn Faschisten.[93] Diese Zahl bestätigt Salveminis zeitgenössische Interpretation der Dominanz der faschistischen Gewalt. Auch die Faschisten zählten Tote; ihre Zahl belief sich auf insgesamt 425 für den Zeitraum 1919 bis zum „Marsch auf Rom".[94]

Diese Zahlen sind im Vergleich zu den Opfern des sowjetrussischen Bürgerkrieges extrem niedrig. Für Bolschewiki bedeuteten 2000 Menschenleben eine *quantité négligeable.* Allein in der Stadt und im Bezirk Orsa im Ural erschossen die „Roten" im Winter 1917/18 bis zu 2000 Menschen.[95] In einer einzigen Nacht im Jahre 1919 wurden in Moskau 1500 „Konterrevolutionäre" umgebracht.[96] Nach dem Aufstand der

Sozialrevolutionäre und dem Attentat auf Lenin im Sommer 1918 ermordeten die Bolschewiki 6000 Geiseln.[97] Soviele Menschen, wie in der Hochphase der italienischen Nachkriegsgewalt ums Leben kamen, erschossen die Bolschewiki 1921 allein als Strafe für den Aufstand der Matrosen von Kronstadt, genau 2168.[98] Um nicht missverstanden zu werden: Der Faschismus soll durch diesen Vergleich nicht verniedlicht werden. Aber die Größenordnungen sind schlagend und man muss sich die enorme Wucht des bolschewistischen Massenmords vor Augen halten, wenn man andererseits von der semantischen Kongruenz von Faschismus und Gewalt liest, von der noch die Rede sein wird.

Was für ein eigenartiger Bürgerkrieg war das also, der sich in Italien abspielte und der allein anhand der Opferzahlen diese Bezeichnung in einer vergleichenden Perspektive nicht zu verdienen scheint? In der Tat hat es in Italien mit dem Begriff seine besondere Bewandtnis. Es bedurfte einer bestimmten Wahrnehmung, um von der *guerra civile* zu sprechen. Der Begriff tauchte zuerst im linken antifaschistischen Lager auf, das damit zugleich den Klassenkampf und die Tragödie der italienischen Arbeiterbewegung charakterisierte, während die Liberalen und Katholiken ein begrifflich indifferentes Verhältnis zur faschistischen Gewaltausübung entwickelten.[99] Das mag daran gelegen haben, dass es bereits eine „Gewöhnung an Gewalt“ gab, die sich in einem rasanten Anstieg der Straftaten im Bereich der nichtpolitischen Kriminalität mit Personenschäden seit 1918 zeigte.[100] Aber der Schock über die rabiaten Methoden der faschistischen Kampfbünde und die erstaunliche Wehrlosigkeit der sozialistischen Organisationen saß dennoch tief und führte zu einer begrifflichen Überhöhung der faschistischen Gewalt. „Bürgerkrieg“ blieb eine Begriffskrücke, auch in der Variante des „schleichenden Bürgerkriegs“ (*guerra civile strisciante*),[101] die von den Beobachtern der italienischen Verhältnisse nach 1919 mehr aus Mangel an angemessenen semantischen Alternativen benutzt wurde und außerdem den Sozialisten, die 1919 noch offen zum gewaltsamen Klassenkampf aufgerufen hatten, den Status des unschuldigen Opfers verlieh.[102]

Nicht nur hinsichtlich der Zahlen sind die Unterschiede deutlich. Machen wir uns noch einmal klar: In Sowjetrussland und in der Türkei standen sich Armeen gegenüber; ausländische Interventen mit und ohne formalen Kombattantenstatus trugen zur Verschärfung der Lage bei; die multinationalen und multikonfessionellen Reiche waren vollständig und ihre Institutionen zum großen Teil zusammengebrochen; neue Regime kämpften aus dem geographischen Zentrum des zukünftigen

Staates um die Macht; eine Vielzahl von Gewalt ausübenden Institutionen, zumeist instabil, improvisiert und lokal organisiert, tauchte auf; die Gewalt dieser Zeit lässt sich nicht trennen in diejenige der militärischen und der zivilen Räume. Das alles fehlte in Italien: Kein einziger fremder Soldat stand im Land; der frühere Staat existierte noch; aber es galt, ihn zu erobern; der König saß nach wie vor auf seinem Thron; keine italienischen Truppen traten gegeneinander an; es gab keine Mobilmachung der männlichen Bevölkerung; von einer Ununterscheidbarkeit militärischer und ziviler Räume kann man für Italien 1919–1922 nicht sprechen. Die faschistische Bewegung, in den Worten Adrian Lytteltons „von Anfang an eine Kampforganisation für den Bürgerkrieg",[103] trug neue Formen der Gewalt in die Gesellschaft, aber einen den russischen oder türkischen Verhältnissen entsprechenden Bürgerkrieg hat es nicht gegeben. Es mag ausreichen, auf diesen Umstand hinzuweisen, denn eine Debatte über das normative Verständnis von Bürgerkrieg braucht an dieser Stelle nicht geführt zu werden und würde auch nicht weiterführen.

Die faschistische Gewalt ging von den Kampfverbänden (*squadre d'azione*) aus. Mimmo Franzinelli hat sie hinsichtlich ihrer ersten Phase eine private Miliz genannt.[104] In ihrer Anfangszeit waren sie der bewaffnete Teil der faschistischen Bewegung, der gegen die „unpatriotischen" Sozialisten vorging. Die Benennung der venezianischen *squadre* für „Wachsamkeit und Schutz" (*vigilanza e protezione*) zeigte an, wie sich die ersten Faschisten verstanden. Dass die faschistische Gewalt eine Reaktion auf die der „Roten" sei, gehörte zu den gut gepflegten Legenden der Schwarzhemden.[105] Nicht jeder Faschist war Squadrist, aber die Überschneidungen waren doch beträchtlich. Zwischen einem Drittel und der Hälfte aller Faschisten waren in den Kampfverbänden aktiv. Die genaue Zahl lässt sich nicht ermitteln, aber im April 1922, nach einer Phase raschen Wachstums, befanden sich zwischen 73 000 und 110 000 *squadristi* unter den ca. 220 000 Faschisten.[106] Für eine Privatmiliz war das eine große Zahl. Aber der Begriff der (privaten) Miliz führt auch in die Irre, denn er suggeriert eine Arbeitsteilung, bei der es den politischen Kopf und den bewaffneten Arm gibt.[107] Diese Unterscheidung charakterisiert den Faschismus aber nicht richtig. Bei den *squadre* handelte es sich nicht um geschlossene, zentralisierte Truppen, sondern um lokale und regionale Schlägertrupps, die nicht nach einem von oben ausgearbeiteten „Schlachtplan" vorgingen. Der „Marsch auf Rom", der Mussolini an die Macht brachte, stellte hingegen ein gemeinsames Vorgehen dar. Aber gerade dieses Beispiel zeigt, wie sehr der Charakter des Faschismus als *movimento* der vereinheitlichten, zentral gesteuerten Aktion entgegenstand. Das Zusammenziehen der Milizionäre aus den verschiedenen Regionen an bestimmten Sammelpunkten funktionierte nur unzureichend. Immerhin zählte man etwas über 16 000 Männer am 28. Oktober 1922.[108] Verschiedene Gründe kamen zusammen, dass schließlich nur ca. 5000 Faschisten das parlamentarische System Italiens bedrohten; und selbst diese standen in einiger Entfernung von Rom „unter freiem Himmel, in der Kälte, im Wind und im Regen".[109] Einerseits war das eine beachtliche Zahl an Männern, von denen die italienische Öffentlichkeit bereits wusste, zu welchen Gewalttaten sie in der Lage waren. Andererseits kann es keinen Zweifel daran geben, dass es gelungen wäre, mit Hilfe der intakten Armee im Verbund mit der Polizei diese nicht einmal gut ausgerüsteten Freischärler auseinanderzujagen. Genau das hatte die Regierung in diesem Moment dem König vorgeschlagen. Das Problem war, dass der bewaffnete Arm des Staates mit den Faschisten paktierte und der König als das Oberhaupt des Staates aus Angst vor den Sozialisten vollständig versagte, als er sich weigerte, den Ausnahmezustand auszurufen. Man kann ihm allerdings folgende Einschätzung zugutehalten: Wenn für die Zeit 1919 bis 1922 ein „schleichender" Bürgerkrieg existiert hatte, so bestand nun die Gefahr, dass eine bewaffnete Auseinandersetzung mit den Faschisten die Armee und Polizei gespalten hätte. Zu viele Sympathisanten standen in ihren Reihen. Der Bürgerkrieg wäre aus seinem „schleichenden" Stadium in ein offenes übergetreten. Ihn zu verhindern, war ehrenwert, ihn um den Preis der Auslieferung des Landes an die Faschisten zu vermeiden, die ihn ihrerseits betrieben, war schändlich. Der König trug das Seine zu dem Wandel bei, den der Faschist Giuseppe Bottai als den Übergang von der Illegalität zur Legalität charakterisierte.[110]

Politik und Gesellschaft in Italien waren durch die Gewaltaktionen der Schwarzhemden bereits erschüttert, als der „Marsch auf Rom" die Eroberung der zentralen Staatsinstitutionen durch die Faschisten einleitete, die bereits so manche nord- und zentralitalienische Stadt und Gemeinde kontrollierten. In den hauptsächlichen Gebieten der faschistischen Aktionen, besonders in der Po-Ebene, aber nicht nur dort, hat sich die Gewalt parallel zur Ausdehnung der faschistischen Bünde gleichsam „kapillar" im Innern der Gesellschaft ausgedehnt.[111] Diese Metapher Giulia Albaneses macht den Charakter der faschistischen Gewalt deutlich. Nicht der „Marsch auf Rom" ist das typische Beispiel für die schleichende Machtergreifung der Faschisten. Er ist später mythisch aufgedonnert worden, wobei seine Mystifizierung nicht zufällig in jene

Zeit fiel, in der – Kapitel 3 berichtete darüber – aus der faschistischen „Bewegung“ die faschistische Partei entstand, d. h., als sich stabilere, auch zentrale Organisationsformen ausbildeten, die auf den Widerstand der dezentralen Provinzführer trafen; die propagandistische Überhöhung des „Marschs“ zielte in konsolidierender Absicht auch nach innen. Typisch ist hingegen die Gewalt, welche die Faschisten in den Jahren 1919–1922 ausübten und die den Charakter des gesamten Faschismus dieser Periode ausmachte.

Die Gegner der Squadristen waren in erster Linie Sozialisten und Kommunisten, in geringerem Ausmaß auch Mitglieder des politischen Katholizismus, der katholischen Gewerkschaften, Liberale und Journalisten, die sich der Gegnerschaft zum Faschismus verdächtig gemacht hatten. Die Zahl der Toten sollte nicht darüber hinwegtäuschen, dass die Gewalt der Faschisten vornehmlich auf die Zerstörung von Einrichtungen, Parteiräumen und -gebäuden des politischen Gegners und von Zeitungsredaktionen zielte; sie richtete sich in weitaus größerem Maß gegen Sachen als gegen Personen. Albaneses Bild der kapillaren Gewalt zeigt auch, dass die Institutionen des italienischen Staates und der Gesellschaft auf der lokalen Ebene systematisch unterminiert, ausgehöhlt und zerstört wurden. Aber das ist nur die eine Seite der Medaille. Auf der anderen Seite steht, dass lokale Behördenvertreter, Armeeoffiziere und Polizisten mehr oder weniger offen mit den Faschisten paktierten. Sie stellten Transportmöglichkeiten und Waffen für die Squadristen, nahmen an deren Gewaltaktionen teil, widersetzten sich behördlichen Anordnungen zur Wiederherstellung der Ordnung, verhafteten Faschisten nach Überfällen nicht oder ließen sie wieder laufen, stellten sie nicht vor Gericht und verschleppten Gerichtsverfahren. Wenn sich ein mutiger Präfekt den Faschisten mit allen Mitteln entgegenstellte, so wurden seine Maßnahmen von unten schlampig oder aus Sympathie mit den Faschisten gar nicht ausgeführt, und von oben, d. h. von der Regierung in Rom, erhielt er nicht die notwendige Rückendeckung und wurde in seinem Kampf im Stich gelassen.[112] Der Faschismus eroberte Italien von unten und nicht durch die frontale Attacke auf das bestehende politische System, indem er sich in sehr kurzer Zeit in die sozialistischen Hochburgen hineinprügelte und damit für einen Teil der bürgerlichen italienischen Gesellschaft bündnisfähig wurde. Erst als das Ausmaß der Durchdringung groß genug war, konnte Mussolini es wagen, das Zentrum zu erobern. Dazu diente der „Marsch auf Rom“. Aber wie sich zeigte, bedurfte es dieser Eroberung nicht mehr. Das System war bereits innerlich soweit zerfressen, dass es keine hinreichenden Abwehrkräfte mehr mobilisierte. Der König tat nur das, was vor ihm zahlreiche lokale und regionale Vertreter des Staates auch schon getan hatten: Sie krochen vor der Attacke der Faschisten zu Kreuze oder arrangierten sich. Der Faschismus siegte durch brutale Gewaltanwendung ebenso sehr wie durch die Komplizenschaft eines zu großen Teils der unteren Staatsorgane und der Ordnungskräfte sowie der Schwäche der Staatsspitze. Wehrlos war die italienische Demokratie nicht, aber sie war nicht wehrwillig. Diktatur entsteht dort, wo ihr zu wenige entgegentreten. Der 1924 von den Faschisten ermordete Sozialist Matteotti meinte, der Faschismus sei zunächst als Reaktion auf den Kampf der Arbeiter und Landarbeiter entstanden und habe sich dann gegen die ganze Nation gerichtet.[113] Im zweiten Teil der Aussage irrte er, denn der Faschismus war Teil der italienischen Nation.

Den besonderen Charakter der Gewalt der Faschisten muss man im Auge haben. Sie bildeten keine Gegenregierung, sie kämpften nicht gegen den zentralen italienischen Nationalstaat, obwohl sie eine regionale politische Kraft darstellten, die eindeutig im Norden Italiens ihre Anhängerschaft mobilisierte und sich erst allmählich, besonders nach dem „Marsch auf Rom", nach Süden ausdehnte; sie bekämpften das „System", indem sie zuerst auf der lokalen Ebene zerstörerisch wirkten; zunächst eroberten sie mit Hilfe ihrer paramilitärischen Kampfbünde die Städte und Gemeinden; von einer regionalen Kraft weiteten sie sich auf die nationale Ebene aus. Für diesen letzten Schritt bedurften sie der zentralen Machtinstanzen und der Eroberung des Staates.

Mit dieser funktionalen Seite der faschistischen Gewalt ist sie aber noch nicht hinreichend charakterisiert. Schließlich ging es um physische Gewalt mit Tätern und Opfern, nicht nur um Wirkungen und Ergebnisse. Die Schwarzhemden zertrümmerten ja nicht nur Zeitungsredaktionen, Einrichtungen von Sozialisten, Kommunisten, katholischen, liberalen und Arbeiterorganisationen und steckten ganze Gebäude in Brand. Die Gewalt gegen Personen ist davon nicht zu trennen. Die meisten Opfer wurden nicht umgebracht, sondern bedroht, verprügelt, brutal zusammengeschlagen, mit Rizinusöl malträtiert und öffentlich gedemütigt. Zu Toten kam es häufig, wenn die *Squadristi* „Strafexpeditionen" durchführten, um den Tod eines Faschisten zu rächen, der vom politischen Gegner verursacht worden war. Dabei kamen auch Unschuldige ums Leben, weil die Unterscheidungsfähigkeit der prügelnden Faschisten generell nicht besonders stark ausgeprägt war. Häufig nahmen daran keine lokalen Squadristen teil, sondern fremde, die zum „Einsatzort“ fuhren. Die faschistische Gewalt erfolgte in Überfällen, gleichgültig, ob auf Einrichtungen oder Personen. Zumeist stellten sie zuvor ihre zahlenmäßige Überlegenheit sicher. Das galt besonders für Attacken auf Personen, die häufig allein gegen zahlreiche faschistische Schläger standen. 1926 nannte die Faschismusanalyse der Komintern das Vorgehen der Faschisten generell „die Taktik des Überfalls“, sprach aber auch von einem „wirklichen Bürgerkrieg“.[114]

Die Gewalt gegen Personen hat ebenso zur Unterminierung der Gesellschaft und der staatlichen Institutionen beigetragen, wie sie Angst und Resignation hervorgerufen hat. Selbst die gut organisierten sozialistischen Organisationen waren der Brutalität, Wucht, Schnelligkeit, Flexibilität und Maßlosigkeit der faschistischen Angreifer nicht gewachsen, die über Maschinengewehre und Handgranaten aus Armeebeständen verfügten.

Die Squadristen wussten damit umzugehen. In der ersten Phase zogen besonders viele ehemalige Frontkämpfer und *arditi*, Angehörige der freiwilligen Sturmtruppen im Ersten Weltkrieg, das schwarze Hemd an, bevor der Faschismus und auch der Squadrismus seine Mitgliedschaft 1920 auf das Land erweiterte, so dass die Squadristen aus einer sozial heterogenen Gruppe stammten, wobei aber festzuhalten ist, dass der Anteil der Städter unter ihnen überdurchschnittlich hoch lag.[115] Sie alle hatten Gewalthandeln trainiert oder fühlten sich von den Aktionen der Faschisten angezogen und brachten eine deformierte „Psychologie des Krieges“ als „Liebhaber der Gewalt“ mit.[116] Mussolini heizte die Männer an, als er ihnen 1919 zurief, der Krieg sei noch nicht zu Ende.[117] Eigene Gewalterfahrung und eigenes Gewalthandeln sowie die mimetische Qualität einer Gewalt, die die individuellen sozialen und biographischen Krisen wenn schon nicht zu überwinden, so doch aktionistisch zu überlagern vermochte, einte die Squadristen. Männerbündische Solidarität, Gruppenbewusstsein, Korpsgeist, die Zugehörigkeit zur selben Alterskohorte[118] und schließlich die Gemeinschaft stiftende gemeinsame Aktion band sie zusammen. Dagegen fehlte es an Programm und Richtung.[119] Die Geschichte der faschistischen Bewegung 1919–1922 zeugt vor allem von der Tatsache, dass die Gewalt den Inhalt der faschistischen „Politik“ ausmachte. Die Enttäuschung war groß, wenn es keine Gelegenheit dazu gab. Ein frustrierter junger Faschist fragte nach dem ins Wasser gefallenen „Marsch auf Rom“ in seinem Tagebuch, ob man zurückfahren müsse „und niemanden erschießen? Was für eine Revolution ist das?“[120] Die faschistische Gewalt ergab keinen Bürgerkrieg; sie war Pogrom.

Faschismus und Gewalt galten lange Zeit als Synonyme. Die erstmals 1928 publizierte Beschreibung der faschistischen Diktatur von Gaetano Salvemini stellt eine ausführliche Liste der faschistischen Gewalttaten dar;[121] sie wurde von Franzinelli ergänzt und in chronologische Reihenfolge gebracht.[122] Sie verdeutlicht, dass der Faschismus Gewalt nicht nur zielgerichtet einsetzte; seine Botschaft war das Mittel.[123] Antifaschistische Zeitgenossen und die spätere Faschismusforschung stimmen hierin weitgehend überein. Der italienische Kommunistenführer Palmiro Togliatti sah in der systematischen und illegalen Gewalt der *squadre* die „große Neuigkeit" in Italien.[124] Ernst Nolte bezeichnete den Faschismus als die Realisierung des militärischen Prinzips in Friedenszeiten, die Fortsetzung des Krieges mit anderen Mitteln.[125] Wolfgang Schieder betrachtete den Willen der Faschisten, den Gegner zu zerstören, als ein Kernelement des Faschismus.[126] Für Lyttelton ist die Gewalt untrennbarer Bestandteil des Faschismus.[127] Emilio Gentile meinte, der Squadrismus sei mehr als eine bewaffnete Macht, er sei eine „Mentalität, eine politische Kultur, ein Lebensstil, der auf die Begeisterung für Gewalt, Männlichkeit und militärische Tugenden" gründe.[128] Die Liste der übereinstimmenden Urteile ist unvollständig. Halten wir fest, dass die Faschismusforschung den Zusammenhang von Gewalt und Faschismus nie bezweifelt hat. Sven Reichardt hat dieses Forschungsergebnis dahingehend zugespitzt, dass er in seiner Vergleichsstudie von Squadrismus und deutscher SA die Praxis der Gewalt als das zentrale Definitionsmerkmal des italienischen Faschismus schlechthin betrachtete.[129]

In welchem Verhältnis aber steht eine solche kaum in Abrede gestellte Übereinkunft der antifaschistischen Zeitgenossen und der historischen Forschung zu den Forschungen über den bolschewistischen Aufbruch nach 1917? Das antibolschewistische Pendant zu Salveminis antifaschistischem Buch ist Sergej Petrovič Mel'gunovs „Der rote Terror in Russland" von 1924.[130] Beide Bücher erschienen im Ausland und öffneten den interessierten Lesern die Augen über die brutalen Aktionen der Regime. Zugleich aber macht die Lektüre deutlich, welch gravierende Unterschiede es zwischen der bolschewistischen und der faschistischen Gewalt gab. Kurios ist, dass Salveminis Buch stets eine wichtige Quelle für die Auseinandersetzung mit dem Faschismus darstellte, während Mel'gunovs Darlegungen der Gräueltaten der Bolschewiki lange Zeit in der Forschung keine oder eine sehr nachgeordnete Rolle spielten und erst nach dem Zusammenbruch des Sozialismus und der immer offener hervorgetretenen Gewaltgeschichte der ersten Jahre der bolschewistischen Herrschaft rehabilitiert wurden. Könnten außerwissenschaftliche

Umstände und Dispositionen der Forschung und Forscher dafür eine Rolle gespielt haben? Und welche könnten das sein?

Warum fällten Historiker der bolschewistischen Herrschaft nicht ein ähnliches oder gar gleiches Urteil wie die Historiker des italienischen Faschismus? Was spricht gegen die Behauptung, der Bolschewismus sei die systematische Anwendung der Gewalt, die Fortsetzung des Krieges im Innern? Was spricht gegen die aus der Faschismusforschung bezogene Interpretation, für die Bolschewiki sei der Wille, den Gegner zu zerstören, charakteristisch, wenn sich innerhalb kurzer Zeit nicht nur ihre Alleinherrschaft herausbildete, sondern alle Opposition, auch die innerparteiliche, verteufelt und zum großen Teil physisch vernichtet wurde? Lässt sich, wie in der Forschung zum Faschismus, sagen, Gewalt sei ein untrennbarer Bestandteil des Handelns der Bolschewiki gewesen? Immerhin bildete sie die einzige beobachtbare Konstante im Handeln der Bolschewiki zwischen 1917 und 1953. Schließlich: Warum ist es so schwierig, das Gewalthandeln als das wichtigste Element im Arsenal der bolschewistischen Handlungsmöglichkeiten zu begreifen? Darüber lässt sich dasselbe sagen wie über die Faschisten: Das Mittel (die Gewalt) sei die Botschaft. Gibt es in Anbetracht der vorliegenden Erkenntnisse über die „rote" Gewalt der Jahre 1917–1921 eine andere Möglichkeit?

Die Antworten auf diese Fragen liegen nicht so sehr in den historischen Tatsachen einer überbordenden und – wie die vorangegangenen Zeilen zeigen konnten – im Vergleich zum Faschismus weitaus größer dimensionierten Gewalt, also in ihrer Geschichte selbst, sondern in den Entwicklungen der Geschichtsschreibung über Sowjetrussland. Zu begreifen, dass die Bolschewiki praxeologisch den Faschisten nahestanden, sie an Gewaltintensität aber noch bei weitem übertrafen, bedarf der Verabschiedung zäher politik- und sozialgeschichtlicher Deutungsmuster und der Wahrnehmung des Gewalthandelns der Bolschewiki als der Grundkategorie ihres politischen Wirkens.

Es bedarf an dieser Stelle keiner ausführlichen Beschreibungen der Gewalttaten, weder der faschistischen noch der bolschewistischen. In der einschlägigen Literatur sind sie zu finden. Stattdessen geht es um die Vergleichbarkeit, deren Möglichkeiten durch die vorangegangenen Zeilen umrissen wurden. Auf der Ebene der Akteure lassen sich einige weitere Punkte festhalten.

Erstens: Gewalt bildete das entscheidende Bestimmungsmerkmal. Sie wurde um ihrer selbst willen ausgeübt, war aber nicht frei von funktionalen Aspekten. Sie sei kein System, sondern eine Notwendigkeit, meinte der Triester Faschist Francesco Giunta.[131] In Sowjetrussland bekämpften die Revolutionäre die Ordnung der Unterdrückungs-, Ausbeutungs- und Verknechtungsgeschichte, deren Opfer sie geworden waren, indem sie massenhaft „Vertreter" dieser Ordnung töteten, um einer anderen Zukunft den Weg zu bereiten. Wenn revolutionäre Matrosen im Januar 1918 die kranken ehemaligen Minister F.F. Kokoškin und A.I. Šingarev im Lazarett ermordeten,[132] dann entsprach dieses Vorgehen den Überfällen und Morden der Faschisten an kranken oder (kriegs)invaliden politischen Gegnern.[133]

Zweitens: In beiden Gesellschaften war eine moralische Zerrüttung zu beobachten. In Italien kam sie durch die schon erwähnte Routinisierung des Gewalthandelns während und unmittelbar nach dem Krieg zustande,[134] in Russland brach sie sich seit der Februarrevolution Bahn.[135] Die Zahl der Opfer nahm solche Ausmaße an, dass der Schriftsteller Gor'kij davon sprach, es sei an der Zeit, „in uns selbst das Gefühl des Ekels vor dem Mord zu entwickeln, das Gefühl des Abscheus gegen ihn".[136] Die Aufhebung sittlicher Schranken gehört zu beiden Bewegungen; dem Kollaps der politischen und wirtschaftlichen Ordnung entsprach in Italien und Russland ein Zusammenbruch der sittlichen Normen, obwohl sich die Verhältnisse in Russland im Vergleich zu Italien desaströs entwickelten. Das Massentöten in Russland konnte aber nur unter den Bedingungen des vollkommenen Zusammenbruchs der alten Ordnung vor sich gehen.[137] Der sittliche Kollaps vollzog sich gleichzeitig.

Drittens: Faschisten und Bolschewiki gehörten der jungen Generation an. Die Mitgliedschaft gab das Gefühl von Macht in einer Zeit der sozialen und individuellen Ohnmacht. Bewaffnung und Gewalt in der Gruppe verliehen einen Status, von dem die Faschisten vorher nicht zu träumen gewagt hatten. Für zahlreiche Bolschewiki galt dasselbe. Gewalt und Status hingen zusammen und bedingten einander. Der Anführer einer faschistischen Regionalorganisation war zugleich der Führer einer Schlägertruppe. In Sowjetrussland konnte ein halbwüchsiger bewaffneter Bolschewik zum Boss im Dorf werden.[138]

Viertens: Bolschewiki wie Faschisten operierten mit klaren Feindbildern. Schon unmittelbar nach seiner Lösung von der Sozialistischen Partei sprach Mussolini davon, die „paar Dutzend Abgeordnete" der „kriminellen Bande" des liberalen Ministerpräsidenten Giolitti, die Italiens Kriegseintritt zu verhindern suchten, sollten erschossen werden, und zwar von hinten; für Giolitti sah er fünf Revolverkugeln in den Bauch vor.[139] In der ersten Phase der faschistischen Bewegung spielte die „sozialistisch-kommunistische Bestie" eine entscheidende Rolle für die faschistische Gewalt.[140] Bei den Bolschewiki existierten die Feindbild-Pendants auf dem „rechten“ Flügel des politischen Spektrums, *buržui* (Bourgeois) und andere Volksfeinde.[141]

Fünftens: Über Mussolini ist gesagt worden, er habe ein „Vergnügen an erlösender Gewalt“ gehabt.[142] Faschisten und Bolschewiki „reinigten“ ihre Gesellschaften von verderblichen Einflüssen. Gegnern wurde in Italien zwangsweise Rizinusöl verabreicht, damit sie sich „von ihrer Schuld, von den alten Sünden des Bolschewismus reinigen.“[143] Biblische und faschistische Vorstellungen flossen ineinander, wenn ein Faschist anlässlich einer in Brand gesteckten kommunistischen Einrichtung davon sprach, die heiligen Flammen würden die Umgebung reinigen.[144] Bei den Bolschewiki war der Reinigungsgedanke stark ausgeprägt und fand Eingang in die offiziellen Schriften selbst des Revolutionsführers, aber auch anderer und in die Ikonographie des Regimes.[145] Auf den einschlägigen Romantitel „Russland in Blut gewaschen“, der dem Vorgang das Etikett lieferte, ist schon hingewiesen worden.

Faschistische und bolschewistische Gewalt liefen an diesen Punkten zusammen. Sie zeigen einmal mehr, wie sehr beide Bewegungen nicht aus ihren Ideologien, sondern aus ihren Entstehungsbedingungen zu beschreiben sind, um zu begreifen, dass sie trotz allem Trennenden sehr viel verbindet.

Warum aber hören Historiker, die Gewalt im italienischen Faschismus untersuchen, mit dem Jahr 1922, spätestens aber mit der Wahl vom April 1924 und dem Mord an Matteotti im Juni auf? Es gibt Gründe, die Untersuchungen in dieser Zeit zu beenden, wenngleich die Faschisten das Attentat auf Mussolini im Oktober 1926 zur Rechtfertigung der „letzten allgemeinen Welle der squadristischen Gewalt“[146] nutzten. Der wichtigste ist: Die Faschisten hatten die Macht erobert. Das Problem wird besonders deutlich am Beispiel von Sven Reichardts Studie. Es ist sehr plausibel, was Reichardt über die Praxis der Gewalt um der Gewalt willen im Faschismus schreibt, aber seine Deutung hinterlässt an einer Stelle ein großes Fragezeichen, denn sie kann nicht erklären, ob und wie der Faschismus Gewalt zu pazifizieren vermochte. Wenn es zum Verhaltensrepertoire der Faschisten gehörte, sich an ihr zu delektieren, dann fragt sich, gegen was und wen sich das Gewalthandeln richtete, wenn die offenkundigen Feinde eingeschüchtert, außer Landes getrieben, zum Schweigen oder umgebracht worden waren und der Faschismus das Heft in der Hand hielt. Das Problem bestand also in der Integration der an Gewaltausübung gewöhnten, zumeist jungen Männer, die von der faschistischen Führung, Mussolini besonders, in einem Zustand fortdauernden Krieges gehalten worden waren, in das faschistische System. Warum aber sollte dieser Prozess erfolgreich ablaufen? Warum sollten die Akteure plötzlich gezähmt werden, nur weil sie gesiegt hatten? Reichardts Argument lautet ja gerade, dass sie nichts anderes konnten als zuzuschlagen. Und Reichardt, der hier ein wenig den Sündenbock für das generelle Problem der akteursorientierten Faschismusforschung bezüglich der Gewalt abgeben muss,[147] problematisiert infolge seiner These nicht, dass sein Vergleichsobjekt - die SA in Deutschland - von Hitler zerschlagen und teilweise physisch liquidiert wurde, weil sie ein Gewalt- und Konsolidierungsproblem für die NSDAP an der Macht darstellte, während die *squadristi* mehr oder weniger problemlos in der Institutionalisierung des faschistischen Staates aufgingen, als wären sie immer schon darauf aus gewesen, Beamte zu werden.

Auch die ideologiebezogene Faschismusforschung, deren Schwachstellen Reichardts praxeologischer Ansatz offenlegt, leidet unter einem schwerwiegenden Erklärungsnotstand, der wiederum die Kehrseite des Reichardtschen Problems darstellt. Das lässt sich besonders gut an der Studie von Aristotle Kallis über „Genocide and Fascism" ablesen, die für sich in Anspruch nimmt, eine Synthese der Faschismusforschung hinsichtlich der Gewalt zu sein.[148] Kallis' Argumentation über den im Buchtitel genannten Zusammenhang lässt sich folgendermaßen zusammenfassen: Der Faschismus habe aus dem Nationalismus das Programm der Feindbestimmung des „Anderen" geerbt, den Gedanken der nationalen Homogenität radikalisiert und zur ethnischen Säuberung vorangetrieben. Aus der „licence to hate" sei die „licence to kill" geworden. Auf diese Weise sei der „eliminatorische" Zusammenhang von Faschismus und Genozid - Kallis entlehnt den Begriff des „eliminationism" bei Daniel Goldhagen[149] - rhetorisch vorbereitet und im Faschismus in die Praxis überführt worden. Anders als Reichardt sieht Kallis die Jahre 1919–22/24 nicht als Problem der faschistischen Gewalt und schon gar nicht als prägend - sie werden schlicht nicht erwähnt -, sondern er setzt die Gewalt gerade erst mit dem Faschismus an der Macht an. Somit stehen sich Kallis und Reichardt in ihren Deutungen diametral gegenüber. Kallis liegt mit seiner Verknüpfung nicht falsch, wie die Geschichte des italienischen Faschismus zeigt, worauf zurückzukommen ist, aber sein Begründungszusammenhang bleibt vage, eindimensional und hinsichtlich der historischen Befunde fragwürdig. Dies darzulegen würde viel Platz in Anspruch nehmen, also mögen drei Beispiele reichen: Es ist nicht verständlich, warum der Zusammenhang von Faschismus und Genozid fast ohne Verweis auf den italienischen

Faschismus, immerhin der erste seiner Art und hinsichtlich des interessierenden Zusammenhangs einschlägig ausgewiesen, hergestellt werden kann, während der Faschismus der „Eisernen Garde“ in Rumänien oder der Ustaše im kroatischen Marionettenstaat Hitlers viel wichtiger erscheint; wenn außerdem die zentrale Frage des Antisemitismus namentlich anhand der Diktatur in Polen nach 1926 abgehandelt wird, von der die Historiker bisher nicht ernsthaft behauptet haben, sie gehöre ins Lager des Faschismus, so muss sich Kallis vorhalten lassen, seine Einschätzung der polnischen Verhältnisse werde nur von Stalin geteilt;[150] dass der Nationalsozialismus antisemitisch war, bedarf keiner detailreichen Ausführung. Außerdem übersieht Kallis die rassistischen antislawischen Elemente des italienischen Faschismus. Schließlich dürfte seine These, erst der Faschismus habe Genozid möglich gemacht, von Armeniern – und nicht nur ihnen – bestritten werden; von den Balkankriegen und zeitlich vorgelagerten massenmörderischen Ereignissen, deren genozidaler Charakter zu diskutieren wäre, besonders im Kontext kolonialer Expansion,[151] braucht Kallis nichts zu wissen. In seiner an einen Teil der angelsächsischen Faschismusforschung angelehnten Studie, welche die Ideologie des Faschismus für sein zentrales Element hält, stellt sich die Frage nach den Akteuren nicht, da die Ideologie handlungsleitend gewirkt habe. Spätestens an dieser Stelle hätte Kallis die zahlreichen Untersuchungen Wolfgang Schieders, die einschlägige Dissertation Reichardts und Franzinellis Buch über die *squadristi* – um nur einige zu nennen – zur Kenntnis nehmen sollen. Kurz: Diese Form der Faschismusforschung, die eine Steigerung der eliminatorischen Gewalt in der Ideologie des Faschismus zu beweisen sucht und das italienische Original weitgehend ausblendet, hilft nur eingeschränkt weiter.

Man kann Kallis nicht vorwerfen, dass er die Eskalation, Radikalisierung und Ausweitung eines „aggressive eliminiationism“ allein an den Faschismus bindet und die gleichzeitigen massenmörderischen Handlungsweisen der Bolschewiki übersieht. Beide in den Blick zu nehmen war nicht seine Aufgabe. Aber sein Buch macht noch einmal das Problem deutlich, nur im Faschismus und Nationalsozialismus ein das 20. Jahrhundert charakterisierendes Gewaltproblem zu entdecken. Für eine vergleichende Perspektive muss die Frage lauten, ob sich im Europa der Zwischenkriegszeit vergleichbare Gewaltabläufe abgespielt haben. Ideologie kann dann aber nicht das ausschlaggebende Element sein. Insofern blockiert Kallis‘ Herangehensweise eine komparative Betrachtung dort, wo sie dringend notwendig ist.

Formen der Gewaltroutine

Probleme, wie sie Reichardt für den Faschismus schilderte, stellten sich auch den Bolschewiki und den Kemalisten. Sie hatten es mit einer unübersehbar großen Zahl gewaltroutinierter Männer zu tun, denen sie ihren Sieg verdankten. Was aber geschah mit ihnen in Russland und der Türkei? An dieser Stelle tut sich die entscheidende Zäsur auf, die über den Charakter der Regime Auskunft gibt. Die Beschreibung der Bürgerkriege in Russland und in der Türkei und der faschistischen Gewalt 1919–1922 sagt viel über die Entstehungsgeschichte der Regime, die Mittel, die sie anwendeten, um die Macht zu erobern, die Mentalitäten der Akteure und ihre Handlungsweisen aus. Aber es gab einen bestimmten Zeitpunkt in der Entwicklung, an dem das Führungspersonal entscheiden musste, ob und wie es Gewalt weiterhin einsetzen oder nutzen wollte, und an dem die Gewaltakteure der vorangegangenen Jahre die Wahl treffen mussten, ob sie in ein ziviles Leben – nicht zurückkehren, denn das hatten sie häufig nicht kennen gelernt, sondern ob sie es ausprobieren wollten, und zwar mit allen Risiken der zivilen Existenz als Bäcker, Lehrer, Landwirt, Handelsvertreter usw., um sich unter den Bedingungen einer äußerst angespannten Wirtschaftslage ohne Waffe zu bewähren. Entscheidend ist die Frage, was nach der Machteroberung mit der Gewalt passierte. Vermochte das Regime die Gewaltakteure zu bändigen? Dazu war es verurteilt, um nicht selbst in Gefahr zu geraten. Sowohl die Bolschewiki als auch die Kemalisten und Faschisten sahen sich veranlasst, die zahlreichen Quellen der Gewalt zu neutralisieren, um dem Staat das Gewaltmonopol zu garantieren. Ob sie sie zu pazifizieren suchten, ist die entscheidende Frage.

Was also geschah mit Gewalt, nachdem die Regime in die Konsolidierungsphase eingetreten waren? D. h., die Frage nach dem Staatshandeln zu stellen. Nur um diesen Aspekt soll es im Folgenden gehen: Um das Staatshandeln als Gewaltroutine.[152] Darin ist die Problematik eingeschlossen, ob und wie sich die Regime aus der ererbten, scheinbar unlösbaren Verstrickung mit der Gewalt zu befreien vermochten, sofern sie es denn wollten.

In der Rückschau kristallisieren sich drei Möglichkeiten heraus, nicht, weil die Zahl der hier untersuchten Regime diese vorgibt, sondern weil sich grundsätzliche Alternativen des Gewalthandelns darin ablesen lassen, die sich ohne weiteres auf andere Diktaturen übertragen ließen. Es handelt sich um eine Reihenfolge abnehmender Gewaltroutine. Die Bolschewiki stehen für die erste Option. Sie öffneten der Gewalt auch nach der Machteroberung und dem Beginn der Alleinherrschaft Tür und Tor und machten sie zu einem dauerhaften Bestandteil des Regimehandelns. Sie stehen für die Diktatur im Innern und den Massenterror; sie initiierten und verübten Massenmorde und ließen administrativ verursachtes Massensterben zu. Darüber hinaus trieben sie – ohne sich im Krieg zu befinden – die Ethnisierung der Gewalt voran und vernichteten Menschenleben namentlich in der Peripherie der UdSSR. Die Faschisten in Italien repräsentieren die zweite Möglichkeit. Nach der Konsolidierung ihrer Herrschaft minderten sie die Gewalt nach innen, schworen ihr aber nicht ab, sondern externalisierten sie – mit katastrophalen Folgen für die Opfer. Die Faschisten stehen für Zwang und Diktatur im Innern und den rassistischen kolonialen Massenmord. Die Kemalisten bieten die dritte Option, die einer Diktatur, in der es seit Gründung der Republik einen Fall von Massenmord im Zusammenhang der gewaltsamen Verfolgung der Kurden gab, aber weder Bespitzelung und Terror gegen die eigene Bevölkerung noch systematische Gewaltanwendung gegen Fremde. Diese drei Möglichkeiten werden in umgekehrter Reihenfolge kurz umrissen.

Warum kamen in der Türkei nicht jene Gewaltprozesse in Gang, die aus Italien und Sowjetrussland bekannt sind, obwohl die Voraussetzungen, die in den anderen Fällen zur Erklärung der gewaltsamen Vorgänge nach 1918 herangezogen werden, auch in der Türkei vorhanden waren? Warum gelang es der Türkei, aus einer Lage, die man zweifelsohne als katastrophal bezeichnen darf, friedlicher herauszukommen als die beiden anderen von den Nachkriegszuständen zerrissenen Staaten und Gesellschaften, obwohl die türkischen Ausgangsbedingungen mehr oder weniger die gleichen oder in wirtschaftlicher Hinsicht und bezüglich der Gebietsverluste sogar noch schlechter waren? Wie wurde die Gewalt weitgehend pazifiziert, und zwar unter den Bedingungen einer autoritären Einparteiherrschaft, die alle Voraussetzungen für ein Gewaltregime vorfand und Gewalt gegen politische Gegner einsetzte? Es war bestimmt kein Zufall, dass die erste umfassende Beschreibung des Kemalismus aus der Feder Tekin Alps 1937 mit Ausführungen darüber begann, warum die „Bestie Mensch", die sich gerade in Zeiten der auflösenden Ordnungen hervortue, in der Türkei nach den Kriegen nicht zum Vorschein gekommen sei. Ungewollt jedoch entlarvt Tekin Alp das Gewaltproblem des Kemalismus, wenn er schreibt: „Es hat niemals eine Periode gegeben, in der die Rohheit oder die spontane Anarchie zurückgekommen ist. Die Legalität ist niemals unterbrochen oder ausgesetzt worden, wie es in allen revolutionären Bewegungen sonst der Fall ist. (...) Die Zeit der Reform und der Regeneration selbst hat dem türkischen Volk keine großen Zahlen an Opfern und Märtyrern aufgeladen, wie es in ähnlichen Revolutionen der Fall ist".[153] Dem türkischen Volk nicht, aber sehr wohl und ganz besonders den Kurden und in geringerem Maße auch anderen Minderheiten.

Teilen wir deshalb die türkischen Entwicklungen nach Gründung der Republik hinsichtlich der Gewalt der Systematik halber in zwei Bereiche auf: Wo wendeten die Kemalisten Gewalt an? Was führte dazu, dass die Republik Türkei kein Terror- und Gewaltstaat wurde? Immerhin hatte kein geringerer als der Generalsekretär der CHP 1931–1936, Recep Peker, davon gesprochen, man müsse die Revolution auch mit Gewalt schützen.[154]

Zur ersten Frage: Die Bilanz der politischen Morde ist zwar im Vergleich zu den beiden anderen Regimes gering, aber nicht zu übersehen. Zur Erinnerung: Im Januar 1921 ermordeten Kemalisten die gesamte Führung der Kommunistischen Partei, d. h., sie entledigten sich auf blutige Weise der Opposition von links. 1924 tötete Osman Ağa, der Chef der Leibwache Mustafa Kemals und ehemals Kommandeur einer vornehmlich aus Lasen bestehenden Partisaneneinheit von mehreren tausend Mann, der sich im Bürgerkrieg gegen die Pontusgriechen den Ruf des Schlächters erworben hatte,[155] den einflussreichen Oppositionellen Ali Şükrü; nach dem dubiosen Attentatsversuch auf Mustafa Kemal in Izmir 1926 stellten die Kemalisten die Opposition von rechts politisch kalt und ließen einige ihrer Führungskräfte aufhängen. 1925 erschoss der enge Mitkämpfer Mustafa Kemals, Kel Ali (Çetinkaya), den Oppositionellen Deli Halit Pascha im Gebäude der Nationalversammlung. Kel Ali war ein wandelndes Beispiel für langjährige Kriegserfahrung und fortgesetztes Gewalthandeln.[156] Diese Bilanz hinderte den Türkeihistoriker Dankwart Rustow nicht daran zu erinnern, dass im Vergleich dazu Hitler und Stalin an einem Tag mehr Menschen ermorden ließen als die Kemalisten in zwei Jahrzehnten ihrer Herrschaft. Die Kemalisten waren also gute Diktatoren. „Proportions are of the essence in politics", sinnierte der Autor 1968.[157]

Die Geschichte des Kemalismus kennt aber auch einen Massenmord. Wieder einmal spielte er sich auf kurdischem Gebiet ab. Man muss die Ereignisse im ostanatolischen Dersim (heute Tunceli) 1937/38 in der Kontinuität des Vorgehens der Regierung gegen kurdische Aufständische seit 1925 sehen. Die Brutalität der türkischen Einsatzkräfte trat nicht plötzlich zu Tage, sondern war bereits verbal vorbereitet. Der schon genannte İbrahim Tali, 1927–1934 Generalinspekteur für das Gebiet Diyarbakır, stellt die Verbindungslinie zwischen den repressiven Maßnahmen während des Ausnahmezustands 1925–1929 und der mörderischen Vorgehensweise der Sicherheitskräfte 1937/38 her. In seinen Berichten an Ankara notierte der Mann, der sich den Ruf „gnadenloser Brutalität" erworben hatte,[158] die anhaltenden Unruhen in Dersim sollten zu einem konsequenten staatlichen Vorstoß in das „feindliche" Gebiet führen, um die „Absorbierung (der dortigen Bevölkerung – S.P.) in das Türkentum" zu vollstrecken. Er bevorzugte harte Maßnahmen wie vollständige Kontrolle durch Ankara und Vertreibung der Bewohner Dersims.[159] Allerdings erwies sich dieser kemalistische Falke als lernfähig, denn nach ein paar Jahren Amtsausübung kam er zu einer völlig anderen Einschätzung. Er schlug der Regierung vor, die kurdische Autonomie zu stärken, weil nur so die Region befriedet werden könne. Das war ein radikaler Wandel, den die Regierung unter Ministerpräsident İsmet (İnönü) nicht mitzuvollziehen gedachte. İbrahim Tali wurde abberufen und als Generalinspektor nach Thrakien versetzt, wo er den Pogrom gegen die Juden im Sommer 1934 zumindest duldete.[160]

In Dersim wandte das Regime blutige Maßnahmen an. Die Parallelität der Vorgänge in den drei Regimen während der dreißiger Jahre macht sich hier besonders bemerkbar. Die Synchronizität des Massenmords in Dersim 1937/38 mit dem stalinistischen Vernichtungsbefehl Nr. 00447, seiner Ausführung ebenfalls 1937/38 und dem zeitgleichen Vorgehen gegen Polen und Koreaner in der UdSSR, dazu der Vernichtungskrieg der Italiener in Abessinien seit 1935 lässt keinerlei kausale Beziehungen zwischen den Vorgängen erkennen; nur der zeitliche Zufall herrscht. Sie zeugt aber von der Dynamik der Repression in allen drei Regimen. In dem ostanatolischen Gebiet, das seit 1936 einem unmittelbar der Regierung verantwortlichen Generalinspekteur unterstand, führten die Modernisierungsbestrebungen der Regierung zu einem klassischen Konflikt, der die Geschichte aller osmanischen und republikstürkischen Modernisierungsmaßnahmen seit dem zweiten Drittel des 19. Jahrhunderts begleitete. Einige Stammesführer in kurdischen Siedlungsgebieten entzogen sich dem Ausgriff des zentralisierenden Staates und schufen damit eine ständige Quelle der Reibereien zwischen lokaler Autonomie und zentralverwaltetem Staat. Diese Konfliktlinie war auch während der Republik nicht verschwunden; die Einführung des Generalinspektorats zeugte davon, wie wenig die Kemalisten bis 1936 erreicht hatten, zumal das Dersim-Gebiet zu den ärmsten und am wenigsten entwickelten der ganzen Türkei gehörte. In religiöser und sprachlicher Hinsicht unterschieden sich die Bewohner ebenfalls. Sie sprachen Zaza, einen kurdischen Dialekt, und sie waren Aleviten im Unterschied zu den benachbarten sunnitischen Kurden. Ebenso wie die alevitischen Kurden nicht an den zahlreichen Aufständen der sunnitischen Kurden teilnahmen, so erhielten die alevitischen Kurden 1937/38 keine Unterstützung ihrer kurdischen, aber sunnitischen Nachbarstämme. Im Frühjahr und Sommer 1937 prallten die Gegensätze aus lokalem Anlass aufeinander. Fünf der ca. 100 kurdischen Stämme des Dersim-Gebiets stellten sich offen gegen den Staat. Der reagierte äußerst brutal. Im Mai 1937 beschloss der Ministerrat eine „Strafexpedition“: Die Bevölkerung der Aufstandsgebiete solle zusammengetrieben und deportiert werden; der Armee wurde der Befehl erteilt, die Personen, die Waffen gebraucht hatten oder noch gebrauchten, auf der Stelle unschädlich zu machen, ihre Dörfer vollständig zu zerstören und ihre Familien umzusiedeln. Zurückhaltenden Schätzungen zufolge brachten die Truppen etwa 10 % der eingesessenen Bevölkerung des Gebietes mit insgesamt 65–70 000 Einwohnern um.[161] Im Zuge einer öffentlichen Debatte in der Türkei sind jüngst Zahlen veröffentlicht worden, die eine offizielle Bestätigung durch die türkische Regierung erhielten. Demnach sind zwischen 1936 und 1939 in Dersim 13 806 Personen getötet worden, d. h. doppelt so viele, wie in den zuvor errechneten Angaben.[162]

An diesem Punkt schloss sich der Kreis, der spätestens 1930 begonnen hatte und über die genannten Stationen in das verschärft autoritäre Regime der dreißiger Jahre führte, das – ohne an den Verfassungsgrundlagen zu rütteln – zum Mittel des Massenmords griff, um die schöne neue kemalistische Zukunft durchzusetzen.

Die Antwort auf die zweite Frage – was verhinderte die Entwicklung der Türkei zu einem Terror- und Gewaltstaat? – fällt ausführlicher aus, weil sie mehr Begründungsaufwand benötigt. Außerdem gibt es mehrere Antworten, die jedoch alle das fragile Verhältnis zwischen der Gewalt und ihrer Pazifizierung in den Jahren der Republik beleuchten.

Erstens: Die Türkei vermied die Fortsetzung von Gewalt der Massen, weil sie die Massen aus der Politik fernhielt. Obgleich es nur eine Partei gab – die kurzen Experimente mit Oppositionsparteien 1924 und 1930 brauchen hier nicht berücksichtigt zu werden –, stellte die CHP mehr einen Parlamentsklub dar als eine Partei im soziologischen Sinn. Auf diesen Punkt wurde in Kapitel 3 schon hingewiesen. Aber der wichtige Aspekt ist im Zusammenhang der Gewalt noch einmal aufzugreifen. Die Exklusivität der CHP verhinderte, dass jene Gruppen einen Platz in der Politik erhielten, etwa in wichtigen Entscheidungsgremien oder auf wichtigen Posten, die wir aus Sowjetrussland und Italien als Vertreter der Gewalt nach 1918 kennen. Sie sollten auch gar nicht partizipieren, weil das Elitenverständnis der Kemalisten dazu beitrug, für die Nation anstatt mit ihr zu regieren. Indem die Kemalisten die Mitgliedschaft in der Partei beschränkten, blieben sie ein Elitenklub und hielten deswegen die Gewalt außen vor, da sie – unabsichtlich – den Veteranen der Brutalität nicht erlaubten, beizutreten. Sie handelten unbewusst Gewalt vermeidend, weil es – soweit erkennbar – kein Dokument gibt, das einen Kausalzusammenhang zwischen den hier genannten Faktoren herstellte, dessen Wirkung die Kemalisten wohl nicht erkannten. Diesen Zusammenhang könnte man als „Vorzug der Rückständigkeit" bezeichnen,[163] weil die Verweigerung der Massenpartizipation auf der Grundlage der von den Jungtürken übernommenen Elitenkontinuität nicht den Anforderungen an die nach 1918 entstehenden Massengesellschaften in Nationalstaaten entsprach. Aber das würde sicherlich die Deutung verzerren. Eher ist vom Vorteil des Elitismus zu sprechen.

Zweitens: Obwohl viele Kemalisten Offiziere waren, haben sie Politik und Gesellschaft nach 1923 nicht militarisiert. Mustafa Kemal selbst zog die Uniform aus und wandelte sich zum Zivilisten. Die Nationalversammlung erließ ein Gesetz, wonach alle Armeeangehörigen, die in der jungen Republik politische Ämter übernehmen wollten, Abschied vom Militär zu nehmen hatten. In der Kleidung zeigte sich symbolisch ein starker Kontrast. Mussolini liebte die prunkvolle Uniform, je phantasievoller, desto besser. Auch Stalin – nicht jedoch Lenin – bevorzugte die Uniform, jedoch im Unterschied zu Mussolini in gänzlich schlichtem Stil. Erst später, im und nach dem Zweiten Weltkrieg, ließ sich Stalin auch in der „Ausgehuniform" des Generalissimus ablichten. Doch zurück zur Türkei. Selbstverständlich bedeutete der Wechsel der Kleidung nicht die Veränderung des Denkens und Handelns, aber es wäre eine maßlose Übertreibung, wollte man behaupten, die türkische Republik sei infolge des hohen Anteils ehemaliger Armeeoffiziere in der Politik zu einem vom Militär dominierten Staat geworden. Das eben wurde sie nicht. Zwar spielte das Militär eine zentrale Rolle, aber der Primat der Politik war unter Atatürk unübersehbar.

Die weitere Frage aber muss lauten, warum – wenn schon viele Armeeoffiziere in der Nationalbewegung dienten – diese nicht jenen Effekt hervorriefen, den italienische Offiziere und Kriegsveteranen im italienischen Faschismus bewirkten, indem sie die erlernte Gewaltausübung in den *squadre* fortsetzten. Die Antwort ist zugegeben spekulativ und scheint früheren Aussagen zu widersprechen, aber sie ist zumindest der Diskussion würdig. Der „italienische Effekt" trat nicht ein, weil es sich um professionell agierende Offiziere handelte, die zwischen Krieg und Frieden zu unterscheiden wussten. Aber diese Aussage muss einen scharfen Einspruch hervorrufen, weil die Brutalisierung und Entgrenzung des Krieges von eben diesen Offizieren ja mitgemacht und unterstützt worden war, solange der bewaffnete Konflikt dauerte; sie konnten so brutal handeln, wie es die Kriegsumstände angeblich erforderten, und sie taten es. Aber sie waren professionell genug, um zu wissen, dass das Ende des Krieges das Ende der bewaffneten Konflikte sein sollte, ganz besonders dann, wenn die türkische Nation Ruhe und Frieden für den Wiederaufbau benötigte. Diese Haltung lässt sich als Vorteil der Professionalität bezeichnen.

Drittens: Kemalisten besaßen einen Sinn für Recht und Justiz. Es gibt zwar keinen Grund, die Zustände in der Republik Türkei zu romantisieren, aber die Unterschiede zu den beiden anderen Regimen sind eklatant. Wer die – insgesamt durchaus schönredenden – Erinnerungen des Juristen Ernst Hirsch über seine zwanzig Jahre in der Türkei, in die er 1933 emigrierte, zur Hand nimmt, wird feststellen, dass die Berichte über Juristenausbildung, Studium der Rechte und vor allem rechtsstaatliche Kodifizierungsarbeit meilenweit von dem entfernt sind, was in Sowjetrussland angestrebt wurde.[164] Man muss sich nur vor Augen führen, dass man diesen Juristen mit mittlerweile türkischem Pass, der das türkische Rechtssystem der Republikzeit maßgeblich mitgeprägt hat, Anfang der 1950er Jahre als juristischen Entwicklungshelfer an die Freie Universität Berlin holte, um eine Ahnung von den türkischen Rechtsverhältnissen zu bekommen. Es ist nicht überliefert, dass einem Andrej Vyšinskij, Stalins Generalstaatsanwalt, oder einem Dino Grandi, von 1939–1943 Mussolinis Justizminister, gleiches zuteil geworden wäre.

Dass auch die Kemalisten vor politischem Mord nicht zurückschreckten, wurde bereits deutlich gemacht. Im Zusammenhang der Rechtsfrage ist interessant, dass der Mörder Ali Şükrüs, wiewohl aus dem engsten persönlichen Umfeld Mustafa Kemals stammend, verfolgt wurde, ganz im Unterschied zu Italien oder Sowjetrussland. Es zeugte von den skurrilen, aber prinzipienfesten Überzeugungen der Kemalisten, dass der mittlerweile bei einer Schießerei mit der Polizei getötete Täter für den Mord posthum verurteilt, exhumiert und gehenkt wurde. Auch das Folgende sei noch einmal kurz in Erinnerung gerufen: Mit offener Gewalt ging die kemalistische Regierung in den Kurdengebieten während des Scheich Said-Aufstands 1925 und 17 anderer Rebellionen in den kurdischen Siedlungsgebieten vor. Aus diesem Anlass sah sich die Regierung genötigt, den Notstand auszurufen, zunächst befristet für zwei Jahre, dann um weitere zwei Jahre verlängert. In dieser Zeit des Ausnahmerechts peitschten die Kemalisten fast alle wichtigen Reformen durch, die das Gesicht des Landes verändern sollten. Die im Bürgerkrieg eingerichteten, bei seinem Ende aufgelösten *İstiklâl mahkemeleri* (Unabhängigkeitsgerichte) traten wieder ins Leben. Sie wurden, abgesehen von einem unbedeutenden Zwischenspiel in Istanbul 1923, für die Region des Kurdenaufstands und in Ankara gegründet. Beide existierten nicht für die gesamte Dauer des Ausnahmezustands, sondern nur bis Anfang 1927. Das Unabhängigkeitsgericht für den Osten führte zwischen März 1925 und März 1927 5010 Verhandlungen und sprach in 2779 Fällen frei. In 420 Fällen verhängte es die Todesstrafe, davon einige in Abwesenheit.[165] Darin nicht enthalten sind 130 Hinrichtungen wegen Desertion. Bei den Zahlen zu den Unabhängigkeitsgerichten ist ebenfalls nicht berücksichtigt, dass auch die Kriegsgerichte Todesurteile in politischen Verfahren fällten. Das ambulante Ankaraer Unabhängigkeitsgericht führte 1926 den Prozess gegen die mutmaßlichen Attentäter von Izmir und gegen die damit in Verbindung gebrachten Mitglieder der 1924 gegründeten Oppositionspartei *Terakkiperver Cumhuriyet Fırkası* und die Ittihadisten. Es ließ 18 Todesurteile vollstrecken. Darüber hinaus verurteilte es Gegner der Abschaffung des Kalifats und des Hutgesetzes sowie Teilnehmer von „Aufständen". So sind 1925 in Erzurum 21 Personen, in Rize acht, in Giresun zwei und in Maraş vier wegen Unterstützung des Kalifats, Verstoßes gegen das Hutgesetz oder Auflehnung gegen die Staatsgewalt hingerichtet worden.[166] Insgesamt hat das Gericht 2436 Verhandlungen geführt, in 1343 Fällen freigesprochen und 240 Todesurteile gefällt.[167] Diese Zahlen gelten nicht für Deserteure, sondern für politische Vergehen.

Es ist bezeichnend, dass die türkische Geschichtswissenschaft zu diesem wichtigen Kapitel der jungen Republik bisher keine verlässlichen neueren Arbeiten aufzuweisen hat. Eine genaue Zahl der von den Unabhängigkeitsgerichten während des Ausnahmezustands zum Tode Verurteilten und Hingerichteten lässt sich deshalb nicht ermitteln. Zürcher schreibt, allein 1925 sollen 800 politische Angeklagte verurteilt worden sein, davon 75 zum Tode.[168] Insgesamt sollen während des Ausnahmezustands 7446 Personen verurteilt und über 600 Angeklagte hingerichtet worden sein.[169] Diese Ziffer kommt durch Daumenpeilung zustande. Unwahrscheinlich ist, dass sie niedriger liegt. So unzureichend diese Angaben sind, so ergibt sich für den Vergleich dennoch eine vage Vorstellung über quantitative Unterschiede.

Ebenso wichtig wie die Gewaltakte und außerordentliche Rechtsprechung ist die Tatsache, dass die Kemalisten die Gewalt nicht in die Gesetze integrierten, damit das Recht nicht pervertierten und den Staat nicht zu einer Institution der revolutionären Gewalt machten, wie es die Bolschewiki unternahmen. Sie hoben den Notstand auf. Ganz offenkundig ging den Kemalisten der Rechtsnihilismus ab, den die Bolschewiki zum Programm erhoben und der sie buchstäblich alle Errungenschaften des 19. Jahrhunderts im Bereich von Recht und Gesetz und Rechtsstaat abräumen ließ. Zum Recht gehörte auch die Begnadigung. In seiner Eigenschaft als Vorsitzender der Nationalversammlung begnadigte Mustafa Kemal zum Beispiel 1920 26 zum Tode verurteilte Aufrührer aus Konya.[170] Ist von Lenin überliefert, dass er einen aufständischen Matrosen von Kronstadt begnadigt hätte? Als der Vertreter der Sultansregierung Vali Reşit Pascha 1920 in Ankara erwartet wurde, schlugen einige Mitstreiter Mustafa Kemals vor, den für den nationalen Kampf gefährlichen Mann zu ermorden, woraufhin sich Mustafa Kemal empörte: „Was sagt ihr?! Sollen wir wie die Banditen in den Bergen, wie die Wegelagerer Menschen ermorden? Das hat in unserem Staatsverständnis keinen Platz. In diesem Land werden Schuldige nach Beschluss der Gerichte abgeurteilt."[171] Diese Empörung war zu schön, um wahr zu sein. Abgeordnete in der Nationalversammlung sprachen offen davon, die Unabhängigkeitsgerichte seien Instrumente des Terrors; man solle sie schleunigst abschaffen.[172] Wo gab es das in Sowjetrussland? Allein die Behandlung der Deserteure war weitaus humaner als in Sowjetrussland, wo Truppen im Hinterland die desertierenden Rotarmisten zur Front zurückschossen.[173] Die folgende Begebenheit lässt sich für das rigoristische bolschewistische Russland nicht vorstellen. Sie zeugt von der Willkür der Sondergerichte ebenso wie von deren Möglichkeiten: Vor dem Unabhängigkeitsgericht in Kastamonu standen 200 der Desertion angeklagte junge Rekruten. Der Vorsitzende des Gerichts erklärte den Angeklagten die Bedeutung des Kampfes gegen den Feind und gab ihnen väterlich gute Ratschläge. Anschließend fragte er in die Runde: „Werdet ihr nochmal desertieren?" Die Angeklagten schwiegen. Er fragte noch einmal – wieder Schweigen. Und schließlich ein drittes Mal, aber er bekam keine Antwort. Daraufhin brüllte er: „Gut, dann lautet das Urteil des Gerichts: Todesstrafe!" Die jungen Männer sollten am nächsten Tag hingerichtet werden. Einige örtliche Honoratioren intervenierten und versprachen dem Vorsitzenden, die Rekruten zur

Vernunft zu bringen. Das Ritual wiederholte sich; die Männer wurden gefragt, ob sie wieder desertieren würden. Alle riefen daraufhin: „Nein, mein Kommandeur!“ und ließen ein „Lang lebe der Sultan!“ folgen. Wieder schritten die Honoratioren ein. Nun riefen die Rekruten „Nieder mit dem Sultan!“ Jeder erhielt 60 Stockschläge Strafe, dann wurden sie an die Front geschickt.[174]

Viertens: Die soziale Herkunft der kemalistischen Elite und ihr Programm, als selbsternannte Repräsentanten des Volkes für die gesamte Nation zu handeln, verhinderte ein schneidiges Vorgehen gegen die osmanische Elite. Die Kemalisten säten keinen Klassenhass. Ihre Klassenbasis kam einerseits in der physischen Liquidierung der Suphi-Kommunisten und der Unterdrückung der islamisch-sozialrevolutionären „Grünen Armee“ zum Ausdruck, andererseits in der ausgesprochen höflichen telegraphischen Kommunikation Mustafa Kemals mit seinen Gegnern in der Sultansregierung in Istanbul.[175] Es ist schlicht und einfach unvorstellbar, dass ein führender Bolschewik im Revolutionsjahr 1917 mit Vertretern der Provisorischen Regierung oder der – inzwischen abgedankten – Romanov-Dynastie, etwa dem ehemaligen Zaren selbst, im sprachlichen Duktus bürgerlicher Eleganz des 19. Jahrhunderts kommuniziert hätte, noch weniger zu Zeiten des Bürgerkrieges. Dasselbe gilt für die italienischen Faschisten und ihr Verhältnis zu den politischen Gegnern, seien es Mitglieder des katholischen PPI oder der Sozialisten. So abwertend sich Mustafa Kemal über den Sultan und dessen Regierung im kleinen Kreis äußerte, in seinen zahlreichen Telegrammen nach Istanbul wahrte er auch dort die eleganteste Form, wo er inhaltlich keine Zweideutigkeiten zuließ. Man gehörte sozial zusammen, wenngleich die politischen Aufgaben und historischen Rollen trennten. Der abgrundtiefe Hass der klassenkämpferischen Emporkömmlinge auf den *buržui* (Bourgeois), den die Revolution in Russland in Aktion treten ließ und für den saubere Fingernägel einen hinreichenden Grund darstellten, jemanden aufzuknüpfen, fehlte sowohl unter den Kemalisten als auch in der Bevölkerung. Mordaktionen, als „Strafexpeditionen“ getarnte Überfälle, Zerstörungen von Einrichtungen und Institutionen im Stile der faschistischen *squadre* lassen sich in der Türkei ebenfalls nicht ausmachen. Dies nicht nur aus den zuvor schon genannten Gründen, sondern auch deshalb, weil es den Hass und Ausgrenzung generierenden Ausschließlichkeitsanspruch der Weltanschauungspartei nicht gab.

Fünftens: Anders sehen die Dinge aus, wenn der Nationalismus in den Blick rückt. Wie sich schon mehrfach andeutete, waren muslimische Kurden die hauptsächlichen Opfer der staatlichen Gewalt, nachdem die Christen bis auf wenige, an bestimmten Orten konzentrierte Reste aus der Türkei verschwunden und die separatistischen Tscherkessen ebenfalls entweder emigriert oder ins Innere Anatoliens deportiert worden waren. Darüber hinaus aber entwickelte sich eine weitgehend unkontrollierte lokale Gewalt, die sich auf den in den 1920er und 1930er Jahren immer stärker exklusiv werdenden Nationalismus stützte und schließlich auch jene Minderheiten traf, die bis zur Gründung der Republik von Verfolgung verschont geblieben waren. Der Pogrom gegen die Juden in Ostthrakien und im Dardanellengebiet im Sommer 1934 zeugte von der aggressiven Mischung aus muslimischen entwurzelten Flüchtlingen, exklusiver türkischer nationalistischer Propaganda, Diskriminierungspolitik der nationalen Minderheiten, aufkommendem Antisemitismus, staatlicher Unterstützung des Fremdenhasses und behördlicher Duldung. Dieses Gemisch entlud sich in Plünderungen jüdischer Geschäfte und Wohnhäuser, Vergewaltigungen jüdischer Frauen, der Vertreibung, Flucht und dem „freiwilligen" Abzug der Juden aus den zum Teil jahrhundertealten jüdischen Vierteln. Die Synagogen und so manches Gebäude in ehemals jüdischem Besitz verfielen seitdem – der Vertreibung folgte nicht die vollständige Aneignung der jüdischen Vermögen –, und so lassen sich die euphemistisch als „Ereignisse in Thrakien" bezeichneten Vorgänge bis zu diesem Tag mit Händen greifen, zum Beispiel in Edirne, wo die ehemals große und stolze Synagoge seit jenem Pogrom verfällt. In der Geschichte des Osmanenreiches hatte es seit der Einwanderung der Juden von der Iberischen Halbinsel am Ende des 15. Jahrhunderts, von wo sie die katholischen Könige Isabella I. von Kastilien, Ferdinand II. von Aragonien und Manuel I. von Portugal zu vertreiben geruhten, keinen einzigen Vorgang dieser Art gegeben. Der aus Europa importierte Nationalismus führte dazu, dass selbst die zuvor in bester Eintracht mit den Muslimen und Christen des Reiches lebenden Juden nun als „nationale Minderheit" in den zweifelhaften Genuss der Verfolgung kamen. Wieder einmal zeigte der Fortschritt seine Fratze.[176]

Die hier gegebenen Antworten auf die Frage, warum die Türkei nicht den Weg ging, den das bolschewistische Russland beschritt, können und sollen an den Vorgängen in der kemalistischen Republik nichts beschönigen. Aber die Kemalisten agierten nicht nur nicht wie die Bolschewiki, sie taten es auch den Faschisten nicht nach. In ihren Augen handelten die Kemalisten falsch, wie der schon zitierte Mihail Manoilescu 1937 zu bemerken beliebte. Kemalisten verwendeten Gewalt als ein Mittel der Politik, aber dosiert; ihre Auswüchse in Terror ließen sie nicht zu. In der Türkei gab es keinen Propagandisten oder Verherrlicher politischer oder staatlicher Gewalt, kein generationell oder Alterskohorten-spezifisches Gewalthandeln, keine Legitimierung und Verwissenschaftlichung der Gewalt, weder als Zweck noch als Selbstzweck, keine Entwicklung von der revolutionären Gewalt zum systematisch staatlich ausgeübten Terror. Sehr wohl jedoch gab es die Ideologie der türkischen nationalen Überlegenheit, Ideologen der nationalen Exklusivität und ein bemerkenswertes Ausmaß an Respektlosigkeit und Hass gegenüber anderen Nationalitäten und Konfessionen einschließlich der Gewalt gegen türkische Nichtmuslime und nichttürkische Muslime. Das Regime unterbrach aber die mögliche Kontinuität der Gewalt aus der Zeit der Kriege 1912–1922. Man wird von einer kemalistischen Selbstbeschränkung sprechen müssen zu einer Zeit, in der die uneingeschränkte Gewaltausübung möglich gewesen wäre, ja selbst alle historischen Voraussetzungen dafür vorhanden waren. Wer oder was hätte 1927 verhindern können, dass die Kemalisten und ihr Führer Mustafa Kemal eine blutige Tyrannei errichteten? Niemand, lautet die Antwort, und sie hätten sie errichtet, wenn sie es denn *gewollt* hätten. Darin liegt eben der Unterschied. Der Vergleich erklärt, was in der Türkei nicht erfolgte und warum.

Aber woher stammt die Selbstbeschränkung? Man kommt nicht umhin, auf Werte oder Wertesysteme zu verweisen, die sich in der Achtung der Verfassung, des Rechts, der Gesetze, Institutionen und im politischen Handeln zum Ausdruck brachten[177] – Werte, die wir bei den Faschisten und Bolschewiki vermissen. Wenn wir verstehen wollen, warum die türkische Gesellschaft nicht in den Sog selbstzerstörerischer Gewalt verfiel, obwohl alle Voraussetzungen dafür vorhanden waren, bleibt dann am Ende nichts anderes übrig, als auf moralische Kategorien und Werte zu verweisen, um zu erklären, was in der Türkei „schief ging“ im Sinne der Faschisten vom intellektuellen Schlage eines Manoilescu? Welche Werte sollten das sein? Es ist viel einfacher, diese Frage für die verwestlichte, europäisierte, gebildete, säkulare kemalistische Elite als für die weitgehend analphabetische muslimische Bevölkerung zu beantworten. Auf jeden Fall zeigten die Kemalisten einen anderen politischen Stil als die Faschisten und Bolschewiki, schon allein deswegen, weil es ihnen gelang, die katastrophale Lage nach dem Ersten Weltkrieg zu meistern. Aber taten sie das, weil sie eine Idee von Menschenwürde hatten, weil sie Anhänger der europäischen Aufklärung, der Bürgerrechte, der Verfassung und demokratischer Prinzipien waren, welche die italienischen Faschisten verneinten und die Bolschewiki vergewaltigten?

Die Faschisten in Italien repräsentieren die zweite Möglichkeit, während der Konsolidierung die Gewalt nach innen, gegen die inneren Feinde, zu mindern, ihr aber nicht abzuschwören, sondern sie mit katastrophalen Folgen für die Opfer zu externalisieren. Die nationale Überhöhung der *italianità* und die These von der zivilisatorischen Höherwertigkeit des Faschismus richteten sich gegen die Slawen Südosteuropas und haben den Stämmen und Völkern Nordafrikas und Abessiniens rassistisch bedingte Ausrottung beschert. Die italienischen Juden wurden Opfer der Rassenideologie und -gesetzgebung, bevor ihre Vernichtung im Zweiten Weltkrieg begann. Die Faschisten betrieben die Diktatur im Innern, den Rassismus und den kolonialen Massenmord.

Wenn hier gesagt wird, die Faschisten hätten die Gewalt im Innern gegen die Feinde im eigenen Land gemindert, so ist diese Aussage vor dem Hintergrund der faschistischen Gewalt der Jahre 1919–26 zu verstehen, nicht aber als eine Verharmlosung der faschistischen Diktatur. Die meisten Gegner waren 1924 personell, politisch und institutionell ausgeschaltet, bevor mit dem Staatsstreich vom 3. Januar 1925 die Faschisten nun auch formal ohne Konkurrenz durch andere Parteien, Gewerkschaften und andere faschismuskritische oder antifaschistische Einrichtungen herrschten. Weitere repressive Akte folgten nach dem Attentat auf Mussolini im Oktober 1926. Einen Monat später wurde die *Legge di difesa dello stato* (Staatsschutzgesetz) erlassen, damit die Todesstrafe unter anderem für Attentate auf den Regierungschef eingeführt und ein *Tribunale speciale* (Sondergericht), de facto ein faschistisches Gericht ohne professionelle Richter, zur Aburteilung von „Staatsfeinden" eingerichtet.[178] Alberto Aquarone zufolge verurteilte das Gericht zwischen 1926 und 1943 in 4596 Fällen vorzugsweise zu Haftstrafen und nur sehr wenige Angeklagte – nicht zufällig zumeist Südslawen – zum Tode.[179] Vor dem Hintergrund der parallelen Entwicklungen in der Türkei – Staatsnotstand, befristetes Ausnahmerecht – ist darauf hinzuweisen, dass das italienische Ausnahmegesetz für die Dauer von fünf Jahren erlassen wurde, aber durch ständige Verlängerungen erst mit dem Faschismus zu Ende ging. In der Türkei kehrte die Regierung bekanntlich nach vier Jahren zur geltenden Verfassung zurück. Sondergerichte wie die erneut eingesetzten *İstiklâl mahkemeleri* (Unabhängigkeitsgerichte), durch den Staatsnotstand gedeckt, hatten keine Militärs, sondern Deputierte der Großen Nationalversammlung zum Richter.

Aber das eingangs des Kapitels diskutierte Problem der fortdauernden Gewaltpotentiale wartete unter den Bedingungen der faschistischen Herrschaft auf eine Lösung. Deshalb zentralisierte und institutionalisierte Mussolini die zuvor schwer kontrollierbare Gewalt der *squadre*, ein Vorgang, der zeitgleich mit dem Übergang von der „Bewegung" zur faschistischen Partei und der Gründung des faschistischen Großrats, d. h. zur Konsolidierung des Faschismus, ablief.[180] Auf diese Weise wurden die Akteure der Straßengewalt an den faschistischen Staat gebunden und verloren ihren relativ autonomen Status. Die Parteiführung um Mussolini handelte hierin den Bolschewiki nicht unähnlich, die unmittelbar nach der Oktoberrevolution begannen, die Gewalt der Straße in die des Regimes zu überführen und sie ebenfalls zu institutionalisieren.[181] In Italien geschah das 1923 durch die Gründung der aus den *squadre* gebildeten *Milizia volontaria per la sicurezza nazionale* (MVSN, Freiwillige Miliz für die nationale Sicherheit). Mussolinis Absicht war klar: „Die bewaffnete Partei führt zum totalitären Regime".[182] Die Miliz, de facto eine Kampftruppe, verlor zwar bald darauf ihren exklusiven Status des bewaffneten Arms des PNF, wurde offiziell zu einem Teil der Streitkräfte des Staates und legte den Eid auf den König ab, aber an Mussolinis Absicht hinsichtlich des faschistischen Charakters des Staates änderte das wenig. Ihre Aktionsfelder verlagerten sich jedoch räumlich. Besonders an der MVSN lässt sich die Externalisierung der Gewalt ablesen, denn sie agierte nun außerhalb Italiens: seit ihrer Gründung und vor dem Zweiten Weltkrieg in Libyen, Abessinien, Spanien und Albanien. Der *squadrismo* war auf diese Weise zwar im Innern Italiens weitgehend gebändigt worden, ohne dass die faschistische Führung deswegen davon als einem Gründungsthema des Faschismus Abstand genommen hätte.[183] Er setzte sich aber namentlich außerhalb des Landes als bewaffneter Arm des Faschismus, der nun zum Staat geworden war, fort.

Im Innern hielt die 1927 gegründete Geheimpolizei *Organizzazione di vigilanza e repressione dell'antifascismo* (OVRA, Organisation zur Überwachung und Bekämpfung des Antifaschismus) die italienische Gesellschaft in Schach und verfolgte Opposition rasch und unbarmherzig. Der Öffentlichkeit ihre Gründung mitzuteilen, hielt die faschistische Führung nicht für notwendig.[184] „Das Auge des Duce", so der Titel eines Buches über OVRA,[185] war die Metapher für ein umfassendes System der Bespitzelung der italienischen Bevölkerung.[186] Wenngleich die Zustimmung der Italiener zum Faschismus sehr groß war, sah sich das Regime dennoch veranlasst, den immer noch existierenden Widerstand zu bekämpfen. Selbst im Ausland sollte er sich nicht sicher fühlen, wie die Ermordung zweier Antifaschisten im französischen Exil 1937 zeigte.[187]

Die Gewalt war nach 1925 weder aus dem Faschismus noch aus der italienischen Gesellschaft verschwunden. Die Schwerpunkte aber veränderten sich. Gewalt wanderte in die ethnischen Bezirke aus und kehrte dann radikalisiert in das Land zurück. Die in der – namentlich italienischen – Faschismusforschung vorherrschende Perspektive auf die inneritalienischen Verhältnisse hat dazu beigetragen, dass die Gewalt an der italienisch-slawischen Peripherie und außerhalb Italiens bis auf einige Ausnahmen zu lange übersehen wurde.[188]

Die Gewalt des Faschismus dehnte sich mit der Eroberungspolitik aus. Heute besteht kein Zweifel mehr an dem expansionistischen Programm des Mussolini-Regimes, das Wolfgang Schieder auf die Formel des „imperialistischen Kriegsregimes" gebracht hat.[189] Nicht zu übersehen ist die Tatsache, dass der *Duce* nicht erst Mitte der 1930er Jahre einen Kolonialkrieg begann, sondern sein Land dauerhaft in kriegerische Aktionen verwickelte, die mit der territorialen Ausdehnung zusammenhingen. Bereits ein Jahr nach dem „Marsch auf Rom" trimmte er seine in Mailand versammelten Anhänger auf Expansionskurs, als er sie fragte, ob sie bereit seien, den Marsch wieder aufzunehmen und fortzusetzen und in andere Richtungen zu lenken. Erwartungsgemäß antwortete die Masse mit einem jubelnden „Sì, sì!"[190] Koloniale Expansion gehörte zum Faschismus dazu. Zugleich schälte sich im Laufe der Entwicklungen der Rassismus immer deutlicher heraus, der schließlich 1938 die Form der Rassegesetze annahm. Diese schleifenförmige Bewegung der Gewalt aus Italien heraus in die Kolonien und ihre Rückkehr auf die Halbinsel macht den faschistischen Gewaltzyklus aus, dessen Charakteristika hier zu umreißen sind.

Nicht zu übersehen jedoch ist, dass bereits ganz zu Anfang der faschistischen Periode die ersten deutlichen Anzeichen für einen noch unprogrammatischen Rassismus auftauchten. Bereits während d'Annunzios Herrschaft in Fiume 1919/20 wurden die Slawen dieser Stadt ausgegrenzt und stigmatisiert. Ihnen erging es wie den Slawen in Triest, das zuvor zum Habsburgerreich gehört hatte: Sie wurden diskriminiert und drangsaliert. In Triest spitzten sich die italienisch-slawischen Spannungen besonders zu, nicht zuletzt deshalb, weil die Weltkriegsmärtyrologie der Faschisten am Isonzo zur Blüte getrieben wurde. Zeitgleich mit dem Krieg in Libyen veröffentlichte die Zeitung *Il Popolo d'Italia* 1930 einen Schmähartikel gegen die julischen Slowenen und Kroaten, die als rassisch minderwertig beschrieben wurden.[191]

In der von den Faschisten so genannten *bonifica etnica* (ethnische Melioration), die dazu dienen sollte, den „slawischen Morast" trocken zu legen und die sprachlich an die *bonifica integrale* – die Meliorationsmaßnahmen zur Landgewinnung – erinnerten, ging es neben der ethnischen Säuberung und Assimilierungskampagne auch um die Übertragung von Boden an italienische Siedler. Die Einschätzung dieser Politik durch den Historiker Elio Apih lässt an Deutlichkeit nichts zu wünschen übrig: „Wenn die faschistische Gewalttätigkeit nicht darüber hinausging – und in nicht wenigen Fällen tat sie dies – dann brachte sie ein veritables Projekt ‚politischen Genozids' voran, d. h. ein Projekt der Zwangsitalianisierung."[192]

Noch deutlicher wurde die rassistische Seite des Faschismus in den italienischen Kolonien in Nordafrika. Das ist besonders bemerkenswert, weil Mussolini anlässlich des italienisch-osmanischen Krieges in Libyen 1911/12 einen vollständig antiimperialistischen Standpunkt eingenommen hatte.[193] Kaum an der Macht, sollte er das „internationale Banditentum" geradezu verkörpern, das er 1911 am Werke sah. In Libyen, das eigentlich eine Ersatzkolonie für das von den Italienern viel mehr erwünschte, aber von den Franzosen besetzte Tunesien darstellte, führte das faschistische Italien Krieg gegen die eingesessenen Stämme mit der Begründung, die „panislamische Flut" an den Ufern des Mittelmeeres stoppen[194] und die italienische Zivilisation im Mittelmeerraum verbreiten zu müssen.[195] Mit Unterdrückung einerseits und dem Zugeständnis eines privilegierten Rechtsstatus als Kolonie andererseits baute der Faschismus das Imperium auf. Letzteres sowie die Inszenierung der italienisch-arabischen Freundschaft beendeten nicht den Widerstand der Bevölkerung gegen die Besatzung. 1929–1932 führte Italien einen schmutzigen Krieg gegen die Zivilbevölkerung. Ob Giftgas zum Einsatz kam, ist nicht sicher zu klären, aber durchaus wahrscheinlich, da es nicht das erste Mal gewesen wäre.[196] 1931 wurden – die Zahlen variieren – zwischen 80 000 und knapp 100 000 Menschen in Konzentrationslagern interniert und weitere deportiert.[197] Ob es zutrifft, dass zwischen 40 000 und 60 000 der ca. 200 000 Personen umfassenden nomadischen Bevölkerung der Region in den Lagern zu Tode kamen, muss weitere Forschung klären. Kritische italienische Historiker scheuen sich nicht, von Genozid zu sprechen.[198] Bereits 1923 erlaubte ein Gesetz, Land von „Rebellen" zu konfiszieren. Die Enteignungen standen im Zusammenhang mit der Ansiedlung italienischer Kolonisten.[199]

In Abessinien nahm die ohnehin schon ausufernde Gewalt aber noch größere Dimensionen an. Der Krieg der italienischen Truppen gegen den hinsichtlich Technik und Material hoffnungslos unterlegenen Gegner, der im Oktober 1935 begann, entwickelte sich rasch zu einem Vernichtungsfeldzug. Die vorliegenden Zahlen sind ungenau. Aram Mattioli, einer der besten Kenner der Materie, spricht von 350 000 bis 760 000 Toten auf Seiten der ca. zehn Millionen Abessinier für den Zeitraum 1935–1941.[200] Piloten der italienische Luftwaffe verfolgten Abessinier wie bei einer Großwildjagd; sie flogen Angriffe gegen Dörfer, in denen sich keine Kombattanten aufhielten, gegen nicht verteidigte Städte sowie gegen Vieh- und Kamelherden; sie setzten damit einen in der Militärgeschichte neuen makabren Rekord: In Ostafrika starben mehr Menschen durch den Luftkrieg als in den Kriegen zuvor, in denen die relativ neue Waffe eingesetzt wurde, den Ersten Weltkrieg eingeschlossen. Außerdem vernichteten sie auf diese Weise die Lebensgrundlagen der Bevölkerung, den Hungertod der Betroffenen kalkulierten sie ein. Besonders „ruhmreich" war die Bombardierung von Feldlazaretten des Roten Kreuzes, übertroffen noch durch den Einsatz von Giftgas. Fast 350 Tonnen davon töteten und verseuchten abessinische Soldaten, Tierherden und Ackerflächen. Die Anwendung hatte Mussolini persönlich erlaubt: „Giftgaseinsatz in Ordnung, falls Ihre Exzellenz dieses Mittel zur Verteidigung als unabdingbar erachtet."[201] Seine Exzellenz, General Rodolfo Graziani, der sich bereits in Libyen als Schlächter hervorgetan hatte,[202] hielt die „Verteidigung" mit Mitteln des Gases für notwendig. Andere Befehlshaber taten es ihm nach. Die Einäscherung einer landwirtschaftlich genutzten Fläche kommentierte Graziani mit den Worten: „Sehr gut. Weiter so, erbarmungslos."[203] Ob die italienischen Soldaten zu ihrer „Verteidigung" vergewaltigten, plünderten, brandschatzten, „Säuberungsaktionen" durchführten und wahllos exekutierten, sei dem Urteil der Leser überlassen. Massenmorde verübten die Besatzer an den Geistlichen der Klosterstadt Debra Libanòs. Etwa 2000 Menschen wurden umgebracht – Christen wohlgemerkt, wenngleich keine Katholiken, sondern Kopten. Zwischen dem 9. und 11. April 1939 kamen mindestens 1000 Menschen etwa 100 km nördlich von Addis Abeba zu Tode, deren Leichen die Italiener in eine Höhle warfen. Mussolini selbst hatte den Freischein für Gewalt ausgestellt. In einem Brief an den italienischen Prokonsul in Addis Abeba vom Juli 1936 schrieb er: „Ich autorisiere Ihre Exzellenz noch einmal, systematisch mit einer Politik des Terrors und der Ausrottung gegen die Rebellen und die mitschuldige Bevölkerung zu beginnen und eine solche zu führen. Ohne das Gesetz der zehnfachen Wiedervergeltung kann man die Plage nicht in nützlicher Frist heilen."[204] Ob es sich bei diesen Vorgängen um Genozid handelte, soll hier nicht diskutiert werden.[205]

Für diesen Krieg mobilisierte das Regime die italienische Bevölkerung, die der Propaganda zu einem großen Teil mit Enthusiasmus folgte. Die katholische Kirche unterstützte Mussolini dabei nach Kräften. Im September 1935 hatten 19 Erzbischöfe und 57 Bischöfe ein Telegramm an Mussolini veröffentlicht: „Das katholische Italien betet für die wachsende Größe seines geliebten Vaterlandes, das durch Ihre Regierung einiger denn je ist."[206] Kaum hatte der Feldzug begonnen, unterstützten mindestens sieben italienische Kardinäle, 29 Erzbischöfe und 61 Bischöfe den Krieg und riefen von den Kanzeln herab zu Spenden auf. Sie rechtfertigten ihn als „gerecht" und „heilig", waren bereit, „Gold und Glocken der Kirche für den Sieg des faschistischen Italiens einzuschmelzen" und segneten die abrückenden Truppen: „Angesichts der schicksalhaften Verbundenheit Italiens und des Vatikans kommt den Italienern der Ehrentitel ‚Mitarbeiter und Gehilfen Gottes' zu." Die Haltung des katholischen Klerus wie auch des Papstes hat der geschmähte Kirchenkritiker Karl-Heinz Deschner schon vor vielen Jahren aufgespießt. Der Mann hatte jedoch recht, wie jüngere Forschung belegen kann.[207] Auf diese Weise auch kirchlicherseits für den „Evangelisationsfeldzug" und das „Werk der christlichen Zivilisation zum Wohle der äthiopischen Barbaren" mobilisiert, feierte das italienische Volk die Errichtung des Imperiums.[208] Den Höhepunkt der Kriegsbegeisterung bildete die *giornata della fede* (Tag des Eherings) am 18. Dezember 1935, gut drei Monate nach Kriegsbeginn.[209] Besonders Frauen entledigten sich begeistert des Symbols der ehelichen Treue und spendeten das Gold dem Staat, der sich über insgesamt 36 Tonnen Edelmetalle und zahlreiche Pretiosen freuen durfte. Ca. 450 Millionen Lira betrug der Geldwert.[210]

Während Italien auf diese Weise für den Traum vom Platz an der Sonne sein Bestes gab und die italienischen Soldaten in Abessinien auf ihre makabre Weise das gleiche, radikalisierte sich in Afrika der Rassismus und begann, mehr und mehr auf die Politik des Regimes einzuwirken. Es war eine Sache, das „Imperium" auszurufen, und eine andere, die Rasseneinheit des Ariers gerade in den Kolonien gefährdet zu sehen. Dort merzten die italienischen Soldaten zwar die einheimische Bevölkerung aus, hatten aber nichts dagegen, Sexualbeziehungen oder gar Lebensgemeinschaften mit farbigen Frauen einzugehen. Mussolini sah sich genötigt, dieses Verhalten unter Strafe zu stellen und zu dekretieren, dass kein Italiener in den Kolonien länger als sechs Monate ohne seine italienische Ehefrau leben sollte.[211]

Der 1938 in den Rassegesetzen manifeste Antisemitismus ist in diesem Zusammenhang zu sehen. Er war daher keineswegs nur eine Übernahme der nationalsozialistischen Politik, folglich ein – im Nachhinein politisch entlastender – Import der vermeintlich rasseindifferenten und nicht antisemitischen Faschisten, sondern er hatte seine eigene Geschichte seit Beginn des Faschismus, wenngleich der Antisemitismus im frühen Faschismus „keine signifikante Rolle" spielte.[212] Die Juden Italiens gerieten durch die Bindung des Faschismus an die katholische Kirche, die sich radikalisierende faschistische Nationsidee und den Rassismus jedoch immer stärker in Bedrängnis, nachdem sie im vereinten Italien vor 1922 unter Bedingungen der Emanzipation und rechtlichen Gleichstellung gelebt hatten und sich in den allermeisten Fällen von den nichtjüdischen Italienern nur dadurch unterschieden, dass sie zum Beten in die Synagoge gingen und nicht in die Kirche. Zahlreiche kleine Maßnahmen des faschistischen Staates begannen aber, sie zu stigmatisieren, obwohl sie sich kaum anders verhielten als andere Italiener. In der faschistischen Partei fanden sich daher zahlreiche Juden. Im Oktober 1933 zählte der PNF 5800 jüdische Mitglieder. Bis zu den Rassegesetzen 1938 stieg ihr Anteil sogar noch auf 6900 bzw. 27 % aller italienischen Juden über 21 Jahre. Trotz der Steigerung sank ihr Anteil jedoch prozentual zu allen Parteimitgliedern von 4,1 % auf 2,6 %.[213] Viele Juden konnten nicht glauben, dass sie zu Opfern der faschistischen Politik werden sollten. Selbst den Überfall auf Abessinien haben sie in Synagogen und in der Presse gefeiert. Ein Militärrabbi, zuständig für die jüdischen Soldaten unter den italienischen Truppen, verstieg sich zu der Behauptung, die Italiener würden die Sklaven befreien und Zivilisation bringen.[214] Diese Tatsachen gehören zweifellos zu den schwärzesten Bizarrerien des 20. Jahrhunderts. Die Rassegesetze von 1938 – mit einigen Modifikationen bis 1939 – standen im Zusammenhang mit den antinegriden Gesetzen der Periode 1937–39. Die Juden verloren nun offiziell den gleichberechtigten Status, den sie im *Risorgimento*-Italien erhalten hatten. Das Gesetz verbot die Ehe zwischen Ariern und Nichtariern; ausgegrenzt wurden Juden in Italien und Farbige in den Kolonien in Bildungseinrichtungen, im öffentlichen Dienst, in der Wirtschaft, bei den Eigentumsrechten.

Bei den Bolschewiki sah die Lage anders aus. Einmal in Verfolgung und Vernichtung verstrickt, vermochten sie sich bis in die 1950er Jahre nicht mehr daraus zu lösen. Sie haben sich nicht bemüht, die Gewaltkontinuität des Welt- und Bürgerkrieges zu unterbrechen oder sie einzuhegen. Die Bolschewiki betrieben Terror und Massenvernichtung im Innern und an den Rändern des Reiches. Sie haben die Vernichtung von Menschenleben auf die Spitze getrieben, obwohl bereits ihre ersten Versuche zur Einrichtung einer sozialistischen Gesellschaft und Wirtschaft jämmerlich gescheitert und in Blut ersoffen waren und das Land in eine beispiellose Katastrophe geführt hatten, wie es sie in Russland seit Menschengedenken nicht gegeben hatte. Die vollständige Auflösung der Ordnung und die kumulativen Krisen in Sowjetrussland nach 1918 waren von den Bolschewiki heraufbeschworen worden, aber zu mehr als zu einer „Atempause" ließen sie sich 1921 nicht hinreißen, um der geschundenen Bevölkerung wieder zu Kräften zu verhelfen. Die Neue Ökonomische Politik (NĖP) 1921–1929 ermöglichte zwar, die Wirtschaft wieder auf den Vorkriegsstand zu heben, aber die Leiden der Bevölkerung nahmen ja kein Ende, wenngleich es einigen weitaus besser ging als in den vollkommen trostlosen Jahren zuvor, die der Titel des beeindruckenden Buches von Igor Narskij treffend auf den Punkt brachte: „Leben in der Katastrophe".[215] Aber das Buch handelt ebenso sehr vom Sterben. Die riesigen Todesziffern zwischen 1917 und 1921 sind bereits genannt worden. Die Kriminalitätsrate war rasant angestiegen;[216] Millionen verwahrloster Kinder und Jugendlicher trieben sich eltern- und wohnungslos in den Städten und an den Bahnlinien herum;[217] der Hoologanismus grassierte;[218] die Selbstmorde unter Jugendlichen alarmierten das Regime.[219]

Die Bolschewiki sahen das alles, aber zu viele unter ihnen verstanden es nicht, und sie lehnten mehrheitlich den Gedanken ab, dass ihre Politik zu einer gigantischen humanitären Katastrophe, d. h. zum Gegenteil des Sozialismus, geführt habe. Sie verstanden nicht, dass ihr Handeln derlei Folgen zeitigte und zogen daraus die falschen Schlüsse. Durch Gewalt versuchten sie, die sozialen Effekte ihrer Politik zu beseitigen und eine einheitliche soziale Ordnung herzustellen.[220] Deshalb darf man das fortgesetzte Gewalthandeln der Bolschewiki während der NĖP und mehr noch, als nach ihrem konfliktreichen Ende die Gewalt schrankenlos wurde, als unbarmherzig, brutal, barbarisch und zynisch, als allem Menschlichen so fremd und so nah zugleich bezeichnen. Die Forschung hat die Gründe für die Einführung der NĖP ausführlich untersucht und ebenso die Gründe für ihr Ende.[221] Sie sollen hier nicht in Frage gestellt werden. Man musste aber ein durch Krieg, Gewalt, Klassenhass und internalisiertes historisches Vorfahrtsrecht abgestumpfter Bolschewik sein, um im Angesicht der froststarren Toten auf den Straßen und der verhungernden Menschen, die Sterbende und Leichen aßen, nicht am eigenen Tun zu verzweifeln, stur die Vision der goldenen sozialistischen

Zukunft aufrecht zu erhalten und das reale Siechtum der Menschen für ein Durchgangsstadium zu betrachten, das mit dem Himmel auf Erden belohnt würde. Wie hatte Lenin doch 1922 an Molotov unter Hinweis auf die grassierende Hungersnot geschrieben: „besonders jetzt und nur jetzt, während man in den Hungergebieten Menschen isst und auf den Straßen hunderte, wenn nicht tausende Leichen liegen", sei die gute Gelegenheit gekommen, mit dem Gegner – in diesem Fall der orthodoxen Kirche – endgültig abzurechnen.[222] Danach gewährten die Bolschewiki den Elenden eine „Atempause", bevor sie ihnen erneut ans Leben gingen.

Die Bolschewiki haben die Erfahrung von Massentod, Vernichtung und Sterbenlassen, die sie in nur vier bis fünf Jahren ihrer Herrschaft anzusammeln verstanden, nicht dazu verwendet, das Gewalthandeln, mittlerweile zur Routine geworden und namentlich in der Geheimpolizei institutionalisiert, zu reflektieren oder gar abzustellen. Immerhin, sie haben im Jahr 1924 „nur" 1724 politische Todesurteile gefällt und ein Jahr später mit 880 nur noch etwas mehr als die Hälfte.[223] Aber das waren die Ziffern für ein Jahr. Blättern wir zurück: Im Blütejahr der „Atempause" unterzeichneten bolschewistische Gerichte deutlich mehr Todesurteile als Gerichte in der Türkei während der ganzen Zeit des Ausnahmezustands 1925–1929. Im selben Jahr 1925 forderte der „Liebling der Partei" Nikolaj Bucharin, wenn ein Bourgeois die Sowjetrepublik beleidige, dann „muss man ihm sofort in die Fresse hauen" und „verzeihen darf man ihm das nicht".[224] „Man muss einen vollkommen instinktiven leidenschaftlichen Hass gegen die Klassengegner anerziehen", steht in einer Erziehungshilfe, für die zukünftige Generation geschrieben, 1925 unter dem Titel *Kakim dolžen byt Komunist? Staraja i novaja moral* (Wie soll der Kommunist sein? Alte und neue Moral) veröffentlicht.[225] Die Bolschewiki haben sich nicht von der Idee des Kampfes verabschiedet: „Die wirtschaftliche und kulturelle Arbeit (während der NĖP – S.P.) wird abgelöst durch harte Kriege."[226] Ganz im Unterschied zu den Kemalisten, die keine Anstalten machten, den Krieg in der Gesellschaft oder gegen sie als Ganzes oder gegen einzelne Gruppen mit der Ausnahme in Dersim dauerhaft fortzusetzen, war für die Weltanschauungspartei der Bolschewiki das Ziel noch nicht erreicht und musste gewaltsam errungen werden. Ebenfalls schon während der NĖP, nicht erst im Stalinismus, vermuteten sie eine „Verstärkung der Verschwörung", die das Wirken der Bolschewiki unterminiere.[227] Infolgedessen haben sie die sittliche und historische Überhöhung der revolutionären Gewalt nach 1921/22 ebenso wenig aufgegeben wie die

Entdeckung immer neuer Feinde und Verschwörer, die den Aufbau des Sozialismus sabotierten. Stalin äußerte sich verständnislos über die Frage eines französischen Arbeiterdelegierten, ob die Regierung plane, die Aktivitäten und Befugnisse der Geheimpolizei einzuschränken. Die Revolution zu entwaffnen sei ein Fehler, antwortete er, obwohl die innere Lage des Landes die Geheimpolizei nicht mehr erfordere.[228] So blieb sie ein Terrorinstrument in den Händen der Partei, das willkürlich gegen „Volksfeinde" eingesetzt werden konnte.[229] Ein unbekannter Bolschewik brachte es auf den Punkt: „Erschießen muss man: die Bourgeoisie, die Spezialisten-Intelligenzler, Banditen und geistigen Konterrevolutionäre; indem wir sie erschießen, vernichten wir die Wurzel des Übels."[230] Das sollte die Generallinie der bolschewistischen Politik werden. So haben nicht einmal die Faschisten gehandelt, was ihre Sache deshalb nicht besser macht, und die Kemalisten waren von solchen Losungen weit entfernt.

Der Stalinismus hat in dieser Hinsicht nichts Neues erfunden, sondern die bestehenden Instrumente und Verfahren perfektioniert und zu Höchstleistungen angetrieben. Er hat die Gruppen der Stigmatisierten erweitert und vergrößert und damit unüberschaubar gemacht. Zurückhaltende Schätzungen kommen auf ca. 25 Millionen Menschen, die in der Zeit der Herrschaft Stalins 1928 bis 1953 verhaftet wurden, was einem Achtel der gesamten Sowjetbevölkerung im Jahr 1941 entsprach.[231] Dahinter verbargen sich bestimmte Feindgruppen: zunächst die Personen, die wegen ihrer sozialen Herkunft und (früheren) Tätigkeit vom Wahlrecht ausgeschlossen blieben (*lišency*); ihre Zahl betrug 1927, nach einer politisch gewollten Erhöhung, etwa drei Prozent der Wahlberechtigten oder zwei Millionen Personen;[232] nicht die untersagte Ausübung des Wahlrechts war das Problem – es gab ja ohnehin nicht viel zu wählen –, sondern die damit verbundene extreme Verschlechterung der sozialen Position und der Lebensverhältnisse einschließlich der Familienmitglieder sowie der politisch prekäre Status; dann pauschal die Bourgeoisie; die „bürgerlichen Spezialisten", deren Kenntnisse die Sowjetmacht solange benötigte, bis sie ihre eigenen Kader ausgebildet hatte; die wohlhabenden Bauern, die Kulaken, obwohl deren Bestimmung alles andere als präzise war; sie galten als Inbegriff des Kapitalisten auf dem Lande. Alle diese Gruppen gerieten in die Mühlen des stalinistischen Terrors, dessen Höhepunkt 1937/38 auch die „einfachen Leute" zu erfassen begann und damit über den Kreis der überproportional betroffenen wirtschaftlichen, politischen und kulturellen Elite des Landes hinausging.[233] Den Höhepunkt bildete der

Vernichtungsbefehl Nr. 00447, der für den Zeitraum von etwa sechs Monaten 1937/38 bestimmte Quoten für Erschießungen und Lagerhaft vorsah.[234] Die akribischen Forschungen zur Massenvernichtung in diesen beiden Jahren unter Leitung Bernd Bonwetschs und Marc Junges erwecken den Eindruck, es habe sich bei der Bestimmung der Opfergruppen um die Wiederverwendung der bekannten Feindbildgruppen gehandelt. Aber das scheint aus zwei Gründen eine Fehlinterpretation zu sein: Zum einen hatte sich die Bestimmung der Gruppen der „Feinde" während der Vorbereitung des Befehls stark verändert, zum anderen gebar die Verlagerung von geheimpolizeilichen Kompetenzen auf lokale und regionale NKVD-Stellen nicht weniger Zufall, sondern mehr. Ganz abgesehen davon, dass die bei der Geheimpolizei befindlichen Listen in vergangenen Jahren höchst willkürlich erstellt worden waren, war 1937 noch viel weniger Klarheit bei der individuellen Zuordnung zu erwarten. Wenn Junge 1937 folglich Kontinuitäten hinsichtlich der Opfergruppen zu entdecken glaubt, so folgt er damit den Kennzeichen einer formalen und äußerlichen Stigmatisierung durch die Stalinisten. Das ist bei aller Bedeutung der in den zahlreichen Bänden präsentierten Einzelbefunde methodisch bedenklich.

Die Wucht der Verfolgung traf Russen ebenso wie andere Nationalitäten des Vielvölkerreiches Sowjetunion. In den 1930er Jahren griff die Ethnisierung der Gewalt unübersehbar um sich. Aber neu war sie nicht. Bereits 1919/20 waren die Kosaken am Don und am Kuban verfolgt worden. Zwischen 300 000 und einer halben Million Menschen der ca. drei Millionen umfassenden Bevölkerung kamen bei Erschießungen und Deportationen ums Leben.[235] In den dreißiger Jahren gerieten ganze Völkerschaften unter Generalverdacht, Saboteure am Aufbau des Sozialismus oder Spione des feindlichen Auslands zu sein.[236] 1937/38 traf die Verfolgung Koreaner und Polen. Sie hatten die – östliche bzw. westliche – Grenzlage ihrer Wohngebiete gemeinsam, was sie als Diaspora verdächtig machte, Spione und Sympathisanten der ausländischen, feindlichen und faschistischen Mächte zu sein. Die Koreaner wurden aus Fernost in die Steppengebiete Kazachstans deportiert, wo viele von ihnen wegen fehlender Wohnungen, Versorgung und medizinischer Fürsorge starben. Auf Grundlage des Geheimbefehls Nr. 00485 setzten die Stalinisten etwa 100 000 Polen dem Terror aus und ließen eine unbekannte Zahl von ihnen erschießen. Auf Beschluss des Politbüros vom Mai 1940 wurden 15 000 polnische Offiziere bei Char'kov, Kalinin (Tver') und Katyn von NKVD-Mitarbeitern ermordet. Auf der Grundlage desselben Beschlusses erschossen sie 7305 Polen in Gefängnissen im nun sowjetisch besetzten Ostpolen. Von den in den annektierten Gebieten 108 000 verhafteten Polen starben ca. 18 000 durch Erschießen.[237] In Azerbajdžan fühlte sich das Regime von der Religion, den Traditionen, Sitten, Gebräuchen und Clanstrukturen herausgefordert und begann die Vernichtung des Überkommenen. Es glaubte die Schlacht um die Modernisierung verloren, sah überall Widerstand und ausländische Einflüsse und reagierte mit grenzenloser Gewalt.[238] Während im Westen die Nationalsozialisten und die Kapitalisten drohten, deren Handlanger die Polen angeblich waren, im Osten die aggressiv expandierenden Japaner, die sich angeblich der Koreaner in der Sowjetunion bedienten, fürchteten führende Bolschewiki den Einfluss des kemalistischen Entwicklungsweges in den islamischen Gebieten Mittelasiens. 1937 verwandelte sich der Terror in einen „besinnungslosen Amoklauf, der kaum noch erkennen ließ, zu welchem Zweck hier gemordet wurde".[239] In diese Phase fallen schließlich auch die ersten Anzeichen eines Antisemitismus, dem nach dem Zweiten Weltkrieg prominente Juden und Organisatoren des Antifaschistischen Jüdischen Komitees zum Opfer fielen.[240]

Die Stigmatisierung und Verfolgung ganzer Völkerschaften war also schon längst im Gange, bevor im Zweiten Weltkrieg Tschetschenen, Inguschen, Krimtataren, Karatschaier, Balkaren, Kalmyken, Deutsche und andere deportiert wurden. Die Menschen starben zumeist auf dem Transport oder an den neuen Siedlungsorten in der kazachischen, kirgizischen oder uzbekischen Steppe, wo kaum etwas für sie vorbereitet worden war.[241]

Gewalt als soziale Praxis

Ethnisierung und Ausmaß der Gewalt in der stalinistischen Sowjetunion werden von einigen Historikern als ethnische Säuberungen beschrieben, wobei die Einschätzungen kontrovers ausfallen: Für Norman Naimark ist der Übergang zum Genozid zwar grundsätzlich fließend, im Falle der von ihm beschriebenen Deportation der Tschetschenen und Inguschen liege aber keine genozidale Absicht vor; für Eric Weitz bildete sich in der Sowjetunion ebenfalls kein genozidales Regime heraus.[242] Nicht verständlich ist allerdings, warum die zitierten Historiker der ethnischen Säuberungen und des Genozids im 20. Jahrhundert das Vorgehen der Italiener in Afrika systematisch übersehen.

Die Stalinistische Verfolgung der Nationalitäten in der UdSSR unterschied sich stark von dem Vorgehen der Italiener in den afrikanischen Kolonien. Es fällt schwer, in der Sowjetunion Rassismus als Ursache für die Gewalt zu bestimmen, und „kultureller Rassismus“ ist keine analytische Kategorie, die differenzstark genug wäre, um die Verhältnisse in der Sowjetunion zu beschreiben.[243] Eine Rassengesetzgebung hat es nicht gegeben. Auch ist der Terror beispielsweise in Azerbajdžan und anderen Gebieten sowjetisch Mittelasiens nicht als Russifizierung zu verstehen, weil indigene Eliten gestärkt aus ihm hervorgingen. Es ist deswegen ein Widerspruch, wenn derselbe Autor einerseits dieses Faktum hervorhebt und andererseits die These von der ethnischen Eindeutigkeit aufstellt; letztere sei das Ziel der Stalinisten gewesen.[244] Es ging nicht um die Bereitstellung von Siedlungsland für russische oder slawische Siedler oder den Anspruch einer ethnischen Reinheit in einer bestimmten Region, sonst hätten die Stalinisten nach den Deportationen dafür sorgen können. Das taten sie aber nicht. Auch die Formen der Vernichtung waren in Abessinien andere – die Ausführung durch reguläre Armeeeinheiten in einem formalen Krieg zwischen Staaten – als in den Randgebieten der UdSSR. Die Verfolgung und teilweise Vernichtung der Polen lässt sich ebenfalls schwerlich mit dem Vorgehen der italienischen Armee in Afrika vergleichen. Die These, wonach der stalinistische Terror in Azerbajdžan auf die Vorstellungen der kulturellen Homogenisierung zurückgehe,[245] ist das Gegenteil der faktisch vollzogenen Ausgrenzung der Farbigen und Juden durch die italienischen Rassegesetze, denn auch ein Azerbajdžaner konnte ein guter Stalinist werden, d. h. ins System „zurückkehren“ und ins Politbüro eintreten, während das bei den rassistisch stigmatisierten Opfern grundsätzlich nicht möglich war. (Diesen fundamentalen Unterschied übergehen viele Aussagen über die teilweise geringe Differenz zwischen Nationalsozialismus und Stalinismus.) Eher schon weist die stalinistische Gewalt Gemeinsamkeiten mit dem Vorgehen der Kemalisten in Dersim auf, da auch in Ostanatolien der modernisiernde und zentralverwaltende Staat die Clanstrukturen sowie die Traditionen der Bevölkerung in Frage stellte und die Macht der lokalen Stammesführer zu unterminieren begann. Die „Bürger, sprich türkisch!“-Kampagnen, die zunehmende Ethnisierung des türkischen Nationalismus, die sich verfestigende Stigmatisierung der Nichttürken und Nichtmuslime, die Hervorhebung der als ruhmreich stilisierten präosmanischen türkischen Geschichte und Zivilisation, die Theorie vom Türkischen als der Ursprungssprache, all das lief in den Vorstellungen eines homogenen türkischen Nationalstaats zusammen, welche die alevitischen Kurden in Dersim zu Opfern einer Vernichtungsaktion machten. Die Empfänger der türkischen *mission civilisatrice* entzogen sich dem nationalisierenden Zugriff des Regimes und beharrten auf ihrem Parochialismus und ihren regionalen Lebensformen. Bis hierher kann man von einer Verwandtschaft sprechen, die aber im türkischen Fall allein im Jahre 1937 in Dersim zu beobachten ist. Dersim steht jedoch nicht im Kontext landesweiter Vernichtungskampagnen, die Bauern ebenso traf wie Arbeiter, Parteimitglieder, Künstler, Wissenschaftler, Offiziere der Streitkräfte und Geheimpolizisten, einer bis in jeden Winkel des Landes kriechenden Angst und Gewalt, eines Lagersystems, eines umfassenden Spitzelsystems, allgegenwärtiger Denunziation, vollständiger Rechtlosigkeit der Individuen, Justizwillkür und eines alle Maßen sprengenden Enthusiasmus in großen Teilen der Bevölkerung für diese Politik und einer von Anwandlungen von Menschlichkeit befreiten politischen Führung. So verheerend das Vorgehen der türkischen Truppen in Dersim, so ist doch ersichtlich, dass es sich um einen äußerst brutalen Einzelfall handelt. Diese Tatsache macht den Massenmord nicht weniger anklagenswert. Vor allem aber fehlten den türkischen Verhältnissen jene zusätzlich spezifisch stalinistischen Elemente, von denen abschließend die Rede sein muss.

Es geht hier nicht um die möglichst genaue Darstellung der stalinistischen Terror- und Vernichtungsaktionen. Sie sind andernorts in großer Ausführlichkeit nachzulesen und mittlerweile gut dokumentiert.[246] Hier soll auch nicht wiederholt werden, was über eine mögliche Struktur des durchlaufenden Geschehens von Gewalt an anderer Stelle bereits gesagt worden ist oder welche Theorieansätze für eine Gewaltgeschichte der Sowjetunion herangezogen werden können und welche Probleme sich damit ergeben.[247] Vielmehr sollte die Differenz der sowjetischen Entwicklungen zu den beiden anderen zeitgleich sich entwickelnden Regimen aus den kurzen Beschreibungen dieses Kapitels schon klar geworden sein. Trotz Dersim gehört die Türkei nicht in die Kategorie der Barbarei, mit der wir es hier zu tun haben. Der Vergleich mit dem Faschismus kann allerdings einige Aspekte zusätzlich aufzeigen. Der Faschismus kannte nicht die Angst vor der „allgegenwärtigen Verschwörung“,[248] welche die führenden Bolschewiki, Stalin besonders, plagte. Er scheint überhaupt optimistischer und mit mehr Vertrauen in die eigene Kraft ausgestattet gewesen zu sein, weil er seine Dynamik aus sich selbst bezog und nicht aus der Vernichtung der immer neu entdeckten Feinde. Der Faschismus mitsamt *Duce* präsentierte sich als „gesundes“ Regime. Das ließ sich in Anbetracht der bereits vorgestellten

Körperlichkeit und Virilität durchaus biologisch zum Ausdruck bringen. Stalins Beobachtung vom November 1935 „Das Leben ist besser geworden, Genossen. Das Leben ist fröhlicher geworden",[249] stellte hingegen nichts anderes dar als die Beschwörung des Überlebens in Zeiten des überall spürbaren Mangels, gesprochen auf den Leichenbergen der sechs Millionen Toten der Hungersnot von 1932/33, der zu Tausenden erschossenen Kulaken während der Kollektivierung und „Entkulakisierung" der Landwirtschaft, der Tausenden von Toten in den Lagern und Sondersiedlungen und der auf dem Weg dorthin Gestorbenen und der Willkürjustiz nach dem Mord an dem Leningrader Parteichef Sergej Kirov im Dezember 1934. Sobald siegreich, ging der italienische Faschismus unbeirrt seines Weges; er zögerte nicht, Gegner aus dem Weg zu räumen, aber er bedurfte ihrer nicht als ständige Rechtfertigung für das eigene Handeln, nicht für die Durchsetzung der Politik und schon gar nicht zur propagandistischen Selbstdarstellung. Der Faschismus war sich selbst genug. Das war bei den Bolschewiki nie der Fall. Sie benötigten die ständigen Verschwörungen, angebliche Feinde, sozialschädliche Elemente und vom Ausland gesteuerte Diversanten in der eigenen Gesellschaft wie die Luft zum Atmen, als sei ihre *raison d'être* im Aufbau des Sozialismus ebenso sehr begründet wie in der endgültigen Vernichtung aller wahren, vermeintlichen und potenziellen Gegner. Im Stalinismus wurde ununterscheidbar, was das Regime antrieb. Aufbau und Vernichtung gingen Hand in Hand. Der Vergleich mit dem italienischen Faschismus macht klar, dass die Sowjetunion materielle, institutionelle, personelle und propagandistische Ressourcen für die Vernichtung der Gegner verwendete, die geradezu eine Balance von Aufbau und Vernichtung nahelegen. Beziffern lässt sich diese Bilanz kaum. Um nicht missverstanden zu werden: Selbstverständlich sollte die Sowjetunion auf allen Gebieten voranschreiten, die sozialistische Gesellschaft war das Ziel. 1936 erklärte Stalin, es sei erreicht. Er ließ – symptomatisch für dieses eigenartige Verhältnis – eine schöne neue Verfassung ausarbeiten und die meisten Mitglieder der Verfassungskommission erschießen.

Viele Gründe trugen dazu bei, dass sich die Bolschewiki zu den hinreichend dokumentierten Gewalttaten und Massenvernichtungsaktionen ermächtigt fühlten. Durch ihr ununterbrochenes Gewalthandeln, ja durch die Verehrung der Gewalt umgab sie zusätzlich ein dauernder Anflug des Morbiden, der sich schon früh in der Leichenverehrung Lenins zum Ausdruck brachte. Auch die Faschisten inszenierten einen Toten- und Märtyrerkult, aber der Tod wurde nie zu einem bestimmenden Merkmal des Regimes. Die Omnipräsenz der Gewalt in der Sowjetunion jedoch erfuhren Millionen von Sowjetbürgern am eigenen Leibe. Verhaftung, Folter, Lagerhaft und Deportation bildeten unmittelbare Erfahrungen. Der Tod rückte ihnen auf die Pelle. Zusätzlich inszenierte das Regime die Spektakel der Macht anhand von grandiosen Begräbnisfeierlichkeiten samt dem dazugehörigen hochtourigen Propagandaaufwand. Jede Verehrung der Gefallenen des Regimes, angefangen bei den Märtyrern der Oktoberrevolution bis hin zu Kirov oder zum durch eigene Hand gefallenen Sergo Ordžonikidze 1937, war ein inszeniertes Spektakel der Macht, das Abziehbilder der Verbindung von Masse und Partei am Sarg einer gestorbenen Hoffnung lieferte. Sprache und Bilder der Politik schwelgten in Metaphern von Tod, Verwesung und Fäulnis.[250]

Für die Gewalt in der Sowjetunion ist die Verschränkung von bolschewistischer Gewaltbereitschaft, Machterhalt, Disziplinierung, sozialer Ordnung und eschatologischen Zügen kennzeichnend. Zusätzlich spielte das gewaltförmige Recht eine Rolle. Der Gewalt in der Sowjetunion waren keine rechtlichen, politischen oder sittlichen Grenzen gesetzt. Das trug dazu bei, dass sie schrankenlos herrschte.[251] Die Entstehung und Ausübung der Gewalt auf einen, wenngleich wichtigen Aspekt zu begrenzen, namentlich den der Homogenisierung der sozialen Ordnung, entspricht nicht den Quellenbefunden. Das Problem ist letztlich das Handeln der Bolschewiki und ihrer Mitläufer, Mittäter und Sympathisanten. „Sittlich" ist an dieser Stelle noch einmal aufzugreifen, ohne dass dadurch die zahlreichen anderen Gründe, Ursachen und Anlässe für Terror und Gewalt in Frage gestellt werden sollen oder gar der Eindruck entstehen sollte, allein dadurch ließe sich die Gewalt der Bolschewiki verstehen. Das Problem beginnt schon mit dem Begriff, weil sich dahinter die Vorstellung einer sittlichen Enthemmung verbirgt, die für die Bolschewiki nicht zutrifft. Sie huldigten hingegen einer Sittlichkeit und einem anderen Humanismus als dem des Westens, der bekanntlich zur selben Zeit vielfache Anstrengungen unternahm, sich ebenfalls ihrer gründlich zu entledigen. In den 1930er Jahren hätte jeder Bolschewik eine sittliche Enthemmung brüsk zurückgewiesen und auf die „besseren" Werte seiner Gesellschaft verwiesen.[252] War es nicht ein höherer Wert, die Gesellschaft gerechter zu gestalten, als dem verlogenen Zivilisationsversprechen der Bourgeoisie, das in Ausbeutung und Weltkrieg geendet hatte, Gehör zu schenken? Die moralische Entrüstung der Bolschewiki brauchte nicht einmal in die Geschichte zu blicken; es reichte, die Gegenwart zu betrachten: Zeigte nicht der

Faschismus die ganze Niedertracht des kapitalistischen Systems? Er war in allen Phantasien über die Bedrohung des Sozialismus präsent, jedenfalls bis zum Hitler-Stalin-Pakt. Die Sowjetunion hingegen war das Land der Zukunft, und wo gehobelt wird, da fallen Späne. Das hatte auch Stalin gesagt.

Diese Sittlichkeitsauffassung erklärt – noch einmal: nicht allein, aber auch –, warum die Bolschewiki durch jede humanitäre Katastrophe seit 1917 mit dem nur taktischen Kalkül des Rückzugs hindurchzugehen und die nächste Katastrophe heraufzubeschwören vermochten, die sich sicher einstellte – und zu keinem Umdenken führte. Die Kulakenmorde und die Deportationen nach der Losung der „Liquidierung der Kulaken als Klasse" stellten stalinistisch sittlich einwandfreies Handeln dar, wurden sie doch zur Herausbildung der stalinistischen Ordnung als notwendig angesehen. Nur bourgeoise Moral vermochte daran zu zweifeln. Die Vernichtung von Volksfeinden, Spionen, Saboteuren und anderen Stigmatisierten erfolgte auch vor diesem Hintergrund. 1937/38 schließlich kamen auch die „einfachen Menschen" dran. Die Steigerung ist offenkundig. 1918 hieß es: „Wir wollen nicht zu Hunderten töten, sondern zu Tausenden. Lasst unsere Feinde in ihrem eigenen Blut ersticken. Tötet so viel ihr könnt."[253] Grigorij Zinov'ev, seinerzeit Vorsitzender der Petrograder Parteiorganisation, meinte 1920, von den 100 Millionen Menschen Sowjetrusslands seien 90 Millionen mitzunehmen, der Rest müsse vernichtet werden.[254] Der Schriftsteller Maksim Gor'kij zitierte einen Matrosen, der es für das Wohl des russischen Volkes für gerechtfertigt hielt, eine Million Menschen umzubringen.[255] Die Stalinisten gaben sich alle Mühe, diese Zahl zu übertreffen. Aber wo endete der Vernichtungsfeldzug? Welch unerschütterliche Überzeugung vom historisch richtigen Weg mussten die Stalinisten haben, wenn sie hofften, die Revolution werde über die Leiche der eigenen Bevölkerung hinwegschreiten. „Was wird geschehen, Iosif Visarionovič, wenn wir 100 Millionen Menschen verfolgen? Wo soll das enden?", fragte 1940 ein Arbeiter in einem Brief an Stalin.[256]

Keines der hier behandelten Regime, nicht einmal das faschistische in Italien, geschweige denn das kemalistische in der Türkei, hat das, was wir heute humanitäre Immunisierung nennen, in der *eigenen* Gesellschaft – diese Einschränkung ist zu betonen – in einem Ausmaß vollzogen wie die Bolschewiki. Antonio Gramsci, der Mitbegründer der Kommunistischen Partei Italiens, irrte, als er 1921 schrieb, Italien halte den ersten Platz im Morden und Blutvergießen. Er führte dies auf die „menschliche Unreife" einiger sozialer Gruppen der italienischen

Gesellschaft zurück, auf Grausamkeit und den Mangel an *simpatia*.[257] Aber der Vordenker der italienischen Kommunisten, der 1922 nach Sowjetrussland reiste, hatte keine Ahnung von dem, was seine sowjetischen Genossen im Bürgerkrieg betrieben hatten und konnte auch nicht ahnen, zu welchen Aktionen die Stalinisten schreiten würden. Stalin sprach nach dem Mord an Kirov 1934 vom Hass, der „in unseren Herzen lebt und niemals aufhört".[258] Die stalinistischen Hassprediger, Klassenkrieger, Verschwörungsgläubigen und Massenmörder haben der sowjetischen Gesellschaft die bereits in ihr enthaltene Gewalt in immer neuen Anläufen zurückgegeben und ins Uferlose getrieben. Sie haben die Gewalt zum Dauerzustand gemacht und sie für das Überleben ihrer Herrschaft benötigt. Sie waren in der Lage, Gewalt zu entfachen und zu begrenzen, wie das Ende des „großen Terrors" durch Stalin 1938 beweist. Gewalt aber war nicht nur einseitig. Wie im Faschismus zogen die Massen mit. Daraus entstand ein weiteres Problem.

Gewalt erfüllte nicht nur bestimmte Funktionen, d.h. die Herrschaft zu sichern und Widerstand zu brechen; sie entstand nicht nur aus Ideen und Ideologien, aus einer lang andauernden Vorgeschichte der Brutalität, Vorstellungen über die zukünftige sozialistische vereinheitlichte Gesellschaft. Sie umfasste mehr als Diskurs und Praxis der Akteure. Sie nistete sich in der gesamten Gesellschaft ein. Der zentrale Unterschied zu Italien und besonders zur Türkei besteht darin, dass die ganze sowjetische Bevölkerung, d.h. über 160 Millionen Menschen, von Gewalt umschlungen war. Die Frage, welche die Forschung bis heute nicht hinreichend beantwortet hat, lautet: Wie lebte es sich in einer Gesellschaft, in der durchschnittlich eine Person pro anderthalb Familien „repressiert" wurde?[259] Wie wirkte sich die Tatsache der allgegenwärtigen Gewaltandrohung auf das Handeln der Menschen aus? Welche Wirkung trat ein, wenn der NKVD nicht nur nächtens an des Nachbarn Tür klopfte, zum Glück diesmal nur nebenan, wenn auch tagsüber zahlreiche Menschen verhaftet wurden, wenn die Geheimpolizei sogar Bahnfahrkarten kontrollierte und 500 000 Informanten an Vorgesetzte berichteten,[260] wenn der „Stalinismus in uns allen" saß,[261] wenn die Menschen zu flüstern begannen statt zu sprechen,[262] wenn die bolschewistischen Mörder mitten in der Gesellschaft lebten und niemand sie verfolgte? Wie arrangierte sich das Individuum in einer Atmosphäre der ständigen Gewaltandrohung und -ausübung? Die Personen des alltäglichen Umgangs, die Nachbarn, Arbeitskollegen, Betriebsmanager, Angestellte, Kolchosmitglieder, der NKVD-Mann der Mietskaserne und die aus Zeitung und Radio Prominenten waren durch ein unsichtbares Band miteinander verbunden; die Allgegenwart der Gewalt veränderte das Denken, Fühlen und Handeln der Menschen. Der Denunziant schwärzte an, obwohl er sein Opfer nicht kannte; er setzte weitere Verhaftungen, Verhöre und Denunziationen in Gang, an dem Täter und Opfer beteiligt waren; der Student wurde zur Aushilfe beim Foltern herangezogen;[263] die Tochter des verhafteten Volksfeinds schämte sich und sühnte das „Vergehen" des Vaters mit dem eigenen Tod;[264] der Sohn des deportierten Kulaken strebte danach, der beste aller Stalinisten zu werden;[265] ein minderjähriger Kulakensohn denunzierte seinen Vater, der wurde deportiert, der Denunziant ermordet, und das Regime strickte daraus einen emotional aufgeheizten Loyalitätsmythos;[266] die Wachsamkeitskampagnen und die Rituale der öffentlichen Selbstkritik[267] gehören ebenfalls in diesen Zusammenhang. Die Aufzählung ließe sich beliebig verlängern. Die erste Schicht der Realität des öffentlichen Lebens bildete die ständig drohende und existierende Gewalt. Sie löschte auch das Private aus, weil es keinen Unterschied mehr gab zwischen der öffentlichen und der privaten Existenz. Die Gewalt nistete in den eigenen vier Wänden – sofern man sich glücklich schätzen durfte, in solchen zu wohnen und nicht in einer der weit verbreiteten Kollektivbehausungen (*kommunal'ka*) – sowie am Arbeitsplatz, in der Partei- und Komsomolzelle und in der Schlange vor dem Milchgeschäft. Wer in der großen Sowjetunion, die ein Sechstel der Erdoberfläche abdeckte, vermochte unter diesen Umständen sein Denken und Handeln frei von ihr auszurichten? Niemand, lautet die Antwort, besonders nicht die einzige ungefährdete Person in diesem Kosmos der Angst: Stalin, dessen Denken und Handeln um die Gewalt kreiste.[268]

Auf diese Weise hat die bolschewistische Sowjetunion eine einzigartige Mischung aus Mitmachgesellschaft und Massenangst erzeugt, die es in den beiden anderen Regimen nicht gab.[269] In der Türkei hat die Nationalversammlung sogar eine originelle Art des Umgangs mit Denunziationen erfunden: Im Dezember 1921 verfügte sie, dass Denunzianten strafrechtlich mit denselben Anklagepunkten vor Gericht zu stellen seien, mit denen sie ihre Opfer anzuschwärzen versuchten.[270] Wie diese Regel in der Praxis wirkte, ist vollständig unbekannt – sie war kaum praktikabel und als Antidenunziationsmaßnahme wohl nur deklamatorischen Charakters. Jedoch, auf diese Idee ist in der Sowjetunion – aber auch woanders – noch niemand gekommen. Die sowjetische Gesellschaft teilte sich auf: in die Verfolgten und in die Verfolger. Aber die Bestimmung des Unterschieds fiel schwer. Opfer und Täter vereinigten sich in vielen Fällen in einer Person, weil der Täter von heute das Opfer von morgen, der Denunziant im gestrigen Verhör der Hingerichtete des nächsten Tages war. Mitglieder des Zentralkomitees der Partei, Mitglieder des Politbüros, NKVD-Mitarbeiter und Offiziere der Roten Armee wurden zu Opfern, die Frau des Staatspräsidenten Kalinin ebenso wie die Gemahlin von Stalins engem Vertrauten Molotov. Nur einer blieb verschont: Stalin, der die wichtigsten Fäden zog. Die Bolschewiki mit Stalin an der Spitze versetzten die Bevölkerung in einen Dauerzustand von Angst und Todesdrohung. Derlei ist in der Türkei der Kemalisten nicht zu beobachten.

In meinem Buch über die sowjetische Moderne habe ich dieses unsichtbare Band eine Form der Kommunikation genannt, weil es die sozialen Beziehungen veränderte, Menschen miteinander in Beziehung setzte, die sich nie kennen lernten oder durch die Gewalt Bekanntschaft schlossen, ihr Handeln auf die allgegenwärtige Gewalt abstimmten und auf sie reagierten.[271] Jüngere Forschung hat diesen Zusammenhang erhärtet und vielerlei Aspekte herausgearbeitet, wie sich die durch Gewalt gestifteten Beziehungen kapillar – einen Begriff Albaneses aufgreifend – in der sowjetischen Gesellschaft ausbreiteten.[272] Kommunikation war vielleicht nicht der treffendste Begriff, um die Alltäglichkeit der Gewalt und ihr handlungsstrukturierendes Potential zu beschreiben. Aber er kann doch zumindest begreiflich machen, dass aus der Gewalt und ihrer Androhung nicht nur Folgen für das individuelle Handeln und die Positionierung des Individuums im Umkreis der sich wandelnden Kategorien von Feindgruppen entstanden, sondern auch für den Umgang mit anderen Menschen. Das ist gemeint, wenn von der Gewalt als Kommunikation die Rede ist, welche wichtige Bereiche des alltäglichen und repetitiven Handelns der Menschen definierte. Dieses In-Beziehung-Setzen der Individuen in einer ansonsten weitgehend atomisierten sowjetischen Gesellschaft, die diesen Begriff nicht verdiente, ist nicht als „Kitt“ zu verstehen, der die Gesellschaft zusammenhält. Ganz im Gegenteil: Die Gewalt bindet nichts, was als Vergemeinschaftung aufzufassen wäre; sie verbindet allerdings Menschen, deren Lebensbezug Gewalt und ihre Androhung darstellt.

6. Staat und Religion

Antiklerikale und atheistische Oppositionen

Die Regime, die von sich behaupteten, ein neues Kapitel in der Geschichte aufzuschlagen, mussten sich mit den Kräften der Tradition auseinandersetzen. Religion und ihre Institutionen gehörten in der Definition der Neuerer zur überwundenen Vergangenheit. Allein es gab sie, und so stellte sich das Problem, was mit ihnen anzufangen sei. Die Neuordnung des Verhältnisses von Staat und Religion wird mit dem umstrittenen Begriff der Säkularisierung bezeichnet.[1]

Den Ablösungsprozess des Staates und der Politik von ihrer engen Verbindung mit Religion kann man sich grundlegender kaum vorstellen, gleichgültig, ob er evolutionär oder abrupt verlief. Er betraf beileibe nicht nur die formalen Strukturen des Staates. Er leistete auch dem Übergang von einer bis in viele Verästelungen des Alltagslebens hinein religiös geprägten Gesellschaft zu einer nicht mehr in erster Linie auf religiöse Zugehörigkeit fixierten Bevölkerung Vorschub. In das Zeitalter der Säkularisierung fiel nicht zufällig die Entstehung der Ideologien, die ihre Wirkungsmacht auch aus dem geschwächten religiösen Lebenszusammenhang bezogen. Die Bevölkerung erhielt neue Angebote der Gruppenzugehörigkeit. Klasse und Nation gehörten zu den wichtigsten. Sie schlossen Religion nicht zwangsläufig aus. In der Wirklichkeit existierten sie nebeneinander oder sogar miteinander, aber häufig erhielten Nation und Klasse den Status von quasi-konfessionellen Gruppenbindungen, die mit Religion konkurrierten und sich nicht scheuten, religiöse Versatzstücke für ihre eigenen Zwecke zu verwenden. Auch den dadurch in Gang gesetzten Prozess der Herausbildung eines neuen, individuellen Bewusstseins von nicht mehr (vornehmlich) konfessioneller Zugehörigkeit muss man als einen der fundamentalen Wandlungsvorgänge des 19. und 20. Jahrhunderts betrachten. Gewiss sind beide Entwicklungen nicht voraussetzungslos, aber das ändert nichts daran, dass der vielschichtige Begriff der Säkularisierung neben der politischen und institutionellen Verweltlichung einen individuell vollzogenen Bewusstseinswandel bei einem großen Teil der Bevölkerung einschließt. In Westeuropa liefen diese Prozesse zumeist mehr oder weniger evolutionär ab. Wenngleich es scharfe Zäsuren gab, so hat sich keine Regierung darauf verstanden, Staat und Gesellschaft von heute auf morgen von der Religion und ihren Symbolen zu befreien. Selbst in Frankreich, wo der Laizismus in seiner deutlichsten Form Einzug hielt, ging die Trennung von Kirche und Staat, 1905 per Gesetz festgeschrieben, nicht ohne vorangehende Schritte besonders in der Dritten Republik vor sich.[2] Um wie viel mehr aber brach die von der Politik in Gang gesetzte Säkularisierung aller staatlichen und gesellschaftlichen Bereiche bisherige Strukturen und Bewusstseinslagen, wenn einige Revolutionäre ein traditionell religiös geprägtes Gemeinwesen gezielt und abrupt von allem Religiösen befreiten, wenn sie eine Jahrhunderte lange Symbiose von Kirche, Religion und Staat lösten, Religion und Glaube einem Prozess der Rationalisierung und Verwissenschaftlichung zu unterwerfen suchten, allem Mystizismus, allem Aberglauben mit den Mitteln der Vernunft den schärfsten Kampf ansagten, das Vermögen der Glaubensgemeinschaften zum Zwecke einer vermeintlich rationalen Verwendung konfiszierten und in das Alltagsleben der Gläubigen per Dekret eingriffen, wenn der Staat gegenüber der Religion mithin keine Neutralität wahrte, wie es der liberale Begriff von Laizismus meint, sondern durch Aufsicht und Kontrolle die Religion an die staatliche Leine legte oder dies zumindest versuchte.

All das lässt sich in unterschiedlicher Intensität und Form in Italien, aber auch in der Türkei und in Sowjetrussland beobachten, wenngleich zu unterschiedlichen Zeiten, denn in Italien vollzog sich der hier skizzierte Prozess bereits im 19. Jahrhundert, um während des Faschismus in sein Gegenteil verkehrt zu werden, während er in der Türkei und in Sowjetrussland erst nach dem Ersten Weltkrieg einsetzte. Die drei Länder befanden sich, wenngleich stark zeitverschoben, hinsichtlich der Säkularisierung in einer vergleichbaren Lage, die durch die Existenz der verschiedenen Konfessionen keineswegs aufgehoben wird. Den Staatsreligionen – in Italien laut „Verfassung" von 1848 der Katholizismus, in Russland mangels Verfassung, daher durch Tradition und Ideologie die Orthodoxie, im Osmanenreich (ebenfalls laut Verfassung von 1876) der Islam – gehörte die überwiegende Mehrheit der Bevölkerung an. Diese Tatsache muss man sich für alle Vorstellungen vom „Kulturkampf" vor Augen führen. Zum Vergleich: Deutschland, das diesen international rezipierten Begriff als Bezeichnung für die Auseinandersetzung zwischen dem jungen Nationalstaat und der katholischen Kirche hervorbrachte, zählte ungefähr doppelt so viel Protestanten wie Katholiken. In Italien, Russland und der Türkei versuchte eine im Verhältnis zur Anzahl der Gläubigen winzige, zumeist intellektuelle Elite, die Religions- und Kirchenkritik der Aufklärung fortzuführen und teilweise so zu radikalisieren, dass der Konflikt auf ein Entweder-Oder zwischen Kirche und Gläubigen auf der einen Seite und den Religionsverächtern und Kirchengegnern auf der anderen hinauslief. Der Hass war auf beiden Seiten beachtlich. In den antiklerikalen Kreisen verstärkte er sich zusätzlich dadurch, dass in den hier behandelten Fällen die höchsten Würdenträger der Religionen sich im Lande befanden. Wenn Adrian Lyttelton seinen Aufsatz über den italienischen Antiklerikalismus 1876–1915 mit dem pointierenden Titel „An old church and a new state" mit der These beginnt, wonach „Italian anticlericals had a unique problem: they were on the enemy's home ground",[3] und wenn der französische Experte für den italienischen Antiklerikalismus des 19. Jahrhunderts, Jean-Pierre Viallet, unter Bezug auf italienische antiklerikale Zeitgenossen schreibt, „l'ennemi suprême" habe im Herzen des italienischen Staates residiert,[4] so übersahen beide, dass auch die russischen Gegner der Kirche auf dem Boden des Feindes agierten, und für das islamische Osmanenreich, in dem der Sultan in Personalunion mit dem Kalifen herrschte und wo der *şeyh-ül-islam*, die wichtigste Instanz des religiösen Rechts, in der Hauptstadt residierte, wäre die Aussage ebenfalls nicht falsch. Ob die Konflikte dadurch schärfer ausgetragen wurden als in Ländern, in denen die höchste Autorität der Staatsreligion ihren Sitz nicht im Lande hatte, wie zum Beispiel in Frankreich, soll hier nicht überprüft werden.[5] Festzuhalten ist jedoch: Das in weiten Teilen Europas verbreitete Phänomen des Antiklerikalismus ließ sich auch im Zarenreich beobachten; zeitgleich mit den Vorgängen in Italien richteten Intellektuelle scharfe rhetorische Attacken gegen die Religion und ihre Institutionen. Im Osmanenreich geschah dies aus noch zu erörternden Gründen in weitaus geringerem Maße, aber auch hier griffen einige Intellektuelle das religionskritische Erbe Europas auf.

Einen gravierenden Unterschied aber gilt es gleich zu Anfang zu benennen. In Italien erfolgte der Kampf gegen die Kirche nicht nur, aber auch und besonders von Seiten des italienischen Nationalstaats, der sich schon allein deshalb in einen Gegensatz zur Kirche und zum Papst stellen musste, weil der Kirchenstaat anfangs wie ein Sperrriegel die territoriale Vereinigung Italiens und besonders eine zentrale symbolische Manifestation des neuen Staates verhinderte: Was war ein italienischer Nationalstaat ohne Rom? Diese Grundkonstellation ist vollkommen verschieden von der antiklerikalen, antireligiösen und atheistischen Opposition aus der Gesellschaft heraus, die es mit dem doppelten Gegner Staat und Kirche aufnehmen musste wie in Russland und im Osmanenreich. In diesen beiden Ländern verschärften sich sogar noch einige Problemlagen: Die türkische und russische Bevölkerung verharrten in festen religiösen Bindungen; das war zwar auch in Italien der Fall, aber hier fielen Staat und Kirche nicht institutionell zusammen. In Russland und in der Türkei waren Staat und Religion wie siamesische Zwillinge zusammengewachsen, in Italien bestenfalls auf dem Gebiet des Kirchenstaats, aber der galt in den Augen der liberalen Elite des Nationalstaats als das Gegenteil des Anzustrebenden; in der Türkei und in Russland war die Legitimation der Monarchie aufs Engste mit der jeweiligen Religion verknüpft. Eine zu über 80 % bäuerliche Bevölkerung hatte den religiösen Lebenswandel keineswegs aufgegeben; die städtische Bevölkerung, wenngleich viel stärker den Säkularisierungsimpulsen ausgesetzt, übrigens auch nicht. Religion spielte nicht nur eine bedeutende Rolle bei der Herrschaftslegitimation, in der Politik (außenpolitisch zum Beispiel, um Glaubensgenossen gegen Feinde zu beschützen, wie die russische Regierung für ihre Balkanpolitik nicht müde wurde zu behaupten), sie gab den Referenzrahmen für Verhalten und Handlungen der meisten Menschen ab. Dass Kirche und Staat getrennt werden mussten, darin waren sich die italienischen, russischen und türkischen Antiklerikalen jedoch wieder einig, zusammen mit zahlreichen Gesinnungsgenossen in vielen anderen Ländern Europas. Diese Trennung ging teilweise brachial vor sich. Die Absicht, die Menschen vom bisherigen Glauben zu befreien, ihnen zumindest aber ein rationales Verständnis von Religion zu vermitteln, enthielt aber ein gewisses Risiko. Sie bedeutete, nicht nur die Gesellschaft in ihren religiösen Grundfesten zu erschüttern, sondern häufig auch, den Glauben der einzelnen Menschen zu verändern oder sogar zu nehmen.

Nicht übersehen darf man die Tatsache, dass es sich um Länder mit gänzlich unterschiedlichen Traditionen im Verhältnis von Staat, Kirche und Religion handelte, was möglicherweise auf den Verlauf und die Formen der Säkularisierung Einfluss nahm. Während im lateinisch-christlichen Raum die Entstehung des modernen Staats selbst bereits eine Art der Säkularisierung darstellte, weil damit die weltlichen Prärogativen der kirchlichen Autorität wenn nicht aufgehoben, so doch zumindest hinterfragt und auf den Staat übertragen wurden,[6] blieben im russisch-orthodoxen Bereich die Sphäre des Staates und der Religion eng verwoben, und der Monarch war zugleich der Garant der religiösen und kirchlichen Autorität und ihres Einflusses auf die Untertanen.[7] Diesem Typus entsprach in zugespitzter Form das islamische Osmanenreich, wo bekanntlich der Islam einen untrennbaren Teil der Herrschaft bildete. Die Frage kann also nicht nur lauten, wie heftig die Verbindung von Staat und Religion bzw. Kirche zerbrach, sondern auch, ob die spezifischen Verlaufsformen dieser Trennung von der soeben knapp skizzierten Tradition beeinflusst worden sind. Unter diesen Umständen ist die Entwicklung im Faschismus von besonderem Interesse, weil hier der Weg der Trennung nicht fortgesetzt wurde.

Was aber war in Italien im 19. Jahrhundert geschehen, genauer gesagt nach 1848? Die Revolution hatte ein klares Ergebnis hervorgebracht: Das Verhältnis zwischen den Akteuren der italienischen Einigung und der katholischen Kirche war seit 1850 zerrüttet. Papst Pius IX. hatte weder eine klare Position gegen den Erbfeind der italienischen Einiger, das erzkatholische Österreich bezogen, noch war er der Aufforderung gefolgt, sich an die Spitze des angestrebten italienischen Nationalstaates zu stellen; außerdem entpuppte er sich als ein beinharter Antimodernist, nachdem er zunächst eine liberale Haltung an den Tag gelegt hatte. Der Vatikan lieferte fortan Gründe genug, um die Liberalen des Nationalstaats zu verprellen. Ob die hoffnungsfrohen Visionen der Revolutionäre von 1848 hätten realisiert werden können und ob es nicht eine weise Entscheidung des Papstes war, sich dem revolutionären Ansinnen zu entziehen, ist eine andere Frage.[8]

Die dramatischen Ereignisse von 1848–1850 zeigten eines allzu deutlich: Der Katholizismus ließ sich auf absehbare Zeit nicht mit der italienischen Nation versöhnen. Die katholische Kirche namentlich in Person ihres Oberhauptes Pius IX. trug selbst einiges zur Verstimmung und zum Zerwürfnis mit vielen gebildeten und liberalen Italienern bei, die zur politischen Elite des neuen Staates gehören sollten. Des Papstes krass antimoderne Haltung entstand aus der Beobachtung eines vermeintlichen religiösen und moralischen Niedergangs, dem er Gottes Wort und die moralisch-geistige Führerschaft der Kirche entgegen zu stellen suchte. Pius IX., ein unnachgiebiger Kämpfer gegen Laizismus, Liberalismus, bürgerliche Freiheiten, Demokratie, Glaubensfreiheit, Judenemanzipation und moderne Wissenschaften, der als Antwort auf die Verwissenschaftlichung der Welt und den Vernunftgebrauch die „unbefleckte Empfängnis" Marias zum Dogma erhob und sich selbst und seinen Nachfolgern Unfehlbarkeit im Amt bescheinigen ließ, was nicht nur in Italien heftigen Widerspruch, Kopfschütteln und jede Menge Karikaturen hervorrief, hatte in mehreren Stellungnahmen, u. a. dem „Syllabus errorum" (1864), das Kriegsbeil gegen die Moderne ausgegraben. In der Enzyklika „Etsi multa luctuosa" (1873) beschrieb der Papst die Zeichen der Zeit, die das Ende der Kirche bedeuten könnten, sah die Freimaurer am Werke und bezeichnete ihr Wirken mit antisemitischem

Unterton als „Synagoge des Satans (…), die ihre Heere aufstellt, die Fahne erhebt und zum Kampfe gegen die Kirche Christi schreitet".[9] Mit der Forderung einer *società cristiana*, die nach Ansicht der meisten katholischen Kleriker nur von der Kirche geführt werden könne, standen Papst und hoher Klerus gegen die Ideen der den neuen Staat bestimmenden Liberalen,[10] zumal zahlreiche Mitglieder des Episkopats Vorstellungen von Autorität hatten, die dem parlamentarischen System, wenngleich es schwere Defizite aufwies, kaum entsprachen.[11] Andererseits existierten im Katholizismus verschiedene Strömungen, unter denen die strikten Anhänger des Papstes nur eine von mehreren darstellten. Auch reformorientierte und liberale Katholiken gab es, aber sie sahen sich durch die Politik des Vatikans kompromittiert, der im „Syllabus" auch die Positionen der liberalen Katholiken untergrub.[12] Hinzu kam das Verbot für die Katholiken, sich an den nationalen Wahlen zu beteiligen, was zu einer schweren Behinderung des politischen Katholizismus führte. Es gehört zu den Eigenarten Italiens, dass der Papst dem katholischen Volk das Wählen, d. h. die politische Partizipation auf der nationalen Ebene verbot, während er selbst und die katholischen Bischöfe tagtäglich politisch aktiv waren und ihre Gesinnungsgenossen und Resonanzverstärker in ihrem Kampf gegen Staat, Liberalismus, Moderne usw. in Stellung brachten. Das war kein Widerspruch, sondern die Strategie der Entmündigung des Volkes. Ob sich der Papst fürchtete, das Volk könne anders wählen, als er hoffte, sei dahingestellt. Auf lokaler Ebene jedenfalls waren zahlreiche Gläubige in der Politik engagiert.[13]

Die Kluft zwischen der Kirche und den sich als modern auffassenden intellektuellen und politischen Eliten des Nationalstaats vertiefte sich darüber hinaus durch allzu weltliche Probleme des Papstes. Zwei Jahre vor der soeben genannten Enzyklika hatten italienische Truppen den Kirchenstaat mit der Hauptstadt Rom eingenommen. Die nationalen Revolutionäre hätten die Stadt gerne schon früher zur Hauptstadt gemacht.[14] Deswegen versuchten sie, den Kirchenstaat notfalls militärisch zu erobern, was zunächst wegen der dort stationierten französischen Truppen nicht gelang. Aber als die Franzosen ihre Soldaten 1870 gegen die Deutschen brauchten, war niemand mehr da, der die weltliche Herrschaft des Papstes verteidigte. Der italienische Staat hatte leichtes Spiel, sich den Kirchenstaat einzuverleiben und dem Papst den Mini-Staat Vatikan zuzugestehen. Pius IX. wiederum erklärte sich theatralisch zum „Gefangenen" im Vatikan und verließ ihn erst posthum. Die kirchenkritische Haltung vieler Italiener und führender Kreise des Staates interpretierte der Papst in Verbindung mit weiteren antikatholischen Maßnahmen im Ausland, besonders dem „Kulturkampf" in Deutschland, als Anschlag auf die Kirche. Mit einem krass konservativen Programm versuchte er, verlorenes Terrain – im wörtlichen wie übertragenen Sinn – wieder gutzumachen.

Aber auch der Antiklerikalismus der italienischen Einiger trug in erheblichem Maße zur Kluft zwischen Kirche und Nation bei. Ein anständiger national gesinnter Liberaler war selbstredend Kirchenfeind. Der Antiklerikalismus ging unter den italienischen Umständen bruchlos in Antikatholizismus über, der das einzige verbindende Glied zwischen den verschiedenen Flügeln des Liberalismus und der politischen Elite in Italien vor dem Ersten Weltkrieg bildete.[15] Die Antiklerikalen bzw. Antikatholiken standen in ihrem Rigorismus dem des Papstes in nichts nach. Der italienische Finanzminister sprach 1874 von der „schwarzen Internationale", die er für gefährlicher hielt als die rote,[16] wozu es zu diesem Zeitpunkt nicht viel brauchte, befand sich doch die „erste Internationale" gerade in Auflösung. Garibaldi, einer der Helden der italienischen Einigung, ließ in seinem Roman *Clelia* einen italienischen Patrioten rufen: „Tod den Priestern! (…) Wer verdient den Tod eher als jene üble Sekte, die aus Italien ein Land der Toten, einen Friedhof gemacht hat? (…) Blutvergießen widert mich an! Aber ich weiß nicht, ob sich Italien von seinen Tyrannen der Seele und des Körpers befreien wird, ohne diese zu vernichten, ohne sie bis zum letzten Spross zu vernichten!"[17] In Russland haben die Bolschewiki mit ähnlichen Haltungen solchen Worten Taten folgen lassen, nicht aber in Italien, wo antiklerikale Gewalt sich gegen Sachen, aber nicht gegen Personen richtete.[18] Garibaldi konnte nicht wissen, was fast fünf Jahrzehnte nach seinem Tod geschehen sollte: Die Italiener haben sich nicht nur nicht von den Klerikern befreit, sie haben sich mit den Faschisten Tyrannen geholt, welche der „üblen Sekte" jene Stellung einräumte, die ihr vom Italien der Liberalen jahrzehntelang verweigert worden war.

Die italienischen Antiklerikalen schlossen vor diesem Hintergrund das katholische Italien, den Vatikan und den Papst aus dem aufgeklärten, liberalen, national geeinten Italien aus. Unterschiedliche Welten kamen nicht zusammen. Der britische Premierminister William Gladstone hatte den Ton vorgegeben, den italienische Liberale aufgriffen. Mit dem Unfehlbarkeitsdogma drohe der Rückfall auf das Niveau des Orients und die für Europa typische zivilisatorische Individualität „becomes politically debased to the Mahometan and Oriental model."[19]

Die katholische Kirche mental orientalisieren – das hatte der Orient nicht verdient! Denn während das Osmanenreich, das man in dieser Hinsicht wohl als das gedankliche Vorbild für Gladstones *mental mapping* bezeichnen darf, das orientalische Erbe mit Macht abzuwerfen trachtete und die Europäisierung gegen die zähen Traditionen vorantrieb, während die bürokratischen und intellektuellen Eliten die zivilisatorischen und wissenschaftlichen Errungenschaften Europas begehrlich aufnahmen und nicht – wie der Papst – in Bausch und Bogen verurteilten, wo die Armee mit Hilfe preußischer Offiziere modernisiert wurde und die Uniformen wie in Europa aussahen, wohingegen Teile der päpstlichen Truppe Phantasieuniformen im osmanischen Stil tragen mussten,[20] wo die von christlicher Seite stets angeprangerte Praxis des Knabenraubs (*devşirme*, „Knabenlese") spätestens seit Beginn des 18. Jahrhunderts nicht mehr praktiziert wurde, wohingegen Papst Pius IX. noch 1858 seine schützende Hand über die Entführung und Taufe des kleinen, in einer jüdischen Familie geborenen Edgardo Mortara hielt, um ihn im Vatikan zum Priester erziehen zu lassen[21] (später in Belgien tätig, konnte Mortara möglicherweise Bekanntschaft schließen mit dem Sohn des Papstes, den dieser während seiner Nuntiatur in Brüssel gezeugt hatte[22]), versuchte das Osmanenreich zumindest, das zu überwinden, was die italienischen Antiklerikalen für Orient hielten und im Katholizismus zu finden glaubten. Kein Wunder, dass ein Freidenker und Republikaner noch nach der Auflösung des Kirchenstaates zu der radikalen Auffassung gelangte: „Die entwaffnete Kirche ist keine tote Kirche. Es geht darum, sie in Rom zu enthaupten. Also: Gewissensfreiheit und Krieg dem Feind. Permanenter, unversöhnlicher, tödlicher Krieg – für die Zivilisation Italiens, für die Zivilisation der Welt."[23] Ebenfalls kein Wunder, dass anlässlich der Überführung des Leichnams Pius' IX. 1881 einige, wahrscheinlich von Freimaurern aufgeheizte Antiklerikale versuchten, den Sarg mit dem Verblichenen in den Tiber zu befördern.

Hinter den Worten und Aktionen zur Orientalisierung des Katholizismus steckte aber auch eine Strategie, über die sich kaum jemand unter den Vertretern des Antiklerikalismus Rechenschaft abgelegt haben dürfte. Wie der Orient, so wurde der Katholizismus zur Kolonisierung freigegeben. Es handelte sich um Regionen minderwertiger Zivilisationen, die vom Standpunkt des aufgeklärten und liberalen Intellektuellen erobert und verbessert zu werden verdienten. Die Inkorporation des Kirchenstaates in Italien ließ sich auf diese Weise interpretieren: weniger Barbarei, mehr Zivilisation.

Die praktische Politik des italienischen Nationalstaats wies Züge des Laizismus auf, die diesen gedanklichen Voraussetzungen entsprachen.

Religiöse Orden wurden verboten, das kirchliche Vermögen zum Teil vom Staat enteignet, was die Finanzierung der Kleriker aus dem Staatsbudget und damit die Mitsprache des Staates, d. h. konkret des Königs, bei der Besetzung von Bischofsstühlen zur Folge hatte; Einmischung der Kirche in die Politik konnte mit Hilfe des Strafgesetzbuches unter dem Straftatbestand des „geistlichen Amtsmissbrauchs" geahndet werden; die Zivilehe wurde gegen den Willen des Klerus durchgesetzt; im Bildungswesen nahm der Staat die Schulbildung aus den Händen der Kirche, ohne sie jedoch daraus verdrängen zu können. Andere Vorhaben jedoch gelangen nicht, vor allem dann nicht, wenn sie mit den Moralvorstellungen der Parlamentarier kollidierten, zum Beispiel die Ehescheidung einzuführen; auch die Feuerbestattung fand keine Unterstützung.[24]

Anfang des 20. Jahrhunderts verlagerte sich der harte Antiklerikalismus immer mehr auf das erstarkende sozialistische Spektrum der Politik[25] und die Gegnerschaft zwischen Katholizismus und Staat begann, Formen der praktischen und ideellen Annäherung zu weichen. Sowohl bei den herrschenden staatlichen Eliten als auch in der katholischen Kirche gab es nun immer mehr Personen, die jene Zusammenarbeit anstrebten, die auf kommunaler Ebene schon längst in Gang gekommen war und wo Formen des politischen Katholizismus entstanden waren, die sich infolge der päpstlichen Blockadepolitik auf nationaler Ebene erst 1919 formierten. Allerdings sollte man dieses Milieu nicht mit der Haltung der offiziellen Kirche gleichsetzen. Aber auch sie zeigte sich kompromissbereiter als zuvor. Insbesondere die gemeinsame Gegnerschaft zum erstarkenden Sozialismus half, Brücken zwischen Kirche und liberalem Staat zu bauen. Darüber hinaus fanden sich andere Möglichkeiten der Annäherung, die im außerreligiösen Bereich lagen. In ihren Vorstellungen über Autorität, die lange Zeit nicht ins liberale Italien passten, stimmten viele Kleriker fortan mit einigen antisozialistisch eingestellten staatlichen, später auch faschistischen Institutionen überein;[26] der Mythos des Imperiums vagabundierte nicht nur in bürgerlichen Kreisen, sondern auch in katholischen und eröffnete trotz unterschiedlicher Begründung und Auslegung Möglichkeiten der Annäherung besonders an die antisozialistischen Nationalisten, die sich 1910 als Partei organisierten (und später im Faschismus aufgingen); vor dem Ersten Weltkrieg waren Katholizismus und der antidemokratische und autoritäre Nationalismus bereits zu einer Synthese gelangt, die sich im und nach dem Ersten Weltkrieg noch verstärkte;[27] 1916 trat erstmals ein Vertreter des politischen Katholizismus in die Regierung ein;[28] der

Gefallenenkult im Ersten Weltkrieg ist ohne die Hilfe von klerikaler Seite kaum denkbar.[29]

Vor und im Ersten Weltkrieg blichen Antikatholizismus und Antiklerikalismus in den bürgerlichen Kreisen folglich aus, verschwanden aber nicht völlig, während sie nun vorwiegend in den sozialistischen Kreisen lebendig blieben und sich dort radikal zum Ausdruck brachten. Für manche war der Katholizismus die „fünfte Kolonne des internationalen Kapitalismus".[30] Auch der junge Mussolini hat sich in dieser Zeit als dezidierter und radikaler Pfaffenhasser hervorgetan. Unter dem Pseudonym *Vero eretico* schrieb er scharf antiklerikale Artikel, die einigen Wirbel hervorriefen. Die katholische Presse schlug mit den Worten „ruchlos und kannibalistisch antireligiös" zurück. Mussolinis literarische Ambitionen mündeten im sozialkritischen und antiklerikalen Groschenroman *Claudia Particella, die Geliebte des Kardinals*.[31]

In Italien war das Verhältnis zwischen Kirche und Staat nach dem Ersten Weltkrieg eher komplizierter geworden, weil sich die Trennlinien der 1860er bis 1890er Jahre einerseits aufgelöst hatten, andererseits auf Seiten der Sozialisten unterschiedlicher Couleur neue entstanden. Als 1919 der politische Katholizismus als *Partito Popolare Italiano* (PPI) erstmals national organisiert auf die politische Bühne trat, ohne die Rückendeckung des Vatikans zu besitzen, erreichte er die zweithöchste Stimmenzahl bei den Wahlen. Damit löste sich ein Problem, das die politischen Entwicklungen zu blockieren schien: Es hatte infolge der Verweigerungspolitik der Kurie so ausgesehen, als sei zwar der Staat geeint, die Nation aber durch die – wiewohl schwächer gewordene – Gegnerschaft zwischen Kirche und Staat gespalten. In der Wahl 1919 zeigte sich, dass die Katholiken der Nation nicht verloren gegangen waren. Sie wussten sich auf ihre Weise mit Hilfe des Stimmzettels Gehör in der Politik zu verschaffen, mehr noch: Sie waren keine Antiwähler entsprechend des Jahrzehnte langen, nun aber aufgehobenen päpstlichen Wahlverbotes. Nach dem Ersten Weltkrieg wurde unter den Bedingungen des allgemeinen Wahlrechts plötzlich klar, dass es möglich war, den politischen Katholizismus mit der Nation zu versöhnen, ja, dass dies notwendig war, weil es nicht nur den politischen Katholizismus gab, sondern auch einen Teil der Nation, der sich als katholische Nation begriff.[32] Mussolini sollte diese Einsicht eine Lehre sein. Die Verbindung von Katholizismus, Kirche, Staat und Nation war also bereits im Gange, als die Faschisten das Problem des Verhältnisses von Kirche und Staat zu lösen begannen. Aus der jüngeren Forschung ist zu lernen, dass diese Annäherung über die Frage der Nation und die in ihrem Umkreis angesiedelten Probleme erfolgte.[33] Der Faschismus konnte bei allen Unterschieden zum liberalen Italien hier anknüpfen.

In Russland erfolgte die Säkularisierung angeblich „verzögert".[34] Dafür lassen sich sozialgeschichtliche Gründe anführen. Russland war vergleichsweise spät und nicht flächendeckend industrialisiert worden; Verzögerungen bei der Urbanisierung und Alphabetisierung kamen hinzu. Die um 1900 noch immer vielfach des Schreibens und Lesens unkundige und nach einer späten Befreiung aus der Leibeigenschaft dem Land verbundene Bevölkerung Russlands sah weitaus weniger Veranlassung, ihre Religion und den konfessionell bestimmten Lebenswandel zu verlassen, als dies in innerlich aufgebrochenen, dynamischen und sich differenzierenden Gesellschaften der Fall war. Zwar entwickelte auch Russland eine große wirtschaftliche und soziale Dynamik mit deutlichen Folgen für Säkularisierungstendenzen,[35] aber es wäre übertrieben, von einem dramatischen Rückgang des Glaubens zu sprechen. Diejenigen Bevölkerungsschichten, die laut Auskünften der Sozialgeschichte der Verweltlichung am ehesten zufielen – Teile der Intelligenz, des liberalen Bürgertums und des Proletariats – waren zahlenmäßig vergleichsweise schwach; nicht alle fanden außerdem Geschmack an der Säkularisierung.[36] Die meisten derjenigen jedoch, die sich unter die Revolutionäre begaben, legten ihren Glauben, welcher immer das war, christlich-orthodox oder jüdisch, meist ab und wandelten sich zu radikalen Atheisten. Diese zahlenmäßig kleine Gruppe der radikalen Religionsgegner marxistischer Prägung sollten 1917 die Machtmittel in die Hand bekommen, um weit mehr als die „bürgerliche" Trennung von Kirche und Staat zu betreiben.

Wenn die Beschreibung für Russland gilt, um wie viel mehr trifft sie für das Osmanenreich zu, wo der relative wirtschaftliche Rückstand selbst im Vergleich zum rückständigen Russischen Reich groß, wo keine nennenswerte Industrialisierung auszumachen und die Intelligenz fast nur in der Hauptstadt anzutreffen war sowie nur eine hauchdünne Schicht lesen und schreiben konnte. Religion und Reich waren außerdem viel stärker miteinander verwoben, als das in Russland jemals der Fall war. Das Christentum konnte auf die Zwei-Reiche-Lehre verweisen, während der Islam die Einheit von Religion und Staat – idealtypisch – dachte. Das göttliche Gesetz (Scharia) und seine über Jahrhunderte ausgeübte Auslegung machten einen Teil der staatlichen Rechtspraxis aus; das weltliche Recht (*kanûn*) war formal dem religiösen Recht unterworfen. Die weltliche Gesetzgebung unterlag der Kontrolle des *şeyh-ül-islam*, der sie auf die Verträglichkeit mit der

Scharia prüfte. Die Wirklichkeit sah indes anders aus. Die Kontrolle schwächte sich im Laufe der Zeit ab, wurde formal aber nie aufgehoben. Tatsächlich schrumpfte der Wirkungsbereich der Scharia bis um 1900 auf wenige zivilrechtliche Bereiche, namentlich der Familie. Gleichzeitig behielt die Justiz aber ihre religiösen Wurzeln bei; der Staat zahlte den Richtern (*kadı*), ursprünglich Scharia-Richter, das Gehalt; die Bildung und ihre wenigen Institutionen blieben weitgehend religiös. Alle seit den *Tanzimat* (1839–1878) von der hohen Bürokratie und den Sultanen durchgesetzten Reformen mit dem Ziel der Verwestlichung, Zentralisierung und Verweltlichung griffen nicht soweit durch, dass die Dominanz des Religiösen auf den zentralen Feldern staatlicher Aktivitäten gebrochen worden wäre. Weil das ja auch nicht beabsichtigt war, blieb die ganze Reform halbherzig und unvollendet. Während der Staat einerseits seine Institutionen säkularisierte, bildete der Islam andererseits die religiöse Verknüpfung der Muslime unterschiedlicher Nationalität im Reich, so dass die Religionspolitik der Sultane keineswegs stringent säkularisierend verlief.[37] Alles andere hätte auch die Verbindung zwischen den lokalen sozialen Kräften und der politischen Struktur unterbrochen.[38]

Keiner der später in der Türkei an die Macht gekommenen Intellektuellen, Bürokraten oder aufgeklärten Militärs jedoch hat den Atheismus vertreten, geschweige denn die aggressive Variante, wie sie die Führung der Bolschewiki verkörperte. Darin liegt ein bedeutender Unterschied zur Entwicklung der Kirchenfeindschaft in Russland. Die revolutionäre Bewegung des Zarenreiches entwickelte früh einen grundsätzlichen Atheismus, der die Antwort auf die russischen Zustände darstellte. Die Intellektuellen beschuldigten die orthodoxe Kirche, die Rückständigkeit des Reiches mit verursacht und die bäuerlichen Massen dumpf und abhängig gemacht zu haben. Für einen anständigen russischen Intellektuellen ziemte es sich nicht, religiös zu sein – hierin den italienischen Antikatholizisten ähnlich. Wer das Gegenteil behauptete oder vorlebte, musste mit bitteren Vorwürfen rechnen. Bereits 1847 setzte der Literaturkritiker Visarion Grigorevič Belinskij, einer der einflussreichsten Intellektuellen seiner Zeit, ein deutliches Zeichen. Der Schriftsteller Nikolaj Vasil'evič Gogol' musste sich seine beißende Kritik gefallen lassen, weil ihm, Gogol', entgangen sei, „dass Russland seine Rettung nicht im Mystizismus, nicht im Asketismus oder im Pietismus sieht, sondern im Fortschreiten der Zivilisation, der Aufklärung und der Menschlichkeit. Es braucht keine Predigten (es hat ihrer genug gehört!), keine Gebete (es hat ihrer genug heruntergeleiert!), sondern das Wiedererwachen des Gefühls der Menschenwürde im Volke, das so viele Jahrhunderte hindurch in Schmutz und Unrat verlorengegangen war – es braucht Rechte und Gesetze, die nicht den Lehren der Kirche entsprechen, sondern dem gesunden Menschenverstand und der Gerechtigkeit, und die möglichst streng gehandhabt werden." Für den westeuropäisch orientierten *homme de lettres* war die Kirche „von jeher ein Bollwerk der Knute und eine Handlangerin des Despotismus".[39] Dem hätten zahlreiche Italiener, wie zuvor beschrieben, mit Bezug zur katholischen Kirche ohne weiteres ebenfalls zustimmen können. Der Tonfall der moralischen Empörung bestimmte mehrere Jahrzehnte lang die antiklerikale und atheistische Kritik an den russischen Zuständen, bevor der Atheismus im Sozialismus Leninscher Prägung mit marxistischer Begründung wissenschaftlich untermauert wurde.[40] Die Begründungen änderten sich, aber der abgrundtiefe Hass gegen die Staatskirche und ihre Vertreter, ganz gleich auf welcher Ebene der kirchlichen Hierarchie, und der Atheismus blieben. Unvorstellbar ist die revolutionäre Bewegung Russlands ohne diese spezifische areligiöse Prägung, die sie in einen unversöhnlichen Gegensatz zur Kirche setzte. Als die Bolschewiki 1917 begannen, den Staat vollständig von der Religion zu trennen, da führten sie einen Gedanken zu Ende, der über ein halbes Jahrhundert der Traum aller russischen Revolutionäre gewesen war und dessen Realisierung sie als die Voraussetzung für eine gedeihliche Entwicklung des Landes ansahen. In ziemlicher Fehleinschätzung der Lage gingen sie außerdem davon aus, dass der „gewöhnliche" Russe kein besonders enges Verhältnis zur Religion habe. Wie schrieb doch der Salonrevolutionär Belinskij, der anders als Gogol' die Bauern kaum aus eigener Anschauung kannte: „Der Russe aber kratzt sich, wenn er den Namen Gottes ausspricht, an einer gewissen Stelle."[41] Für Belinskij war die Sache klar: Der latent antireligiöse *mužik* durchschaute die Verknechtungsfunktion der Religion nicht, handelte aber intuitiv respektlos – ein gutes Zeichen. Dem Manne musste man helfen, die Hand gegen Kirche und Religion zu richten. Trockij führte Jahrzehnte später den Gedanken fort, als er von der äußerlichen Beziehung der Arbeiter und Bauern zur Religion sprach und sie für eine habituelle Konvention hielt, nicht für Glaubensüberzeugung.[42]

Den Weg, den die italienischen und russischen Kritiker der Kirche und Religion beschritten, sind türkische Revolutionäre nicht gegangen, obwohl sie allen Grund gehabt hätten, die Dinge in ihrem Land durch die gleiche Brille zu betrachten wie die Russen und Italiener, weil sie mit dem Sultansstaat zwangsläufig auch die mit ihm eng verbundene Religion attackieren mussten. Für diesen Unterschied lassen sich mehrere Gründe anführen. Anders als in Russland, wo Zar Nikolaus I. mit polizeistaatlichen Mitteln alle westeuropäischen Einflüsse zu tilgen versuchte, um dem Land den Geist des Aufruhrs und der Revolution zu ersparen – womit er übrigens durchaus Erfolg hatte: Den polnischen Aufstand 1830/31 konnte er zwar nicht verhindern, aber 1848 blieb es in Russland grabesruhig –, trieb das Osmanenreich die Europäisierung machtvoll voran. Während sich das nikolaitische Russland auf sich selbst zu besinnen suchte, Anspruch auf eine antiwestliche moralisch-religiöse *mission civilisatrice* erhob und mehr und mehr den russisch-imperialen Nationalismus festigte – hierin übrigens mit frappierenden verbalen Parallelen wie im italienischen Fall –, sah das Osmanenreich das Heil in der Übernahme westeuropäischer Vorbilder auf den Feldern der Bildung, Verwaltung, Armee und des Rechts und leistete damit ersten Säkularisierungstendenzen Vorschub. In dieser Zeit fanden osmanische Intellektuelle keinen Anlass, in einer verbalen Frontalattacke gegen Staat und Religion gleichermaßen vorzugehen. Erst während der Herrschaft Sultan Abdülhamids II. (1876–1908/09) stand zusammen mit der Gegnerschaft gegen den autokratischen Unterdrücker- und Spitzelstaat auch die Frage der Religion auf dem Prüfstand. Atheismus aber blieb eine Ausnahmeerscheinung, lediglich eine Frage der privaten Haltungen, nicht aber der öffentlichen.[43] Nicht einmal die Jungtürken, die den hamidischen Staat konstitutionell umzukrempeln gedachten und die Belinskijs Worten hinsichtlich der Rettung des Landes in der zivilisierten Zukunft ohne Wenn und Aber zugestimmt hätten, pflegten die grundsätzliche Verneinung der Religion als Grundpfeiler ihres Denkens.

Osmanische Intellektuelle orientierten sich darüber hinaus kaum an der deutschen Philosophie, die in Russland hingegen populär war. Ihre geistige Heimat lag in Frankreich. Ihnen fehlte daher die linkshegelianische Kritik besonders Ludwig Feuerbachs an der Religion, die wiederum den Atheismus für Marx und Engels vorbereitet hatte, dem diese den anthropologischen Charakter nahmen und politisch radikalisierten. Auf den Atheismus bei Marx und Engels berief sich Lenin, der die marxistische Radikalverneinung der Religion als eines Befreiungshindernisses mit Blick auf die russische Orthodoxie zu personalisieren wusste. Die vergleichsweise späte Orientierung der osmanischen Intellektuellen an Westeuropa, die der hamidische Überwachungsstaat mit geringem Erfolg zu unterbinden trachtete, hatte immerhin zur Folge, dass die Religionskritik des Marxismus in Istanbul nicht ankam. Infolgedessen blieb auch die atheistische Radikalkritik des Islams aus. Die osmanischen „Westler“ stimmten zwar darin überein, die vom Islam hervorgebrachte Zivilisation als rückständig, dunkel und ignorant zu betrachten, aber die Religion mit wissenschaftlichen Begründungen zu beseitigen, standen sie nicht an. Sie betonten, hierin ganz die Schüler der französischen Literatur, die Aufklärung und den religiösen Zweifel und verabscheuten alle Formen des Mystizismus und Aberglaubens, aber den Islam grundsätzlich zu negieren, kam ihnen nicht in den Sinn.[44] Auf diese Weise sahen die Jungtürken und später die Kemalisten den religiösen Gegner nicht in der islamischen Religion an sich, sondern im Innern des Islams, in der bornierten und ignoranten Rückständigkeit und im Irrationalismus vieler seiner Vertreter in den religiösen Bildungseinrichtungen. Die Kemalisten kämpften folglich schon aufgrund dieser Voraussetzungen auf einem ganz anderen Schlachtfeld als die Bolschewiki, aber auf einem ähnlichen wie die italienischen Kirchengegner zwischen 1860 und etwa 1904. Selbst ein Mann wie Abdullah Cevdet, der vielleicht bedeutendste, klarsichtigste und radikalste „Westler“ im Osmanenreich, beabsichtigte zu keiner Zeit, den Islam abzuschaffen. Ihn zu reformieren, lautete das Ziel.[45]

Diese Aufgabe hat sich auch der wichtigste Theoretiker im Lager der Jungtürken gestellt. Ziya Gökalp, der von Emile Durkheim beeinflusste Soziologe, entwickelte seine eigene Art des Umgangs mit der Religion. Sie bildet einen weiteren Grund, warum die Jungtürken und die Kemalisten – auf dem Gebiet der Säkularisierung darf man sie in einem Atemzug nennen – keine atheistische Alternative entwickelten. Gökalp stellte Überlegungen zur Religion vor, die einen „dritten Weg“ zwischen den Lagern der Westler und Islamophilen darstellten. Sie liefen auf ein Ziel hinaus: auf die Türkisierung des Islams. Die Voraussetzung für diesen Gedanken bildete die Lösung der Scharia vom Staat, den sich Gökalp als säkularen dachte. Erst vor diesem Hintergrund war es möglich, den Islam aus den Fesseln der traditionsverpflichteten *ulema* und besonders des *şeyh-ül-islam* zu befreien und ihn zu einem Nationalislam zu machen, der sich von der wuchernden Überlieferung der Rechtssprechung zu lösen vermochte. Die Rituale sollten türkisiert, das Freitagsgebet und der Gebetsruf auf Türkisch gesprochen werden. Im Sinne Durkheims betrachtete Gökalp Religion als gemeinschaftskonstituierende Funktion der Gesellschaft. Ihr Niedergang oder Verschwinden bedrohte deswegen den gesellschaftlichen Zusammenhalt. Der Theoretiker des türkischen Nationalismus versuchte auf diese Weise, den internationalistischen Islam in die nationale Ideologie der Türken zu überführen und ihn zu einem kulturellen Bestandteil der Nation zu machen. Weder Ausgrenzung der Religion aus dem säkularen Staat noch Übernahme des überlieferten Islams schwebten Gökalp vor, sondern die Integration der reformierten Religion als einer kulturellen Säule in der nationalen Gemeinschaft der Türken.[46] Mustafa Kemal, der selbst kein Theoretiker war, folgte Gökalp in dem Punkt, dass er ebenfalls einem Reformislam das Wort redete, in der Praxis nach 1923 aber darüber hinausging.[47]

Nicht Gegnerschaft, sondern Gemeinsamkeit in einer neu gefassten Religion – darin bestand auch der Kern derjenigen Ideen, die in bolschewistischen Kreisen der Emigration unter dem Begriff des *bogostroitel'stvo* auftauchten. Allein hier lässt sich eine funktionale Parallele zu den Überlegungen Gökalps entdecken. Den „Gotterbauern" ging es keineswegs um die Indienststellung der herkömmlichen Orthodoxie samt ihres Personals. Eher in Anlehnung an Feuerbachs Verständnis von der Religion als zum Wesen des Menschen gehörig – und nicht, wie Marx meinte, eine Funktion der ökonomisch bedingten Herrschaftsverhältnisse – erachteten Anatolij Lunačarskij, nach der Oktoberrevolution Volkskommissar für Bildung, und seine Gesinnungsgenossen, zu denen zeitweilig auch der Schriftsteller Maksim Gor'kij gehörte, die traditionale Religion durchaus als Unterdrückungsinstrument, zugleich aber auch Teil des Volksempfindens und grundlegend für seine Werthaltungen. Anstatt Religion zu negieren, sollte sie reformiert werden, indem im Sozialismus der Gottesbezug durch eine Religion der Humanität – hier kam Feuerbach ins Spiel – ersetzt werden sollte. Auf diese Weise ließ sich Religion in den Sozialismus integrieren; das Volk wäre nicht vom Atheismus vor den Kopf gestoßen und der Sozialismus selbst würde menschlich werden.[48]

Ein Konzept, das der Religion unter den Bedingungen des sozialistischen Staates ein Überleben sicherte, besaßen die Bolschewiki nicht, nachdem Lenin die Versuche, Religion und Sozialismus zu verschmelzen, als untauglich für die sozialistische Zukunft gebrandmarkt hatte. Das bedeutete aber nicht, es habe unter den Bolschewiki nicht doch alternative Überlegungen zur Behandlung der Religion gegeben.[49] Die Praxis der bolschewistischen „Religionspolitik" nach 1917 wies deswegen auch zwei sich widersprechende Züge auf: das eindimensionale Liquidieren von Kirche und Religion, was in der Wirklichkeit auf den härtesten Widerstand bei Klerikern und Gläubigern traf, und die aufklärerische Richtung einer lang währenden Überzeugungsarbeit vom Schaden der Religion.

Die Trennung von Staat und Religion

Die Säkularisierung, die in Sowjetrussland und in der Türkei „von oben" durchgesetzt wurde, gehört zu den gravierenden historischen Prozessen, die diese Gesellschaften mit schwerwiegenden Folgen durchgemacht haben. Das Ergebnis ist erstaunlich, denn nach wie vor gilt der Laizismus in der Türkei als unantastbar und außerdem als Kennzeichen der „modernen" Türkei. In Sowjetrussland haben fast acht Jahrzehnte offiziellen Atheismus das religiöse Leben aus dem Staat vollständig vertrieben und die Bevölkerung in einen weitgehend entkirchlichten und de-christianisierten Zustand befördert. Weder die türkische noch die russische Gesellschaft ist in religiöser Hinsicht auch nur noch annähernd mit jener zu vergleichen, die 1914 bestand. Das sind Folgen eines Regierungshandelns, das sich dieses Resultat erhofft hatte, wenngleich es in den Augen von radikalen Säkularisierern nicht genug Verweltlichung geben kann und überall Rückschläge zu verzeichnen sind. Soweit ersichtlich, fand die von den neuen Regimen durchgesetzte Säkularisierung in ihrer radikalen Form vor dem Hintergrund der engen Verflechtung von Religion, Staat und Gesellschaft in den *Anciens régimes* nur in diesen beiden Ländern statt. Nirgendwo sonst nach dem Ersten Weltkrieg ist so rasch und radikal die Säkularisierung in Gang gesetzt worden. Italien bleibt deswegen zunächst außerhalb des Blickfeldes, wird aber später kontrastierend eingeführt. Auch die sich als grundstürzende Neuerer verstehenden Faschisten haben das Verhältnis zur (katholischen) Kirche und Religion klären müssen, aber sie taten es auf gänzlich andere Weise als die Bolschewiki oder die Kemalisten.

Was hier unter dem Begriff Säkularisierung beschrieben wird, lief in Sowjetrussland vollkommen anders ab als in der Türkei. Beide Länder wiesen aber vergleichbare historische Ausgangslagen auf und zeigen – soweit dies für den heutigen Tag gesagt werden darf – zudem hinsichtlich der Lösung der Bevölkerung von den überlieferten Formen der Religion und des vollständigen Abfallens vergleichbare Resultate. Die Trennung der Kirche bzw. Religion vom Staat gehört zu den wichtigsten Aspekten. Sie bedeutete nicht nur Staatshandeln, sondern zeitigte schwere Folgen für die Glaubensgemeinschaften.

In Russland war der Staatskirche im Revolutionsjahr 1917 plötzlich der Staat abhanden gekommen, mit dem die Kirche in einer symbiotischen Beziehung gestanden hatte. Das Problem verkörperte sich in Zar Nikolaus II., der im März 1917 abdankte. Mit ihm ging nicht nur die

Herrschaft der Romanov-Dynastie zu Ende, die 1913 noch ihr dreihundertjähriges Thronjubiläum gefeiert hatte. Die Februarrevolution 1917 leitete auch das Ende der synodalen Periode ein, in der die Kirche eng an den Staat und den Herrscher gebunden war. Zwar war der Zar nicht das formale Oberhaupt der Kirche, aber er besaß seit den petrinischen Kirchenreformen fast genau zweihundert Jahre zuvor weitgehende Kontrollmöglichkeiten über alle kirchlichen Belange.[50] 1917 aber, in einer in den Monaten nach der Abdankung des Zaren schwer zu durchschauenden revolutionären Situation, mit einer Provisorischen Regierung, die mit dem französischen Laizismus sympathisierte und die im Sommer 1917 die Gewissensfreiheit verordnete, fand sich die Kirche plötzlich auf sich allein gestellt. Sie tat das, was nach konservativer Sitte in solchen Augenblicken zu tun ist: Sie retablierte die Vergangenheit, obwohl es in der Kirche eine starke Erneuerungs- und auch eine Laienbewegung gab, die eine Anpassung der Kirche an die Erfordernisse der Zeit verlangten. Ein Landeskonzil (*sobor'*) trat zusammen, das immerhin zur Hälfte aus Laien bestand. Es beschloss die Wiedereinsetzung des Patriarchen, erstmals seit dem Jahre 1700.[51] Dieser Schritt schien zwingend, wollte sich die Kirche in der unübersichtlichen Situation, in die das Land geraten war, neu finden. Aber es handelte sich um eine konservative Antwort, die sowohl auf dem Konzil wie im Klerus und unter Laien keineswegs nur Anhänger fand und im Widerspruch stand zu den deutlich vorgetragenen Erneuerungsgedanken. Die Orthodoxie hatte nun zwar einen Patriarchen, aber sie stand in Opposition zur weltlichen Macht.

Dem Islam in der Türkei erging es ganz ähnlich, als Sultan Mehmed VI. Vahidettin im November 1922 das Land verließ. Die von der nationalen Regierung in Ankara provozierte Flucht, nicht Abdankung, des Sultans bedeutete nicht nur das Ende der über sechshundertjährigen Herrschaft des Hauses Osman, eine Dauer, die in Europa nur in der Habsburgerdynastie ihresgleichen fand; mit dem Sultan in Personalunion verließ der Kalif, die oberste symbolische Autorität des Islams, die religiöse und politische Bühne des Vorderen Orients und begab sich ins Exil zu den Christen. Die Bedeutung des Kalifats allerdings sollte nicht überschätzt werden. Die Osmanen hatten es sich anlässlich der Eroberung Ägyptens und der heiligen Stätten Mekka und Medina 1517 angeeignet, ohne auf den Titel, den sie von dem besiegten ägyptischen Mamluken-Sultan übernahmen, zunächst größeren Wert zu legen. Politisch interessant wurde er erst im Zeitalter der Nationalismen, als besonders Sultan Abdülhamid II. das Kalifat instrumentalisierte. Er glaubte, mit dessen Hilfe würden sich die muslimischen Untertanen zugunsten des Reiches, der Dynastie und des Glaubens zusammenführen lassen. Diese Vorstellung erwies sich nicht zuletzt wegen der nationalen Bestrebungen unter nichttürkischen Muslimen als Illusion, aber das Kalifat erfuhr in den Augen vieler Gläubiger dennoch eine Aufwertung, ungeachtet seiner relativen Bedeutungslosigkeit über Jahrhunderte hinweg. Man sah die Angelegenheit eben nicht historisch.

Bei der Flucht des Sultans und Kalifen zog die Ankaraer Regierung mit Mustafa Kemal im Hintergrund die Fäden, indem sie eine Kampagne gegen den „Verräter" in Gang gesetzt hatte, die ihn in den Augen der Deputierten der Nationalversammlung zu einer hilflosen Marionette der Alliierten machte, die in Istanbul das Sagen hatten. Bemerkenswert an diesem Vorgang war die große Übereinstimmung der politisch entscheidenden Nationalversammlung. Sie hatte sich – wie sich später herausstellen sollte, war sie über die wahren Absichten Mustafa Kemals getäuscht worden – von der Aussage des *Gazi* ködern lassen, es sei ein unmöglicher Zustand, den Repräsentanten des Islams in der Abhängigkeit der (christlichen) Alliierten, Imperialisten und Unterdrücker der türkischen Nation zu belassen. Dass Mehmed VI. Vahidettin ein schwacher Sultan und Kalif war, der sein Heil sowie das des Landes und der Dynastie in den Händen der Alliierten zu finden glaubte, half den Abgeordneten bei ihrer Entscheidung, *diesem* Manne die Möglichkeit zu geben, seinen Lebensabend außer Landes zu verbringen. Eine Vorentscheidung, das Kalifat vollständig abzuschaffen, bedeutete die Zustimmung der Nationalversammlung zur Auflösung des Sultanats nicht. Wenige Tage nach der Flucht des Sultans wählte sie folglich einen neuen Kalifen. Dass die Vertreter der Nation ihn *wählten*, war der entscheidende Unterschied, der den Primat der Nation – vertreten durch die Große Nationalversammlung – vor allen anderen Herrschaftsvorstellungen dokumentierte. Der von Ankaras Gnaden eingesetzte neue Kalif Abdülmecid hatte sich zuvor als ein Sympathisant der Nationalregierung gezeigt. Er zahlte den Preis für die Erhebung ins Amt, indem er der von der Regierung gewünschten vollständigen Entpolitisierung des Kalifats zustimmte.[52] Der Islam hatte zwar einen Kalifen, aber die führende politische Persönlichkeit in der Türkei stand nicht hinter ihm.

Bis zu diesem Stadium der Entwicklungen glichen sich die Ausgangslagen, jedoch mit zwei gravierenden Unterschieden. Erstens: In Russland suchte die Kirche nach der durch die Revolution bedingten Trennung vom Staat eine intakte Struktur auf der Leitungsebene einzurichten, um mit Hilfe des Patriarchen der Kirche wieder eine Führung, aber auch ein Gesicht zu geben. In der Türkei gab es keine islamische Kirche und keine der Orthodoxie vergleichbare institutionelle Struktur. Für den Islam stellte sich damit die nun einsetzende Trennung vom Staat zunächst weitaus dramatischer dar als in der institutionell gefestigten Struktur der orthodoxen Kirche Russlands. Allein die Tatsache, dass sich orthodoxe Kleriker und Laien zu einem Konzil zusammenfanden, während es keine vergleichbare Versammlung islamischer Schriftgelehrter in der Türkei gab, sagt hinsichtlich der Organisationsstruktur und institutionellen Beharrungskraft viel aus. Zweitens repräsentierte der Patriarch eine von den Revolutionären unterscheidbare Welt. Sein Vorteil in dieser historischen Situation bestand darin, formal nicht zum Staat zu gehören, während die höchsten Autoritäten des Islams in der Türkei, Kalif und *şeyh-ül-islam*, untrennbar mit dem alten Staat verbunden waren. Anders als für die Orthodoxie in Russland kann man für die Türkei nicht davon sprechen, dass sich die Vertreter des Islams auf die Seite der Gegenrevolution geschlagen hätten. Allein der *şeyh-ül-islam* wurde des Landes verwiesen. Er hatte 1920 das *fetva* gegen Mustafa Kemal und die Nationalisten erlassen, wenngleich auf Druck der Besatzer. Im Gegenzug gelang es der nationalen Regierung, den Mufti von Ankara mit Unterstützung von 152 Kollegen aus ganz Anatolien zu einem gemeinsamen Gegen*fetva* zu veranlassen.[53] Diese Tatsache unterstreicht nicht so sehr die politische Fraktionierung unter islamischen Rechtsgelehrten und Würdenträgern, als vielmehr ihre mehrheitliche Unterstützung der nationalen Sache.

In Russland dagegen standen Kirche und Kleriker mit Ausnahme einer Gruppe von Geistlichen, welche die Abspaltung von der Amtskirche vollzogen, indem sie mit Unterstützung der bolschewistischen Geheimpolizei die *živaja cerkov'* (Lebendige Kirche) gründeten,[54] ohne allen Zweifel nicht auf Seiten der areligiösen Bolschewiki. Das galt auch für das Mönchtum.[55] Sie hatten dazu keinerlei Anlass. Als das im Moskauer Kreml tagende Konzil jedoch Anfang Dezember 1917, wenige Wochen nach der Machtübernahme der Bolschewiki, einen Grundsatztext über die Stellung der orthodoxen Kirche verabschiedete, da schien es vollständig von den Vorgängen „draußen im Lande" isoliert, obgleich die Schüsse auf den Straßen auch hinter den hohen Mauern des Kreml zu hören waren. In 25 Punkten forderte es im Grunde nichts anderes als einen theokratischen Staat, den es nicht einmal zu Zarenzeiten gegeben hatte. Wenn es eine Vorrangstellung vor anderen Konfessionen und Unabhängigkeit in Glaubens- und Sittenfragen, im Gottesdienst, in der Herstellung innerkirchlicher Disziplin und in den Beziehungen zu anderen autokephalen Kirchen sowie Selbstbestimmung und Selbstverwaltung beanspruchte, wenn staatliche Gesetze nur mit Zustimmung der kirchlichen Gewalt erlassen werden sollten, nicht nur das Staatsoberhaupt, sondern auch die Minister für Konfession und Volksbildung „sowie ihre Gehilfen" orthodox sein mussten, die kirchliche Trauung als gesetzliche Eheschließung gelten sollte und Vermögen der Kirche weder konfisziert noch eingezogen und kirchliche Institutionen nur mit Zustimmung der kirchlichen Gewalt aufgelöst werden durften,[56] dann beschrieb dieses Dokument einen Anachronismus. Die Befreiung der Kirche aus der „Gefangenschaft" des Staates – so interpretierten viele liberale Kleriker und Laien, die sich auf dem Konzil nicht durchsetzen konnten, den einzuschlagenden Weg – veranlasste die konservative Mehrheit unter den Teilnehmern zu einem streng antisäkularen Gegenentwurf des zukünftigen Staates. Aber haben die Konservativen unter den Konzilsteilnehmern ernsthaft an eine Rückkehr zu idealen Zeiten geglaubt? Hinter den Überlegungen stand eine damals schwer erkennbare Fehlkalkulation: Wider episkopale Erwartung vermochten sich die Bolschewiki länger als zwei Wochen an der Macht zu halten.[57]

Dass sich Kirchen und Konfessionen gegen die obrigkeitlich durchgesetzte Säkularisierung wehrten, ist nicht verwunderlich, schon gar nicht im Falle der russischen Orthodoxie, die zwar an den Staat gebunden war, dadurch aber auch die zahlreichen Privilegien der Staatskirche genoss, die 1917 verloren gingen: Die Autokratie hatte der Kirche in den Schulen und bei der theologischen Ausbildung alle Freiheiten gelassen, andere Glaubensgemeinschaften unterdrückt und die Konversion verboten. Der Staat hatte aber auch die Religion instrumentalisiert, wiewohl angeblich zu beiderseitigem Nutzen. Er hatte sie in seine Herrschaftslegitimation integriert und die Ideologie des russischen Nationalismus an zentraler Stelle auf den orthodoxen Glauben gestützt. Dass der konservative Klerus unter den neuen Bedingungen des Jahres 1917 all das beibehalten und noch viel mehr wollte, ergibt sich folglich aus der Geschichte der Orthodoxie. Seine unnachahmliche politische Fehlleistung während der Revolution jedoch bestand darin, dass er allein in Kategorien der Moral und der politischen Macht dachte. Anstatt die brennenden Fragen dieser Zeit, Land, Brot, Verfassung und Frieden, oder auch die der Revolution zugrunde liegenden sozialen Fragen genügend zu berücksichtigen,[58] stand der Kampf gegen die „Mächte des Bösen" auf der Tagesordnung. Der auf dem Konzil siegreiche konservative Teil des Klerus strebte also das genaue Gegenteil dessen an, was die Stunde geschlagen hatte. Er hatte sich gegen die Geschichte gestellt.

Es ist nicht zu übersehen, dass die Vorstellungen des Konzils sogar über die Verhältnisse im islamischen Osmanenreich hinausgingen und eine orthodoxe Theokratie anstrebten; sie hätten den Patriarchen zum Großmufti von Moskau gemacht und der kirchlichen Oberaufsicht einen weit reichenden Wirkungsrahmen verliehen. Der neu gewählte Patriarch Tichon handelte im Sinne dieses selbst gewählten Auftrags, als er im Januar 1918 das Anathema über diejenigen aussprach, die „ihr überhaupt noch christliche Namen tragt und wenigstens der Geburt nach zur Orthodoxen Kirche gehört".[59] Wen anders hätte er denn exkommunizieren können? Das Urteil des Patriarchen kam dem politischen *fetva* des *şeyh-ül-islam* gegen die abtrünnigen türkischen Nationalisten gleich, wenn letzteres auch nicht den antisemitischen Unterton enthielt, der in der zitierten Formulierung Tichons mitschwang und der die Oktoberrevolution als jüdische Verschwörung erahnen ließ – eine beliebte Interpretation in monarchistisch-klerikalen Kreisen Russlands.

Solchermaßen exponiert, musste sich die orthodoxe Kirche der ohnehin angelegten Feindschaft der Bolschewiki gewahr sein. Von diesem Punkte an verliefen das Schicksal der Religionen, der – nach sowjetischem Sprachgebrauch – „Kultdiener" und der Gläubigen in Russland und der Türkei auf verschiedenen Bahnen. Von nun an bestimmte das Handeln der säkularisierenden Akteure die Entwicklung. Die Trennung von Kirche und Staat bezog sich fortan nicht allein auf politische Auseinandersetzungen und das kirchliche Personal auf den obersten Ebenen der Hierarchie, sondern auf weitaus mehr Gebiete.

Das von den Bolschewiki erlassene „Trennungsdekret" vom Januar 1918 setzte die Zeichen neu.[60] Es war jedoch kein Dokument im Geiste des radikalen atheistischen Bolschewismus, sondern die „Roten" setzten zunächst die Absichten der in Religionsangelegenheiten liberalen Provisorischen Regierung fort. Bereits im Sommer 1917 hatte diese die Gewissensfreiheit erlaubt, die Zivilehe eingeführt und die 37 000 kirchlichen Gemeindeschulen dem Ministerium für Volksbildung unterstellt.[61] Die Bolschewiki aber gingen ein paar Schritte weiter. Sie nahmen der Kirche das Standesregister und legten es – wie in Westeuropa üblich – in staatliche Hände. Sodann schritten sie zum Hauptakt: „Die Kirche wird vom Staat getrennt", lautete die erste Bestimmung des vom Rat der Volkskommissare erlassenen Dekrets. Es verfügte zugleich die vollständige Gewissensfreiheit und Rechtsgleichheit aller Gläubigen und Nichtgläubigen. Es handelte sich um ein Laizismus-Gebot, mit dessen Hilfe der staatliche Bereich einschließlich der Bildung und der Symbole von allen Einflüssen der Religion befreit werden sollte. Das konnte in Westeuropa niemanden sonderlich überraschen. Die Bolschewiki gingen aber konsequent einige Schritte weiter: Sie gestanden der Kirche nicht den Rechtsstatus der juristischen Person zu und verboten kirchliches Eigentum. Den beträchtlichen Landbesitz der Kirche und der Klöster, der mit dem Dekret über den Grund und Boden unmittelbar nach dem revolutionären Umsturz im Oktober 1917 bereits verstaatlicht worden war, erklärte das Trennungsdekret erneut zu Volkseigentum. Die erste Sowjetverfassung von 1918 übernahm die Trennung von Kirche und Staat und schloss darüber hinaus Mönche und Geistliche explizit vom Wahlrecht aus.

Dass das „Trennungsdekret" die „Zerschlagung" der Kirche beabsichtigte,[62] kann man aus dem Text nur mit Phantasie herauslesen. Man muss sich auch nicht die Ansicht des Patriarchen zu eigen machen, der in Übereinstimmung mit den Ansichten des römischen Papstes die Gewissensfreiheit für eine „vollständige Vergewaltigung des Gewissens der Gläubigen" hielt, die Mitwirkung an der Durchführung des „Trennungsdekretes" nicht nur mit Exkommunikation belegte, sondern zum aktiven Widerstand und zum Erleiden des Märtyrertodes aufrief. „Ermanne dich, Heiliges Russland",[63] lautete der Appell, den Kreuzzug gegen die Bolschewiki zu beginnen. Ein agitatorisch begabter Moskauer Kleriker rief: „Unter diesen Umständen – alle in die Kirchen! Alle zu Gebetsversammlungen (...) auf die Straßen und Plätze!" Mit allen Mitteln, „die dem christlichen Gewissen erlaubt sind", und das sind, so wissen wir aus der Geschichte, restlos alle, müsse der Kampf für Glauben und Kirche beginnen. „Lasst sie alsdann unsere toten Leiber aufschichten. Lasst sie uns erschießen, lasst sie Kinder und Frauen erschießen. Gehen wir mit Kreuzen, Ikonen, unbewaffnet, mit Gebeten und Hymnen – lasst uns Kain und Judas töten! Die Zeit des Martyriums und Leidens ist gekommen!"[64] Diese martyro-sado-masochistischen Parolen sollten bei den Bolschewiki und ihren Gesinnungsgenossen nicht unerhört bleiben. Aber auch die andere Seite gab es: Das „Heilige Russland" hatte schon vor der Oktoberrevolution „reaktionäre oder aus anderen Gründen unbeliebte Bischöfe und Priester" eigenmächtig abgesetzt, vertrieben und verhaftet.[65] Es ließ sich vom Patriarchen nicht ohne Widerspruch dirigieren.

Die Bolschewiki aber erreichten mit ihren Maßnahmen, dass sich seit Januar 1918 ein beträchtlicher Teil der Bevölkerung hinter den Klerikern scharte. Gegen das Trennungsdekret demonstrierte eine halbe Million Menschen auf dem Roten Platz in Moskau; in anderen Städten und Flecken kam es zu zahlreichen politischen Demonstrationen im Gewande kirchlicher Prozessionen. In manchen Fällen ließen lokale Machthaber auf die Gläubigen schießen. Tote blieben zurück.[66]

Für die Zerschlagung konnten die Bolschewiki auf andere Mittel als Dekrete zurückgreifen, deren Anwendung sie nicht scheuten. Zwischen Ende 1918 und 1921 wurden 722 Klöster geschlossen, was etwa der Hälfte der bestehenden entsprach.[67] Die leerstehenden Gebäude wurden umfunktioniert in Sanatorien, Krankenhäuser, Altersheime, Schulen, Behörden und militärische Einrichtungen. In 14 ehemaligen Klöstern richteten die Bolschewiki die ersten Lager ein.[68] Es muss offen bleiben, ob hinter den Umwidmungen mehr Maßnahmen symbolischer Politik steckten oder schlicht die Tatsache den Ausschlag gab, dass die Gebäude intakt waren. Die „Übernahme" von Kirchenimmobilien entzog den Kirchengemeinden ihre Gotteshäuser, die sie z. T. gewaltsam verteidigten. Auf beiden Seiten zählte man Tote. Noch während des Konzils wurde der Metropolit von Kiev ermordet.[69] In der Industriestadt Tula endete eine religiöse Prozession unter Maschinengewehrfeuer mit 13 Toten.[70] Im Gouvernement Perm' kamen allein zwischen Juni und Dezember 1918 92 Priester und Mönche bei „konterrevolutionären" Akten zu Tode.[71] Eine sowjetische, antireligiöse Publikation berichtete von 687 Personen, die zwischen Februar und Mai 1918 bei religiösen Tumulten getötet worden seien.[72] Nach nicht überprüfbaren Angaben einer vom „weißen" General Denikin eingesetzten Untersuchungskommission wurden 1918–1919 28 Bischöfe und 1215 Priester von „Roten" erschossen.[73] Schließlich dekretierten die Bolschewiki im Februar 1921 die Konfiszierung der kirchlichen Wertgegenstände, um sie angeblich zum Nutzen des Volkes, das unter einer schrecklichen Hungersnot litt, zu verwenden.[74] 4,56 Millionen Goldrubel trug die unfreiwillige Kollekte ein, von denen der geringste Teil auf die Hilfe für die Hungernden entfiel. An so manchem Schmuckstück zeigte der Vatikan sein Interesse.[75] Wer sich gegen die Maßnahmen auflehnte, musste mit seiner Hinrichtung rechnen. So geschah es unter anderen dem Metropoliten von Petrograd, der mit 85 anderen Klerikern und Laien vor Gericht gestellt wurde.[76]

Alle diese Maßnahmen richteten sich gegen die Kirche, zugleich sind sie im Kontext des „roten Terrors" anzusiedeln. Deswegen ist der Ausdruck „Kirchenkampf" einerseits berechtigt, andererseits ist er zu eng.[77] Wenngleich viele Handlungen zentraler und lokaler Sowjetstellen und der Geheimpolizei einen spezifisch antikirchlichen Charakter trugen, so gilt zu bedenken, dass nicht nur Kirchenvertreter verfolgt und getötet wurden. In den Augen der Revolutionäre waren viele Priester und Bischöfe sowie der Patriarch Konterrevolutionäre, die auf der Seite der Monarchie standen, und außerdem Repräsentanten einer verhassten Weltanschauung mit unüberschaubarer Anhängerschaft. Diese doppelte Feindschaft, die zu bestätigen sich die Kirchenleitung größte Mühe gab, machte die Kirchenvertreter zur Zielscheibe der Verfolgung durch die neuen Machthaber, aber nicht ausschließlich als Kirchenleute. Dennoch wäre es ein Fehler, mit dem Hinweis auf den Kontext des außerordentlich blutigen Bürgerkrieges und der von allen Seiten brutal geführten Auseinandersetzung die revolutionäre Gewalt gegen Personen, Institutionen und Vermögen der Kirche zu relativieren. Sicher ist, dass die Trennung der Kirche vom Staat in der Praxis weit über den Buchstaben des Dekrets hinausging und im Verlauf des Bürgerkrieges mörderische Formen annahm. Lenin selbst schrieb Anfang 1922 einen Brief an Molotov zwecks Weitergabe an das Politbüro, in dem er seine Methode der Säkularisierung offenbarte. Nachdem es in der Stadt Šuja nordöstlich von Moskau zu gewaltsamen Auseinandersetzungen anlässlich der Konfiskation von sakralen Gegenständen gekommen war, rief der oberste Revolutionär zum „entschiedenen und schonungslosen Kampf" gegen die Geistlichen auf und erkannte die „Chance von 99 zu 100", das Problem Kirche zu erledigen. Das bereits bekannte Zitat sei an dieser Stelle in seinem Kontext wiederholt: Unter Hinweis auf die verheerende Hungersnot schrieb er, es sei nun die gute Gelegenheit gekommen, den Gegner vollständig zerschlagen zu können, „besonders jetzt und nur jetzt, während man in den Hungergebieten Menschen isst".[78] Mit „Kirchenkampf" hatte das nichts mehr zu tun; hier ging es um Vernichtung.

Man braucht keine großen analytischen Fähigkeiten, um zu dem Urteil zu gelangen, dass in der Sowjetunion von Säkularisierung keine Rede sein kann. Die Geschichte des Verhältnisses von Staat und Kirche bzw. Religion unter den Bolschewiki ist vor allem eine Geschichte der Gewalt. Sie endete nicht mit dem Bürgerkrieg, auch nicht mit der ruhigeren Periode der Neuen Ökonomischen Politik. In dieser Phase zeigten sich Staat und Partei keineswegs einig in der Art und Weise, wie die Religion am besten zu bekämpfen sei. Nun gerieten die zuvor erwähnten beiden Richtungen der „Religionspolitik", der radikal-offensive Aktionismus besonders vieler Komsomolzen – „lasst uns auf die Straße gehen und Spaß haben"[79] – und die gegen „Überrumpelungs-, Überfall- und Terrormethoden"[80] gerichtete zurückhaltend-aufklärerische Überzeugungsarbeit – „(d)ies ist eine Arbeit für Jahre, wenn nicht Jahrzehnte"[81] – miteinander in Konflikt, der vorübergehend zugunsten der letzteren

Strategie geklärt wurde. Aber mit Beginn des Stalinismus begann erneut die Phase der brutalen Verfolgung.[82]

Zunächst begann die Sache vergleichsweise formal. Im April 1929 erließ die Sowjetregierung ein Gesetz, das die Registrierung von religiösen Gemeinschaften vorschrieb, den Gottesdienst oder ähnliche „Kulthandlungen" auf die dafür vorgesehenen Räumlichkeiten beschränkte und alle sozialen Dienste untersagte. Wenige Wochen danach wurde die Verfassung geändert: Das bis dato existierende Recht auf „religiöse Propaganda" wurde aufgehoben und die Freiheit der antireligiösen Propaganda hineingeschrieben. Die eigentliche Attacke gegen Kirche, Religion, Kleriker und Gläubige erfolgte aber nicht auf dem Wege des wie auch immer gearteten Rechts, sondern in Form von außerlegalen Aktionen. Der antireligiöse Furor richtete sich gegen Personen und Sachen gleichermaßen. Die nach 1991 eingesetzte „Kommission zur Rehabilitierung der Opfer politischer Repression" gab die Zahl der zu Sowjetzeiten getöteten Kleriker insgesamt mit 200 000 an, weitere ca. 500 000 wurden in irgendeiner Form repressiert.[83] Die Zahlen sind umstritten,[84] aber trotz möglicher Unschärfe lassen sie das Ausmaß der bolschewistischen Vernichtung im Bereich des Klerus deutlich erkennen. Im Zuge der Kollektivierung und der Losung Stalins von der „Vernichtung der Kulaken als Klasse" sah das Politbüro in Leninscher Tradition nämlich den Zeitpunkt gekommen, zusammen mit den verhassten bäuerlichen Kapitalisten Kirche und Religion in einem Frontalangriff zu zerschlagen. Der Politbüro-Beschluss vom 30. Januar 1930, der die Kulaken in drei Kategorien aufteilte, von denen die ersten beiden der Behandlung durch den NKVD anheimfielen – die erste, 60 000 Personen umfassende Gruppe sollte in Arbeitslager abtransportiert, die zweite im Umfang von 150 000 Personen in entfernte Gebiete „umgesiedelt" werden – brachte zugleich die Furcht zum Ausdruck, dass religiös bedingter Widerstand die Aktion gefährden könnte. Deshalb ordnete die Parteiführung an, die Schließung von Kirchen und Bethäusern voranzutreiben, auch, um den Bremsern im Sowjetapparat entgegen zu treten, die der Durchführung der Kulakenverordnung Hindernisse in den Weg legten.[85] Der Furor richtete sich auch gegen die Kirchen- und Klosterglocken, deren die Regierung im Laufe des ersten Fünfjahrplans habhaft zu werden gedachte. Buntmetalle waren rar. Zwischen Januar und Juli 1931 sollten nicht weniger als 25 000 Tonnen Metall auf diese Weise zusammen kommen. Insgesamt waren es dann 385 310 Glocken mit einem Gewicht von über 37 000 Tonnen. In Leningrad zum Beispiel waren bis 1933 fast alle Wertgegenstände und Kirchenglocken „expropriiert". Was die geschlossenen Kirchen und Gebetshäuser anging, so gab ein Bericht vom April 1936 Auskunft. Auf dem Gebiet der RSFSR, Weißrusslands und der Ukraine zählte man 1917 knapp 73 000 Kirchen, von denen 1936 über 30 000 noch „arbeiteten", wie man auf russisch sagt.[86] Ist das in Anbetracht der Vorgehensweise viel oder wenig? Wenn man die Zahl der noch immer existierenden Gläubigen zugrunde legt, dann wenig. Im „großen Terror" der Jahre 1937/38 kamen erneut zahlreiche Priester ums Leben. Über 33 000 „Kultdiener" sind allein 1937 verhaftet worden, 1938 noch einmal über 13 000. Auf der Grundlage des berüchtigten Vernichtungsbefehls Nr. 00447 wurden etwa 80 % der verhafteten „Kultdiener" erschossen. Sonst lag die Erschießungsquote bei 50 %.[87] Der Zensus von 1937, den Stalin wegen seiner unpassenden Ergebnisse unter Verschluss hielt, sprach von 56 % Gläubigen im atheistischen Staat.[88] Andererseits zählte der „Verband der militanten Gottlosen" (*Sojuz voinstvujuščich bezbožnikov*), der die antireligiöse „Arbeit" betreiben und Staats- und Parteiorgane unterstützen sollte, acht Millionen Mitglieder im Jahr 1932.[89]

Dass es anders ging, zeigten die Kemalisten, die ihrerseits dem überkommenen Glauben in ihrem Land keineswegs freundlich gesonnen waren. Wie schon gesagt, stellte sich die scharfe Gegnerschaft zwischen den kemalistischen „Revolutionären" – so ihre Selbstbezeichnung – und den Geistlichen des Islams während der kämpferischen Jahre 1919–1921 nicht ein. Die Kemalisten, Mustafa Kemal besonders, schoben die Religion stets vor, solange es ihnen opportun erschien. Er gestand zunächst selbst zu, dass der türkische Nationalismus Züge eines religiösen Nationalismus trage.[90] 1920 schien es ihm geraten, die Verbindung von Nation und Religion folgendermaßen auszudrücken: „Unser Nationalismus ist auf keinen Fall egoistisch, kein anmaßender Nationalismus, weil wir Muslime sind und wir entsprechend dem Islam die Einheit der muslimischen Glaubensgemeinschaft vertreten, die in ihren unermesslichen Grenzen aus dem engen Rahmen des Nationalismus herausfällt."[91] 1922 noch versprach der *Gazi* den Deputierten, der Kalif, zu der Zeit noch Sultan Mehmed VI. Vahidettin, werde, sobald er aus den Klauen der Alliierten befreit sei, seinen Platz im Rahmen der von der Nationalversammlung zu bestimmenden Ordnung finden.[92] Rıza Nur, ein Gesinnungsgenosse Mustafa Kemals, brachte es einen Tag nach der Abschaffung des Sultanats deutlicher zum Ausdruck. „Wir sind entschlossen, ein modernes Volk zu werden. Wir wollen bei uns alle Institutionen eines modernen, zivilisierten europäischen Staates einrichten. Wir haben festgestellt, dass sich der Einfluss der Religion in die staatlichen Angelegenheiten verhängnisvoll auf die gute Verwaltung des Landes auswirkt. Deswegen folgten wir dem Beispiel Frankreichs und vollziehen die Trennung der Kirche vom Staat."[93] Diese Haltung der Kemalisten hat Şerif Mardin pointiert auf die Formel „distrust added to disgust" gebracht.[94] Mustafa Kemal taktierte zwar, aber im Nachhinein ergibt sich eine klare Linie in seinem Handeln, die von der Abschaffung des Sultanats 1922 über die Ausrufung der Republik 1923 zur Abschaffung des Kalifats 1924 führt.[95] Taktische Manöver, die als Schwankungen ausgelegt werden könnten, und verbale Zugeständnisse an die Religion oder die *ulema*[96] dienten lediglich der Vollendung der historischen Mission.[97]

Die von Mustafa Kemal mit der Geschichte begründete Trennung des Kalifats vom Sultanat bildete den ersten Schritt. Wie der starke Mann der Türkei jedoch seine Meinung durchsetzte, beschrieb er selbst. Zur Erörterung der Frage, ob und wie die Trennung von Kalifat und Sultanat möglich sei, war jeweils eine Kommission zu den verfassungsrechtlichen, theologisch-rechtlichen und weltlich-rechtlichen Fragen gebildet worden, die zu einer gemeinsamen Sitzung zusammentraten, der Mustafa Kemal beiwohnte: „Die drei Kommissionen traten in einem Raum zusammen. (...) Die Herren Hodschas aus der Kommission des Scheriats vertraten den Standpunkt, dass das Kalifat nicht von dem Sultanat abgetrennt werden dürfe. Sie stützten sich auf die bekannten Sophismen und Dummheiten. (...) Es war klar, dass es unnütz gewesen wäre, von dieser Art zu diskutieren eine Lösung der Frage in dem erstrebten Sinn zu erwarten. Ich war mir hierüber klar. Schließlich verlangte ich von dem Vorsitzenden der Gemischten Kommission das Wort, stieg auf die Bank, die sich vor mir befand, und gab laut die folgenden Erklärungen ab: ‚Meine Herren', sagte ich, ‚die Souveränität und das Recht, zu regieren, können niemandem durch niemanden infolge einer akademischen Diskussion übertragen werden. Die Souveränität wird durch Kraft erworben, durch Macht und durch Gewalt. Durch Gewalt haben sich die Söhne Osmans der Macht bemächtigt, haben sie über die türkische Nation geherrscht und haben sie ihre Herrschaft sechs Jahrhunderte hindurch aufrechterhalten. Jetzt ist es die Nation, die sich gegen diese Usurpatoren empört, sie auf ihren Platz weist und tatsächlich selbst die Ausübung ihrer Souveränität übernimmt. Das ist eine vollendete Tatsache. Es handelt sich nicht mehr darum, zu wissen, ob wir diese Souveränität in den Händen der Nation lassen wollen oder nicht. Es handelt sich einfach darum, eine Wirklichkeit festzustellen, die schon eine vollendete Tatsache ist und die unbedingt als solche angesehen werden muss. Und dies wird in jeder Weise geschehen. Wenn diejenigen, die hier versammelt sind, die Versammlung und jedermann die Sache ganz natürlich finden würden, so wäre das meiner Ansicht nach sehr zweckmäßig. Im entgegengesetzten Fall wird die Wirklichkeit gleichwohl in den nötigen Formen zum Ausdruck gebracht werden, aber dann ist es möglich, dass einige Köpfe abgeschlagen werden. Was die theologische Seite der Angelegenheit betrifft, so haben die Sorgen und Beunruhigungen der Herren Hodschas keine Daseinsberechtigung. Ich will Ihnen das erklären', sagte ich, und ich machte lange Auseinandersetzungen. ‚Entschuldigen Sie', sagte zu mir darauf der Hodscha Mustafa Efendi, der Deputierte von Angora, ‚wir betrachteten die Frage in einem anderen Lichte. Wir sind jetzt unterrichtet.' Die Frage war in der Gemischten Kommission erledigt."[98] Sie war es auch in der Nationalversammlung.

Schlag für Schlag wussten die Kemalisten den Staat von der Religion zu trennen. An einem einzigen Tag unternahmen sie die ersten wichtigen Schritte, innerhalb von vier Jahren legten sie die Grundlagen für den laizistischen Staat, die bis zum heutigen Tag Bestand haben. Der erste wichtige Schritt bestand in der Abschaffung des Kalifats am 3. März 1924 durch die Nationalversammlung.[99] Dessen Existenz vertrug sich weder mit der republikanischen Verfassung, weil sie dem Staatsoberhaupt eine geistliche Autorität zur Seite gestellt hätte, was in den Augen der Kemalisten eine überholte Vorstellung war, noch mit der streng national ausgerichteten Politik der neuen Türkei, zu deren Maxime ja gehörte, keinen Anspruch auf die arabischen Gebiete des ehemaligen Osmanenreiches zu erheben. Der Kalif hätte die internationalistische Komponente des Islams in die Türkei zurückgebracht, von der sich die Kemalisten im „Unabhängigkeitskrieg" und im Vertrag von Lausanne 1923 mit aller Kraft befreit hatten. Wenn sie das Heil der Nation ohne Alternative darin sahen, sich aus den internationalistischen Verwicklungen zu lösen, die sie für den Niedergang des Vaterlandes vor und im Ersten Weltkrieg verantwortlich machten, so gab es für die Beibehaltung eines supranationalen Kalifen kein einziges überzeugendes Argument. Seine Existenz hätte zwangsläufig internationale diplomatische Verwicklungen mit den arabischen Muslimen und den Engländern heraufbeschworen. Allein schon aus diesen politischen Gründen verbot sich die Beibehaltung des Kalifats.

Um wie viel mehr aus Gründen des Laizismus! Die Abneigung Mustafa Kemals gegen das Kalifat war bekannt. Er war der Präsident einer Republik, die über eine höchste religiöse Autorität verfügte. In der Wahrnehmung der Kemalisten ergaben sich damit Verhältnisse, wie sie die europäischen Länder kennzeichneten: Ein muslimischer „Papst" begann sich zu installieren.[100] Da die Konservativen zäh am Kalifat hingen, sahen die Kemalisten die Gefahr, eine mit Autorität ausgestattete, personalisierte „Gegenregierung" im eigenen Lande zu haben, die zudem die alten rituellen Zöpfe des monarchischen Osmanenreiches pflegte und den Angehörigen der Dynastie einen Lebensstil erlaubte, als würde die Monarchie weiter bestehen. Wenn die Nation der Souverän sein soll, dann gerieten der traditionelle Islam und seine geistliche Elite zwangsläufig in Konflikt mit dem Nationalstaat. Die *ulema* hatten in der politischen Ordnung der Republik ebenso wenig einen Platz wie der Kalif. Nicht der Islam als Religion sollte beseitigt werden, sondern die islamische Hierarchie und ihre Verzahnung mit dem Staat. Religion wurde damit zur außerstaatlichen Frömmigkeit; sie war Privatsache. Diese Handlungslogik der Kemalisten forderte, die religiösen Autoritäten und auch das religiöse Recht auszuschalten, um die islamische Volksfrömmigkeit auf die Mühlen des neuen Staates leiten zu können. Für die Herstellung einer funktionierenden Republik und einer türkischen Nation waren die potentiell internationalistischen islamischen Autoritäten nicht zu gebrauchen. Der Akt der endgültigen Abschaffung des Kalifats allerdings kam einer Revolution gleich, für die es im Islam kein Vorbild gab.[101]

Die 1924 in Kraft getretene Verfassung jedoch wies in den Augen der Kemalisten einen Schönheitsfehler auf, den zu beseitigen vorerst nicht gelang. Artikel 2 legte den Islam als die Religion des türkischen Staates fest. Umso mehr schien es den laizistischen Kemalisten geboten, die Religion zu beobachten. Also beschlossen sie gleichzeitig mit der Abschaffung des Kalifats die Einrichtung staatlicher Behörden zur Aufsicht über die Religion. Offenkundig gaben sich die Kemalisten nicht damit zufrieden, den Staat von der „Kirche" zu trennen, wie man in Europa diesen Vorgang zu nennen pflegt, sondern sie banden sie im gleichen Moment wieder an den Staat.[102] Säkularisierung und Kontrolle gingen Hand in Hand, und es war offenkundig nicht beabsichtigt, den Islam den *Hadschihodschas* – wie die Religionsanhänger abwertend genannt wurden – zu überlassen und Religion allein zu einer Privatangelegenheit zu machen. Das Direktorium für religiöse Angelegenheiten (*Diyanet İşleri Reisliği*) und das Generaldirektorat für fromme Stiftungen (*Evkaf Umum Müdürlüğü*), ersetzten die Funktionen des *şeyh-ül-islam* sowie des aus osmanischer Zeit stammenden Ministeriums für religiöse Angelegenheiten und fromme Stiftungen (*Şeriye ve Evkaf Vekâleti*). In der Türkei wurde das Vermögen aber nicht nationalisiert, sondern lediglich staatlicher Aufsicht unterstellt. Ebenfalls gleichzeitig wurde das Gesetz zur Vereinheitlichung des Schulwesens erlassen, das die politische Kontrolle über das gesamte Schulwesen durch den Staat vorsah. Die religiösen Schulen (*medrese*) wurden noch im selben Jahr geschlossen.

Die ersten wichtigen Schritte der Säkularisierung richteten sich also gegen die Autoritäten der Religion, das materielle Vermögen und die formalen Vermittlungsinstanzen religiösen Wissens. Bereits einen Tag nach Erlass des Gesetzes verließ der Kalif das Land. Einen Monat später wurden alle religiösen Gerichte abgeschafft; die Scharia war damit ein Recht ohne Rechtssprechungsinstitutionen. Es war nur konsequent, diesem Schritt die große Rechtsreform des Jahres 1926 folgen zu lassen.[103]

In der Tat stellt diese Reform hinsichtlich der Trennung von Staat und Religion einen epochalen Schritt dar. Der Experte für islamisches Recht Leon Ostrorog scheute sich nicht, die tiefe historische Zäsur zu markieren, als er 1927 schrieb, „the present Turkish reform is one of the most considerable events that has happened in the history of the East since fourteen centuries".[104] Die Türkei unternahm nichts Geringeres, als auf einen Schlag das gesamte Erbe des islamischen Rechts zu beseitigen, wenngleich in Erinnerung zu rufen ist, dass die osmanischen Rechtsverhältnisse schon lange nicht mehr von einer durchgängigen Geltung der Scharia geprägt waren und dass sich der Bereich des islamischen Rechts auf das Zivilrecht beschränkte, besonders das Familienrecht, das bisher noch nicht weltlich bestimmt worden war.[105] Dennoch bedeutete die Rechtsreform einen gewaltigen Schritt, mit dessen Hilfe die Nationalversammlung in kürzester Zeit auch die noch verbliebenen Rechtsbereiche der Scharia vollständig abräumte. Justizminister Mahmud Esad brachte das revolutionäre Tempo des Umbruchs auf den Punkt. Er sprach von der dringend notwendigen Neukodifizierung, aber man wolle keine Zeit mit endlosen Debatten vergeuden, die am Ende noch um jeden einzelnen Paragraphen geführt würden. Da sei es besser und schneller, ein komplettes Rechtswerk zu übernehmen und ins Türkische zu übertragen. Das Schweizer Zivilrecht, so der von Ostrorog als sehr intelligent und im westlichen und islamischen Recht als vielbelesen charakterisierte Justizminister, sei geeignet, für die Türkei en bloc übernommen zu werden.[106] So geschah es. Für den wichtigen Bereich des Familienrechts bedeutete die Reform die Abschaffung der Polygamie – de facto gab es bereits weitestgehend nur noch die Einehe[107] –, das Recht auf Eheschließung von Männern und Frauen unterschiedlichen Glaubens, Gleichheit von Mann und Frau in Fragen der Scheidung – womit die Frauen grob benachteiligende Regelungen des islamischen Rechts außer Kraft gesetzt wurden – und Einführung eines zivilrechtlichen Scheidungsverfahrens anstelle der Verstoßung durch den Mann, die das islamische Recht vorsah. Im Erbrecht galten nun Grundsätze des römischen Rechts, die besondere Bedingungen gemäß religiöser Bestimmungen ausschlossen.

Es ist schwer zu sagen, ob Regierung und Nationalversammlung an diesem Punkte zunächst innehalten wollten, weil sie die wichtigsten Maßnahmen hinter sich gebracht hatten. Im Grunde waren damit die zentralen Verknüpfungen der staatlich-islamischen Symbiose gelöst. Wie jeder moderne Staat hatte sich das Parlament die Prärogative gesichert; von einem religiösen Staat im Staate konnte nicht die Rede sein; Bildung und Recht, zwei zentrale Bereiche staatlicher Tätigkeiten, waren zumindest auf dem Papier zunächst vom Einfluss der Religion befreit. Es ist beachtlich, dass sich trotz aller Konflikte in der Nationalversammlung, trotz der Intervention von Muslimen außerhalb der Türkei im Zusammenhang der Abschaffung des Kalifats[108] der Weg der Säkularisierung friedlich zu vollziehen schien – bis der Aufstand der Kurden unter Führung von Scheich Said dieser Illusion im Februar 1925 ein Ende bereitete. Scheich Said ließ sich anfangs kaum über das Kalifat aus, scheint dann aber die religiöse Karte mehr und mehr gespielt zu haben, um seiner Bewegung mehr Zulauf zu verschaffen.[109] Wie sich die Kemalisten selbst sahen und wie sie den Aufstand betrachteten, kam in den Worten des Vorsitzenden des Sondergerichts (Unabhängigkeitsgericht) an Scheich Said folgendermaßen zum Ausdruck: „Das erbärmliche Volk dieser Gegenden (in denen der Aufstand stattfand – S.P.), das jahrelang unter der Tyrannei von Scheichs, Ağas und Beys ausgezehrt worden und dessen Eigentum und Leben den Launen dieser Personen ausgeliefert war, wurde schließlich von Ihrer bösen Macht erlöst und wird jetzt auf dem Weg des Wohlstands und Fortschritts unserer Republik in Frieden und Glück voranschreiten, während Sie am Galgen der Gerechtigkeit für das Blut, das Sie vergossen, und die Häuser, die Sie zerstört haben, bezahlen werden."[110] Der Angeklagte wurde zum Tode verurteilt und mit einigen seiner Anhänger hingerichtet. Obwohl der Prozess selbst das Ziel der kurdischen Unabhängigkeit ins Zentrum stellte und vorgab, der Aufstand habe nichts mit Religion zu tun gehabt, wurde die türkische Öffentlichkeit weitaus mehr über die religiösen Seiten unterrichtet als über die kurdisch-nationalen.[111] Die durch das Notstandsgesetz gleichgeschaltete Presse bereitete damit die Türken indirekt auf die weiteren Schritte der Säkularisierung vor, während sie die nationale Forderung der Kurden unter den Tisch fallen ließ.

So dramatisch der Aufstand die Kemalisten auf das Problem des – nicht nur, aber auch – religiös motivierten Widerstands aufmerksam machte, so wenig kann man sagen, Diyarbakır sei das türkische Šuja geworden. Es gibt kein Dokument von einer ähnlichen Vernichtungseuphorie wie der zitierte Brief Lenins an Molotov. Vor allem: In der Türkei wurden Geistliche und Würdenträger des Islams nicht ermordet. Sie wurden vielmehr vom Staat alimentiert. Dennoch sah die türkische Regierung die Möglichkeit, weitere Schritte gegen die Religion zu unternehmen, und zwar unter den Bedingungen des seit März 1925 geltenden „Gesetzes zur Aufrechterhaltung der Ordnung". In dessen ausnahmerechtlichem Schatten wurde die kemalistische Türkei nicht nur eine Einparteiherrschaft, sondern auch die antireligiöse Gesetzgebung zog stark an, so dass man von einer Phase der bürgerlichen Säkularisierungsmaßnahmen sprechen kann, die bis zum Scheich Said-Aufstand 1925 dauerte, und von einer zweiten Phase seit März 1925, in der weitere wichtige Säkularisierungsmaßnahmen unter Ausnahmerecht und der Drohung der ambulanten Unabhängigkeitsgerichte in Kraft gesetzt wurden. Der Unterschied ist deutlich bemerkbar. In der ersten Phase setzte die kemalistische Regierung in Kraft, was im Allgemeinen den Kern staatlicher Säkularisierungsmaßnahmen ausmacht. In der zweiten Phase jedoch veränderten sich die Aktionen über antiklerikale Maßnahmen hinaus gegen die Religion überhaupt. Darin lag eine vom Ausnahmerecht gedeckte Verschärfung des Vorgehens.[112]

Zunächst zog die Regierung gegen diejenigen Richtungen des Volksislams zu Felde, die mit dem Rationalismus der Kemalisten schwerlich in Übereinstimmung zu bringen waren und die als Sinnbilder eben jener mystischen und weltabgewandten Religion galten, welche die Kemalisten als hoffnungslos rückständig und für das Volkswohl schädlich verabscheuten. Außerdem hatte der Kurdenaufstand einen unmittelbaren Anlass geboten: Der Anführer, Scheich Said, war der Kopf des *Nakşibendi*-Derwischordens mit großer Anhängerschaft unter Kurden. Die Bruderschaften und Klöster der Derwische wurden nun rigoros geschlossen. Es hat aber den Anschein, als hätten erstere im Geheimen weiter bestanden, denn als 1950 nach dem Machtverlust der CHP der Druck auf sie nachließ, da tauchten die meisten ziemlich unversehrt wieder auf.[113] Schon 1947 berichtete Mahmut Makal in seinen Aufzeichnungen aus der Provinz von einer „Scheich-Epidemie", allerdings mit der Einschränkung, dass diese Scheichs nicht einmal mehr wussten, zu welcher Sekte sie gehörten.[114]

Sodann dekretierte die Nationalversammlung im November 1925 die Hutverordnung:[115] Die männliche Kopfbedeckung Fes durfte nicht mehr getragen werden; Mustafa Kemal selbst inszenierte die Vermittlung der Verordnung, indem er in Kastamonu, einem Ort mit traditionell eingestellter Bevölkerung, das Dekret verkündete. Die Kemalisten hielten den Fes, der seinerseits keine traditionell türkische Kopfbedeckung darstellte, sondern von den Inselgriechen übernommen worden war, für das Sinnbild der überlebten Tradition, die das neue Denken verhinderte.

Besonders die Hutverordnung hat Kopfschütteln hervorgerufen, weil Historiker sich nicht vorstellen konnten, warum eine Frage der Kleidung vergleichsweise große Bedeutung erhielt. Sie fanden auch keine gute Begründung, sondern hielten gerade diese Maßnahme für die willkürliche Aktion eines modernisierungswütigen Regimes, das in das Privatleben seiner Bürger eingriff.[116] In der Tat schien die Verordnung keineswegs von zwingender Notwendigkeit; sie besaß für die Kemalisten aber den unschätzbaren Wert, mit ihrer Hilfe gegen religiöse und konservative Personen vorgehen zu können. Die Perfidie der Maßnahme ist nicht zu übersehen, und es verwundert, warum die Historiographie diesen Aspekt bisher nicht herausgestrichen hat. Wer den Hut verweigerte, war öffentlich sichtbarer Konterrevolutionär. Die Hutverordnung war zugleich strafbewehrt. Wenn die Nationalversammlung nur wenige Tage nach der Hutverordnung eine strenge Regelung für das Tragen religiöser Kleidung erließ, so stellten beide Maßnahmen „Stigmatisierungsverordnungen" für jene „Konservativen" dar, die dem Reformweg der Laizisten nicht folgen wollten, und sei es nur äußerlich. An der Kopfbedeckung werdet ihr sie erkennen! Das taten die Unabhängigkeitsgerichte, die Verstöße gegen die Hutreform aburteilten. Auf Grundlage eines kleinen zeitlichen Ausschnitts aus den Quellen allein für das Unabhängigkeitsgericht Ost, das für den östlichen Teil Anatoliens zuständig war, d. h. namentlich für die aufständischen Kurdengebiete, hat Mete Tunçay 143 Verhaftungen wegen Verstoßes gegen das Hutgesetz ermittelt; Missetäter wurden zu fünf bis fünfzehn Jahren Haft verurteilt, in acht Fällen erging das Todesurteil.[117] Die Urteile widersprachen offensichtlich dem ursprünglich vorgesehenen Strafmaß von einem Jahr Gefängnis. Wenn die Zahl der Verurteilungen insgesamt auch nicht bekannt ist, zeigt sich doch schon an diesen wenigen Angaben, dass man für einige Bevölkerungsgruppen und Individuen von Zwangssäkularisierung sprechen muss.

Ein Gesetz, dessen Bedeutung nicht hoch genug eingeschätzt werden kann, betraf die Einführung der lateinischen Schrift.[118] Auch dafür sind unterschiedliche Gründe ins Feld geführt worden. Unter anderem hieß es, das lateinische Alphabet sei für die an Vokalen und Umlauten reiche türkische Sprache besser geeignet als das konsonantenbezogene Arabisch. Unter dem hier interessierenden Gesichtspunkt der Säkularisierung ist unübersehbar, dass seit dem 1. November 1928 die Sprache des Korans gegenüber dem in West- und Mitteleuropa verwendeten lateinischen Alphabet abgewertet und zugleich der Sprache der Religion eine säkulare Schrift entgegen gestellt wurde, die für die Türken mit keinerlei islamischen Bedeutungen verbunden war. Die Fähigkeit, lateinische Buchstaben zu lesen und zu schreiben, versprach rascheren Zugang zu den Errungenschaften europäischer Wissenschaft und Kultur, während der sprachliche Zugang zu den Quellen des Islams erschwert wurde; nur die Fleißigen, die sich das Arabische aneigneten, vermochten fortan den Koran zu lesen.

Wenngleich diese Maßnahme bis heute von enormer Bedeutung gewesen ist, die nicht nur die Türkei an Europa herangeführt hat, sondern auch das Studium des Türkischen für Europäer erleichterte, dachten nicht einmal die Kemalisten daran, auf diese scheinbar raffinierte Weise die Religion auszutrocknen. Während sie die Säkularisierung mit aller Macht vorantrieben und vor Gewalt nicht zurückschreckten, verboten sie nicht die Übersetzung des Korans ins Türkische und beschlagnahmten auch nicht die in den 1920er Jahren von verschiedenen Übersetzern publizierten Ausgaben. Da es letzteren an Qualität mangelte, nahm die Nationalversammlung die Sache selbst in die Hand und gab eine zuverlässige und literarisch niveauvolle Übersetzung in Auftrag. Zum Druck kam es aber nicht, weil die Entrüstung über die Reformen im muslimischen Ausland auch den als Übersetzer ins Auge gefassten Schriftsteller Mehmed Âkif übermannte; er lief ins Lager der Reformgegner über, begab sich zu den Gesinnungsgenossen nach Kairo und lieferte nie auch nur eine einzige Zeile bei seinen Auftraggebern ab.[119]

Unter diesen Umständen wundert nicht, dass im April 1928 die Passage über den Islam als Staatsreligion aus der Verfassung getilgt wurde, d. h. noch vor Ablaufen des Ausnahmerechts (1929). Damit hatte der Staat die Kontrolle über die Religion übernommen. Zugleich hatte er Vorsorge getroffen, die Säkularisierung rechtlich abzusichern. Das 1926 eingeführte Strafgesetzbuch verbot in Paragraph 163 Propaganda gegen die Prinzipien der Säkularisierung, und Paragraph 241 unterwarf religiöse Funktionsträger der Strafandrohung, wenn sie sich im Amt despektierlich über Gesetze und weltliche Autoritäten äußerten.[120] Die weiteren Maßnahmen besaßen keine grundlegende, sondern komplementäre Bedeutung: Seit 1932 erfolgten der Gebetsruf und die Gebete in der Moschee auf Türkisch. Damit sollte der Islam „türkisiert" und rationalisiert werden, weil die Gläubigen nun verstanden, was der *Muezzin* vom Minarett rief oder der Imam vorbetete. Ziya Gökalp hatte das bereits vor dem Ersten Weltkrieg gefordert. (Zum Vergleich ist zu erwähnen, dass die katholische Kirche erst mit dem Zweiten Vatikanischen Konzil 1962–1965 den Schritt zur Landessprache im Gottesdienst vollzog.) Allerdings wurden diese Maßnahmen von der ersten nachkemalistischen Regierung 1950 wieder rückgängig gemacht. Seitdem erschallt der Gebetsruf wieder auf Arabisch, was zur Folge hat, dass der Gläubige in die Moschee eilt, ohne zu verstehen, was ihm zugerufen wird. Konventionen des Handelns sind eben nicht rationalisiert oder reflektiert, wie es sich die Kemalisten gewünscht haben. 1934 schaffte die Nationalversammlung die religiösen Titel *hacı* (Mekkapilger), *hafız* (jemand, der den Koran auswendig zu rezitieren versteht), *hoca* (Lehrer bzw. Religionsgelehrter) und den der schiitischen Richtung zugehörigen Begriff *molla* (Mullah) ab. Mustafa Kemal legte bei der Gelegenheit den Ehrentitel *Gazi* ab, der ihm nach dem Sieg gegen die Griechen verliehen worden war.

Im selben Jahr, in dem der Islam den Verfassungsrang verlor, arbeitete eine Wissenschaftler-Kommission an der Istanbuler Universität unter dem Vorsitz des prominenten Historikers Mehmet Fuat Köprülüzade zur Frage der Modernisierung des Islams. Ihre Ergebnisse sollten zwar nicht ins Leben treten, aber ihre Ideen werfen einiges Licht auf eine nicht ganz regierungstreue Haltung zum Islam und seiner Rolle in der Gesellschaft. Die zentralen Begriffe der Abschlussresolution stammen allesamt aus dem Grundwortschatz der Aufklärung und Moderne. Der Zweck der Religionsreform – keineswegs nur der religiösen Institutionen, muss man ergänzen – sei es, der Religion einen Beitrag zur Entwicklung des Landes zu ermöglichen. Mit Emile Durkheim und Ziya Gökalp sahen die Kommissionsmitglieder Religion als eine soziale Institution, die sich mit der Entwicklung der Gesellschaft verändern müsse. Aus diesem Grunde solle die Religion im Rahmen der türkischen Demokratie zum Fortschritt beitragen und nicht in Mystizismus und Irrationalismus verharren. Dazu schlug die Kommission verschiedene Maßnahmen vor: Sauber und ordentlich solle es in den Moscheen zugehen; der Gottesdienst solle schön, inspirierend und geistig erhebend sein; dazu seien Musikinstrumente in der Moschee zuzulassen; die Bemerkung, „der Bedarf an moderner instrumentaler Sakralmusik ist dringend", richtete sich gegen die traditionelle Koran-Rezitation; besonders notwendig sei eine philosophische Perspektive auf die menschliche Natur des Islams, die es bisher überhaupt nicht gebe. Die Kommission ging allerdings weit über den Rahmen hinaus, den die Regierung der Religion zugestehen wollte, als sie erklärte: „Auf diese Weise wird die Neue Türkei nicht nur eine religiöse Wiedergeburt erleben, sondern auch die Führung übernehmen für Freiheit und Fortschritt für alle muslimischen Länder, die sich noch im Zustand der Sklaverei und in zivilisatorischer Rückständigkeit befinden."[121] Realisiert wurde nur die Forderung, die Gebete auf Türkisch und nicht auf Arabisch zu sprechen.

In der Türkei hatte die Säkularisierung einen eigenartigen, bisher nicht genügend beachteten Effekt, der in seinen historischen Entwicklungen gesehen werden muss. Der Islam kam besser mit der neuen Situation zurecht als die Orthodoxie in Russland. Ostrorog fragte: „What, then, remains of Islam in Turkey?", und er gab zur Antwort: „The answer is that what remains of Islam in Turkey is Islam".[122] Es ist möglich, dass die institutionelle Struktur des Islams dazu beigetragen hat, den kemalistischen Umbruch besser zu überstehen als die Orthodoxie die bolschewistische Revolution. Als der osmanische Staat unterging, als zuerst Sultan und Kalif in einer Person, dann der *şeyh-ül-islam* und schließlich der letzte gewählte Kalif das Land verließen, da schien die Lage insofern dramatisch, als der Islam die eingangs dieses Kapitels genannte Einheitlichkeit von Staat und Religion verloren und sich nun mit einer westlich und laizistisch eingestellten Regierung abzuplagen hatte. Aber der Islam in der Türkei geriet viel weniger ins Trudeln als die orthodoxe Kirche in Russland. Das lag selbstverständlich an der weitaus größeren Brutalität des bolschewistischen Vorgehens, aber nicht nur. Dass der Islam keine Kirche kannte und keine mit der Orthodoxie vergleichbare hierarchische Organisation aufwies, half ihm, die Säkularisierungsmaßnahmen besser zu verkraften als die Orthodoxie. Letztere sah sich in Person ihrer höchsten Würdenträger genötigt, in das politische Geschäft einzugreifen, was ihr angesichts des krassen Atheismus und der antiklerikalen Haltung der bolschewistischen Führung nicht zum Vorteil gereichte, und sie meinte, während der Revolution, von der Bischöfe von Berufs wegen nichts verstehen, die Richtung zu weisen, in der das Heil des Landes zu finden sei.[123] Weniger Übereinstimmung mit den herrschenden Revolutionären ließ sich kaum finden. In der Türkei gab es nach der Ausreise der beiden Würdenträger keine „höchste" Stimme der Religion mehr; die *ulema* haben zwar protestiert, aber sich letztlich arrangiert. Daraus ließ sich die erste wichtige historische Erfahrung der 1920er Jahre für den Islam ableiten. Sie lautete, dass er des Kalifats nicht bedurfte. Der Lärm der Debatten und die Masse an zeitgenössischen Kommentaren über die Abschaffung des Kalifats standen in krassem Gegensatz zu den nicht vorhandenen Folgen für den Glauben.[124] Wenn man bedenkt, wie viel Tinte verbraucht wurde, um den durch die Abschaffung des Kalifats angeblich eingeleiteten Untergang der islamischen Welt zu beschreiben, so sehen wir den eigenartigen Fall vor uns, dass zeitgenössische Aufregung und historische Wirkung in keinerlei Verhältnis zueinander stehen. Der Islam ging nicht unter. Abgesehen davon durften sich die Kemalisten bestätigt fühlen. İsmet (İnönü), nach Atatürks Tod Staatspräsident, meinte anlässlich der Abschaffung des Kalifats Anfang März 1924, die Religion werde dadurch keine Veränderung erleiden.[125] Das war zwar übertrieben, aber in der Tat bedeutete in der Türkei Laizisierung nicht das Ende des Glaubens. Alle Pessimisten hatten Unrecht, als sie behaupteten, die Abschaffung des Sultanats und Kalifats werde zu Unruhen in der Bevölkerung führen. Auf dem Land nahm die Bevölkerung die Maßnahmen indifferent zur Kenntnis, und in den Städten wurden sie von der Mehrheit der Intellektuellen bejubelt.[126] Über die Ausnahme 1925 wurde berichtet.

Der Islam tat im Übrigen das, was er sonst auch machte: Er lebte in den Gemeinden; er entstaatlichte sich auf erstaunlich leichte Weise; er bot Religion, nichts weiter. Die unterscheidende Tatsache, dass der Islam in der Türkei ohne eine höchste Autorität in die Republikzeit eintrat, während die Orthodoxie mit einem neuen Oberhaupt und hochgehaltener Monstranz durch die revolutionären Wirren schritt, hat dem Islam eher geholfen als geschadet. Die zweite erstaunliche historische Erfahrung, die der Islam in den 1920er Jahren machte, lautete, dass er nicht auf den Staat angewiesen war, um lebendig zu bleiben, und dass die Auflösung der vielfach beschworenen Einheit von Religion und Staat, Religion und Recht nicht zwangsläufig den Tod der Religion zur Folge haben musste.

Kirche und faschistischer Staat

Über das Verhältnis von katholischer Kirche und Faschismus in Italien ist viel, in jüngerer Zeit vermehrt geschrieben worden. Es hat keinen Sinn, dieser lange Zeit stark nach Lagern einzuteilenden Literatur weitere Ausführungen über die Frage hinzuzufügen, ob es einen „Gewinner" bei der Neuordnung des Verhältnisses in der Ära des Faschismus gegeben, wer wen übermächtigt hat, ob der Faschismus klerikalisiert oder der Katholizismus faschistisch wurde. Das folgende Kapitel schaut vor dem Hintergrund der zuvor beschriebenen Entwicklungen auf Italien und trennt den italienischen Fall von der Türkei und Sowjetrussland ab, weil die Faschisten einen völlig anderen Weg beschritten als die beiden anderen Regime, obwohl der Antiklerikalismus Mussolinis und zahlreicher Gesinnungsgenossen – ob er sozialistischen Ursprungs war oder nicht, ist hier gleichgültig – bekannt war und eine Fortsetzung erwarten ließ. Aber das Gegenteil geschah. Das faschistische Regime strebte den Ausgleich mit dem Vatikan an und regelte ihn 1929 in den Lateranverträgen.

Ein vertraglicher Abschluss unter gleichberechtigten Partnern – auf diese Lösung wären weder die Kemalisten und schon gar nicht die Bolschewiki gekommen, die für Religion und ihre Institutionen einseitig Dekrete erließen, um beide staatlich zu reglementieren. Mussolini aber hob die Politik des liberalen Italien hinsichtlich der Kirche auf. Zwar brachen die Faschisten auch auf fast allen anderen Gebieten mit dem vorangegangenen Regime, so dass dieser Wandel nicht überraschen mag, aber es bleibt das Argument, dass Mussolini und viele Faschisten sich als unversöhnliche Kirchengegner gezeigt hatten. Dennoch überließen sie nach 1922 der Kirche Rechte, die sie zuvor noch heftig bekämpft hatten und – darin bestand Einigkeit unter den antiklerikalen Parteien – die auch die Liberalen nie bereit waren zuzugestehen. Außerdem „verstieß" Mussolini gegen das zu Anfang des 20. Jahrhunderts scheinbar gültige Gesetz der Säkularisierung, wonach der wirtschaftliche, soziale und politische Wandel zwangsläufig Religion und Kirche aus Staat und Gesellschaft verdrängte. Sprechen die Kirchenpolitik der Faschisten und der Abschluss der Lateranverträge für die These der faschistischen Antimoderne, weil Mussolinis Regierung auf einem zentralen Gebiet, dem der Trennung von Kirche und Staat, gezielt das Gegenteil von dem tat, was die Stunde geschlagen hatte? Wie sagte doch der türkische Justizminister Mahmut Esat (Bozkurt) 1926: „Das hauptsächliche Unterscheidungsmerkmal der Staaten, die zur Zivilisation unseres Jahrhunderts gehören, ist, dass sie Religion und Staat als getrennt ansehen."[127] Der Faschismus fällt diesbezüglich aus dem Rahmen der Geschichte der Trennung von Staat und Kirche und der Säkularisierung. Warum? Allein deshalb, weil Mussolini glaubte, es gebe nur zwei Möglichkeiten: die vollständige Trennung von Kirche und Staat oder die Zusammenarbeit auf Feldern gemeinsamer Interessen, wobei er meinte, den zweiten Weg vorzuziehen?[128]

Einige Gründe für die Verbindung von Kirche und Faschismus sind im ersten Abschnitt dieses Kapitels bereits genannt worden: die weitgehende Übereinstimmung in der Haltung zur Autorität, der aus dem Nationalismus geborene imperiale Mythos, vor allem aber die gemeinsamen Gegner Liberalismus, Freimaurertum und Sozialismus. Darüber hinaus stellte sich die Frage nach dem Zusammenhalt der italienischen Nation. „Rom oder Moskau", die polemische faschistische Variante der *Risorgimento*-Parole „Rom oder den Tod", bedeutete nicht nur eine Frage der zukünftigen Gesellschaftsordnung, sie enthielt auch ein nationales Versprechen, das sich in der Hauptstadt aller Italiener – und des angestrebten Imperiums – zum Ausdruck brachte. Ein Faschismus jedoch, der es nicht schaffte, die sozial und politisch zerrissene Gesellschaft zur einheitlichen Nation umzuformen, musste scheitern. Deswegen rückte der Ausgleich mit der Kirche für den *Duce* in den Vordergrund. Der Weg zum Konkordat[129] war durch und durch pragmatisch, ja geradezu ideologiefern, falls man von der Vorstellung einer mehr oder weniger geschlossenen faschistischen Ideologie ausgeht, was aber zweifelhaft ist. Die Kirchenpolitik zeugt gerade davon, zu welchen Richtungswechseln der Faschismus in der Lage war, selbst unter Berücksichtigung der Widerstände gegen die kirchenfreundliche Linie innerhalb der Partei, die am Ende dem Konkordat mit einer nicht nennenswerten Anzahl von Gegenstimmen doch zustimmte. Es hieße, die Sache verkürzt darzustellen, wollte man sagen, die Herstellung der Nation forderte den Ausgleich mit dem machtvollen Katholizismus, aber ohne diesen wichtigen Grund ergibt die Politik Mussolinis wenig Kohärenz. Darauf ist zurückzukommen.

In diesem Zusammenhang ist wichtig, dass auch der politische Katholizismus die Annäherung an den Faschismus suchte. Der *Partito Popolare Italiano* führte zwar heftige Diskussionen bis an den Rand der Spaltung über die Mitwirkung an Mussolinis Regierung, letztlich aber setzte er dem Faschismus keine strikte Opposition entgegen, wie ja auch die anderen bürgerlichen Parteien vor 1924 nicht. Aber vor dem Hintergrund der Vorgeschichte des politischen Katholizismus in Italien und dem krassen Antiklerikalismus weiter politischer Kreise, der Sozialisten und Faschisten eingeschlossen, ist der mehr oder weniger sang- und klanglose Übergang des PPI zum Faschismus doch verwunderlich. Die Gegner der Kooperation, PPI-Generalsekretär Luigi Sturzo etwa, ein Prälat, konnten sich nicht durchsetzen; Sturzo musste seinen Posten 1923 an Alcide de Gasperi abgeben, der die Zusammenarbeit mit den Faschisten befürwortete und betrieb und auch nach dem skandalösen Mord an Matteotti keine gemeinsame Opposition gegen die Faschisten eingehen wollte. Dann hätte er ja mit den Sozialisten, deren Führer soeben von den Schwarzhemden umgebracht worden war, gemeinsame Sache machen müssen. Wie hätte er auch sollen, da selbst der Vatikan Mussolini als das kleinere Übel ansah und ihn dem Sozialismus vorzog.[130] Trotz dieses Verbrechens, für das sich Mussolini in dreister und skrupelloser Pose als politisch verantwortlich bezeichnete, blieb der PPI dem Faschismus gegenüber grundsätzlich befürwortend eingestellt.[131]

Im Konflikt innerhalb des politischen Katholizismus erhielten die Faschismus-Befürworter die Unterstützung der Kurie. Mussolini hatte nämlich frühzeitig, kaum dass er Regierungschef geworden war, Signale ausgesendet, die dem Vatikan andeuteten, er sei an einer Lösung des seit einem halben Jahrhundert schwelenden Konflikts interessiert. Sein Gesprächspartner auf katholischer Seite, ein Jesuit, bezeichnete sich als „guten Jesuiten und guten Faschisten",[132] und Papst Pius XI., kaum im Amt, jubelte, Mussolini werde „mit elementarer Kraft alles niederringen, was ihm in den Weg kommt. Mussolini ist ein wundervoller Mann! Hören Sie mich? Ein wundervoller Mann!"[133] Dieser Einschätzung entsprach der faschistische Regierungschef, als er 1923 eine frühe Form der staatlichen Bankenrettung praktizierte, indem er eine bedeutende Summe aus Staatsmitteln zur Abwendung des Konkurses der vatikanischen *Banco di Roma* zur Verfügung stellte.[134] Ohne Wissen seiner Partei und der Öffentlichkeit ließ der *Duce* das Konkordat in dreijährigen Verhandlungen vorbereiten. Aber bereits 1924 gab die Kurie den PPI preis, indem sie Klerikern die Mitgliedschaft in politischen Parteien verbot. Viele Mitglieder des PPI traten daraufhin zum Faschismus über. Diese Unterstützung veranlasste Sturzo, ins politische Exil nach London zu gehen. Immerhin gab ihm der Vatikan einen Pass für die Ausreise, während de Gasperi die Früchte seiner Politik in Form einer mehrmonatigen Gefängnisstrafe erntete. Danach arbeitete er im Vatikan.

Mussolini fiel es nicht allzu schwer, den politischen Katholizismus und den Vatikan sowie dessen selbsternannten „Gefangenen" mit der Aussicht auf eine vertragliche Regelung an die Seite des Faschismus zu ziehen. Dass es ihm darüber hinaus gelang, die Kurie und den PPI gegeneinander auszuspielen, indem er der vom Papst bevorzugten Katholischen Aktion (*Azione cattolica*) Sonderrechte in Aussicht stellte, war nicht so sehr ein mephistophelisches Meisterstück der Verhandlungskunst, sondern den Vorlieben Pius XI. und seinen Ansichten über die im Vergleich zum PPI bessere Repräsentanz der katholischen Ideen in Italien geschuldet.

Die „Versöhnung" (*conciliazione*), die Mussolini mit den Lateranverträgen besiegelte, sah folgendermaßen aus: Artikel 1 legt den Katholizismus als Staatsreligion fest; die Vatikanstadt wird von Italien als souveräner Staat anerkannt (Artikel 2); Italien akzeptiert die „ausschließliche, unumschränkte souveräne Gewalt und Jurisdiktion des Heiligen Stuhles über den Vatikan" (Artikel 3); für infrastrukturelle Verbesserungen (Wasserversorgung, Radio, Telefon, Telegraphie) und Eisenbahnverbindung zahlt der italienische Staat (Artikel 6); Artikel 8 erklärt die Person des Papstes als „heilig und unverletzlich"; weitere Artikel des ersten Teils betreffen Bebauungsfragen, die Rechtssicherheit der katholischen Institutionen in Italien, die Befreiung vom Militärdienst und anderen staatlichen Verpflichtungen für Kleriker, die Stellung des Vatikans als völkerrechtlich souveränen Staat mit Gesandtschaftsrechten; allein vier Artikel legen Fragen des kurialen Eigentums fest. Von den 27 Artikeln des Staatsvertrages enthalten 25 Verpflichtungen des italienischen Staates, in Artikel 26 erkennt der Vatikan die endgültige Klärung der „römischen Frage" und das Königreich Italien mit Rom als Hauptstadt an. Artikel 27 betrifft Durchführungsbestimmungen. Das Finanzabkommen legt eine Entschädigungszahlung „als Folge der Ereignisse von 1870" in Höhe von 750 Millionen Lire fest; zusätzlich erhält der Vatikan 5%ige Schuldscheine des italienischen Staates in Höhe von einer Milliarde Lire. Diese Artikel bildeten den völkerrechtlichen Vertragsteil zwischen Italien und dem Staat Vatikan.

Der Konkordatsteil bestimmte die Lage der Religion und der Kirche in Italien. Seine 45 Artikel enthielten u. a. Bestimmungen über die freie Ausübung der katholischen Religion, die kirchlichen Festtage, Berufsverbote für abgefallene oder mit Zensur belegte Priester im italienischen öffentlichen Dienst, die Gebete zum Wohlergehen des Königs und des (faschistischen) Staates, die Besetzung von Bischofsstühlen, über den Amtseid der Bischöfe, welche Treue zum italienischen (faschistischen) Staat schwören sollten, und über den Religionsunterricht in den Schulen, der in der Elementarschule obligatorisch war.

Papst und *Duce* konnten zufrieden sein. Das Konkordat habe die „spirituelle Einheit Italiens mit der Kirche" vervollkommnet, meinte Pius XI.[135] Dass es das faschistische Italien war, das mit Mord und Totschlag den eher schlecht als recht funktionierenden italienischen Verfassungsstaat ausgehöhlt hatte, störte ihn nicht. Das übergeordnete Ziel bestand in der Herstellung einer *civiltà cattolica*; der Faschismus schien nur eine notwendige, aber befristete Übergangsform zu sein.[136] Der Papst erhielt darüber hinaus von den Faschisten die Vatikanstadt, die er noch heute hat. Bei soviel Entgegenkommen nimmt es nicht wunder, dass der Heilige Vater anordnete, die tägliche Messe möge mit einem Gebet für König und Führer (*pro Rege et Duce*) enden.[137] Außerdem gab sich der Papst die Reisefreiheit, die sich sein Namensvetter Pius IX. 1870 in einer martyrologischen Stilisierung selbst aberkannt hatte, auch selbst wieder zurück. Im Juli 1929 kam erstmals seit 1870 ein Papst hinter den Mauern des Vatikans hervor. Der *Duce* seinerseits gewann die Anerkennung zahlreicher Italiener und des Auslands; für ihn waren die Verträge ein diplomatischer und propagandistischer Sieg.

Die Konflikte zwischen Staat und Kirche hörten nach Abschluss der Verträge aber nicht auf; sie spitzten sich sogar zu. Mussolini ließ einige katholische Zeitungen schließen, und als er dasselbe mit den katholischen Jugendorganisationen vorhatte, widersprach der Papst mit Hilfe der – auf Italienisch verfassten – Enzyklika „Non abbiamo bisogna", in der er dem Anspruch des Faschismus, alle Bereiche der Gesellschaft zu absorbieren, entgegentrat.[138] Dieser Konflikt 1931 war deswegen von Bedeutung, weil es um mehr ging als um den drohenden Einflussverlust bei der Jugend, die in der faschistischen Jugendorganisation *Opera Nazionale Balilla* nur noch gemäß der Werte des Mussolini-Regimes erzogen worden wäre. Hier ging es um die katholische Laienbewegung (*Azione cattolica*) überhaupt. Pius XI. hatte sie stark gefördert und dem PPI vorgezogen, weshalb es ihm kein großes Kopfzerbrechen bereitete, der Auflösung des PPI durch die Faschisten zuzusehen, wenn nur die Laienbewegung erhalten bliebe, die schließlich im Konkordat namentlich erwähnt und geschützt wurde (Artikel 43).[139] Aus der Sicht des Papstes war dieses Beharren auf den Handlungsmöglichkeiten der organisatorisch an die Bischöfe angebundenen Laien und ihrer Organisationen von größter Bedeutung. Auf Seiten des Staates lautete die Einschätzung, der Staat habe es mit einer katholischen Massenorganisation zu tun, die innerhalb weniger Stunden zu einer mächtigen politischen Partei werden könne.[140] Dazu hatten die Lateranverträge die Grundlage gelegt. Der Einschätzung Francesco Traniellos ist in diesem Zusammenhang kaum zu widersprechen: „Das Konkordat hat die Staat-Kirche-Frage eher nicht abgeschlossen, sondern geöffnet."[141]

Während dieser Konflikte zwischen Papst und *Duce* studierten Kleriker im Vatikan die „totalitären" – im Vatikan verwendete man in den 1930er Jahren total und totalitär synonym[142] – Texte Mussolinis, zusammen mit denen Hitlers und anderer NS-Größen sowie Marx',

Lenins und Stalins, um einen „Syllabus" über Nationalismus, Rassismus und den totalen Staat zu erstellen, der jedoch aufgrund zahlreicher Rücksichtnahmen und opportunistischer Überlegungen nie das Licht der Welt erblickte.[143] Wichtig ist festzuhalten, dass der italienische Faschismus erst ins Visier der Inquisition geriet, nachdem der Nationalsozialismus an die Macht gekommen war, seine antichristlichen Potentiale zu entfalten begann und in Italien trotz Konkordat ernsthafte Konflikte mit dem Faschismus aufgetreten waren. Den italienischen Faschismus hatte der Vatikan bis dahin nicht durch Untersuchungen der Inquisition gewürdigt. Einen Schulterschluss mit dem Faschismus ging der Papst schließlich ein, als er erklärte, sich nur gegen den Kommunismus wenden zu wollen – unter Auslassung der Kritik an den antikommunistischen faschistischen Regimen in Italien und Deutschland. Aber nicht einmal daraus wurde etwas.[144] Wenn jüngste Archivforschungen im Vatikan ergeben haben, dass Papst Pius XI., und niemand sonst, den Anti-Rassismus-Syllabus, der auf der Grundlage von Hitler- und anderen NS-Texten entstanden war und selbst schon eine stark verkürzte Form des ursprünglich vorgesehenen Verdikts gegen Nationalismus, Rassismus und totalen Staat darstellte, „auf Eis legte",[145] dann heißt das zugleich, dass damit auch die Kritik am italienischen Faschismus hinter den Mauern des Vatikans verborgen blieb. Den Nationalsozialismus kritisieren und den Faschismus auslassen, darin bestand die Gratwanderung der Kurie, die ihr nicht gelingen wollte. Denn während die Arbeit an den päpstlichen Verlautbarungen im Gange war, unterstützten der Vatikan und zahlreiche hohe Kleriker den rassistisch-genozidalen Krieg Mussolinis gegen Abessinien, machten sie sich Sorgen über den verdammungswürdigen Laizismus in Mexiko, über den angeblichen Vormarsch des Kommunismus in Frankreich und in Spanien während des Bürgerkrieges. Die antinegriden und antisemitischen Rassegesetze von 1938 begrüßte der Papst jedoch nicht. Seine Widerrede soll Mussolini sehr enragiert haben. Vor der überschaubaren Öffentlichkeit einer belgischen Pilgergruppe gab der Heilige Vater seinen „Widerstand" zum Besten: „Geistig sind wir alle Semiten."[146]

Vor diesem Hintergrund fällt es schwer, die allgemeine kirchenpolitische Gesamtlage in Deutschland und Europa als angemessene Erklärung für diese Vorgänge anzuführen.[147] Es sei denn, man dreht die entschärfende Intention dieser Aussage um: Es ist unbestreitbar, dass die katholische Kirche sich jenen Entwicklungen entgegenstemmte, die im 19. Jahrhundert dem Volk politische Partizipation, Wahlen, Verfassung, Parlament, Bürgerrechte, darunter Pressefreiheit, Demokratie und Rechtsstaat eintrugen. Wer den Weg zu diesen Grundprinzipien, die für heutige westeuropäische Gesellschaften als unverzichtbar gelten, für richtig hält, muss feststellen, dass sich die Spitze der katholischen Kirche dagegenstellte. Nicht nur das: Sie hielt die liberale Phase nach ihrem Scheitern 1918–1922 für eine Episode, der eine postliberale Ära folgen würde. Die Frage, ob diese unglückliche Tradition dazu beitrug, dass die Kirche mit dem autoritären Faschismus besser zurechtkam als mit dem liberalen Italien, ist kaum zu entscheiden. Sicher ist aber, dass die Kirche ihre Bewährungsprobe nicht bestand: Die große Aufgabe, sich der Demokratie anzupassen, hat die katholische Kirche nicht nur nicht gelöst, sie hat sie nicht lösen wollen. Das zeigt das italienische Beispiel deutlich. Unter diesem Gesichtspunkt ist sie trotz gelegentlicher verbaler Distanz und aller Widersprüche in den eigenen Reihen zu einem Teil des faschistischen Systems geworden. Die Jahre des kirchlich-faschistischen Schulterschlusses als „Zwischenspiel" zu begreifen, das von einer „Wiedergeburt" des politischen Katholizismus abgelöst worden sei,[148] verniedlicht die Dimensionen der Kollaboration.

Die Kirche befand sich damit in einer Komplizenschaft, die weder die massiv unterdrückte und verfolgte Orthodoxie in der Sowjetunion noch der Islam in der Türkei infolge der Trennung von Religion, Kirche und Staat eingehen konnten. Die orthodoxe Kirche in der Sowjetunion war vom Staat aus dem politischen Leben ausgeschaltet worden. Die Gewaltpolitik des stalinistischen Regimes zeigte somit keinerlei Anzeichen eines Schulterschlusses der Kleriker mit dem Staat, von der noch zu besprechenden Sondersituation im Zweiten Weltkrieg abgesehen. Auch in der Türkei blieben die islamischen Würdenträger aus dem politischen Leben ausgeschlossen. In Italien aber paktierte die Kirche mit dem Faschismus, sie unterstützte ihn und partizipierte an ihm, und sie fand genügend Anlässe, sich mit ihm gemein zu machen. Das hinderte sie nicht, auch nach dem Konkordat dem Anspruch des Faschismus auf die totale Erfassung der Gesellschaft entgegenzutreten. Aber sie spielte nie, um mit einem historischen Vergleich die Dimensionen ihres Verhaltens im Faschismus zu verdeutlichen, die Oppositionsrolle, die sie sehr wohl gegen den Kommunismus einzunehmen imstande war, wie das Beispiel Polens nach 1945 deutlich zeigen kann. Mit dem Faschismus verband sie mehr, als sie trennte. Die Beziehung von Religion und Nation gehörte dazu.

Religion und Nation

Das Problem des Verhältnisses von katholischer Kirche und faschistischem Staat in Italien lässt sich nicht nur institutionell und rechtlich beschreiben; ein ebenso wichtiger Aspekt ist die Frage nach der Beziehung von Religion und Nation, danach, welche Stellung und welchen Einfluss die Religion auf das Leben der Nation – aus dem Blickwinkel des Staates – haben dürfe und – aus der Perspektive der Religion – haben müsse. Darin lag ein Konflikt begründet, der während der Dauer des faschistischen Regimes zu keiner Lösung kam, sondern erst danach seine Potentiale entfaltete.

Wichtiger als das Konkordat selbst war seine Wirkung auf die faschistische Einigung der Nation. Buchstäblich von Anfang seiner Regierungszeit an arbeitete Mussolini an ihrer Herstellung. Die Einleitung der Versöhnungspolitik des faschistischen Staates mit dem Katholizismus ging nicht zufällig mit den Überlegungen zur Herstellung der einheitlichen Nation über den Korporativstaat einher. Mussolini glaubte, das Konkordat könne die Kirche zu einer nationalen Institution machen.[149] Noch 1938 gab er dieses Ziel indirekt, aber deutlich zu erkennen, als er vom gemeinsamen Kampf gegen den Kommunismus sprach.[150] *Diese* Gemeinsamkeit, im Übrigen eine allen Lagern der politischen Mitte und Rechten aus der Vorkriegszeit vertraute Gemeinsamkeit, wusste Mussolini immer wieder zum Zwecke der Nationsbildung zu mobilisieren. Der Bürgerkrieg in Spanien tat sein Übriges, die Vorstellungen von einer unausweichlich welthistorischen Entscheidungsschlacht zwischen „Roten" und „Schwarzen" zu festigen.[151]

Das Kalkül des *Duce*, mit Hilfe der *conciliazione* die Unterstützung des Faschismus durch das katholische Milieu – nicht: zu gewinnen, denn der Katholizismus hatte, wir wiederholen uns, starke Affinitäten zum Faschismus, sondern – zu festigen und die Nation zusammenzubinden, ist zu einem Teil aufgegangen. Der Prozess einer Nationalisierung des Glaubens war spätestens seit dem Ende des Ersten Weltkrieges unübersehbar. Er sollte sich fortsetzen und jene Anknüpfungspunkte für die faschistisch-klerikale Annäherung bieten, von denen bereits die Rede war. Für die Kurie jedenfalls bestand neben den schon genannten Gründen deswegen kein Vorbehalt gegen den Faschismus, weil er als ein „möglicher und unverhoffter Verbündeter für die christliche Wiederherstellung der italienischen Gesellschaft" angesehen wurde, wobei sich der staatsorientierte Faschismus und die religiös-national orientierte

Kirche an dem Punkt der Herstellung eines katholischen italienischen Nationalstaats treffen sollten.[152] Artikel 1 der Lateranverträge hatte dazu bereits eine vorzügliche Grundlage geliefert. Vor diesem Hintergrund wird verständlich, warum Mussolini die Sympathien des Klerus und des Vatikans für weitere politische Abenteuer erworben hatte. Während des Abessinienkrieges war von der Kirche kaum Kritik zu hören, bei der Vorbereitung und Durchführung der italienischen Judenverfolgungen 1938 blieb es bei verbaler Kritik des Papstes vor halböffentlichem Publikum; die aus den Universitäten geworfenen jüdischen Studenten versuchte er jedoch in Nordamerika unterzubringen, und er initiierte Anfragen der Nuntien in nord- und südamerikanischen Staaten zur Aufnahme von Juden aus Deutschland, Österreich und Italien[153] – während er es gleichzeitig ablehnte, die berüchtigte Passage über die „perfiden" Juden in der Freitagsfürbitte zu löschen;[154] gegen die „Achse" Roms mit dem Nationalsozialismus war aus dem Vatikan nicht viel zu hören, und auch nicht gegen den Kriegseintritt an der Seite des rassistischen, antikommunistischen und antisemitischen NS-Regimes.

Dennoch blieb eine eigentümliche Ambivalenz bestehen. Trotz des vielfach beklagten Schweigens der Kurie zu zentralen Themen der faschistischen Politik und der vielfachen Zustimmung des Klerus zum Faschismus, setzte sich nach dem Abschluss des Konkordats die schon angelegte kompetitive Nationsbildung – faschistisch oder christlich – fort.[155] Trotz des Höhepunkts der Annäherung gerade anlässlich des Abessinienkrieges standen die Vorstellungen von einer christlichen Nation oder – besonders von Jesuiten verfolgten – *civiltà cattolica* (so auch der Name des jesuitischen, halboffiziellen vatikanischen Publikationsorgans) in Konkurrenz zueinander. Katholizismus und Faschismus trafen sich wiederum in den Überlegungen einer *romanità*, deren historische Dimensionen vom römischen Weltreich der Antike über das Reich der christlichen Kirche bis zum faschistischen Italien reichten, ebenso, wie sie sich bei Lichte besehen darin trennten, weil die faschistische *romanità* nicht den Kriterien der christlichen entsprach. So blieb ein oberflächlicher *imperialismo spirituale* die Klammer. Darin konnten beide in der Tat übereinstimmen, wie der preisgekrönte katholische Schriftsteller Giovanni Papini erläuterte: „Die Rettung der abendländischen Zivilisation (...) obliegt prinzipiell uns. Wenn Mussolini die Italiener auffordert, imperial zu fühlen und zu handeln, so denkt er nicht nur, glaube ich, an Libyen und Äthiopien: das italienische Imperium in Afrika ist nicht nur eine politische oder demographische Notwendigkeit, sondern auch eine Stärkung des Vaterlandes, damit es seine zukünftige Mission in Europa besser erfüllen kann."[156] Der Eindruck lässt sich schwer widerlegen, dass der Katholizismus mit dem Ziel, die christlich-nationale Zukunft Italiens und die christlich-universalistische Zivilisation zu gewinnen, zum Trittbrettfahrer des Faschismus wurde. Dreh- und Angelpunkt dieser Frage blieben die Nation, ihre Bedürfnisse und ihre Mission, die von Faschisten und Katholiken gleichermaßen ins Zentrum gestellt wurden. Vor diesem Hintergrund kam der katholische Anspruch in folgender Einschätzung zum Ausdruck: Da die Kirche selbst „nicht mehr als Instrument der Herrschaft, als Mittel der Regierung" konzipiert sei, müsse sie sich als die Organisation begreifen, die „über das moralische, religiöse, traditionale Bewusstsein der Nation verfügt."[157]

Die Lateranverträge hatten folglich die schon zuvor angelegte Konkurrenz der Ideensysteme zwischen Faschismus und Kirche nicht nur verstärkt, sondern auch dem Katholizismus einen Ort im Leben der Nation gegeben, den er seit 1860 nicht hatte einnehmen können.[158] Dieser Wandel sollte dazu beitragen, dass der Katholizismus trotz aller Komplizenschaft mit dem Faschismus relativ unbeschadet aus der Ära der Diktatur hervorgehen und sogar nach 1945 die stärkste politische Kraft in Italien bilden konnte. Den Kollaps des Faschismus überlebte der faschistische Staat nicht, wohl aber die katholische Kirche, nicht zuletzt dank ihrer bischöflich geleiteten Laienbewegung mit ihrer Verankerung in der italienischen Gesellschaft. Der katholische Teil der Nation, der in enger Verbindung und Gemeinsamkeit mit dem Faschismus durch die letzten Jahre vor dem Zweiten Weltkrieg gegangen war, entledigte sich des Faschismus, blieb aber katholisch. Die einheitliche Nation kam dadurch aber auch nicht zustande.

Der hier beschriebene Konflikt zwischen Religion und Staat sollte sich in gewisser Weise auch in der Türkei abspielen. Aber die Parallelen dürfen nicht strapaziert werden. Grundsätzlich ging es auch hier um Stellung und Einfluss der Religion auf die Nation, die wie in Italien alles andere als vervollkommnet und geschlossen gedacht werden darf. Auch in der Türkei versuchte ein Regime, die staatlichen Erziehungsziele durchzudrücken, die mit dem Wertesystem der Religion kollidierten, so dass zwangsläufig die Frage auf die Tagesordnung kommen musste, wie sich das Konkurrenzverhältnis auflösen ließe. Aus dem vorigen Kapitel sind die vollständig andersartigen Umstände der Trennung von Staat und Religion in der Türkei schon bekannt, nicht aber das Problem des Zusammenhangs einer staatlich kontrollierten Religion und ihrer Institutionen in einem laizistischen Staat und einer durch und durch religiösen Bevölkerung, die wiederum hinsichtlich ihres überwiegend türkischen Anteils die Nation bilden sollte. Mit ihrer laizistischen Politik hatten die Kemalisten einen Grundwiderspruch in das System eingebaut. Wir nehmen vorweg: Sie vermochten ihn nicht zu lösen; sie blendeten ihn einfach aus.

Das Problem trat anlässlich eines merkwürdigen Ereignisses deutlich zu Tage. Anfang 1928 konvertierten einige türkische Schülerinnen der amerikanischen Schule in Bursa zum protestantischen Christentum. Der Vorfall erregte einiges Aufsehen in der Öffentlichkeit. Die notwendigen Fragen wurden gestellt. Sie betrafen die Rolle der ausländischen Schulen in der Türkei, die von privater amerikanischer und europäischer Seite, zumeist verbunden mit einem Missionsauftrag, betrieben wurden – deren Existenz übrigens in der Sowjetunion vollkommen undenkbar war – und die Möglichkeiten der Indoktrination der Schülerinnen und Schüler mit ausländischen, namentlich christlichen, Inhalten.[159] In rechtlicher Hinsicht stellte die Konversion kein Problem dar, denn die Verfassung gewährte Gewissensfreiheit, offenkundig nicht nur auf dem Papier.

Die enorme Wirkung dieses Ereignisses ließ aber das erwähnte prinzipielle Dilemma der Kemalisten erkennen. Dabei hatten die Schülerinnen doch alles richtig gemacht. Sie genossen eine westliche Ausbildung, lernten Fremdsprachen, schrieben in lateinischer Schrift. Als relativ gebildete Frauen verkörperten sie geradezu das kemalistische Ideal der aus der Unmündigkeit und dem Analphabetentum entwachsenen neuen Frau. Indem sie europäisiert wurden, entledigten sie sich zugleich der Vergangenheit, aus der nach Ansicht der Kemalisten keine Kraft und keine Zukunftsidee bezogen werden konnte. Dafür, dass Vergangenheit und türkische Gegenwart „richtig" gelehrt wurden, sorgte die Vorschrift, dass an den ausländischen Schulen türkische Sprache und Geschichte nur auf Türkisch und von türkischen Lehrern unterrichtet werden durften. Die Mädchen hatten die Politik des türkischen Staates offenkundig korrekt verstanden. Im selben Jahr, in dem die Schülerinnen zum Christentum konvertierten, führte der Staat die lateinische Schrift ein, die das Lesen der Bibel ermöglichte und die Lektüre des Korans erschwerte. Zwei Jahre zuvor, am 1. Januar 1926, war die „christliche" Jahreszählung in Kraft getreten, welche den islamischen Kalender endgültig abschaffte. 1925 waren die religiösen Feiertage bis auf den *şeker bayramı* (Zuckerfest, am Ende des Ramadans; der Begriff ist bereits die säkulare Bezeichnung des ursprünglichen religiösen Namens *ramazan bayramı*) und den *kurban bayramı* (Opferfest) abgeschafft bzw. durch staatliche ersetzt worden.[160] Das Folgende konnten sie nicht wissen, aber es passt in diese Linie: Seit 1935 gilt in der Türkei der christliche Sonntag als Wochenruhetag (anstatt des 1924 eingeführten Freitag-Ruhetags).[161]

Obwohl die Schülerinnen eigentlich alles richtig gemacht hatten, begingen sie doch einen gravierenden Fehler, als sie zum Christentum übertraten. Sie hatten die Konsequenzen gezogen, die selbst den europäisierten Kemalisten zu gewagt erschienen. Wenn schon Europäisierung, dann auch ganz; wenn schon die Errungenschaften Europas angenommen werden sollten, was sprach dann dagegen, zum christlichen Glauben überzutreten? Die türkische Öffentlichkeit aber sah Gefahr für die türkische Kultur im Verzug.

Der Vorfall brachte die Frage auf die Tagesordnung, welche Religion zur Beschreibung der türkischen Nation und ihrer Kultur die richtige sei. Er steckte erneut das Spannungsfeld von Christentum, Islam und Nation in der Türkei ab. Um diesen Zusammenhang zu verstehen, muss man mehrere Aspekte auseinanderhalten:

Erstens: Die Kemalisten wünschten sich die Entstehung einer türkischen Nation und Kultur, die sie sich zwar als durch und durch national vorstellten, aber im besten Fall auch durch und durch säkular. Der Islam, das ging aus den bisherigen Abschnitten dieses Kapitels hervor, spielte in der kemalistischen Vision der zukünftigen Türkei und für das Idealbild des Türken bzw. der Türkin keine entscheidende Rolle. Grundsätzlich konnten also auch die christlichen Bewohner der Türkei (gute) Türken sein, denn das neue Türkentum war nicht vom Islam bestimmt. Rechtlich war diese Auffassung in der Verfassung von 1924 niedergeschrieben. Das Staatsangehörigkeitsgesetz von 1928 sah keine Diskriminierung von nichtmuslimischen Bürgern der Republik vor. Im Vertrag von Lausanne war diese Bestimmung festgelegt worden, so dass sich die Türkei schon allein aus diesem Grund veranlasst sah, sich daran zu halten. Die Säkularisierung des Staates brachte folglich den nichtmuslimischen Bevölkerungsgruppen zunächst Vorteile rechtlicher Art. Doch nicht nur ihnen.[162] Auch die meisten Aleviten, die auf eine lange Unterdrückungsgeschichte im Osmanenreich zurückblicken konnten, schlugen sich verständlicherweise auf Mustafa Kemals Seite, weil der laizistische Staat ihnen im Vergleich zur vorangegangenen Zeit die Religionsausübung erleichterte.[163] Der Laizismus lief auf die Entmachtung der Staatsreligion hinaus und bewirkte daher die Aufhebung von Unterdrückung für andere Glaubensrichtungen. Stellt man ihn in die Entwicklung der Jahrzehnte vor 1925, so ergibt sich noch ein weiterer Aspekt. Die Sultane duldeten die unterschiedlichen Konfessionen des Reiches, denen sie in vornationaler Zeit Selbstverwaltung (*millet*) erlaubten. D. h., in der offiziellen Politik Istanbuls existierte keine ideologische Verbindung von Staat und türkischer Nation. Erst die Jungtürken stellten besonders seit den Balkankriegen 1912/13 diese Verbindung her und unterstützten sie von offizieller Seite nach Kräften. Die Verbindung von Nation, Religion und Staat kam folglich erst kurz vor dem Zusammenbruch des Osmanenreiches zustande – um in der Republik in einen eigentümlichen Widerspruch zwischen laizistischem Regime und islamischer Nation zu geraten.

Zweitens: Die laizistische Position des kemalistischen Staates im Spannungsdreieck mit Religion und Nation forderte einerseits, die Religion aus diesem Verhältnis zu verdrängen. Andererseits bedeutete die Errichtung des Nationalstaats zugleich Türkisierung, die sich praktisch auf vielen Gebieten niederschlug, z. B. in der Förderung von Muslimen in der Wirtschaft.[164] Die Lage war also paradox. Sie bedeutete, dass der kemalistische Staat keine Muslime förderte, solange man darunter Gläubige der islamischen Religion verstand, wohl aber Muslime unter national türkischen Gesichtspunkten. In der Praxis ließ sich diese Unterscheidung aber nicht treffen. Außerdem betrachteten die laizistischen Kemalisten bestimmte Gruppen von Muslimen als nicht „türkisierbar", darunter Albaner und Araber. Unter nationalen Gesichtspunkten ergab sich daraus ein Problem für die Nichtmuslime. Nichtmuslimische Türken stellten einen Widerspruch dar. Er läßt sich folgendermaßen erläutern: Die Erfahrungen der türkischen Nationalisten in den vergangenen Jahrzehnten liefen auf die Erkenntnis hinaus, dass die Christen im Osmanenreich ihre Zukunft in einem separaten Nationalstaat sahen. Der spät einsetzende türkische Nationalismus, so hieß es in Kapitel 2, stellte eine Reaktion auf die Separatismen der christlichen Bevölkerung im Osmanenreich dar. Der Erste Weltkrieg und die nachfolgende Zeit der Besatzung verstärkten die Meinung türkischer Nationalisten, dass die neue Türkei am besten ohne problematische Minderheiten auskäme. Der in Lausanne festgelegte „Bevölkerungsaustausch" stimmte mit den von allen Seiten geteilten Ansichten deswegen überein, denn Griechenland – wie zuvor schon andere südosteuropäische christliche Staaten – suchte sich bekanntlich seiner muslimischen Bevölkerung zu entledigen. Die in der Türkei verbliebenen Christen, Griechen und Armenier zumeist, waren in den Augen der türkischen Nationalisten daher durch die Vergangenheit kompromittiert. Es spielte keine Rolle, ob die real vorhandenen Christen wirklich Separatisten gewesen waren oder nicht. Sie galten als „fünfte Kolonne" der ausländischen Interventen der

Nachkriegsjahre. Von hier aus war es kein weiter Weg, sie als Fremde in der nationalen Kultur der Türken zu betrachten. Problematisch war also die Beziehung von Religion und Nation in zweierlei Hinsicht: Der weniger schwierige Fall waren die als nicht assimilierbar eingeschätzten Muslime. Weitaus gravierender stellte sich das Problem, wenn man die Begriffe Religion und Nation durch Christentum und Türkentum ersetzte. Nichtmuslimische Religionen und türkische Nation ergaben ein konfligierendes Verhältnis.[165]

Wenn Nichtmuslime ein Problem für die türkische Nation darstellten, so musste sich zwangsläufig die islamische Religion als der türkaffine Glaube zur Beschreibung des Türkentums in den Vordergrund schieben. Daraus entstand der dritte Aspekt des Problems: Wie verhielt sich der laizistische Staat, wenn der Islam zur Beschreibung der türkischen Nation und Kultur dazugehörte? Die Antwort der Regierung war bestechend einfach. Sie ignorierte den religiösen Aspekt, weil sie ihn für temporär hielt. Im Laufe der Entwicklung der modernen Türkei werde er sich als nachgeordnet herausstellen. Diese Haltung trat besonders deutlich bei der Behandlung der zu Hunderttausenden einsiedelnden muslimischen Flüchtlinge und Vertriebenen (*muhacir*) zu Tage, die zum größten Teil nicht türkisch, sondern die Sprache ihrer albanischen, bulgarischen, griechischen und russischen Herkunftsorte sprachen und in deren Kulturen zu Hause waren. Sie wurden von der Regierung kurzerhand zu Türken erklärt. Dass man ihnen unter Umgehung der Bestimmungen des Staatsbürgergesetzes, das einen mindestens fünfjährigen Aufenthalt in der Türkei vorsah, die türkische Staatsbürgerschaft verlieh, erforderte die Situation.[166] Dass sie aber der türkischen nationalen Kultur fremder waren als die meisten Nichtmuslime in der Türkei, spielte für die Regierung keine Rolle. Sie waren Muslime. Als solche glaubte die Regierung, sie seien kurzerhand in Türken zu verwandeln.

Aus dieser Lage ergab sich ein unauflösbarer Widerspruch.[167] Die Regierung unternahm einerseits alles, um den Staat von der Religion zu trennen und um die religiös bestimmten Rhythmen und Rituale des Alltagslebens zu säkularisieren, andererseits beherbergte der Staat als Nationalstaat der Türken eine vorwiegend islamische Bevölkerung, in der Nichtmuslime mit zunehmender Dauer der Republik zu Fremden erklärt wurden, die ihrerseits wiederum dazu beitrugen, dass Islam und türkische Nation synonym gedacht wurden. Wie aber sollten die Säkularisierungsmaßnahmen, die bis in das Privatleben der Menschen hineinreichten, mit der Propagierung des türkischen Nationalismus zusammenpassen, der kein einziges spezifisch differenzierendes Merkmal aufwies? Muslime waren auch andere, die Kurden, die kurdisch sprachen, oder die meisten der in der Republik verbliebenen Araber mit ihrer eigenen Sprache; türkisch sprachen auch die verbliebenen Armenier und Griechen, ohne deswegen Muslime zu sein; die laut Lausanner Vertrag in die Türkei eingewanderten „Türken" sprachen, wie gesagt, zumeist kein Türkisch, waren aber Muslime; die Lasen waren Muslime, sprachen aber kein Türkisch, eine geringe Anzahl von Arabern sprach arabisch und betete zum christlichen Gott. Nur die Juden waren in jeder Hinsicht anders, sofern sie sich nicht ins türkische Milieu assimiliert hatten wie zum Beispiel Moïs Cohen, der unter dem Namen Tekin Alp zu einem der bekanntesten und wichtigsten Ideologen des Kemalismus wurde. Sie sprachen untereinander in der Mehrheit das spaniolische Idiom ihrer Herkunft, das sie bei ihrer Vertreibung von der Iberischen Halbinsel am Ende des 15. Jahrhunderts in das judenfreundliche Osmanenreich mitgenommen hatten.[168]

Der Kemalismus fand keine passende Antwort auf den scheinbar unvereinbaren Widerspruch von Laizismus und islamischer Religion als Bestandteil der türkischen Nation. Ihm blieb unter diesen Umständen nur die eine Möglichkeit, die nationale Kultur der Türken unter weitgehender Ausblendung des Islams zu beschreiben. Die Verzerrung der realen Verhältnisse schuf für die laizistischen Kemalisten, die nicht wie viele Bolschewiki unter den Symptomen radikaler Wirklichkeitsverweigerung litten, einen blinden Fleck auf der Landkarte der nationalen Türkei. Diese konzeptionelle Schwachstelle im Kemalismus förderte der Vorfall in Bursa zu Tage. Sie ist bis heute ein großes konzeptionelles Problem des türkischen Staates geblieben und hat zu der skurrilen Situation geführt, dass eine laizistische Staatsführung einem türkischen Nationalismus Vorschub leistete, für den der Islam einen zentralen Baustein bildete.

Wenn für die Kemalisten die Nation der Souverän und der Bezugspunkt allen politischen Handelns war, dann musste der Widerspruch irgendwann politische Folgen zeitigen. In der postkemalistischen Ära und unter den Bedingungen des Mehrparteienstaates sollte die im doppelten Sinne anatolische Provinz dem laizistischen Kemalismus ihre Rechnung präsentieren, indem sie jenen Parteien mehrheitlich ihre Stimme gab, die der Religion mehr Spielräume verschaffen wollten. Der erste muslimische Staat, der eine europäische Entwicklung wider die Religion in Gang setzte, weil er dem Islam keinerlei Entwicklungseffekte zugestand, kämpfte schließlich mit dem von ihm selbst geschaffenen Widerspruch: entweder Laizismus oder Einheit der Nation. Eine der Trennlinien der türkischen Gesellschaft nach 1950 verlief zwischen den Anhängern des Kemalismus und jenen, die zwar die Errungenschaften der Europäisierung nicht über Bord kippen wollten, aber der Religion eine gesellschaftliche – nicht politische – Stellung einzuräumen bereit waren. Es sieht so aus, als sei dieser Konflikt bis heute ungelöst. Die türkische Nation ohne islamische Religion zu definieren war ebenso unmöglich wie die italienische ohne Katholizismus.

Ist es aber richtig, von der türkischen Nation als einer muslimischen zu sprechen, und welche Säkularisierungseffekte hat es gegeben? Die Antworten in der Geschichtswissenschaft machen stutzig, weil sie von Empfindlichkeiten unter Historikern zeugen, die sich mit dem Verhältnis von Staat und Religion auseinandersetzten. Woher kommen die Aufregung und der Verlust der wissenschaftlichen Distanz bei diesem Thema, besonders hinsichtlich der Auswirkungen auf den Glauben der Menschen, der für die Konstitution der Nation unabdingbar zu sein scheint? Warum verändern Historikerinnen und Historiker ihre Sprache, wenn sie vom Verhältnis zwischen Staat und Kirche, Staat und Religion schreiben? Wo sonst das desemantisierte Vokabular zu Zwecken der Deskription Verwendung findet, weil die beschreibende, analysierende und interpretierende Arbeit den ausgewogenen Ausdruck erfordert, wird gern zu stärkeren Ausdrücken gegriffen, wenn es um diese Vorgänge geht, die nach 1918 unter dem Begriff der Säkularisierung zusammen gefasst werden. So lesen wir über die Türkei, die Kemalisten hätten, erstens, die „Zerschlagung des institutionellen Rückgrats des orthodoxen Islams“ bewerkstelligt, eine Attacke auf die Religion begonnen und sie zu zerstören gesucht,[169] ein Vorgang, der als „gewaltsame Säkularisierung“ bezeichnet worden ist.[170] Wir lesen, zweitens, die Kemalisten hätten mit ihren Säkularisierungsmaßnahmen das Dorf nicht erreicht; nicht zuletzt deswegen sei die Säkularisierung gescheitert.[171] Drittens wird gesagt, der Widerstand gegen die säkularisierenden Maßnahmen sei groß gewesen.[172]

An dieser Argumentation stimmt vieles nicht. Man kann nicht die Zerstörung des Glaubens und der Religion und gleichzeitig das Scheitern der Säkularisierung behaupten. Tautologisch ist es, die dritte Behauptung vom Widerstand gegen die Säkularisierung mit der zweiten Behauptung von der gescheiterten Säkularisierung zu „beweisen“. Es scheint, als seien die Interpretationen nicht stichhaltig. Außerdem werden die Begriffe unscharf. Woran z. B. machen Historiker die vermeintliche Zerstörung fest? Es stellt sich heraus, dass es schwierig ist, eine Aussage darüber zu treffen, was „zerstört" oder wie viel von dem, was nicht bezeichnet wird, „zerstört" wurde. Gemeint ist Religion, aber was bedeutet dieser diffuse Begriff in diesem Zusammenhang? Die Gebetshäuser, den Glauben an Gott, den Klerus, die „religiösen Virtuosen",[173] die Gläubigen im Allgemeinen, das religiös geprägte Alltagsleben, die Frömmigkeit der Menschen, welcher Menschen, alles zusammen? Und wie messen Historiker Scheitern oder Erfolg der Säkularisierung? Diese Fragen betreffen die grundsätzliche Problematik des Säkularisierungsvorgangs, auf die eingangs des Kapitels bereits hingewiesen wurde. Die Tatsache, dass nach mehreren Jahrzehnten Laizismus Menschen zu festgelegten Zeiten zum Gebet gehen, die religiösen Gebote einhalten, so gut es ihnen je nach individuellem Vermögen gelingt, dürfte allerdings kaum hinreichend beweiskräftig sein, die Vergeblichkeit der staatlichen Bemühungen zu konstatieren.

Das Scheitern ist von Zeitgenossen, die keinem der Lager der Anhänger oder Gegner der Säkularisierung angehören, nicht verbürgt. Norbert von Bischoff, österreichischer Diplomat von 1930 bis 1933 in der Türkei, schrieb mit Bezug auf die grundstürzenden Reformen des kemalistischen Regimes auf dem Gebiet der Religion, das türkische Volk habe sich „dieser vehementen Schockwirkung durchaus gewachsen" gezeigt.[174] „In der Tat hat dieses Volk die Vertreibung der altgewohnten religiösen Macht aus allen beherrschenden Positionen mit größter Gelassenheit hingenommen. Das Fehlen jedes ernsten, tätigen Widerstandes gegen die laizistische Politik Ankaras hat ungeheure Verwunderung im Abendlande hervorgerufen, wo man sich der das soziale und nationale Gefüge der Staaten in seinen Grundfesten erschütternden Konflikte erinnerte, die ähnlich raue Eingriffe der Staatsgewalt in die religiöse Sphäre zu allen Zeiten und bei allen Völkern des Westens heraufgeführt haben, und wo man, in der illusionistischen Vorstellung von einem fanatisch religiösen Türkenvolke befangen, nun ähnlich schwere Reaktionen in der Türkei erwartete."[175] Ein amerikanischer Beobachter fand es 1935 schwierig, einigermaßen genaue Informationen über die Popularität des Islam in der türkischen Bevölkerung zu erhalten,[176] offenkundig sah er dort keinen Widerstand gegen die Säkularisierung, wenngleich seine Bemerkung „(f)ew tears were shed for the demise of the caliphate"[177] sicherlich eine Untertreibung darstellte. Sicher lässt sich festhalten: Einen Volksaufstand gegen die Säkularisierung hat es nicht gegeben. „Im ganzen Land spürte man den Widerstand der Bevölkerung", schrieb hingegen Martin van

Bruinessen,[178] aber er fand nur einen Fall des offenen Widerstands. Wir erinnern noch einmal daran, dass mit Ausnahme des Scheich Said-Aufstandes, in dem sich kurdisch-nationalistische Motive mit religiösen verbanden, keine einzige religiös motivierte Rebellion registriert wurde. Deswegen müssen Historiker den passiven Widerstand bemühen, um das Scheitern der Säkularisierung zu belegen. Dennoch konnte van Bruinessen in einer Zwischenbilanz für das Jahr 1940 von einem Erfolg der Säkularisierungsbemühungen sprechen.[179]

Die Widersprüche lassen sich bisher nicht auflösen: In Wirklichkeit habe es keinen Niedergang der Religion gegeben, sondern die Tatsache, dass sie sich aus dem öffentlichen Leben zurückzog, war das Resultat eines „official discouragement". Ohne Schwund konnte es aber auch keine religiöse Wiederbelebung nach 1950 geben. Möglicherweise sei ein langsamer Prozess der Säkularisierung in Gang gekommen, der, wie in anderen modernisierenden Gesellschaften auch, nicht abrupt zum Ziel führte. Der offizielle Säkularismus war dann nicht so sehr Ursache als vielmehr Symptom dieses Prozesses.[180] Dass es ihn gab, steht außer Frage, wenngleich die staatliche Ordnung erst seit Beginn der fünfziger Jahre neben „die komplementären Ordnungen der Ehre und des Islam" getreten ist.[181]

Und in Russland? Hier ist die Geschichte kurz und vergleichsweise einfach: Das stalinistische Regime hat sich in höchster Not – zu Beginn des Zweiten Weltkrieges – der orthodoxen Kirche zu Zwecken des Patriotismus bedient.[182] Eine großrussisch nationale Politik entstand erneut in dieser Zeit, welche die nationalistischen Argumente der früher von den Bolschewiki geschmähten „Reaktionäre" übernahm, bis hin zu einem immer stärker werdenden Antisemitismus, der untrennbar zum russischen Nationalismus gehörte. Von einer orthodox-christlichen Nationsidee kann man nicht sprechen. Auch die Kirche hat sie, wohl wissend, dass sie unter strenger Aufsicht stand, nicht verfolgt. Aber sie hat die neue Freiheit dazu genutzt, ihre Positionen zu revidieren, indem sie sich bereit machte, dem russischen Nationalismus zur Verfügung zu stehen, sobald die Situation gekommen war. Diese Lage trat aber erst nach 1991 ein. Zuvor hat sich die orthodoxe Kirchenführung mit dem poststalinistischen Staat arrangiert und ihm zur Seite gestanden, sei es als „Sprecher" der „Friedenspolitik" des kommunistischen Staates oder als Denunziant der dissidentischen Kleriker in den eigenen Reihen. In der Sowjetunion aber waren die Bedingungen der Beziehung von Nation und Religion schon deswegen nicht zu erkennen, weil es an der russischen Nation mangelte.

7. Drei Wege aus der Diktatur

Der Erste Weltkrieg und seine Folgen riefen die drei hier verglichenen Regime auf die politische Bühne, gaben ihnen Richtung und ermöglichten jene „entfernte Verwandtschaft", von der in den vorangegangenen Kapiteln die Rede war. Der Zweite Weltkrieg trieb sie in verschiedene Richtungen. Es gibt keinen guten Grund, den Vergleich über diese Zäsur hinaus anzustellen, oder aber er müsste ganz anders angelegt und begründet werden, als es hier der Fall war. Zur Charakterisierung der drei Entwicklungswege ließe sich für das Schlusskapitel auch ein poetischer Titel finden: Italiens Glück, Russlands Unglück und das Lächeln der Türkei.

Italien: Abrechnung, Demokratie und schlechtes Gedächtnis

1945 wurde Italien den Faschismus endgültig los, ebenso die Besatzung des nördlichen Teils des Landes durch die Deutschen während der letzten Phase des Zweiten Weltkrieges. Für viele endete der Faschismus bereits im Juli 1943, als auf unspektakuläre Weise einige Rebellen im faschistischen Großrat Mussolini fallen ließen, woraufhin der König die Gelegenheit ergriff, den ehemaligen Generalstabschef Badoglio zum Ministerpräsidenten zu ernennen und den entthronten *Duce* verhaften zu lassen. Kurz zuvor waren die Alliierten auf Sizilien gelandet. Diese in den Augen der Imperiums-Anhänger militärische Schmach war nur der vorläufige Höhepunkt eines Krieges, in dem Italien militärisch nicht nur kaum etwas erreicht hatte, sondern sich vom deutschen Verbündeten helfen lassen musste, um Schlimmeres zu verhüten. Die Misserfolge italienischer Waffen auf den europäischen und afrikanischen Kriegsschauplätzen ramponierten das zweifelhafte Prestige des rhetorisch aufgeblasenen, aber militärisch und wirtschaftlich vergleichsweise schwachen faschistischen Staates erheblich. Die Entmachtung Mussolinis verlief daher bemerkenswert ruhig.

Anfang September 1943 kam der Waffenstillstand zwischen den mittlerweile im Süden der Halbinsel stehenden Alliierten und den italienischen Truppen zustande. Aber die Lage des Landes verschlechterte sich trotzdem: Anders als der im Vergleich geradezu würdevolle Sultan

Mehmed VI. Vahidettin im Jahre 1918, desertierte König Vittorio Emanuele III., über zwanzig Jahre lang ein treuer Komplize des Faschismus, und begab sich unter amerikanischen Schutz. Seinen Ministerpräsidenten nahm er mit. Die Konsequenz war die für Italien ungünstigste: Die Deutschen besetzten das Land des ehemaligen Verbündeten bis einschließlich Rom. Sie befreiten Mussolini aus dem Gefängnis und ließen ihn einen neuen faschistischen Staat auf dem unter deutscher Besatzung stehenden Teil Italiens errichten. In Anbetracht des abhanden gekommenen Königs gab sich dieser Staat als Republik aus, aber das Wort „faschistisch" sollte vermieden werden. Die *Repubblica Sociale Italiana* oder Republik von Salò (nach der „Hauptstadt" in Norditalien) war das Gespenst des Faschismus zwischen Wiederbelebung und Verscheiden. Die Faschisten terrorisierten die Bevölkerung, übten Rache an den Rebellen vom Juli 1943, unternahmen nichts, um das Ausbluten des Landes und die Gräueltaten an der italienischen Bevölkerung durch die Deutschen zu verhindern; die Deportation der italienischen Juden kam zum Höhepunkt.[1] Italien war außerdem geteilt: Im Süden kämpften sich die Alliierten nach Norden vor; das königliche Italien stand nun auf dieser Seite; in Mittelitalien und im Norden herrschten die Faschisten und der deutsche Bevollmächtigte.

1943 kann folglich als eine Zäsur angesehen werden. Nichts von dem, was sich Mussolini vom Zweiten Weltkrieg erhofft hatte, war erreicht worden: in den Worten der Historikerin Patrizia Dogliani „ein leichter Sieg, ein gewachsenes internationales Prestige, neue Territorien und Ressourcen, ein verstärkter Konsens im Innern".[2] Nicht nur die militärischen und politischen Schwächen traten offen zu Tage, auch die Bevölkerung litt unter den Kriegsfolgen in einem Maße, welches die Unterstützung für das Regime rapide schwinden ließ. Es war kein Trost, dass alle europäischen Länder kriegsbedingte Versorgungsengpässe kannten, die zum Teil dramatisch ausfielen. Die Italiener litten nicht nur Mangel, die großen Städte wurden seit Oktober 1942 auch zu Zielen alliierter Bombenangriffe. Ca. 21 000 Menschen kamen bis zur Kapitulation am 8. September 1943 dabei ums Leben.[3] Zeitgleich kämpfte die *Resistenza* immer offener gegen die Faschisten und die deutschen Besatzer. Bis zum Kriegsende verstärkte sie ihre Reihen, so dass sie schließlich gegen 300 000 Personen, darunter auffallend viele Frauen, umfasste; 30 000 bis 40 000 von ihnen fielen im Kampf, weitere fast 10 000 Menschen kamen durch faschistische Mörder ums Leben.[4] Es ist schwer zu sagen, ob bereits 1943 die Mehrzahl der Italiener dem Faschismus den Rücken gekehrt hatte, denn die Republik von Salò fand immer noch zahlreiche Unterstützer, aber Anlässe hatten die Italiener genügend, um dem Regime, das sie mehrheitlich bejubelt hatten, nun nicht länger die Treue zu halten. Die wachsende Zahl der Widerstandskämpfer zeigte, dass es – je wahrscheinlicher der Sieg der Alliierten wurde – ein deutliches Umdenken gab. Die Arbeiter in Norditalien streikten – das war verboten. Die Bevölkerung war des Krieges, der Versorgungsschwierigkeiten, der ständig schlechten Nachrichten vom Militär, der Bombardements der Alliierten und der Faschisten zunehmend überdrüssig. Schließlich bedeutete 1943 auch eine Pluralisierung der politischen Szene. Die *Democratia Cristiana* (DC) entstand als eine vorwiegend katholische, aber klassenübergreifende Partei. Die Sozialisten und die Kommunisten tauchten ebenfalls wieder auf.

Italien erlitt im Krieg Menschenverluste und Schäden an Vermögen und in der Wirtschaft. Aber das Land war weder flächendeckend zerstört, noch die Wirtschaft ruiniert. Die Lage sah 1945 vollständig anders aus als in der überfallenen Sowjetunion, wohin die Regierung italienische Soldaten geschickt hatte, von denen die allermeisten im Kessel von Stalingrad ums Leben kamen.[5] Sie sah übrigens auch viel besser aus als in den Gegenden, in denen italienische Truppen Krieg geführt hatten, ganz besonders auf dem Balkan. Dort hatten sie die Zivilbevölkerung gemordet und die Lebensgrundlagen zerstört. Die Zahlen sind wieder einmal höchst ungenau und umstritten: Zwischen 100 000 und 250 000 Menschen kamen dabei ums Leben.[6]

Die Wunden, die der Krieg in Italien schlug, ganz besonders die Verfolgungs- und Mordaktionen der deutschen Besatzer, hinterließen jedoch unübersehbar ihre Spuren, auch in der Erinnerung der Bevölkerung. Der vollständige Zusammenbruch des Faschismus in der *Repubblica Sociale Italiana*, die Hinrichtung des *Duce* und anderer führender Häupter der Republik von Salò, die Anwesenheit der Alliierten in Italien und die *Resistenza* verhalfen dem Land zur Chance, den Faschismus endgültig hinter sich zu lassen und zu demokratischen Strukturen überzugehen. Für Italien war das ein großes historisches Glück. War es mehr geschenkt als selbst erworben? Die Frage ist schwer zu beantworten. Das Ende der faschistischen Diktatur wurde durch die militärische Niederlage Deutschlands endgültig besiegelt. Viele Italiener, die wenige Jahre zuvor noch Mussolini begeistert gefolgt waren, bejubelten nun ebenso hingerissen die „Befreiung". Der propagandistisch überhöhte Widerstand, das tatsächliche Umdenken vieler Italiener und auch die bellifzierte Atmosphäre brachten aber auch eine andere Seite hervor. Die Abrechnung mit dem Faschismus verlief blutiger als dessen Aufkommen nach dem Ersten Weltkrieg. Zwischen 1943 und der Amnestie 1946 kamen ca. 12 000 Faschisten ums Leben.[7] Wir blättern zu quantitativen Vergleichszwecken zurück: Zwischen 1919 und 1922 wurden in Italien etwa 2000 Menschen aus politischen Gründen getötet. Zusätzlich begann eine Säuberungswelle, welche die Faschisten aus öffentlichen Ämtern, aber auch aus Posten in der Wirtschaft hinaus beförderte. Sondergerichte haben über 20 000 Verfahren geführt und über tausend Todesurteile ausgesprochen. Hans Woller, der die Abrechnung mit dem Faschismus untersucht hat und keineswegs der Meinung ist, dass Italien nach 1945 ein notorisch schlechtes Gedächtnis gehabt habe, kommt zu der Meinung, dass kaum ein anderes Land derart rigide Verfahren zur Ablösung vom Faschismus gefunden habe.

Im Angesicht der Mehrfachkrise, in die sich der Faschismus im Zweiten Weltkrieg hineinbegeben hatte und die ihm das Genick brach, grenzt es allerdings fast an ein Wunder, dass in Italien nach 1945 die militante Konstellation von rechtem und linkem politischen Lager nicht erneut zu bewaffneten Konflikten geführt hat. Aber vielleicht war es die größte Leistung der italienischen Politik und Gesellschaft, dass sie nach der blutigen Abrechnung in der Lage war, zu einem demokratischen Konsens zu finden, wenngleich er äußerst schwierig und unter Schmerzen besonders für die sich im Aufwind wähnenden Kommunisten zustande kam. Die Verfassung von 1947 legte davon Zeugnis ab. Für die Monarchie war darin kein Platz mehr; die Mehrheit der Italiener wollte sie nicht.

So tiefgreifend Italien mit dem Faschismus im Innern abrechnete, auf einem anderen Auge waren italienische Nachkriegsgesellschaft und -regierungen blind. Von den ca. 200 Konzentrationslagern auf italienischem Boden fand sich bald keine Spur mehr. Öffentliche Symbole des Faschismus aber verschwanden zum Teil erst Jahrzehnte nach seinem Untergang. Die Massaker und Kriegsgräuel in Äthiopien fanden nie eine rechtliche Aufarbeitung; auch hat kein italienischer Ministerpräsident oder Staatspräsident ein Wort der Entschuldigung gefunden. Das gleiche gilt für die Kriegsverbrechen in Libyen und auf dem Balkan. Die Bemühungen der äthiopischen Regierung, bei der *United Nations War Crimes Commission* ein Verfahren gegen die wichtigsten Akteure der italienischen Okkupation in Gang zu bringen, scheiterten nicht zuletzt dank britischer Intervention. An erster Stelle auf der Verbrecherliste stand Pietro Badoglio, der 1943 als Ministerpräsident zusammen mit dem König aus Rom geflohen war; ihm folgte Rodolfo Graziani, der sich als „Schlächter" in Libyen und in Äthiopien einen Namen gemacht hatte. Immerhin wurde keiner von beiden an die Spitze des

Afrikaministeriums gesetzt, das der christdemokratische Regierungschef Alcide de Gasperi noch bis 1953 fortbestehen ließ, obwohl es kein italienisches Afrika mehr gab. De Gasperi wusste die Verfolgung italienischer Kriegsverbrecher zu verhindern, wobei ihm der kalte Krieg politisch in die Hände spielte.[8] Was die Rolle der katholischen Kirche im Faschismus und der bis heute gültigen Lateranverträge angeht, so ist auch hier lange Zeit vieles im Dunkel der Geschichte verblieben.

Sowjetunion: Vergifteter Sieg

Eine historische Chance, wie die Italiener sie 1945 erhielten, wurde der Bevölkerung der Sowjetunion nicht zuteil. Die Stalinisten blieben an der Macht; sie vollzogen nach Kriegsende auch keinen der Türkei vergleichbaren Wandel. Die Soldaten der Sowjetarmee errangen einen vergifteten Sieg: Er stabilisierte das Terrorregime nach innen und er verhinderte eine Liberalisierung; weder die Kämpfer an der Front noch die Bevölkerung im Hinterland ernteten die Früchte ihres Einsatzes, sondern allein die Stalinisten.

Vor dem Hintergrund der Geschichte der Verfolgungen und Gewalttaten der Vorkriegsperiode lautet die entscheidende Frage: Warum gelang es dem Regime, die Deutschen aus dem Land zu werfen? Darauf gibt es zwei Antworten. Erstens: Die Sowjetunion war in sehr kurzer Zeit zu einem hochindustrialisierten Land geworden, das seine Industriepotenziale auf Kriegswirtschaft umzustellen vermochte und rasch die Rüstungsproduktion des „Dritten Reiches" überrundete. Das ist umso erstaunlicher, wenn man bedenkt, dass der Feind im Land stand und anfangs sehr rasch vorstieß, dabei wichtige Industriegebiete eroberte bzw. die Sowjetregierung zur Verlagerung ganzer Industriebetriebe in den Osten zwang. Der Zweite Weltkrieg wurde nicht so sehr auf den Schlachtfeldern entschieden als vielmehr durch die wirtschaftlichen Ressourcen und industriellen Möglichkeiten der kriegführenden Länder. Die stalinistische Industrialisierung der dreißiger Jahre hat diese Bewährungsprobe bestanden. Der Preis, den die Bevölkerung dafür zahlte, war allerdings unermesslich. Die zweite Antwort ist einfach: Die Bürger der Sowjetunion begriffen sehr schnell, dass die Herrschaft der Nationalsozialisten ungleich grausamer war als die der Stalinisten. Die Deutschen unternahmen alles, um diesen Eindruck zu bestärken.

Das führte zu einer tragischen Situation: Während die Sowjetbürger alle Kräfte gegen den rassistischen Vernichtungsfeldzug Nazi-Deutschlands mobilisierten, verteidigten sie zugleich die Stalinisten. Es galt, die Pest zu bekämpfen, um mit der Cholera zu leben. Millionen Menschen hatte die Stalin-Clique zur Zwangsarbeit in die Lager gesperrt, die Bevölkerung drangsaliert, diszipliniert und terrorisiert, Millionen Menschen kamen durch die aberwitzige Politik dieses Regimes zu Tode, sie starben an Hunger und Seuchen oder wurden umgebracht, ganze Völker hatten die Stalinisten deportiert und ihrem Schicksal überlassen. In militärischer Hinsicht hatte Stalin alles getan, um den Streitkräften möglichst großen Schaden zuzufügen. Etwa 6100 Offiziere des Kommandeurskorps wurden während des Terrors 1937/38 verurteilt, zusätzlich ca. 13 000 Unteroffiziere und einfache Soldaten. Mit anderen Worten: 75 % der obersten beiden Kommandeursränge, 95 % der Korpskommandeure, 62 % der Divisionskommandeure und 46 % der Brigadekommandeure wurden „repressiert". Aus diesem Grunde ist von der „Enthauptung" der Streitkräfte am Vorabend des Zweiten Weltkrieges gesprochen worden.[9] Während der NKVD Anklagen wegen Spionage gegen ungezählte Bürger der Sowjetunion fingierte, sabotierte Stalin die Verteidigungsfähigkeit der UdSSR auf eine nie dagewesene Weise.

Im Krieg litt die Bevölkerung eine Not, gegen die die Zustände in Italien beinah als Paradies bezeichnet werden können. Die Versorgung der Städte mit Lebensmitteln sank auf ein Minimum, so dass Bezugsscheine ausgegeben werden mussten. Ganz zu schweigen von den Gebieten, welche die Deutschen okkupiert hatten, lebten die Menschen in den Gegenden, in denen die Rote Armee stand, in unbeschreiblichem Elend. Der Hunger war so groß, dass Fälle von Kannibalismus vorkamen. Es gab sonst nichts mehr zu essen, weder Hunde noch Katzen, weder Gras noch Baumrinde. Im belagerten Leningrad, dessen Einwohner die Deutschen gezielt dem Hungertod preisgaben, starben die Menschen wie die Fliegen.[10]

Historiker werden niemals eine Antwort auf die Frage bekommen, ob die Entbehrungen der dreißiger Jahre eine Art Vorbereitung waren, die erbärmliche Lage während des Krieges besser ertragen zu können, ja mehr noch, selbst unter diesen Umständen genügend Kräfte zu mobilisieren, um den Gegner militärisch zu besiegen. Diese Vorstellung enthält ein Menschenbild, das von der antrainierten Entbehrung als einer Gewöhnungshaltung der Sowjetmenschen ausgeht, die auf ihr Handeln wenig Einfluss ausübte. Das ist nicht belegbar. So bleibt das eigenartige Rätsel bestehen, dass sich viele junge Männer trotz der Erfahrungen aus den dreißiger Jahren freiwillig in die Reihen der Roten Armee einschrieben, um ihre materiell dürftige Existenz zum Schutz der Heimat und Stalins aufs Spiel zu setzen. Einige Erklärungen außer den zuvor genannten gibt es: Der allgemeine Mangel wurde mit patriotischer Opferbereitschaft bewältigt. Patriotische Losungen und die Propagierung einer mythisch überhöhten Geschichte des Abwehrkampfes gegen die „Teutonen" halfen dabei.[11] Außerdem schien es Stalin opportun, eine gewisse Lockerung zu erlauben. Sie betraf in erster Linie die russisch-orthodoxe Kirche. Zur Mobilisierung der patriotischen Gefühle gestatte ihr der Diktator 1943 mehr öffentliche Präsenz und die Wahl eines Patriarchen; der Plan zu dessen Indienststellung zu Zwecken der Kriegspropaganda und Unterstützung des Regimes ging voll und ganz auf. Künstler spürten eine Liberalisierung. Den Kolchosbauern erlaubte der Staat, ihre privaten Parzellen zu vergrößern. Damit kam er nicht nur dem Wunsch der Bauern nach, sondern erhoffte sich dadurch eine verbesserte Versorgungslage.

Zur tragischen Ironie der Geschichte des 20. Jahrhunderts gehört die Tatsache, dass dank des deutschen Überfalls auf die Sowjetunion am 22. Juni 1941, der die Tilgung des sozialistischen Staates von der Landkarte beabsichtigte, die UdSSR nicht nur zur Weltmacht aufstieg, sondern auch eine vollständig neue und dauerhafte Legitimationsgrundlage erhielt. Der Sieg gegen Hitler-Deutschland verschaffte dem stalinistischen Regime im Ausland einen Status und im Innern eine Festigkeit, die es zuvor nicht gehabt hatte. Im Land herrschten triumphaler Enthusiasmus und zugleich unendliches Leid im Angesicht der Opfer und Kriegsfolgen. So sehr die Bevölkerung das Kriegsende und den Führer Stalin bejubelte, so wenig ahnte sie, dass die Stalinisten nicht von ihrer repressiven und blutigen Politik ablassen würden, obwohl die Menschen das Äußerste erlebt und auf sich genommen hatten. Sie erwarteten vielmehr eine Entschädigung für die erlittenen Entbehrungen.[12] Überliefert sind die deutlichen Hoffnungen auf Veränderung des stalinistischen Regimes. In den Städten maulte die Bevölkerung über die anhaltend schlechte Versorgungslage, die hohen Lebensmittelpreise und den Schwarzmarkt.

Die Bolschewiki befanden sich 1945 in einer einmaligen historischen Situation. Sie erhielten eine zweite Chance. Das Land war von den Faschisten befreit. Niemals zuvor standen Bevölkerung und Regime so eng beieinander wie am 9. Mai 1945. Der Jubel über die Kapitulation Deutschlands verband sich untrennbar mit dem Sieg des Regimes und mit Stalin persönlich. Obwohl die Sowjetunion mit 26–28 Millionen Toten[13] die mit Abstand höchsten Menschenverluste während des Zweiten Weltkrieges zu verzeichnen und kaum eine Familie keine Opfer zu beklagen hatte, keimte trotz aller unsäglichen Trauer und allen Leids doch Hoffnung auf ein besseres Leben auf, besser als die Kriegsjahre, aber auch besser als die Jahre davor mit ihren Lebensmittelkarten, Bezugsscheinen, der Wohnungsnot, dem Passsystem und dem allgegenwärtigen Terror. Hatten die Überlebenden dieses unermesslichen Krieges nicht ein Recht darauf? Das Wort Demokratie machte die Runde, die Zensur wurde in Frage gestellt und einige dachten an die Abschaffung der Kommunistischen Partei. Künstler genossen die kleinen Freiheiten, die der Krieg gebracht hatte. Auf dem Lande lief das Gerücht um, die Kolchosen würden abgeschafft. Bauern begannen bereits, Kolchosland wieder in eigene Bewirtschaftung zu nehmen.[14] Wann, wenn nicht jetzt, hätten die Stalinisten eine Kurskorrektur vornehmen können? Die ungeheuren und alles Maß übersteigenden Zerstörungen in den ehemals von den Deutschen okkupierten Gebieten boten zusätzlich die Chance dazu. Neueren Berechnungen zufolge kostete der Krieg die Sowjetunion ca. 25 % ihres materiellen Vermögens.[15] In den ehemals okkupierten Gebieten war von den Kolchosen nichts übrig geblieben. Nachdem die Deutschen einen großen Teil der sowjetischen Industrie der 1930er Jahre systematisch ruiniert hatten, mussten zahlreiche Industriebetriebe neu aufgebaut werden. Unbestreitbar ist, dass das Land vor einer gigantischen Wiederaufbauaufgabe stand, die einer mittlerweile dritten Industrialisierungsanstrengung gleichkam. Darin lag aber auch eine Chance für das Regime, die Dinge nun anders anzupacken, vor allem mit mehr Nutzen für die geschundene und im materiellen wie psychischen Elend hausende Bevölkerung. Stalin und seine Clique hätten die Landwirtschaft in Richtung eines höheren Anteils privater Betriebe reorganisieren, die Industriestruktur auf Konsum umstellen, die in der Verfassung festgelegten Rechte achten, die Lagerbevölkerung befreien und dem Terror ein Ende machen können. Sie hätten sich der dauerhaften Zuneigung des allergrößten Teils der Sowjetbevölkerung sicher sein können. Nichts davon haben sie unternommen. Dazu hätten sie zu Konzessionen bereit sein müssen. Aber die Vorstellung, die Stalinisten könnten wohlhabende Bauern dulden, wo sie sie doch gerade zu Tausenden ermordet hatten, fand keinerlei Anknüpfungspunkt in der sowjetischen Nachkriegswirklichkeit. Die Konsumgüterindustrie erlebte nur einen kurzen Investitionsaufschwung, dann trat das bekannte Muster der überproportionalen Bevorzugung der Produktionsmittelindustrien wieder in den Vordergrund.

Stalin nahm den Sieg und die im Krieg konzedierten kleinen Freiheiten als Bedrohung wahr. Hatten sich die bis nach Deutschland vorgedrungenen Rotarmisten vom Geist des Gegners und des Kapitalismus infizieren lassen? Die sowjetischen Soldaten in deutscher Kriegsgefangenschaft waren ohnehin stigmatisiert, nachdem sie bereits im August 1941 in einem Akt schauderhafter Unbarmherzigkeit pauschal als Deserteure und Verräter gebrandmarkt worden waren. Kämpften die Partisanen in der Westukraine nicht nach dem Waffenstillstand weiter – wie sich herausstellen sollte bis Anfang der 1950er Jahre –, diesmal für die nationalistische Abspaltung von der UdSSR? Gab es im eigenen Lande nicht genügend Menschen, die nur darauf warteten, Stalin, den Sozialismus und die ruhmreiche Sowjetmacht zu untergraben? Die ehemaligen Kulaken zum Beispiel, die Gulag-Häftlinge, die deportierten Völker, die Bewohner der eroberten Gebiete im Baltikum, in der westlichen Ukraine, im westlichen Weißrussland und in Bessarabien, die Opfer von Terror und Verfolgung, die Angehörigen der Opfer? Suchten die erfolgreichen Militärs nicht nach einer Gelegenheit, das Heft an sich zu reißen? Einige Millionen kamen auf diese Weise zusammen, die eine ungeheure Bedrohung darstellten – in den Augen Stalins. Unter den Bedingungen von so viel Feinden der Sowjetmacht musste der Wiederaufbau vonstattengehen, der entsprechend der Vorkriegsmethoden nur zentralistisch durchzuführen war. Die Bevölkerung konnte demnach nichts anderes sein als „Schrauben des riesigen Regierungsapparates".[16]

Die Handlungen der Stalinisten gründeten auf solchen Überlegungen. Marschall Žukov, der wichtigste „Kriegsheld", wurde degradiert und auf einen unwichtigen Posten versetzt, während sich Stalin selbst zum „Generalissimus" ernennen ließ, als der Krieg in Europa schon vorbei war. Den Krimtataren, Kalmücken, Wolgadeutschen, Tschetschenen, Inguschen, Balkaren, Karatschaiern, Kabardinern und Meschketen, welche die Deportationen und die „Neuansiedling" überlebt hatten, erlaubten die Stalinisten nicht, in ihre frühere Heimat zurück zu kehren. Präventiv ließen sie einen Teil der Bevölkerung der eroberten Gebiete, besonders die Intelligenz, namentlich im Baltikum, ins Innere der Sowjetunion deportieren.[17] Von den bis März 1946 insgesamt 4,2 Millionen Repatriierten wurden die meisten in „Filtrierpunkten" oder „Filtrierlagern" zusammengefasst, wo sie zu Geständnissen über Spionage oder Verrat gezwungen werden sollten. 57 % von ihnen schickte man nach Hause, die anderen erwarteten verschiedene Formen der

Verfolgung und Zwangsarbeit. Die Freiheiten in der Kultur nahm der Stalinist Andrej Ždanov in einer Hetztirade gegen die Schriftsteller Anna Achmatova und Michail Zoščenko im August 1946 zurück. Was Stalin von Demokratie hielt, die gerade nicht nur in Italien und in der Türkei (wieder)belebt wurde, dürfte allen Sowjetbürgern hinreichend bekannt gewesen sein. Wer das vergessen hatte, den erinnerte er daran, dass es sich dabei um eine unglückliche Folge des Kriegsbündnisses handele, der ein fester Schlag zu versetzen sei.[18] Damit die Juden nicht auf die Idee kamen, die Ermordung ihrer Glaubensbrüder durch die Nazis zum Anlass zu nehmen, ihre Religion und ihren Glauben stärker hervorzukehren und die Anerkennung als Volk zu erreichen, wurden die Zeugnisse der Vernichtung unterdrückt, der Holocaust zur Ermordung von Sowjetbürgern uminterpretiert, die Erinnerung daran tabuisiert und die führenden Vertreter der sowjetischen Juden ermordet.[19] Die Zahl der Lagerinsassen verringerte sich zwar bei Kriegsende, stieg danach aber wieder an, so dass um 1950 mehr Menschen im Gulag saßen als jemals zuvor. Diese Liste der stalinistischen Handlungskontinuität ist nicht vollständig.

Auch diese Entwicklungen nach 1945 verbieten den Vergleich der Sowjetunion mit der Türkei oder Italien. Es gibt nichts, was dem entspräche. Allein die Bevölkerung der Sowjetunion vermochte dem Unglück nicht zu entrinnen. Dem Terror der Vorkriegszeit folgte die Vernichtung während des Krieges, der der Terror der Nachkriegszeit folgte. Aber nicht alle sahen das so. Die Zahl der Mitglieder der Kommunistischen Partei schnellte nach Kriegsende von vier auf 5,9 Millionen empor. Besonders viele Soldaten waren darunter. Für sie hatte sich der Sozialismus im Krieg bewährt. Rotarmisten standen in Berlin. Ganz Osteuropa fiel unter die Herrschaft von Hammer und Sichel. Viele waren stolz darauf. Die Sowjetunion nahm schließlich ein Sechstel der Erdoberfläche ein. So brutal die Geschichte des Stalinismus sich fortsetzte, man darf nicht vergessen, dass es sehr viele Mitmacher gab, die nach wie vor von diesem System profitierten und die – vom Kriegsverlauf darin bestärkt – von der Überlegenheit des Sozialismus überzeugt waren.

Das fortgesetzte Unglück aber ließ sich nicht dauerhaft mit Kriegstriumph-, Fortschritts- und Optimismusrhetorik übertönen. Mit Verzögerung bahnte es sich seinen Weg in die Öffentlichkeit und ins Bewusstsein der Bürger. Schriftsteller, Essayisten, Naturwissenschaftler, Sänger, eine Unzahl fleißiger Kopisten verbotener Literatur und viele andere, bis auf wenige Ausnahmen nicht aber die sowjetischen Historiker, haben es auf ihre jeweilige Weise zur Sprache gebracht.

Für Italien bedeutete das Jahr 1945 eine tiefe Zäsur. Die vorangegangenen ideologischen, organisatorischen, institutionellen, symbolischen und rituellen Manifestationen hörten auf, das politische Leben zu prägen. Die Bolschewiki dagegen haben ihre zweite historische Chance mit katastrophalen Folgen für Leben und Wohlstand der Bevölkerung und für das Fortbestehen des Regimes verspielt. Sie wollten es nicht anders. 1989–1991 kam die späte Rechnung für ihre über Leichen gehende intellektuelle Verstocktheit, ideologische Borniertheit und menschliche Niveaulosigkeit, die zum Wesen des Stalinismus gehören. Die mittlerweile entstalinisierten Kommunisten fanden darauf keine angemessene Antwort.

Türkei: Die Massen kommen

Und die Türkei? Sie kam zwar nicht ohne Schaden, vor allem aber friedlich durch die Epoche, in der große Teile Europas in Schutt und Asche versanken. Türkische Soldaten gaben während der ganzen Zeit des Zweiten Weltkrieges keinen einzigen Schuss ab, kein Haus nahm durch Kriegseinwirkung Schaden und kein ausländischer Soldat setzte seinen Fuß in das Land. Die Türkei steuerte den riskanten Kurs einer höchst umstrittenen Neutralität, geriet deswegen von Deutschland ebenso wie von den Alliierten unter Druck und ließ sich dennoch nicht zu einem Kriegseintritt bewegen. Die Türkei machte sich nicht zum Komplizen Hitlerdeutschlands. Im Februar 1945, als die Sieger unbestreitbar feststanden, erklärte die Türkei Deutschland den Krieg, aber zu mehr als diesem symbolischen Akt kam es nicht. Am Ende erntete sie die Früchte ihres Lavierens, die nicht zuletzt dank ihrer geostrategischen Lage reiften: Die hegemoniale Macht des Westens nahm sie in den Kreis der Verbündeten auf; die territoriale Bedrohung durch die stalinistische Sowjetunion in Ostanatolien wurde mit Hilfe des Westens zurückgewiesen; gewiss, die Wirtschaft hatte durch den Krieg Rückschläge erlitten, aber es erfordert nicht viel Phantasie, sich vorzustellen, was aus dem Land geworden wäre, wenn es entweder an der Seite Deutschlands von den Amerikanern, Briten und Sowjets oder als Verbündeter der Alliierten von den Deutschen, die immerhin bis ca. 100 km vor die türkische Grenze vorgerückt waren, oder von den Italienern, deren Gebiete sich nur einen Steinwurf entfernt vom anatolischen Festland befanden, oder – diese Version ist die wahrscheinlichste – von allen gleichzeitig erobert worden wäre: Von der Sowjetarmee im Osten, von den Briten im Süden, von den Italienern und Deutschen im Westen und von den Amerikanern, nachdem die Deutschen und Italiener hätten abziehen müssen. Solche Szenarien waren nicht aus der Luft gegriffen, sondern gehörten zum Gedankenhorizont der türkischen Regierung in jenen Jahren. Der Krieg trug dennoch dazu bei, den größten Umbruch in der jungen Geschichte der Republik zu vollziehen. Die kemalistische Diktatur wandelte sich friedlich und in fairen und freien Wahlen zu einem Mehrparteiensystem und gab der Demokratie die Chance, die woanders mit Hunderttausenden oder gar Millionen von Toten bezahlt und mit vorgehaltener Waffe eingeführt werden musste. Die Kemalisten vollführten den Wandel, der sich sowohl bei den italienischen Faschisten als auch bei den Stalinisten nicht vorstellen lässt: Sie ließen sich abwählen und übergaben die Macht an die Opposition. Das darf man als außerordentlichen Akt in der Geschichte der ersten Hälfte des 20. Jahrhunderts würdigen.

Die Frage, warum die Kemalisten diesen Wandel vollzogen, ist in der Literatur häufig diskutiert worden.[20] Unter Einschluss der neueren und nicht westlichen Forschungen lässt sie sich knapp folgendermaßen zusammenfassen:

Die Türkei wollte nicht in den Krieg ziehen, weil sie wirtschaftlich und militärisch weit davon entfernt war, mit Aussicht auf Erfolg daran teilnehmen zu können. Mit den türkischen Streitkräften im Jahre 1939 konnte der Staat wahrlich keinen Krieg gewinnen.[21] Sie waren an Personalstärke und Bewaffnung nicht konkurrenzfähig. Die Türkei hatte im Vergleich zu den europäischen Staaten in West und Ost kaum aufgerüstet; eine Rüstungsindustrie existierte praktisch nicht, was selbstverständlich mit dem ohnehin schwachen industriellen Niveau des Landes zusammenhing. So nahm das erste Stahlwerk in der Türkei, von den Sowjets in volkswirtschaftlich unsinnigem, pompösem Stil errichtet, erst 1939 seine Arbeit auf. Was also konnte das Land gegen Panzer einsetzen? Die Neutralität im Krieg ging außerdem auf die Politik des Ausgleichs mit den Nachbarn und mit den Mächten zurück. Der auf zahlreichen Denkmälern eingemeißelte Spruch Atatürks *Yurtta sulh cihanda sulh* (Friede im Land, Friede in der Welt) klang zwar pathetisch und übersah geflissentlich höchst unfriedliche Vorgänge im Innern, aber als Leitlinie der türkischen Außenpolitik durfte er dennoch gelten. Während sich im Europa der dreißiger Jahre revisionistische Vorstellungen und politische Bewegungen durchsetzten, nahm die Türkei an diesen Ideen und Aktionen nicht teil. Weder suchte sie Geländegewinne, um verlorenes osmanisches Territorium zurückzuerlangen, noch erlaubte sie panturkistischen Überlegungen irgendeine politische Bedeutung. Allein der Sancak Alexandrette (Hatay) fiel 1939 nach einer Volksabstimmung an die Türkei. Ebenfalls eine Rolle spielten die Kriegserfahrungen des Ersten Weltkrieges. In der türkischen Regierung erinnerte man sich noch gut daran, aus einer Art Nibelungentreue zu den Deutschen in den Krieg hineingezogen worden zu sein, der das Land schließlich teuer zu stehen kam.

Aber die Neutralitätspolitik unter den Bedingungen höchster Kriegsgefahr trieb das Land zu Kriegsvorbereitungen ohne Kriegsteilnahme, das heißt zu einer „Neutralitätswirtschaft", die alle Kennzeichen der Kriegswirtschaft aufwies. Die Politik der Nichteinmischung ersparte dem Land zwar unzweifelhaft die allergrößten Leiden, sie forderte aber ihren Preis. Volkswirtschaft und Bevölkerung zahlten ihn in Form galoppierender Inflation, rasant sinkender Reallöhne, Lebensmittelknappheit, Schwarzmarkt, Entstehung von Spekulationsvermögen, Staatsverschuldung und steigender Rüstungsausgaben (die 1941 55 % des Staatshaushaltes ausmachten). Die große Abhängigkeit der türkischen Agrarexporte vom Wohlwollen der Handelspartner, unter denen Deutschland im Verlauf der dreißiger Jahre der mit Abstand wichtigste geworden war, verschärfte die wirtschaftlichen Probleme.[22] Den Krieg aus dem Lande herauszuhalten war ein äußerst schwieriges Geschäft, das die Kemalisten um İsmet İnönü, den Nachfolger Atatürks im Präsidentenamt, erfolgreich betrieben, aber an den Folgen des Krieges im Innern scheiterten sie. Obwohl sie im Januar 1940 mit Hilfe des „Gesetzes zur nationalen Verteidigung" (*millî korunma kanunu*) weitreichende Kompetenzen erhielten, über das ohnehin schon bestehende Maß in die Wirtschaft einzugreifen, verschlechterte sich die Lage.

Auf der Basis dieses Gesetzes nahm die bereits existierende staatliche Intervention in die Wirtschaft zu: Der Staat suchte der Spekulation und den unübersichtlichen Marktverhältnissen zum Wohle der Bevölkerung Herr zu werden; diese litt besonders unter dem rapiden Verfall der Kaufkraft und den rationierten Lebensmitteln; die Kriegswirtschaft der Neutralität verstärkte den ohnehin angelegte Trend zum staatlichen Eingriff in die Wirtschaft und führte den Etatismus zum Höhepunkt; auf diese Weise wurde der Staat bzw. die kemalistische Elite immer mehr zum Unternehmer und Verwalter des nationalen Kapitals auf Kosten des privaten Sektors. Ein etatismuskritischer Ökonom sprach 1948 davon, der Staat sei der dominante und allmächtige Unternehmer geworden.[23]

Im November 1942 erreichte diese Politik in Form der Vermögenssteuer (*varlık vergisi*) einen zweifelhaften Höhepunkt.[24] Bei zunehmendem Haushaltdefizit sollte die Abgabe die Profite der Kriegsgewinnler abschöpfen. Die ließen sich ziemlich genau lokalisieren, so dass die Steuer geographisch hauptsächlich auf Istanbul, Izmir und Ankara beschränkt blieb. Keineswegs zufällig traf sie die nichtmuslimischen Minderheiten, denen die Regierung unterstellte, ganz besonders vom Krieg zu profitieren. In der Praxis lagen die Steuersätze für Griechen, Armenier und Juden zehnmal höher als für Muslime, für zum Islam konvertierte Juden (*dönmeler*) doppelt so hoch. Zahlreiche Unternehmer, auch kleine und mittlere, sahen sich den drakonischen Strafen des Staates ausgesetzt: Konfiskation des Vermögens bei Nichtentrichtung und Arbeitslager für die Säumigen. Insgesamt 1400 Personen, allesamt Nichtmuslime, wurden ins Arbeitslager im ostanatolischen Aşkale verschickt. Nur die äußerst prekäre außenpolitische Situation 1942/43 veranlasste die Regierung, nach massiver Kritik des westlichen Auslands dieses üble Diskriminierungsgesetz ein Jahr nach Einführung zurück zu nehmen. Die Insassen von Aşkale erhielten ihre Freiheit zurück. Aber die Umstände der Rücknahme schufen neue Ungerechtigkeiten.

Die Vermögenssteuer legte von allen wirtschaftlichen und politischen Maßnahmen der Periode 1939–1945 den klarsten Beweis dafür ab, worum es den Kemalisten letztlich ging: Sie hatten sich als Elite im Lande etabliert; sie verfügten nicht nur über die politischen Machtmittel, seit den dreißiger Jahren kontrollierten sie auch immer mehr die Industrie und konzentrierten über Banken das nationale Kapital in ihren Händen. Die Vermögenssteuer ließ sich zwar mit Hinweis auf die leere Staatskasse offiziell rechtfertigen, die Art ihrer Durchführung aber lässt darauf schließen, dass es um die weitere Konzentration der Vermögen bei gleichzeitiger Türkisierung ging. Falls die Kemalisten wegen dieser schon lang andauernden Politik jemals die Unterstützung der wirtschaftlich starken Kräfte der nationalen Minderheiten erhalten hatten, so durften sie von ihnen nunmehr wenig Sympathie erwarten. Einer der wichtigsten zeitgenössischen Kenner der Vermögenssteuer urteilte, mit seiner Maßnahme habe der Staat das Vertrauen seiner Bürger verspielt, die Atmosphäre für das wirtschaftliche Leben sei vergiftet worden,[25] wohingegen Bernard Lewis' überzogen prokemalistische Deutung, „Turkey's one essay in persecution was a mild and gentle affair",[26] die Sache erheblich verniedlicht.

Auch Muslime wandten sich von den Kemalisten ab. Das Land befand sich offenkundig in einer materiellen, wirtschaftlichen und auch geistigen Krise, wie Zeitgenossen meinten.[27] Die Regierung glaubte zunächst, für Ordnung sorgen zu können. Das „Gesetz zur nationalen Verteidigung“ und das in sechs Provinzen rund um die Meerengen ausgerufene Ausnahmerecht erlaubten ihr ein hartes Vorgehen gegen abweichende Meinungen. Die kritische Intelligenz interpretierte die Schließung von Zeitungsredaktionen und gesellschaftlichen Organisationen als Maßnahme des autoritären Staates. Selbst innerhalb der CHP zeigten sich immer mehr kritische Stimmen.

Mit der geplanten Agrarreform 1945 verprellten die Kemalisten sowohl landlose Bauern als auch Großgrundbesitzer. Nur etwa die Hälfte der ca. 2,5 Millionen Bauernfamilien beackerten eigenes Land, wohingegen der Großgrundbesitz stark konzentriert war: 6128 Großgrundbesitzer teilten sich ca. 80 % der Ackerfläche.[28] Zwanzig Jahre lang hatten die Kemalisten an dieser Lage nichts verändert. 1945 aber sollten die landlosen Bauern endlich mit Land ausgestattet werden, damit die Landwirtschaft insgesamt Aufschwung nehme. Die Vorschläge der Agrarreform liefen auf eine Verminderung des Großgrundbesitzes hinaus; irgendwer musste Land hergeben, wenn es neu verteilt werden sollte. Kein Wunder, dass die Magnaten sich nicht mehr von den Mehrheitskemalisten repräsentiert sahen und der erste Vorsitzende der 1946 gegründeten Oppositionspartei *Demokrat Parti* (DP), Adnan Menderes, ein Großgrundbesitzer war.[29] Spaltungstendenzen begannen sich in der CHP zu zeigen.

Schließlich fand sich auch das im Kemalismus entstandene türkisch-muslimische Bürgertum nicht mehr zurecht. Die Eingriffe des Staates in die Fragen von Rohstoffen, Preisen, Märkten, Ausfuhren, Steuern und andere betriebswirtschaftliche Elemente knebelten die Privatinitiative auf allen Ebenen von Betriebsgrößen. Die entstehende bürgerliche Opposition gegen den kemalistischen Etatismus forderte den Rückzug des Staates, ohne ihn jedoch gänzlich aus dem Wirtschaftsleben vertreiben zu wollen, denn allen Unternehmern in der Türkei war klar, dass sie ohne die staatlichen Hilfen kaum oder nicht so schnell reüssieren würden. Stärkere Anbindung an die USA verband sich mit der – dann auch realisierten – Hoffnung auf finanzielle und militärische Unterstützung. An diesem Punkte kamen außenpolitische Neuorientierungen und wirtschaftliche Interessen mit dem amerikanischen Interesse einer Bindung der Türkei an den Westen, besonders nach 1947, zusammen. Dass der demokratische Wandel fast ausschließlich außenpolitisch, das heißt durch die Amerikaner mit Hinweis auf die in Aussicht stehenden Hilfen in Gang gekommen wäre,[30] verkennt die soziale Lage der Türkei und übersieht ihre Bedeutung für die weitere Entwicklung. Sicher ist aber: Die CHP verlor die Großgrundbesitzer, das städtische muslimische Bürgertum und die Intelligenz. Ob sie die Bauern jemals auf ihrer Seite hatte, war ohnehin fraglich.

Im Krieg und unmittelbar danach entstand eine paradoxe Situation. Die kemalistische Regierung tat alles, um das Land aus dem Krieg heraus zu halten, aber die Bevölkerung wusste den Friedenskurs nicht hinreichend zu honorieren und machte die Kemalisten für die gravierenden wirtschaftlichen Schwierigkeiten, das autoritäre politische und das knebelnde wirtschaftliche System verantwortlich. Für die Kemalisten zahlte sich die Neutralität im Innern politisch nicht aus. Sie führten zwar keinen Krieg, aber die Folgen waren für sie so, als hätten sie ihn verloren.

Diese Lage kam im Mai 1950 deutlich ans Licht. Das 1946 verabschiedete neue Wahlrecht erlaubte fast acht Millionen Bürgern, in direkten und freien Wahlen ihre Stimmen abzugeben. Ministerpräsident Günaltay sah die Lage richtig, als er nachträglich notierte, das Volk wolle nun nicht mehr nur Ausführender sein, sondern selbst die Kontrolle über die Staatsgeschäfte ausüben.[31] Nun hatte es die Wahl. Zwischen 1945 und Mai 1950 traten 24 Parteien ins Leben, der größte Teil davon jedoch war regional oder sozial eng begrenzt. Auffällig viele linke Gruppierungen befanden sich darunter.[32] Bereits 1946 standen mehrere Parteien zur Abstimmung, aber 1950 traten die Massen unter den Bedingungen des neuen Wahlrechts in politische Aktion. Demnach zählten die direkten Stimmenanteile. Nun erwies sich, wie viele Anteile der Wahlberechtigten, von denen 88 % ihre Stimme abgaben, die Kemalisten hinter sich hatten. Für die Regierung waren es zu wenig, denn 39,9 % wählten die CHP und 53,6 % die unverbrauchte DP, die Unabhängigen erzielten 3,4 % und die Nationalpartei 3,0 %. Dem Wahlrecht entsprechend erhielt die DP 396 Sitze (1946: 34) und die CHP 68 (403), die Unabhängigen 7 (7) und die Partei der nationalen Wiedergeburt einen (23) Sitz.[33] Diese Wahl ein Plebiszit gegen die CHP zu nennen, trifft den Kern.[34] Erstmals in der Geschichte der Republik trat die Nation ins politische Leben der Türkei ein. Die Kemalisten hatten es über zwanzig Jahre für richtig gehalten, sie nur innerhalb der von der CHP gesteckten Möglichkeiten daran teilnehmen zu lassen. Die demokratische Wende der Kemalisten und das neue Wahlrecht machten es möglich, dass die Bevölkerung der Türkei über Alternativen abstimmte.

Trotz des soeben genannten fundamentalen politischen Wandels setzte sich der Kemalismus fort.[35] Seine Grundprinzipien rührte auch die in die Regierung gewählte DP nicht an. Sie gelten bis heute. Der

Islam steht nach wie vor unter der Kontrolle der staatlichen Aufsichtsbehörde; er wurde 1928 als Staatsreligion aus der türkischen Verfassung gestrichen und seither nicht wieder hineingeschrieben; weder haben die geistlichen Würdenträger und Rechtsgelehrten ein politisches Gewicht oder Amt erhalten noch ist der politische Islam oder der *şeyh-ül-islam* erneut institutionalisiert worden; die Scharia hat nicht in die Republik Türkei Einzug gehalten; das lateinische Alphabet abzuschaffen, hat keine Regierung auch nur im Traum erwogen; über die Verwendung des Fes hat die Geschichte ihr Urteil gesprochen; zum laizistischen Schulsystem gibt es trotz der Privatschulen der religiösen Fethullah Gülen-Organisation[36] keine Alternative; die Emanzipation der Frauen aus religiös-patriarchalischen Verhältnissen hat unübersehbar zugenommen; das 1930 bzw. 1934 eingeführte aktive und passive Frauenwahlrecht – früher als in Italien, Frankreich, Belgien, Griechenland, in der Schweiz; noch heute dürfen Frauen in einigen arabischen Staaten nicht wählen, wobei es dort ohnehin nicht viel zu wählen gibt, so dass eine Abschaffung des Männerwahlrechts eine Maßnahme zur Gleichstellung wäre – war in dieser Hinsicht zwar kein Meilenstein, gab aber den Frauen die Möglichkeit der politischen Repräsentation. Allein der Etatismus ist sowohl in seiner ökonomischen als auch gesellschaftspolitischen Funktion zurückgenommen worden. Nicht ob das Land wirtschaftlich modernisiert werden sollte, lautete die Frage, sondern wie. Die im Kemalismus angelegte kapitalistische Entwicklung des Landes und die Garantie des Privateigentums, d. h. umgekehrt auch die Verhinderung des Sozialismus, standen außer Frage.

Daher blieben die Grundlagen des Kemalismus auch bestehen, nachdem das Elitenmodell der Kemalisten Geschichte geworden war und die türkische Gesellschaft an der Politik zu partizipieren begann. Vor allem waren die sozialen Unterschiede zwischen der nach den Wahlen 1950 regierenden *Demokrat Parti* und der CHP nicht so gravierend,[37] dass daraus ein alternierendes Gesellschaftsmodell für die türkische Republik entstanden wäre. Die Gründungsmitglieder stammten aus den Reihen der CHP. Nach dem Zweiten Weltkrieg waren sich die führenden DP- und CHP-Mitglieder sozial ebenso nah wie die *İttihatçılar* und die Kemalisten nach dem Ersten Weltkrieg. Auf diese Weise standen grundlegende soziale Reformen, die insbesondere den ländlichen Unterschichten aus der miserablen Lage hätten helfen können, weiterhin nicht auf der Tagesordnung. In der Ablehnung des Sozialismus war man sich vollkommen einig. Die Bruchlinie zwischen CHP und DP verlief vielmehr hauptsächlich zwischen weniger und mehr wirtschaftlichen Liberalismus. Eine Veränderung der sozialen Verhältnisse wollten beide Parteien nicht. Sie hätte ihren Interessen geschadet.

Viele meinen, die größte Herausforderung des Kemalismus bestehe in einer Rückkehr des Islams in den laizistischen Staat. Diese Ansicht ist zwar nicht völlig falsch, sie ist jedoch einseitig, zu sehr gegenwartsbezogen, und sie blendet entscheidende Aspekte des Kemalismus nach 1945 aus. So war es angesichts der Klassenbindung des Kemalismus kein Wunder, dass er nicht so sehr durch den Islam und die Kraft des Überkommenen, auf kulturellem Gebiet folglich, seine schwerste Bewährungsprobe zu bestehen hatte, sondern auf sozialem, dort also, wo er die größten Defizite aufwies. Die Bedrohung des Kemalismus erfolgte nicht so sehr von der Seite der Tradition als vielmehr durch die Folgen der kemalistischen Modernisierung. Die Entwicklungen in der Türkei nach 1945 werden verzerrt, wollte man den scheinbar ungelösten Konflikt zwischen Alt (Islam) und Neu (Kemalismus) als das zentrale Problem ansehen. Viel mehr fand es sich auf dem Gebiet, wo die kemalistische Modernisierung soziale Folgen hervorgerufen und für die türkische Gesellschaft neue soziale Gruppen und Klassen geschaffen hatte, d. h. bei Bürgern, Arbeitern und Studenten. Das ist der Grund, warum die Republik Türkei verspätet in jene Auseinandersetzungen geriet, die in ihrer Geschichte seit den 1930er Jahren angelegt waren. Nicht die Traditionalisierung politischer Kreise, nicht die Einführung des Mehrparteiensystems und die Wahl 1950 brachten den kemalistischen Staat an den Rand des Untergangs, sondern die schweren sozialen Konflikte namentlich in den 1970–80er Jahren, die von heftigen und gewalttätigen Auseinandersetzungen zwischen linken und rechten politischen Gruppen und Parteien begleitet waren. Auch die Arbeiter organisierten sich nun erstmals in der türkischen Geschichte. Die Türkei hat diesen Konflikt, zugleich ein Kampf zwischen sozialistischen und nationalistischen Ideologien, äußerst blutig ausgefochten. Im Spannungsfeld von Staat, linken und rechten Bewegungen und Arbeiterprotest traten bürgerkriegsähnliche Zustände ein. 1968–71 und besonders 1973–1980 stellten die Protestbewegungen der Arbeiter und Studenten und die bewaffneten Untergrundgruppen die Grundlagen des Kemalismus und der kapitalistischen Wirtschaftsordnung in Frage. Nationalisten und „Rechte" verschiedener Couleur trugen zur Eskalation des bewaffneten Kampfes bei. Ca. 6000 Menschen verloren dabei ihr Leben,[38] dreimal mehr, als die hier für Italien in den Jahren 1919–1922 angegebene Verlustziffer. Die Zahl liegt auch bedeutend höher als jede andere, die sich auf das gespannte Verhältnis von Islam und laizistischem Staat bezieht, wenngleich die Zahlen allein das Ausmaß der Probleme nicht bestimmen können.

Dreimal sah sich aus diesen und nicht aus Gründen des islamischen Widerstands das Militär veranlasst, gegen die Regierungen zu putschen (1960, 1971, 1980). Allein 1980 erhielt das religiöse Interventionsmotiv stärkere Bedeutung, weil infolge der iranischen Revolution im Jahr zuvor der von den Putschisten so genannte islamische Fundamentalismus auch in türkischen Städten – kaum auf dem Lande – zu beobachten war. Die Offiziere wollten den bedrohten kemalistischen Grundlagen des Staates wieder uneingeschränkte Geltung verschaffen. In gewissen Maßen gelang das auch. Aber es scheint, als sei der gesamte Nachkriegsweg der Türkei von dem ungelösten Problem einer Sozialpolitik viel mehr geprägt als von den religiösen Fragen. Es scheint, als werde der Kemalismus erst dann seine schwerste Belastungsprobe zu bestehen haben, wenn sich Religion und soziale Frage miteinander verbinden.

Doch bis zum heutigen Tage blieb der Kemalismus im Grunde erhalten, was eine historische Ironie ist, weil er die harmonische Nation durch Austarieren der unterschiedlichen sozialen und wirtschaftlichen Interessen angestrebt hatte; ein Ergebnis des Eintritts der Massen in die Geschichte nach 1945 war jedoch, dieses Modell als illusorisch zu entlarven. Trotz dieser Diskrepanz zwischen kemalistischem Ideal und real existierendem Kemalismus und trotz der unausweichlich Konflikte und Gewalt heraufbeschwörenden Vorstellung, die nationale Harmonie könne durch Assimilation der nationalen Minderheiten verwirklicht werden, bleibt doch festzuhalten: Die kemalistische Partei verlor die Macht, der Kemalismus aber blieb bestehen.

Ebenfalls ohne regierende Kemalisten setzte sich der aggressive türkische Nationalismus fort, der heute fast alle politischen Lager gefangen hält. Der erste postkemalistische Pogrom gegen die nach dem Lausanner Vertrag übrig gebliebenen Griechen in Istanbul fand im September 1955 statt[39]. Die Gewalt gegen religiöse und nationale Minderheiten kam damit nicht an ihr Ende.

Anmerkungen

Einleitung

1 Arnold J. Toynbee/Kenneth P. Kirkwood, Turkey. Westport, Conn. 1926, S. 129.
2 Emil Lengyel, Turkey. New York 1941, S. 439.
3 Horst Widmann, Exil und Bildungshilfe. Die deutschsprachige akademische Emigration in der Türkei nach 1933. Frankfurt a.M. u. a. 1973, S. 59.
4 Dan Diner, Das Jahrhundert verstehen. Eine universalhistorische Deutung. München 1999.
5 Entsprechend ist die Literatur zum Völkermord an den Armeniern weitaus umfangreicher als zu den Verbrechen an den nicht-armenischen Christen in Ostanatolien, zu letzteren David Gaunt, Massacres, Resistance, Protectors. Muslim-Christian Relations in Eastern Anatolia During World War I. Piscataway, N.J. 2006; Fuat Dündar, Modern Türkiye'nin şifresi. İttihat ve Terakki'nin etnisite mühendisliği (1913–1918). Istanbul 2008. Zu den türkischen Juden im Ausland während des Zweiten Weltkrieges Corry Guttstadt, Die Türkei, die Juden und der Holocaust. Berlin, Hamburg 2008.
6 Diner, Jahrhundert, S. 17.
7 Esra Özyürek, Nostalgia for the Modern. State Secularism and Everyday Politics in Turkey. Durham, London 2006.
8 Eric Hobsbawm, Das Zeitalter der Extreme. Weltgeschichte des 20. Jahrhunderts. München, Wien 1995, S. 28.
9 Mark Mazower, Der dunkle Kontinent. Europa im 20. Jahrhundert. Berlin 1998.
10 Gunther Mai, Europa 1918–1939. Mentalitäten, Lebensweisen, Politik zwischen den Weltkriegen. Stuttgart 2001.
11 Diner, Jahrhundert, S. 195–207.
12 Hobsbawm, Zeitalter, S. 146.
13 Arnold J. Toynbee, The Western Question in Greece and Turkey. A Study in the Contact of Civilisations. New York 1970 (erstmals 1922), S. 1.

„Entfernte Verwandte"

1 Benito Mussolini, Die Lehre des Faschismus, in: Ernst Nolte (Hg.), Theorien über den Faschismus. Köln, Berlin 1967, S. 216.
2 Atatürk'ün söylev ve demeçleri. Bd. 1. Ankara 1981, S. 197.
3 J.W. Stalin, Werke. Bd. 13. Berlin (DDR) 1955, S. 93.
4 Emile Durkheim, Der Selbstmord. Frankfurt a.M. 1983 (erstmals 1897), S. 23.
5 Wolfgang Schivelbusch, Entfernte Verwandtschaft. Faschismus, Nationalsozialismus, New Deal 1933–1939. München 2005.
6 Leo Trotzki, Verratene Revolution. Was ist die Sowjetunion und wohin treibt sie? Essen 1990, S. 249.
7 Šapka stammt wiederum vom altfranzösischen chape ab, Max Vasmer [Maks Fasmer], Ėtimologičeskij slovar' russkogo jazyka. Bd. 4. Moskau 1987, S. 406.

[8] Marc Bloch, Pour une histoire comparée des sociétés européennes, in: Revue de synthèse historique 46 (1928), S. 15–50; Hartmut Kaelble, Der historische Vergleich. Eine Einführung zum 19. und 20. Jahrhundert. Frankfurt a.M., New York 1999; Heinz-Gerhard Haupt/Jürgen Kocka (Hg.), Geschichte und Vergleich. Ansätze und Ergebnisse international vergleichender Geschichtsschreibung. Frankfurt a.M. 1996; Thomas Welskopp, Stolpersteine auf dem Königsweg. Methodenkritische Anmerkungen zum internationalen Vergleich in der Gesellschaftsgeschichte, in: Archiv für Sozialgeschichte 35 (1995), S. 339–367; zum Problem von Gemeinsamkeiten oder Ähnlichkeiten s. Ludolf Herbst, Komplexität und Chaos. Grundzüge einer Theorie der Geschichte. München 2004, S. 81.

[9] Bloch, Histoire comparée, S. 19.

[10] Fikret Adanır/Christian Lübke/Michael G. Müller/Martin Schulze Wessel, Traditionen und Perspektiven vergleichender Forschung über die historischen Regionen Osteuropas, in: Berliner Jahrbuch für osteuropäische Geschichte 1 (1996), S. 11–45.

[11] Cyril Edwin Black, The Modernization of Japan and Russia. A comparative study. New York 1975.

[12] Dankwart A. Rustow, Atatürk as Founder of a State, in: Daedalus 97 (1968), S. 797.

[13] Nationalsozialistische und stalinistische Herrschaft. Möglichkeiten und Grenzen des Vergleichs. Organisator: Forschungsstelle für die Geschichte des Nationalsozialismus in Hamburg (Ulrich Herbert), 1994/95.

[14] Matthias Vetter (Hg.), Terroristische Diktaturen im 20. Jahrhundert. Strukturelemente der nationalsozialistischen und stalinistischen Herrschaft. Opladen 1996; Ian Kershaw/Moshe Lewin (Hg.), Stalinism and Nazism. Dictatorships in Comparison. Cambridge, Mass. 1997; Dittmar Dahlmann/Gerhard Hirschfeld (Hg.), Lager, Zwangsarbeit, Vertreibung und Deportation. Dimensionen der Massenverbrechen in der Sowjetunion und in Deutschland 1933–1945. Essen 1999.

[15] „Historikerstreit". Die Dokumentation der Kontroverse um die Einzigartigkeit der nationalsozialistischen Judenvernichtung. München 1987.

[16] Michael Geyer/Sheila Fitzpatrick, Introduction: After Totalitarianism – Stalinism and Nazism Compared, in: Dies. (Hg.), Beyond Totalitarianism. Stalinism and Nazism Compared. Cambridge 2009, S. 1–37. Hier auch ausführliche und kritische Besprechung des Forschungsstandes.

[17] Ebd., S. 19–26.

[18] Helène Carrèrre d'Encausse, Stalin. Order through Terror. London 1981; Jörg Baberowski/Anselm Doering-Manteuffel, Ordnung durch Terror. Gewaltexzess und Vernichtung im nationalsozialistischen und stalinistischen Imperium. Bonn 2006.

[19] Stefan Plaggenborg, Sowjetische Geschichte in der Zeitgeschichte Europas, in: Alexander Nützenadel/Wolfgang Schieder (Hg.), Zeitgeschichte als Problem. Nationale Traditionen und Perspektiven der Forschung in Europa. Göttingen 2003 (= Geschichte und Gesellschaft, Sonderheft 20), S. 225–256; ders., Die Sowjetunion – Versuch einer Bilanz, in: Osteuropa 51 (2001), S. 761–778.

[20] Graeme Gill, Stalinism. Houndmills 1990, S. 35.

[21] Wolfgang Schieder, Faschistische Diktaturen. Studien zu Italien und Deutschland. Göttingen 2008; MacGregor Knox, To the Threshold of Power, 1922/33. Origins and Dynamics of the Fascist and National Socialist Dictatorships. Bd. 1. Cambridge, Mass. 2007.

[22] Hubert Wolf, Pius XI. und die „Zeitirrtümer". Die Initiativen der römischen Inquisition gegen Rassismus und Nationalsozialismus, in: Vierteljahrshefte für Zeitgeschichte 53 (2005), S. 1–42.

[23] Hannah Arendt, Elemente und Ursprünge des Totalitarismus. Antisemitismus, Imperialismus, Totalitarismus. München [9]2003.

[24] Ebd., S. 664, 704.

[25] Carl Joachim Friedrich (Hg.), Totalitarianism. Proceedings of a Conference Held at the American Academy of Arts and Science, March 1953. Cambridge, Mass. 1954; ders., Totalitäre Diktatur. Stuttgart 1957.

[26] Abbott Gleason, Totalitarianism. The Inner History of the Cold War. New York, Oxford 1995, S. 13–30. Über die Verwendung des Totalitarismusbegriffs für die Sowjetunion s. ebd., S. 72–88, 121–142.

[27] Außer in Anm. 8 angegebene Literatur Herbst, Komplexität, S. 94.

[28] Michael Mann, Fascists. Cambridge 2004.

[29] Stefan Plaggenborg, Experiment Moderne. Der sowjetische Weg. Frankfurt a.M., New York 2006.

[30] Hans Joas, Die Modernität des Krieges. Die Modernisierungstheorie und das Problem der Gewalt, in: Leviathan 24 (1996), S. 27.

[31] Herbst, Komplexität, S. 86–89.

[32] Der Exzeptionalismus sollte jedoch nicht so verstanden werden, dass er den Internationalismus verhinderte. Für die Sowjetunion wäre das eine unzulässige Behauptung, in eingeschränkterem Maße auch für den Faschismus. Die Möglichkeiten der Ausdehnung blieben aber in den ersten Jahren beschränkt.

[33] Hans Mommsen, Vorwort, in: Baberowski/Doering-Manteuffel, Ordnung, S. 7–14.

[34] Knox, Threshold, betreibt den Vergleich als Parallelbeschreibung, wobei zuweilen die Systematik abhanden kommt.

[35] Herbst, Komplexität, S. 97.

[36] Christof Dipper/Rainer Hudemann/Jens Petersen (Hg.), Faschismus und Faschismen im Vergleich. Wolfgang Schieder zum 60. Geburtstag. Köln 1998, S. 14, Hervorhebung im Original.

[37] Hobsbawm, Zeitalter.

[38] Trotzki, Revolution, S. 279.

[39] Bernard Shaw, „The Only Hope of the World", in: Dan H. Lawrence (Hg.), Platform and Pulpit: Bernard Shaw. London 1962, S. 218.

[40] Harry M. Geduld (Hg.), Shaw, George Bernard: The Rationalization of Russia. O.O. 1964, S. 31.

[41] Feroz Ahmad, Die Suche nach einer Ideologie in der kemalistischen Türkei, in: Linda Schatkowski Schilcher/Claus Scharf (Hg.), Der Nahe Osten in der Zwischenkriegszeit 1919–1939. Die Interdependenz von Politik, Wirtschaft und Ideologie. Stuttgart 1989, S. 352f.

[42] Lion Feuchtwanger, Moskau 1937. Ein Reisebericht für meine Freunde. Amsterdam 1937; Anne Hartmann, Literarische Staatsbesuche. Prominente Autoren des Westens zu Gast in Stalins Sowjetunion (1931–1937), in: Helena Ulbrechtova/Siegfried Ulbrecht (Hg.), Die Ost-West-Problematik in den europäischen Kulturen und Literaturen. Ausgewählte Aspekte. Prag, Dresden 2009, S. 229–275; dies., Lost in Translation. Lion Feuchtwanger bei Stalin, Moskau 1937, in: Exil. Forschung, Erkenntnisse, Ergebnisse 28 (2008), S. 5–31; dies., Lion Feuchtwanger, zurück aus Sowjetrussland. Selbstzensur eines Reiseberichts, in: Ebd. 29 (2009), S. 16–40.

43 Emil Ludwig, Besuch bei Mustafa Kemal, in: Neue Freie Presse, 9. März 1930, S. 1–4.

44 Stalin, Werke. Bd. 13, S. 93–109.

45 Emil Ludwig, Mussolinis Gespräche mit Emil Ludwig. Berlin, Wien, Leipzig 1932.

46 Bilâl N. Şimşir (Hg.), Dış basında Atatürk ve Türk devrimi. Bd. 1: 1922–1924. Bir laik Cumhuriyet doğuyor. Ankara 1981, S. 145.

47 Ebd., S. 819.

48 Ernest Wolf-Gazo, John Dewey in Turkey: An Educational Mission, in: Journal of American Studies of Turkey 3 (1996), S. 15–42, Zitate 16, 20.

49 Donald Everett Webster, The Turkey of Atatürk: Social Process in the Turkish Reformation. Philadelphia 1939, S. 3.

50 Ebd., S. 162.

51 Ebd., S. 169.

52 Ebd., S. 285f.

53 Ich zitiere nach der mir vorliegenden englischen Ausgabe: August von Kral, Kamâl Atatürk's Land: the Evolution of Modern Turkey. 2. vollständig überarbeitete Auflage. Wien, Leipzig 1938, S. 13f.

54 Ebd., S. 23, Hervorhebungen im Original; desgleichen S. 24: „In any case the way of Mustafa Kemal was not that of a dictator, but rather that of an intelligent leader".

55 Norbert von Bischoff, Ankara. Eine Deutung des neuen Werdens in der Türkei. Wien, München 1935, S. 212–216.

56 Barbara Ward, Turkey. London 1942, S. 28.

57 Ebd., S. 56.

58 Lengyel, Turkey, S. 413.

59 H.C. Armstrong, Grey Wolf. Mustafa Kemal. Intimate Study of a Dictator. London 1932.

60 Ralph Haswell Lutz, European Dictatorships, in: Guy Stanton Ford (Hg.), Dictatorships in the Modern World. Minneapolis, Min. 1935, S. 25–48, hier S. 43.

61 Hans Kohn, Western Civilization in the Near East. London 1936, S. 232f.; ähnlich schon in seinem Aufsatz Ten Years of the Turkish Republic, in: Foreign Affairs 12 (1934), S. 141–155.

62 Kohn, Civilization, S. 234.

63 Hans Kohn, Revolutions and Dictatorships. Essays in Contemporary History. Cambridge, Mass. 1939, S. 196f.; ders., Communist and Fascist Dictatorship: A Comparative Study, in: Ford, Dictatorship, S. 141–160, hier bes. 157f.

64 Kohn, Revolutions, S. 255.

65 John Parker/Charles Smith, Modern Turkey. London 1940, S. 75.

66 Hans-Lukas Kieser, A Quest for Belonging. Anatolia beyond Empire and Nation (19th–21st c.). Istanbul 2007, S. 480.

67 Ernest Jackh, The Rising Crescent. Turkey Yesterday, Today, and Tomorrow. New York, Toronto 1944, S. 3. Jäckh hatte enge Verbindungen zu den 1918 nach Berlin geflüchteten jungtürkischen Führern.

68 Ebd., S. 178.

69 Teoman Gül, Türk siyasal hayatında Recep Peker. Ankara 1998.

70 Ernst E. Hirsch, Als Rechtsgelehrter im Lande Atatürks. Berlin 2008, S. 118–122.

71 Jackh, Crescent, S. 184.

72 Francesco Nitti, Bolschewismus, Fascismus und Demokratie. München 1926, S. 35.

73 Lengyel, Turkey, S. 363.

74 Nitti, Bolschewismus, S. 63.

75 Luigi Sturzo, Italien und der Faschismus. Köln 1926, S. 208.

76 Jean-Luc Pouthier, Luigi Sturzo et la critique de l'état totalitaire, in: Vingtième siècle. Revue d'histoire 21 (1989), S. 83–89.

77 Luigi Sturzo, L'état totalitaire, in: Enzo Traverso (Hg.), Le Totalitarisme. Le XXe siècle en débat. Paris 2001, S. 218.

78 Karl-Heinz Barck, 5 Briefe Erich Auerbachs an Walter Benjamin in Paris, in: Zeitschrift für Germanistik 9 (1988), S. 688–694.

79 Zitiert in: Deutsche Welle (Hg.), Atatürk in deutscher Sicht. Köln ^{5}1988, S. 41.

80 Hirsch, Rechtsgelehrter, S. 150f.

81 J.W. Stalin, Werke. Bd. 6. Berlin (DDR) 1952, S. 211.

82 Renzo De Felice (Hg.), Il fascismo in Italia. Leningrado 1926. Studio inedito per i quadri del l'Internazionale comunista. Mailand 1965.

83 XIII. Plenum des EKKI, Dezember 1933. Moskau, Leningrad 1934, S. 277.

84 Theo Pirker (Hg.), Komintern und Faschismus 1920–1940. Stuttgart 1965; Wolfgang Wippermann, Faschismustheorien. Zum Stand der gegenwärtigen Diskussion. Darmstadt 1976, S. 11–37.

85 Renzo Bertoni, Il Trionfo del Fascismo nell'U.R.S.S. Rom 1934, S. 143.

86 Ebd., S. 35.

87 Ebd., S. 148–150, 157.

88 Rosaria Quartararo, Roma e Mosca. L'immagine dell'Urss nella stampa fascista (1925–1935), in: Storia contemporanea 27 (1996), S. 447–472; Salvatore Aponte, Il „Corriere" tra Stalin e Trockij 1926–1929. Mailand 2010.

89 Tomasso Napolitano, Il „fascismo" di Stalin, in: Critica fascista 15 (1937), Nr. 18, S. 317–319, Zitat 319.

90 Tomasso Napolitano, Il „fascismo" di Stalin ovvero l'U.R.S.S. e noi, in: Critica fascista 15 (1937), Nr. 23, S. 396–398, Zitat 397.

91 Lengyel, Turkey, S. 430.

92 Cornelio di Marzio, La Turchia di Kemal. Mailand 1926.

93 Italo Zingarelli, Il risveglio dell'Islam. La Turchia senza Corano – Russi e inglesi in Oriente. Mailand 1928.

94 Giacomo E. Carretto, Polemiche fra kemalismo, fascismo, comunismo negli anni '30, in: Storia contemporanea 8 (1977), S. 488–530, hier S. 493f.

95 Ebd., S. 497.

96 Michelangelo Guidi, Aspetti e problemi del mondo islamico. Rom 1937 (erschienen in der Reihe des Istituto Nazionale di Cultura Fascista).

97 Renzo De Felice, Il fascismo e l'Oriente. Arabi, ebrei e indiani nella politica di Mussolini. Bologna 1988.

98 Toynbee/Kirkwood, Turkey; s. auch Toynbee, Question.

99 G. Astachov, Ot sultanata k demokratičeskoj Turcii. Očerki iz istorii kemalizma. Moskau, Leningrad 1926, S. 5.

100 Das sind ebd.; M.V. Frunze, Poezdka v Angory, in: Ders., Sobranie sočinenij. Bd. 1. Moskau, Leningrad 1929, S. 274–351.

101 N.B. Šuvalova (Hg.), Turcija. Roždenie nacional'nogo gosudarstva 1918–1923 (po dokumentam RGASPI). Moskau 2007.

102 Sabine Mangold, Eine „weltbürgerliche Wissenschaft". Die deutsche Orientalistik im 19. Jahrhundert. Stuttgart 2004.

103 A.K. Sverčevskaja/T.P. Čerman (Hg.), Bibliografija Turcii. Literatura na russkom jazyke (1917–1975 gg.). Moskau 1982.

104 Mustafa Kemal' Paša, Vospominanija Prezidenta Tureckoj Respubliki. Moskau 1927.

105 Šuvalova, Roždenie, S. 93.

106 Ebd.

[107] Aleksandr Ževachov, Kemal' Atatjurk. Moskau 2008.

[108] Ju.N. Rozaliev, Mustafa Kemal Atatjurk. Očerk žizni i dejatel'nosti. Moskau 1995, S. 3.

[109] Atatürk'ün söylev ve demeçleri. Bd. 2, S. 120.

[110] Ludwig, Besuch, S. 4.

[111] Mich. Pavlovič, Revoljucionnaja Turcija. Moskau 1921.

[112] V.A. Gurko-Krjažin, Istorija revoljucii v Turcii. Moskau 1923.

[113] Ebd., S. 169.

[114] Arslan, Sovremennaja Turcija. Moskau 1923 (hier vorwiegend soziale Frage); N. Sokol'skij, Očerki sovremennoj Turcii. Tiflis 1923; V.A. Gurko-Krjažin, Bližnij vostok i deržavy. Moskau 1925; M. Pavlovič/V.A. Gurko-Krjažin/F. Raskol'nikov, Turcija v bor'be za nezavisimost'. Moskau 1925 (dies ist mit Ausnahme des unbedeutenden Abschnitts über den bäuerlichen und kurdischen Widerstand von Raskol'nikov (S. 145–151) ein aus den bereits genannten Schriften der beiden anderen Mitautoren gefügtes Sammelwerk); für Arbeiter geschrieben ist Inal Butaev, Nacional'naja revoljucija na vostoke. Leningrad 1925.

[115] S. Kabul'skij, Politika vozroždennoj Turcii, in: Meždunarodnaja žizn' 1926, Nr. 7, S. 18.

[116] Astachov, Ot sultanata, S. 33.

[117] Ė.Ju. Gasanova, Ob ideologii nacional'no-osvoboditel'nogo dviženija v Turcii i roli Kemalja Atatjurka v eë razvitii, in: Turcija. Istorija i sovremennost'. Sbornik statej. Moskau 1988, S. 171.

[118] Irandust, Dvižuščie sily kemalistskoj revoljucii. Moskau, Leningrad 1928.

[119] A. Mel'nik, Respublikanskaja Turcija. Moskau, Leningrad 1927; ders., Turcija. Eë istoričeskoe prošloe i nastojaščee. Moskau, Leningrad 1929; ders., Turcija. Moskau 1937; Mel'niks Ausgabe von 1937 in der Tendenz ähnlich, aber mit detaillierterem Material ist A.F. Miller, Kratkaja istorija Turcii. Moskau 1948.

[120] J.W. Stalin, Werke. Bd. 4. Berlin (DDR) 1951, S. 86, 88.

[121] Ebd., S. 345, 363.

[122] J.W. Stalin, Werke. Bd. 9. Berlin (DDR) 1953, S. 222–224.

[123] Ebd., S. 256.

[124] O.A., Na dva fronta, in: Bjulleten' pressy srednego vostoka 1931, Nr. 12, S. 1–6.

[125] Rozaliev, Atatjurk, S. 4.

[126] M. Godes, Oktjabr'skaja revoljucija i vostok, in: Problemy markcizma 1932, Nr. 9–10, S. 35.

[127] Gasanova, Ob ideologii, S. 166.

[128] Kurt Steinhaus, Soziologie der türkischen Revolution. Frankfurt a.M. 1969.

[129] N.G. Kireev, Istorija ėtatizma v Turcii. Moskau 1991.

[130] N.G. Kireev (Hg.), Turcija meždu Evropoj i Asiej. Itogi evropeizacii na ischode XX veka. Moskau 2001.

[131] Zin. Feridov, Kemalistskaja Turcija i fašizm, in: Revoljucionnyj vostok 1929, Nr. 7, S. 56–69.

[132] O.A., Na dva fronta, S. 3.

[133] Shmuel N. Eisenstadt, The Kemalist Revolution in Comparative Perspective, in: Ali Kazancıgil/Ergun Özbudun (Hg.), Atatürk. Founder of a Modern State. Hamden, Conn. 1981, S. 136.

[134] C.H. Dodd, Democracy and Development in Turkey. Hull 1979, S. 179.

135 Osman Okyar, Atatürk's Quest for Modernism, in: Jacob M. Landau (Hg.), Atatürk and the Modernization of Turkey. Boulder, Col. 1984, S. 53; vgl. auch den kemalistischen Standpunkt bei Ismet Giritli, Kemalism as an Ideology of Modernization, in: Ebd., S. 251–253.

136 Menter Şahinler, Kemalismus. Ursprung, Wirkung und Aktualität. Hückelhoven 1997, S. 130f.

137 Sevan Nişanyan, Yanlış Cumhuriyet, Atatürk ve Kemalizm hakkında 51 soru. Istanbul 2008.

138 Enver Ziya Karal, The Principles of Kemalism, in: Kazancıgil/Özbudun, Atatürk, S. 25, 28.

139 Jackh, Crescent, S. 229.

140 Osman Okyar, Introduction, in: Atatürk and Turkey of Republican Era. Ankara 1981, S. 1–27.

141 Atatürk'ün söylev ve demeçleri, Bd. 1, S. 100.

142 Paul Dumont, L'axe Moscou-Ankara. Les relations turco-soviétiques de 1919 à 1922, in: Cahiers du monde russe et soviétique 18 (1977), S. 165–193.

143 Šuvalova, Roždenie, S. 27f.

144 A.M. Šamsutdinov, K voprosu ob ustanovlenii diplomatičeskich otnošenij meždu pravitel'stvami RSFSR i VNST, in: Turcija. Istorija, ėkonomija. Sbornik statej. Moskau 1978, S. 3–15.

145 Meždunarodnaja žizn' 1963, Nr. 11, S. 147f.

146 Rozaliev, Atatjurk, S. 4.

147 Gotthard Jäschke, Neues zur russisch-türkischen Freundschaft von 1919–1939, in: Die Welt des Islams N.S. 6 (1959–1961), S. 205f.

148 Atatürk'ün tamim, telgraf ve beyannameleri. Bd. 4. Ankara 1991, S. 318.

149 Šuvalova, Roždenie, S. 66f.

150 Der Begriff in Anlehnung an Klaus Zernack, Negative Polenpolitik als Grundlage deutsch-russischer Diplomatie des 18. Jahrhunderts, in: Uwe Liszkowski (Hg.), Russland und Deutschland. Festschrift für Georg von Rauch. Stuttgart 1974, S. 144–159.

151 Zitiert in: Bjulleten' N.K.I.D. 1921, N. 64 (9. Februar), S. 40.

152 Bjulleten' N.K.I.D. 1921, Nr. 66 (23. Februar), S. 29.

153 Gurko-Krjažin, Istorija, S. 158.

154 Evgenij A. Korovin (Hg.), Meždunarodnye dogovory i akty novogo vremeni. Moskau, Leningrad 1924, S. 293–300.

155 Ernst Werner, Das Verhältnis Mustafa Kemals zur Sowjetmacht und zu den Ideen des Leninismus (1918–1923), in: Sitzungsberichte der Akademie der Wissenschaften der DDR. Gesellschaftswissenschaften 7/G (1982). Berlin 1983, S. 38; Rozaliev, Atatjurk, S. 31.

156 Bjulleten' N.K.I.D. 1921, Nr. 89 (20. August), S. 53.

157 Gasanova, Ob ideologii, S. 170f.

158 Atatürk'ün söylev ve demeçleri. Bd. 2, S. 28.

159 S.I. Aralov, Vospominanija sovetskogo diplomata (1922–1923). Moskau 1960, S. 67–70, Zitat 69.

160 Werner, Verhältnis, S. 38f.

161 Aralov, Vospominanija, S. 35.

162 Erik Jan Zürcher, Turkey. A Modern History. London, New York 1993, S. 225.

163 Mete Tunçay, Der Laizismus in der türkischen Republik, in: Jochen Blaschke/Martin van Bruinessen (Hg.), Thema: Islam und Politik in der Türkei. Berlin 1985 (= Jahrbuch zur Geschichte und Gesellschaft des Vorderen und Mittleren Orients, Ausg. 1984), S. 72.

[164] Nişanyan, Yanlış Cumhuriyet.

[165] Çağlar Keyder, State and Class in Turkey. A Study in Capitalist Development. London, New York 1987, S. 108–110.

[166] Ebd., S. 107–110.

[167] Tekin Alp, Le Kemalisme. Paris 1937, S. 164–170, 175–189; Gül, Peker, S. 17.

[168] Feroz Ahmad, The Making of Modern Turkey. London, New York 1993, S. 61f.; gleichlautende Argumentation ders., Suche, S. 348–354.

[169] Fikret Adanır, Kemalist Authoritarianism and Fascist Trends in Turkey during the Inter-War Period, in: Stein U. Larsen (Hg.), Fascism outside Europe. The European Impulse against Domestic Conditions in the Diffusion of Global Fascism. Boulder, Col. 2001, S. 313–361.

[170] Mete Tunçay, Türkiye Cumhuriyetin'de tek-parti yönetimi'nin kurulması (1923–1931). Istanbul ^{3}1992, S. 329.

[171] Zusammengefasst bei Schieder, Diktaturen, S. 7–30, 318–332.

[172] Falih Rıfkı (Atay), Moskova. Roma. Ankara 1932; ders., Yeni Rusya ve Faşist Roma. Ankara 1931.

[173] Rıfkı, Moskova, S. 76.

[174] Kadro Dergisi. 3 Bde. Hrsg. v. Cem Alpar. Ankara 1978–80; zum Hintergrund N. Forfutdinov, O nekotorych aspektach idejno-političeskoj bor'by v Turcii v 30-ch godov (po materialam žurnala „Kadro"), in: Turcija. Istorija i sovremennost'. Sbornik statej. Moskau 1988, S. 183–188; Fikret Adanır, Zur „Etatismus"-Diskussion in der Türkei in der Weltwirtschaftskrise. Die Zeitschrift Kadro 1932–1934, in: Linda Schatkowski Schilcher/Claus Scharf (Hg.), Der Nahe Osten in der Zwischenkriegszeit 1919–1939. Die Interdependenz von Politik, Wirtschaft und Ideologie. Stuttgart 1989, S. 355–373; Temuçin Faik Ertan, Kadrocular ve Kadro hareketi (görüşler, yorumlar, değerlendirmeler). Ankara 1994; Mustafa Türkeş, Ulusçu sol bir akım: Kadro hareketi (1932–1934). Ankara 1999.

[175] Dilek Barlas, Etatism and Diplomacy in Turkey. Economic and Foreign Policy Strategies in an uncertain World, 1929–1939. Leiden, New York, Köln 1998, S. 59.

[176] Şevket Süreyya, Türk nasyonalizmi, in: Kadro 1932, Nr. 20, S. 8.

[177] Vedat Nedim, Türk devletçiliği intibas devletçiliği değildir, in: Kadro 1932, Nr. 17, S. 19.

[178] Mustafa Türkeş, The Ideology of the *Kadro* [Cadre] Movement: A Patriotic Leftist Movement in Turkey, in: Middle Eastern Studies 34 (1998), Nr. 4 (= Special Issue: Turkey Before and After Atatürk. Internal and External Affairs. Hrsg. v. Sylvia Kedourie), S. 92–119.

[179] Ertan, Kadrocular, S. 149–155; Barlas, Etatism, S. 48.

[180] İlhan Tekeli/Selim İlkin, Bir Cumhuriyet Öyküsü. Kadrocuları ve Kadro'yu Anlamak. Istanbul 2003, S. 3–104.

[181] Ebd., S. 209; Ertan, Kadrocular, S. 142–149; Türkeş, Kadro hareketi, S. 55–58, 125–132; Carretto, Polemiche, S. 508–510.

[182] Carretto, Polemiche, S. 512.

[183] Recep Peker, İnkılab dersleri notları. Ankara 1936, S. 17f., 27, 45f.

[184] Ebd., S. 48.

[185] Ebd., S. 52.

[186] Ebd., S. 86–88.

[187] Şevket Süreyya, İnkılâp bitti mi?, in: Kadro 1932, Nr. 3, S. 6.

Drei Wege zur Diktatur

1 Zuletzt Berna Pekesen, Das osmanische Millet-System – eine Form des Zusammenlebens unterschiedlicher Kulturen und Religionen, in: Gisbert Gemein (Hg.), Kulturkonflikte – Kulturbegegnungen. Juden, Christen und Muslime in Geschichte und Gegenwart. Bonn 2011, S. 483–497.

2 Paul Dumont, La période des Tanzîmât (1839–1878), in: Robert Mantran (Hg.), Histoire de l'Empire Ottoman. Paris 1989, S. 459–522; François Georgeon, Le dernier sursaut (1878–1908), in: Ebd., S. 523–576; Roderic H. Davison, Reform in the Ottoman Empire 1856–1876. New York 1973.

3 François Georgeon, A la recherché d'une identité: le nationalism turc, in: Altan Gokalp (Hg.), La Turquie en transition. Disparités, identités, pouvoirs. Paris 1986, S. 125–154.

4 Benjamin C. Fortna, Imperial Classroom. Islam, the State, and Education in the late Ottoman Empire. Oxford, New York 2002; Selçuk Akşin Somel, The Modernization of Public Education in the Ottoman Empire, 1839–1908. Islamization, autocracy and discipline. Leiden 2001.

5 David Kushner, The Rise of Turkish Nationalism 1876–1908. London 1977, S. 93.

6 Jacob M. Landau, Pan-Turkism. From Irredentism to Cooperation. London ^{2}1995; François Georgeon, Aux origines du nationalisme turc. Yusuf Akçura (1876–1935). Paris 1980; Serge A. Zenkovsky, Pan-Turkism and Islam in Russia. Cambridge, Mass. 1967; Volker Adam, Russlandmuslime in Istanbul am Vorabend des Ersten Weltkrieges: Die Berichterstattung osmanischer Periodika über Russland und Zentralasien. Frankfurt a.M. 2002.

7 Kushner, Rise, S. 21.

8 Alle Zahlenangaben und Quellen s. Berna Pekesen, Vertreibung und Abwanderung der Muslime vom Balkan, in: Europäische Geschichte Online. URL: http://www.ieg-ego.eu/de/threads/europa-unterwegs/ethnische-zwangsmigration/berna-pekesen-vertreibung-der-muslime-vom-balkan (letzter Zugriff 25. August 2011).

9 J.A. MacGahan, The Turkish Atrocities in Bulgaria. London 1876; über bulgarische nationale Mythenbildung und ihre Entzauberung s. Martina Baleva/Ulf Brunnbauer (Hg.), Batak. Ein bulgarischer Erinnerungsort. Sofia 2008; Claudia Weber, Auf der Suche nach der Nation. Erinnerungskultur in Bulgarien von 1878–1944. Berlin 2006.

10 Paul Dumont/François Georgeon, La mort d'un empire (1908–1923), in: Mantran, Histoire, S. 577–648; Feroz Ahmad, İttihatçılıktan Kemalizme. Istanbul 1985, S. 112–174; ders., The Young Turks. The Committee of Union and Progress in Turkish Politics 1908–1914. Oxford 1969; Sina Akşin, Jön Türkler ve İttihat ve Terakki. Istanbul 1987; zum transnationalen Aspekt der jungtürkischen Revolution Nader Sohrabi, Global Waves, Local Actors: What the Young Turks Knew about Other Revolutions and Why It Mattered, in: Comparative Studies in Society and History 44 (2002), S. 45–79.

11 Djemal Pasha, Memories of a Turkish Statesman, 1913–1919. New York 1922 (Reprint 1973), S. 125.

12 Şimşir, Atatürk, S. 145.

13 Gurko-Krjažin, Istorija, S. 116.

14 Bruce Clark, Twice a Stranger. How Mass Expulsion Forged Modern Greece and Turkey. London 2006.

[15] Berna Pekesen, Nationalismus, Türkisierung und das Ende der jüdischen Gemeinden in Thrakien 1918–1942. München 2012, S. 161, 190, 263. Das Buch sollte im Frühjahr 2011 in der Reihe „Südosteuropäische Arbeiten" des Regensburger Südost-Instituts erscheinen. Ich danke Berna Pekesen herzlich für die Überlassung des Manuskripts.

[16] Gasi Mustafa Kemal Pascha, Die neue Türkei: 1919–1927. Bd. 1: Der Weg zur Freiheit (1919–1920). Leipzig 1928, S. 10.

[17] Nach Ilkay Sunar, State and Society in the Politics of Turkish Development. Ankara 1974, sei es hauptsächlich um die Verbindung von Staat und Gesellschaft gegangen. Sunar übersieht, dass die Kemalisten Gesellschaft als Nation verstanden.

[18] Gotthard Jäschke, Auf dem Weg zur türkischen Republik. Ein Beitrag zur Verfassungsgeschichte der Türkei, in: Die Welt des Islam, N.S. 5 (1958), S. 206–218.

[19] Tom Nairn, Der moderne Janus, in: Ders./Eric Hobsbawm/Régis Debray/Michael Löwy, Nationalismus und Marxismus. Anstoß zu einer notwendigen Debatte. Berlin 1978, S. 19.

[20] Gasi Mustafa Kemal Pascha, Neue Türkei. Bd. 1, S. 55.

[21] Ebd., S. 215.

[22] Ebd., S. 1.

[23] Ebd., S. 11.

[24] Ebd., S. 118.

[25] Ebd., S. 55.

[26] Dankwart A. Rustow, The Army and the Founding of the Turkish State, in: World Politics 11 (1959), S. 513–552.

[27] Gasi Mustafa Kemal Pascha, Neue Türkei. Bd. 1; Rustow, Army, S. 519.

[28] Ali Kazancıgil, The Ottoman-Turkish State and Kemalism, in: Ders./Ergun Özbudun (Hg.), Atatürk. Founder of a Modern State. Hamden, Conn. 1981, S. 53.

[29] Frederick W. Frey, The Turkish Political Elite. Cambridge, Mass. 1965; Erik Jan Zürcher, The Unionist Factor. The Role of the Committee of Union and Progress in the Turkish National Movement (1905–1926). Leiden 1984; ders., How Europeans adopted Anatolia and created Turkey, in: European Review 13 (2005), S. 379–394; Rustow, Army.

[30] Frey, Elite, S. 126, 167–198.

[31] Cevat Dursunoğlu, Milli mücadelede Erzurum. Ankara ^{2}2000 (erstmals 1946).

[32] Fatma Müge Göçek, Rise of the Bourgeoisie, Demise of Empire: Ottoman Westernization and Social Change. New York 1996.

[33] Şevket Pamuk, The Ottoman Empire and European Capitalism, 1820–1913: Trade, Investment, and Production. Cambridge 1987.

[34] Der Vertreter der Ankaraer Regierung in Georgien Kâzim Bey, zitiert in: Bjulleten' N.K.I.D. 1920, Nr. 52 (23. Dezember), S. 27.

[35] Gasi Mustafa Kemal Pascha, Neue Türkei. Bd. 1, S. 13.

[36] Siehe dazu Kapitel 4.

[37] Der häufig angestellte Vergleich mit der Verlagerung der Hauptstadt von Petrograd (St. Petersburg) nach Moskau durch die Bolschewiki 1918 hinkt. Moskau war nach der Gründung von St. Petersburg 1703 immer die zweite Hauptstadt des Reiches geblieben, eine mächtige Stadt mit eigenem wirtschaftlichen Profil und eigener Geschichte als Hauptstadt des Moskauer Zartums. Ankara war 1923 eine unbedeutende Stadt und besaß in Geschichte, Kultur, Wirtschaft nichts, was mit Moskau vergleichbar gewesen wäre. Allein der symbolische Akt, die Negierung der von den Reichshauptstädten Istanbul bzw. St. Petersburg/Petrograd verkörperten Vergangenheit durch die neuen Machthaber, macht den Akt der Verlagerung vergleichbar. In beiden Fällen spielten für die unmittelbare Entscheidung jedoch weniger symbolische Politik als militärisch-logistische Gründe eine Rolle. Atatürk sah übrigens keine Beziehung zu Russland, sondern verwies auf Bordeaux 1870/71 und Weimar 1918, beides jedoch Städte, die zwar Orte für Verfassungsdiskussionen waren, aber nicht zu Hauptstädten wurden, vgl. Gasi Mustafa Kemal Pascha, Neue Türkei. Bd. 1, S. 226.

[38] Sibel Bozdoğan, Modernism and Nation Building: Turkish Architectural Culture in the Early Republic. Washington 2001.

[39] Falih Rıfkı (Atay), Çankaya. Atatürk devri hatıraları. Bd. 2. Istanbul 1960, S. 335.

[40] Andreas Kappeler, Russland als Vielvölkerreich. Entstehung, Geschichte, Zerfall. München 1992; die These von der fehlenden Sprengkraft explizit bei Albrecht Martiny, Nationalitäten und Nationalitätenpolitik, in: Gottfried Schramm (Hg.), Handbuch der Geschichte Russlands. Bd. 3,2: 1856–1945. Von den autokratischen Reformen zum Sowjetstaat. Stuttgart 1992, S. 1743–1766.

[41] Hans Lemberg, Die nationale Gedankenwelt der Dekabristen. Köln, Graz 1963.

[42] Helmut Altrichter, Russland 1917. Ein Land auf der Suche nach sich selbst. Paderborn u. a. 1997, S. 399–538.

[43] George Devereux, The First Ottoman Constitutional Period. A Study of the Midhat Constitution and Parliament. Baltimore 1963; François Georgeon, Sultan Abdülhamid. Istanbul 2006, S. 70–86, 99–102.

[44] Pëtr A. Zajončkovskij, Krizis samoderžavija na rubeže 1870–1880ch godov. Moskau 1964, S. 235–244.

[45] Andrzej Walicki, The Slavophile Controversy: History of a Conservative Utopia. Notre Dame 1989.

[46] Cynthia Whittaker, The Origins of Modern Russian Education. An Intellectual Biography of Count Sergei Uvarov 1786–1855. DeKalb, Ill. 1984, hier S. 103–110.

[47] Dietrich Geyer, Der russische Imperialismus. Studien über den Zusammenhang von innerer und auswärtiger Politik 1860–1914. Göttingen 1977, S. 43–55; Frank Golczewski/Gertrud Pickhan (Hg.), Russischer Nationalismus. Die russische Idee im 19. und 20. Jahrhundert. Göttingen 1998; Andreas Renner, Russischer Nationalismus und Öffentlichkeit 1855–1875. Köln, Weimar, Wien 2000.

[48] Kappeler, Vielvölkerreich, S. 268–277.

[49] Manfred Hildermeier, Die Russische Revolution 1905–1921. Frankfurt a.M. 1989, S. 51–104.

[50] W.I. Lenin, Werke. Bd. 31. Berlin (DDR) 1959, S. 1–91, bes. S. 12.

[51] Heinz-Dietrich Löwe, Antisemitismus und reaktionäre Utopie. Russischer Konservatismus im Kampf gegen den Wandel von Staat und Gesellschaft 1890–1917. Hamburg 1978; Hans Rogger, The Formation of the Russian Right 1900–1906, in: California Slavic Studies 3 (1964), S. 66–94.

[52] Michael Hagemeister, Die „Protokolle der Weisen von Zion" – eine Anti-Utopie oder der Große Plan in der Geschichte?, in: Helmut Reinalter (Hg.), Verschwörungstheorien. Theorie – Geschichte – Wirkung. Innsbruck u. a. 2002, S. 45–57; ders., Sergej Nilus und die „Protokolle der Weisen von Zion". Überlegungen zur Forschungslage, in: Jahrbuch für Antisemitismusforschung 5 (1996), S. 127–147.

[53] Hans Rogger, Was there a Russian fascism? The Union of Russian People, in: Journal of Modern History 36 (1964), S. 398–415; Don Rawson, Russian Rightists and the Revolution of 1905. Cambridge 1995.

[54] W.I. Lenin, Werke. Bd. 33. Berlin (DDR) 1962, S. 417.

[55] Roman Szporluk, Communism and Nationalism. Karl Marx versus Friedrich List. New York, Oxford 1988, S. 205–224.

[56] Peter Wagner, Soziologie der Moderne. Freiheit und Disziplin. Frankfurt a.M., New York 1995; Gita Deneckere/Thomas Welskopp, The ‚Nation' and ‚Class': European National Master Narratives and Their Social ‚Other', in: Stefan Berger/Chris Lorenz (Hg.), The Contested Nation. Ethnicity, Class, Religion and Gender in National Histories. Basingstoke 2008, S. 135–170.

[57] Benito Mussolini, Opera omnia. Bd. 34. Florenz 1961, S. 128; dt. Fassung ohne ergänzende Anmerkungen aus früheren Reden und Artikeln s. Mussolini, Lehre, S. 217.

[58] Zingarelli, Islam, S. 21.

[59] Ernst Nolte, Der Faschismus in seiner Epoche. Die Action française. Der italienische Faschismus. Der Nationalsozialismus. München 1963, S. 49–58.

[60] Robert Service, Lenin. Eine Biographie. München 2000, S. 273–275.

[61] Robert Michels, Sozialismus und Faschismus in Italien. München 1925, S. 309–319; Roger Griffin, Modernism and Fascism. The Sense of a Beginning under Mussolini and Hitler. Houndmills, New York 2007, der den deutschen Begriff „Aufbruch" als zentrale Kategorie für die Interpretation des Faschismus als Moderne heranzieht. Für einen Russland- und Sowjetunionhistoriker ist es überraschend, dass diese Idee erst 2007 in Buchform formuliert werden konnte, wohingegen Ähnliches für das späte Russland und den Beginn der Sowjetperiode vielfach beschrieben worden ist. Zur Debatte in Deutschland s. Christoph H. Werth, Sozialismus und Nation. Die deutsche Ideologiediskussion zwischen 1918 und 1945. Opladen 1996.

[62] Mussolini, Opera omnia. Bd. 34, S. 133.

[63] Ebd., S. 136.

[64] Die folgenden Zitate in ebd., S. 117–131.

[65] Sven Reichardt, Faschistische Kampfbünde. Gewalt und Gemeinschaft im italienischen Squadrismus und in der deutschen SA. Köln, Weimar, Wien 2002; Stefan Breuer, Nationalismus und Fachismus. Frankreich, Italien und Deutschland im Vergleich. Darmstadt 2005.

[66] Michels, Sozialismus, S. 277.

[67] Kurzer Hinweis bei Reichardt, Kampfbünde, S. 25f.; zur Problematik der Giddenschen Handlungstheorie im sowjetischen Fall s. Plaggenborg, Experiment, S. 342–357.

[68] Reichardt, Kampfbünde, S. 23.

[69] Ebd., S. 25.

[70] Der Einwand ist methodischer Natur, er kann nicht den wissenschaftlichen Rang der Untersuchung Reichardts in Frage stellen.

[71] Schieder, Diktaturen, S. 353–376. Es handelt sich um den Wiederabdruck des Aufsatzes „Die Geburt des Faschismus aus der Krise der Moderne".

[72] Michels, Sozialismus, S. 199f.

Neue Regime und Ordnungen

1 David Lane, The Roots of Russian Communism. A Social and Historical Study of Russian Social-Democracy 1898–1907. Assen 1969, S. 13.
2 W.I. Lenin, Werke. Bd. 5. Berlin (DDR) 1955, S. 355–551.
3 Akşin, Jön Türkler; Tarık Z. Tunaya, Türkiye'de siyasî partiler 1859–1952. Istanbul 1952, S. 174–206.
4 Zürcher, Factor.
5 Tunaya, Partiler, S. 478–520.
6 Tunçay, Tek-Parti, S. 28f.; Steinhaus, Soziologie, S. 90.
7 Pavlovič, Turcija, S. 69.
8 Ebd., S. 70.
9 Tunaya, Partiler, S. 533–539.
10 Dazu s. Kapitel 5.
11 Pavlovič, Turcija, S. 81; Steinhaus, Soziologie, S. 87.
12 Paul Dumont, Mustafa Kemal invente la Turquie moderne. 1919–1924. Brüssel 1983, S. 70.
13 Steinhaus, Soziologie, S. 90.
14 Gasi Mustafa Kemal Pascha, Die Neue Türkei (1920–1927). Bd. 2: Die nationale Revolution. Leipzig 1928, S. 30f., 63, 72f.
15 Tunaya, Partiler, S. 559–580; Hikmet Bilâ, CHP 1919–1999. Istanbul 1999, S. 13–33.
16 Benito Mussolini, Opera Omnia. Bd. 16. Florenz 1955, S. 212.
17 Emilio Gentile, Storia del partito fascista 1919–1929. Movimento e milizia. Bari 1989, S. 57.
18 Ebd., S. 160f.
19 Reichardt, Kampfbünde.
20 Roger Engelmann, Provinzfaschismus in Italien. Politische Gewalt und Herrschaftsbildung in der Marmorregion Carrara 1921–1924. München 1992.
21 Gentile, Storia, S. 161.
22 Ebd., S. 321, Hervorhebung im Original.
23 Gasi Mustafa Kemal Pascha, Neue Türkei. Bd. 2, S. 72.
24 Gentile, Storia, S. 162.
25 Ebd., S. 461–543.
26 Michael A. Ledeen, D'Annunzio a Fiume. Bari 1975; Raoul Pupo/Fabio Todero (Hg.), Fiume, D'Annunzio e la crisi dello Stato liberale in Italia. Triest 2010.
27 Eric J. Hobsbawm, Sozialrebellen. Archaische Sozialbewegungen im 19. und 20. Jahrhundert. Neuwied, Berlin 1971.
28 Stefanos Yerasimos, Türk-Sovyet ilişkileri. Ekim Devriminden „Millî Mücadele"ye. Istanbul 1979.
29 Rasih Nuri İleri, Atatürk ve komünizm. Istanbul [4]1995, bes. S. 185–229; Dumont, Axe; Yerasimos, Türk-Sovyet ilişkileri, S. 147–232, 325–352.
30 Šuvalova, Roždenie, S. 95.
31 İleri, Atatürk, S. 200–219; P.L. Kornienko, Iz istorii Kommunističeskoj Partii Turcii (1920–1922), in: Turcija. Istorija, ėkonomika, politika. Moskau 1984, S. 5–15; Paul Dumont, Bolchevisme et Orient. Le parti communiste turc de Mustafa Suphi 1918–1921, in: Cahiers du monde russe et soviétique 18 (1977), S. 377–409; ders., Axe; Yerasimos, Türk-Sovyet ilişkileri, S. 205–209.
32 Gentile, Storia, S. 543.

33 Hans-Henning Schröder, Arbeiterschaft, Wirtschaftsführung und Parteibürokratie während der Neuen Ökonomischen Politik. Eine Sozialgeschichte der bolschewistischen Partei. Wiesbaden 1982 (= Forschungen zur osteuropäischen Geschichte Bd. 31), S. 53. Das Folgende ebd., S. 53–57.

34 XI s-ezd R.K.P.(b). Stenografičeskij otčet. Moskau 1961, S. 103f.

35 Mihail Manoilescu, Die einzige Partei als politische Institution der neuen Regime. Berlin [2]1941, S. 135.

36 Breuer, Nationalismus, S. 40.

37 Schieder, Diktaturen, S. 18.

38 Samuel P. Huntington, Social and Institutional Dynamics of One-Party Systems, in: Ders./Clement H. Moore (Hg.), Authoritarian Politics in Modern Society. The Dynamics of Established One-Party Systems. New York, London 1970, S. 24.

39 Ahmad, İttihatçılıktan, S. 214–237.

40 Hans Woller, Rom 28. Oktober 1922. Die faschistische Herausforderung. München 1999, S. 31.

41 Renzo De Felice, Mussolini il fascista. Bd. I: La conquista del potere (1921–1925). Turin 1966, S. 11.

42 Schröder, Arbeiterschaft, S. 54; mit unterschiedlichen Zahlen Thomas Harold Rigby, Communist Party Membership in the U.S.S.R. 1917–1967. Princeton, N.J. 1968, S. 50–53, 61–63.

43 Tunaya, Partiler, S. 315–335.

44 Tunçay, Tek-Parti, S. 91.

45 Steinhaus, Soziologie, S. 108.

46 Schröder, Arbeiterschaft, S. 84–90.

47 Maurice Duverger, Les partis politiques. Paris [5]1964, S. 301; Wolfgang Schieder, Der Strukturwandel der faschistischen Partei Italiens in der Phase der Herrschaftsstabilisierung, in: Ders. (Hg.), Faschismus als soziale Bewegung. Deutschland und Italien im Vergleich. Göttingen [2]1983, S. 69–98.

48 Steinhaus, Soziologie, S. 108f.

49 Schieder, Diktaturen, S. 78.

50 Ebd., S. 86.

51 Ebd., S. 80f.

52 S. Kapitel 4, Anm. 44.

53 Manoilescu, Partei, S. 11–13, Zitat 12f.

54 Ebd., S. 31.

55 Ebd., S. 134–143.

56 Schieder, Diktaturen, S. 85.

57 Tekin Alp, Kemalisme, S. 65.

58 Huntington, Dynamics, S. 9–17; Clement H. Moore, The Single Party as Source of Legitimacy, in: Huntington/Ders., Politics, S. 57.

59 Ergun Özbudun, Established Revolution versus Unfinished Revolution: Contrasting Patterns of Democratization in Mexico and Turkey, in: Huntington/Moore, Politics, S. 380.

60 Tekin Alp, Kemalisme, S. 67.

61 Tunçay, Tek-Parti, S. 58.

62 Duverger, Partis, S. 308.

63 Manoilescu, Partei, S. 140f.

64 Hans Woller, Geschichte Italiens im 20. Jahrhundert. München 2010, S. 102.

65 Tunçay, Tek-Parti, S. 72, 117.

66 Dumont, Axe; ders., Bolchevisme.

[67] Text in Ernst E. Hirsch, Die Verfassung der türkischen Republik. Frankfurt a.M., Berlin 1966 (= Die Staatsverfassungen der Welt, Bd. 7), S. 209–219; „Normenutopie“ bei Christian Rumpf, Das türkische Verfassungssystem. Einführung mit vollständigem Verfassungstext. Wiesbaden 1996, S. 29.

[68] Suna Kili, Turkish Constitutional Developments and Assembly Debates on the Constitutions of 1924 and 1961. Istanbul 1971, S. 30–63; Gottfried Plagemann, Von Allahs Gesetz zur Modernisierung per Gesetz. Gesetz und Gesetzgebung im Osmanischen Reich und der Republik Türkei. Berlin 2009, S. 144–173.

[69] Text in Hirsch, Verfassung, S. 206–208.

[70] Überblick bei Mazower, Kontinent, S. 27–51.

[71] Tunaya, Partiler, S. 606–622; Frey, Elite, S. 323–335; Zürcher, Factor, S. 118–141; ders., Political Opposition in the Early Turkish Republic. The Progessive Republican Party 1924–1925. Leiden u. a. 1991.

[72] Tunçay, Tek-Parti, S. 105–107.

[73] Ebd., S. 127f.

[74] A. Turan Alkan, İstiklâl mahkemeleri. Istanbul 1993, S. 70.

[75] Zürcher, Opposition, S. 86.

[76] Erik Jan Zürcher, Institution-Building in the Kemalist Republic: the Role of the People's Party, in: Touraj Atabaki/Ders. (Hg.), Men of Order. Authoritarian Modernization under Atatürk and Reza Shah. London 2004, S. 105f.

[77] Ludwig, Besuch, S. 2.

[78] Zürcher, Factor, S. 144f.

[79] Ebd., S. 148–156.

[80] Carl Schmitt, Politische Theologie. Vier Kapitel zur Lehre von der Souveränität. München 1922; zur Problematik des Ausnahmezustands in der Sowjetunion s. Stefan Plaggenborg, Staatlichkeit als Gewaltroutine. Sowjetische Geschichte und das Problem des Ausnahmezustands, in: Alf Lüdtke/Michael Wildt (Hg.), Staats-Gewalt: Ausnahmezustand und Sicherheitsregimes. Historische Perspektiven. Göttingen 2008, S. 117–144.

[81] Duverger, Partis, S. 309.

[82] Schieder, Diktaturen, S. 18f.

[83] Erich Pritsch, Das Schweizerische Zivilgesetzbuch in der Türkei. Seine Rezeption und die Frage seiner Bewährung, in: Zeitschrift für vergleichende Rechtswissenschaft 59 (1957), S. 123–180, Zitat S. 143. Pritsch übersetzt *halkçı* mit volkstümlich, aber gemeint ist wohl eher ein Recht, das den Vorstellungen des Volkes nahekommt. Es ist eine andere Frage, ob das Schweizer Gesetzbuch den traditionellen Rechtsvorstellungen in der Bevölkerung tatsächlich entsprach, s. ebd., S. 167.

[84] Siehe die Beiträge in International Social Science Bulletin 9 (1957), S. 7–81, hier besonders S. 80.

[85] Jörg Baberowski, Autokratie und Justiz. Zum Verhältnis von Rechtsstaatlichkeit und Rückständigkeit im ausgehenden Zarenreich 1864–1914. Frankfurt a.M. 1996.

[86] Mehmed Emin Artuk, 1926 tarihli Türk ceza kanununun değiştirilmesi yönündeki çalışmalar hakkında düşünceler, in: Istanbul Barosu Dergisi. Aralık 1998, S. 832–835; Christian Rumpf, Einführung in das türkische Recht. München 2004, S. 391; Plagemann, Allahs Gesetz, S. 169–171; zur Strafrechtsentwicklung in Italien siehe Carlo Calisse, A History of Italian Law. New York 1969 (Erstausgabe 1928), S. 486–491.

[87] Duygun Yarsuvat, Türk ceza kanununda cinsel özgürlüğe karşı suçlar, in: Değişen Toplum ve Ceza Hukuku karşısında TCK'nın 50 Yılı ve Geleceği. Istanbul 1977, S. 648f.

[88] Pritsch, Zivilgesetzbuch, S. 142.

[89] Kireev, Istorija; Friedrich Karl Kienitz, Türkei. Anschluss an die moderne Wirtschaft unter Kemal Atatürk. Hamburg 1959; Ju.N. Rozaliev, Osobennosti razvitija kapitalizma v Turcii (1923–1960). Moskau 1962.

[90] Tunaya, Partiler, S. 622–635.

[91] A.D. Novičev, Menemenskoe vosstanie v Turcii, in: Vestnik Leningradskogo Universiteta 1955, Nr. 12, S. 77–91.

[92] Pekesen, Nationalismus, S. 174–176.

[93] Ebd., S. 186–191, passim.

[94] Şerafettin Zeyrek, Türkiye'de halkevleri ve halkodaları, 1932–1951. Ankara 2006; Sefa Şimşek, Halkevleri, 1932–1951: Bir ideolojik seferberlik deneyimi. Istanbul 2002; Neşe Gürallar Yeşilkaya, Halkevleri: İdeoloji ve mimarlık. Istanbul 1999.

[95] Adanır, „Etatismus"-Diskussion, S. 366f.

[96] Şevket Süreyya Aydemir, İnkılâp ve Kadro. Ankara [2]1968 (erstmals 1932), S. 13.

[97] Rumpf, Verfassungssystem, S. 63.

[98] Çetin Yetkin, Türkiye'de tek parti yönetimi. O.O. (Ankara) 1983, S. 30.

[99] Ebd., S. 157–174.

[100] Cemil Koçak, Umûmî müfettişlikler (1927–1952). Istanbul 2003, S. 25–126.

[101] Dazu s. Kapitel 5.

[102] Übersehen bei Konrad Dilger, Strafrecht, in: Klaus-Detlev Grothusen (Hg.), Südosteuropa-Handbuch. Bd. 4: Türkei. Göttingen 1985, S. 201–217; Mehmet Emin Artuk, Sinn und Zweck der Strafe und die Maßnahmen zur Sicherung und Besserung im türkischen Strafrecht. Königstein/Ts. 1979; erwähnt, aber nicht als faschistische Novellen benannt bei Silvia Tellenbach (Hg.), Das türkische Strafgesetzbuch/Türk Ceza Kanunu vom 1. März 1926 nach dem Stand vom 31. Januar 2001. Freiburg [2]2001, S. 1f.; kurz erwähnt bei Adem Sözüer, Das neue türkische Strafgesetzbuch, in: Silvia Tellenbach (Hg.), Das neue türkische Straf- und Strafprozessrecht. Berlin 2008, S. 12.

[103] Manfred Maiwald, Einführung in das italienische Strafrecht und Strafprozessrecht. Frankfurt a.M. 2009, S. 21. Bezeichnend ist die Tatsache, dass nicht einmal der Name des faschistischen Justizministers Alfredo Rocco, nach dem das Strafrecht benannt wurde, richtig wiedergegeben wurde. Maiwald verwechselt ihn mit Alfredo Roccos Bruder Arturo, der in der Kommission für die Erneuerung des Strafrechts maßgeblich mitgearbeitet hat.

[104] Mario Sbriccoli, Storia del diritto penale e della giustizia. Bd. 2: Scritti editi e inediti (1972–2007). Mailand 2009, S. 993–1034 mit Hinweisen auf andere kritische Interpretationen; Loredana Garlati (Hg.), L'inconscio inquisitorio. L'eredità del Codice Rocco nella cultura processualpenalistica italiana. Mailand 2010; zur Problematik des Fortbestehens des *codice Rocco* nach 1945 s. die Beiträge in La Questione Criminale 7 (1981), Heft 1.

[105] Novičev, Vosstanie, S. 89f.

[106] Sbriccoli, Storia, S. 1022.

[107] Alberto Aquarone, L'organizzazione dello Stato totalitario. Turin 1965, S. 74f., 260.

[108] Dazu siehe den nächsten Abschnitt.

[109] Stefan Plaggenborg, Die Organisation des Sowjetstaates, in: Schramm, Handbuch der Geschichte Russlands. Bd. 3,2, S. 1414–1525, zur Wirtschaftsverwaltung 1478–1487.

[110] Manoilescu, Partei, S. 141.
[111] Gül, Peker, S. 12f.
[112] Yetkin, Tek parti yönetimi, S. 128–132.
[113] Taha Parla/Andrew Davison, Corporatist Ideology in Kemalist Turkey. Progress or Order? Syracuse, New York 2004.
[114] Suna Kili, Kemalism. Istanbul 1969; dies., The Atatürk Revolution. A Paradigm of Modernization. Istanbul [4]2008.
[115] Siehe auch Zafer Toprak, Türkiye'de korporatizmin doğuşu, in: Toplum ve Bilim 12 (1980), S. 41–49.
[116] Peter Cornelius Mayer-Tasch, Korporatismus und Autoritarismus. Eine Studie zu Theorie und Praxis der berufsständischen Rechts- und Staatsidee. Frankfurt a.M. 1971, S. 1–81.
[117] Parla/Davison, Ideology, S. 244, 247, 256, 263.
[118] Ebd., S. 129.
[119] Webster, Turkey, S. 169.
[120] Mihail Manoilesco (sic), Le siècle du corporatisme. Doctrine du corporatisme integral et pur. Paris 1934.
[121] Ebd., S. 10, 13–15.
[122] H. Emrah Beriş, Tek parti döneminde devletçilik: Türkiye'de otoritarizmin siyasal ve ekonomik kökenleri. Ankara 2009; Korkut Boratav, Türkiye'de devletçilik. Istanbul 1982; Nevin Coşar (Hg.), Türkiye'de devletçilik. Istanbul 1995; Barlas, Etatism, S. 76–107.
[123] Tekin Alp, Kemalisme, S. 198.
[124] Trotzki, Verratene Revolution, S. 251.
[125] Ömer Celâl Sarc, Economic Policy of the New Turkey, in: Middle East Journal 2 (1948), S. 434.
[126] Alan Richards/John Waterbury, A Political Economy of the Middle East. State, Class, and Economic Development. Boulder, San Francisco, Oxford 1990, S. 187–206, sprechen von einem „Turkish paradigm", außerdem bleibt unklar, was an der Ablehnung von Privateigentum und Auslandskapital spezifisch arabisch sein soll.
[127] Feridov, Turcija.
[128] Kireev, Istorija.
[129] Atatürk'ün söylev ve demeçleri. Bd. 1, S. 196.
[130] Duverger, Partis, S. 310.
[131] Atatürk'ün söylev ve demeçleri. Bd. 1, S. 31.
[132] Gündüz Ökçün (Hg.), Türkiye İktisat Kongresi 1923, Izmir. Haberler, belgeler, yorumlar. Ankara 1971; Yahya Sezai Tezel, Cumhuriyet döneminin iktisadi tarihi (1923–1950). Ankara [2]1986, zum Izmir-Kongress S. 130–134; Yakup Kepenek/Nurhan Yentürk, Türkiye ekonomisi. Istanbul [6]1994, S. 28–53; Kienitz, Türkei.
[133] Alexander Gerschenkron, Economic Backwardness in Historical Perspective, in: Ders., Economic Backwardness in Historical Perspective. A Book of Essays. Cambridge, Mass. 1962, S. 5–30.
[134] Atatürk'ün söylev ve demeçleri. Bd. 1, S. 226.
[135] Robert W. Kerwin, Etatism in Turkey, 1933–50, in: Hugh G.J. Aitken (Hg.), The State and Economic Growth. New York 1959, S. 240.
[136] Tezel, İktisadi tarih, S. 139–146.
[137] Irandust, Sily, S. 14f., 87.
[138] Ökçün, İktisat Kongresi, S. 257–266.
[139] Süreyya, İnkilâp ve Kadro, S. III.
[140] Kireev, Istorija, S. 91, 93.
[141] Kabul'skij, Politika, S. 26.

[142] Irandust, Sily, S. 88.
[143] Kireev, Istorija, S. 98f.
[144] Ebd., S. 102.
[145] Ali Fethi Okyar, Serbest Cumhuriyet Fırkası. Nasıl doğdu; nasıl fesh edildi? Istanbul 1987, S. 55–59.
[146] Kireev, Istorija, S. 105.
[147] Atatürk'ün söylev ve demeçleri. Bd. 1, S. 102.
[148] Ebd., S. 196.
[149] Ebd., Bd. 2, S. 112.
[150] Parla/Davison, Ideology, S. 60.
[151] Atatürk'ün söylev ve demeçleri. Bd. 2, S. 97f.
[152] Ebd., Bd. 1, S. 284.
[153] Benito Mussolini, Vom Kapitalismus zum korporativen Staat. Reden und Gesetze. Eingeleitet, übertragen und erläutert von Erwin von Beckerath, Erich Röhrbein, Ernst Ed. Berger. Köln, Stuttgart 1936, S. 21–25.
[154] Benito Mussolini, Schriften und Reden. Bd. 7. Zürich 1934, S. 13.
[155] Mussolini, Kapitalismus, S. 120.
[156] Ebd., S. 125.
[157] Ebd., S. 131–133.
[158] Mussolini, Schriften. Bd. 7, S. 217.
[159] Mayer-Tasch, Korporatismus, S. 91.
[160] Mussolini, Kapitalismus, S. 87–94.
[161] Fausto Pitigliani, The Italian Corporative State. New York 1934; Aquarone, Organizzazione, S. 211f.
[162] Mayer-Tasch, Korporatismus, S. 129–146.
[163] Alexander Nützenadel, Landwirtschaft, Staat und Autarkie. Agrarpolitik im faschistischen Italien (1922–1943). Tübigen 1997, S. 331.
[164] Resmî Gazete, 15. Juni 1936, Nr. 3330; dt. Übersetzung in: Internationales Arbeitsamt. Gesetzesreihe 17 (1936), Teil 2. Genf 1939, S. 1565–1616.
[165] Der Hinweis auf Weigert bei Cahit Talas, La législation du travail industriel en Turquie. Genf 1948, S. 262.
[166] Ebd., S. 44–46.
[167] Steinhaus, Soziologie, S. 148.
[168] Mussolini, Kapitalismus, S. 88.
[169] Talas, Législation, S. 263.
[170] M. Nuri Durmaz, Bir ideolog, bir ideoloji: Recep Peker ve korporatizm, in: Amme İdaresi Dergisi 41 (2008), S. 161–184.

„Große Männer" und Führerkulte

[1] Charles A. Sherill, A Year's Embassy to Mustafa Kemal. New York 1934, S. VII, 87, 163, 193. Der Autor erweckt in seiner unkritischen und apologetischen Lebensbeschreibung Atatürks den Eindruck, dessen größte politische Leistung sei der Beitritt der Türkei zur Haager und Genfer Konvention zur Kontrolle des Opiumhandels im Jahre 1932 gewesen, ebd. S. 220.

2 Die biographische Literatur zu Atatürk ist einerseits zahlreich, andererseits steht sie noch immer vor großen Problemen der Quellenerschließung und des Archivzugangs. Ausführlich Andrew Mango, Atatürk. London 1999; mit neueren Literaturhinweisen und einer Liste der wichtigsten biographischen Literatur in türkischer und anderen Sprachen Klaus Kreiser, Atatürk. Eine Biografie. München 2008; M. Şükrü Hanioğlu, Atatürk: An Intellectual Biography. Princeton 2011.

3 Die biographische Literatur zu Mussolini ist fast unüberschaubar. Renzo de Felice, Mussolini il rivoluzionario (1883–1920). Turin 1965; ders., Mussolini il fascista. Bd. I; ders., Mussolini il fascista. Bd. II: L'organizzazione dello Stato fascista. Turin 1968; ders., Mussolini il duce. Bd. I: Gli anni del consenso. 1929–1936. Turin 1974; ders., Mussolini il duce. Bd. II: Lo stato totalitario. 1936–1940. Turin 1981; ders., Mussolini l'alleato. Bd. I: L'Italia in guerra 1940–1943, 1: Dalla guerra „breve" alla guerra lunga. Turin 1990; ders., Mussolini l'alleato. Bd. I: L'Italia in guerra 1940–1943, 2: Crisi e agonia del regime. Turin 1990; ders., Mussolini l'alleato. Bd. II: La guerra civile. 1943–1945. Turin 1997; Pierre Milza, Mussolini. Paris 1999; Didier Musiedlak, Mussolini. Paris 2005.

4 Hans-Lukas Kieser, Vorkämpfer der „Neuen Türkei". Revolutionäre Bildungseliten am Genfer See (1870–1939). Zürich 2005.

5 De Felice, Mussolini il rivoluzionario, S. 103–107.

6 Salâhi R. Sonyel, Atatürk – The Founder of modern Turkey. Ankara 1989, S. 172.

7 Zuletzt Robert Service, Lenin. A political life. 3 Bde. Basingstoke 1985–1995.

8 Gottfried Schramm, Lenins Elternhaus, in: Inge Auerbach/Andreas Hillgruber/Ders. (Hg.), Felder und Vorfelder russischer Geschichte. Studien zu Ehren von Peter Scheibert. Freiburg 1985, S. 148–159.

9 Wolf Biermann, Die Stasi-Ballade, in: aah-ja (Langspielplatte), 1974, S. 2, Rille 1.

10 Lenin, Werke. Bd. 31, S. 12.

11 Karl Schlögel (Hg.), Vechi – Wegzeichen. Zur Krise der russischen Intelligenz. Frankfurt a.M. 1990.

12 Leonard Shapiro/Peter Reddaway (Hg.), Lenin. The Man, the Theorist, the Leader. A Reappraisal. New York etc. 1967; Leopold H. Haimson, The Russian Marxists and the Origins of Bolshevism. Boston [2]1966.

13 Gerd Koenen, Die großen Gesänge. Lenin, Stalin, Mao, Castro... Sozialistischer Personenkult und seine Sänger von Gorki bis Brecht – von Aragon bis Neruda. Frankfurt a.M. 1987.

14 Markus Wehner, Golod 1921–1922 gg. v Samarskoj Gubernii i reakcija sovetskogo pravitel'stva, in: Cahiers du monde russe 38 (1997), S. 223–242.

15 Simon Sebag Montefiore, Der junge Stalin. Biografie. Frankfurt a.M. 2007; Dimitri Wolkogonow, Stalin. Triumph und Tragödie. Ein politisches Profil. Düsseldorf 1989; Heinz-Dietrich Löwe, Stalin. Der entfesselte Revolutionär. 2 Bde. Göttingen u. a. 2002.

16 J.W. Stalin, Werke. Bd. 2. Berlin (DDR) 1950, S. 266–333.

17 Schröder, Arbeiterschaft, S. 57–67.

18 Stalin, Werke. Bd. 13, S. 93–109.

19 Zuletzt s. die Beiträge in Benno Ennker/Heidi Hein-Kircher (Hg.), Der Führer im Europa des 20. Jahrhunderts. Marburg 2010.

20 John Keegan, Die Kultur des Krieges. Berlin 1995, S. 508–517; Diner, Jahrhundert, S. 38–47.

21 Dazu s. Kapitel 5.

22 Maurizio Bach, Die charismatischen Führerdiktaturen. Drittes Reich und italienischer Faschismus im Vergleich ihrer Herrschaftsstrukturen. Baden-Baden 1990.

[23] Max Weber, Wirtschaft und Gesellschaft. Grundriss der verstehenden Soziologie. 5. rev. Auflage. Tübingen 1976, S. 146.
[24] Ebd., S. 661.
[25] Max Weber, Soziologie. Universalgeschichtliche Analysen. Politik. Hg. u. erläutert von Johannes Winckelmann. Stuttgart 1973, S. 163.
[26] Jackh, Crescent, S. 184.
[27] Kreiser, Atatürk, S. 180.
[28] Ebd., S. 250.
[29] Şimşir, Atatürk, S. 76.
[30] Ebd., S. 317.
[31] Metin Heper, Transformation of Charisma into a Political Paradigm: Atatürkism in Turkey, in: Journal of the American Institute for the Study of the Middle Eastern Civilization 1 (1980/81), S. 69.
[32] Dazu s. Kapitel 3.
[33] Herbert Melzig, Kamâl Atatürk. Untergang und Aufstieg der Türkei. Frankfurt a.M. 1937, S. 293.
[34] Schröder, Arbeiterschaft, S. 54.
[35] Lenin, Werke. Bd. 5.
[36] Benno Ennker, Die Anfänge des Leninkults in der Sowjetunion. Köln, Weimar, Wien 1997, S. 30.
[37] A.A. Bogdanov, Ėmpiriomonizm. Stat'i po filosofii. Moskau 2003; ders., Vera i nauka. Moskau 1910.
[38] Zu dieser folgenschweren Debatte s. zuletzt Plaggenborg, Experiment, S. 47–80.
[39] Leo Trotzki, Über den Verwundeten. Rede, gehalten in der Sitzung des Zentralen Exekutivkomitees am 2. September 1918, in: Ders., Über Lenin. Material für einen Biographen. Frankfurt a.M. 1964, S. 142.
[40] Ennker, Anfänge, S. 37.
[41] Patrizia Dogliani, Il fascismo degli Italiani. Una storia sociale. Turin 2008, S. 51–72; Schieder, Strukturwandel.
[42] Zitiert in Jens Petersen, Mussolini: Wirklichkeit und Mythos eines Diktators, in: Karl-Heinz Bohrer (Hg.), Mythos und Moderne. Begriff und Bild einer Konstruktion. Frankfurt a.M. 1983, S. 244.
[43] Leonard Schapiro, The Communist Party of the Soviet Union. Cambridge ^{2}1970, S. 19–86.
[44] Kreiser, Atatürk, S. 125.
[45] Ebd.; Atatürk ve Türkiye Cumhuriyeti. Fotoğraf albümü: http://www.ataturk.net/foto/index.html (letzter Zugriff 11. August 2011); Anadolu dergisi: http://www.anadolu.eu/Fotograflar/Ataturk/ (letzter Zugriff 11. August 2011).
[46] Aylin Tekiner, Atatürk heykelleri. Kült, estetik, siyaset. Istanbul 2010, S. 69–76.
[47] Ebd., S. 76–79; Bozdoğan, Modernism, S. 283f.
[48] Lucy Riall, Garibaldi. Invention of a Hero. New Haven 2007; aber Luisa Passerini, Mussolini immaginario. Storia di una biografia 1915–1939. Bari 1991; Bach, Führerdiktaturen; Ennker, Leninkult; Nina Tumarkin, Lenin Lives. The Lenin Cult in Soviet Russia. Cambridge, Mass. 1983; Klaus Heller/Jan Plamper (Hg.), Personenkulte im Stalinismus. Göttingen 2004; für Polen z. B. bezeichnend: Heidi Hein, Der Piłsudski-Kult und seine Bedeutung für den polnischen Staat 1926–1939. Marburg 2002.
[49] Tekiner, Atatürk heykelleri, S. 111f., 148.
[50] Igor Golomštok, Totalitarnoe iskusstvo. Moskau 1994 (erstmals englisch 1990).
[51] Tekiner, Atatürk heykelleri, S. 85.
[52] Ebd., S. 103f.

53 Ebd., S. 139–148.
54 Ebd., S. 52, Anm. 43.
55 Kemal Karpat, The Mass Media: Turkey, in: Robert Ward/Dankwart Rustow (Hg.), Political Modernization in Japan and Turkey. Princeton 1964, S. 255–282; Kral, Land, S. 178; Webster, Turkey, S. 204f.
56 Webster, Turkey, S. 201f.
57 Ebd., S. 193–196.
58 Hier wird die autorisierte Übersetzung Gazi Mustafa Kemal Pascha, Neue Türkei, 3 Bde. Leipzig 1928 benutzt. Es gibt zahlreiche türkische Ausgaben jüngeren und jüngsten Datums, die aber nach der Sprachreform der 1930er Jahre „neutürkisiert" worden sind, so dass eine zeitgenössische übersetzte Ausgabe den heutigen türkischen vorzuziehen ist. Taha Parla, Türkiye'de siyasal kültürün resmî kaynakları. Bd. 1: Atatürk'ün Nutku. Istanbul 1991, zur Entstehung S. 19–23.
59 Istorija VKP(B). Kratkij kurs. Moskau 1938.
60 Stefan Plaggenborg, Revolutionskultur. Menschenbilder und kulturelle Praxis in Sowjetrussland zwischen Oktoberrevolution und Stalinismus. Köln u. a. 1996, S. 121f.
61 Webster, Turkey, S. 91.
62 Tekiner, Atatürk heykelleri, S. 52, Anm. 44.
63 Nişanyan, Yanlış Cumhuriyet, S. 130.
64 James Lee Heizer, The Cult of Stalin, 1929–1939. Ph.D., Univ. of Kentucky 1977, S. 207.
65 Simonetta Falasca-Zamponi, Fascist Spectacle. The Aesthetics of Power in Mussolini's Italy. Berkeley 2000; Alexander Nützenadel, Politische Feiern im Nationalstaat. Perspektiven eines Vergleichs zwischen Italien und Deutschland, in: Sabine Behrenbeck/Ders. (Hg.), Inszenierungen des Nationalstaats. Politische Feiern in Deutschland und Italien seit 1860/71 im Vergleich. Köln 2000, S. 9–26; Jeffrey T. Schnapp, Staging Fascism. 18 BL and the theater of masses for masses. Stanford, Cal. 1996.
66 George Mosse, L'uomo e la masse nelle ideologie nazionaliste. Bari 2002, S. 97–115; Ledeen, D'Annunzio, S. 4f.
67 Kurze Beschreibung eines Auftritts des Duce bei Fulvio Suvich, Memorie 1932–1936. Mailand 1984, S. 6; Bildmaterial bei Sergio Luzzatto, L'immagine del Duce. Mussolini nelle fotografie dell'Istituto Luce. Rom 2001, S. 113–121.
68 Musiedlak, Mussolini, S. 287f.
69 Nützenadel, Landwirtschaft, S. 128–158.
70 Ziel war es, den Wechselkurs der italienischen Lira auf den internationalen Finanzmärkten zu stabilisieren.
71 Nützenadel, Landwirtschaft, S. 211–253.
72 Dazu s. Kapitel 5.
73 Plaggenborg, Revolutionskultur, S. 261; James van Geldern, Bolshevik Festivals, 1917–1920. Berkeley, Los Angeles, London 1993.
74 Malte Rolf, Das sowjetische Massenfest. Hamburg 2006, S. 165. „Das Privileg der Dazugehörigkeit (sprich: die Teilnahme an den Festen – S.P.) wurde nicht nur den Heerscharen von Häftlingen entzogen", sondern auch den Bürgern, die laut Verfassung kein Wahlrecht besaßen. Der Staat muss noch erfunden werden, der seine Häftlinge zu Staatsfesten aufmarschieren lässt.
75 Schröder, Arbeiterschaft, S. 35–53.
76 Gert Meyer, Studien zur sozialökonomischen Entwicklung Sowjetrußlands 1921–1923: die Beziehungen zwischen Stadt und Land zu Beginn der neuen ökonomischen Politik. Köln 1974, S. 103–112.

[77] Zitiert in Ward, Turkey, S. 36.
[78] Simon Sebag Montefiore, Stalin. The Court of the Red Tsar. London 2003, S. 4.
[79] Ernst H. Kantorowicz, The King's Two Bodies. A Study in Medieval Political Theology. Princeton, N.J. 1957, bes. S. 7–24.
[80] Henri Béraud, Ce que j'ai vu à Rome. Paris 1929, S. 37.
[81] Ludwig, Mussolinis Gespräche, S. 123f.
[82] De Felice, Mussolini il fascista. Bd. II, S. 3–138.
[83] Mimmo Franzinelli/Emanuele Valerio Marino, Il Duce proibito. Le fotografie di Mussolini che gli italiani non hanno mai visto. Mailand 2003, S. XIIIf.
[84] Ebd., S. XIII.
[85] Philip V. Cannistraro, La fabbrica del consenso. Fascismo e mass media. Rom, Bari 1975.
[86] Nicola Hille, Der Führerkult im Bild. Die Darstellung von Hitler, Stalin und Mussolini in der politischen Sichtagitation der 1920er bis 1940er Jahre, in: Ennker/Hein-Kircher, Führer, S. 37. Hilles Interpretation der Darstellung als einer revolutionären Entwicklung zeugt davon, dass Bilder mehrschichtig gedeutet werden können, um das Mindeste zu sagen.
[87] Luzzatto, L'immagine, S. 7–19.
[88] Ebd.; Schieder, Diktaturen, S. 417–463.
[89] Franzinelli/Marino, Duce proibito, S. X.
[90] Béraud, Ce que j'ai vu, S. 41.
[91] August Bernhard Hasler, Das Duce-Bild in der faschistischen Literatur, in: Quellen und Forschungen aus italienischen Archiven und Bibliotheken 60 (1980), S. 420–506.
[92] Ebd., S. 420.
[93] Den Titel hat Luisa Passerini für ihre bereits genannte Rekonstruktion der „gemachten" Biographie Mussolinis aufgegriffen.
[94] Passerini, Mussolini, S. 70–76,
[95] Musiedlak, Mussolini, S. 292.
[96] Sergio Luzzatto, Il corpo del duce. Un cadavere tra immaginazione, storia e memoria. Turin 1998.
[97] Luzzatto, L'immagine, S. 56–58
[98] Die verbotenen Photos s. Franzinelli/Marino, Duce proibito.
[99] Schnapp, Fascism.
[100] Passerini, Mussolini, S. 87–99.
[101] Schröder, Arbeiterschaft, S. 281.
[102] Ennker, Anfänge, S. 174–198.
[103] Ebd., S. 333.
[104] Ebd., S. 87–111.
[105] Heizer, Cult; Benno Ennker, Politische Herrschaft und Stalinkult 1929–1939, in: Stefan Plaggenborg (Hg.), Stalinismus. Neue Forschungen und Konzepte. Berlin 1998, S. 151–184; Heller/Plamper, Personenkulte, zum Begriff Personenkult s. die Einführung von Jan Plamper, S. 13–44; Sarah Davies, Stalin and the Making of the Leader Cult in the 1930s, in: Balázs Apor u. a. (Hg.), The Leader Cult in Communist Dictatorships. Stalin and the Eastern Bloc. Houndmills, New York 2004; zum Bildprogramm Victoria E. Bonnell, Iconography of Power. Soviet Political Posters under Lenin and Stalin. Berkeley 1997; Barbara Cynthia Kiteme, The Cult of Stalin: National Power and the Soviet Party State. Ann Arbor 1989.
[106] Sandra Dahlke, Personenkulte und Kultproduzenten: Emel'jan Jaroslavskij (1878–1943), Stalin und der Stalin-Kult, in: Ennker/Hein-Kircher, Führer, S. 74–89.

[107] André Gide, Retour de L'U.R.S.S. Paris 1936, S. 71.
[108] Plaggenborg, Experiment, S. 89–98.
[109] Petersen, Mussolini, S. 246.
[110] Fotomontage als Titelblatt der Zeitschrift Ogonëk zu Stalins 70. Geburtstag, Dezember 1929, in: Maximilien Rubel, Josef W. Stalin. Reinbek bei Hamburg 1975, S. 116.
[111] Carl Christian Bry, Verkappte Religionen. Gotha 1925.
[112] Ebd., S. 15–17.
[113] Eric Voegelin, Die politischen Religionen. München 1993.
[114] Markus Dreßler, Die civil religion der Türkei. Kemalistische und alevitische Atatürk-Rezeption im Vergleich. Würzburg 1999, S. 62–72.
[115] Kieser, Quest, S. 290.
[116] Sonyel, Atatürk, S. 113; vgl. Lengyel, Turkey, S. 115f.: Atatürk sei der „Prophet der Türkei".
[117] Dreßler, civil religion.
[118] Tumarkin, Lenin.
[119] Ennker, Leninkult, hier bes. S. 338–343.
[120] Emilio Gentile, The Sacralization of Politics in Fascist Italy. Cambridge, Mass., London 1996.
[121] Ebd., S. 11f.
[122] Ebd., S. 53–79.
[123] Richard Wortman, Scenarios of power. Myth and Ceremony in Russian monarchy. 2 Bde. Princeton, N.J. 1995/2000.
[124] Gentile, Sacralization, S. 158f.
[125] Ebd., S. 155.
[126] Benno Ennker, Der Führer im Europa des 20. Jahrhundert – eine Synthese, in: Ders./Hein-Kircher, Führer, S. 348.
[127] Durkheim, Selbstmord, S. 17.
[128] Jochen Hellbeck (Hg.), Tagebuch aus Moskau 1931–1939. München 1996; ders., Revolution on my mind. Writing a Diary under Stalin. Cambridge 2006; Véronique Garros u. a. (Hg.), Intimacy and Terror. Soviet Diaries of the 1930's. New York 1995.
[129] Dazu s. Kapitel 5.
[130] Hendrik de Man, Massen und Führer. Potsdam 1932, S. 24f.
[131] Ebd., S. 23.
[132] Ebd., S. 32.
[133] Ausnahme ist Heizer, Cult, S. 195f.
[134] Boris Groys/Max Hollein (Hg.), Traumfabrik Kommunismus. Die visuelle Kultur der Stalinzeit. Ostfildern-Ruit 2003 (Ausstellungskatalog). Museumsdirektor Hollein: „Für einen Außenstehenden wie mich war der Umgang mit dieser Kunst (...) höchst faszinierend, zumal wir deren fatalen historischen Hintergrund in seinem ganzen Ausmaß nur erahnen, aber nie so erspüren konnten, wie es Russen möglich ist." Ebd., S. 7. Dazu ist zu sagen: Lesen schützt vor Ahnung.
[135] Der Große Herder. Bd. 3. Freiburg im Breisgau 1932, Spalte 365.
[136] http://www.gra.ch/lang-de/gra-glossar/86; http://wortschatz.uni-leipzig.de/cgi-bin/wort_www.exe?site=1&Wort=Chuzpe (letzte Zugriffe: 24. August 2011).
[137] Im Folgenden nach Luzzatto, Corpo.
[138] Tumarkin, Lenin, S. 165.
[139] Ebd., S. 166.
[140] Ennker, Anfänge, S. 240.
[141] Ebd., S. 234.

[142] Ebd., S. 236.
[143] Ebd., S. 179–186.
[144] Ebd., S. 334–336.
[145] Karl Radek, zitiert in Ennker, Herrschaft, S. 175.
[146] Karl Schlögel, Moskau lesen. Berlin 1984, S. 120.
[147] Dazu s. Kapitel 5.
[148] Zitiert in Bozdoğan, Modernism, S. 286.
[149] Ebd., S. 286–293. Das Folgende ebd.
[150] Zitiert ebd., S. 289.
[151] Gennadij Kostyrčenko, Der Fall der Ärzte, in: Leonid Luks (Hg.), Der Spätstalinismus und die „jüdische Frage". Zur antisemitischen Wendung des Kommunismus. Köln u. a. 1998, S. 89–116.
[152] Beate Fieseler, Innenpolitik der Nachkriegszeit 1945–1953, in: Stefan Plaggenborg (Hg.), Handbuch der Geschichte Russlands. Bd. 5,1. Stuttgart 2002, S. 76f.

Dynamiken der Repression

[1] Richard C. Hall, The Balkan Wars 1912–1913. Prelude to the First World War. London, New York 2000; Edward J. Erickson, Defeat in Detail. The Ottoman Army in the Balkan Wars, 1912–1913. Westport, Conn. u. a. 2003; Elçin Kürşat-Ahlers, Die Brutalisierung von Gesellschaft und Kriegführung im Osmanischen Reich während der Balkankriege (1903–1914), in: Andreas Gestrich (Hg.), Gewalt im Krieg. Ausübung, Erfahrung und Verweigerung von Gewalt in Kriegen des 20. Jahrhunderts. Münster 1995, S. 51–74.
[2] Die erste Ziffer bei A. Vančenko, Turcija i eë vooružënnye sily. Moskau, Leningrad 1928, S. 59f.; Gerhard Hirschfeld/Gerd Krumeich/Irina Renz (Hg.), Enzyklopädie Erster Weltkrieg. Paderborn u. a. 2003, S. 664; die geringere Ziffer bei Erik Jan Zürcher, The Ottoman Conscription System in Theory and Practice, 1844–1918, in: Ders. (Hg.), Arming the State. Military Conscription in the Middle East and Central Asia 1775–1925. London, New York 1999, S. 90.
[3] Vančenko, Turcija, S. 59f.; Hirschfeld/Krumeich, Enzyklopädie, S. 664.
[4] Türkiye Cumhuriyeti tarihi. Bd. 1. Ankara 2000, S. 145f.
[5] Ergun Aybars, İstiklâl mahkemeleri. Istanbul 1975, S. 19.
[6] Hirschfeld/Krumeich, Enzyklopädie, S. 665.
[7] Edward J. Erickson, Ordered to Die. A History of the Ottoman Army in the First World War. Westport, Conn., London 2001, S. 240.
[8] Hirschfeld/Krumeich, Enzyklopädie, S. 665.
[9] S. Mirnyj, K voprosu ob opredelenii stoimosti mirovoj vojny dlja Turcii, in: Novyj vostok 3 (1923), S. 473.
[10] Zürcher, Conscription System, S. 91.
[11] Liman von Sanders, Fünf Jahre in der Türkei. Berlin 1920, S. 334.
[12] Aybars, İstiklâl mahkemeleri (1975), S. 20.
[13] Hirschfeld/Krumeich, Enzyklopädie, S. 903; vgl. 18,6 Millionen für die gesamte Periode des Ersten Weltkrieges bei Peter Gatrell, Russia's First World War. A Social and Economic History. Harlow u. a. 2005, S. 22.
[14] Schramm, Handbuch der Geschichte Russlands. Bd. 3,2, S. 1679.
[15] Gatrell, World War, S. 246; Hirschfeld/Krumeich, Enzyklopädie, S. 904.

[16] Hirschfeld/Krumeich, Enzyklopädie, S. 894; Dogliani, Fascismo, S. 6f. mit Angaben zu den demographischen Verlusten.

[17] Gaetano Salvemini, The Fascist Dictatorship in Italy. New York 1967 (erstmals 1927), S. 27.

[18] E.K. Sarkisjan, Velikaja Oktjabr'skaja Socialističeskaja Revoljucija i nacional'no-osvoboditel'naja bor'ba v Turcii. Erevan 1958, S. 50.

[19] Von Sanders, Fünf Jahre, S. 335.

[20] Pavlovič, Turcija, S. 71.

[21] Bjulleten' N.K.I.D. 1920, Nr. 29 (20. August), S. 44.

[22] Sarkisjan, Revoljucija, S. 42f.

[23] Ryan Gingeras, Sorrowful Shores. Violence, Ethnicity, and the End of the Ottoman Empire, 1912–1923. Oxford, New York 2009.

[24] Mit Bezug auf Daily Chronicle 26. Mai 1920 in: Bjulleten' N.K.I.D. 1920, Nr. 20 (1. Juli), S. 34.

[25] Bjulleten' N.K.I.D. 1920, Nr. 29 (20. August), S. 46; Toynbee, Question, S. 259–320; Gingeras, Shores, S. 110–113.

[26] Vlad. Melikov, Marna 1914 goda. Visla 1920 goda. Smirna 1922 goda. Moskau, Leningrad 1928, S. 370.

[27] Atatürk'ün söylev ve demeçleri. Bd. 1, S. 240f.

[28] Justin McCarthy, The Ottoman Peoples and the End of the Empire. London 2001, S. 131f., 135.

[29] Toynbee, Question, S. 259.

[30] Frunze, Poezdka, S. 325f.

[31] Bjulleten' N.K.I.D. 1920, Nr. 29 (20. August), S. 47.

[32] Frunze, Poezdka, S. 278.

[33] McCarthy, Peoples, S. 135.

[34] Ali Fuad Cebesoy, Milli mücadele hâtıraları. Istanbul 1953; Enver Behnan Şapolyo, Kuvayı milliye tarihi. Ankara 1957.

[35] Pavlovič, Turcija, S. 81.

[36] Ebd., S. 82.

[37] A.M. Šamsutdinov, Nacional'no-osvoboditel'naja bor'ba v Turcii 1918–1923. Moskau 1966, S. 114.

[38] Astachov, Ot sultanata, S. 34; N.Z. Ėfendieva, Učastie ženščin Turcii v nacional'no-osvoboditel'noj bor'be tureckogo naroda, in: Turcija. Istorija, ėkonomija. Sbornik statej. Moskau 1978, S. 108–113; Šamsutdinov, Bor'ba, S. 119.

[39] Aybars, İstiklâl mahkemeleri (1975); Šuvalova, Roždenie, S. 81.

[40] Ebd., S. 88.

[41] Zitiert in Šamsutdinov, Bor'ba, S. 122.

[42] Gurko-Krjažin, Istorija, S. 120–124.

[43] Atatürk'ün söylev ve demeçleri. Bd. 1, S. 138–142.

[44] Šuvalova, Roždenie, S. 99.

[45] Zürcher, Factor, S. 125.

[46] Bjulleten' N.K.I.D. 1920, Nr. 52 (23. Dezember), S. 26; Nur Bilge Criss, Istanbul under Allied Occupation, 1918–1923. Leiden, Boston, Köln 1999, S. 82–88.

[47] Steinhaus, Soziologie, S. 86.

[48] Pavlovič, Turcija, S. 81; Steinhaus, Soziologie, S. 86f.

[49] Gingeras, Shores.

[50] Aybars, İstiklâl mahkemeleri (1975), S. 180; Zürcher, Opposition, S. 83–90.

[51] Aybars, İstiklâl mahkemeleri (1975), S. 211.

[52] Melikov, Marna, S. 419. Diese Worte soll Mustafa Kemal am 7. September 1922 vor der Nationalversammlung gesprochen haben; in dem einschlägigen ersten Band von Atatürk'ün söylev ve demeçleri sind sie nicht enthalten.
[53] M. Cemil, Lozan. Bd. 1. Istanbul 1933, S. 261–274.
[54] Pekesen, Nationalismus, S. 222.
[55] Stéphane Yerasimos, La question du Pont-Euxin, 1912–1923, in: Guerres mondiales et conflits contemporains 1989, H. 153, S. 9–34.
[56] Frunze, Poezdka.
[57] Yerasimos, Pont-Euxin, S. 29–33.
[58] Michel Bruneau, Introduction: Diaspora grecque pontique et Grecs de l'ex-URSS, le rapport au territoire, in: Ders. (Hg.), Les Grecs pontiques. Diaspora, identité, territoires. Paris 1998, S. 31, 37.
[59] Frunze, Poezdka, Zitate S. 344f., 302.
[60] Yücel Güçlü, Armenians and the Allies in Cilicia 1914–1923. Salt Lake City 2010, S. 114–129.
[61] Ebd., S. 118f.
[62] McCarthy, Peoples, S. 143.
[63] Gingeras, Shores, das Dokument S. 124–127.
[64] Ali Saip, Urfanın kurtuluş mücadeleleri. Ankara 1924, S. 238–243; Šamsutdinov, Bor'ba, S. 127f.
[65] Orlando Figes, A People's Tragedy. The Russian Revolution 1891–1924. London 1996, S. 526–528.
[66] Andrej D. Sacharov, Mein Leben. München ^{2}1991, S. 47.
[67] Evan Mawdsley, The Russian Civil War. Boston 1987, S. XI.
[68] Michail Rejsner, Staroe i novoe, in: Krasnaja nov' 1922, Nr. 2, S. 278.
[69] Artjom Wesjoly, Russland in Blut gewaschen. Aus dem Russischen von Thomas Reschke. Leipzig, Weimar 1987.
[70] Roger Pethybridge, The Social Prelude to Stalinism. New York 1974, S. 78; Graeme Gill, Peasants and Government in the Russian Revolution. London u. a. 1979, S. 167f.
[71] Isaak Steinberg, Gewalt und Terror in der Revolution. Das Schicksal der Erniedrigten und Beleidigten in der Russischen Revolution. Berlin 1981 (erstmals 1931), S. 30.
[72] Stefan Plaggenborg, Gewalt und Militanz in Sowjetrussland 1917–1930, in: Jahrbücher für Geschichte Osteuropas 44 (1996), S. 409–430; ders., Weltkrieg, Bürgerkrieg, Klassenkrieg. Mentalitätsgeschichtliche Versuche über die Gewalt in Sowjetrussland, in: Historische Anthropologie 3 (1995), S. 493–505.
[73] Pethybridge, Prelude, S. 96.
[74] V. Buldakov, Krasnaja smuta. Priroda i posledstvija revoljucionnogo nasilija. Moskau 1997.
[75] Vladimir N. Brovkin, Behind the Front Lines of the Civil War. Political Parties and Social Movements in Russia, 1918–1922. Princeton, N.J. 1994, S. 127–162.
[76] Isaak Babel, Tagebuch 1920. Aus dem Russischen übersetzt, herausgegeben und kommentiert von Peter Urban. Berlin 1990; Peter Kenez, Pogroms and White Ideology in the Russian Civil War, in: John D. Klier/Shlomo Lambroza (Hg.), Pogroms. Anti-Jewish Violence in Modern Russian History. Cambridge 1992, S. 293–313.
[77] S.P. Mel'gunov, Krasnyj Terror v Rossii. Berlin 1924, S. 20–32, 43–87; George Leggett, The Cheka: Lenin's Political Police. The All-Russian Extraordinary Commission for Combating Counter-Revolution and Sabotage (Dec. 1917 to Feb. 1922). Oxford 1981, S. 102–120, Zitat 103; Krasnyj terror v gody graždanskoj vojny. Po materialam osoboj sledstvennoj komissii, in: Voprosy istorii 2001, H. 9, S. 17f.

[78] Brovkin, Civil War, S. 10, 17, 71, 81, 84f., passim; Richard Pipes, Die Russische Revolution. Bd. 2: Die Macht der Bolschewiki. Berlin 1992, S. 645, 666f., 679f. passim; Igor' Narskij, Žizn' v katastrofe. Budni naselenija Urala v 1917–1922 gg., Moskau 2001.

[79] Alessandro Stanziani, La gestion des approvisionnements et la restauration de la gosudarstvennost'. Le Narkomprod, l'armée et les paysans, 1918–1921, in: Cahiers du monde russe 38 (1997), S. 83–116.

[80] Lars T. Lih, Bread and Authority in Russia, 1914–1921. Berkeley u. a. 1990, S. 130.

[81] Jurij Šapoval/Volodimir Pristajko/Vadim Zolotar'ov, ČK-GPU-NKVD v Ukraini: osobi, fakti, dokumenti. Kiev 1997, S. 229.

[82] Vladimir N. Brovkin, The Mensheviks after October. Socialist Opposition and the Rise of Bolshevik Dictatorship. Ithaca, N.Y. 1987; Marc Jansen, A Show Trial Under Lenin. The Trial of the Socialist Revolutionaries, Moscow 1922. The Hague, Boston, London 1982; Lutz Häfner, Die Partei der Linken Sozialrevolutionäre in der Russischen Revolution von 1917/18. Köln, Weimar, Wien 1994, S. 495–622.

[83] John Shelton Curtiss, Die Kirche in der Sowjetunion (1917–1956). München 1957; Dimitrij Pospielovskij, The Russian Church under the Soviet regime: 1917–1982. 2 Bde. Crestwood 1984.

[84] Das Folgende nach Plaggenborg, Gewalt und Militanz; ders., Weltkrieg; ders., Experiment, S. 125–141.

[85] Leggett, Cheka.

[86] Gingeras, Shores, S. 56–65; Criss, Occupation, S. 94–114.

[87] Emin Demirel, Teşkilat-ı mahsusa'dan günümüze gizli servisler. Istanbul 2002. Das Buch gibt keine Quellen an und ist unkritisch; Criss, Occupation, S. 94–114.

[88] Unter anderen Narskij, Žizn'; Buldakov, Smuta; L.B. Miljakova (Hg.), Kniga pogromov. Pogromy na Ukraine, v Belorussii i evropejskoj casti Rossii v period Grazdanskoj bojny 1918–1922 gg.: Sbornik dokumentov. Moskau 2007.

[89] Ju.A. Poljakov, Sovetskaja strana posle okončanija graždanskoj vojny. Territorija i naselenie. Moskau 1986; A.I. Stepanov, Psichologičeskie i ėtnokul'turnye posledstvija massovogo terrora, in: Revoljucia i čelovek: social'no-psichologičeskij aspekt. Moskau 1996, S. 210; zur Jugend s. Stefan Plaggenborg, Jugend in Sowjetrussland zwischen den Weltkriegen, in: Kuhr-Korolev/Ders./Wellmann, Sowjetjugend, S. 287–304.

[90] Salvemini, Fascist Dictatorship, S. 249.

[91] Jens Petersen, Il problema della violenza nel fascismo italiano, in: Storia contemporanea 13 (1982), S. 1000.

[92] Salvemini, Fascist Dictatorship, S. 87.

[93] Reichardt, Kampfbünde, S. 58.

[94] Mimmo Franzinelli, Squadristi. Protagonisti e tecniche della violenza fascista. 1919–1922. Mailand 2003, S. 169.

[95] Narskij, Žizn', S. 238.

[96] Figes, Tragedy, S. 647; Narskij, Žizn', S. 238.

[97] Mel'gunov, Terror, S. 165.

[98] Kronštadtskaja tragedija 1921 goda. Dokumenty v dvuch knigach. Moskau 1999, S. 122.

[99] Petersen, Problema, S. 985–1008.

[100] Knox, Threshold; Reichardt, Kampfbünde, S. 93.

[101] Franzinelli, Squadristi, S. 7.

[102] Petersen, Problema, S. 989–992.

[103] Adrian Lyttelton, Fascismo e violenza. Conflitto sociale e azione politica nel primo dopoguerra, in: Storia contemporanea 13 (1982), S. 966.

[104] Franzinelli, Squadristi, S. 4.
[105] Giulia Albanese, Alle origini del fascismo. La violenza politica a Venezia 1919–1922. Padua 2001, S. 36, 88.
[106] Reichardt, Kampfbünde, S. 256.
[107] Franzinelli, Squadristi, S. 9.
[108] Giulia Albanese, La marcia su Roma. Rom, Bari 2006, S. 93.
[109] Ebd., S. 92 (Zitat), 103; Woller, Rom, S. 15.
[110] Franzinelli, Squadristi, S. 168.
[111] Albanese, Marcia, S. 27, 56.
[112] Jonathan Dunnage, The Italian Police and the Rise of Fascism. A Case Study of the Province of Bologna, 1897–1925. Westport, Conn., London 1997, S. 117–154.
[113] Franzinelli, Squadristi, S. 155.
[114] De Felice, Il fascismo… Leningrado 1926, S. 44f.
[115] Reichardt, Kampfbünde, S. 273–346.
[116] Roberto Vivarelli, Il dopoguerra in Italia e l'avvento del fascismo (1918–1922). Bd. 1: Dalla fine della Guerra all'impresa di Fiume. Neapel 1967, S. 284f.
[117] Knox, Threshold, S. 306.
[118] Reichardt, Kampfbünde, S. 346–351.
[119] Franzinelli, Squadristi, S. 5.
[120] Ebd., S. 164f.
[121] Salvemini, Fascist Dictatorship.
[122] Franzinelli, Squadristi, S. 277–404.
[123] Alberto Aquarone, Violenza e consenso nel fascismo italiano, in: Storia contemporanea 10 (1979), S. 147.
[124] Petersen, Problema, S. 985.
[125] Ernst Nolte, Europa und die faschistischen Bewegungen. München 1968, S. 12.
[126] Wolfgang Schieder, Faschismus, in: C.D. Kernig (Hg.), Sowjetsystem und demokratische Gesellschaft. Eine vergleichende Enzyklopädie. Bd. 2: Diplomatie bis Identität. Freiburg, Basel, Wien 1968, Spalte 454.
[127] Lyttelton, Fascismo e violenza, S. 965.
[128] Emilio Gentile, Fascismo e antifascismo. I partiti italiani fra le due guerre. Florenz 2000, S. 53.
[129] Reichardt, Kampfbünde.
[130] Mel'gunov, Terror.
[131] Franzinelli, Squadristi, S. 51.
[132] N.G. Dumova, Kadetskaja kontrrevoljucija i eë razgrom (oktjabr' 1917–1920 gg.). Moskau 1982, S. 66f.
[133] Salvemini, Fascist Dictatorship; Franzinelli, Squadristi.
[134] Zusätzlich zur genannten Literatur Angelo Ventrone, La seduzione totalitaria. Guerra, modernità, violenza politica (1914–1918). Rom 2003.
[135] Plaggenborg, Gewalt und Militanz.
[136] Maxim Gorkij, Unzeitgemäße Gedanken über Kultur und Revolution. Hrsg. v. Bernd Scholz. Frankfurt a.M. 1974, S. 25f.
[137] Plaggenborg, Experiment, S. 23–46.
[138] Daniela Tschudi, Nagajka und Blume. Über den jungen Milizionär Murin und die bolschewistische Herrschaft im Gouvernement Smolensk 1919, in: Corinna Kuhr-Korolev/Stefan Plaggenborg/Monica Wellmann (Hg.), Sowjetjugend 1917–1941. Generation zwischen Revolution und Resignation. Essen 2001, S. 169–194.
[139] Knox, Threshold, S. 303.
[140] Franzinelli, Squadristi, S. 140.

[141] Timo Vihavainen, Vnutrennij vrag. Bor'ba s meščanstvom kak moral'naja missija russkoj intelligencii. Sankt Peterburg 2004; Plaggenborg, Gewalt und Militanz; ders., Weltkrieg.
[142] Knox, Threshold, S. 304.
[143] Reichardt, Kampfbünde, S. 127.
[144] Knox, Threshold, S. 314.
[145] Stefan Plaggenborg, Reinheit und Säuberung in der sowjetischen Geschichte, in: Peter Burschel/Christoph Marx (Hg.), Reinheit. Wien, Köln, Weimar 2011, S. 463–485; ders., Gewalt und Militanz.
[146] Dogliani, Fascismo, S. 35.
[147] Mann, Fascists, S. 93–137.
[148] Aristotle Kallis, Genocide and Fascism. The Eliminationist Drive in Fascist Europe. New York, London 2009.
[149] Daniel Jonah Goldhagen, Hitler's Willing Executioners: Ordinary Germans and the Holocaust. London 1996.
[150] J. W. Stalin, Werke. Bd. 10. Berlin (DDR) 1953, S. 245.
[151] Michael Mann, The Dark Side of Democracy. Explaining ethnic cleansing. New York 2004.
[152] Plaggenborg, Staatlichkeit; einen „Kriegsrechtsozialismus" sieht David R. Shearer, Policing Stalin's Socialism. Repression and Social Order in the Soviet Union, 1924–1953. New Haven, London 2009, S. 4.
[153] Tekin Alp, Kemalisme, S. 7–9.
[154] Gül, Peker, S. 33f.
[155] Frunze, Poezdka, S. 278, 344; Butaev, Revoljucija, S. 153.
[156] Zürcher, Factor, S. 147.
[157] Rustow, Atatürk, S. 806.
[158] Pekesen, Nationalismus, S. 247.
[159] Ebd., S. 247f.
[160] Ebd., S. 246–251.
[161] Martin van Bruinessen, Genocide in Kurdistan? The Suppression of the Dersim Rebellion in Turkey (1937–38) and the Chemical War against the Iraqi Kurds (1988), in: George J. Andreopoulos (Hg.), Genocide. Conceptual and Historical Dimensions. Philadelphia 1994, S. 141–170.
[162] Die Zahlen veröffentlichte die Zeitung Radikal: http://www.radikal.com.tr/Radikal.aspx?aType=RadikalDetayV3&ArticleID=1070404&Date=30.11.2011&CategoryID=78 (letzter Zugriff 1.12.2011).
[163] Manfred Hildermeier, Das Privileg der Rückständigkeit. Anmerkungen zum Wandel einer Interpretationsfigur der neueren russischen Geschichte, in: Historische Zeitschrift 244 (1987), S. 557–603.
[164] Hirsch, Rechtsgelehrter.
[165] Ergün Aybars, İstiklâl mahkemeleri (1923–1927). Ankara 1982, S. 213; Tunçay, Tek Parti, S. 169.
[166] Ahmed Nedim, Ankara İstiklâl mahkemesi zabıtları – 1926. Istanbul 1993, S. 350–352.
[167] Aybars, İstiklâl mahkemeleri (1982), S. 399.
[168] Zürcher, Factor, S. 146.
[169] 660 Hingerichtete bei Tunçay, Tek Parti, S. 169; 600 bei Alkan, İstiklâl mahkemeleri, S. 83.
[170] Aybars, İstiklâl mahkemeleri (1975), S. 51.
[171] Ebd., S. 57.
[172] Ebd., S. 136.

[173] Marc von Hagen, Soldiers in the Proletarian Dictatorship. The Red Army and the Soviet Socialist State, 1917–1930. Ithaka, London 1990, S. 67–70.
[174] Aybars, İstiklâl mahkemeleri (1975), S. 195f.
[175] Gasi Mustafa Kemal Pascha, Neue Türkei. Bd. 1.
[176] Pekesen, Nationalismus, S. 13f.
[177] Hirsch, Verfassung, S. 27–40; ders., Rechtsgelehrter.
[178] Aquarone, Organizzazione, S. 101f., Gesetzestext mit Novellen ebd., S. 427–432; Claudio Longhitano, Il Tribunale di Mussolini. Storia del Tribunale Speciale 1926–1943. Mailand 1995.
[179] Aquarone, Organizzazione, S. 103f.; gegen Südslawen siehe Rolf Wörsdörfer, Krisenherd Adria 1915–1955. Konstruktion und Artikulation des Nationalen im italienisch-jugoslawischen Grenzraum. Paderborn 2004, S. 125–132.
[180] Aquarone, Organizzazione, S. 15–25.
[181] Plaggenborg, Gewalt und Militanz.
[182] Aquarone, Organizzazione, S. 17.
[183] Franzinelli, Squadristi, S. 171f.
[184] Aquarone, Organizzazione, S. 107–110.
[185] Ernesto Rossi, La pupilla del Duce. L'OVRA. Parma 1956.
[186] Mimmo Franzinelli, I tentacoli dell'OVRA. Agenti, collaboratori e vittime della polizia fascista. Turin 1999.
[187] Charles F. Delzell, Mussolini's Enemies. The Italian Antifascist Resistance. Princeton 1961, S. 158f.
[188] Angelo Del Boca, Gli Italiani in Africa Orientale. 4 Bde. Rom, Bari 1976–1984; Wörsdörfer, Krisenherd.
[189] Wolfgang Schieder, Kriegsregime des 20. Jahrhunderts. Deutschland, Italien und Japan im Vergleich, in: Christoph Cornelißen/Lutz Klinkhammer/Wolfgang Schwentker (Hg.), Erinnerungskulturen. Deutschland, Italien und Japan seit 1945. Frankfurt a.M. 2003, S. 28–48.
[190] Benito Mussolini, Scritti i discorsi. Bd. 3. Mailand 1934, S. 227.
[191] Wörsdörfer, Krisenherd, S. 132.
[192] Ebd., S. 223–226.
[193] Angelo Del Boca, Gli Italiani in Libia. Bd. 1: Tripoli bel suore d'amore 1860–1922. Rom, Bari 1986, S. 51–95; De Felice, Mussolini il rivoluzionario, S. 103–106.
[194] Juliette Bessis, La Méditerranée fasciste. L'Italie mussolinienne et la Tunisie. Paris 1981, S. 88.
[195] Angelo Del Boca, Gli Italiani in Libia. Bd. 2: Dal fascismo a Gheddafi. Rom, Bari 1988, S. 6; Claudio G. Segrè, L'Italia in Libia. Dall'età giolittiana a Gheddafi. Mailand 1978.
[196] Del Boca, Italiani in Libia. Bd. 2, S. 95.
[197] Die höhere Ziffer ebd., S. 182, die niedrigere mit weiteren Quellenangaben bei Schieder, Diktaturen, S. 392.
[198] Ebd. mit Verweis auf Quellen.
[199] Gabriele Schneider, Mussolini in Afrika. Die faschistische Rassenpolitik in den italienischen Kolonien 1936–1941. Köln 2000, S. 112f.
[200] Aram Mattioli, Ein vergessenes Schlüsselereignis der Weltkriegsepoche, in: Asfa-Wossen Asserate/Ders. (Hg.), Der erste faschistische Vernichtungskrieg. Die italienische Aggression gegen Äthiopien 1935–1941. Köln 2006, S. 10.
[201] Angelo Del Boca, Yperit-Regen. Der Giftgaskrieg, in: Asserate/Mattioli, Vernichtungskrieg, S. 52.
[202] Del Boca, Italiani in Libia. Bd. 1, S. 217–260.

[203] Mattioli, Schlüsselereignis, S. 16.
[204] Aram Mattioli, Das sabotierte Kriegsverbrechertribunal, in: Asserate/Ders., Vernichtungskrieg, S. 153.
[205] Mann, Fascists, S. 309f.
[206] Karlheinz Deschner, Ein Jahrhundert Heilsgeschichte. Die Politik der Päpste im Zeitalter der Weltkriege. Bd. 1. Von Leo XIII. 1878 bis zu Pius XI. 1939. Köln 1982, S. 499.
[207] Petra Terhoeven, Liebespfand fürs Vaterland. Krieg, Geschlecht und faschistische Nation in der italienischen Gold- und Eheringsammlung 1935/36. Tübingen 2003, S. 154–170.
[208] Deschner, Heilsgeschichte. Bd. 1, S. 503.
[209] Terhoeven, Liebespfand.
[210] Ebd., S. 285–287.
[211] Schneider, Mussolini.
[212] Meir Michaelis, Mussolini and the Jews. German-Italian Relations and the Jewish Question in Italy 1922–1945. Oxford 1978; Michele Sarfatti, The Jews in Mussolini's Italy. From Equality to Persecution. Madison, Wisc. 2006; Zitat in Frauke Wildvang, Der Feind von nebenan. Judenverfolgung im faschistischen Italien 1936–1944. Köln 2008, S. 74.
[213] Sarfatti, Jews, S. 66, 116f.
[214] Ebd., S. 96.
[215] Narskij, Žizn'.
[216] Kuhr-Korolev/Plaggenborg/Wellmann, Sowjetjugend.
[217] Siegfried C. Weitz, Verwahrlosung, Delinquenz und Resozialisierung Minderjähriger in der Sowjetunion: zur Geschichte eines sozialpädagogischen Problems, dargestellt am Beispiel der Russischen Sowjetrepublik 1917–1935. Marburg 1978; ders., Materialien zur Geschichte der Jugendverwahrlosung in der Sowjetunion. 2 Bde. Marburg 1990; Alan Ball, And Now My Soul is Hardened. Abandoned Children in Soviet Russia, 1918–1930. Berkeley, Cal. u. a. 1994.
[218] Monica Wellmann, Zwischen Militanz, Verzweiflung und Disziplinierung. Jugendliche Lebenswelten in Moskau 1920–1930. Zürich 2005; Anne E. Gorsuch, Smashing Chairs at the Local Club. Discipline, Disorder and Soviet Youth, in: Kuhr-Korolev/Plaggenborg/Wellmann, Sowjetjugend, S. 247–261.
[219] Kuhr-Korolov/Plaggenborg/Wellmann, Sowjetjugend.
[220] Shearer, Policing.
[221] Meyer, Studien; Stephan Merl, Der Agrarmarkt und die Neue Ökonomische Politik. Die Anfänge staatlicher Lenkung der Landwirtschaft in der Sowjetunion 1925–1928. Müchen, Wien 1981; ders., Die Anfänge der Kollektivierung in der Sowjetunion. Der Übergang zur staatlichen Reglementierung in den Produktions- und Marktbeziehungen im Dorf (1928–1930). Wiesbaden 1985; ders., Bauern unter Stalin. Die Formierung des sowjetischen Kolchossystems 1930–1941. Berlin 1990; Markus Wehner, Bauernpolitik im proletarischen Staat. Die Bauernfrage als zentrales Problem der sowjetischen Innenpolitik 1921–1928. Köln, Weimar, Wien 1998; Aleksandr Ju. Vatlin u. a. (Hg.), Kak lomali NĖP. Stenogrammy plenumov CK VKP (b) 1928–1929 gg. 5 Bde. Moskau 2000.
[222] Izvestija CK KPSS 1990, H. 4, S. 191.
[223] Buldakov, Smuta, S. 265.
[224] N. Bucharin, Vospitanie smeny, in: I. Razin (Hg.), Komsomol'skij byt. Sbornik. Moskau, Leningrad 1927, S. 24.
[225] Em. Jaroslavskij (Hg.), Kakim dolžen byt' kommunist. Staraja i novaja moral'. Moskau, Leningrad 1925.

[226] P. Keržencev, Čelovek novoj ėpochi, in: Revoljucija i kul'tura 1927, H. 3–4, S. 18.
[227] Šapoval/Pristajko/Zolotar'ov, ČK-GPU-NDVD, S. 230f.; David L. Hoffmann, Stalinist Values. The Cultural Norms of Soviet Modernity, 1917–1941. Ithaca, London 2003.
[228] Stalin, Werke. Bd. 10, S. 205.
[229] Shearer, Policing, S. 94–130.
[230] Neizvestnaja Rossija, XX vek. Bd. 1. Moskau 1992, S. 45.
[231] Orlando Figes, The Whisperers. Private Life in Stalin's Russia. London 2007, S. XXXI.
[232] Golfo Alexopoulos, Stalin's Outcasts. Aliens, Citizens, and the Soviet State. 1926–1936. Ithaca, London 2003, S. 23.
[233] Marc Junge/Rol'f Binner, Kak terror stal „bol'šim". Sekretnyj prikaz No. 00447 i technologija ego ispolnenija. Moskau 2003.
[234] Ebd., S. 84–93.
[235] Peter Holquist, Making War, Forging Revolution. Russia's Continuum of Crisis, 1914–1921. Cambridge, MA. 2002, S. 166–205.
[236] Terry Martin, The Affirmative Action Empire. Nations and Nationalism in the Soviet Union, 1923–1939. Ithaca, London 2001, S. 311–343.
[237] N.F. Bugaj, Vyselenie sovetskich korejcev s dal'nego vostoka, in: Voprosy istorii 1994, H. 5, S. 141–148; Repressii protiv Poljakov i polskich graždan. Moskau 1997; Šapoval/Pristajko/Zolotar'ov, ČK-GPU-NKVD, S. 347–377.
[238] Jörg Baberowski, Der Feind ist überall. Stalinismus im Kaukasus. München 2003, S. 753–830.
[239] Ebd., S. 812.
[240] G.V. Kostyrčenko (Hg.), Gosudarstvennyj antisemitizm v SSSR ot načala do kul'minacii 1938–1953. Moskau 2005; Frank Grüner, Patrioten und Kosmopoliten. Juden im Sowjetstaat 1941–1953. Köln, Weimar, Wien 2008.
[241] Nikolaj Fëdorovič Bugaj, L. Berija – I. Stalinu: „Soglasno Vašemu ukazaniju…". Moskau 1995; J. Otto Pohl, Ethnic Cleansing in the USSR, 1937–1949. Westport, Conn. 1999.
[242] Norman M. Naimark, Fires of Hatred. Ethnic Cleansing in Twentieth-Century Europe. Cambridge, Mass. 2001, S. 3–5, 85–107; Pohl, Ethnic Cleansing; Eric D. Weitz, A Century of Genocide. Utopias of Race and Nation. Princeton, Oxford 2003, S. 53–101, bes. 81 und 100.
[243] Baberowski/Doering-Manteuffel, Ordnung, S. 56.
[244] Ebd., bes. S. 58.
[245] Baberowski, Feind, sowie in zahlreichen thematisch verwandten Aufsätzen desselben Autors.
[246] Jüngere Veröffentlichungen s. Marc Junge/Gennadij Bordjugov/Rol'f Binner, Vertikal' bol'šogo terrora. Istorija operacii po prikazu NKVD No. 00447. Moskau 2008; Rol'f Binner u. a. (Hg.), Massovye repressii v Altajskom krae 1937–1938 gg. Prikaz No. 00447. Moskau 2010; Leonid Naumov, Stalin i NKVD. Moskau 2007; Shearer, Policing; Wendy Z. Goldman, Terror and Democracy in the Age of Stalin. The Social Dynamics of Repression. Cambridge 2007; David Priestland, Stalinism and the Politics of Mobilization. Ideas, Power, and Terror in Inter-war Russia. Oxford 2007.
[247] Plaggenborg, Experiment, S. 150–177, 334–341; Shearer, Policing.
[248] Gábor T. Rittersporn, The Omnipresent Conspiracy. On Soviet Imagery of Politics and Social Relations in the 1930s, in: J. Arch Getty/Roberta T. Manning (Hg.), Stalinist Terror. New Perspectives. Cambridge 1993, S. 99–115.
[249] Stalin, Sočinenija. Bd. 14. Tver' ^{2}2007, S. 86.

[250] Daniel Weiss (Hg.), Der Tod in der Propaganda (Sowjetunion und Volksrepublik Polen). Bern u. a. 2000; Plaggenborg, Revolutionskultur, S. 163–185.
[251] Gerd Koenen, Utopie der Säuberung. Was war der Kommunismus? Berlin 1998; Peter H. Solomon, Soviet Criminal Justice under Stalin. Cambridge 1996; Plaggenborg, Gewalt und Militanz; ders., Stalinismus als Gewaltgeschichte, in: Ders., Stalinismus, S. 71–112.
[252] Hoffmann, Values.
[253] Pitirim Sorokin, Die Soziologie der Revolution. München 1928, S. 144.
[254] Leggett, Cheka, S. 114.
[255] Gorkij, Gedanken, S. 142.
[256] Goldman, Terror and Democracy, S. 261.
[257] Antonio Gramsci, Sul Fascismo. Hrsg. v. Enzo Santarelli. Rom 1974, S. 109.
[258] Viktor Jurovskij, Struktura i stil' sovetskogo političeskogo nekrologa 30ch–80ch godov, in: Weiss, Tod, S. 136.
[259] Figes, Whisperers, S. XXXI.
[260] Shearer, Policing, S. 135f.
[261] Michail Gefter, V predčuvstvii proslogo, in: Vek XX i mir 1990, H. 9, S. 29.
[262] Figes,Whisperers, S. 110.
[263] Alexander Vatlin, Tatort Kunzewo. Opfer und Täter des Stalinschen Terrors 1937/38. Berlin 2003, S. 47f.
[264] Das Tagebuch der Nina Kosterina, Moskau 1936–1941. Frankfurt a.M. 1981.
[265] Jochen Hellbeck, Tagebuch aus Moskau 1931–1939. München 1996.
[266] Catriona Kelly, Comrade Pavlik. The Rise and Fall of a Soviet Boy Hero. London 2005.
[267] Lorenz Erren, „Selbstkritik" und Schuldbekenntnis. Kommunikation und Herrschaft unter Stalin (1917–1953). München 2008.
[268] Oleg V. Chlevnjuk, Politbjuro. Mechanizmy političeskoj vlasti v 1930-e gody. Moskau 1996; Naumov, Stalin; Montefiore, Court.
[269] Goldman, Terror and Democracy.
[270] Aybars, İstiklâl mahkemeleri (1975), S. 208.
[271] Plaggenborg, Experiment, S. 336–340.
[272] Shearer, Policing spricht von der Militarisierung der sozialen Beziehungen, was das weitergehende Ausmaß der Wirkungen der Gewalt zu eng fast; Goldman, Terror and Democracy; Figes, Whisperer; Karl Schlögel, Terror und Traum: Moskau 1937. München 2008; außerdem Lynn Viola, Peasant Rebels under Stalin. Collectivization and the Culture of Peasant Resistance. New York 1999, S. 45f.; Yves Cohen, Des lettres comme action: Stalin au début des années 1930 vu depuis le fonds Kaganovič, in: Cahiers du monde russe 38 (1997), S. 326–333; Sheila Fitzpatrick, Tear Off the Masks! Identity and Imposture in Twentieth Century Russia. Princeton, N.J. 2005; Baberowski, Feind, S. 791–830; Hiroaki Kuromiya, The Voices of the Dead. Stalin's Great Terror in the 1930s. New Haven, London 2007.

Staat und Religion

[1] Hartmut Lehmann, Säkularisierung. Der europäische Sonderweg in Sachen Religion. Göttingen ^{2}2007, S. 14–57; Bettina von Braun/Wilhelm Gräb/Johannes Zachhuber, Einleitung, in: Dies. (Hg.), Säkularisierung. Bilanz und Perspektiven einer umstrittenen These. Berlin 2007, S. 7–9; Johannes Zachhuber, Die Diskussion über Säkularisierung am Beginn des 21. Jahrhunderts, in: Ebd., S. 11–42.

[2] Gérard Cholvy, Le religion en France de la fin du XVIIIe siècle à nos jours. Paris 1991; Philippe Martin, Christianisation? Déchristianisation? Rechristianisation. La question de la sacralisation de l'espace dans la France catholique (XIXe–XXe siècles), in: Kirchliche Zeitgeschichte 11 (1998), S. 51–68.

[3] Adrian Lyttelton, An Old Church and a New State: Italian Anticleralism 1876–1915, in: European Studies Review 13 (1983), S. 225.

[4] Jean-Pierre Viallet, Anticléricalisme et laïcité en Italie. Bilan historiographique, in: Mélanges de l'Ecole française à Rome – Moyen Age – Temps modernes. Bd. 98,2 (1986), S. 850.

[5] Lyttelton, Old Church, S. 240.

[6] Wolfgang Reinhard, Geschichte der Staatsgewalt. Eine vergleichende Verfassungsgeschichte Europas von den Anfängen bis zur Gegenwart. München ^{2}2000; ders., Ausgewählte Abhandlungen. Berlin 1997, S. 77–147; ders., Sozialdisziplinierung, Konfessionalisierung, Modernisierung. Ein historiographischer Diskurs, in: Nada Boškovska Leimgruber (Hg.), Die Frühe Neuzeit in der Geschichtswissenschaft. Forschungstendenzen und Forschungserträge. Paderborn u.a. 1997, S. 39–56; Ernest Gellner, Muslim Society. Cambridge u.a. 1981, S. 1–86, zur Türkei S. 58–61.

[7] Igor Smolitsch, Geschichte der russischen Kirche 1700–1917. Bd. 1. Leiden 1964; James Cracraft, The Church Reform of Peter the Great. Stanford, Cal. 1972; Vladislav A. Cypin, Istorija Russkoj Pravoslavnoj Cerkvi. Sinodal'nyj i novejšij periody (1700–2005). Moskau 2007.

[8] Guido Verucci, L'Italia laica, prima e dopo l'Unità 1848–1876. Anticlericalismo, libero pensiero e ateismo nella società italiana. Bari 1981, S. 3–65; zur italienischen Rezeption des „Kulturkampfs" und zur Verwendung des Begriffs siehe ders., Anticlericalismo e laicismo negli anni del „Kulturkampf", in: Rudolf Lill/Francesco Traniello (Hg.), Il „Kulturkampf" in Italia e nei paesi di lingua tedesca. Bologna 1992, S. 31–68.

[9] Daniele Menozzi, La chiesa cattolica e la secolarizzazione. Turin 1993, S. 110.

[10] Arturo Carlo Jemolo, Chiesa e stato in Italia dalla unificazione a Giovanni XXIII. Turin 1965, S. 27–54; Menozzi, Chiesa, S. 107–136; Martin Papenheim, Roma o morte. Culture Wars in Italy, in: Christopher Clark/Wolfram Kaiser (Hg.), Culture Wars. Secular-Catholic Conflict in Nineteenth-Century Europe. Cambridge 2003, S. 208; Francesco Traniello, Religione cattolica e Stato nazionale, dal Risorgimento al secondo dopoguerra. Bologna 2007.

[11] Giovanni Vian, Considerazioni intorno al pensiero di alcuni vescovi su „autorità" e „potere" nei primi tre decenni del novecento, in: Daniele Menozzi/Renato Moro (Hg.), Cattolicesimo e totalitarismo. Chiese e culture tra le due guerre mondiali (Italia, Spagna, Francia). Brescia 2004, S. 57–74.

[12] Menozzi, Chiesa, S. 107–136.

[13] Papenheim, Roma.

[14] Manuel Borutta, Antikatholizismus. Deutschland und Italien im Zeitalter der europäischen Kulturkämpfe. Göttingen 2010, S. 140–150.

[15] Ebd.; Lyttelton, Old Church, S. 240.

[16] Lyttelton, Old Church, S. 227.

[17] Borutta, Antikatholizismus, S. 127.

[18] Lyttelton, Old Curch, S. 240.

[19] Wolfram Kaiser, ‚Clericalism – that is our enemy!': European Anticlericalism in the Culture Wars, in: Clark/Kaiser, Culture Wars, S. 49.

[20] Borutta, Antikatholizismus, S. 138.

21 Daniele Scalise, Il caso Mortara: la vera storia del bambino ebreo rapito del papa. Mailand 1997; David I. Kertzer, The Kidnapping of Edgardo Mortara. New York 1997.

22 Deschner, Heilsgeschichte. Bd. 1, S. 38.

23 Borutta, Antikatholizismus, S. 140.

24 Verucci, Italia; Jemolo, Chiesa, S. 27–86; Giovanni Spadolini, Giolitti e i cattolici. Florenz 1959.

25 Enrico Decleva, Anticlericalismo e lotta politica nell'Italia giolittiana. I: L'„esempio della Francia" e i partiti popolari (1901–1904), in: Nuova rivista storica 52 (1968), S. 291–354; II: L'estrema sinistra e la formazione dei blocchi popolari (1905–1909), in: Ebd. 53 (1969), S. 541–617.

26 Vian, Considerazioni, S. 73.

27 Traniello, Religione cattolica, S. 26–41; Renato Moro, Il mito dell'imperio in Italia fra universalismo cristiano e totalitarismo, in: Menozzi/Ders., Cattolicesimo, S. 311–370, hier 325.

28 Borutta, Antikatholizismus, S. 294.

29 Oliver Janz, Das symbolische Kapital der Trauer. Nation, Religion und Familie im italienischen Gefallenenkult des Ersten Weltkrieges. Tübingen 2009.

30 Stefano Pivato, Clericalismo e laicismo nella cultura popolare italiana. Mailand 1990, S. 92.

31 De Felice, Mussolini il rivoluzionario, S. 49, 52 (Zitat), 74–76.

32 Traniello, Religione cattolica, S. 193–221.

33 Ebd.

34 Hartmut Lehmann, The Christianization of America and the Dechristianization of Europe in the 19th and 20th Centuries, in: Kirchliche Zeitgeschichte 11 (1998), S. 16; untersucht werden Nordamerika und Deutschland, nicht Europa.

35 Stefan Plaggenborg, Volksreligiosität und antireligiöse Propaganda in der frühen Sowjetunion, in: Archiv für Sozialgeschichte 32 (1992), S. 95–130 mit Angaben zur vorrevolutionären Zeit.

36 Mark D. Steinberg/Heather J. Coleman (Hg.), Sacred Stories. Religion and Spirituality in Modern Russia. Bloomington, Indianapolis 2007; Stefan Plaggenborg, Dechristianisierung und Rechristianisierung in Osteuropa, in: Kirchliche Zeitgeschichte 11 (1998), S. 95–97.

37 Niyazi Berkes, The Development of Secularism in Turkey. Montreal 1964.

38 Şerif Mardin, Religion, Society, and Modernity in Turkey. Syracuse, New York 2006, S. 199f.

39 V.G. Belinskij, Brief an N.W. Gogol vom 3. (15.) Juli 1847, in: Ders., Ausgewählte Philosophische Schriften. Übersetzt von Alfred Kurella. Moskau 1950, S. 567–569.

40 W.I. Lenin, Werke. Bd. 10. Berlin (DDR) [2]1959, S. 70–75.

41 Belinskij, Brief an Gogol, S. 570.

42 Leo Trotzki, Fragen des Alltagslebens. Die Epoche der „Kulturarbeit" und ihre Aufgaben. Hamburg 1923, S. 49f.

43 Şükrü Hanioğlu, Bir siyasal düşünür olarak Doktor Abdullah Cevdet ve dönemi. Ankara 1981.

44 Berkes, Secularism, S. 289–325.

45 Hanioğlu, Cevdet; ders., The Young Turks in Opposition. Oxford 1995; Şerif Mardin, Jön Türklerin siyasi fikirleri, 1895–1908. Istanbul [2]1983 (darin Cevdets Positivismus, der von Gustave LeBon stark beeinflusst war; Cevdet hat Werke LeBons ins Türkische übersetzt, s. S. 163–183.)

[46] Richard Hartmann, Zija Gök Alp's Grundlagen des türkischen Nationalismus, in: Orientalische Literaturzeitung 1925, Nr. 9/10, S. 610; Gotthard Jäschke, Der Islam in der neuen Türkei. Eine rechtsgeschichtliche Untersuchung, in: Die Welt des Islams N.S. 1 (1951), S. 16–23; Niyazi Berkes (Hg.), Turkish Nationalism and Western Civilization. Selected Essays of Ziya Gökalp. London 1959, S. 199–225; ders., Ziya Gökalp. His Contribution to Turkish Nationalism, in: Middle Eastern Journal 8 (1954), S. 375–390; Taha Parla, The social and political thought of Ziya Gökalp. 1876–1924. Leiden 1985; Andrew Davison, Secularism and Revivalism in Turkey. A Hermeneutic Reconsideration. New Haven, London 1998, S. 90–133.

[47] Jäschke, Islam, S. 33.

[48] Anatolij Lunačarskij, Religija i socializm. 2 Bde. St. Petersburg 1908–1911; Raimund Sesterhenn, Das bogostroitel'stvo bei Gor'kij und Lunačarskij bis 1909: zur ideologischen und literarischen Vorgeschichte der Parteischule von Capri. München 1982.

[49] Eberhard Müller, Opportunismus oder Utopie? V.D. Bonč-Bruevič und die russischen Sekten, in: Jahrbücher für Geschichte Osteuropas 35 (1987), S. 509–533; Martin Schulze Wessel, Revolution und religiöser Dissens. Der römisch-katholische und der russisch-orthodoxe Klerus als Träger religiösen Wandels in den böhmischen Ländern und in Russland 1848–1922. München 2010, S. 63–102.

[50] Cracraft, Church Reform; Smolitsch, Geschichte, S. 57–133; Reinhard Wittram, Peter I., Czar und Kaiser. Bd. 2. Göttingen 1964, S. 170–194.

[51] Günther Schulz/Gisela-A. Schröder/Timm C. Richter, Bolschewistische Herrschaft und Orthodoxe Kirche in Russland. Das Landeskonzil 1917/1918. Quellen und Analysen. Münster 2005.

[52] Gotthard Jäschke, Das osmanische Scheinkalifat von 1922, in: Die Welt des Islams N.S. 1 (1951), S. 195–228.

[53] Dankwart A. Rustow, Politics and Islam in Turkey 1920–1955, in: Richard N. Frye (Hg.), Islam and the West. Proceedings of the Harvard Summer School Conference on the Middle East, July 25–27, 1955. Den Haag 1957, S. 76.

[54] Schulze Wessel, Dissens, S. 158–210; Edward E. Roslof, Red Priests. Renovationism, Russian Orthodoxy, and Revolution, 1905–1946. Bloomington, Indianapolis 2002; Gregory L. Freeze, Counter-Reformation in Russian Orthodoxy: Popular Response to Religious Innovation, 1922–1925, in: Slavic Review 54 (1995), S. 305–339.

[55] Jennifer Jean Wynot, Keeping the Faith. Russian Orthodox Monasticism in the Soviet Union, 1917–1939. College Station, Texas 2004.

[56] Peter Hauptmann, Die orthodoxe Kirche in Rußland. Dokumente einer Geschichte (860–1980). Göttingen 1988, S. 642f.

[57] Roman Rössler, Kirche und Revolution in Russland. Patriarch Tichon und der Sowjetstaat. Köln u. a. 1969, S. 39.

[58] Ebd., S. 91–97.

[59] Hauptmann, Kirche, S. 646.

[60] Text in Russkaja pravoslavnaja cerkov' i kommunističeskoe gosudarstvo 1917–1941. Dokumenty i fotomaterialy. Moskau 1996, S. 29f.; Pavel V. Giduljanov, Cerkov' i gosudarstvo po zakonodatel'stvu R.S.F.S.R. Sbornik uzakonenij i razporjaženij s razjasnenijami V otdela NKJu. Moskau 1923.

[61] Rössler, Kirche, S. 10.

[62] Ebd., S. 45.

[63] Hauptmann, Kirche, S. 650f.

64 Schulz/Schröder/Richter, Herrschaft, S. 252.
65 Rössler, Kirche, S. 9; Schulz/Schröder/Richter, Herrschaft, S. 676f.
66 Ebd., S. 247–270; William B. Husband, Soviet Atheism and Russian Orthodox Strategies of Resistance, 1917–1932, in: Journal of Modern History 70 (1998), S. 74–107.
67 M.V. Škarovskij, Russkaja Pravoslavnaja Cerkov' pri Staline i Chruščeve (Gosudarstvenno-cerkovnye otnošenija v SSSR v 1939–1964 godach). Moskau 1999, S. 77.
68 Wynot, Faith, S. 56.
69 Russkaja pravoslavnaja cerkov', S. 35.
70 Peter Scheibert, Lenin an der Macht. Das russische Volk in der Revolution 1918–1922. Weinheim 1984, S. 334f.
71 Wynot, Faith, S. 47.
72 Curtiss, Kirche, S. 57.
73 Rössler, Kirche, S. 43.
74 Russkaja pravoslavnaja cerkov', S. 67–146.
75 Ebd., S. 110.
76 Škarovskij, Russkaja Pravoslavnaja Cerkov', S. 82f.
77 Nicholas S. Timasheff, Religion in Soviet Russia, 1917–1942. New York 1944, S. 23.
78 Izvestija CK KPSS 1990, H. 4, S. 190–193.
79 Michail I. Šachnovič, Lenin o problemach ateizma. Kritika religii v trudach V.I. Lenina. Moskau, Leningrad 1961, S. 624.
80 Anton Loginov, Zadači i metody antireligioznoj propagandy. Tezisy k soveščaniju pri Agitprope CK VKP (b), in: Antireligioznik 1926, H. 4, S. 21.
81 Em. Jaroslavskij, Kul'turnaja revoljucija i antireligioznaja propaganda, in: Antireligioznik 1928, H. 3, S. 24.
82 Russkaja pravoslavnaja cerkov', S. 244–296; Plaggenborg, Volksreligiosität; ders., Revolutionskultur, S. 326–342; Daniel Peris, Storming the Heavens. The Soviet League of the Militant Godless. Ithaca, London 1998.
83 Izvestija 29. November 1995.
84 Škarovskij, Russkaja Pravoslavnaja Cerkov', S. 92f.
85 Arto Luukkanen, The Religious Policy of the Stalinist State. A Case Study. The Central Standing Commission on Religious Questions 1929–1938. Helsinki 1997, S. 56f.
86 Ebd., S. 78f., 140f.
87 Rolf Binner/Marc Junge, Die Vernichtung der orthodoxen Geistlichen in der Sowjetunion in den Massenoperationen des Großen Terrors 1937–1938, in: Jahrbücher für Geschichte Osteuropas 52 (2004), S. 523f.
88 Vsesojuznaja perepis' naselenija 1937 g. Kratkie itogi. Moskau 1991, S. 106f.
89 Russkaja pravoslavnaja cerkov', S. 273.
90 Atatürk'ün söylev ve demeçleri. Bd. 2, S. 9.
91 Ebd., Bd. 1, S. 101.
92 Berkes, Secularism, S. 444.
93 Şimşir, Atatürk, S. 111.
94 Mardin, Religion, S. 202.
95 Gasi Mustafa Kemal Pascha, Neue Türkei. Bd. 2, S. 234.
96 Atatürk'ün söylev ve demeçleri. Bd. 2, S. 98.
97 Gasi Mustafa Kemal Pascha, Neue Türkei. Bd. 2, S. 223.
98 Ebd., S. 227f.
99 Jäschke, Scheinkalifat.
100 Berkes, Secularism, S. 458.

[101] Ebd., S. 452.
[102] Paul Stirling, Religious Change in Republican Turkey, in: Middle East Journal 12 (1958), S. 399.
[103] Dazu s. auch Kapitel 3 und 5.
[104] Leon Ostrorog, The Angora Reform. London 1927, S. 14.
[105] Gotthard Jäschke, Die Entwicklung des osmanischen Verfassungsstaates von den Anfängen bis zur Gegenwart, in: Die Welt des Islams 5 (1917), S. 6–56.
[106] Ostrorog, Reform, S. 87f.
[107] Paul J. Magnarella, East Meets West: The Reception of West European Law in the Ottoman Empire and the Modern Turkish Republic, in: Journal of International Law and Practice 2 (1993), S. 293.
[108] Lutfy Levonian, The Turkish Press. Selections from the Turkish Press Showing Events and Opinions 1925–1932. Athen 1932, S. 16–25.
[109] Martin van Bruinessen, Vom Osmanismus zum Separatismus: Religiöse und ethnische Hintergründe der Rebellion des Scheich Said, in: Blaschke/Ders., Thema: Islam, S. 109–165; ders., Popular Islam, Kurdish Nationalism and Rural Revolt: the Rebellion of Shaikh Said in Turkey (1925), in: János M. Bak/Gerhard Benecke (Hg.), Religion and Rural Revolt. Papers presented to the Fourth Interdisciplinary Workshop on Peasant Studies, University of British Columbia, 1982. Manchester 1984, S. 281–295; Robert W. Olson/William F. Tucker, The Sheikh Sait Rebellion in Turkey (1925): A Study in the Consolidation of a Developed Uninstitutionalized Nationalism and the Rise of Incipient (Kurdish) Nationalism, in: Die Welt des Islams N.S. 18 (1978), S. 195–211.
[110] Van Bruinessen, Osmanismus, S. 159.
[111] Binnaz Toprak, Islam and Political Development in Turkey. Leiden 1981, S. 68.
[112] Andere Phaseneinteilung bei Berkes, Secularism, S. 461.
[113] Martin van Bruinessen, Die Türkische Republik, ein säkularer Staat?, in: Blaschke/Ders., Thema: Islam, S. 30–36; Binnaz Toprak, The Religious Right, in: Albert Hourani/Philip S. Khoury/Mary C. Wilson (Hg.), The Modern Middle East: A Reader. Berkeley, Cal. 1993, S. 632f. S. auch Şerif Mardin, Religion and Secularism in Turkey, in: Kazancıgil/Özbudun, Atatürk, S. 191–219.
[114] Mahmut Makal, Mein Dorf in Anatolien. Ein Bericht. Frankfurt a.M. 1971, S. 121.
[115] Jäschke, Islam, S. 45–47.
[116] Tunçay, Laizismus, S. 53–94.
[117] Ders., Tek-Parti, S. 161.
[118] Jäschke, Islam, S. 50–52.
[119] Berkes, Secularism, S. 487–489.
[120] Ebd., S. 466.
[121] Levonian, Press, S. 123–126.
[122] Ostrorog, Reform, S. 93f.
[123] Hauptmann, Kirche, S. 640f.
[124] Levonian, Press, S. 16–25; Jäschke, Scheinkalifat, S. 218, 246.
[125] Ebd., S. 215.
[126] Şimşir, Atatürk, S. 439.
[127] Parla/Davison, Ideology, S. 100.
[128] Ludwig, Gespräche, S. 175f.
[129] Jemolo, Chiesa, S. 190–290.
[130] Frank J. Coppa, Mussolini and the Concordat of 1929, in: Ders. (Hg.), Controversial Concordats. The Vatican's Relations with Napoleon, Mussolini, and Hitler. Washington D.C. 1999, S. 90.

[131] Jemolo, Chiesa, S. 210f.
[132] Coppa, Mussolini, S. 87.
[133] Deschner, Heilsgeschichte. Bd. 1, S. 322.
[134] Konrad Repgen, Die Außenpolitik der Päpste im Zeitalter der Weltkriege, in: Hubert Jedin/Ders. (Hg.), Handbuch der Kirchengeschichte. Bd. 7: Die Weltkirche im 20. Jahrhundert. Freiburg, Basel, Wien 1979, S. 54.
[135] Coppa, Mussolini, S. 102.
[136] Traniello, Religione cattolica, S. 242.
[137] Deschner, Heilsgeschichte. Bd. 1, S. 351.
[138] De Felice, Mussolini il Duce. Bd. 1, S. 261f.
[139] Traniello, Religione cattolica, S. 228–230, Zahlenangaben S. 237; De Felice, Mussolini il Duce. Bd. 1, S. 246–275.
[140] Coppa, Mussolini, S. 115.
[141] Traniello, Religione cattolica, S. 243.
[142] Hubert Wolf, Papst und Teufel. Die Archive des Vatikan und das Dritte Reich. München 2008, S. 10f.
[143] Wolf, Pius XI., S. 1–43.
[144] Ebd., S. 25.
[145] Ebd., S. 26.
[146] Emma Fattorini, Pio XI, Hitler e Mussolini. La solitudine di un papa. Turin 2007, zu Frankreich S. 58–88, zu Spanien 89–107, zu Mexiko 104–107, zu den Rassegesetzen 176–187, Zitat 181.
[147] Wolf, Papst, S. 297. Es ist notwendig, die Haltung der Kurie gegenüber den Nationalsozialisten aus der Kontinuität der Haltung gegenüber dem italienischen Faschismus zu beschreiben, weil im Nationalsozialismus vergleichbare Muster wiederkehrten, die für den Vatikan „erkennbar" waren. Dann klärt sich die Frage, worin sich die Politik des Vatikans gegenüber dem Nationalsozialismus von der gegenüber dem Faschismus unterschied und warum. Wenn der Faschismus in seinen Vorbildern und Entwicklungen für Deutschland vergleichend untersucht wird, so ist das auch für die Kurie und ihr Verhältnis zu den Faschismen vor dem Hintergrund der italienischen Verhältnisse notwendig.
[148] John Pollard, Italy, in: Tom Buchanan/Martin Conway (Hg.), Political Catholicism in Europe, 1918–1965. Oxford 1996, S. 82–85.
[149] Coppa, Mussolini, S. 104.
[150] Wolf, Pius XI., S. 29.
[151] Guido Formigoni, L'Italia dei cattolici. Fede e nazione dal Risorgimento alla Repubblica. Bologna 1998, S. 112.
[152] Pietro Scoppola, Gli orientamenti die Pio XI e Pio XII sui problemi della società contemporanea, in: Maurilio Guasco/Elio Guerriero/Francesco Traniello (Hg.), Storia della Chiesa. Bd. 23: I cattolici nel mondo contemporanea (1922–1958). Cinisello Balsamo 1991, S. 139.
[153] Wolf, Papst, S. 233–236.
[154] Ders., Pius XI., S. 11.
[155] Traniello, Religione cattolica, S. 221–265; Formigoni, Italia, S. 99–133.
[156] Ebd., S. 119.
[157] D. Sorrentino, zitiert in ebd., S. 121.
[158] Traniello, Religione cattolica, S. 234f.
[159] Levonian, Press, S. 55–75, 116–120.

[160] Über den Wandel des Ramadanfestes vom spätosmanischen Reich zur Republik s. François Georgeon, Les usages politiques du Ramadan, de l'Empire ottoman à la République de Turquie, in: Fariba Adelkhah/Ders. (Hg.), Ramadan et politique. Paris 2000, S. 21–39; ders., Le ramadan à Istanbul de l'Empire à la République, in: Ders./Paul Dumont (Hg.), Vivre dans l'Empire ottoman. Sociabilités et relations inter-communautaires (XVIIIe–XXe siècles). Paris 1997, S. 31–113. Zum Ramazan bayramı in der kemalistischen Periode s. auch Sevgi Adak Turan, Formation of Authoritarian Secularism in Turkey: Ramadans in the Early Republican Era (1923–1938). Master Thesis, Sabanci University 2004. URL: http://www.bot.yildiz.edu.tr/ids09/_data/_readings/RAMADANS%20 %20IN%20REPUBLICAN%20ERA.pdf.

[161] Jäschke, Islam, S. 48–50.

[162] Pekesen, Nationalismus, S. 160f.

[163] Dreßler, civil religion.

[164] Pekesen, Nationalismus, S. 171–180.

[165] Soner Çağaptay, Islam, Secularism and Nationalism in Modern Turkey: Who is a Turk? London, New York 2006.

[166] Pekesen, Nationalismus, S. 216.

[167] Ayşe Kadıoğlu, Milletini arayan devlet. Türk milliyetçiliğin açmazları, in: Türkiye Günlüğü 33 (1995), S. 91–100; dies., The Paradox of Turkish Nationalism and the Construction of Official Identity, in: Middle Eastern Studies 32 (1996), S. 177–193.

[168] Avigdor Levy, The Sephardim in the Ottoman Empire. Princeton 1992; Esther Benbassa/Aron Rodrigue, Sephardi Jewry. A History of the Judeo-Spanish Community, 14th–20th centuries. Berkeley, Los Angeles, London 2000; zur Republikzeit Pekesen, Nationalismus.

[169] Binnaz Toprak, Die Institutionalisierung des Laizismus in der türkischen Republik, in: Blaschke/van Bruinessen, Thema: Islam, S. 95 (Zitat), 97; dies., Islam, S. 38f., 46.

[170] Tunçay, Laizismus, S. 53; M. Hakan Yavuz, Islamic Political Identity in Turkey. Oxford, New York 2003, S. 55: „coercive secularism"; was muslimische Identität der Türken sein soll, bleibt bei Yavuz ziemlich unklar.

[171] Toprak, Institutionalisierung, S. 95; dies., Islam, S. 38; Mardin, Religion, S. 226, 235.

[172] Yavuz, Identity, S. 52–56.

[173] Max Weber, Wirtschaftsgeschichte. Abriss der universalen Wirtschafts- und Sozialgeschichte. Berlin ^{3}1958, S. 310; Weber unterscheidet hier zwischen „Virtuosenreligiosität Höchstbegabter" und „Massenreligiosität".

[174] von Bischoff, Ankara, S. 170.

[175] Ebd., S. 181.

[176] Henry Elisha Allen, The Turkish Transformation. A Study in Social and Religious Development. Chicago 1935, S. 224.

[177] Ebd., S. 61.

[178] van Bruinessen, Republik, S. 29.

[179] Ebd., S. 30

[180] Stirling, Change, S. 406.

[181] Werner Schiffauer, Das Leben in einem türkischen Dorf. Stuttgart 1987, S. 73.

[182] A.N. Kaševarov, Gosudarstvo i cerkov'. Iz istorii vzaimootnošenij sovetskoj vlasti i russkoj pravoslavnoj cerkvi 1917–1945. St. Petersburg 1995, S. 118–132.

Drei Wege aus der Diktatur

1 Lutz Klinkhammer, Zwischen Bündnis und Besatzung. Das nationalsozialistische Deutschland und die Republik von Salò 1943–1945. Tübingen 1993; Sarfatti, Jews, S. 178–211.

2 Dogliani, Fascismo, S. 338.

3 Ebd., S. 339.

4 Gustavo Corni, Italy, in: Bob Moore (Hg.), Resistance in Western Europe. Oxford, New York 2000, S. 178f.

5 Thomas Schlemmer (Hg.), Die Italiener an der Ostfront 1942/43. Dokumente zu Mussolinis Krieg gegen die Sowjetunion. München 2005.

6 Brunello Mantelli, Die Italiener auf dem Balkan 1941–1943, in: Christof Dipper/Lutz Klinkhammer/Alexander Nützenadel (Hg.), Europäische Sozialgeschichte. Festschrift für Wolfgang Schieder. Berlin 2000, S. 57–74.

7 Hans Woller, Die Abrechnung mit dem Faschismus in Italien 1943–1948. München 1996. Das Folgende ebd.

8 Mattioli, Kriegsverbrechertribunal; Wolfgang Schieder, Die Verdrängung der faschistischen Tätervergangenheit im Nachkriegsitalien, in: Asserate/Mattioli, Vernichtungskrieg, S. 177–197.

9 Manfred Zeidler, „Eine moderne Armee ist eine offensive Armee". Die Sowjetstreitkräfte im Zeichen des Stalinismus, in: Plaggenborg, Stalinismus, S. 433–436.

10 Jörg Ganzenmüller, Das belagerte Leningrad 1941–1944. Die Stadt in den Strategien von Angreifern und Verteidigern. Paderborn u. a. 2005.

11 Frithjof Benjamin Schenk, Aleksandr Nevskij. Heiliger – Fürst – Nationalheld. Eine Erinnerungsfigur im russischen kulturellen Gedächtnis (1263–2000). Köln, Weimar, Wien 2004, S. 378–404.

12 Beate Fieseler, Innenpolitik.

13 V.G. Pervyšin, Ljudskie poteri v Velikoj Otečestvennoj Vojne, in: Voprosy istorii 2000, H. 7, S. 116–123.

14 Elena Ju. Zubkova, Obščestvo i reformy 1945–1964. Moskau 1993; dies., Poslevoennoe sovetskoe obščestvo: Politika i povsednevnost' 1945–1953. Moskau 1999.

15 Donald Filtzer, Wirtschaft und Gesellschaft in der Nachkriegszeit, in: Plaggenborg, Handbuch der Geschichte Russlands. Bd. 5,1, S. 78.

16 Fieseler, Innenpolitik, S. 39.

17 Elena Ju. Zubkova, Pribaltika i Kreml' 1940–1953. Moskau 2008.

18 Georgij A. Arbatov, Svideltel'stvo sovremennika. Zatjanuvšeesja vyzdrovlenie (1953–1985 gg.). Moskau 1991, S. 377.

19 Grüner, Kosmopoliten.

20 Mustergültig bei Bernard Lewis, The Emergence of Modern Turkey. London u. a. 1961, S. 303–319 sowie D.I. Vdovičenko, Bor'ba političeskich partii v Turcii (1944–1965 gg.). Moskau 1967, S. 13–104

21 Cemil Koçak, Türkiye'de Millî Şef dönemi (1938–1945). 2 Bde. Istanbul [2]1996; Selim Deringil, Turkish Foreign Policy during the Second World War. Cambridge 1989, S. 31–40; John VanderLippe, The Politics of Turkish Democracy. Ismet Inönü and the Foundation of the Multi-Party System, 1938–1950. Albany 2005, S. 47–49.

[22] Tezel, İktisadi tarih, S. 156–160; Korkut Boratav, Türkiye'de devletçilik (1923–1950). Ankara 1962, S. 172–191; Rozaliev, Osobennosti, S. 177–183; ders., Ėkonomičeskaja istorija Tureckoj Respubliki. Moskau 1980, S. 153–169; Max Weston Thornburg/Graham Spry/George Soule (Hg.), Turkey. An Economic Appraisal. New York 1949 (Reprint 1968).

[23] Sarc, Policy, S. 442.

[24] Faik Ökte, Varlık vergisi faciası. Istanbul 1951.

[25] Ebd., S. 210.

[26] Lewis, Emergence, S. 301.

[27] Vdovičenko, Bor'ba, S. 20.

[28] Novejšaja istorija Turcii. Moskau 1968, S. 213.

[29] Tunaya, Partiler, S. 646–692.

[30] VanderLippe, Democracy, S. 137–189.

[31] Vdovičenko, Bor'ba, S. 28.

[32] Tunaya, Partiler, S. 638–648, 693–737.

[33] Vdovičenko, Bo'rba, S. 100, 103.

[34] Lewis, Emergence, S. 315.

[35] Andrew Mango, Introduction: Atatürk and Kemalism throughout the Twentieth Century, in: Celia Kerslake/Kerem Öktem/Philip Robins (Hg.), Turkey's Engagement with Modernity. Conflict and Change in the Twentieth Century. Oxford 2010, S. 1-9.

[36] Bekim Agai, Zwischen Netzwerk und Diskurs. Das Bildungsnetzwerk um Fethullah Gülen (geb. 1938). Die flexible Umsetzung modernen islamischen Gedankenguts. Hamburg 2004.

[37] Frey, Elite, S. 350–360.

[38] Berna Pekesen arbeitet derzeit an einem Forschungsprojekt über die Linken in der Türkei 1960–1990. Ich danke ihr für diese Angaben.

[39] Dilek Güven, Cumhuriyet Dönemi Azınlık Politikaları Bağlamında 6–7 Eylül Olayları. Istanbul 2005. Der Redaktion der Reihe „Südosteuropäische Arbeiten" des Südost-Instituts Regensburg ist es bisher nicht gelungen, die deutsche Originalausgabe, Diss. Univ. Bochum 2004, ins Werk zu setzen.

Literaturverzeichnis

Adam, Volker: Russlandmuslime in Istanbul am Vorabend des Ersten Weltkrieges: Die Berichterstattung osmanischer Periodika über Russland und Zentralasien. Frankfurt a.M. 2002.

Adanır, Fikret: Kemalist Authoritarianism and Fascist Trends in Turkey during the Inter-War Period, in: Larsen, Stein U. (Hg.): Fascism outside Europe. The European Impulse against Domestic Conditions in the Diffusion of Global Fascism. Boulder, Col. 2001, S. 313–361.

Ders./Lübke, Christian/Müller, Michael G./Schulze Wessel, Martin: Traditionen und Perspektiven vergleichender Forschung über die historischen Regionen Osteuropas, in: Berliner Jahrbuch für osteuropäische Geschichte 1 (1996), S. 11–45.

Ders.: Zur „Etatismus"-Diskussion in der Türkei in der Weltwirtschaftskrise. Die Zeitschrift Kadro 1932–1934, in: Schatkowski Schilcher, Linda/Scharf, Claus (Hg.): Der Nahe Osten in der Zwischenkriegszeit 1919–1939. Die Interdependenz von Politik, Wirtschaft und Ideologie. Stuttgart 1989, S. 355–373.

Agai, Bekim: Zwischen Netzwerk und Diskurs. Das Bildungsnetzwerk um Fethullah Gülen (geb. 1938). Die flexible Umsetzung modernen islamischen Gedankenguts. Hamburg 2004.

Ahmad, Feroz: İttihatçılıktan Kemalizme. Istanbul 1985.

Ders.: The Making of Modern Turkey. London, New York 1993.

Ders.: Die Suche nach einer Ideologie in der kemalistischen Türkei, in: Schatkowski Schilcher, Linda/Scharf, Claus (Hg.): Der Nahe Osten in der Zwischenkriegszeit 1919–1939. Die Interdependenz von Politik, Wirtschaft und Ideologie. Stuttgart 1989, S. 341–354.

Ders.: The Young Turks. The Committee of Union and Progress in Turkish Politics 1908–1914. Oxford 1969.

Akşin, Sina: Jön Türkler ve İttihat ve Terakki. Istanbul 1987.

Albanese, Guilia: Alle origini del fascismo. La violenza politica a Venezia 1919–1922. Padua 2001.

Dies.: La Marcia su Roma. Rom, Bari 2006.

Alexopoulos, Golfo: Stalin's Outcasts. Aliens, Citizens, and the Soviet State, 1926–1936. Ithaca, London 2003.

Alkan, A. Turan: İstiklâl mahkemeleri. Istanbul 1993.

Allen, Henry Elisha: The Turkish Transformation. A Study in Social and Religious Development. Chicago 1935.

Altrichter, Helmut: Russland 1917. Ein Land auf der Suche nach sich selbst. Paderborn u. a. 1997.

Anadolu dergisi: http://www.anadolu.eu/Fotograflar/Ataturk/ (letzter Zugriff 11. August 2011).

Aponte, Salvatore: Il „Corriere" tra Stalin e Trockij 1926–1929. Mailand 2010.

Aquarone, Alberto: L'organizzazione dello Stato totalitario. Turin 1965.

Ders.: Violenza e consenso nel fascismo italiano, in: Storia contemporanea 10 (1979), S. 145–155.

Aralov, S.I.: Vospominanija sovetskogo diplomata (1922–1923). Moskau 1960.

Arbatov, Georgij A.: Svideltel'stvo sovremennika. Zatjanuvšeesja vyzdrovlenie (1953–1985 gg.). Moskau 1991.

Arendt, Hannah: Elemente und Ursprünge des Totalitarismus. Antisemitismus, Imperialismus, Totalitarismus. München [9]2003.

Armstrong, H.C.: Grey Wolf. Mustafa Kemal. Intimate Study of a Dictator. London 1932.

Arslan: Sovremennaja Turcija. Moskau 1923.

Artuk, Mehmet Emin: Sinn und Zweck der Strafe und die Maßnahmen zur Sicherung und Besserung im türkischen Strafrecht. Königstein/Ts. 1979.

Ders.: 1926 tarihli Türk ceza kanununun değiştirilmesi yönündeki çalışmalar hakkında düşünceler, in: Istanbul Barosu Dergisi. Aralık 1998, S. 832–835.

Astachov, G.: Ot sultanata k demokratičeskoj Turcii. Očerki iz istorii kemalizma. Moskau, Leningrad 1926.

(Atatürk) Gazi Mustafa Kemal Pascha: Die neue Türkei. 3 Bde. Leipzig 1928.

Atatürk'ün söylev ve demeçleri (1906–1938). 3 Bde. Ankara 1981.

Atatürk'ün tamim, telgraf ve beyannameleri. Bd. 4. Ankara 1991.

Atatürk ve Türkiye Cumhuriyeti. Fotoğraf albümü: http://www.ataturk.net/foto/index.html (letzter Zugriff 11. August 2011).

Aybars, Ergün: İstiklâl mahkemeleri. Istanbul 1975.

Ders.: İstiklâl mahkemeleri (1923–1927). Ankara 1982.

Babel, Isaak: Tagebuch 1920. Aus dem Russischen übersetzt, herausgegeben und kommentiert von Peter Urban. Berlin 1990.

Baberowski, Jörg: Autokratie und Justiz. Zum Verhältnis von Rechtsstaatlichkeit und Rückständigkeit im ausgehenden Zarenreich 1864–1914. Frankfurt a.M. 1996.

Ders.: Der Feind ist überall. Stalinismus im Kaukasus. München 2003.

Ders./Doering-Manteuffel, Anselm: Ordnung durch Terror. Gewaltexzesse und Vernichtung im nationalsozialistischen und im stalinistischen Imperium. Bonn 2006.

Ders.: Der rote Terror. Die Geschichte des Stalinismus. München 2003.

Bach, Maurizio: Die charismatischen Führerdiktaturen. Drittes Reich und italienischer Faschismus im Vergleich ihrer Herrschaftsstrukturen. Baden-Baden 1990.

Baleva, Martina/Brunnbauer, Ulf (Hg.): Batak. Ein bulgarischer Erinnerungsort. Sofia 2008.

Ball, Alan: And Now My Soul is Hardened. Abandoned Children in Soviet Russia, 1918–1930. Berkeley, Cal. u. a. 1994.

Barck, Karl-Heinz: 5 Briefe Erich Auerbachs an Walter Benjamin in Paris, in: Zeitschrift für Germanistik 9 (1988), S. 688–694.

Barlas, Dilek: Etatism and Diplomacy in Turkey. Economic and Foreign Policy Strategies in an Uncertain World, 1929–1939. Leiden, New York, Köln 1998.

Belinskij, V.G.: Brief an N.W. Gogol vom 3. (15.) Juli 1847, in: Ders., Ausgewählte philosophische Schriften. Übersetzt von Alfred Kurella. Moskau 1950, S. 566–576.

Benbassa, Esther/Rodrigue, Aron: Sephardi Jewry. A History of the Judeo-Spanish Community, 14th–20th centuries. Berkeley, Los Angeles, London 2000.

Béraud, Henri: Ce que j'ai vu à Rome. Paris 1929.

Beriş, H. Emrah: Tek parti döneminde devletçilik: Türkiye'de otoritarizmin siyasal ve ekonomik kökenleri. Ankara 2009.

Berkes, Niyazi: The Development of Secularism in Turkey. Montreal 1964.

Ders. (Hg.): Turkish Nationalism and Western Civilization. Selected Essays of Ziya Gökalp. London 1959.

Ders.: Ziya Gökalp. His Contribution to Turkish Nationalism, in: Middle Eastern Journal 8 (1954), S. 375–390.

Bertoni, Renzo: Il trionfo del fascismo nell'URSS. Rom 1934.

Bessis, Juliette: La Méditerrannée fasciste. L'Italie mussolinienne et la Tunisie. Paris 1981.

Biermann, Wolf: Die Stasi-Ballade, in: aah-ja (Langspielplatte), 1974, S. 2.

Bilâ, Hikmet: CHP 1919–1999. Istanbul 1999.

Binner, Rolf u. a. (Hg.): Massovye repressii v Altajskom krae 1937–1938 gg. Prikaz No. 00447. Moskau 2010.

Ders./Junge, Marc: Die Vernichtung der orthodoxen Geistlichen in der Sowjetunion in den Massenoperationen des Großen Terrors 1937–1938, in: Jahrbücher für Geschichte Osteuropas 52 (2004), S. 515–533.

Bischoff, Norbert von: Ankara. Eine Deutung des neuen Werdens in der Türkei. Wien, München 1935.

Bjulleten' N.K.I.D. 1920, Nr. 20 (1. Juli).

Bjulleten' N.K.I.D. 1920, Nr. 29 (20. August).

Bjulleten' N.K.I.D. 1920, Nr. 52 (23. Dezember).

Bjulleten' N.K.I.D. 1921, Nr. 64 (9. Februar).

Bjulleten' N.K.I.D. 1921, Nr. 66 (23. Februar).

Bjulleten' N.K.I.D. 1921, Nr. 89 (20. August).

Black, Cyril Edwin: The Modernization of Japan and Russia. A comparative study. New York 1975.

Bloch, Marc: Pour une histoire comparée des sociétés européennes, in: Revue de synthèse historique 46 (1928), S. 15–50.

Bogdanov, A.A.: Ėmpiriomonizm. Stat'i po filosofii. Moskau 2003.

Ders.: Vera i nauka. Moskau 1910.

Bonnell, Victoria E.: Iconography of Power. Soviet Political Posters under Lenin and Stalin. Berkeley 1997.

Boratav, Korkut: Türkiye'de devletçilik (1923–1950). Ankara 1962.

Ders.: Türkiye'de devletçilik. Istanbul 1982.

Borutta, Manuel: Antikatholizismus. Deutschland und Italien im Zeitalter der europäischen Kulturkämpfe. Göttingen 2010.

Bozdoğan, Sibel: Modernism and Nation-Building. Turkish Architectural Culture in the Early Republic. Washington 2001.

Braun, Bettina von/Gräb, Wilhelm/Zachhuber, Johannes: Einleitung, in: Dies. (Hg.): Säkularisierung. Bilanz und Perspektiven einer umstrittenen These. Berlin 2007, S. 7–9.

Breuer, Stefan: Nationalismus und Faschismus. Frankreich, Italien und Deutschland im Vergleich. Darmstadt 2005.

Brovkin, Vladimir N.: Behind the Front Lines of the Civil War. Political Parties and Social Movements in Russia, 1918–1922. Princeton, N.J. 1994.

Ders.: The Mensheviks after October. Socialist Opposition and the Rise of Bolshevik Dictatorship. Ithaca, N.Y. 1987.

Bruinessen, Martin van: Genocide in Kurdistan? The Suppression of the Dersim Rebellion in Turkey (1937–38) and the Chemical War against the Iraqi Kurds (1988), in: Andreopoulos, George J. (Hg.): Genocide. Conceptual and Historical Dimensions. Philadelphia 1994, S. 141–170.

Ders.: Popular Islam, Kurdish Nationalism and Rural Revolt: the Rebellion of Shaikh Said in Turkey (1925), in: Bak, János M./Benecke, Gerhard (Hg.): Religion and Rural Revolt. Papers presented to the Fourth Interdisciplinary Workshop on Peasant Studies, University of British Columbia, 1982. Manchester 1984, S. 281–295.

Ders.: Die Türkische Republik, ein säkularer Staat?, in: Blaschke, Jochen/Ders. (Hg.): Thema: Islam und Politik in der Türkei. Berlin 1985 (= Jahrbuch zur Geschichte und Gesesellschaft des Vorderen und Mittleren Orients, Ausg. 1984), S. 13–51.

Ders.: Vom Osmanismus zum Separatismus: Religiöse und ethnische Hintergründe der Rebellion des Scheich Said, in: Blaschke, Jochen/Ders. (Hg.): Thema: Islam und Politik in der Türkei. Berlin 1985 (= Jahrbuch zur Geschichte und Gesesellschaft des Vorderen und Mittleren Orients, Ausg. 1984), S. 109–165.

Bruneau, Michel: Introduction: Diaspora grecque pontique et Grecs de l'ex-URSS, le rapport au territoire, in: Ders. (Hg.): Les Grecs pontiques. Diaspora, identité, territoires. Paris 1998, S. 21–40.

Bry, Carl Christian: Verkappte Religionen. Gotha 1925.

Bucharin, N.: Vospitanie smeny, in: Razin, I. (Hg.): Komsomol'skij byt. Sbornik. Moskau, Leningrad 1927, S. 21–33.

Bugaj, Nikolaj Fëdorovič: L. Berija – I. Stalinu: „Soglasno Vašemu ukazaniju...". Moskau 1995.

Ders.: Vyselenie sovetskich korejcev s dal'nego vostoka, in: Voprosy istorii 1994, H. 5, S. 141–148.

Buldakov, V.: Krasnaja smuta. Priroda i posledstvija revoljucionnogo nasilija. Moskau 1997.

Butaev, Inal: Nacional'naja revoljucija na vostoke. Leningrad 1925.

Çağaptay, Soner: Islam, Secularism and Nationalism in Modern Turkey: Who is a Turk? London, New York 2006.

Calisse, Carlo: A History of Italian Law. New York 1969.

Cannistraro, Philip V.: La fabbrica del consenso. Fascismo e mass media. Rom, Bari 1975.

Carrèrre d'Encausse, Helène: Stalin. Order through Terror. London 1981.

Carretto, Giacomo E.: Polemiche fra kemalismo, fascismo, comunismo negli anni '30, in: Storia contemporanea 8 (1977), S. 488–530.

Cebesoy, Ali Fuad: Milli mücadele hâtıraları. Istanbul 1953.

Cemil, M.: Lozan. Bd. 1. Istanbul 1933.

Chlevnjuk, Oleg V.: Politbjuro. Mechanizmy političeskoj vlasti v 1930-e gody. Moskau 1996.

Cholvy, Gérard : La religion en France de la fin du XVIIIe siècle à nos jours. Paris 1991.

Clark, Bruce: Twice a Stranger. How Mass Expulsion Forged Modern Greece and Turkey. London 2006.

Cohen, Yves: Des lettres comme action: Stalin au début des années 1930 vu depuis le fonds Kaganovič, in: Cahiers du monde russe 38 (1997), S. 307–345.

Coppa, Frank J.: Mussolini and the Concordat of 1929, in: Ders. (Hg.): Controversial Concordats. The Vatican's Relations with Napoleon, Mussolini, and Hitler. Washington D.C. 1999, S. 81–119.

Corni, Gustavo: Italy, in: Moore, Bob (Hg.): Resistance in Western Europe. Oxford, New York 2000, S. 157–182.

Coşar, Nevin (Hg.): Türkiye'de devletçilik. Istanbul 1995.

Cracraft, James: The Church Reform of Peter the Great. Stanford, Cal. 1972.

Criss, Nur Bilge: Istanbul under Allied Occupation, 1918–1923. Leiden, Boston, Köln 1999.

Curtiss, John Shelton: Die Kirche in der Sowjetunion (1917–1956). München 1957.

Cypin, Vladislav A.: Istorija Russkoj Pravoslavnoj Cerkvi. Sinodal'nyj i novejšij periody (1700–2005). Moskau 2007.

Dahlke, Sandra: Personenkulte und Kultproduzenten: Emel'jan Jaroslavskij (1878–1943), Stalin und der Stalin-Kult, in: Ennker, Benno/Hein-Kircher, Heidi (Hg.): Der Führer im Europa des 20. Jahrhunderts. Marburg 2010, S. 74–89.

Dahlmann, Dittmar/Hirschfeld, Gerhard (Hg.): Lager, Zwangsarbeit, Vertreibung und Deportation. Dimensionen der Massenverbrechen in der Sowjetunion und in Deutschland 1933–1945. Essen 1999.

Davies, Sarah: Stalin and the Making of the Leader Cult in the 1930s, in: Apor, Balázs u. a. (Hg.): The Leader Cult in Communist Dictatorships. Stalin and the Eastern Bloc. Houndmills, New York 2004, S. 29–46.

Davison, Andrew: Secularism and Revivalism in Turkey. A Hermeneutic Reconsideration. New Haven, London 1998.

Davison, Roderic H.: Reform in the Ottoman Empire 1856–1876. New York 1973.

Decleva, Enrico: Anticlericalismo e lotta politica nell'Italia giolittiana. – I: L'„esempio della Francia" e i partiti popolari (1901–1904), in: Nuova rivista storica 52 (1968), S. 291–354.

Ders.: Anticlericalismo e lotta politica nell' Italia giolittiana. – II: L'estrema sinistra e la formazione dei blocchi popolari (1905–1909), in: Nuova rivista storica 53 (1969), S. 541–617.

De Felice, Renzo (Hg.): Il fascismo e l'Oriente. Arabi, ebrei e indiani nella politica di Mussolini. Bologna 1988.

Ders.: Il fascismo in Italia. Leningrado 1926. Studio inedito per i quadri del l'internazionale comunista. Mailand 1965.

Ders.: Mussolini il duce. Bd. 1: Gli anni del consenso. 1929–1936. Turin 1974; Bd. 2: Lo Stato totalitario. 1936–1940. Turin 1981.

Ders.: Mussolini il fascista. Bd. 1: La conquista del potere (1921–1925). Turin 1966; Bd. 2: L'organizzazione dello Stato fascista. Turin 1968.

Ders.: Mussolini il rivoluzionario 1883–1920. Turin 1965.

Ders.: Mussolini l'alleato. Bd. 1,1: L'Italia in guerra. 1940–1943. Dalla guerra „breve" alla guerra lunga. Turin 1990; Bd. 1,2: L'Italia in guerra. 1940–1943. Crisi e agonia del regime. Turin 1990; Bd. 2: La guerra civile. 1943–1945. Turin 1997.

Del Boca, Angelo: Gli Italiani in Africa Orientale. 4 Bde. Rom, Bari 1976–1984.

Ders.: Gli Italiani in Libia. Bd. 1: Tripoli bel suore d'amore 1860–1922. Rom, Bari 1986; Bd. 2: Dal fascismo a Gheddafi. Rom, Bari 1988.

Ders.: Yperit-Regen. Der Giftgaskrieg, in: Asserate, Asfa-Wossen/Mattioli, Aram (Hg.): Der erste faschistische Vernichtungskrieg. Die italienische Aggression gegen Äthiopien 1935–1941. Köln 2006, S. 45–58.

Delzell, Charles F.: Mussolini's Enemies. The Italian Antifascist Resistance. Princeton 1961.

de Man, Hendrik: Massen und Führer. Potsdam 1932.

Demirel, Emin: Teşkilat-ı mahsusa'dan günümüze gizli servisler. Istanbul 2002.

Deneckere, Gita/Welskopp, Thomas: The ‚Nation' and ‚Class': European National Master Narratives and Their Social ‚Other', in: Berger, Stefan/Lorenz, Chris (Hg.): The Contested Nation. Ethnicity, Class, Religion and Gender in National Histories. Basingstoke 2008, S. 135–170.

Deringil, Selim: Turkish Foreign Policy during the Second World War. Cambridge 1989.

Deschner, Karlheinz: Ein Jahrhundert Heilsgeschichte. Die Politik der Päpste im Zeitalter der Weltkriege. Bd. 1. Von Leo XIII. 1878 bis zu Pius XI. 1939. Köln 1982.

Deutsche Welle (Hg.): Atatürk in deutscher Sicht. Köln ^{5}1988.

Devereux, George: The First Ottoman Constitutional Period. A Study of the Midhat Constitution and Parliament. Baltimore 1963.

Dilger, Konrad: Strafrecht, in: Grothusen, Klaus-Detlev (Hg.): Südosteuropa-Handbuch. Bd. 4: Türkei. Göttingen 1985, S. 201–217.

di Marzio, Cornelio: La Turchia di Kemal. Mailand 1926.

Diner, Dan: Das Jahrhundert verstehen. Eine universalhistorische Deutung. München 1999.

Dipper, Christof/Hudemann, Rainer/Petersen, Jens (Hg.): Faschismus und Faschismen im Vergleich. Wolfgang Schieder zum 60. Geburtstag. Köln 1998.

Djemal Pasha: Memories of a Turkish Statesman 1913–1919. New York 1922 (Reprint 1973).

Dodd, C.H.: Democracy and Development in Turkey. Hull 1979.

Dogliani, Patrizia: Il fascismo degli Italiani. Una storia sociale. Turin 2008.

Dreßler, Markus: Die civil religion der Türkei. Kemalistische und alevitische Atatürk-Rezeption im Vergleich. Würzburg 1999.

Dumont, Paul: L'axe Moscou-Ankara. Les relations turco-soviétiques de 1919 à 1922, in: Cahiers du monde russe et soviétique 18 (1977), S. 165–193.

Ders.: Bolchevisme et Orient. Le parti communiste turc de Mustafa Suphi 1918–1921, in: Cahiers du monde russe et soviétique 18 (1977), S. 377–409.

Ders./Georgeon, François: La mort d'un empire (1908–1923), in: Mantran, Robert (Hg.): Histoire de l'Empire Ottoman. Paris 1989, S. 577–648.

Ders.: Mustafa Kemal invente la Turquie moderne. 1919–1924. Brüssel 1983.

Ders.: La période des Tanzîmât (1839–1878), in: Mantran, Robert (Hg.): Histoire de l'Empire Ottoman. Paris 1989, S. 459–522.

Dumova, N.G.: Kadetskaja kontrrevoljucija i eë razgrom (oktjabr' 1917–1920 gg.). Moskau 1982.

Dündar, Fuat: Modern Türkiye'nin şifresi. İttihat ve Terakki'nin etnisite mühendisliği (1913–1918). Istanbul 2008.

Dunnage, Jonathan: The Italian Police and the Rise of Fascism. A Case Study of the Province of Bologna, 1897–1925. Westport, Conn., London 1997.

Durkheim, Emile: Der Selbstmord. Frankfurt a.M. 1983.

Durmaz, M. Nuri: Bir ideolog, bir ideoloji: Recep Peker ve korporatizm, in: Amme İdaresi Dergisi 41 (2008), S. 161–184.

Dursunoğlu, Cevat: Milli mücadelede Erzurum. Ankara ^{2}2000.

Duverger, Maurice: Les partis politiques. Paris ^{5}1964.

Ėfendieva, N.Z.: Učastie ženščin Turcii v nacional'no-osvoboditel'noj bor'be tureckogo naroda, in: Turcija. Istorija, ėkonomija. Sbornik statej. Moskau 1978, S. 108–113.

Eisenstadt, Shmuel N.: The Kemalist Revolution in Comparative Perspective, in: Kazancıgil, Ali/Özbudun, Ergun (Hg.): Atatürk. Founder of a modern State. Hamden, Conn. 1981, S. 103–125.

Engelmann, Roger: Provinzfaschismus in Italien. Politische Gewalt und Herrschaftsbildung in der Marmorregion Carrara 1921–1924. München 1992.

Ennker, Benno: Die Anfänge des Leninkults in der Sowjetunion. Köln, Wien, Weimar 1997.

Ders.: Der Führer im Europa des 20. Jahrhundert – eine Synthese, in: Ders./Hein-Kircher, Heidi (Hg.): Der Führer im Europa des 20. Jahrhunderts. Marburg 2010, S. 347–378.

Ders.: Politische Herrschaft und Stalinkult 1929–1939, in: Plaggenborg, Stefan (Hg.): Stalinismus. Neue Forschungen und Konzepte. Berlin 1998, S. 151–182.

Ders./Hein-Kircher, Heidi (Hg.): Der Führer im Europa des 20. Jahrhunderts. Marburg 2010.

Erickson, Edward J.: Defeat in Detail. The Ottoman Army in the Balkan Wars, 1912–1913. Westport, Conn. u. a. 2003.

Ders.: Ordered to Die. A History of the Ottoman Army in the First World War. Westport, Conn., London 2001.

Erren, Lorenz: „Selbstkritik" und Schuldbekenntnis. Kommunikation und Herrschaft unter Stalin (1917–1953). München 2008.

Ertan, Temuçin Faik: Kadrocular ve Kadro hareketi (görüşler, yorumlar, değerlendirmeler). Ankara 1994.

Falasca-Zamponi, Simonetta: Fascist Spectacle. The Aesthetics of Power in Mussolini's Italy. Berkeley 2000.

Fattorini, Emma: Pio XI, Hitler e Mussolini. La solitudine di un papa. Turin 2007.

Feridov, Zin.: Kemalistskaja Turcija i fašizm, in: Revoljucionnyj vostok 1929, Nr. 7, S. 56–69.

Feuchtwanger, Lion: Moskau 1937. Ein Reisebericht für meine Freunde. Amsterdam 1937.

Fieseler, Beate: Innenpolitik der Nachkriegszeit 1945–1953, in: Plaggenborg, Stefan (Hg.): Handbuch der Geschichte Russlands. Bd. 5,1: 1945–1991 – Vom Ende des Zweiten Weltkriegs bis zum Zusammenbruch der Sowjetunion. Stuttgart 2002, S. 36–77.

Figes, Orlando: A People's Tragedy. The Russian Revolution 1891–1924. London 1996.

Ders.: The Whisperers. Private Life in Stalin's Russia. London 2007.

Filtzer, Donald: Wirtschaft und Gesellschaft in der Nachkriegszeit, in: Plaggenborg, Stefan (Hg.): Handbuch der Geschichte Russlands. Bd. 5,1: 1945–1991 – Vom Ende des Zweiten Weltkriegs bis zum Zusammenbruch der Sowjetunion. Stuttgart 2002, S. 78–130.

Fitzpatrick, Sheila: Tear Off the Masks! Identity and Imposture in Twentieth Century Russia. Princeton, N.J. 2005.

Forfutdinov, N.: O nekotorych aspektach idejno-političeskoj bor'by v Turcii v 30-ch godov (po materialam žurnala „Kadro"), in: Turcija. Istorija i sovremennost'. Sbornik statej. Moskau 1988, S. 183–188.

Formigoni, Guido: L'Italia dei cattolici. Fede e nazione dal Risorgimento alla Repubblica. Bologna 1998.

Fortna, Benjamin C.: Imperial Classroom. Islam, the State, and Education in the late Ottoman Empire. Oxford, New York 2002.

Franzinelli, Mimmo/Marino, Emanuele Valerio: Il Duce proibito. Le fotografie di Mussolini che gli italiani non hanno mai visto. Mailand 2003.

Franzinelli, Mimmo: Squadristi. Protagonisti e techniche della violenza fascista. 1919–1922. Mailand 2003.

Ders.: I tentacoli dell'OVRA. Agenti, collaboratori e vittime della polizia fascista. Turin 1999.

Freeze, Gregory L.: Counter-Reformation in Russian Orthodoxy: Popular Response to Religious Innovation, 1922–1925, in: Slavic Review 54 (1995), S. 305–339.

Frey, Frederick W.: The Turkish Political Elite. Cambridge, Mass. 1965.

Friedrich, Carl Joachim (Hg.): Totalitäre Diktatur. Stuttgart 1957.

Ders.: Totalitarianism. Proceedings of a Conference Held at the American Academy of Arts and Science, March 1953. Cambridge, Mass. 1954.

Frunze, M.V.: Poezdka v Angory, in: Ders., Sobranie sočinenij. Bd. 1. Moskau, Leningrad 1929, S. 274–351.

Ganzenmüller, Jörg: Das belagerte Leningrad 1941–1944. Die Stadt in den Strategien von Angreifern und Verteidigern. Paderborn u. a. 2005.

Garlati, Loredana (Hg.): L'inconscio inquisitorio. L'eredità del Codice Rocco nella cultura processualpenalistica italiana. Mailand 2010.

Garros, Véronique u. a. (Hg.): Intimacy and Terror. Soviet Diaries of the 1930's. New York 1995.

Gasanova, Ė.Ju.: Ob ideologii nacional'no-osvoboditel'nogo dviženija v Turcii i roli Kemalja Atatjurka v eë razvitii, in: Turcija. Istorija i sovremennost'. Sbornik statej. Moskau 1988, S. 165–175.

Gatrell, Peter: Russia's First World War. A Social and Economic History. Harlow u. a. 2005.

Gaunt, David: Massacres, Resistance, Protectors. Muslim-Christian Relations in Eastern Anatolia During World War I. Piscataway, N.J. 2006.

Geduld, Harry M. (Hg.): Shaw, George Bernard: The Rationalization of Russia. O.O. 1964.

Gefter, Michail: V predčuvstvii proslogo, in: Vek XX i mir 9 (1990), URL: http://old.russ.ru/antolog/vek/1990/9/gefter.htm (letzter Zugriff 24.8.2011).

Geldern, James van: Bolshevik Festivals, 1917–1920. Berkeley, Los Angeles, London 1993.

Gellner, Ernest: Muslim Society. Cambridge u. a. 1981.

Gentile, Emilio: Fascismo e antifascismo. I partiti italiani fra le due guerre. Florenz 2000.

Ders.: The Sacralization of Politics in Fascist Italy. Cambridge, Mass., London 1996.

Ders.: Storia del partito fascista 1919–1929. Movimento e milizia. Bari 1989.

Georgeon, François: A la recherche d'une identité: le nationalisme turc, in: Gökalp, Altan (Hg.): La Turquie en transition. Disparités, identités, pouvoirs. Paris 1986, S. 125–154.

Ders.: Aux origines du nationalisme turc. Yusuf Akçura (1876–1935). Paris 1980.

Ders.: Le dernier sursaut (1878-1908), in: Mantran, Robert (Hg.): Histoire de l'Empire Ottoman. Paris 1989, S. 523–576.

Ders.: Le ramadan à Istanbul de l'Empire à la République, in: Ders./Dumont, Paul (Hg.): Vivre dans l'Empire ottoman. Sociabilités et relations inter-communautaires (XVIIIe-XXe siècles). Paris 1997, S. 31–113.

Ders.: Sultan Abdülhamid. Istanbul 2006.

Ders.: Les usages politiques du Ramadan, de l'Empire ottoman à la République de Turquie, in: Adelkhah, Fariba/Ders. (Hg.): Ramadan et politique. Paris 2000, S. 21–39.

Gerschenkron, Alexander: Economic Backwardness in Historical Perspective, in: Ders.: Economic Backwardness in Historical Perspective. A Book of Essays. Cambridge, Mass. 1962, S. 5–30.

Geyer, Dietrich: Der russische Imperialismus. Studien über den Zusammenhang von innerer und auswärtiger Politik 1860–1914. Göttingen 1977.

Geyer, Michael/Fitzpatrick, Sheila: Introduction: After Totalitarianism – Stalinism and Nazism Compared, in: Dies. (Hg.): Beyond Totalitarianism. Stalinism and Nazism Compared. Cambridge 2009, S. 1–37.

Gide, André: Retour de L'U.R.S.S. Paris 1936.

Giduljanov, Pavel V.: Cerkov' i gosudarstvo po zakonodatel'stvu R.S.F.S.R. Sbornik uzakonenij i razporjaženij s razjasnenijami V otdela NKJu. Moskau 1923.

Gill, Graeme: Peasants and Government in the Russian Revolution. London u.a. 1979.

Ders.: Stalinism. Houndmills 1990.

Gingeras, Ryan: Sorrowful Shores. Violence, Ethnicity, and the End of the Ottoman Empire, 1912–1923. Oxford, New York 2009.

Giritli, İsmet: Kemalism as an Ideology of Modernization, in: Landau, Jacob M. (Hg.): Atatürk and the Modernization of Turkey. Boulder, Col. 1984, S. 251–253.

Gleason, Abbott: Totalitarianism. The Inner History of the Cold War. New York, Oxford 1995.

Göçek, Fatma Müge: Rise of the Bourgeoisie, Demise of Empire: Ottoman Westernization and Social Change. New York 1996.

Godes, M.: Oktjabr'skaja revoljucija i vostok, in: Problemy marksizma 1932, Nr. 9–10, S. 19–41.

Golczewski, Frank/Pickhan, Gertrud (Hg.): Russischer Nationalismus. Die russische Idee im 19. und 20. Jahrhundert. Göttingen 1998.

Goldhagen, Daniel Jonah: Hitler's Willing Executioners: Ordinary Germans and the Holocaust. London 1996.

Goldman, Wendy Z.: Terror and Democracy in the Age of Stalin. The Social Dynamics of Repression. Cambridge 2007.

Golomštok, Igor: Totalitarnoe iskusstvo. Moskau 1994.

Gorkij, Maxim: Unzeitgemäße Gedanken über Kultur und Revolution. Hrsg. v. Bernd Scholz. Frankfurt a.M. 1974.

Gorsuch, Anne E.: Smashing Chairs at the Local Club. Discipline, Disorder and Soviet Youth, in: Kuhr-Korolev, Corinna/Plaggenborg, Stefan/Wellmann, Monica (Hg.): Sowjetjugend 1917–1941. Generation zwischen Revolution und Resignation. Essen 2001, S. 247–261.

Gramsci, Antonio: Sul Fascismo. Hg. v. Enzo Santarelli. Rom 1974.

Griffin, Roger: Modernism and Fascism. The Sense of a Beginning under Mussolini and Hitler. Houndmills, New York 2007.

Der Große Herder. Bd 3. Freiburg im Breisgau 1932.

Groys, Boris/Hollein, Max (Hg.): Traumfabrik Kommunismus. Die visuelle Kultur der Stalinzeit. Ostfildern-Ruit 2003.

Grüner, Frank: Patrioten und Kosmopoliten. Juden im Sowjetstaat 1941–1953. Köln, Weimar, Wien 2008.

Güçlü, Yücel: Armenians and the Allies in Cilicia 1914–1923. Salt Lake City 2010.

Guidi, Michelangelo: Aspetti e problemi del mondo islamico. Rom 1937.

Gül, Teoman: Türk siyasal hayatında Recep Peker. Ankara 1998.

Gurko-Krjažin, V.A.: Bližnij vostok i deržavy. Moskau 1925.

Ders.: Istorija revoljucii v Turcii. Moskau 1923.

Guttstadt, Corry: Die Türkei, die Juden und der Holocaust. Berlin, Hamburg 2008.

Güven, Dilek: Cumhuriyet Dönemi Azınlık Politikaları Bağlamında 6–7 Eylül Olayları. Istanbul 2005.

Häfner, Lutz: Die Partei der Linken Sozialrevolutionäre in der Russischen Revolution von 1917/18. Köln, Weimar, Wien 1994.

Hagemeister, Michael: Die „Protokolle der Weisen von Zion" – eine Anti-Utopie oder der Große Plan in der Geschichte?, in: Reinalter, Helmut (Hg.): Verschwörungstheorien. Theorie – Geschichte – Wirkung. Innsbruck u. a. 2002, S. 45–57.

Ders.: Sergej Nilus und die „Protokolle der Weisen von Zion". Überlegungen zur Forschungslage, in: Jahrbuch für Antisemitismusforschung 5 (1996), S. 127–147.

Hagen, Marc von: Soldiers in the Proletarian Dictatorship. The Red Army and the Soviet Socialist State, 1917–1930. Ithaka, London 1990.

Haimson, Leopold H.: The Russian Marxists and the Origins of Bolshevism. Boston ^{2}1966.

Hall, Richard C.: The Balkan Wars 1912–1913. Prelude to the First World War. London, New York 2000.

Hanioğlu, Şükrü: Atatürk: An Intellectual Biography. Princeton 2011.

Ders.: Bir siyasal düşünür olarak Doktor Abdullah Cevdet ve dönemi. Ankara 1981.

Ders.: The Young Turks in Opposition. Oxford 1995.

Hartmann, Anne: Lion Feuchtwanger, zurück aus Sowjetrussland. Selbstzensur eines Reiseberichts, in: Exil, Forschung, Erkenntnisse, Ergebnisse 29 (2009), S. 16–40.

Dies.: Literarische Staatsbesuche. Prominente Autoren des Westens zu Gast in Stalins Sowjetunion (1931–1937), in: Ulbrechtova, Helena/Ulbrecht, Siegfried (Hg.): Die Ost-West-Problematik in den europäischen Kulturen und Literaturen. Ausgewählte Aspekte. Prag, Dresden 2009, S. 229–275.

Dies.: Lost in Translation. Lion Feuchtwanger bei Stalin, Moskau 1937, in: Exil, Forschung, Erkenntnisse, Ergebnisse 28 (2008), S. 5–31.

Hartmann, Richard: Zija Gök Alp's Grundlagen des türkischen Nationalismus, in: Orientalische Literaturzeitung 1925, Nr. 9/10, S. 578–610.

Hasler, August Bernhard: Das Duce-Bild in der faschistischen Literatur, in: Quellen und Forschungen aus italienischen Archiven und Bibliotheken 60 (1980), S. 420–506.

Haupt, Heinz-Gerhard/Kocka, Jürgen (Hg.): Geschichte und Vergleich. Ansätze und Ergebnisse international vergleichender Geschichtsschreibung. Frankfurt a.M. 1996.

Hauptmann, Peter: Die orthodoxe Kirche in Rußland. Dokumente einer Geschichte (860–1980). Göttingen 1988.

Hein, Heidi: Der Piłsudski-Kult und seine Bedeutung für den polnischen Staat 1926–1939. Marburg 2002.

Heizer, James Lee: The Cult of Stalin, 1929–1939. Ph.D., Univ. of Kentucky 1977.

Hellbeck, Jochen (Hg.): Revolution on my mind. Writing a diary under Stalin. Cambridge 2006.

Ders.: Tagebuch aus Moskau 1931–1939. München 1996.

Heller, Klaus/Plamper, Jan (Hg.): Personenkulte im Stalinismus. Göttingen 2004.

Heper, Metin: Transformation of Charisma into a Political Paradigm: Atatürkism in Turkey, in: Journal of the American Institute for the Study of the Middle Eastern Civilization 1 (1980/81), S. 65–82.

Herbst, Ludolf: Komplexität und Chaos. Grundzüge einer Theorie der Geschichte. München 2004.

Hildermeier, Manfred: Das Privileg der Rückständigkeit. Anmerkungen zum Wandel einer Interpretationsfigur der neueren russischen Geschichte, in: Historische Zeitschrift 244 (1987), S. 557–603.

Ders.: Die Russische Revolution 1905–1921. Frankfurt a.M. 1989.

Hille, Nicola: Der Führerkult im Bild. Die Darstellung von Hitler, Stalin und Mussolini in der politischen Sichtagitation der 1920er bis 1940er Jahre, in: Ennker, Benno/Hein-Kircher, Heidi (Hg.): Der Führer im Europa des 20. Jahrhunderts. Marburg 2010, S. 27–49.

Hirsch, Ernst E.: Als Rechtsgelehrter im Lande Atatürks. Berlin 2008.

Ders.: Die Verfassung der türkischen Republik. Frankfurt a.M., Berlin 1966 (= Die Staatsverfassungen der Welt. Bd. 7).

Hirschfeld, Gerhard/Krumeich, Gerd/Renz, Irina (Hg.): Enzyklopädie Erster Weltkrieg. Paderborn u. a. 2003.

„Historikerstreit". Die Dokumentation der Kontroverse um die Einzigartigkeit der nationalsozialistischen Judenvernichtung. München 1987.

Hobsbawm, Eric J.: Sozialrebellen. Archaische Sozialbewegungen im 19. und 20. Jahrhundert. Neuwied, Berlin 1971.

Ders.: Das Zeitalter der Extreme. Weltgeschichte des 20. Jahrhunderts. München, Wien 1995.

Hoffmann, David L.: Stalinist Values. The Cultural Norms of Soviet Modernity, 1917–1941. Ithaca, London 2003.

Holquist, Peter: Making War, Forging Revolution. Russia's Continuum of Crisis, 1914–1921. Cambridge, MA. 2002.

Huntington, Samuel P.: Social and Institutional Dynamics of One-Party Systems, in: Ders./Moore, Clement H. (Hg.): Authoritarian Politics in Modern Society. The Dynamics of Established One-Party Systems. New York, London 1970, S. 3–44.

Husband, William B.: Soviet Atheism and Russian Orthodox Strategies of Resistance, 1917–1932, in: The Journal of Modern History 70 (1998), S. 74–107.

İleri, Rasih Nuri: Atatürk ve komünizm. Istanbul [4]1995.

Internationales Arbeitsamt. Gesetzesreihe 17 (1936), Teil 2. Genf 1939.

International Social Science Bulletin 9 (1957).

Irandust: Dvižuščie sily kemalistskoj revoljucii. Moskau, Leningrad 1928.

Istorija VKP(B). Kratkij kurs. Moskau 1938.

Izvestija CK KPSS 1990, H. 4.

Jackh, Ernest: The Rising Crescent. Turkey Yesterday, Today, and Tomorrow. New York, Toronto 1944.

Jansen, Marc: A Show Trial Under Lenin. The Trial of the Socialist Revolutionaries, Moscow 1922. The Hague, Boston, London 1982.

Janz, Oliver: Das symbolische Kapital der Trauer. Nation, Religion und Familie im italienischen Gefallenenkult des Ersten Weltkriegs. Tübingen 2009.

Jaroslavskij, Em. (Hg.): Kakim dolžen byt' kommunist. Staraja i novaja moral'. Moskau, Leningrad 1925.

Ders.: Kul'turnaja revoljucija i antireligioznaja propaganda, in: Antireligioznik 1928, H. 3, S. 3–24.

Jäschke, Gotthard: Auf dem Weg zur türkischen Republik. Ein Beitrag zur Verfassungsgeschichte der Türkei, in: Die Welt des Islam N.S. 5 (1958), S. 206–218.

Ders.: Die Entwicklung des osmanischen Verfassungsstaates von den Anfängen bis zur Gegenwart, in: Die Welt des Islams 5 (1917), S. 6–56.

Ders.: Der Islam in der neuen Türkei. Eine rechtsgeschichtliche Untersuchung, in: Die Welt des Islams N.S. 1 (1951), S. 1–195.

Ders.: Neues zur russisch-türkischen Freundschaft von 1919–1939, in: Die Welt des Islams N.S. 6 (1959–1961), S. 203–222.

Ders.: Das osmanische Scheinkalifat von 1922, in: Die Welt des Islams N.S. 1 (1951), S. 195–228.

Jemolo, Arturo Carlo: Chiesa e stato in Italia dalla unificazione a Giovanni XXIII. Turin 1965.

Joas, Hans: Die Modernität des Krieges. Die Modernisierungstheorie und das Problem der Gewalt, in: Leviathan 24 (1996), S. 13–27.

Junge, Mark/Binner, Rol'f: Kak terror stal „bol'šim". Sekretnyj prikaz No. 00447 i technologija ego ispolnenija. Moskau 2003.

Ders./Bordjugov, Gennadij/Binner, Rol'f: Vertikal' bol'šogo terrora. Istorija operacii po prikazu NKVD No. 00447. Moskau 2008.

Jurovskij, Viktor: Struktura i stil' sovetskogo političeskogo nekrologa 30ch–80ch godov, in: Weiss, Daniel (Hg.): Der Tod in der Propaganda (Sowjetunion und Volksrepublik Polen). Bern u. a. 2000, S. 127–190.

Kabul'skij, S.: Politika vozroždennoj Turcii, in: Meždunarodnaja žizn' 1926, Nr. 7, S. 18–27.

Kadıoğlu, Ayşe: Milletini arayan devlet. Türk milliyetçiliğin açmazları, in: Türkiye Günlüğü 33 (1995), S. 91–101.

Dies.: The Paradox of Turkish Nationalism and the Construction of Official Identity, in: Middle Eastern Studies 32 (1996), S. 177–194.

Kadro Dergisi. 3 Bde. Hrsg. v. Cem Alpar. Ankara 1978–80.

Kaelble, Hartmut: Der historische Vergleich. Eine Einführung zum 19. und 20. Jahrhundert. Frankfurt a.M., New York 1999.

Kaiser, Wolfram: ‚Clericalism – that is our enemy!': European anticlericalism and the Culture Wars, in: Clark, Christopher/Ders. (Hg.): Culture Wars. Secular-Catholic Conflict in Nineteenth-Century Europe. Cambridge 2003, S. 47–76.

Kallis, Aristotle: Genocide and Fascism. The Eliminationist Drive in Fascist Europe. New York, London 2009.

Kantorowicz, Ernst H.: The King's Two Bodies. A Study in Medieval Political Theology. Princeton, N.J. 1957.

Kappeler, Andreas: Russland als Vielvölkerreich. Entstehung, Geschichte, Zerfall. München 1992.

Karal, Enver Ziya: The Priciples of Kemalism, in: Kazancıgil, Ali/Özbudun, Ergun (Hg.): Atatürk. Founder of a Modern State. Hamden, Conn. 1981, S. 11–35.

Karpat, Kemal: The Mass Media: Turkey, in: Ward, Robert/Rustow, Dankwart (Hg.): Political Modernization in Japan and Turkey. Princeton 1964, S. 255–282.

Kaševarov, A.N.: Gosudarstvo i cerkov'. Iz istorii vzaimootnošenij sovetskoj vlasti i russkoj pravoslavnoj cerkvi 1917–1945. Sankt Petersburg 1995.

Kazancıgil, Ali: The Ottoman-Turkish State and Kemalism, in: Ders./Özbudun, Ergun (Hg.): Atatürk. Founder of a Modern State. Hamden, Conn. 1981, S. 37–56.

Kelly, Catriona: Comrade Pavlik. The Rise and Fall of a Soviet Boy Hero. London 2005.

Keegan, John: Die Kultur des Krieges. Berlin 1995.

Kemal' Paša, Mustafa: Vospominanija Prezidenta Tureckoj Respubliki. Moskau 1927.

Kenez, Peter: Pogroms and White Ideology in the Russian Civil War, in: Klier, John D./Lambroza, Shlomo (Hg.): Pogroms. Anti-Jewish Violence in Modern Russian History. Cambridge 1992, S. 293–313.

Kepenek, Yakup/Yentürk, Nurhan: Türkiye ekonomisi. Istanbul [6]1994.

Kershaw, Ian/Lewin, Moshe (Hg.): Stalinism and Nazism. Dictatorships in Comparison. Cambridge, Mass. 1997.

Kertzer, David I.: The Kidnapping of Edgardo Mortara. New York 1997.

Kerwin, Robert W.: Etatism in Turkey, 1933–50, in: Aitken, Hugh G.J. (Hg.): The State and Economic Growth. New York 1959, S. 237–254.

Keržencev, P.: Čelovek novoj ėpochi, in: Revoljucija i kul'tura 1927, H. 3–4, S. 17–20.

Keyder, Çağlar: State and Class in Turkey. A Study in Capitalist Development. London, New York 1987.

Kienitz, Friedrich Karl: Türkei. Anschluss an die moderne Wirtschaft unter Kemal Atatürk. Hamburg 1959.

Kieser, Hans-Lukas: A Quest for Belonging. Anatolia beyond Empire and Nation (19th–21st c.). Istanbul 2007.

Ders.: Vorkämpfer der „Neuen Türkei". Revolutionäre Bildungseliten am Genfer See (1870–1939). Zürich 2005.

Kili, Suna: The Atatürk Revolution. A Paradigm of Modernization. Istanbul [4]2008.

Dies.: Kemalism. Istanbul 1969.

Dies.: Turkish Constitutional Developments and Assembly Debates on the Constitutions of 1924 and 1961. Istanbul 1971.

Kireev, N.G.: Istorija ėtatizma v Turcii. Moskau 1991.

Ders.: Turcija meždu Evropoj i Asiej. Itogi evropeizacii na ischode XX veka. Moskau 2001.

Kiteme, Barbara Cynthia: The Cult of Stalin: National Power and the Soviet Party State. Ann Arbor 1989.

Klinkhammer, Lutz: Zwischen Bündnis und Besatzung. Das nationalsozialistische Deutschland und die Republik von Salò 1943–1945. Tübingen 1993.

Knox, MacGregor: To the Threshold of Power, 1922/33. Origins and Dynamics of the Fascist and National Socialist Dictatorships. Bd. 1. Cambridge, Mass. 2007.

Koçak, Cemil: Türkiye'de Millî Şef dönemi (1938–1945). 2 Bde. Istanbul [2]1996.

Ders.: Umûmî müfettişlikler (1927–1952). Istanbul 2003.

Koenen, Gerd: Die großen Gesänge. Lenin, Stalin, Mao, Castro… Sozialistischer Personenkult und seine Sänger von Gorki bis Brecht – von Aragon bis Neruda. Frankfurt a.M. 1987.

Ders.: Utopie der Säuberung. Was war der Kommunismus? Berlin 1998.

Kohn, Hans: Communist and Fascist Dictatorship: A Comparative Study, in: Ford, Guy Stanton (Hg.): Dictatorship in the Modern World. Minneapolis 1935, S. 141–160.

Ders.: Revolutions and Dictatorships. Essays in Contemporary History. Cambridge, Mass. 1939.

Ders.: Ten Years of the Turkish Republic, in: Foreign Affairs 12 (1934), S. 141–155.

Ders.: Western Civilization in the Near East. London 1936.

Kornienko, P.L.: Iz istorii Kommunističeskoj Partii Turcii (1920–1922), in: Turcija. Istorija, ėkonomika, politika. Moskau 1984, S. 5–15.

Korovin, Evgenij A. (Hg.): Meždunarodnye dogovory i akty novogo vremeni. Moskau, Leningrad 1924.

Kostyrčenko, Gennadij: Der Fall der Ärzte, in: Luks, Leonid (Hg.): Der Spätstalinismus und die „jüdische Frage". Zur antisemitischen Wendung des Kommunismus. Köln u. a. 1998, S. 89–116.

Ders. (Hg.): Gosudarstvennyj antisemitizm v SSSR ot načala do kul'minacii 1938–1953. Moskau 2005.

Kral, August von: Kamâl Atatürk's Land: the Evolution of modern Turkey. 2. vollständig überarbeitete Auflage. Wien, Leipzig 1938.

Krasnyj terror v gody graždanskoj vojny. Po materialam osoboj sledstvennoj komissii, in: Voprosy istorii 2001, H. 9, S. 10–35.

Kreiser, Klaus: Atatürk. Eine Biografie. München 2008.

Kronstadtskaja tragedija 1921 goda. Dokumenty v dvuch knigach. Moskau 1999.

Kuhr-Korolev, Corinna/Plaggenborg, Stefan/Wellmann, Monica (Hg.): Sowjetjugend 1917–1941. Generation zwischen Revolution und Resignation. Essen 2001.

Kuromiya, Hiroaki: The Voices of the Dead. Stalin's Great Terror in the 1930s. New Haven, London 2007.

Kürşat-Ahlers, Elçin: Die Brutalisierung von Gesellschaft und Kriegführung im Osmanischen Reich während der Balkankriege (1903–1914), in: Gestrich, Andreas (Hg.): Gewalt im Krieg. Ausübung, Erfahrung und Verweigerung von Gewalt in Kriegen des 20. Jahrhunderts. Münster 1995, S. 51–74.

Kushner, David: The Rise of Turkish Nationalism 1839–1908. London 1977.

Landau, Jacob M.: Pan-Turkism. From Irredentism to Cooperation. London ^{2}1995.

Lane, David: The Roots of Russian Communism. A Social and Historical Study of Russian Social-Democracy 1898–1907. Assen 1969.

Ledeen, Michael A.: D'Annunzio a Fiume. Bari 1975.

Leggett, George: The Cheka: Lenin's Political Police. The All-Russian Extraordinary Commission for Combating Counter-Revolution and Sabotage (Dec. 1917 to Feb. 1922). Oxford 1981.

Lehmann, Hartmut: The Christianization of America and the Dechristianization of Europe in the 19th and 20th Centuries, in: Kirchliche Zeitgeschichte 11 (1998), S. 8–20.

Ders.: Säkularisierung. Der europäische Sonderweg in Sachen Religion. Göttingen ^{2}2007.

Lemberg, Hans: Die nationale Gedankenwelt der Dekabristen. Köln, Graz 1963.

Lengyel, Emil: Turkey. New York 1941.

Lenin, W.I.: Werke. Bd. 5. Berlin (DDR) 1955.

Ders.: Werke. Bd. 10. Berlin (DDR) [2]1959.

Ders.: Werke. Bd. 31. Berlin (DDR) 1959.

Ders.: Werke, Bd. 33. Berlin (DDR) 1962.

Levonian, Lutfy: The Turkish Press. Selections from the Turkish Press Showing Events and Opinions 1925–1932. Athen 1932.

Levy, Avigdor: The Sephardim in the Ottoman Empire. Princeton 1992.

Lewis, Bernard: The Emergence of modern Turkey. London u. a. 1961.

Lih, Lars T.: Bread and Authority in Russia, 1914–1921. Berkeley u. a. 1990.

Loginov, Anton: Zadači i metody antireligioznoj propagandy. Tezisy k soveščaniju pri Agitprope CK VKP (b), in: Antireligioznik 1926, H. 4, S. 14–23.

Longhitano, Claudio: Il tribunale di Mussolini. Storia del Tribunale Speciale 1926–1943. Mailand 1995.

Löwe, Heinz-Dietrich: Antisemitismus und reaktionäre Utopie. Russischer Konservatismus im Kampf gegen den Wandel von Staat und Gesellschaft. 1890–1917. Hamburg 1978.

Ders.: Stalin. Der entfesselte Revolutionär. 2 Bde. Göttingen u. a. 2002.

Ludwig, Emil: Besuch bei Mustafa Kemal, in: Neue Freie Presse, 9. März 1930, S. 1–4.

Ders.: Mussolinis Gespräche mit Emil Ludwig. Berlin, Wien, Leipzig 1932.

Lunačarskij, Anatolij: Religija i socializm. 2 Bde. St. Petersburg 1908–1911.

Lutz, Ralph Haswell: European Dictatorships, in: Ford, Guy Stanton (Hg.): Dictatorships in the Modern World. Minneapolis, Min. 1935, S. 25–48.

Luukkanen, Arto: The Religious Policy of the Stalinist State. A Case Study. The Central Standing Commission on Religious Questions 1929–1938. Helsinki 1997.

Luzzatto, Sergio: Il corpo del duce. Un cadavere tra immaginazione, storia e memoria. Turin 1998.

Ders.: L'immagine del Duce. Mussolini nelle fotografie dell'Istituto LUCE. Rom 2001.

Lyttelton, Adrian: Fascismo e violenza. Conflitto sociale e azione politica nel primo dopoguerra, in: Storia contemporanea 13 (1982), S. 965–983.

Ders.: An Old Church and a New State: Italian Anticlericalism 1876–1915, in: European Studies Review 13 (1983) S. 225–248.

MacGahan, J.A.: The Turkish Atrocities in Bulgaria. London 1876.

Magnarella, Paul J.: East Meets West: The Reception of West European Law in the Ottoman Empire and the Modern Turkish Republic, in: Journal of International Law and Practice 2 (1993), S. 281–306.

Mai, Gunther: Europa 1918–1939. Mentalitäten, Lebensweisen, Politik zwischen den Weltkriegen. Stuttgart 2001.

Maiwald, Manfred: Einführung in das italienische Strafrecht und Strafprozessrecht. Frankfurt a.M. 2009.

Makal, Mahmut: Mein Dorf in Anatolien. Ein Bericht. Frankfurt a.M. 1971.

Mango, Andrew: Atatürk. London 1999.

Ders.: Introduction: Atatürk and Kemalism throughout the Twentieth Century, in: Kerslake, Celia/Öktem, Kerem/Robins, Philip (Hg.): Turkey's Engagement with Modernity. Conflict and Change in the Twentieth Century. Oxford 2010, S. 1–9.

Mangold, Sabine: Eine „weltbürgerliche Wissenschaft". Die deutsche Orientalistik im 19. Jahrhundert. Stuttgart 2004.

Mann, Michael: The Dark Side of Democracy. Explaining ethnic cleansing. New York 2004.

Ders.: Fascists. Cambridge 2004.

Manoilesco, Mihail: Le siècle du corporatisme. Doctrine du corporatisme integral et pur. Paris 1934.

Manoilescu, Mihail: Die einzige Partei als politische Institution der neuen Regime. Berlin ^{2}1941.

Mantelli, Brunello: Die Italiener auf dem Balkan 1941–1943, in: Dipper, Christof/Klinkhammer, Lutz/Nützenadel, Alexander (Hg.): Europäische Sozialgeschichte. Festschrift für Wolfgang Schieder. Berlin 2000, S. 57–74.

Mardin, Şerif: Jön Türklerin siyasi fikirleri, 1895–1908. Istanbul ^{2}1983.

Ders.: Religion and Secularism in Turkey, in: Kazancıgil, Ali/Özbudun, Ergun (Hg.): Atatürk. Founder of a Modern State. Hamden, Conn. 1981, S. 191–219.

Ders.: Religion, Society, and Modernity in Turkey. Syracuse, New York 2006.

Martin, Philippe: Christianisation? Déchristianisation? Rechristianisation. La question de la sacralisation de l'espace dans la France catholique (XIXe-XXe siècles), in: Kirchliche Zeitgeschichte 11 (1998), S. 51–68.

Martin, Terry: The Affirmative Action Empire. Nations and Nationalism in the Soviet Union, 1923–1939. Ithaca, London 2001.

Martiny, Albrecht: Nationalitäten und Nationalitätenpolitik, in: Schramm, Gottfried (Hg.): Handbuch der Geschichte Russlands. Bd. 3,2: 1856–1945. Von den autokratischen Reformen zum Sowjetstaat. Stuttgart 1992, S. 1743–1778.

Mattioli, Aram: Ein vergessenes Schlüsselereignis der Weltkriegsepoche, in: Asserate Asfa-Wossen/Ders. (Hg.): Der erste faschistische Vernichtungskrieg. Die italienische Aggression gegen Äthiopien 1935–1941. Köln 2006, S. 9–25.

Ders.: Das sabotierte Kriegsverbrechertribunal, in: Asserate Asfa-Wossen/Ders. (Hg.): Der erste faschistische Vernichtungskrieg. Die italienische Aggression gegen Äthiopien 1935–1941. Köln 2006, S. 153–161.

Mawdsley, Evan: The Russian Civil War. Boston 1987.

Mayer-Tasch, Peter Cornelius: Korporatismus und Autoritarismus. Eine Studie in Theorie und Praxis der berufsständischen Rechts- und Staatsidee. Frankfurt a.M. 1971.

Mazower, Mark: Der dunkle Kontinent. Europa im 20. Jahrhundert. Berlin 1998.

McCarthy, Justin: The Ottoman Peoples and the End of Empire. London 2001.

Mel'gunov, S.P.: Krasnyj terror v Rossii. Berlin 1924.

Melikov, Vlad.: Marna 1914 goda. Visla 1920 goda. Smirna 1922 goda. Moskau, Leningrad 1928.

Mel'nik, A.: Respublikanskaja Turcija. Moskau, Leningrad 1927.

Ders.: Turcija. Moskau 1937.

Ders.: Turcija. Eë istoričeskoe prošloe i nastojaščee. Moskau, Leningrad 1929.

Melzig, Herbert: Kamâl Atatürk. Untergang und Aufstieg der Türkei. Frankfurt a.M. 1937.

Menozzi, Daniele: La chiesa cattolica e la secolarizzazione. Turin 1993.

Merl, Stephan: Der Agrarmarkt und die Neue Ökonomische Politik. Die Anfänge staatlicher Lenkung der Landwirtschaft in der Sowjetunion 1925–1928. München, Wien 1981.

Ders.: Die Anfänge der Kollektivierung in der Sowjetunion. Der Übergang zur staatlichen Reglementierung in den Produktions- und Marktbeziehungen im Dorf (1928–1930). Wiesbaden 1985.

Ders.: Bauern unter Stalin. Die Formierung des sowjetischen Kolchossystems 1930–1941. Berlin 1990.

Meyer, Gert: Studien zur sozialökonomischen Entwicklung Sowjetrußlands 1921–1923: die Beziehungen zwischen Stadt und Land zu Beginn der neuen ökonomischen Politik. Köln 1974.

Michaelis, Meir: Mussolini and the Jews. German-Italian Relations and the Jewish Question in Italy 1922–1945. Oxford 1978.

Michels, Robert: Sozialismus und Faschismus in Italien. München 1925.

Miljakova, L.B. (Hg.): Kniga pogromov. Pogromy na Ukraine, v Belorussii i evropejskoj casti Rossii v period graždanskoj vojny 1918–1922 gg.: Sbornik dokumentov. Moskau 2007.

Miller, A.F.: Kratkaja istorija Turcii. Moskau 1948.

Milza, Pierre: Mussolini. Paris 1999.

Mirnyj, S.: K voprosu ob opredelenii stoimosti mirovoj vojny dlja Turcii, in: Novyj vostok 3 (1923), S. 270–274.

Mommsen, Hans: Vorwort, in: Baberowski, Jörg/Doering-Manteuffel, Anselm (Hg.): Ordnung durch Terror. Gewaltexzeß und Vernichtung im nationalsozialistischen und stalinistischen Imperium. Bonn 2006, S. 7–14.

Montefiore, Simon Sebag: Der junge Stalin. Biografie. Frankfurt a.M. 2007.

Ders.: Stalin. The Court of the Red Tsar. London 2003.

Moore, Clement H.: The Single Party as Source of Legitimation, in: Huntington, Samuel P./Ders. (Hg.): Authoritarian Politics in Modern Society. The Dynamics of Established One-Party Systems. New York, London 1970, S. 48–72.

Moro, Renato: Il mito dell'imperio in Italia fra universalismo cristiano e totalitarismo, in: Menozzi, Daniele/Ders. (Hg.): Cattolicesimo e totalitarismo. Chiese e culture tra le due guerre mondiali (Italia, Spagna, Francia). Brescia 2004, S. 311–371.

Mosse, George: L'uomo e la masse nelle ideologie nazionaliste. Bari 2002.

Müller, Eberhard: Opportunismus oder Utopie? V.D. Bonč-Bruevič und die russischen Sekten, in: Jahrbücher für Geschichte Osteuropas 35 (1987), S. 509–533.

Musiedlak, Didier: Mussolini. Paris 2005.

Mussolini, Benito: Die Lehre des Faschismus, in: Nolte, Ernst (Hg.): Theorien über den Faschismus. Köln, Berlin 1967, S. 205–220.

Ders.: Opera Omnia. Bd. 16. Florenz 1955.

Ders.: Opera omnia. Bd. 34. Florenz 1961.

Ders.: Scritti i discorsi. Bd. 3. Mailand 1934.

Ders.: Schriften und Reden. Bd. 7. Zürich 1934.

Ders.: Vom Kapitalismus zum korporativen Staat. Reden und Gesetze. Eingeleitet, übertragen und erläutert von Erwin von Beckerath, Erich Röhrbein, Ernst Ed. Berger. Köln, Stuttgart 1936.

Naimark, Norman M.: Fires of Hatred. Ethnic Cleansing in Twentieth-Century Europe. Cambridge, Mass. 2001.

Nairn, Tom: Der moderne Janus, in: Ders./Hobsbawm, Eric/Debray, Régis/Löwy, Michael: Nationalismus und Marxismus. Anstoß zu einer notwendigen Debatte. Berlin 1978, S. 7–44.

Napolitano, Tomasso: Il „fascismo" di Stalin, in: Critica fascista 15 (1937), Nr. 18, S. 317–319.

Ders.: Il „fascismo" di Stalin ovvero l'U.R.S.S. e noi, in: Critica fascista 15 (1937), Nr. 23, S. 396–398.

Narskij, Igor': Žizn' v katastrofe. Budni naselenija Urala v 1917–1922 gg. Moskau 2001.

Naumov, Leonid: Stalin i NKVD. Moskau 2007.

Nedim, Ahmed: Ankara İstiklâl mahkemesi zabıtları - 1926. Istanbul 1993.

Nedim, Vedat: Türk devletçiliği intibas devletçiliği değildir, in: Kadro Nr. 20 (1932), S. 16–21.

Neizvestnaja Rossija, XX vek. Bd. 1. Moskau 1992.

Nişanyan, Sevan: Yanlış Cumhuriyet. Atatürk ve Kemalizm hakkında 51 soru. Istanbul 2008.

Nitti, Francesco: Bolschewismus, Fascismus und Demokratie. München 1926.

Nolte, Ernst: Europa und die faschistischen Bewegungen. München 1968.

Ders.: Der Faschismus in seiner Epoche. Die Action française. Der italienische Faschismus. Der Nationalsozialismus. München 1963.

Novejšaja istorija Turcii. Moskau 1968.

Novičev, A.D.: Menemenskoe vosstanie v Turcii, in: Vestnik Leningradskogo Universiteta 1955, Nr. 12, S. 77–91.

Nützenadel, Alexander: Landwirtschaft, Staat und Autarkie. Agrarpolitik im faschistischen Italien (1922–1943). Tübingen 1997.

Ders.: Politische Feiern im Nationalstaat. Perspektiven eines Vergleichs zwischen Italien und Deutschland, in: Behrenbeck, Sabine/Ders. (Hg.): Inszenierungen des Nationalstaats. Politische Feiern in Deutschland und Italien seit 1860/71 im Vergleich. Köln 2000, S. 9–26.

O.A.: Na dva fronta, in: Bjulleten' pressy srednego vostoka 1931, Nr. 12, S. 1–6.

Ökçün, Gündüz (Hg.): Türkiye İktisat Kongresi 1923, Izmir. Haberler, belgeler, yorumlar. Ankara 1971.

Ökte, Faik: Varlık vergisi faciası. Istanbul 1951.

Okyar, Ali Fethi: Serbest Cumhuriyet Fırkası. Nasıl doğdu, nasıl fesh edildi? Istanbul 1987.

Okyar, Osman: Atatürk's Quest for Modernism, in: Landau, Jacob M. (Hg.): Atatürk and the Modernization of Turkey. Boulder, Col. 1984, S. 45–53.

Ders.: Introduction, in: Atatürk and Turkey of Republican Era. Ankara 1981, S. 1–27.

Olson, Robert W./Tucker, William F.: The Sheikh Sait Rebellion in Turkey (1925): A Study in the Consolidation of a Developed Uninstitutionalized Nationalism and the Rise of Incipient (Kurdish) Nationalism, in: Die Welt des Islams N.S. 18 (1978), S. 195–211.

Ostrorog, Leon: The Angora Reform. London 1927.

Özbudun, Ergun: Established Revolution versus Unfinished Revolution: Contrasting Patterns of Democratization in Mexico and Turkey, in: Huntington, Samuel P./Moore, Clement H. (Hg.): Authoritarian Politics in Modern Society. The Dynamics of Established One-Party Systems. New York, London 1970, S. 380–405.

Özyürek, Esra: Nostalgia for the Modern. State Secularism and Everyday Politics in Turkey. Durham, London 2006.

Pamuk, Sevket: The Ottoman Empire and European Capitalism, 1820–1913: Trade, Investment, and Production. Cambridge 1987.

Papenheim, Martin: Roma o morte. Culture Wars in Italy, in: Clark, Christopher/Kaiser, Wolfram (Hg.): Culture Wars. Secular-Catholic Conflict in Nineteenth-Century Europe. Cambridge 2003, S. 202–226.

Parker, John/Smith, Charles: Modern Turkey. London 1940.

Parla, Taha/Davison, Andrew: Corporatist Ideology in Kemalist Turkey. Progress or Order? Syracuse, New York 2004.

Parla, Taha: The Social and Political Thought of Ziya Gökalp, 1876–1924. Leiden 1985.

Ders.: Türkiye'de siyasal kültürün resmî kaynakları. Bd. 1: Atatürk'ün Nutuku. Istanbul 1991.

Passerini, Luisa: Mussolini immaginario. Storia di una biografia 1915–1939. Bari 1991.

Pavlovič, Mich.: Revoljucionnaja Turcija. Moskau 1921.

Ders./Gurko-Krjažin, V.A./Raskol'nikov, F.: Turcija v bor'be za nezavisimost'. Moskau 1925.

Peker, Recep: İnkılab dersleri notları. Ankara 1936.

Pekesen, Berna: Nationalismus, Türkisierung und das Ende der jüdischen Gemeinden in Thrakien 1918–1942. München 2012.

Dies.: Das osmanische Millet-System – eine Form des Zusammenlebens unterschiedlicher Kulturen und Religionen, in: Gemein, Gisbert (Hg.): Kulturkonflikte – Kulturbegegnungen. Juden, Christen und Muslime in Geschichte und Gegenwart. Bonn 2011, S. 483–497.

Dies.: Vertreibung und Abwanderung der Muslime vom Balkan, in: Europäische Geschichte Online. URL: http://www.ieg-ego.eu/de/threads/europa-unterwegs/ethnische-zwangsmigration/berna-pekesen-vertreibung-der-muslime-vom-balkan< (letzter Zugriff 25. August 2011).

Peris, Daniel: Storming the Heavens. The Soviet League of the Militant Godless. Ithaca, London 1998.

Pervyšin, V.G.: Ljudskie poteri v Velikoj Otečestvennoj Vojne, in: Voprosy istorii 2000, H. 7, S. 116–123.

Petersen, Jens: Mussolini: Wirklichkeit und Mythos eines Diktators, in: Bohrer, Karl-Heinz (Hg.): Mythos und Moderne. Begriff und Bild einer Konstruktion. Frankfurt a.M. 1983, S. 242–260.

Ders.: Il problema della violenza nel fascismo italiano, in: Storia contemporanea 13 (1982), S. 985–1008.

Pethybridge, Roger: The Social Prelude to Stalinism. New York 1974.

Pipes, Richard: Die Russische Revolution. Bd. 2: Die Macht der Bolschewiki. Berlin 1992.

Pirker, Theo (Hg.): Komintern und Faschismus 1920–1940. Stuttgart 1965.

Pitigliani, Fausto: The Italian Corporative State. New York 1934.

Pivato, Stefano: Clericalismo e laicismo nella cultura popolare italiana. Mailand 1990.

Plagemann, Gottfried: Von Allahs Gesetz zur Modernisierung per Gesetz. Gesetz und Gesetzgebung im Osmanischen Reich und der Republik Türkei. Berlin 2009.

Plaggenborg, Stefan: Dechristianisierung und Rechristianisierung in Osteuropa, in: Kirchliche Zeitgeschichte 11 (1998), S. 94–103.

Ders.: Experiment Moderne. Der sowjetische Weg. Frankfurt a.M., New York 2006.

Ders.: Gewalt und Militanz in Sowjetrussland 1917–1930, in: Jahrbücher für Geschichte Osteuropas 44 (1996), S. 409–430.

Ders.: Jugend in Sowjetrussland zwischen den Weltkriegen, in: Kuhr-Korolev, Corinna/Ders./Wellmann, Monica (Hg.): Sowjetjugend 1917–1941. Generation zwischen Revolution und Resignation. Essen 2001, S. 287–304.

Ders.: Die Organisation des Sowjetstaates, in: Schramm, Gottfried (Hg.): Handbuch der Geschichte Russlands. Bd. 3,2: 1856–1945. Von den autokratischen Reformen zum Sowjetstaat. Stuttgart 1992, S. 1414–1525.

Ders.: Reinheit und Säuberung in der sowjetischen Geschichte, in: Burschel, Peter/Marx, Christoph (Hg.): Reinheit. Wien, Köln, Weimar 2011, S. 463-485.

Ders.: Revolutionskultur. Menschenbilder und kulturelle Praxis in Sowjetrussland zwischen Oktoberrevolution und Stalinismus. Köln u. a. 1996.

Ders.: Sowjetische Geschichte in der Zeitgeschichte Europas, in: Nützenadel, Alexander/Schieder, Wolfgang (Hg.): Zeitgeschichte als Problem. Nationale Traditionen und Perspektiven der Forschung in Europa. Göttingen 2003 (= Geschichte und Gesellschaft, Sonderheft 20), S. 225–256.

Ders.: Die Sowjetunion – Versuch einer Bilanz, in: Osteuropa 51 (2001), S. 761–778.

Ders.: Staatlichkeit als Gewaltroutine. Sowjetische Geschichte und das Problem des Ausnahmezustands, in: Lüdtke, Alf/Wildt, Michael (Hg.): Staats-Gewalt: Ausnahmezustand und Sicherheitsregimes. Historische Perspektiven. Göttingen 2008, S. 117–144.

Ders.: Stalinismus als Gewaltgeschichte, in: Ders. (Hg.): Stalinismus. Neue Forschungen und Konzepte. Berlin 1998, S. 71–112.

Ders.: Volksreligiosität und antireligiöse Propaganda in der frühen Sowjetunion, in: Archiv für Sozialgeschichte 32 (1992), S. 95–130.

Ders.: Weltkrieg, Bürgerkrieg, Klassenkrieg. Mentalitätsgeschichtliche Versuche über die Gewalt in Sowjetrussland, in: Historische Anthropologie 3 (1995), S. 493–505.

Plamper, Jan: Einführung, in: Heller, Klaus/Ders. (Hg.): Personenkulte im Stalinismus. Göttingen 2004, S. 13–44.

Pohl, J. Otto: Ethnic Cleansing in the USSR, 1937–1949. Westport, Conn. 1999.

Poljakov, Ju.A.: Sovetskaja strana posle okončanija graždanskoj vojny. Territorija i naselenie. Moskau 1986.

Pollard, John: Italy, in: Buchanan, Tom/Conway, Martin (Hg.): Political Catholicism in Europe, 1918–1965. Oxford 1996, S. 69–96.

Pospielovskij, Dimitrij: The Russian Church under the Soviet Regime: 1917–1982. 2 Bde. Crestwood 1984.

Pouthier, Jean-Luc: Luigi Sturzo et la critique de l'état totalitaire, in: Vingtième siècle. Revue d'histoire 21 (1989), S. 83–89.

Priestland, David: Stalinism and the Politics of Mobilization. Ideas, Power, and Terror in Inter-war Russia. Oxford 2007.

Pritsch, Erich: Das Schweizerische Zivilgesetzbuch in der Türkei. Seine Rezeption und die Frage seiner Bewährung, in: Zeitschrift für vergleichende Rechtswissenschaft 59 (1957), S. 123–180.

Pupo, Raoul/Todero, Fabio (Hg.): Fiume, D'Annunzio e la crisi dello Stato liberale in Italia. Triest 2010.

Quartararo, Rosaria: Roma e Mosca. L'immagine dell'Urss nella stampa fascista (1925–1935), in: Storia contemporanea 27 (1996), S. 447–472.

Rawson, Don: Russian Rightists and the Revolution of 1905. Cambridge 1995.

Reichardt, Sven: Faschistische Kampfbünde. Gewalt und Gemeinschaft im italienischen Squadrismus und in der deutschen SA. Köln, Weimar, Wien 2002.

Rejsner, Michail: Staroe i novoe, in: Krasnaja nov' 1922, Nr. 2, S. 276–285.

Reinhard, Wolfgang: Ausgewählte Abhandlungen. Berlin 1997.

Ders.: Geschichte der Staatsgewalt. Eine vergleichende Verfassungsgeschichte Europas von den Anfängen bis zur Gegenwart. München [2]2000.

Ders.: Sozialdisziplinierung, Konfessionalisierung, Modernisierung. Ein historiographischer Diskurs, in: Leimgruber, Nada Boškovska (Hg.): Die Frühe Neuzeit in der Geschichtswissenschaft. Forschungstendenzen und Forschungserträge. Paderborn u. a. 1997, S. 39–55.

Renner, Andreas: Russischer Nationalismus und Öffentlichkeit 1855–1875. Köln, Weimar, Wien 2000.

Repgen, Konrad: Die Außenpolitik der Päpste im Zeitalter der Weltkriege, in: Jedin, Hubert/Ders. (Hg.): Handbuch der Kirchengeschichte. Bd. 7: Die Weltkirche im 20. Jahrhundert. Freiburg, Basel, Wien 1979, S. 36–96.

Repressii protiv Poljakov i polskich graždan. Moskau 1997.

Resmî Gazete, 15. Juni 1936, Nr. 3330.

Riall, Lucy: Garibaldi. Invention of a Hero. New Haven 2007.

Richards, Alan/Waterbury, John: A Political Economy of the Middle East. State, Class, and Economic Development. Boulder, San Francisco, Oxford 1990.

(Atay) Rıfkı, Falih: Çankaya. Atatürk devri hatıraları, Bd. 2. Istanbul 1960.

Ders.: Moskova. Roma. Ankara 1932.

Ders.: Yeni Rusya ve Faşist Roma. Ankara 1931.

Rigby, Thomas Harold: Communist Party Membership in the U.S.S.R. 1917–1967. Princeton, N.J. 1968.

Rittersporn, Gábor T.: The Omnipresent Conspiracy. On Soviet Imagery of Politics and Social Relations in the 1930s, in: Getty, J. Arch/Manning, Roberta T. (Hg.): Stalinist Terror. New Perspectives. Cambridge 1993, S. 99–115.

Rogger, Hans: The Formation of the Russian Right 1900–1906, in: Californian Slavic Studies 3 (1964), S. 66–94.

Ders.: Was there a Russian fascism? The Union of Russian People, in: The Journal of Modern History 36 (1964), S. 398–415.

Rolf, Malte: Das sowjetische Massenfest. Hamburg 2006.

Roslof, Edward E.: Red Priests. Renovationism, Russian Orthodoxy, and Revolution, 1905–1946. Bloomington, Indianapolis 2002.

Rossi, Ernesto: La pupilla del Duce. L'OVRA. Parma 1956.

Rössler, Roman: Kirche und Revolution in Russland. Patriarch Tichon und der Sowjetstaat. Köln u. a. 1969.

Rozaliev, Ju.N.: Ėkonomičeskaja istorija Tureckoj Respubliki. Moskau 1980.

Ders.: Mustafa Kemal Atatjurk. Očerk žizni i dejatel'nosti. Moskau 1995.

Ders.: Osobennosti rasvitija kapitalizma v Turcii (1923–1960). Moskau 1962.

Rubel, Maximilien: Josef W. Stalin. Reinbek bei Hamburg 1975.

Rumpf, Christian: Einführung in das türkische Recht. München 2004.

Ders.: Das türkische Verfassungssystem. Einführung mit vollständigem Verfassungstext. Wiesbaden 1996.

Russkaja pravoslavnaja cerkov' i kommunističeskoe gosudarstvo 1917–1941. Dokumenty i fotomaterialy. Moskau 1996.

Rustow, Dankwart A.: The Army and the Founding of the Turkish Republic, in: World Politics 11 (1959), S. 513–552.

Ders.: Atatürk as Founder of a State, in: Daedalus 97 (1968), S. 793–828.

Ders.: Politics and Islam in Turkey 1920–1955, in: Frye, Richard N. (Hg.): Islam and the West. Proceedings of the Harvard Summer School Conference on the Middle East, July 25–27, 1955. Den Haag 1957, S. 69–107.

Sacharov, Andrej D.: Mein Leben. München ^{2}1991.

Šachnovič, Michail I.: Lenin o problemach ateizma. Kritika religii v trudach V.I. Lenina. Moskau, Leningrad 1961.

Şahinler, Menter: Kemalismus. Ursprung, Wirkung und Aktualität. Hückelhoven 1997.

Saip, Ali: Urfanın kurtuluş mücadeleleri. Ankara 1924.

Salvemini, Gaetano: The Fascist Dictatorship in Italy. New York 1967.

Šamsutdinov, A.M.: K voprosu ob ustanovlenii diplomatičeskich otnošenij meždu pravitel'stvami RSFSR i VNST, in: Turcija. Istorija, ėkonomija. Sbornik statej. Moskau 1978, S. 3–15.

Ders.: Nacional'no-osvoboditel'naja bor'ba v Turcii 1918–1923. Moskau 1966.

Sanders, Liman von: Fünf Jahre in der Türkei. Berlin 1920.

Şapolyo, Enver Behnan: Kuvayı milliye tarihi. Ankara 1957.

Šapoval, Jurij/Pristajko, Volodimir/Zolotar'ov, Vadim: ČK-GPU-NKVD v Ukraini: osobi, fakti, dokumenti. Kiev 1997.

Sarc, Ömer Celâl: Economic Policy of the New Turkey, in: Middle East Journal 2 (1948), S. 430–446.

Sarfatti, Michele: The Jews in Mussolini's Italy. From Equality to Persecution. Madison, Wisc. 2006.

Sarkisjan, E.K.: Velikaja Oktjabr'skaja Socialističeskaja Revoljucija i nacional'no-osvoboditel'naja bor'ba v Turcii. Erevan 1958.

Sbriccoli, Mario: Storia del diritto penale e della giustizia. Bd. 2: Scritti editi e inediti (1972–2007). Mailand 2009.

Scalise, Daniele: Il caso Mortara: la vera storia del bambino ebreo rapito del papa. Mailand 1997.

Schapiro, Leonard: The Communist Party of the Soviet Union. Cambridge ^{2}1970.

Scheibert, Peter: Lenin an der Macht. Das russische Volk in der Revolution 1918–1922. Weinheim 1984.

Schenk, Frithjof Benjamin: Aleksandr Nevskij. Heiliger – Fürst – Nationalheld. Eine Erinnerungsfigur im russischen kulturellen Gedächtnis (1263–2000). Köln, Weimar, Wien 2004.

Schieder, Wolfgang: Faschismus, in: Kernig, C.D. (Hg.): Sowjetsystem und demokratische Gesellschaft. Eine vergleichende Enzyklopädie. Bd. 2: Diplomatie bis Identität. Freiburg, Basel, Wien 1968, Sp. 438–477.

Ders.: Faschistische Diktaturen. Studien zu Italien und Deutschland. Göttingen 2008.

Ders.: Kriegsregime des 20. Jahrhunderts. Deutschland, Italien und Japan im Vergleich, in: Cornelißen, Christoph/Klinkhammer, Lutz/Schwentker, Wolfgang (Hg.): Erinnerungskulturen. Deutschland, Italien und Japan seit 1945. Frankfurt a.M. 2003, S. 28–48.

Ders.: Der Strukturwandel der faschistischen Partei Italiens in der Phase der Herrschaftsstabilisierung, in: Ders. (Hg.): Faschismus als soziale Bewegung. Deutschland und Italien im Vergleich. Göttingen ^{2}1983, S. 69–98.

Ders.: Die Verdrängung der faschistischen Tätervergangenheit im Nachkriegsitalien, in: Asserate, Asfa-Wossen/Mattioli, Aram (Hg.): Der erste faschistische Vernichtungskrieg. Die italienische Aggression gegen Äthiopien 1935–1941. Köln 2006, S. 177–197.

Schiffauer, Werner: Das Leben in einem türkischen Dorf. Stuttgart 1987.

Schivelbusch, Wolfgang: Entfernte Verwandtschaft. Faschismus, Nationalsozialismus, New Deal 1933–1939. München 2005.

Schlemmer, Thomas (Hg.): Die Italiener an der Ostfront 1942/43. Dokumente zu Mussolinis Krieg gegen die Sowjetunion. München 2005.

Schlögel, Karl: Moskau lesen. Berlin 1984.

Ders.: Terror und Traum: Moskau 1937. München 2008.

Ders. (Hg.): Vechi – Wegzeichen. Zur Krise der russischen Intelligenz. Frankfurt a.M. 1990.

Schmitt, Carl: Politische Theologie. Vier Kapitel zur Lehre von der Souveränität. München 1922.

Schnapp, Jeffrey T.: Staging Fascism. 18 BL and the theater of masses for masses. Stanford, Cal. 1996.

Schneider, Gabriele: Mussolini in Afrika, Die faschistische Rassenpolitik in den italienischen Kolonien 1936–1941. Köln 2000.

Schramm, Gottfried: Lenins Elternhaus, in: Auerbach, Inge/Hillgruber, Andreas/Ders. (Hg.): Felder und Vorfelder russischer Geschichte. Studien zu Ehren von Peter Scheibert. Freiburg 1985, S. 148–159.

Ders. (Hg.): Handbuch der Geschichte Russlands. Bd. 3: 1856–1945. Von den autokratischen Reformen zum Sowjetstaat. Stuttgart 1983–1992.

Schröder, Hans-Henning: Arbeiterschaft, Wirtschaftsführung und Parteibürokratie während der Neuen Ökonomischen Politik. Wiesbaden 1982 (= Forschungen zur osteuropäischen Geschichte Bd. 31).

Schulz, Günther/Schröder, Gisela A./Richter, Timm C.: Bolschewistische Herrschaft und Orthodoxe Kirche in Russland. Das Landeskonzil 1917/18. Quellen und Analysen. Münster 2005.

Schulze Wessel, Martin: Revolution und religiöser Dissens. Der römisch-katholische und der russisch-orthodoxe Klerus als Träger religiösen Wandels in den böhmischen Ländern und in Russland 1848–1922. München 2001.

Scoppola, Pietro: Gli orientamenti die Pio XI e Pio XII sui problemi della società contemporanea, in: Guasco, Maurilio/Guerriero, Elio/Traniello, Francesco (Hg.): Storia della Chiesa. Bd. 23: I cattolici nel mondo contemporanea (1922–1958). Cinisello Balsamo 1991, S. 129–159.

Segrè, Claudio G.: L'Italia in Libia. Dall'etá giolittiana a Gheddafi. Mailand 1978.

Service, Robert: Lenin. Eine Biographie. München 2000.

Ders.: Stalin. A Biography. Basingstoke, Oxford 2005.

Sesterhenn, Raimund: Das bogostroitel'stvo bei Gor'kij und Lunačarskij bis 1909: zur ideologischen und literarischen Vorgeschichte der Parteischule von Capri. München 1982.

Shapiro, Leonard/Reddaway, Peter (Hg.): Lenin. The Man, the Theorist, the Leader. A Reappraisal. New York u. a. 1967.

Shaw, Bernard: „The only Hope of the World", in: Lawrence, Dan H. (Hg.): Platform and Pulpit: Bernard Shaw. London 1962, S. 218–226.

Shearer, David R.: Policing Stalin's Socialism. Repression and Social Order in the Soviet Union, 1924–1953. New Haven, London 2009.

Sherill, Charles A.: A Year's Embassy to Mustafa Kemal. New York 1934.

Şimşek, Sefa: Halkevleri, 1932–1951: Bir ideolojik seferberlik deneyimi. Istanbul 2002.

Şimşir, Bilâl N. (Hg.): Dış basında Atatürk ve Türk devrimi. Bd. 1: 1922–1924. Bir laik Cumhuriyet doğuyor. Ankara 1981.

Škarovskij, M.V.: Russkaja Pravoslavnaja Cerkov' pri Staline i Chruščeve (gosudarstvenno-cerkovnye otnošenija v SSSR v 1939–1964 godach). Moskau 1999.

Smolitsch, Igor: Geschichte der russischen Kirche 1700–1917. Bd. 1. Leiden 1964.

Sohrabi, Nader: Global Waves, Local Actors: What the Young Turks Knew about Other Revolutions and Why It Mattered, in: Comparative Studies in Society and History 44 (2002), S. 45–79.

Sokol'skij, N.: Očerki sovremennoj Turcii. Tiflis 1923.

Solomon, Peter H.: Soviet Criminal Justice under Stalin. Cambridge 1996.

Somel, Selçuk Akşin: The Modernization of Public Education in the Ottoman Empire, 1839–1908. Islamization, autocracy and discipline. Leiden 2001.

Sonyel, Salâhi R.: Atatürk – The Founder of Modern Turkey. Ankara 1989.

Sorokin, Pitirim: Die Soziologie der Revolution. München 1928.

Sözüer, Adem: Das neue türkische Strafgesetzbuch, in: Tellenbach, Silvia (Hg.): Das neue türkische Straf- und Strafprozessrecht. Berlin 2008, S. 11–40.

Spadolini, Giovanni: Giolitti e i cattolici. Florenz 1959.

Stalin, J.W.: Sočinenija. Bd. 14. Tver' ^{2}2007.

Ders.: Werke. Bd. 2. Berlin (DDR) 1950.

Ders.: Werke. Bd. 4. Berlin (DDR) 1951.

Ders.: Werke. Bd. 6. Berlin (DDR) 1952.

Ders.: Werke. Bd. 9. Berlin (DDR) 1953.

Ders.: Werke. Bd. 10. Berlin (DDR) 1953.

Ders.: Werke. Bd. 13. Berlin (DDR) 1955.

Stanziani, Alessandro: La gestion des approvisionnements et la restauration de la gosudarstvennost'. Le Narkomprod, l'armée et les paysans, 1918–1921, in: Cahiers du monde russe 38 (1997), S. 83–116.

Steinberg, Isaak: Gewalt und Terror in der Revolution. Das Schicksal der Erniedrigten und Beleidigten in der Russischen Revolution. Berlin 1981.

Steinberg, Mark D./Coleman, Heather J. (Hg.): Sacred Stories. Religion and Spirituality in Modern Russia. Bloomington, Indianapolis 2007.

Steinhaus, Kurt: Soziologie der türkischen Revolution. Frankfurt a.M. 1969.

Stepanov, A.I.: Psichologičeskie i ėtnokul'turnye posledstvija massovogo terrora, in: Revoljucia i čelovek: social'no-psichologičeskij aspekt. Moskau 1996, S. 201–222.

Stirling, Paul: Religious Change in Republican Turkey, in: Middle East Journal 12 (1958), S. 395–408.

Sturzo, Luigi: L'état totalitaire, in: Traverso, Enzo (Hg.): Le totalitarisme. Le XXe siècle en débat. Paris 2001, S. 234–243.

Ders.: Italien und der Faschismus. Köln 1926.

Sunar, Ilkay: State and Society in the Politics of Turkish Development. Ankara 1974.

Süreyya, Şevket: İnkılâp bitti mi?, in: Kadro 1932, Nr. 3, S. 5–10.

Ders.: İnkılâp ve Kadro. Ankara ^{2}1968.

Ders.: Türk nasyonalizmi, in: Kadro 1932, Nr. 20, S. 4–11.

Šuvalova, N.B. (Hg.): Turcija. Sbornik statej. Moskau 2002.

Dies. (Hg.): Turcija: Roždenie nacional'nogo gosudarstva 1918–1923 (po dokumentam RGASPI). Moskau 2007.

Suvich, Fulvio: Memorie 1932–1936. Mailand 1984.

Sverčevskaja, A.K./Čerman, T.P. (Hg.): Bibliografija Turcii. Literatura na russkom jazyke (1917–1975 gg.). Moskau 1982.

Szporluk, Roman: Communism and Nationalism. Karl Marx versus Friedrich List. New York, Oxford 1988.

Das Tagebuch der Nina Kosterina, Moskau 1936–1941. Frankfurt a.M. 1981.

Talas, Cahit: La législation du travail industriel en Turquie. Genf 1948.

Tekeli, İlhan/İlkin, Selim: Bir Cumhuriyet öyküsü. Kadrocuları ve Kadro'yu anlamak. Istanbul 2003.

Tekin Alp: Le Kemalisme. Paris 1937.

Tekiner, Aylin: Atatürk heykelleri. Kült, estetik, siyaset. Istanbul 2010.

Tellenbach, Silvia (Hg.): Das türkische Strafgesetzbuch/Türk Ceza Kanunu vom 1. März 1926 nach dem Stand vom 31. Januar 2001. Freiburg ^{2}2001.

Terhoeven, Petra: Liebespfand fürs Vaterland. Krieg, Geschlecht und faschistische Nation in der italienischen Gold- und Eheringsammlung 1935/36. Tübingen 2003.

Tezel, Yahya Sezai: Cumhuriyet döneminin iktisadi tarihi (1923–1950). Ankara ^{2}1986.

Thornburg, Max Weston/Spry, Graham/Soule, George: Turkey: An Economic Appraisal. New York 1949 (Reprint 1968).

Timasheff, Nicholas S.: Religion in Soviet Russia, 1917–1942. New York 1944.

Toprak, Binnaz: Die Institutionalisierung des Laizismus in der türkischen Republik, in: Blaschke, Jochen/Bruinessen, Martin van (Hg.): Thema: Islam und Politik in der Türkei. Berlin 1985 (= Jahrbuch zur Geschichte und Gesellschaft des Vorderen und Mittleren Orients, Ausg. 1984), S. 95–107.

Dies.: Islam and Political Development in Turkey. Leiden 1981.

Dies.: The Religious Right, in: Hourani, Albert/Khoury, Philip S./Wilson, Mary C. (Hg.): The Modern Middle East: A Reader. Berkeley, Cal. 1993, S. 625–642.

Toprak, Zafer: Türkiye'de korporatizmin doğuşu, in: Toplum ve Bilim 12 (1980), S. 41–49.

Toynbee, Arnold Joseph/Kirkwood, Kenneth P.: Turkey. Westport, Conn. 1926.

Toynbee, Arnold Joseph: The Western Question in Greece and Turkey. A Study in the Contact of Civilisations. New York 1970.

Traniello, Francesco: Religione cattolica e Stato nazionale, dal Risorgimento al secondo dopoguerra. Bologna 2007.

Trotzki, Leo: Fragen des Alltagslebens. Die Epoche der „Kulturarbeit" und ihre Aufgaben. Hamburg 1923.

Ders.: Über den Verwundeten. Rede, gehalten in der Sitzung des Zentralen Exekutivkomitees am 2. September 1918, in: Ders.: Über Lenin. Material für einen Biographen. Frankfurt a.M. 1964, S. 139–144.

Ders.: Verratene Revolution. Was ist die Sowjetunion und wohin treibt sie? Essen 1990.

Tschudi, Daniela: Nagajka und Blume. Über den jungen Milizionär Murin und die bolschewistische Herrschaft im Gouvernement Smolensk 1919, in: Kuhr-Korolev,

Corinna/Plaggenborg, Stefan/Wellmann, Monica (Hg.): Sowjetjugend 1917–1941. Generation zwischen Revolution und Resignation. Essen 2001, S. 169–194.

Tumarkin, Nina: Lenin Lives. The Lenin Cult in Soviet Russia. Cambridge, Mass. 1983.

Tunaya, Tarık Z.: Türkiye'de siyasî partiler 1859–1952. Istanbul 1952.

Tunçay, Mete: Der Laizismus in der türkischen Republik, in: Blaschke, Jochen/Bruinessen, Martin van (Hg.): Thema: Islam und Politik in der Türkei. Berlin 1985 (= Jahrbuch zur Geschichte und Gesesellschaft des Vorderen und Mittleren Orients, Ausg. 1984), S. 53–94.

Ders.: Türkiye Cumhuriyetin'de tek-parti yönetimi'nin kurulması (1923–1931). Istanbul [3]1992.

Turan, Sevgi Adak: Formation of Authoritarian Secularism in Turkey: Ramadans in the Early Republican Era (1923–1938). Master Thesis, Sabanci University 2004. URL: http://www.bot.yildiz.edu.tr/ids09/_data/_readings/RAMADANS%20 %20IN%20REPUBLICAN%20ERA.pdf.

Türkeş, Mustafa: The Ideology of the Kadro [Cadre] Movement: A Patriotic Leftist Movement in Turkey, in: Middle Eastern Studies 34 (1998), Nr. 4 (= Special Issue: Turkey Before and After Atatürk. Internal and External Affairs. Hg. v. Sylvia Kedourie), S. 92–119.

Ders.: Ulusçu sol bir akım: Kadro hareketi (1932–1934). Ankara 1999.

Türkiye Cumhuriyeti tarihi. Bd. 1. Ankara 2000.

Vančenko, A.: Turcija i eë vooružënnye sily. Moskau, Leningrad 1928.

VanderLippe, John: The Politics of Turkish Democracy. Ismet Inönü and the Foundation of the Multi-Party System, 1938–1950. Albany 2005.

Vasmer, Max [Fasmer, Maks]: Ėtimologičeskij slovar' russkogo jazyka. Bd. 4. Moskau 1987.

Vatlin, Aleksandr Ju. u. a. (Hg.): Kak lomali NĖP. Stenogrammy plenumov CK VKP (b) 1928–1929 gg. 5 Bde. Moskau 2000.

Vatlin, Alexander: Tatort Kunzewo. Opfer und Täter des Stalinschen Terrors 1937/38. Berlin 2003.

Vdovičenko, D.I.: Bor'ba političeskich partii v Turcii (1944–1965 gg.). Moskau 1967.

Ventrone, Angelo: La seduzione totalitaria. Guerra, modernità, violenza politica (1914–1918). Rom 2003.

Verucci, Guido: Anticlericalismo e laicismo negli anni del „Kulturkampf", in: Lill, Rudolf/Traniello, Francesco (Hg.): Il „Kulturkampf" in Italia e nei paesi di lingua tedesca. Bologna 1992, S. 31–68.

Ders.: L'Italia laica, prima e dopo l'Unità 1848–1876. Anticlericalismo, libero pensiero e ateismo nella società italiana. Bari 1981.

Vetter, Matthias (Hg.): Terroristische Diktaturen im 20. Jahrhundert. Strukturelemente der nationalsozialistischen und stalinistischen Herrschaft. Opladen 1996.

Viallet, Jean-Pierre: Anticléricalisme et laïcité en Italie. Bilan historiographique, in: Mélanges de l'École française de Rome – Moyen Age – Temps modernes. Bd. 98,2 (1986), S. 837–862.

Vian, Giovanni: Considerazioni intorno al pensiero di alcuni vescovi su „autorità" e „potere" nei primi tre decenni del novecento, in: Menozzi, Daniele/Moro, Renato (Hg.): Cattolicesimo e totalitarismo. Chiese e culture tra le due guerre mondiali (Italia, Spagna, Francia). Brescia 2004, S. 57–74.

Vihavainen, Timo: Vnutrennij vrag. Bor'ba s meščanstvom kak moral'naja missija russkoj intelligencii. Sankt Petersburg 2004.

Viola, Lynn: Peasant Rebels under Stalin. Collectivization and the Culture of Peasant Resistance. New York 1999.

Vivarelli, Roberto: Il dopoguerra in Italia e l'avvento del fascismo (1918–1922). Bd. 1: Dalla fine della Guerra all'impresa di Fiume. Neapel 1967.

Voegelin, Eric: Die politischen Religionen. München 1993.

Vsesojuznaja perepis' naselenija 1937 g. Kratkie itogi. Moskau 1991.

Wagner, Peter: Soziologie der Moderne. Freiheit und Disziplin. Frankfurt a.M., New York 1995.

Walicki, Andrzej: The Slavophile Controversy: History of a Conservative Utopia. Notre Dame 1989.

Ward, Barbara: Turkey. London 1942.

Weber, Claudia: Auf der Suche nach der Nation. Erinnerungskultur in Bulgarien von 1878–1944. Berlin 2006.

Weber, Max: Soziologie. Universalgeschichtliche Analysen. Politik. Hg. u. erläutert von Johannes Winckelmann. Stuttgart 1973.

Ders.: Wirtschaftsgeschichte. Abriss der universalen Wirtschafts- und Sozialgeschichte. Berlin ^{3}1958.

Ders.: Wirtschaft und Gesellschaft. Grundriss der verstehenden Soziologie. 5. rev. Auflage, Tübingen 1976.

Webster, Donald Everett: The Turkey of Atatürk: Social Process in the Turkish Reformation. Philadelphia 1939.

Wehner, Markus: Bauernpolitik im proletarischen Staat. Die Bauernfrage als zentrales Problem der sowjetischen Innenpolitik 1921–1928. Köln, Weimar, Wien 1998.

Ders.: Golod 1921–1922 gg. v Samarskoj Gubernii i reakcija sovetskogo pravitel'stva, in: Cahiers du monde russe 38 (1997), S. 223–242.

Weiss, Daniel (Hg.): Der Tod in der Propaganda (Sowjetunion und Volksrepublik Polen). Bern u. a. 2000.

Weitz, Eric D.: A Century of Genocide. Utopias of Race and Nation. Princeton, Oxford 2003.

Weitz, Siegfried C.: Materialien zur Geschichte der Jugendverwahrlosung in der Sowjetunion. 2 Bde. Marburg 1990

Ders.: Verwahrlosung, Delinquenz und Resozialisierung Minderjähriger in der Sowjetunion: zur Geschichte eines sozialpädagogischen Problems, dargestellt am Beispiel der Russischen Sowjetrepublik 1917–1935. Marburg 1978.

Wellmann, Monica: Zwischen Militanz, Verzweiflung und Disziplinierung. Jugendliche Lebenswelten in Moskau 1920–1930. Zürich 2005.

Welskopp, Thomas: Stolpersteine auf dem Königsweg. Methodenkritische Anmerkungen zum internationalen Vergleich in der Gesellschaftsgeschichte, in: Archiv für Sozialgeschichte 35 (1995), S. 339–367.

Werner, Ernst: Das Verhältnis Mustafa Kemals zur Sowjetmacht und zu den Ideen des Leninismus (1918–1923), in: Sitzungsberichte der Akademie der Wissenschaften der DDR. Gesellschaftswissenschaften 7/G (1982). Berlin 1983, S. 33–48.

Werth, Christoph H.: Sozialismus und Nation. Die deutsche Ideologiediskussion zwischen 1918 und 1945. Opladen 1996.

Wesjoly, Artjom: Russland in Blut gewaschen. Aus dem Russischen von Thomas Reschke. Leipzig, Weimar 1987.

Whittaker, Cynthia: The Origins of Modern Russian Education. An Intellectual Biography of Count Sergei Uvarov 1786–1855. DeKalb, Ill. 1984.

Widmann, Horst: Exil und Bildungshilfe. Die deutschsprachige akademische Emigration in die Türkei nach 1933. Frankfurt a.M. u. a. 1973.

Wildvang, Frauke: Der Feind von nebenan. Judenverfolgung im faschistischen Italien 1936–1944. Köln 2008.

Wippermann, Wolfgang: Faschismustheorien. Zum Stand der gegenwärtigen Diskussion. Darmstadt 1976.

Wittram, Reinhard: Peter I., Czar und Kaiser. Bd. 2. Göttingen 1964.

Wolkogonow, Dimitri: Stalin. Triumph und Tragödie. Ein politisches Profil. Düsseldorf 1989.

Wolf, Hubert: Papst und Teufel. Die Archive des Vatikan und das Dritte Reich. München 2008.

Ders.: Pius XI. und die „Zeitirrtümer". Die Initiativen der römischen Inquisition gegen Rassismus und Nationalsozialismus, in: Vierteljahrshefte für Zeitgeschichte 53 (2005), S. 1–42.

Wolf-Gazo, Ernest: John Dewey in Turkey: An Educational Mission, in: Journal of American Studies of Turkey 3 (1996), S. 15–42.

Woller, Hans: Die Abrechnung mit dem Faschismus in Italien 1943–1948. München 1996.

Ders.: Geschichte Italiens im 20. Jahrhundert. München 2010.

Ders.: Rom 28. Oktober 1922. Die faschistische Herausforderung. München 1999.

Wörsdörfer, Rolf: Krisenherd Adria 1915–1955. Konstruktion und Artikulation des Nationalen im italienisch-jugoslawischen Grenzraum. Paderborn 2004.

Wortman, Richard: Scenarios of Power. Myth and ceremony in Russian monarchy. 2 Bde. New York 1995–2000.

Wynot, Jennifer Jean: Keeping the Faith. Russian Orthodox Monasticism in the Soviet Union, 1917–1939. College Station, Texas 2004.

Yarsuvat, Duygun: Türk ceza kanununda cinsel özgürlüğe karşı suçlar, in: Değişen toplum ve ceza hukuku karşısında TCK'nın 50 yılı ve geleceği. Istanbul 1977, S. 648–663.

Yavuz, M. Hakan: Islamic Political Identity in Turkey. Oxford, New York 2003.

Yerasimos, Stefanos: La question du Pont-Euxin, 1912–1923, in: Guerres mondiales et conflits contemporains 1989, H. 153, S. 9–34.

Ders.: Türk-Sovyet ilişkileri. Ekim Devriminden „Millî Mücadele"ye. Istanbul 1979.

Yeşilkaya, Neşe Gürallar: Halkevleri: İdeoloji ve mimarlık. Istanbul 1999.

Yetkin, Çetin: Türkiye'de tek parti yönetimi. O.O. (Ankara) 1983.

Zachhuber, Johannes: Die Diskussion über Säkularisierung am Beginn des 21. Jahrhunderts, in: Braun, Bettina von/Gräb, Wilhelm/Ders. (Hg.): Säkularisierung. Bilanz und Perspektiven einer umstrittenen These. Berlin 2007, S. 11–42.

Zajončkovskij, Pëtr A.: Krizis samoderžavija na rubeže 1870–1880ch godov. Moskau 1964.

Zeidler, Manfred: „Eine moderne Armee ist eine offensive Armee". Die Sowjetstreitkräfte im Zeichen des Stalinismus, in: Plaggenborg, Stefan (Hg.): Stalinismus. Neue Forschungen und Konzepte. Berlin 1998, S. 419–440.

Zenkovsky, Serge A.: Pan-Turkism and Islam in Russia. Cambridge, Mass. 1967.

Zernack, Klaus: Negative Polenpolitik als Grundlage deutsch-russischer Diplomatie des 18. Jahrhunderts, in: Liszkowski, Uwe (Hg.): Russland und Deutschland. Festschrift für Georg von Rauch. Stuttgart 1974, S. 144–159.

Ževachov, Aleksandr: Kemal' Atatjurk. Moskau 2008.

Zeyrek, Şerafettin: Türkiye'de halkevleri ve halkodaları, 1932–1951. Ankara 2006.

Zingarelli, Italo: Il risveglio dell'Islam. La Turchia senza Corano – Russi e inglesi in Oriente. Mailand 1928.

Zubkova, Elena Ju.: Obščestvo i reformy 1945–1964. Moskau 1993.

Dies.: Poslevoennoe sovetskoe obščestvo: Politika i povsednevnost' 1945–1953. Moskau 1999.

Dies.: Pribaltika i Kreml' 1940–1953. Moskau 2008.

Zürcher, Erik Jan: How Europeans Adopted Anatolia and Created Turkey, in: European Review 13 (2005), S. 379–394.

Ders.: Institution-Building in the Kemalist Republic: the Role of the People's Party, in: Atabaki, Touraj/Ders. (Hg.): Men of Order. Authoritarian Modernization under Atatürk and Reza Shah. London 2004, S. 98–112.

Ders.: The Ottoman Conscription System in Theory and Practice, 1844–1918, in: Ders. (Hg.): Arming the State. Military Conscription in the Middle East and Central Asia 1775–1925. London, New York 1999, S. 79–94.

Ders.: Political Opposition in the Early Turkish Republic. The Progressive Republican Party 1924–1925. Leiden u. a. 1991.

Ders.: Turkey. A Modern History. London, New York 1993.

Ders.: The Unionist Factor. The Role of the Committee of Union and Progress in the Turkish National Movement (1905–1926). Leiden 1984.

XI s-ezd R.K.P.(b). Stenografičeskij otčet. Moskau 1961.

XIII. Plenum des EKKI, Dezember 1933. Moskau, Leningrad 1934.

http://wortschatz.uni-leipzig.de/cgi-bin/wort_www.exe?site=1&Wort=Chuzpe (letzter Zugriff: 24. August 2011).

http://www.gra.ch/lang-de/gra-glossar/86 (letzter Zugriff: 24. August 2011).

http://www.radikal.com.tr/Radikal.aspx?aType=RadikalDetayV3&ArticleID=1070404&Date=30.11.2011&CategoryID=78 (letzter Zugriff 1. Dezember 2011).